아비담마 강설 2

『아비담맛타상가하』
제2장 마음부수

Namo tassa bhagavato arahato sammāsambuddhassa.

Namo tassa bhagavato arahato sammāsambuddhassa.

Namo tassa bhagavato arahato sammāsambuddhassa.

아라한이며 정등각자이신 거룩한 세존께 예경 올립니다.

아라한이며 정등각자이신 거룩한 세존께 예경 올립니다.

아라한이며 정등각자이신 거룩한 세존께 예경 올립니다.

차례

제25강

제26강

제27강

제28강

第34강

第35강

第36강

第37강

제41강

제42강

제43강

제44강

제45강

부록

약어

A.	Aṅguttara Nikāya 앙굿따라 니까야 增支部
AA.	Aṅguttara Nikāya Aṭṭhakathā 앙굿따라 니까야 주석서
AAṬ.	Aṅguttara Nikāya Aṭṭhakathā Ṭīkā 앙굿따라 니까야 복주서
Ah.	Abhidhammatthasaṅgaha 아비담맛타상가하
AhBṬ.	Saṅgaha Bhāsāṭīkā 상가하 바사띠까(아비담맛타상가하 집론서)
AhPdṬ.	Paramattha Dīpanī 빠라맛타 디빠니(아비담맛타상가하 해설서)
AhSṬ.	Paramattha Saṁkhei Ṭīkā 빠라맛타 상케이 띠까 (아비담맛타상가하 요약 복주서)
AhVṬ.	Abhidhammattha Vibhāvinī Ṭīkā = Ṭīkā kyo 아비담맛타 위바위니 띠까 = 띠까 쬬 (아비담맛타상가하 분석 복주서)
Ap.	Apadāna 아빠다나 譬喩經
Bv.	Buddhavaṁsa 붓다왐사 佛種姓經
CpA.	Cariyāpiṭaka Aṭṭhakathā 짜리야삐따까 주석서
D.	Dīgha Nikāya 디가 니까야 長部
DA.	Dīgha Nikāya Aṭṭhakathā 디가 니까야 주석서
DAṬ.	Dīgha Nikāya Aṭṭhakathā Ṭīkā 디가 니까야 복주서
Dhp.	Dhammapada 담마빠다 法句經

DhpA. Dhammapada Aṭṭhakathā 담마빠다 주석서
Dhs. Dhammasaṅgaṇī 담마상가니 法集論
DhsA. Dhammasaṅgaṇī Aṭṭhakathā = Aṭṭhasālinī 담마상가니 주석서
DhsAnṬ. Dhammasaṅgaṇī Anuṭīkā 담마상가니 복복주서
DhsMṬ. Dhammasaṅgaṇī Mūlaṭīkā 담마상가니 근본복주서

It. Itivuttaka 이띠웃따까 如是語說
ItA. Itivuttaka Aṭṭhakathā 이띠웃따까 주석서

J. Jātaka 자따까 本生譚
JA. Jātaka Aṭṭhakathā 자따까 주석서

Kv. Kathāvatthu 까타왓투 論事

M. Majjhima Nikāya 맛지마 니까야 中部
MA. Majjhima Nikāya Aṭṭhakathā 맛지마 니까야 주석서
MAṬ. Majjhima Nikāya Aṭṭhakathā Ṭīkā 맛지마 니까야 복주서
Mil. Milindapañha 밀린다빤하 彌蘭陀王問經

Nd1. Mahā Niddesa 마하 닛데사 大義釋
Nd2. Cūla Niddesa 쭐라 닛데사 小義釋

PaA. Pañcapakaraṇa Aṭṭhakathā 빤짜빠까라나 주석서
PeA. Petavatthu Aṭṭhakathā 뻬따왓투 주석서
Pm. Paramatthamañjūsā = Visuddhimagga Mahāṭīkā = Mahāṭīkā 위숫디막가 마하띠까(청정도론 대복주서)

PsA. Paṭisambhidāmagga Aṭṭhakathā 빠띠삼비다막가 주석서
Ptṇ Paṭṭhāna 빳타나 發趣論
PTS Pali Text Society
Pug. Puggalapaññatti 뿍갈라빤냣띠 人施設論
PugA. Puggalapaññatti Aṭṭhakathā 뿍갈라빤냣띠 주석서

S. Saṁyutta Nikāya 상윳따 니까야 相應部
SA. Saṁyutta Nikāya Aṭṭhakathā 상윳따 니까야 주석서
SdṬ. Sāratthadīpanī Ṭikā 사랏타디빠니 띠까(율장 복주서) 要義燈釋
Sn. Suttanipāta 숫따니빠따 經集
SnA. Suttanipāta Aṭṭhakathā 숫따니빠따 주석서

Thag. Theragāthā 테라가타 長老偈
ThagA. Theragāthā Aṭṭhakathā 테라가타 주석서

Ud. Udāna 우다나 感興語
UdA. Udāna Aṭṭhakathā 우다나 주석서

Vbh. Vibhaṅga 위방가 分別論
VbhA. Vibhaṅga Aṭṭhakathā 위방가 주석서
VbhMṬ. Vibhaṅga Mūlaṭīkā 위방가 근본복주서
Vin. Vinaya Piṭaka 위나야 삐따까 律藏
VinA. Vinaya Aṭṭhakathā 위나야 주석서
Vis. Visuddhimagga 위숫디막가 淸淨道論
VvA. Vimānavatthu Aṭṭhakathā 위마나왓투 주석서

역자 일러두기

1. 본문에 인용된 빠알리 문헌은 모두 제6차 결집본이다.
2. S.ii.295는 제6차 결집본『상윳따 니까야』제2권 295쪽을 뜻하고, S35:95는『상윳따 니까야』35상윳따의 95번째 경을 뜻한다. M148은『맛지마 니까야』의 148번째 경을 뜻한다. J527은『자따까』527번째 일화를, Dhp.37은『담마빠다』37번째 게송을, Thag.399는『테라가타』399번째 게송을 각각 의미한다.『아비담맛타상가하』의 단락은 '§'로 표시했다.
3. 대역할 때 한 단어의 여러 의미는 쌍반점 ';'으로 표시했다. 인용문 원저자의 보충 설명은 겹화살 괄호 '《 》', 역자의 보충 설명은 소괄호 '( )', 관찰할 때 명칭은 홑화살 괄호 '〈 〉'로 각각 표시했다.
4. 강설자인 우 소다나 사야도의 주석은 ㉯으로, 마하시 사야도의 주석은 ㉱로 각각 표시했고, 표시가 없는 것은 역자의 주석이다.
5. 빠알리어는 로마자 정체로 표기했고, 영문은 로마자 이탤릭체로 표기했다. 미얀마어는 영어로 표기한 후 로마자 이탤릭체로 표기했다.
6. 약어에 전체 빠알리어가 제시된 문헌은 본문에 따로 빠알리어를 표기하지 않았다.
7. 미얀마어로 된 참고문헌은 로마자 이탤릭체로 표기한 뒤 그 의미를 이어서 소괄호 안에 표기했다. 저자도 로마자 이탤릭체로만 표기했다.
8. 반복 인용된 문헌은 처음에만 저자를 표기하고 두 번째부터는 책의 제목만 표기했다.
9. 인용문과 게송은 들여쓰기 했다.
10. '마음'은 추상명사로서 복수형 표기가 허용되지 않지만 아비담마 내용의 특성을 고려하여 문맥에 따라 복수형을 사용했다. 숫자와 함께 제시된 경우에는 단수로 표현했다.
11. 아비담마 내용의 특성상 숫자가 분명해야 하는 경우가 많아서 '~가지'는 통일해서 '2가지' 등으로 통일했다. 단, 직접 인용문에서는 가독성을 고려해서 '세 가지' 등으로 표기했고, 문맥에 따라 세 원인, 세 종류 등으로 표기했다.
12. 『아비담마 강설 2』의 순서는 실제 우 소다나 사야도의 강의 순서와 일치하지 않는다. 실제강의에서는『아비담맛타상가하』제2장 마음부수에서 일부 내용만 발췌해 뒷부분과 함께 다뤘다. 실제강의에서 언급되지 않은 내용은 편역자가 우 소다나 사야도의 다른 가르침과 여러 문헌을 참고해서 편집했다.

책의 강의 순서와 실제강의 순서

본서	내용	실제강의
제23강	마음부수, 접촉	제23강 제24강 제25강
제24강	느낌	제25강 제26강
제25강	인식	제27강 제29강 제30강 제31강
제26강	의도	제32강* 제34강* 제35강 제36강 제37강
	하나됨	제65강 제69강 제71강
제27강	생명기능	
	마음기울임	제81강
제28강	사유	제90강
	고찰	제91강
	결심	제93강
	정진	제93강 제94강
	희열	제99강
	열의	제102강 제106강
제29강	어리석음	제120~ 123강 제125강 제129강 제137강 제149강 제150강 제151강

본서	내용	실제강의
제30강	어리석음	제106강 제109강 제115강
제31강	부끄러움없음, 두려움없음	
	들뜸	제43강
제32강	탐욕	
제33강	사견, 자만	제40강
제34강	성냄	제41강 제42강
제35강	질투, 인색	제42강
제35강	후회	제43강
제36강	해태·혼침	
제36강	의심	제43강 제44강*
제37강	믿음, 새김, 부끄러움, 두려움	제60강 제61강 제63강
제38강	탐욕없음, 성냄없음, 중립	
제39강	몸의 경안, 마음의 경안 등	
제40강	바른 말, 바른 행위, 바른 생계	
제41강	연민, 같이 기뻐함, 통찰지 기능	
제42강	동화 마음부수의 결합	제26강
	동화 마음부수(때때로들)의 결합	제27강
	불선 마음부수의 결합	제28강
제43강	아름다움 마음부수의 결합	제29강
제44강	출세간 마음의 조합	제31강 제34강
	고귀한 마음의 조합	제35강 제36강 제37강
제45강	욕계 아름다운 마음의 조합	제38강 제39강
제46강	불선 마음의 조합	제40강 제41강 제43강
제47강	원인 없는 마음의 조합	제46강*
제48강	마음부수 사이의 결합	제47강 제48강

*실제강의에서 누락된 제33강은 경전과 마음부분을 복습한 내용이다.

*실제강의에서 누락된 제45강은 원인과 관련된 보충설명으로 구성됐다.

편역자 서문

지난 20여 년간 여러 스님과 학자들의 노력으로 빠알리어 문헌이 한국어로 번역됐습니다. 그중에는 심오한 내용이 담긴 아비담마 문헌도 포함돼 있습니다.

이번에 아비담마 강설 책을 펴내면서 기존에 출간된 여러 아비담마 번역서에 사용된 빠알리어 한글 번역술어를 되도록 많이 반영하려고 했습니다. 그러나 한문으로 간략하게 표현돼 의미가 잘 드러나지 않거나, 한글로만 표현돼 어색하거나 지나치게 늘어지는 경우에는 몇 가지 새로운 번역술어를 시도했습니다.

So dhammaṁ deseti … sātthaṁ sabyañjanaṁ.(D.i.58/D2)

그분은 의미도 갖추고 표현도 갖춘 가르침을 설하신다.

부처님의 가르침은 표현과 의미를 구족한 가르침입니다. 부처님께서 사용하신 빠알리어는 단어 하나를 익히는 것만으로도 여러 생에 걸쳐 많은 이익이 있을 정도로 중요한 언어입니다. 그래서 여러분이 한글 번역술어만 보고도 어떤 빠알리어 단어인지 가늠할 수 있도록, 한글 표현이 같다면 원문에도 같은 빠알리어로 표현됐음을 알 수 있도록 특별히 빠알리어 번역에 힘썼습니다.

또한 가급적이면 한글 사용을 원칙으로 하되, 용어 번역이 지나치게 길어지면 이미 널리 사용되거나 빠알리어와 일대일 대응에 적합한 단어일 경우에 한해 한자어 번역을 수용했습니다.

한국에서 빠알리어 문헌이 번역되기 시작한 것은 얼마 되지 않습니다. 앞으로 더 다양한 번역술어가 제시되다 보면 '열반'이나 '삼매' 등의 용어처럼 대중이 잘 선택할 것입니다.

독자 여러분이 본서를 공부하는 데 도움이 되고자 본서에 사용된 중요 번역술어를 다음과 같이 미리 소개합니다.[1]

빠알리어	본서/불방일	초기불전연구원	한국빠알리성전협회
kusala	선	유익한	착하고 건전한
akusala	불선	해로운	악하고 불건전한
abyākata	비확정	결정할 수 없는 것	중립적
dhamma	법, 가르침	법, 현상, 성질	가르침, 사실, 현상, 원리
saṅkhāra	형성	형성된 것, 심리현상들, [업]형성, 자극	형성
bhavaṅga	존재요인	존재지속심	존재지속의 고리
paramattha	절대성품	궁극적 실재	궁극적 의미
saṁvega	경각심	절박감	외경
sukha	행복(한)	행복, 즐거움	행복
somanassa	즐거움	기쁨	만족
dukkha	괴로움, 고통	괴로움, 고통	괴로움, 고통
domanassa	근심	불만족	불만
upekkhā	평온	평온	평정
sikkhā	수련	공부지음	배움
sekkha	수련자	유학	학인
asekkha	완수자	무학	무학
hiri	부끄러움	양심	부끄러움을 앎
ottappa	두려움	수치심	창피함을 앎
mano	맘	마노	정신

1 초기불전연구원의 번역술어는 대림스님·각묵스님 옮김, 『아비담마 길라잡이』 전2권(2017, 전정판)을, 한국빠알리성전협회의 번역술어는 전재성 역주, 『청정도론-비쑷디막가』를 참조했다. 본서에서 번역술어를 선택한 이유는 본서 부록 pp.718~722 참조.

빠알리어	본서/불방일	초기불전연구원	한국빠알리 성전협회
manodvāra	맘문	의문	정신의 문
manodvārāvajjana	맘문전향	의문전향	의문전향
manāyatana	맘 감각장소	마노의 감각장소	정신의 감역
manodhātu	맘 요소	의계, 마노의 요소	정신의 세계
manoviññāṇadhātu	맘 의식 요소	의식계, 마노의 알음알이의 요소	정신의식세계
ekaggatā	하나됨	집중	통일
sati	새김	마음챙김	새김
sampajañña	바른 앎	알아차림	올바른 알아차림
dvepañcaviññāṇa	다섯 의식 쌍	(한 쌍의) 전오식	한 쌍의 전오식
sampaṭicchana	접수	받아들임	영수
vitakka	사유	일으킨 생각	사유
vicāra	고찰	지속적 고찰	숙고
cakkhuviññāṇa	눈 의식	안식, 눈의 알음알이	시각의식
manasikāra	마음기울임	마음에 잡도리함	정신활동
tatramajjhattatā	중립	중립	유지중립성
anussati	거듭새김	계속해서 생각함	~에 대한 새김
sakkāyadiṭṭhi	존재더미사견	존재더미가 있다는 견해, 유신견	개체가 있다는 견해
abhijjhā	탐애	간탐	탐욕
rāga	애착	갈망, 탐욕, 집착	탐욕
lakkhaṇa	특성	특징	특징
jhāna	선정	선(禪)	선정
byāpāda	분노	악의	분노
bhūmi	탄생지	경계, 존재하는 곳	지평
saññā	인식	인식	지각
bhaya	두려움, 위험	공포, 두려움	공포
ādīnava	허물	위험	위험
muñcitukamyatā	벗어나려는	해탈하기를 원하는	해탈적 욕망
paṭisaṅkhā	재성찰	깊이 숙고하는	성찰
brahmavihāra	거룩한 머묾	거룩한 마음가짐[梵住]	하느님의 삶
vihiṃsā	해침	잔인함, 해악	폭력
saṅkappa	생각	사유	사유

제23강

2008년 10월 28일

세상loka에는 사람·천신·축생 등의 중생세상sattaloka, 천상·지옥 등의 공간세상okāsaloka, 물질·정신 등의 형성세상saṅkhāraloka이라는 세 가지 세상이 있습니다.(Vis.i.198)[2] 이 세 가지 세상에서 알려진 모든 것, 즉 생명 있는 것인 사람·천신·축생부터 생명 없는 것인 돌·숲·나무 등에 이르기까지 같은 성품끼리 모아서 분류해 본다면, 핵심만 추출한다면, 실제로 존재하는 것만 뽑아낸다면 마음·마음부수·물질·열반이라는 네 가지만 남습니다. 그것을 '빠라맛타paramattha'(이하 '절대성품')라고 말합니다. 열반은 엄밀하게 말해 세 가지 세상에서 벗어난 법이지만 실제로 존재하는 것이어서 절대성품에 해당합니다. 이 네 가지 절대성품 중『아비담마 강설 1』에서는『아비담맛타상가하』 제1장에서 설명된 마음을 먼저 자세하게 살펴봤습니다.『아비담마 강설 2』에서도 마찬가지로『아비담맛타상가하』 순서에 따라 두 번째 절대성품인 마음부수를 살펴보겠습니다.

마음과 대상

마음부수를 살펴보기 전에 먼저 마음에 관해 간략하게 설명하겠습니다. 왜 '마음citta'이라고 할까요? 'ārammaṇaṁ cintetīti cittaṁ. 대상을 안다, 그래서 마음이다'라는(DhsA.106) 단어분석에 따라[3] 대상을 알기 때문에 마음이라고 합니다. 여기서 'cinteti'는 원래 '생각하다'라는 뜻이지만 '알다'라

2 대림스님 옮김,『청정도론』 제1권, pp.493~497 참조.

3 Yaṁ viññaṇaṁ그 의식은 ārammaṇaṁ대상을 cinteti생각한다; 안다. iti그래서 cittaṁ마음이다. vijānāti다르게 안다; 인식saññā이나 통찰지paññā가 아는 모습과 다르게 안다. iti attho이러한 의미이다. 우 소다나 사야도 법문, 비구 일창 담마간다 편역,『아비담마 강설 1』, p.53 참조.

는 의미도 있습니다. 이 'cinteti'라는 단어에서 'citta'가 유래했습니다.[4]

그렇다면 '대상ārammaṇa'은 무슨 뜻일까요? 'ārammaṇa'의 'ā'는 실제로 존재한다는 것을 강조하는 의미이고, 'rammaṇa'는 '즐기고 노닐고 기뻐하다'라는 의미입니다.[5] 무엇이 즐기는 걸까요? 마음이 즐깁니다. 마음은 형색·소리·냄새·맛·감촉·법이라는 여섯 대상이 있으면 항상 그곳에 와서 즐깁니다. 또는 여섯 대상을 찾고 추구합니다. 그래서 부처님께서는 '즐기다'라는 의미의 'ramati'를 어원으로 삼아 '마음이 즐기는 어떤 것, 즐기는 어떤 곳'이라는[6] 뜻을 '대상ārammaṇa'이라고 표현하셨습니다. 마음은 좋은 대상이 나타나면 즉시 그곳에 가서 즐기려고 합니다. 중생들은 이러한 여섯 대상이 없으면 즐겁지가 않습니다. 그래서 아침에 일어나서 밤에 잠들 때까지 항상 이 여섯 대상을 찾고 추구합니다. 다르게 말하면 형색·소리·냄새·맛·감촉·법이라는 여섯 대상은 마음의 음식이라고 할 수 있습니다. 배가 고프면 음식을 찾듯이 마음은 항상 이 여섯 대상을 찾고 추구하고 즐기기ramati 때문에 대상을 'ārammaṇa'라고 합니다.

대상은 또한 'ālambaṇa'라고도 표현합니다. 'ālambaṇa'는 'ālambati', 즉 '쥐다, 가지다'라는 단어에서 유래했습니다.[7] '마음이 취해서 가지는 것이어서 대상이라고 한다'라는 뜻입니다. 허리나 무릎이 불편한 노인은 지팡이를 의지해야 걸어갈 수 있습니다. 지팡이가 없으면 걸어가지 못합니다. 마찬가지로 마음도 대상이 있어야만, 대상을 얻어야만 대상

4 마음의 다른 단어분석은 『아비담마 강설 1』, pp.64~66 참조.

5 『아비담마 강설 1』, p.53 참조.

6 '마음이 대상을(목적어) 즐긴다, 혹은 마음이 대상에서(장소) 즐긴다'라는 뜻이다.

7 Cittacetasikehi ālambīyatīti ālambaṇaṁ.(AhSṬ.i.209)
대 역
Cittacetasikehi마음과 마음부수들에 의해; 마음과 마음부수들이 ālambīyati당겨진다; 당겨 가진다. iti tasmā그래서 ālambaṇaṁ대상이다.

을 아는 작용을 행할 수 있습니다. 대상이 없으면, 대상을 얻지 못하면 마음은 일어날 수 없습니다. 그래서 'ālambati 쥐다, 가지다'는 단어를 사용해서 대상을 'ālambaṇa'라고도 표현합니다. '마음이 거머쥐는 것, 취해서 가지는 것'이라는 의미입니다. 정리하면 대상을 나타내는 빠알리어 단어 중 'ārammaṇa'는 '마음이 즐기는 것', 'ālambaṇa'는 '마음이 취하는 것'이라는 의미를 담고 있다고 이해하면 됩니다.

『담마빠다』에 "멀리 달아나고 혼자 다니고/ 형체도 없이 굴속에 사는/ 그 마음을 잘 단속하는 이는/ 마라의 속박에서 벗어나리라"라는 (Dhp.37) 게송이 있습니다.[8] 이 게송은 마음의 중요한 특성 네 가지를 잘 표현하고 있습니다. ① 마음은 매우 멀리 떨어진 대상으로도 즉시 갑니다. ② 마음은 혼자서 다닙니다. 한 찰나에 하나의 마음만 일어난다는 뜻입니다. ③ 마음에는 형체나 모양이 없습니다. ④ 전부는 아니지만 대부분 심장토대라는 동굴을 의지해서 일어납니다.[9]

그중 "멀리 간다"는 성품은 버스나 비행기를 타고 멀리 가는 것처럼 몸으로 직접 가는 것을 말하는 것이 아닙니다. '먼 대상도 알 수 있다', '먼 대상도 취할 수 있다'는 뜻입니다. 멀리 떨어져 있는 장소를 지금

---

8 Dūraṅgamaṁ ekacaraṁ, asarīraṁ guhāsayaṁ;
Ye cittaṁ saṁyamessanti, mokkhanti te mārabandhanā. (Dhp.37)

대역

Dūraṅgamaṁ멀리 달아나고; 먼 대상 쪽으로도 가고 ekacaraṁ혼자 다니고; 하나씩만 생기고 asarīraṁ형체도 없이; 모양도 없이 guhāsayaṁ굴속에 사는; 심장물질, 몸이라는 동굴에 의지해서 사는 cittaṁ대상을 아는 그 마음을 ye출가자든 재가자든 어떤 이가; 어떤 수행자가 saṁyamessanti잘 다스린다면 te그 마음을 잘 단속하는 수행자는 mārabandhanā마라의 속박으로부터; 삼계의 윤전 고통이라는 번뇌의 족쇄, 마라의 족쇄에서 mokkhanti벗어날 것이다.

9 마음과 마음부수가 생겨나는 데 의지처가 되는 물질을 토대vatthu라고 말한다. 여기에는 눈·귀·코·혀·몸·심장이라는 여섯 토대가 있다. 욕계 세상에서는 모두 존재하고, 색계 세상에서는 코·혀·몸 토대가 없다. 무색계 세상에서는 물질적인 토대를 의지하지 않고 마음이 일어난다.(Ah.21) 대림스님·각묵스님 옮김, 『아비담마 길라잡이』 제1권, pp.372~373 참조.

마음속으로 한번 떠올려 보십시오. 그때 마음이 실제로 그 장소로 가는 것이 아니고, 그 장소가 마음으로 실제로 오는 것도 아닙니다. 마음이 멀리 떨어진 대상을 즉시 아는 것을 말합니다.

"대상을 안다고 해서 마음이다"라고 할 때 '안다'는 것은 '대상을 가져서, 대상을 취해서 안다'는 의미입니다. 이것을 '마음이 대상 쪽으로 간다'라고 표현하기도 합니다.

마음부수

마음부수cetasika는 "cetasi bhavanti cetasikaṁ. 마음에서 생겨난다. 그래서 마음부수라고 한다"(Anudīpanīpāṭha, 39), 혹은 "cetasi niyuttanti cetasikaṁ. 마음에 항상 결합된다. 그래서 마음부수라고 한다"(PsA. ii.116)라고 단어분석을 합니다.[10]

마음부수가 "마음에서 생겨난다"라고 해서 집에 사람이 사는 것처럼 어떤 마음부수가 마음에 계속 머물고 있는 것으로 이해하면 안 됩니다. 마음부수가 마음과 항상 결합해 앞으로 설명할 네 가지 요건을 지니면서 함께 일어나고 함께 사라지는 것으로 알아야 합니다. "마음에서 생겨난다"라고 표현했지만 마음이 마음부수가 일어나는 어떤 장소를 의미하는 것은 아닙니다. 제4강에서[11] 마음과 마음부수가 어떻게 다른지 비유로 설명했습니다. 붉은색, 노란색, 파란색, 녹색 등 여러 색의 물감을 물에 풀어서 옷감에 그림을 그린다고 합시다. 그때 옷감에 물감이 퍼져서 붙어있는 것은 물이 작용한 것이고, 붉은색 등 여러 색이 드러

10 Cetasi마음에서 bhavaṁ생겨난다. iti그래서 cetasikaṁ마음부수라고 한다. cetasi마음에 niyuttaṁ항상 결합된다. iti그래서 cetasikaṁ마음부수라고 한다. 『아비담마 강설 1』, pp.76~77 참조.

11 『아비담마 강설 1』, p.78 참조.

나는 것은 각각의 색이 작용한 것입니다. 여기서 천은 대상이고, 물은 마음이며, 물감은 마음부수와 같습니다.

부처님의 가르침을 듣지 않은 일반인은 마음과 마음부수를 구분할 수 없습니다. 일체지로만 마음과 마음부수를 정확하게 구분할 수 있습니다. 이와 관련해서 『밀린다빤하』에 밀린다Milinda 왕과 나가세나Nāgasena 존자의 다음과 같은 문답이 있습니다.

"부처님께서는 어떠한 어려운 일을 하셨습니까?"

"부처님께서는 하나의 대상에 대해 정신법들이 일어날 때 '이것은 접촉, 이것은 느낌, 이것은 인식, 이것은 마음'으로 구분해서 설하셨습니다."

"그렇다면 비유를 들어 설명해 주십시오."

"어떤 사람이 배를 타고 바다에 나가 손으로 바닷물을 떠서 혀로 맛보고는 '이것은 야무나Yamunā 강의 물이다. 이것은 아찌라와띠Aciravatī 강의 물이다. 이것은 마히Mahī 강의 물이다. 이것은 사라부Sarabhū 강의 물이다'라고 구분해서 아는 것은 매우 어려울 것입니다. 그런데 그것보다도 정신법들을 각각의 법들로 구분해서 아는 것이 더 어려운 것입니다. 그렇게 매우 어려운 일을 부처님께서 하셨습니다."(Mil.93)[12]

"Cittaṁ cetasikaṁ rūpaṁ nibbānamiti(마음과 마음부수, 물질과 열반이네)"라는 『아비담맛타상가하』의 구절에 따라 마음에 대해 상세하게 설명한 뒤 절대성품 중 두 번째로 마음부수를 설명하기 위해 아누룻다 존자는 이어서 "ekuppādanirodhā ca(동일한 생성과 소멸이 있고)" 등의 게송을 설했습니다. 마음부수를 하나씩 설명하기 전에 이 게송을 통해 먼저 마음부수가 공통으로 지닌 특성을 밝힌 것입니다.

---

12 *Ashin Guṇālaṅkāra Mahāthera*, 『*Milindapañha Vatthu*(밀린다 질문 일화)』, pp.157~158; 동봉 역, 『밀린다왕문경』①, pp.199~200 참조.

제2장 마음부수

1. 마음부수 요건

마음부수 요건 4가지

1 Ekuppādanirodhā ca, ekālambaṇavatthukā.
Cetoyuttā dvipaññāsa, dhammā cetasikā matā.

해 석

동일한 생성과 소멸이 있고
동일한 대상과 토대가 있는
마음과 결합한 52가지 법을[13]
마음부수라고 알아야 한다.

대 역

Ekuppādanirodhā ca동일한 생성과 소멸이 있고; 마음과 함께 일어남, 마음과 함께 사라짐도 있고 ekālambaṇavatthukā동일한 대상과 토대가 있는; 마음과 같은 대상, 마음과 같은 토대가 있는 cetoyuttā마음과 결합한 dvipaññāsa52가지 dhammā법들은; 법들을[14] cetasikā마음부수라고 matā알아져야 한다; 알아야 한다.[15]

---

13 해석에서는 우리말 맞춤법에 따라 숫자를 동반하는 경우 복수 표기를 하지 않았고, 대역에서는 정확한 의미를 전달하기 위해 원문 그대로 복수로 표현했다.

14 이 단어는 수동태 문장의 주어여서 대역에서는 "dhammā법들은; 법들을"이라고 수동태와 능동태 둘 다 표현했고 해석에서는 '법을'이라고 능동태로만 표현했다.

15 'mata'는 'maññati 알다, 생각하다'의 수동태 표현이다. 그래서 대역에서는 "matā알아져야 한다; 알아야 한다"라고 둘 다로 표현했고 해석에서는 '알아야 한다'라고 능동태만 표현했다.

"Ekuppādanirodhā"라는 구절에서 'ekuppāda'는[16] 다음과 같이 분석할 수 있습니다.

Eko samāno uppādo etesaṁti ekuppādā, samānapaccayehi sahuppattikāti attho. (DhsMṬ.37)

대 역

Etesaṁ이러한 법들은 eko동일한, samāno같은 uppādo일어남이 atthi 있다. iti그래서 'ekuppādā동일 생성들'이다, samānapaccayehi같은 조건 때문에; 같은 대상 등의 조건 때문에 sahuppattikāti함께 일어나는 법들이라는 attho뜻이다.

"Ekuppādanirodhā"는 'eka + uppāda + nirodhā'라고 분석할 수 있습니다. 'eka'라는 단어는 원래 '하나'라는 뜻이지만 여기서는 '동일한'이라는 뜻을 나타냅니다. 마음과 마음부수들은 '마음의 일어남', '접촉의 일어남' 등 각각 자신의 일어남이 있는데 'eka uppāda 동일한 일어남', 즉 '함께 생겨난다'라는 뜻입니다. 'nirodhā'도 원래 'eka nirodhā'라고 표현해야 하지만 'eka'를 생략했습니다. '동일한 소멸', 즉 '함께 사라진다'라는 뜻입니다.

마음부수는 다음과 같은 4가지 특성이 있습니다.

① 동일 생성ekuppāda

마음부수는 마음과 함께 생겨납니다. 마음이 생겨날 때 동시에 생겨납니다.

16 'ekuppāda'는 복합어 안의 단어를 발췌한 것이어서 단수로 표현했고, 아래 인용구에서는 그 단어를 따로 설명한 것이어서 복수로 표현했다.

② 동일 소멸ekanirodha

마음부수는 마음과 함께 사라집니다. 마음이 사라질 때 동시에 사라집니다.

③ 동일 대상ekālambaṇa

마음부수는 마음과 대상이 같습니다. 마음이 취하는 대상만을 같이 취합니다.

④ 동일 토대ekavatthuka

마음부수는 마음과 토대가 같습니다. 마음이 의지처로 삼는 토대만을 같이 토대로 합니다.

이 4가지를 '마음부수 요건cetasika aṅga', 혹은 '결합 요건sampayoga aṅga'이라고 말합니다. 게송으로 다음과 같이 표현했습니다.

생멸대토生滅對土 사동일四同一 심소네요건[17]

"마음부수 요건 네 가지 중 '동일 생성'이라는 하나의 요건만 있으면 충분하지 않은가? 무엇 때문에 '동일 소멸'이라는 요건이 포함되는가?"라고 질문할 수 있습니다. '동일 생성'만 언급한다면 '마음과 함께 생겨나는 마음 생성물질과 업 생성물질도 마음부수 요건에 해당하지 않는가?'라고 의심할 여지가 있습니다. 그래서 마음 생성물질과 업 생성물질을 제외하기 위해[18] '동일 소멸'이라는 요건도 포함돼야 합니다.(AhVṬ.103; AhBṬ.97)

17 '생生'으로 생겨나는 것을, '멸滅'로 사라지는 것을, '대對'로 대상을, '토土'로 토대를 표현했다. 이 '4가지四'가 '동일同一'한 것이 마음부수라는 '심소'가 지닌 4가지 특성이라는 뜻이다. 『아비담마 강설 1』, p.78의 표현을 바꿨다.

18 물질의 수명은 마음찰나 17찰나이다.(Ah.13) 업 생성물질과 마음 생성물질은 마음과 함께 생겨나지만 마음이 소멸할 때 같이 소멸하지 않고 마음찰나 17찰나가 지난 뒤에야 소멸한다.(AhBṬ.97)

"그렇다면 동일 생성, 동일 소멸이라는 두 요건만 있으면 충분하지 않은가? 무엇 때문에 '동일 대상'이라는 요건이 포함되는가?"라고 질문할 수 있습니다. '동일 생성', '동일 소멸'이라는 두 요건만 언급하면 『아비담맛타상가하』 제6장에서 설명할 암시 물질 두 가지는 마음이 생겨날 때 같이 생겨나고 사라질 때 같이 사라지므로 마음부수 요건에 해당하지 않는가?'라고 의심할 여지가 있습니다. 또한 '앞의 여러 마음과 함께 생겨난 마음 생성물질과 업 생성물질이 17번째 마음찰나에 해당하는 마음과 함께 사라지므로 마음부수 요건에 해당하지 않는가?'라고 의심할 여지가 있습니다. 그래서 암시 물질 두 가지와 마음 생성물질, 업 생성물질을 제외하기 위해 '동일 대상'이라는 요건도 포함돼야 합니다. "함께 생겨나고 함께 사라질 뿐만 아니라 대상도 동일해야 '마음과 결합한 것'에 해당한다. 대상을 취할 수 없는 업 생성물질이나 마음 생성물질은 마음과 결합한 것이 될 수 없다"라는 뜻입니다.(AhVṬ.103; AhBṬ.97)

"그렇다면 앞의 세 요건만 있으면 충분하지 않은가? 무엇 때문에 '동일 토대'라는 요건이 포함되는가?"라고 질문할 수 있습니다. "앞의 세 요건을 갖춘 법들은 다섯 무더기pañcavokāra 탄생지[19]에서 생겨날 때는 의지하는 토대까지 같다"라는 사실을 알도록 '동일 토대'를 언급한 것입니다.(AhVṬ.103; AhBṬ.97)[20]

---

19 물질·느낌·인식·형성·의식이라는 다섯 무더기가 다 있는 사악도, 인간, 욕계 천상, 무상유정천을 제외한 색계 천상 탄생지를 말한다.

20 『까타왓투』 성전에서는 "ekuppādā ekanirodhā ekavatthukā ekārammaṇāti"라고(Kv.252) '동일 토대'를 세 번째로 언급했다. 『아비담맛타상가하』에서는 네 무더기catuvokāra 탄생지(물질이 없이 느낌·인식·형성·의식이라는 네 무더기만 있는 무색계 탄생지를 말한다)에서는 물질이 생겨나지 않으므로 네 무더기 탄생지에서 생겨나는 마음부수들은 '동일 토대'라는 요건에 해당하지 않기 때문에 '동일 토대'를 마지막에 언급했다.(AhBṬ.97)

2. 마음부수 52가지

마음부수를 크게 세 종류로 다음과 같이 분류할 수 있습니다.

① 동화 마음부수aññasamāna cetasika 13가지

② 불선 마음부수akusala cetasika 14가지

③ 아름다움 마음부수sobhana cetasika 25가지

모두 합해서 마음부수는 52가지입니다.

1) 동화 마음부수 13가지

'동화同化'라고 번역한 빠알리어 'aññasamāna'는 'añña 다른 법들과' + 'samāna 성품이 같은 것', 즉 아름다운sobhana 마음들이나 아름답지 않은 asobhana 마음들[21] 모두와 결합해서 그들과 성품이 같아진다는 뜻입니다.[22]

동화 마음부수는 다시 두 종류로 구분됩니다.

① 모든 마음 공통들sabbacittasādhāraṇā 7가지

② 때때로들pakiṇṇakā 6가지

먼저 'sabbacittasādhāraṇā 모든 마음 공통들'이란 'sabba 모든' + 'citta 마음' + 'sādhāraṇā 공통들'[23], 모든 마음에 공통으로 포함된 마음부수들을 말합니다. 모든 마음과 결합할 수 있고, 마음이 생겨날 때마다 반드시 포함돼 있는 마음부수들입니다.

---

21 아름다운 마음과 아름답지 않은 마음에 대해서는『아비담마 강설 1』, pp.219~220 참조.

22 '같아진다'라는 뜻을 기본으로 '동화同化'라는 번역술어를 채택했다.

23 'sādhāraṇa'란 '동일하게 이끄는 것, 관계하는 것, 어떠한 곳에서나 지나치거나 모자람이 없다'는 뜻이다. 'sabbacittasādhāraṇa(모든 마음 공통)'라고 하면 모든 마음과 동일하게 결합할 수 있는 것, 'sobhanasādhāraṇa(아름다움 공통)', 'akusalasādhāraṇa(불선 공통)'도 각각 관련된 마음 모두와 동일하게 결합한다고 알아야 한다. 특히 'sādhāraṇa'라는 단어가 포함되지 않은 무량, 절제, 통찰지, 탐욕 등은 관련된 마음 모두와 결합하지 않는 사실에 주의해야 한다.(AhBṬ.109)

이 7가지 마음부수는 선 마음이든 불선 마음이든 과보 마음이든 작용 마음이든, 어떤 마음이 생겨나든 무조건 같이 생겨납니다. 또한 같이 생겨난 마음이 사라지면 동시에 사라집니다. 이 7가지 마음부수는 마음이 대상으로 하는 그 대상만을 취합니다. 그리고 마음이 의지처로 하는 그 토대만을 토대로 의지합니다.

모든 마음 공통들 7가지는 다음과 같습니다.

① 접촉phassa: 마음과 대상을 접촉하게 해 주는 성품

② 느낌vedanā: 대상을 느끼는 성품

③ 인식saññā: 대상을 인식하는 성품

④ 의도cetanā: 대상과 결합한 여러 법, 즉 마음과 마음부수들로 하여금 각각의 역할을 잘 수행하도록 자극하고 격려하는 성품

⑤ 하나됨ekaggatā: 하나의 대상에 머무는 성품

⑥ 생명기능jīvitindriya: 자신과 결합하는 정신법들이 지속되도록 보살피는 성품[24]

⑦ 마음기울임manasikāra: 마음으로 하여금 대상 쪽으로 향하도록, 마음에 대상이 나타나도록, 대상에 마음을 기울이도록 해 주는 성품

그리고 'pakiṇṇakā 때때로들'이란 아름다운 마음이든 아름답지 않은 마음이든 종류에 관계없이 모든 마음과 결합할 수는 있지만 언제나 결합하는 것은 아닌 마음부수들을 말합니다. 'pa 여러 가지로, 다양하게' + 'kiṇṇaka 혼합되는', 일부 마음과 때때로 결합하는 마음부수입니다. '혼합 마음부수'라고도 표현할 수 있습니다.

---

24 생명기능에는 물질적인 것도 있고 정신적인 것도 있다. 여기서는 정신적 생명기능을 말한다. 물질적 생명기능은 제6장 「물질의 장」에서 설명할 것이다.

때때로들 6가지는 다음과 같습니다.

① 사유vitakka: 결합하는 법들을 대상으로 도달하게 하는 성품

② 고찰vicāra: 대상을 계속해서 취하며 숙고하는 성품

③ 결심adhimokkha: 대상을 결정하는 성품

④ 정진vīriya: 결합하는 법들을 지지하고 받쳐주며 노력하는 성품

⑤ 희열pīti: 대상을 기뻐하는 성품

⑥ 열의chanda: 대상을 바라는 성품

이러한 동화aññasamāna 마음부수 13가지는 선 마음과 함께 생겨나면 선 마음부수가 되고, 불선 마음과 함께 생겨나면 불선 마음부수가 되는 등 함께 생겨나는 다른 법들과 같아지는 마음부수들입니다.

이러한 절대성품 법들은 매우 미묘하고 미세합니다. 빤냣띠paññatti(이하 개념)에 가려져 있어서 알기 힘듭니다. 먼저 아비담마 강의나 문헌을 통해 들어서 아는 지혜 정도로 알 수 있고, 더 나아가 위빳사나 수행을 통해 특성, 역할, 나타남, 가까운 원인으로도 알 수 있습니다.

(1) 모든 마음 공통들 7가지

2 Kathaṁ? Phasso vedanā saññā cetanā ekaggatā jīvitindriyaṁ manasikāro ceti sattime cetasikā sabbacittasādhāraṇā nāma.[25]

25 ㉺부처님께서 직접 설하신 아비담마에는 이렇게 정리돼 있지 않다. 예를 들어 『담마상가니』에서는 "무엇이 선법들인가? 형색을 대상으로 하거나 … 즐거움과 함께하고 지혜와 결합한 욕계 선 마음이 일어날 때 접촉이 있고 느낌이 있고 인식이 있고 의도가 있고 마음이 있다"라는 등으로 설하셨다.(Dhs.1) 부처님께서 여러 마음에 대해 설하신 것을 아누룻다 존자가 『아비담맛타 상가하』에서 요약한 것이다. 따라서 요약한 이 내용도 부처님의 설법이라고 알아야 한다.

해석

어떻게? 접촉, 느낌, 인식, 의도, 하나됨, 생명기능, 마음기울임, 이렇게 7가지인 마음부수들은 '모든 마음 공통들'이라고 한다.

대역

Kathaṁ어떻게; 어떻게 알아야 하는가? phasso ca접촉과; 대상에 접촉하는 특성이 있는 접촉 마음부수와 vedanā ca느낌과; 대상의 맛을 느끼는 특성이 있는 느낌 마음부수와 saññā ca인식과; 대상의 성품을 인식하는 특성이 있는 인식 마음부수와 cetanā ca의도와; 대상에 대해 결합된 법들을 격려하는 특성이 있는 의도 마음부수와 ekaggatā ca하나됨과; 하나의 대상만 취하여 집중되고 산란하지 않은 특성이 있는 하나됨 마음부수와 jīvitindriyañca생명기능과; 함께 생겨나는 정신법들을 보호하고 다스리는 특성이 있는 생명기능 마음부수와 manasikāro ca마음기울임; 대상에 마음 기울이는 특성이 있는 마음기울임 마음부수, iti=iminā pabhedena이렇게; 이렇게 종류로 구분하면 satta7가지인 ime cetasikā이 마음부수들은 sabbacittasādhāraṇā nāma honti[26]'모든 마음 공통들'이라고 한다; 모든 마음과 결합하기 때문에 '모든 마음 공통 마음부수들'이라고 한다.

26 'honti'라는 단어는 『아비담맛타상가하』 본문에 없다. 이렇게 본문에는 없지만 대역에서 자세하게 해석하기 위해 첨가된 내용은 대역의 저본(*Paṭhama Bākarā Sayadaw*, 『*Abhidhammatthasaṅgahapāṭha Nissaya*』)에 따른 것이다. 첨가된 사실을 분명하게 밝혀야 하는 경우는 겹화살 괄호 '《 》'로 표시했다.

이 구절에서 접촉, 느낌 등의 차례는 『아비담맛타상가하』를 저술한 아누룻다 존자가 『담마상가니』 성전을 의지해서 나열한 '가르침의 차례 desanākkama'입니다. 일어남의 차례uppattikkama가 아닙니다.[27] 접촉이 생겨난 뒤에 느낌이 생겨나고, 느낌이 생겨난 뒤에 인식이 생겨난다는 의미가 아닙니다. 마음부수들을 앞뒤로 나열한 것에는 특별히 신경 쓰지 말고 각 마음부수의 특성 등에 주목해야 합니다.(AhBṬ.98)

접촉

모든 마음 공통들 7가지 중 첫 번째 마음부수는 접촉phassa입니다. 접촉이란 대상과 닿는 성품입니다. 마음이 일어날 때마다 접촉이 포함됩니다. 생각할 때도 접촉이 포함됩니다. 접촉이 포함되지 않으면 대상이 드러나지 않습니다. 대상이 드러나기 때문에 접촉도 분명합니다. 대상을 분명하게 접하는 것, 대상과 닿는 성품이 접촉입니다. 대상이 분명하게 드러나지 않으면 접촉도 분명하지 않습니다.

단어분석

Phusatīti phasso. (Vis.ii.92)

대 역

Phusatīti닿는다고 해서 phasso접촉이다.

27 차례에는 일어남의 차례uppattikkama, 제거의 차례pahānakkama, 실천의 차례paṭipattikkama, 탄생지의 차례bhūmikkama, 가르침의 차례desanākkama가 있다. 『청정도론』 제2권, p.494 참조.

'닿는다phusati'고 해서 '접촉phassa'이라고 합니다. 이것은 빠알리어 문법상 '대상과 닿는 성품이 접촉이다'라고 주격으로 분석한 것입니다. '어떤 영혼이나 자아가 닿는 것이 아니라 접촉이라는 성품이 닿는다'라는 의미입니다. 혹은 '결합된 법들을 대상과 닿게 하는 조건이 접촉이다'라고 도구격으로 분석할 수도 있습니다. '영혼에 의해서 아는 것이 아니라 접촉에 의해서 안다"라는 의미입니다. 혹은 '단지 접촉하는 성품이 접촉이다'라고 호격으로 분석할 수도 있습니다. 호격으로 분석하는 것이 엄밀한 의미이고 주격이나 도구격으로 분석하는 것은 비유로 보인 의미입니다. 이것은 이어서 설명할 의도 등의 법에 대해서도 동일합니다.[28]

특질

Svāyaṁ phusanalakkhaṇo. Saṅghaṭṭanaraso, sannipātapaccupaṭṭhāno, āpāthagatavisayapadaṭṭhāno. (Vis.ii.92)

대 역

Svāyaṁ이것은 phusanalakkhaṇo《대상과》 닿는 특성이 있다. saṅghaṭṭanaraso부딪히는 역할이 있다. sannipātapaccupaṭṭhāno《대상과 문과 의식이라는 세 가지가》 만나는 것으로 나타난다. āpāthagatavisayapadaṭṭhāno도달한 경계가; 드러난 대상이 가까운 원인이다.

특성

접촉은 닿는 특성이 있습니다. 대상에 닿는 성품을 '접촉'이라고 부릅니다. '대상에 닿는다'라는 것은 원하거나iṭṭha 원하지 않는aniṭṭha 대상

28 *Mahāsi Sayadaw*, 『*Visuddhimagga Myanmarpyan*(위숫디막가 미얀마어 번역)』 제2권, pp.278~279 참조.

의 맛에 도달하도록 닿아서 취하는 것입니다.(*Saṅghahamahāṭīkāthik, 91*)

'닿는다'는 것은 사실 물질법들 사이에서만 생겨날 수 있습니다. 정신법들에서는 생겨날 수 없습니다. 그런데도 접촉이라는 정신법이 어떻게 대상과 닿을 수 있는지 질문할 수 있습니다. '접촉이 대상과 닿는다'라고 할 때는 물건이 서로 닿아서 부딪치는 것처럼 물질이 닿아서 접촉하는 것을 말하는 것이 아닙니다. 정신법들의 성품에 따라서 각각의 대상에 닿는 것, 요소로서 닿는 것을 말합니다.

사실은 물질적 대상인 형색이 눈 감성물질에 닿을 때도 물질들끼리 서로 직접 접촉하거나 부딪치며 닿는 것이 아닙니다. '요소'로서 닿습니다. 그와 마찬가지로 접촉도 직접 부딪치며 닿는 것이 아니라 마음과 대상, 이 두 가지가 요소로서 서로 접촉하는 성품으로 닿는 것입니다.(DhsA.151)

'요소들의 닿음'이라는 성품으로서의 접촉은 어떤 곳에서는 매우 분명합니다.

- 신 과일을 먹고 있는 이를 보면 직접 먹지 않아도 마치 자신이 먹는 것처럼 입안에 침이 고입니다.
- 자신이 좋아하는 이를 다른 사람이 때리고 괴롭히는 것을 보면 직접 맞지 않아도 마치 자신이 맞는 것처럼 무서워 소름이 끼치고 몸이 떨립니다.
- 겁이 많은 사람이 나무 꼭대기에 올라간 사람을 보면 자신은 땅위에 있지만 마치 자신이 나무 위에 올라가 있는 것처럼 두려워 떨게 됩니다.
- 약한 동물이 맹수를 보았을 때 즉시 도망치지 못하고 몸이 얼어붙습니다. 사람이 매우 무서운 대상들과 만났을 때 다리나 손을 움

직이지 못하고 몸이 얼어붙습니다.(*Abhidhammāvatāraṭīkāthik. i.291*)

- 소설이나 드라마에서 나쁜 사람이 주인공을 때리는 장면이 나올 때, 연민이 강한 사람에게는 맞는 사람을 대상으로 불쌍하다는 마음이 생겨나고, 성냄이 강한 사람에게는 때리는 사람을 대상으로 화를 내는 마음이 생겨납니다.

위의 여러 예시에서 몸으로 직접 닿지는 않았지만 요소 성품에 따라 서로 닿는 것이 생겨날 수 있는 것처럼 정신법들의 성품에 따라 닿는 것, 접촉하는 성품을 '접촉'이라고 말합니다. 『위숫디막가』에서는 "접촉은 비물질법이지만 대상에 닿는 모습으로만 생긴다"라고 설명했습니다.(Vis.ii.92)

역할

『아비담마 강설 1』 제3강에서 역할rasa에는 절대성품 법들이 행하는 작용이라는 '작용으로서의 역할kiccarasa'과 원인을 갖춰서 생겨나는 모습이라는 '성취로서의 역할sampattirasa' 두 종류가 있다고 설명했습니다.(DhsA.105)[29]

작용으로서의 역할 측면에서 접촉은 부딪히는saṅghaṭṭana 역할, 즉 마음과 대상을 닿게 해 주는 역할을 합니다.(DhsA.151) 마음은 접촉 없이 스스로 대상을 취할 수 없습니다. 접촉이 마음을 대상과 연결해 줘야, 부딪히게 해 줘야 마음이 대상을 취할 수 있습니다. 보는 마음을 형색 대상과 연결해 줍니다. 듣는 마음 등도 마찬가지입니다. 이렇게

29 『아비담마 강설 1』, pp.69~70 참조.

접촉은 여섯 의식을 여섯 대상과 연결해 주는, 부딪히게 해 주는 역할을 합니다. 『위숫디막가』에서는 "또한 어느 한 부분이라도 들러붙지 않지만 형색이 눈에 부딪히는 것처럼, 소리가 귀에 부딪히는 것처럼[30] 마음도 대상에 부딪힌다; 부딪히게 한다"라고[31] 설명했습니다.(Vis.ii.92)

성취로서의 역할 측면에서 접촉이 생겨나는 것은 눈 감성물질 등의 토대 물질과[32] 형색 등의 대상 물질이 부딪쳤기 때문입니다. 이것은 염소 두 마리가 서로 부딪치는 비유, 두 손바닥을 서로 부딪치는 비유 등을 통해 알 수 있습니다.(Mil.61) 접촉이 생겨났다는 것을 통해 '토대와 대상이 부딪쳤다'라는 사실을 알 수 있다는 뜻입니다.

접촉의 연결시키는 역할에 관해 조금 더 설명하겠습니다. 부처님께서 『앙굿따라 니까야』에서 "여자의 형색·소리·냄새·맛·감촉보다 더 남자들의 마음을 사로잡는 것은 없고 남자의 형색·소리·냄새·맛·감촉보다 더 여자들의 마음을 사로잡는 것은 없다"라고 설하셨습니다.(A1:1:1~10) 여기서 '사로잡는 것pariyādāya'이란 잡아끄는 것을 말하는데 그때 마음이 대상을 취하게 하는 것, 대상이 마음에 드러나도록 마음과 대상을 결합시키는 성품이 접촉입니다. 앞에서도 설명했듯이

30 ㉯눈과 귀가 자신에게 직접 부딪히지 않는 대상을 취하는 것처럼 여기서도 '어느 한 부분도 들러붙음이 없이 문에 대상이 드러난다는 의미로 문과 대상이 서로 부딪치는 것처럼'이라는 뜻이다. 『*Visuddhimagga Myanmarpyan*(위숫디막가 미얀마어 번역)』 제2권, p.29 참조.

31 ㉯'saṅghaṭṭeti'를 '접촉은 대상에 부딪힌다'라고는 말할 수 있어도 '마음에 부딪힌다'라고 말하는 것은 적당하지 않다. 그래서 '부딪히게 한다'라고 두 번째로 해석했다. 『*Visuddhimagga Myanmarpyan*(위숫디막가 미얀마어 번역)』 제2권, p.29 참조.

32 ㉰'토대vatthu'란 눈 의식 등이 의지하는 곳, 다르게 표현하면 형색 등의 대상이 도달하는 곳이다. 토대에는 눈 토대, 귀 토대, 코 토대, 혀 토대, 몸 토대, 심장 토대라는 6가지가 있다. 눈 토대는 눈 감성물질이다. 눈 감성물질은 눈의 검은자 안에 있는, '보아서 아는 마음인 눈 의식이 생겨나는 의지처가 되는 깨끗한 물질'을 말한다. 빠알리어로는 'cakkhupasāda'라고 하는데, 'cakkhu'는 눈, 'pasāda'는 '깨끗한, 투명한'이라는 뜻이다. 눈 의식, 그리고 그것과 결합한 마음부수들은 이 눈 토대, 눈 감성물질을 의지해서 생겨난다. 귀 토대 등도 마찬가지다. 『아비담마 길라잡이』 제1권, p.373 참조.

실제로 눈이라는 물질이 형색이라는 물질 쪽으로 가서 직접 부딪혀서 보는 것이 아닙니다.

그래서 접촉이 약하면 느낌도 별로 두드러지지 않고 그 느낌을 조건으로 생겨나는 갈애도 힘이 약합니다. 반대로 접촉이 매우 강하면 접촉을 조건으로 생겨나는 느낌도 매우 강합니다. 그 느낌을 조건으로 생겨나는 갈애도 강합니다. 강한 갈애 때문에 정신을 잃는 경우도 있습니다. 이것에 대해서는 접촉의 나타남에서 자세하게 설명하겠습니다.

나타남

『아비담마 강설 1』 제3강에서[33] 나타남paccupaṭṭhāna에는 앞서 설명한 작용으로서의 역할로 인해 얻어지는 '결과phala로서 나타남'과 수행자에게 드러나는 양상upaṭṭhānākāra인 '지혜에 나타남'이라는 두 종류가 있다고 설명했습니다.(DhsA.105)

먼저 '지혜에 나타남'의 측면에서 접촉은 '모임sannipāta'이라는 나타남이 있습니다. 접촉은 눈 감성물질 등의 토대, 형색 등의 대상, 보아서 아는 마음인 눈 의식 등의 의식, 이렇게 토대와 대상과 의식이라는 세 가지가 결합해서 생겨나는 성품이라고 지혜에 나타납니다. 비유하면 하늘에서 성질이 다른 두 구름이 부딪쳤을 때 번개가 치는 것처럼, 부싯돌 두 개가 부딪쳤을 때 불이 붙는 것처럼 토대와 대상이 부딪쳤을 때 의식이 생겨납니다. 그 세 가지가 결합했을 때 접촉이 생겨납니다. 아비담마를 잘 이해해서 숙고했을 때나, 위빳사나 수행이 향상됐을 때 이렇게 지혜에 드러날 것입니다.

33 『아비담마 강설 1』, p.70 참조.

그리고 '결과로서 나타남'의 측면에서 접촉은 느낌vedanā이라는 결과를 생겨나게 합니다. 대상과 닿아서 접촉하는 접촉 때문에 대상의 맛을 느끼는 성품인 느낌이라는 결과법이 생겨난다는 뜻입니다. 어떤 것을 느끼기 위해서는 우선 그 대상과 닿아서 접촉하는 것이 필요합니다. 닿아서 접촉하는 것이 있어야 그 대상을 느낄 수 있습니다. 접촉이 없으면 대상의 좋고 나쁜 맛을 느낄 수 없습니다. 예를 들어 지옥에서 타오르는 매우 뜨거운 불도 지옥 중생들에게 몸 접촉이 없다면, 몸 접촉이 생겨나지 않는다면 뜨거움을 느낄 수 없습니다. 접촉이 있기 때문에 지옥 불길의 뜨거움을 느끼면서 고통을 겪는 것입니다.

접촉은 자신과 닿는 형색 대상 등 여섯 대상의 좋은 맛과 좋지 않은 맛이 드러나도록 모든 힘을 다해 부딪혀줍니다. 그렇게 접촉이 전력을 다해 부딪혀주기 때문에 드러나는 대상의 맛을 느낌이 느끼는 것입니다.(AhSṬ.ii.374) 이렇게 접촉은 느낌의 기반이 되기 때문에 접촉을 가죽이 벗겨진 소처럼(S12:63) 보아야 한다고 『위숫디막가』에서 설명했습니다.(Vis.ii.92)

다르게 비유하자면 접촉은 왕궁 요리사와 같고 느낌은 왕과 같습니다. 왕궁 요리사는 여러 좋은 음식을 준비해서 왕에게 올립니다. 물론 요리를 준비하면서 맛이 어떤지 먹어 보기는 하지만 양껏 먹지는 못합니다. 반면에 왕은 요리사가 올린 음식을 마음껏 먹으면서 맛을 누립니다. 그와 마찬가지로 접촉에도 대상을 느끼는 성품이 없다고 말할 수는 없지만 그보다는 느낌이 잘 느낄 수 있도록, 대상의 맛이 드러나도록 전력을 다해 부딪혀주는 역할만 합니다. 실제로 대상의 좋고 나쁜 맛을 느끼는 것은 느낌이라는 마음부수의 역할입니다. 조건과 결과로 말하자면 접촉이 조건이고 그 조건에 의해 느낌이라는 결과법이 생겨나는 것입니다. 하지만 생겨날 때는 동시에 생겨납니다. 그래서 접촉은 '느낌이라는 결과법으로 나타난다'라고 설명하는 것입니다.(AhVṬ.105)

접촉이 느낌이라는 결과를 생겨나게 할 때는 '마음'에서만 생겨나게 합니다. 이를 숯, 촛농, 열기에 비유할 수 있습니다. 과거에는 중요한 문서를 봉할 때 촛농을 숯불로 살짝 녹여서 붙였습니다. 이때 숯불은 외부 조건입니다. 숯불로 촛농을 데우면 촛농에서 열기가 생겨납니다. 촛농의 열기는 숯불 때문에 생겼지만 숯을 부드럽게 하지는 못합니다. 열기 자신이 의지하는 곳인 촛농만을 부드럽게 합니다. 그와 마찬가지로 토대와 대상이라는 외부 조건, 마음이라는 내부 조건, 이 세 가지 조건 중 토대와 대상 때문에 생겨나는 접촉은 그 토대나 대상에서 느낌을 생겨나게 하는 것이 아닙니다. 접촉 자신이 의지하는 곳인 마음에서만 느낌을 생겨나게 합니다. 이 비유에서 토대와 대상은 숯과 같고, 마음은 촛농과 같습니다. 접촉은 촛농의 열기와 같고, 접촉 때문에 생겨나는 느낌은 숯불 때문에 생겨나는 촛농의 부드러움과 같습니다.(DhsA.152)

눈문에서 접촉 때문에 세 가지 느낌이 생겨나는 모습은 다음과 같습니다. 눈 감성물질과 형색 대상, 그리고 그 두 가지를 조건으로 생겨난 눈 의식眼識, 이 세 법이 모였을 때 대상에 닿는 성품인 접촉이 드러납니다. 경전에서는 "눈과 형색을 조건으로 눈 의식이 생겨난다. 이 셋의 화합saṅgati이 접촉이다. 접촉을 조건으로 느낌이 생겨난다"라고 설명했습니다.(S35:60 등)[34]

34 ㉯접촉이라는 마음부수는 눈 감성물질과 함께 생겨나는 것도 아니고, 형색이라는 외부 대상과 함께 생겨나는 것도 아니다. 눈 의식이라는 보아서 아는 마음과 함께 생겨난다고 알아야 한다. 하지만 일반 사람의 지혜로는 눈 의식이 생겨날 때 접촉이 같이 생겨나는 모습을 확실하게 분별해서 알 수 없다. 단지 보아서 아는 마음이 생겨났다는 정도만 알 수 있다.

이때 보아서 아는 마음인 눈 의식은 모양이나 형체, 색깔 정도만 압니다. 대상의 좋고 나쁜 맛이 드러나도록 할 수는 없습니다.[35] 대상의 맛이 드러나도록 대상을 짓누르는 것, 전력을 다하는 것은 접촉의 역할입니다. 접촉이 전력을 다해 부딪혀주기 때문에 대상의 맛이 드러나고, 드러나는 대상의 그 맛에 따라 맛을 느끼는 여러 느낌이 드러납니다. 멋있고 아름답고 좋은 대상이 드러나면 좋은 것을 느끼는 행복한 느낌 sukha vedanā이 생겨납니다. 좋지 않고 혐오스럽고 싫어하는 대상이 드러나면 나쁜 것을 느끼는 괴로운 느낌dukkha vedanā이 생겨납니다. 좋지도 않고 싫지도 않은 중간인 대상이 드러나면 느끼는 성품도 분명하지 않아서 평온한 느낌upekkhā vedanā이 생겨납니다.

귀 감성물질과 소리 대상, 들어서 아는 마음인 귀 의식 등 나머지 감각문에서도 마찬가지입니다.

맘문에서도 접촉 때문에 세 가지 느낌이 생겨납니다. 심장이라는 토대와 성품법이라는 대상을 조건으로 생각해서 아는 마음이 생겨날 때마다 계속해서 맘문이라는 심장토대[36], 성품법이라는 대상, 생각해서 아는 마음인 맘 의식이 결합합니다. 그 세 법이 부딪쳤을 때 생각 속에서 대상과 부딪치는 접촉이 생겨납니다.

---

35 ㉤위빳사나 수행을 할 때 빛 등 눈에 특이한 대상이 나타나면 바로 〈본다, 본다〉라고 관찰해야 한다. 단지 '어떤 것을 보았다'라는 정도에서 인식과정이 멈추도록, 더 진행이 되지 않도록 관찰하는 것이다. 인식과정이 단지 보는 것 정도에서 멈추면 그 대상과 관련해서 좋아하는 탐욕이나 싫어하는 성냄이 생겨날 수 없고, 있는 성품 그대로 알 수 있다. 그래서 부처님께서 「말루꺄뿟따숫따Mālukyaputtasutta(말루꺄뿟따 경)」에서 "보이는 것에 대해서는 보는 정도만 생겨날 것이다" 등으로 설하신 것이다.(S.ii.295/S35:95) 마하시 사야도 지음, 비구 일창 담마간다 옮김, 『위빳사나 수행방법론』 제1권, pp.382~397; 마하시 사야도 지음, 비구 일창 담마간다 옮김, 『말루꺄뿟따숫따 법문』, pp.59~60 참조.

36 맘문전향과 함께 존재요인을 '맘문'이라고 한다. 맘문전향과 존재요인의 의지처이기 때문에 심장토대도 '맘문'이라고 부른다. (Pm.ii.410)

접촉이 생겨나면 대상을 느끼는 느낌들이 적절하게 생겨납니다. 원하는 대상과 만난다면 행복한 느낌이 생겨날 것입니다. 마음속으로 과거에 행복했던 순간을 회상하면서 마음속으로 즐겁게 지내기도 합니다. 나중에 행복할 것을 기대하면서 마음속으로 즐겁게 지내기도 합니다. 지금 행복한 모습을 생각하면서 마음속으로 즐겁게 지내기도 합니다. 이것은 좋은 접촉 때문에 행복한 느낌이 생겨나는 모습입니다.

원하지 않는 대상과 만난다면 괴로운 느낌이 생겨날 것입니다. 과거에 괴로웠던 모습이나 위험에 처했던 모습 등을 회상하면서, 나중에 괴로울 모습 등을 미리 걱정하면서, 지금 괴로운 모습 등을 생각하면서 마음속에 괴로움, 슬픔, 실망함 등이 생겨납니다. 이것은 좋지 않은 접촉 때문에 괴로운 느낌이 생겨나는 모습입니다.

원하지 않는 것도 아니고 원하는 것도 아닌 대상과 만난다면 평온한 느낌이 생겨납니다. 평온한 느낌은 행복하지도 않고 괴롭지도 않은, 분명하지 않아서 미세한 느낌입니다.

이렇게 접촉을 조건으로 세 가지 느낌이 생겨납니다. "느낌은 무엇 때문에 생겨나는가?"에 대해 이렇게 알 수 있는 것은 부처님께서 설해 주셨기 때문입니다. 부처님 당시 외도 유행승 중 어떤 이들은 괴로움은 자기 스스로가 짓는 것이라고 주장하고, 어떤 이들은 남이 짓는 것이라고 주장하고, 어떤 이들은 자기 스스로도 짓고 남도 짓는 것이라고 주장하고, 어떤 이들은 우연히 발생하는 것이라고 주장했습니다. 이에 대해 부처님께서는 "아무리 그렇게 주장하더라도 괴로움은 조건에 따라 생겨난 것이다. 무엇을 조건으로 괴로움이 생겨나는가? 접촉을 조건으로 생겨난다"라고 설하셨습니다.(S.i.272/S12:24) 그리고 "여러 견해나 교리가 생겨나는 근본 원인은 접촉이다"라고도 설하셨습니다.(D.i.38/D1)

감각접촉 때문에 큰 고통이 생겨난 모습을 『자따까』 일화를 통해 살펴보겠습니다.

과거 어느 생에 보살은 시위Sivi라는 왕이었습니다. 도성인 아릿타뿌라Ariṭṭhapura에는 움마단띠Ummādantī라는 매우 아름다운 여인이 살고 있었습니다. 움마단띠의 아버지는 오직 왕만이 자신의 딸에게 어울린다고 생각해 왕을 찾아가 "제 딸은 매우 아름답습니다. 그러니 바라문들을 보내 딸의 표상이나 특징을 살펴보게 하시고, 적합하면 왕비로 삼아 주십시오"라고 청했습니다. 왕은 그의 청을 승낙하고 바라문들을 움마단띠의 집으로 보냈습니다. 그가 바라문들에게 음식을 대접할 때 잘 치장한 움마단띠가 나타났고, 그 아름다운 모습에 바라문들은 넋이 나가버렸습니다. 어떤 바라문은 손으로 음식을 집어 눈에 넣으려 하고, 어떤 바라문은 귀에 넣으려 하는 등 제정신이 아니었습니다. 그러자 움마단띠는 "상스럽습니다"라고 하면서 그들을 내쫓았습니다. 이렇게 움마단띠가 보는 사람이 미쳐버릴 정도로 아름다운 데는 그럴 만한 이유가 있었습니다.

과거 어느 생에 움마단띠는 매우 가난한 집에 태어났습니다. 그녀는 도시에서 열리는 축제에 가고 싶어서 부모에게 옷을 사달라고 했지만 그들에게는 옷 한 벌 사줄 여유조차 없었습니다. 부모는 "그렇게 원한다면 어느 부잣집에 하녀로 들어가 스스로 돈을 벌어서 옷을 사 입어라"라는 말밖에 할 수 없었습니다. 그 말에 그녀는 어느 집에 하녀로 들어가 3년간 열심히 일한 뒤에 가까스로 옷 한 벌을 살 수 있었습니다. 어느 날, 움마단띠는 새 옷을 입기 전에 몸을 깨끗이 하려고 강으로 목욕을 하러 갔습니다. 마침 그곳에서 깟사빠 부처님의 한 제자가 가사가 찢어져서 나뭇잎을 엮어매 몸을 대충 가리고 있는 것을 보았습니다. 그녀는 힘들게 구한 새 옷을 그냥 입을지, 장로를 위해 보시할지 고민하다가 '만약 지금 내가 이 옷을 입는다면 그것은 공덕이 되지 않는다. 하지만 이 장로를 위한 가사로 보시한다면 많은 공덕이 있을 것이다'라고 생각했습니다.

그렇게 결정하고서 장로에게 그 옷을 가사로 받아줄 것을 청한 뒤 다음과 같이 서원하면서 보시했습니다.

"이렇게 가사를 올린 공덕으로 태어나는 생마다 나를 보는 남자들이 모두 미칠 정도로 매우 아름다운 여인으로 태어나기를."

장로는 "서원대로 이루어지기를"이라고 축원했습니다. 일반적으로 옷이나 가사를 보시하면 태어나는 생마다 용모가 아름다운 결과를 받습니다. 그런데 과거 생에 보시의 대상이 여러 덕목을 갖춘 장로 비구였고, 보시물도 힘들게 일해서 여법하게 구한 옷이었고, 또한 특별히 서원도 했기 때문에 현재 생에 움마단띠는 앞서 언급한 대로 자신의 모습을 본 바라문들이 정신을 잃을 정도로 아름다운 용모를 지니게 된 것입니다.

정신을 차린 바라문들은 움마단띠를 보고 정신을 잃고서 쫓겨난 것이 창피해서 왕에게 "움마단띠는 용모가 추하고 행실도 저속해 왕빗감이 아닙니다"라고 거짓으로 보고했습니다. 그 말을 그대로 믿은 왕은 움마단띠를 왕비로 삼지 않았습니다. 그러자 움마단띠의 아버지는 대장군인 아비빠라까Abhipāraka에게 딸을 시집보냈고, 움마단띠는 왕이 자신을 받아들이지 않은 것에 앙심을 품고 있었습니다.

시간이 흘러 어느 날, 왕은 행차를 나가다가 움마단띠의 집을 지나치게 됐습니다. 그 소식을 들은 움마단띠는 매우 아름다운 천녀와 같은 모습으로 치장하고서 자신의 모습이 잘 보이도록 창문을 열어놓고 서 있었습니다. 마침 지나가던 왕이 그 모습을 보고서 신하에게 "저 여인은 누구인가?"라고 물었습니다. 신하는 "움마단띠입니다"라고 대답했습니다. 왕은 그제야 이전에 왕비로 삼기를 청했던 움마단띠가 매우 아름답다는 사실, 지금은 총사령관의 아내라는 사실을 알게 됐습니다. 그리고 움마단띠라는 형색 대상과의 "강한 접촉" 때문에 행차를 멈추고 왕궁으로 돌아갔습니다. 왕궁으로 돌아가서는 눈을 떠도, 눈을 감아도 움마단띠가 바로 눈앞에 실재하는 것처럼 "눈 접촉"이 계속 생겨나서 "움마단띠, 움마단띠"라고 신음했습니다.

"제석천왕이여, 그대는 저의 소원을 모두 들어준다고 했습니다. 저는 하루, 이틀 만이라도 아비빠라까 대장군이 돼 움마단띠와 즐거운 시간을 보낸 뒤 다시 왕의 자리로 돌아오고 싶습니다."

왕은 이렇게 말하며 정신을 잃어버렸다고 합니다.

가르침에 따라 말하자면 움마단띠라는 아름다운 여인의 형색과 왕의 눈 감성물질, 이 두 가지를 조건으로 생겨난 눈 의식, 이 세 가지를 결합하는 법이 눈 접촉입니다. 이 강렬한 눈 접촉을 조건으로 매우 좋아하고 즐거워하는 느낌이 생겨났고, 이 즐거운 느낌을 조건으로 대상을 가지려는 갈애가 생겨난 것입니다.

왕이 자신의 아내를 원한다는 사실을 알게 된 아비빠라까 대장군은 아내를 왕에게 헌납했습니다. 그러나 왕은 보살이었기 때문에 즉시 새김과 바른 앎을 회복했습니다. '나는 왕이다. 만약 내가 움마단띠를 받아들인다면 안 좋은 소문이 돌아 백성들이 나를 비난할 것이다. 또한 다른 남자의 여인을 취하면 삿된 음행을 삼가는 계행도 어기게 된다. 현생에도 좋지 않고 내생에도 좋지 않을 것이다'라고 숙고하고서 움마단띠에 대한 갈애를 접고 다시 나라를 잘 다스렸다고 합니다.

용모가 매우 아름다웠던 움마단띠는 부처님 당시에 웁빨라완나Uppalavaṇṇā라는 아라한 비구니의 과거생이었고, 아비빠라까 대장군은 사리뿟따 존자의 과거생이었으며, 시위 왕은 부처님의 과거생이었습니다.(J527)

일화를 하나 더 소개하겠습니다. 과거 어느 생에 보살은 선정과 신통을 증득한 선인이었습니다. 바라나시Bārāṇasi 왕은 그의 위의威儀에 감명을 받아 그에게 왕실 정원에서 지내도록 청했습니다. 선인은 매일 신통으로 정원에서 궁전으로 날아가 탁발공양을 받고 돌아왔습니다. 이렇게 16년이 지난 어느 날, 변방에 반란이 일어나 왕은 공양 올리는 일을 왕비에게 맡기고 진압을 위해 변방으로 떠났습니다. 선인이 탁발을 위해 궁에 들어갔을 때 마침 왕비의 옷이 흘러내려 왕비의 알몸을 보고 말았습니다. 그 모습에 선인에게 강한 애정이 생겨났고, 즉시 신통이 사라져버려 정원으로 돌아올 때는 걸어서 와야 했습니다. 그 이후로도 왕비에 대한 애정 때문에 먹지도 못하고 잠도 이루지 못했습니다. 변방 진압을 마치고 돌아온 왕이 그 사실을 알고서 "선인을 잘 보살펴 주시오"라는 말과 함께 왕비를 선인에게 보냈습니다. 왕실 정원에 도착한 왕비는 "집이 필요합니다. 먹을 것이 필요합니다. 목욕물이 필요합니다. 가구가 필요합니다"라고 요구하며 매일 선인에게 일을 시켰습니다. 그동안 해오지 않았던 세속의 잡다한 일로 선인이 지칠 대로 지친 어느 날, 왕비는 선인의 옆에 앉아 그의 수염을 당기며 "지혜가 있는 선인께서 재가생활의 어려움을 모르고 속퇴했습니까?"라고 말했습니다. 눈물이 찔끔 날 정도로 통증이 생겨난 선인은 즉시 새김과 바른 앎을 회복했습니다. 선인은 왕비를 왕에게 다시 돌려보낸 뒤 이전에 닦았던 선정과 신통을 회복해 히마완따 산으로 돌아갔습니다.(J66)

이 일화에서 보면 선인의 눈 감성물질, 왕비라는 형색, 그 두 가지를 조건으로 눈 의식이 생겨났습니다. 눈 감성물질과 형색과 눈 의식이라는 세 가지를 결합하는 성품이 눈 접촉입니다. 그 접촉을 조건으로 느낌이 생겨났고 느낌을 조건으로 갈애가 생겨났습니다.

접촉은 여러 위험과 고통의 근본 조건이기도 합니다. 아름다운 형색과 만났을 때 눈 접촉이 생겨나고, 그것을 조건으로 즐거운 느낌이 생겨납니다. 이어서 그 대상을 즐기려는 갈애가 생겨날 때 어떤 사람들은 살생이나 도둑질 등 악행을 행하고, 심지어 전쟁을 일으키기까지 합니다.(D.ii.50/D15) 그러한 악행을 행하면 현생에서 처벌 등의 고통을 받고 내생에서도 지옥의 고통을 받습니다. 따라서 현생과 내생 모두의 고통은 접촉을 원인으로 한다고 말할 수 있습니다.

가까운 원인

접촉은 도달한 경계āpāthagatavisaya라는 가까운 원인이 있습니다. 눈 감성물질 등 여섯 토대에 드러난 여섯 대상이 접촉의 가까운 원인이라는 뜻입니다. 앞서 접촉의 나타남에서 설명했듯이 토대·대상·의식, 이 세 가지가 결합하는 성품이 접촉입니다. 그 세 가지 중 눈 감성물질 등 토대 물질에 형색 등 여섯 대상이 드러나는 것이 매우 중요합니다. 토대에 대상이 드러나야만 그 대상을 향해 전향āvajjana이 생겨나 보아서 아는 마음 등 의식들이 생겨납니다. 마음이 생겨날 때 그 마음과 함께 접촉도 생겨납니다. 이렇게 토대인 감성물질들에 대상들이 드러나야만 접촉이 확실하게 드러나므로 접촉이 일어나기 위한 가장 가까운 원인은 '드러난 대상'이라고 말할 수 있습니다.(DhsMṬ.i.86)

혹은 "saḷāyatanapaccayā phasso(여섯 감각장소를 조건으로 접촉이 생겨난다)"라는 연기 가르침에 따라(Vbh.ii.143) 접촉의 가까운 원인은 여섯 감각장소라고 말할 수도 있습니다. 이때 여섯 감각장소란 눈·귀·

코·혀·몸·맘이라는 내부 감각장소 여섯 가지를 말합니다. 감각장소에는 내부 감각장소 여섯 가지뿐만 아니라 형색·소리·냄새·맛·감촉·법이라는 외부 감각장소 여섯 가지도 있습니다.[37] 이 모두가 접촉이 생겨나게 하는 가까운 원인입니다. 앞에서 여러 번 언급했듯이 부처님께서 "눈 감성물질과 형색 대상을 조건으로 보아서 아는 눈 의식이 생겨난다. 눈과 형색과 눈 의식, 이 세 가지의 결합이 접촉이다"라고 설하셨습니다.(S.i.300/S12:43)

비유하자면 성냥갑 측면에 발린 적린에 성냥을 빠르게 그으면 불이 붙는 것처럼, 눈 감성물질 등 여섯 토대에 형색 등 여섯 대상이 각각 드러날 때 눈 의식 등 여섯 의식이 생겨납니다. 그때 눈 의식과 같은 대상을 대상으로 해서 눈 접촉이 생겨납니다. 귀 감성물질 등 다른 토대에서도 마찬가지입니다.

눈 접촉은 말 그대로 눈에서의 접촉입니다. '눈에서의 접촉'이란 눈에 드러나는 형색의 좋거나 나쁜 맛을[38] 있는 힘껏 부딪혀주는 성품, 밀어주는 성품입니다. 눈 감성물질은 드러나는 각각의 대상들을 받아들이는 정도의 역할만 합니다. 그 대상을 대상으로 해서 알지는 못합니다. 눈 의식은 그 대상을 대상으로 해서 아는 정도만 할 수 있습니다. 대상의 좋거나 나쁜 맛이 드러나도록 힘껏 부딪혀주는 역할은 할 수 없습니다. 접촉이라는 요소는 대상이 좋으면 좋은 만큼, 나쁘면 나쁜 만큼 그 좋은 맛이나 나쁜 맛이 드러나도록 전력을 다해 부딪혀주는 정도만 할 수 있습니다.

37 합해서 '12가지 감각장소dvādasāyatanāni'라고 표현하기도 한다.
38 맛에 대해서는 본서 p.69 참조.

감각장소란 항구와 같다

감각장소āyatana라는 단어에는 여러 의미가 담겨 있습니다. 그중 하나가 "마음과 마음부수가 각각 자신의 역할을 하는 장소"라는 의미[39]입니다.

시장, 터미널, 지하철역, 항구, 공항 등은 사람들이 많이 모이는 곳입니다. 그런 장소를 빠알리어로 모두 '아야따나āyatana'라고 합니다. '아야따나'에서 사람들은 물건을 사고팔거나 버스나 비행기 등의 교통수단을 이용해 원하는 곳에 가는 등 여러 일을 할 수 있습니다. 마찬가지로 눈 등 여섯 내부 감각장소를 의지해서 마음과 마음부수들이 각각의 역할을 하기 때문에 감각장소도 'āyatana'라고 합니다.

비유하면 각각의 중생에게 눈·귀·코·혀·몸·맘이라는 여섯 항구가 있다고 생각할 수 있습니다. 그 항구에는 악행과 선행이라는 두 종류의 배가 각각 열 대씩 있습니다. 중생들은 그 여섯 항구에서 두 종류의 배를 타고 행선지에 도착합니다.

먼저 악행이라는 배 열 대는 살생·도둑질·삿된 음행이라는 몸으로 행하는 악행 3가지, 거짓말·이간하는 말·거친 말·쓸데없는 말이라는 말로 행하는 악행 4가지, 탐애·분노·사견이라는 마음으로 행하는 악행 3가지입니다. 이렇게 불선 마음이 일어나서 불선업 배에 타면 지옥 등 사악도에 도착합니다.

39 자세한 설명은 마하시 사야도 지음, 비구 일창 담마간다 옮김, 『헤마와따숫따 법문』, pp.327~334 참조.

그 항구에는 반대로 악행 10가지를 삼가는 선행이라는 배 열대도 있습니다. 욕계 선 마음이 일어나서 욕계 선업 배에 타면 인간 세상과 욕계 천상이라는 행선지에 도착합니다. 사마타 수행을 통해 선정 마음이 일어나서 색계나 무색계 선업 배에 타면 색계나 무색계 범천 세상에 도착합니다. 위빳사나 수행을 통해 위빳사나 마음이 일어나서 위빳사나 팔정도 배를 타면 열반에 도착합니다.

그렇게 좋은 배나 나쁜 배를 타는 항구가 지금 설명한 것과 같이 마음과 마음부수가 자신의 역할을 하는 장소인 감각장소입니다. 따라서 지금 이 순간 자신이 어떤 감각장소에서 어떤 배를 타려고 하는지 아는 것이 중요합니다.

종류

접촉은 크게 눈 의식, 귀 의식, 코 의식, 혀 의식, 몸 의식, 맘 의식이라는 여섯 의식과 결합하는 것에 따라 눈 접촉cakkhusamphassa, 귀 접촉sotasamphassa, 코 접촉ghānasamphassa, 혀 접촉jivhāsamphassa, 몸 접촉kāyasamphassa, 맘 접촉manosamphassa이라는 6종류로 나눌 수 있습니다.(VbhA.168)

눈 의식은 선 과보와 불선 과보로 2가지가 있습니다.[40] 그래서 눈 의식과 결합하는 눈 접촉에도 2가지가 있습니다. 귀 접촉, 코 접촉, 혀 접촉, 몸 접촉에도 마찬가지로 2가지씩 있습니다. 맘 의식과 결합하는 맘

40 『아비담마 강설 1』, pp.191~192 참조.

접촉에는 22가지가 있습니다. 과보 마음 36가지 중 출세간 과보 마음 4가지와 앞서 헤아린 불선 과보 눈 의식 등 5가지, 원인 없는 선 과보 눈 의식 등 5가지를 제외하면 22가지 마음이 남습니다. 그 22가지 마음과 결합한 접촉이 맘 접촉 22가지입니다.[41]

이 내용과 관련해서 "왜 과보 마음과 결합한 접촉만 헤아렸는가?"라고 질문할 수 있습니다. 이렇게 접촉을 6종류로 나눈 것은 부처님의 연기 가르침 중 '여섯 감각장소를 조건으로 접촉이 생겨난다'라는 내용 때문입니다.

사실 접촉은 앞에서도 언급했듯이 모든 마음과 항상 결합하는 '모든 마음 공통들'이기 때문에 마음 89가지와 모두 결합합니다. 따라서 접촉도 89가지가 있다고 말할 수 있습니다.

접촉은 음식이다

접촉은 음식āhāra에 해당합니다. 중생들을 오랫동안 머물게 해 주는 것, 생명을 유지하도록 역할을 하는 것, 힘을 주고 도움을 주는 것들을 'āhāra'라고 말합니다. 'ā'는 '매우 강하게', 'hāra'는 '이끌다'는 뜻입니다. 다시 말해 결과를 잘 이끄는 조건법들을 말합니다.

이러한 음식에는 네 종류가 있습니다.(S.i.253/S12:11)

① 덩어리 음식kabaḷīkārāhāra · 段食

② 접촉 음식phassāhāra · 觸食

③ 맘 의도 음식manosañcetanāhāra · 意思食

④ 의식 음식viññāṇāhāra · 識食

41 여러 마음에 대해서는 본서 pp.723~724 도표 참조.

덩어리 음식은 영양소 물질을 말하며 이 영양소 물질은 영양소제8원소ojaṭṭhamaka[42] 물질묶음이라는 결과를 이끕니다. 그래서 '음식'이라고 말합니다.

접촉은 세 가지 느낌이라는 결과를 이끕니다. 접촉이라는 음식을 섭취하지 않으면 느낌이 생겨나지 않습니다. 느낌이 없다면 존재가 잘 유지되지 않습니다. 예를 들어 어떤 사람을 아무 소리도 들리지 않고 아무 것도 보이지 않는 독방에 가둔다고 합시다. 그러면 그 사람은 얼마 지나지 않아 제정신이 아니게 됩니다. 음식으로 영양분을 섭취하지 못하면 몸 기능에 이상이 생기듯이 눈 접촉, 귀 접촉이라는 음식을 먹지 못하기 때문에 정신 기능에 이상이 생기는 것입니다.

그래서 접촉을 새들의 부리에 비유합니다. 새들은 부리로 음식을 가져와서 자신의 몸을 지탱합니다. 마찬가지로 접촉이 대상의 맛을 가져와서 느낌이 누립니다. 이렇게 느낌이라는 결과법을 이끌기 때문에 접촉을 음식이라고 합니다.(AhPdṬ.348)

혹은 접촉은 중생들을 오랫동안 윤회의 굴레에 묶이도록 이끌기 때문에도 음식이라고 합니다. 접촉이 없다면 느낌이 없을 것이고, 느낌이 없으면 갈애가 없고, 이어서 업이 없고, 새로운 물질·정신의 연속도 없을 것입니다. 접촉이 있어서 느낌이 생겨나고, 이어서 윤회윤전이 계속되는 것입니다.(AhBṬ.572)

맘 의도 음식은 욕계 재생연결식, 색계 재생연결식, 무색계 재생연결식이라는 세 가지 존재에 재생연결의식이라는 결과를 이끕니다.(SA.

42 '영양소를 여덟 번째로 하는 원소'로 땅 요소, 물 요소, 불 요소, 바람 요소, 형색, 냄새, 맛, 영양소로 이뤄진 물질묶음을 말한다.

ii.24)[43] 의식 음식은 자신과 함께 생겨나고 사라지는 물질·정신 법들이라는 결과를 이끕니다.(AhVṬ.223)

접촉을 제일 먼저 설하신 이유

그렇다면 왜 부처님께서 『담마상가니』를 설하실 때 여러 마음부수 중 접촉을 제일 먼저 설하셨을까요?

마하상기까Mahāsaṅghika 종파를 비롯한 어떤 이들은 "phuṭṭho, bhikkhave, vedeti. phuṭṭho ceteti. phuṭṭho sañjānāti. 비구들이여, 접촉하고 나서 느낀다. 접촉하고서 의도한다. 접촉하고서 인식한다"라는 (S.ii.291/S35:93) 구절을 근거로 접촉이 제일 먼저 생기기 때문에 제일 먼저 설하셨다고 설명합니다.

하지만 접촉은 마음뿐만 아니라 다른 마음부수들과도 함께 생겨납니다. 먼저 생겨나는 것이 아닙니다. 그래서 주석서에서는 "접촉을 제일 먼저 설하신 것은 가르침의 차례[44]일 뿐이다"라고 설명합니다.(DhsA.150)

복주서에서는 "느낌의 강한 조건balavapaccaya이기 때문에 제일 먼저 설하셨다"라고 설명합니다. 사실 접촉은 느낌에게만 강한 조건인 것은 아닙니다. 결합한 마음부수들 모두에게 강한 조건입니다. 접촉이 없으면 대상은 자신을 대상으로 하는 마음·마음부수에게 대상 조건의[45] 힘으로 도움을 줄 수 없습니다.(DAṬ.i.182)

---

43 본서 p.116 참조.

44 본서 p.35; 『청정도론』 제2권, p.494 참조.

45 대상 조건이란 잘 걷지 못하는 이가 일어나고 걷도록 줄이나 지팡이가 도와주듯이 조건생성된 법들이 생겨나도록, 잘 머물도록 조건법이 대상인 상태로 도와주는 조건이다. 비구 일창 담마간다 편역, 『빳타나-조건의 개요와 상설』, p.31 참조.

레디 사야도도 "'manopubbaṅgamā dhammā(마음이 법들에 앞서간다)'라는(Dhp.1) 구절은 마음이 먼저 생겨나는 것이 아니라 기본이 되는 것을 말하는 것처럼 느낌이 대상을 느끼는 것, 인식이 대상을 인식하는 것 등보다 접촉이 대상과 부딪치는 것이 더 기본이 되기 때문에 부처님께서 접촉을 먼저 설하셨다"라고 설명합니다.(AhPdṬ.82)

이 설명은 "느낌 무더기, 인식 무더기, 형성 무더기라는 세 가지 정신 무더기를 천명하게 된 조건법은 접촉이다"라는(M.iii.67/M109) 내용, "마음이 모든 마음부수에 앞서가는 선구자인 것처럼 접촉도 모든 마음부수에 앞서가는 선구자다"라는(A.ii.363/A6:63) 내용과도 일치합니다.

제24강

2008년 11월 4일

아비담마 강의에 앞서 부처님의 서원에 대해 살펴보겠습니다. 고따마Gotama 부처님이 되실 수메다Sumedha 수행자가 수기를 받은 것은 4 아승기 10만 대겁이라는 아주 오랜 전이었습니다. 수메다Sumedha의 '수su'는 '좋은, 훌륭한'이란 뜻이고 '메다medha'는 '지혜가 있는 이'라는 뜻입니다. 모든 보살이 정등각을 성취하려고 서원을 세우는 것과 마찬가지로 수메다 수행자도 다음과 같은 서원을 세웠습니다.

Buddho bodheyyaṁ, mutto moceyyaṁ, tiṇṇo tāreyyaṁ. (Bv.12)

대 역

Buddho깨달은 이로서; 나 스스로도 네 가지 진리를 깨달은 뒤 bodheyyaṁ깨닫게 하리라; 다른 제도 가능한 중생들도 깨닫게 하리라. mutto벗어난 이로서; 나 스스로도 윤회의 고통에서 벗어난 뒤 moceyyaṁ벗어나게 하리라; 다른 제도 가능한 중생들도 벗어나게 하리라. tiṇṇo건너간 이로서; 나 스스로도 윤회의 저 언덕인 열반으로 건너간 뒤 tāreyyaṁ건너가게 하리라; 다른 제도 가능한 중생들도 건너가게 하리라.[46]

이러한 세 가지 서원은 모든 보살의 공통된 서원입니다. 가르침의 덕목 중에 처음도 좋고 중간도 좋고 끝도 좋기 때문에 '잘 설해진svākkhāto 가르침'이라는 덕목이 있습니다. 이 덕목처럼 부처님께서 보살로서 처음

46 비구 일창 담마간다 지음, 『부처님을 만나다』, p.41 참조.

바라밀을 행하기 시작할 때 이렇게 바른 서원을 세우고 올바르게 바라밀을 실천했다는 사실을 통해서도 '처음이 좋았다'라는 것을 알 수 있습니다. 마치 물에 빠져 허우적거리고 있는 이는 물에 빠져 있는 다른 이를 구해줄 수 없고 물 밖으로 벗어난 이라야 구해줄 수 있는 것과 마찬가지입니다.

느낌

모든 마음 공통들 7가지 중 두 번째 마음부수는 느낌vedanā입니다. 느낌은 말 그대로 느끼는 성품입니다.

단어분석

Vedayatīti vedanā. (DhsA.152)

대 역

Vedayati느낀다. iti그래서 vedanā느낌이다.

'느낀다vedayati'라고 해서 '느낌vedanā'이라고 합니다. 무엇을 느끼는가 하면 '대상의 맛ārammaṇarasa'을 느낍니다.

특질

Anubhavanalakkhaṇā vedanā, visayarasasambhogarasā, sukhadukkhapaccupaṭṭhānā, phassapadaṭṭhānā. (Vis.ii.159)[47]

47 다른 마음부수들은 대부분 『위숫디막가』「무더기의 장」의 설명을 인용했지만 느낌과 관련해서는 『위숫디막가』「무더기의 장」에서 느낌 다섯 종류 각각의 특질을 설명해서 『위숫디막가』「연기의 장」에 나오는 느낌의 설명을 인용했다.

대역

Vedanā느낌은 anubhavanalakkhaṇā경험하는 특성이 있다. visaya-rasasambhogarasā경계를 누리는 역할이 있다. sukhadukkhapaccu-paṭṭhānā행복함과 괴로움으로 나타난다. phassapadaṭṭhānā접촉이 가까운 원인이다.

『담마상가니』에서는 다음과 같이 설명합니다.

Sā vedayitalakkhaṇā, anubhavanarasā iṭṭhākārasambhogarasā vā, cetasikaassādapaccupaṭṭhānā, passaddhipadaṭṭhānā. (DhsA.152)

대역

Sā그것은 vedayitalakkhaṇā느끼는 특성이 있다. anubhavanarasā경험하는 역할, vā혹은 iṭṭhākārasambhogarasā원하는 모습으로 누리는 역할이 있다. cetasikaassādapaccupaṭṭhānā마음의 달콤함으로 나타난다. passaddhipadaṭṭhānā경안이 가까운 원인이다.

특성과 종류

느낌에 대해 『위숫디막가』에서는 '경험하는anubhavana' 특성이 있다고(Vis.ii.159), 『담마상가니』에서는 '느끼는vedayita' 특성이 있다고(DhsA.152) 각각 설명합니다.[48] 여기서 경험하는 것과 느끼는 것은 성품상으로는 같습니다. 즉 대상과 만났을 때 대상에 따라서 몸과 마음 두 가지에 생겨나는, 좋게 받아들이는 성품이나 좋지 않게 받아들이는 성

48 『담마상가니』에서는 경험하는 것을 역할로 설명한다.

품을 말합니다. 대상에는 원하는 대상iṭṭhārammaṇa, 원하지 않는 대상 aniṭṭhārammaṇa, 중간의 대상majjhattārammaṇa이라는 세 종류가 있습니다. 그에 따라 느끼는 성품에도 세 종류가 있습니다. 이것을 '경험에 따른 분류anubhavana bheda'라고 합니다.

①좋은 대상을 느끼는 행복한 느낌sukha vedanā

②나쁜 대상을 느끼는 괴로운 느낌dukkha vedanā

③좋지도 않고 나쁘지도 않은 중간의 대상을 느끼는 평온한 느낌 upekkhā vedanā

다른 방법으로 몸으로 좋게 받아들이는 성품과 좋지 않게 받아들이는 성품, 마음으로 좋게 받아들이는 성품과 좋지 않게 받아들이는 성품, 좋지도 않고 나쁘지도 않게 받아들이는 성품에 따라 다섯 종류가 있습니다. 이것을 '기능에 따른 분류indriya bheda'라고 합니다.

①몸에서 좋게 느끼는 행복한 느낌sukha vedanā

②몸에서 좋지 않게 느끼는 고통스러운[49] 느낌dukkha vedanā

③마음에서 좋게 느끼는 즐거운 느낌somanassa vedanā

④마음에서 좋지 않게 느끼는 근심스러운 느낌domanassa vedanā

⑤좋지도 않고 나쁘지도 않게 느끼는 평온한 느낌upekkhā vedanā

또 다른 방법으로 느낌이 생겨나는 장소에 따라 여섯 종류가 있습니다. 이것을 '문에 따른 분류dvāra bheda'라고 합니다.

---

49 몸에서 느끼는 괴로운 느낌을 따로 설명할 때는 '고통스러운'이라고 표현했다.

①눈 접촉에서 생겨나는 느낌cakkhusamphassajā vedanā

②귀 접촉에서 생겨나는 느낌sotasamphassajā vedanā

③코 접촉에서 생겨나는 느낌ghānasamphassajā vedanā

④혀 접촉에서 생겨나는 느낌jivhāsamphassajā vedanā

⑤몸 접촉에서 생겨나는 느낌kāyasamphassajā vedanā

⑥맘 접촉에서 생겨나는 느낌manosamphassajā vedanā

• **몸문에서 행복한 느낌과 즐거운 느낌이 생겨나는 모습** 이렇게 느낌은 여섯 문 모두에서 생겨나지만 그중 몸문에서 생겨나는 모습이 가장 분명합니다. 그래서 몸문에서 느낌이 생겨나는 모습을 먼저 설명하겠습니다.

매우 더운 날 시원한 물이나 청량한 바람에 닿았을 때, 혹은 매우 추운 날 따뜻한 옷이나 따뜻한 음료가 담긴 컵에 닿았을 때, 날씨가 매우 좋을 때, 부드러운 잠자리에 누웠을 때, 이러한 물, 바람, 옷, 온기, 잠자리의 감촉은 몸 감성물질과 부딪칩니다. 이때 맘문과도 부딪칩니다.

감촉이 몸 감성물질과 부딪쳤을 때 몸 감성물질에서[50] 느끼는 성품들이 생겨나는 것처럼, 맘문이라는 심장 토대에서도 행복함이라고 불릴 만한 '좋게 받아들이는 성품'이 생겨납니다. 이것을 '행복한 느낌sukha vedanā'이라고 합니다. 혹은 더 엄밀하게 몸 감성물질에서 좋게 받아들이는 성품을 '행복한 느낌'이라고, 마음에서 좋게 받아들이는 성품을 '즐거운 느낌somanassa vedanā'이라고 합니다.

50 '몸 감성물질을 의지해서'라는 뜻이다.

이때 행복한 느낌은 뼈나 힘줄, 살, 피, 피부 등이 아닙니다. 부딪치는 감촉 대상도 아닙니다. 성냥갑과 성냥이 만난 그 순간 생겨나는 성냥불처럼 몸문과 감촉 대상의 부딪침 때문에 생겨나는 느낌으로 정신법일 뿐입니다.[51]

• 몸문에서 괴로운 느낌과 근심스러운 느낌이 생겨나는 모습

좋지 않은 감촉인 불, 거센 바람, 뙤약볕, 표면이 거친 나무, 쇠, 뾰족한 돌 등과 닿았을 때, 그 감촉 대상은 몸 감성물질뿐만 아니라 맘문과도 부딪칩니다. 그때 몸 감성물질에서 아픔, 뜨거움, 차가움 등 '좋지 않게 받아들이는 성품'이 생겨납니다. 이것을 '괴로운 느낌dukkha vedanā'이라고 합니다. 맘문이라는 심장 토대에서도 편하지 않음, 마음의 괴로움 등 좋지 않게 받아들이는 성품이 생겨납니다. 그것을 '근심스러운 느낌domanassa vedanā'이라고 합니다.

달리 말하면 몸에서 생겨나는 좋지 않게 받아들이는 성품을 '고통스러운 느낌'이라고, 마음에서 생겨나는 좋지 않게 받아들이는 성품을 '근심스러운 느낌'이라고 합니다. 이것은 외부의 감촉 대상 때문에 괴로운 느낌이 생겨나는 모습입니다.

몸 내부의 감촉 대상 때문에도 괴로운 느낌이 생겨납니다. 날씨가 적당하지 않거나, 한 자세로 오래 머물거나, 상한 음식을 먹거나, 칼이나 못 등 날카로운 물건에 찔리면 몸 내부의 불 요소가 무너지기도 합니다. 이렇게 무너진 불 요소는 바람 요소를 생겨나게 하고 이어서 무너진 불 요소와 바람 요소에 의해 감촉 대상이 생겨납니다. 그 감촉 대

51 ㉯행복한 느낌은 몸 감성물질을 토대로 생겨나지만 정신법이라는 사실을 잘 구별해야 한다. 수행지도자 중에도 몸에서 생겨나는 느낌을 '물질법'이라고 잘못 설하는 경우가 있다.

상은 다른 요소도 무너뜨립니다. 그리고 몸에 있는 몸 감성물질들과 부딪치고, 맘문에도 부딪힙니다. 그때 몸에서 아픔, 쓰림, 통증 등 좋지 않게 받아들이는 성품들이 생겨나는 것처럼, 마음에서도 괴로움, 편안하지 않음 등 좋지 않게 받아들이는 성품들이 생겨납니다.

무너진 불 요소와 바람 요소라는 감촉 대상이 머리, 눈, 귀, 치아, 허리, 배, 가슴, 힘줄 등에 닿아서 괴롭힐 때 머리 통증, 눈 통증, 귀 통증, 치아 통증, 허리 통증, 가슴 통증 등 여러 병이 생겨납니다. 그러한 감촉 대상이 몸의 어느 한 곳에 부딪혀 치아나 살 등을 무너뜨리는 것을 두고 '병이 났다'라고 하는 것입니다. 이렇게 좋지 않은 감촉 대상 때문에 괴로운 느낌이 생겨납니다.

「아시위소빠마숫따Āsīvisopamasutta(독사비유경)」에서 부처님께서는 사대가 매우 강력한 독을 가진 독사와 같다고 비유하셨습니다.(S35:238) 이 가르침에 따르면 몸에 괴로운 느낌이 생겨나는 것은 그 네 마리 독사 중 어느 한 마리에 물려서 사대 중 어느 요소가 무너져서 아픈 것이라고도 말할 수 있습니다.(Paramatthacakkhu,148)

• **나머지 문에서 세 종류의 느낌이 생겨나는 모습** 눈문 등에서도 좋은 대상과 만났을 때는 좋은 느낌인 행복한 느낌이 생겨나고 나쁜 대상과 만났을 때는 나쁜 느낌인 괴로운 느낌이 생겨납니다. 좋지도 않고 나쁘지도 않은 대상과 만났을 때는 평온한 느낌이 생겨납니다.

맘문에서는 이전에 경험했던 대상을 생각하거나 앞으로 다가올 대상을 기대할 때 마찬가지로 세 가지 느낌이 생겨납니다.

앞에서 설명한 바와 같이 몸문에서는 좋은 대상이나 나쁜 대상, 좋지도 나쁘지도 않은 대상과 만났을 때 몸에서 생겨나는 좋은 느낌인 행복한 느낌, 몸에서 생겨나는 나쁜 느낌인 고통스러운 느낌, 마음에서 생겨나는 좋은 느낌인 즐거운 느낌, 마음에서 생겨나는 나쁜 느낌인 근심스러운 느낌, 그리고 좋지도 않고 나쁘지도 않게 생겨나는 평온한 느낌이라는 다섯 가지 느낌이 생겨납니다. 그러나 눈문 등의 다른 문에서는 마음에서 생겨나는 느낌만 있습니다. 그래서 눈문 등에서는 느낌을 세 종류로만 구분해서 좋은 대상과 만났을 때는 '행복한 느낌sukha vedanā', 나쁜 대상과 만났을 때는 '괴로운 느낌dukkha vedanā', 좋지도 나쁘지도 않은 대상과 만났을 때는 '평온한 느낌upekkhā vedanā'이 생겨납니다.

• **아비담마와 경전의 비교** 지금까지 눈문 등 여섯 문에서 세 가지 느낌들이 생겨나는 모습을 설명한 것은 「차착까숫따Chachakkasutta(여섯씩 여섯 경)」(M148) 등 경전 가르침에 따른 것입니다.

하지만 아비담마 가르침에 의하면 눈문 등에서 보아서 아는 마음인 눈 의식眼識 등이 생겨날 때 그 눈 의식 등과 결합한 느낌은 즐거움도 아니고 괴로움도 아닙니다. 평온한 느낌입니다.[52] 특히 몸에서 생겨나는 행복한 느낌이나 몸에서 생겨나는 고통스러운 느낌은 몸문에서 생겨나는 몸 의식과만 결합해서 생겨난다고 설명합니다.

그래서 경전과 아비담마가 서로 일치하지 않는 것처럼 보일 수도 있습니다. 하지만 아비담마 가르침은 '눈 의식이 생겨날 때'를 가리켜서 설명한 것이고, 경전 가르침은 '속행이 생겨날 때'를 가리켜서 설명한

52 형색을 보아서 아는 마음인 눈 의식은 평온한 느낌과 결합한다. 귀 의식과 코 의식과 혀 의식도 마찬가지다. 『아비담마 길라잡이』 제1권, pp.146~147; 『아비담마 강설 1』, pp.190~191 참조.

것이기 때문에 두 가르침 모두 옳습니다. 속행의 순간에는 세 가지 느낌이 다 일어날 수 있습니다.[53]

혹은 느낌을 다음과 같이 11종류로 구분합니다.

① 과거의 느낌atīta vedanā

과거 여러 생에서 느꼈던 느낌, 혹은 현생 중 과거의 시간에 느꼈던 느낌, 조금 전에 느꼈던 느낌이 '과거의 느낌'입니다.

② 미래의 느낌anāgata vedanā

미래의 여러 생이나 현생 중에서 나중에 느낄 느낌이 '미래의 느낌'입니다.

③ 현재의 느낌paccuppanna vedanā

현생이나 혹은 지금 현재 생겨나고 있는 느낌이 '현재의 느낌'입니다.

④ 내부의 느낌ajjhatta vedanā과 ⑤외부의 느낌bahiddhā vedanā

느낌을 내부와 외부로 나눌 때는 대상이 기준입니다. 자신과 관련된 대상을 느끼는 것은 내부의 느낌이고 외부 대상을 느끼는 것은 외부의 느낌입니다.[54]

⑥ 거친 느낌oḷārika vedanā과 ⑦미세한 느낌sukhuma vedanā

몸의 심한 통증으로 인한 느낌이나 마음의 심한 슬픔으로 인한 느낌은 거친 느낌이고 그러한 느낌이 수그러들었을 때의 느낌은 미세한 느

53 『위숫디막가 마하띠까』에서는 "눈 의식 등이 평온과만 결합한다고 하지만 불선의 결과인 과보는 괴로운 성품이 있다. 불선의 결과라면 좋은 성품이 없다. 선의 결과인 과보도 평온이라고 말하지만 행복한 성품이 있다. 선의 결과라면 좋고 행복한 성품일 뿐이다"라고 설명했다.(Pm.ii.137; 326) 마하시 사야도 지음, 비구 일창 담마간다 옮김, 『아낫딸락카나숫따 법문』, pp.87~88; 『아비담마 길라잡이』 제1권, pp.427~431 참조.

54 『아낫딸락카나숫따 법문』, p.343 참조.

낌입니다.[55]

⑧ 저열한 느낌hīna vedanā과 ⑨ 수승한 느낌paṇīta vedanā

몸에서 생겨나는 괴로운 느낌은 저열한 느낌이고 행복한 느낌은 수승한 느낌입니다. 마음에서 생겨나는 슬픔 등은 저열한 느낌이고 기쁘고 행복한 것은 수승한 느낌입니다.[56]

⑩ 먼 느낌dūre vedanā과 ⑪ 가까운 느낌santike vedanā

멀리 있는 대상을 느끼는 것은 먼 느낌이고 가까이 있는 대상을 느끼는 것은 가까운 느낌입니다.[57] 혹은 불선 느낌은 선 느낌이나 비확정 느낌과 멀고, 같은 불선 느낌과는 가깝습니다. 선 느낌이나 비확정 느낌도 마찬가지 방법으로 설명할 수 있습니다. 예를 들어 오무간죄를 범할 때 생겨나는 제일 저열한 느낌과 아라한도가 생겨날 때 생겨나는 제일 수승한 느낌은 서로 가장 먼 느낌입니다.

느낌을 이렇게 11종류로도 구분하지만 '대상을 느끼는 성품'으로는 모두 동일합니다. 그래서 부처님께서는 느낌을 하나로 모아서 '느낌 무더기vedanā khandha'라고 설하셨습니다. '무더기khandha'란 '모은 것'이라는 뜻입니다. 물질 무더기, 인식 무더기, 형성들 무더기, 의식 무더기도 마찬가지입니다. 부처님께서 느낌을 이렇게 11종류로 자세하게 설하신 이유는 현재 분명하게 생겨나는 느낌을 관찰하면 과거의 느낌이나 미래의 느낌까지도 스스로의 지혜로 무상하고 괴로움이고 무아라고

55 『아낫딸락카나숫따 법문』, p.344 참조.
56 『아낫딸락카나숫따 법문』, p.345 참조.
57 『아낫딸락카나숫따 법문』, p.346 참조.

결정할 수 있기 때문입니다.[58] 반면 '느낌 무더기'라는 하나의 무더기로 표현하신 것은 무더기 가르침이 간략한 설명으로 이해할 수 있는 이들에게 적합한 가르침이기 때문입니다. 혹은 정신법들에 미혹한 이들에게는 정신법들을 느낌, 인식, 형성들, 의식이라는 네 무더기로 나눈 것이 적합한 가르침이기 때문이기도 합니다.(Pm.ii.84)[59]

역할

느낌은 『위숫디막가』에서는 경계visaya의 맛rasa을 '누리는sambhoga' 역할이 있다고(Vis.ii.159), 『담마상가니』에서는 '경험하는anubhavana' 역할이 있다고(DhsA.152) 설명합니다. 여기서 '경험하는 것'은 앞서 설명한 느낌의 특성인 '느끼는 것'과 다르지 않습니다. 그래서 특별히 더 설명할 내용은 없고 세 가지 느낌이 생겨난 예화들을 소개하겠습니다.

• **행복한 느낌과 소레야 장자** 부처님 당시에 소레야Soreyya 장자는 목욕을 끝낸 뒤 가사를 다시 두르는 마하깟짜나Mahākaccāna 존자의 장엄한 모습을 보고 즉시 마음에서 행복한 느낌이 생겨났습니다. "느낌을 조건으로 갈애가 생겨난다"라는 가르침처럼 '이 장로가 나의 아내가 됐으면. 나의 아내가 저 장로처럼 아름다웠으면'이라는 마음이 이어서 생겨났습니다. 이는 아라한 장로에게 마음으로 허물을 범한 것이어서 소레야 장자는 즉시 남성에서 여성으로 변해버렸습니다.(DhpA.i.207)

---

58 『아낫딸락카나숫따 법문』, p.322 참조.

59 『*Cittānupassanā tayatogyi hnin Dhammānupassanā tayatogyi(Nīvaraṇapain/Khandhāpain/Āyatanapain*(마음 거듭관찰 법문과 법 거듭관찰 법문(장애의 장/ 무더기의 장/ 감각장소의 장)』, pp.457~459 참조.

• **괴로운 느낌과 빠따짜라** 부처님 당시에 빠따짜라Paṭācārā라는 여인은 하루 사이에 남편과 두 아들을 모두 잃었을 뿐 아니라 친정으로 가는 도중에 부모와 오빠가 죽었다는 소식까지 들었습니다. 그러자 주체할 수 없는 괴로운 느낌이 강하게 생겨나서 옷이 흘러내려 벗겨지는 것조차 모를 정도로 정신을 잃어버렸습니다.(DhpA.i.473)

• **평온한 느낌과 마하상카 바라문** 선업이나 불선업을 행할 때 어쩔 수 없어서, 마지못해 행할 때는 평온한 느낌이 생겨납니다. 하지만 선업을 행하는 것에 매우 큰 열의를 가진 보살이 평온 바라밀을 행할 때도 평온한 느낌이 생겨날 수 있습니다. 보살인 마하상카Mahāsaṅkha 바라문이 부처님을 비롯한 승가 존자들에게 7일간 공양을 올릴 때 즐거운 느낌이 아니라 평온한 느낌만 생겨났습니다.[60]

• **느낌이 경험하는 모습** 느낌이 '대상을 경험한다'라고 할 때 자세하게 설명할 때는 '대상의 맛rasa을 경험한다'라고 표현합니다. 이때 '대상의 맛'이란 대상마다 ① 바랄 만한 것인 '원하는' 양상, ② 바라지 않을 만한 것인 '원하지 않는' 양상, ③ 중간인 양상이라는 세 가지 양상을 말합니다. 느낌은 대상이 가진 이러한 세 가지 맛 중 하나를 경험합니다.(AhBṬ.100)

하지만 대상과 대상의 맛이 다른 것은 아닙니다. 대상이 곧 맛입니다. 그래야 접촉 등이 대상을 취할 때 느낌도 그 대상이라는 맛을 경

60 *Myanmar Sāsanāyeiuciṭhāna*, 『*Buddha abhidhamma cetasikāmya*(붓다 아비담마 마음부수)』 제1권, p.58 참조. 제6차 결집본 『자따까』나 그 주석서에는 보살인 마하상카Mahāsaṅkha 바라문이 나오지 않는다.

험하는 것입니다. 그래서 접촉 등과 느낌이 같은 대상을 가지는 것 ekārammaṇa이라고 말합니다.(AhBṬ.100)

"이렇게 대상과 맛이 다르지 않다면 접촉 등 다른 법들도 대상을 취할 때 그 대상을 알기 때문에 경험한다고 말할 수 있지 않은가?"라고 질문할 수 있습니다. 접촉 등 다른 법들도 경험한다고 말할 수는 있습니다. 하지만 느낌처럼 마음껏, 확실하게 경험하지는 못합니다. 접촉이라면 대상과 부딪치는 정도, 일부 정도만 경험합니다.

비유하자면 왕에게 수라상을 올릴 때 음식에 독이 들어 있는지 살펴보기 위해 기미 상궁이 먼저 먹어 봅니다. 독이 없다고 확인한 후에야 왕은 마음껏 수라를 듭니다. 이 비유에서 접촉 등의 법들은 기미 상궁과 같고, 접촉 등의 법들이 대상을 경험하는 것은 기미 상궁이 수라의 일부분을 맛보는 것과 같습니다. 느낌은 왕과 같고, 느낌이 대상의 맛을 경험하는 것은 왕이 수라를 드는 것과 같습니다.

나타남

느낌은 행복함sukha과 괴로움dukkha으로 나타납니다. 이것은 여러 종류의 느낌을 하나로 표현한 것입니다. 『위숫디막가』「무더기의 장」에서는 느낌을 다섯 종류로 구분할 때 각각의 나타남을 다음과 같이 설명합니다.(Vis.ii.91)

① 행복한 느낌sukha vedanā은 "kāyikaassādapaccupaṭṭhānaṁ", 몸의 달콤함, 몸에서 생겨나는 달콤함으로 나타납니다. 앞에서 설명했듯이 매우 더운 날 시원한 바람에 닿았을 때, 혹은 매우 추운 날 따뜻한 옷에 닿았을 때 몸에서 좋게 받아들이는 성품, 즉 행복한 느낌이 생겨납니다.

② 고통스러운 느낌dukkha vedanā은 "kāyikābādhapaccupaṭṭhānaṁ", 몸

의 괴롭힘, 몸에서 생겨나는 괴롭힘으로 나타납니다. 뙤약볕이나 매우 거센 바람에 닿았을 때 몸에서 좋지 않게 받아들이는 성품, 즉 고통스러운 느낌이 생겨납니다. 특히 수행할 때 시간이 조금 지나면 아픔, 저림, 뻐근함이 생겨납니다. 그것을 〈아픔; 저림; 뻐근함〉 등으로 관찰하면 '이러한 괴로운 느낌은 몸을 괴롭히는구나'라고 지혜에 나타납니다.[61] 그래서 위빳사나 수행을 하는 중에 이러한 괴로운 느낌이 일어났을 때 바로 자세를 바꾸거나, 화내거나, 실망하지 말고 생겨나는 그대로 관찰하면 괴로운 느낌을 나타남을 통해 사실대로 바르게 알 수 있습니다.

③ 즐거운 느낌somanassa vedanā은 "cetasikaassādapaccupaṭṭhānaṁ", 마음의 달콤함, 마음에서 생겨나는 달콤함으로 나타납니다. 좋은 대상과 닿았을 때 마음에서도 좋게 받아들이는 성품인 즐거운 느낌이 생겨납니다.

④ 근심스러운 느낌domanassa vedanā은 "cetasikābādhapaccupaṭṭhānaṁ", 마음의 괴롭힘, 마음에서 생겨나는 괴롭힘으로 나타납니다. 나쁜 대상과 닿았을 때 마음에서도 좋지 않게 받아들이는 성품인 근심스러운 느낌이 생겨납니다. 특히 수행을 하지 않는 일반인들은 몸이 아플 때 몸에서 생겨나는 괴로운 느낌인 고통에서 멈추지 않고 마음에서 생겨나는 괴로운 느낌인 근심까지 생겨납니다. 마치 화살을 한 대 맞은 사람이 두 번째 화살을 다시 맞는 것과 같습니다. 하지만 잘 배운 성제자는 고통을 겪더라도 근심이 생겨나지 않습니다. 마치 첫 번째 화살은 맞았지만 두 번째 화살은 맞지 않는 것과 같습니다.(S36:6) 부처님께서는 이 내용을 "'몸은 아프지만 마음은 아프지 않으리라'라고 닦아야 한다"라고 설하셨습니

61 ⓦ'마음의 힘을 약하게 한다'라고도 알게 된다. 이것은 고통스러운 느낌을 역할을 통해 아는 것이다.

다.(S22:1) 「마하사띠빳타나숫따」 서문에서도 "새김확립은 몸의 고통과 마음의 고통을 사라지게 하는 유일한 길이다"라고 설하셨습니다. 위빳사나 수행을 열심히 닦으면 몸의 고통과 마음의 고통을 다 사라지게 할 수 있습니다.(D.ii.230/D22)

⑤ 평온한 느낌upekkhā vedanā은 "santabhāvapaccupaṭṭhānā", 적정한 성품으로 나타납니다. 좋지도 않고 나쁘지도 않은 대상과 만났을 때 좋지도 않고 나쁘지도 않게, 무덤덤하게 받아들이는 성품인 평온한 느낌이 생겨납니다. 하지만 그리 분명하게 나타나지는 않습니다. 마치 어둠 속에 있는 물건처럼 분명하지 않습니다. 알기 어렵습니다. 비유하자면 큰 바위 한쪽에 사슴이 올라간 발자국이 있고, 반대쪽에 내려온 발자국이 있다면 중간에 발자국이 없어도 이곳을 지나갔다고 알 수 있는 것과 같습니다. 이와 같이 평온한 느낌은 좋은 느낌이 사라졌을 때, 나쁜 느낌이 사라졌을 때 이러한 사슴발자국migapadavaḷañjana 방법으로 추측해서 알 수 있습니다.(MA.i.282)[62] 특히 위빳사나 수행을 통해 형성평온의 지혜에 도달하면 스스로의 지혜에 평온한 느낌이 분명하게 드러납니다.

가까운 원인

느낌의 가까운 원인은 접촉phassa입니다. 접촉 때문에 느낌이 생겨나는 모습은 앞서 접촉의 나타남에서 자세하게 설명했습니다.

그중 행복한 느낌의 가까운 원인은 경안passaddhi입니다.(DhsA.152) 행복은 특히 도와 과를 얻는 데 중요한 고리라고 할 수 있습니다. 자신

62 『위빳사나 수행방법론』 제1권, pp.478~480 참조.

의 청정한 계를 반조하거나, 부처님의 덕목을 생각하거나, 법문을 듣는 것 등을 통해 기쁨pāmojja이 생겨납니다. 기쁨이 생겨나면 희열pīti이 생겨납니다. 희열이 생겨나면 경안passaddhi이 생겨납니다. 경안이 생겨나면 행복sukha이 생겨납니다. 행복이 생겨나면 삼매samādhi가 생겨납니다. 삼매가 생겨나면 여실지견yathābhūtañāṇadassana이 생겨납니다. 여실지견이 생겨나면 염오·빛바램nibbidāvirāga이 생겨납니다. 염오·빛바램이 생겨나면 해탈·지견vimuttiñāṇadassana이 생겨납니다.(A10:1)[63]

느낌은 물방울과 같다

부처님께서는 "vedanā pubbuḷūpamā. 느낌은 물방울과 같다"라고 설하셨습니다.(S22:95) 수면 위로 빗방울이 떨어지면 물속과 수면에 작고 투명한 물방울이 생겨나지만 즉시 사라져 버리는 것과 같이 느낌도 생겨나서는 즉시 사라져 버리기 때문에 물방울과 같다는 뜻입니다.[64]

레디 사야도는 다음과 같이 설명합니다. 비가 내리면서 빗방울이 호수 수면에 닿으면[65] 강한 여세와 함께 내려오는 빗방울이 아래에서 받치고 있는 물속으로 들어갑니다. 같은 물인 빗방울과 호숫물은 서로 합쳐지지만 빗방울에 포함된 바람은 물속에 그대로 남습니다. 바람은 공간이 있어야 존재할 수 있는데 물은 흐르는 성품이 있어서 물속의 공간을 무너뜨립니다. 그러면 빗방울에 딸려온 바람은 있을 곳이 없어지기

63 여실지견은 생멸의 지혜부터 생겨나는 유약한 위빳사나taruṇa vipassanā를 말한다. 염오는 무너짐의 지혜에서 형성평온의 지혜까지 해당하는 강력한 위빳사나balava vipassanā를 말한다. 빛바램은 도, 해탈은 아라한과, 지견은 반조의 지혜를 말한다. 각묵스님 옮김, 『상윳따 니까야』 제2권, pp.175~176 주173; 대림스님 옮김, 『앙굿따라 니까야』 제6권, p.67 주8 참조.

64 『아낫딸락카나숫따 법문』, pp.197~199 참조.

65 ㉯빗방울이 호수 수면에 닿는 것은 바람의 힘이 있기 때문이다.

때문에 그 바람의 힘으로 빗방울은 자신이 내려온 그 길을 그대로 따라서 마치 연기처럼 위로 떠오릅니다. 그때 결합시키는 특성이 있는 물이 그 바람을 마치 밥상 덮개처럼 덮어버리기는 하지만 아래에 있는 물이 위로 압박하기 때문에 바람은 더욱 위로 솟아오릅니다. 그렇게 물속에서 수면 위까지 도달하면 더 이상 아래에서 물이 압박하지 않기 때문에 수면 바로 위에 공간을 얻고 물층은 그대로 그 위를 덮습니다. 이렇게 물방울이 생겨납니다. 하지만 물방울에는 어떤 견고한 실체가 없기 때문에 생겨나자마자 즉시 사라져 버립니다.

정신이상자 한 명이 있다고 합시다. 그는 비가 올 때 생기는 물방울이 너무 마음에 들어서 마치 은으로 된 별이나 꽃이라도 되는 듯 물방울을 매우 좋아했습니다. 보고 잡고 만져야만 잘 지낼 수 있을 정도로 물방울에 집착했습니다. 그래서 비가 내리는 날이면 호수나 연못으로 가서 물방울을 보고 만지면서 지냈습니다.

나중에는 집에서도 큰 항아리에 물을 담아 그 위에 물을 부으면서 물방울을 만들어 보고 만지며 지냈습니다. 물이 다 떨어지면 다시 호수로 가서 물을 퍼온 다음 다시 물을 떨어뜨리며 지냈습니다. 이렇게 비가 오면 호수로 가서, 비가 오지 않으면 물을 길어 와서 물방울을 보고 만지면서 평생을 보냈습니다. 하지만 그렇게 하루 종일, 평생 쉬지 않고 만지고 모으더라도 그 사람은 콩 한 톨 만큼의 물방울도 모으지 못합니다. 비가 올 때 호수로 가는 것, 집으로 물을 길어 오는 것, 물방울을 만드는 것, 이 모든 것은 물방울을 좋아해서 생겨나는 괴로움들입니다. 물방울을 좋아할수록 몸과 마음이 피곤해질 뿐이지만 제정신이 아니기 때문에 모을 만한 실체가 없다는 사실을 모릅니다.

이 비유가 뜻하는 바는 다음과 같습니다. 정신이상자는 범부를 뜻합니다. 정신이상자가 좋아하는 그 물방울은 인간 세상과 천상 세상에서 생겨나는 행복한 느낌을 뜻합니다. 호수에 있는 물은 눈문 등 여섯 문을 뜻합니다. 빗방울은 형색 대상 등 여섯 대상을 뜻합니다. 비가 내려 수면에 부딪힐 때는 물방울이 계속 생기다가도 바로 사라져 버리는 것처럼 각각의 대상이 각각의 문에 부딪힐 때는 느낌이 생기더라도 바로 사라져 버립니다. 정신이상자가 물방울을 보거나 만지지 못하면 잘 지내지 못하는 것처럼 범부들도 행복한 느낌이 없으면 잘 지내지 못합니다. 정신이상자가 비가 올 때마다 호수로 가서 물방울을 보고 잡으려고 애쓰듯이 범부들도 즐거운 느낌이 생겨나도록 애씁니다. 정신이상자가 언제든 물방울을 보고 잡을 수 있도록 항아리에 물을 담아 집에 두듯이 범부들도 행복한 느낌을 생겨나게 하는 보배 등 여러 대상을 찾아서 집에 모아 둡니다. 정신이상자가 평생을 모으더라도 콩 한 톨 만큼의 물방울도 모으지 못한 채 괴로움만 겪다가 결국 죽어 버리는 것처럼 범부들도 태어나는 생마다 평생 행복한 느낌을 구하더라도 전혀 모으지 못한 채 여러 대상을 찾는 괴로움, 찾은 대상이 무너지지 않도록 애써야 하는 괴로움, 결국 무너져서 겪는 괴로움 등 여러 괴로움만 겪다가 결국은 죽습니다.[66]

정리하면 정신이상자가 물방울을 갈망해서 여러모로 애쓰다가 괴로움을 겪는 것처럼 범부들도 행복한 느낌을 '내가 느낀다'라고 사견으로 집착하거나 '좋은 것이다'라고 갈애로 집착해서 그것을 얻도록 여러 방면으로 애쓰다가 괴로움만 겪는다는 뜻입니다. 특히 사견, 갈애, 애씀 등의 법들로 인해 나쁜 행위를 자주 하게 되고 그러면 사악도 탄생지에

66 *Ledi Sayadaw*, 『*Kammaṭṭhānadīpanī*(수행주제 해설서)』, pp.74~79 참조.

태어나 괴로움을 겪습니다.

느낌에는 행복한 느낌, 괴로운 느낌, 평온한 느낌이라는 세 종류가 있다고 말했습니다. 사람들은 보통 어떤 느낌을 제일 좋아할까요? 행복한 느낌을 좋아합니다. 하지만 부처님을 비롯한 성자들은 행복한 느낌을 좋아하지 않습니다. 왜냐하면 행복한 느낌을 조건으로 갈애가 생겨나고, 갈애는 괴로움의 원인이기 때문입니다. 범부들은 세 가지 느낌을 따라다니느라 선업도 행하지 않고 불선업도 삼가지 않으면서 방일하게 지냅니다. 하지만 현자들은 느낌들의 허물을 보고 불선업을 삼가고 선업을 행하면서, 특히 열반을 증득해서 모든 윤회에서 벗어나도록 위빳사나 수행을 하면서 지냅니다.

느낌의 관찰

그렇다면 수행할 때 느낌은 어떻게 관찰할까요? 마하시 사야도가 「마하사띠빳타나숫따」 주석을 바탕으로 행복한 느낌을 관찰하는 모습을 설명한 내용을 대표적으로 살펴보겠습니다.

Idha, bhikkhave, bhikkhu sukhaṁ vā vedanaṁ vedayamāno 'sukhaṁ vedanaṁ vedayāmī'ti pajānāti. (D.ii.236)

대 역

Bhikkhave비구들이여, idha여기서; 이 가르침에서 bhikkhu비구는 sukhaṁ vedanaṁ행복한 느낌을 vedayamāno vā느껴도; 느끼는 중에도; 느끼는 동안에도; 느끼는 순간에도; 느끼는 차례에도 'sukhaṁ vedanaṁ vedayāmī'ti'행복한 느낌을 느낀다'라고 pajānāti안다.

행복하거나 즐거우면 '행복하다, 즐겁다'라고 알도록 가르치신 부처님의 이 말씀에 대해 잘 알지 못하는 이들은 "갓난아이조차도 젖을 빨고 있을 때 '행복하다, 좋다'라고 알 수 있지 않은가? 그렇게 안다면 수행자의 앎과 갓난아이의 앎이 서로 같은 것 아닌가?"라고 대수롭지 않게 생각하기도 합니다. 갓난아이도 좋다고 아는 것은 맞습니다. 하지만 수행자가 아는 것과 갓난아이가 아는 것은 같지 않습니다. 확연히 다릅니다. 정반대입니다.

갓난아이나 관찰하지 않는 일반인은 행복함이 생겨날 때마다 즉시 알지 못합니다. 다른 것을 생각하면서 시간을 보내는 경우가 많습니다. 안다고 하더라도 가끔씩만 압니다. 그렇게 가끔씩 알 때도 '내가 행복하다. 내가 좋다'라고 '나'로만 압니다. '이전부터 존재하고 있는 내가 지금 행복하다'라고 항상한 것으로만 압니다. 순간만 생멸하는 성품법으로 알지 못합니다. 이렇게 아는 것은 중생이나 나라고 생각하는 집착을 제거할 수도 없고, 더욱 심하게 만듭니다. 그래서 이러한 앎은 수행주제라고 할 수 없고 새김확립수행도 되지 못합니다. 따라서 행복하면 '행복하다'라고 알도록 가르치신 부처님의 가르침은 갓난아이나 관찰을 하지 않는 일반인의 앎을 대상으로 한 것이 아니라는 사실을 분명하게 알 수 있습니다.

끊임없이 관찰하고 있는 수행자들은 행복함이 생겨날 때마다 계속해서 압니다. 고유특성과 역할 등을 통해서 성품법의 하나일 뿐이라고도 압니다. 앞과 뒤가 서로 이어지지 않고 거듭 새로 생겨나서는 계속해서 사라지는 것도 직접 경험합니다. 그때 '하나로 이어졌다. 하나이다'라고 생각하고 보는 상속개념santatipaññatti이 덮을 수 없기 때문에 '무상하다. 괴로움이다. '나'가 아니다'라고도 분명하게 압니다. 따라서

"ko vedayati 누가 느끼는가? 느끼는 이가 있는가?"라는 질문에 대해 "느끼는 이란 없다. 계속해서 새로 생멸하고 있는 느낌이라는 성품법의 연속만 존재한다"라고 분명하게 압니다. 또한 "kassa vedanā 누구의 느낌인가, 느낌의 주인이 있는가?"라는 질문에도 "조건에 따라 계속해서 새로 한 단계씩 생겨나고 있는 느낌만 존재한다. 느낌의 주인이라고 할 만한 것은 없다"라고 분명하게 압니다. 또한 "kiṁ kāraṇā vedanā 무슨 이유 때문에 느낌이 생겨나는가?"라는 질문에도 "좋은 대상과 만났기 때문에 행복한 느낌이 생겨난다"라고[67] 분명하게 압니다. 이렇게 분명하게 아는 수행자의 바른 앎sampajañña을 두고 부처님께서 행복하면 '행복하다'고 알도록 설하신 것입니다.

여기에서 〈좋다; 행복하다〉 등으로 새겨 아는 것은 영역 바른 앎gocara sampajañña입니다. 영역 바른 앎이 성숙됐을 때 위에 소개한 질문 세 가지에 대해서 잘 대답할 수 있을 정도로 분명하게 아는 미혹없음 바른 앎asammoha sampajañña이 법 결정법칙dhammaniyāma에 따라 저절로 생겨납니다. 주석서에서는 다음과 같이 설명했습니다.

Vatthuṁ ārammaṇaṁ katvā vedanāva vedayatīti sallakkhento esa "'sukhaṁ vedanaṁ vedayāmī'ti pajānātī"ti veditabbo. (DA.ii.363)

대역

Vatthuṁ토대를; 행복함이 생겨나게 하는 원인인 좋은 대상을 ārammaṇaṁ katvā대상으로 'vedanā evaṁ느낌만이 vedayatīti느낀다'라고 sallakkhento주시하는; 잘 관찰하고 있는 esa이 수행자가

---

67 ㉰좋지 않은 대상과 만나면 괴로운 느낌이 생겨난다고, 좋지도 않고 나쁘지도 않은 대상과 만나면 평온한 느낌이 생겨난다고도 알 수 있다.

"'sukhaṁ vedanaṁ vedayāmī'ti'행복한 느낌을 느낀다'라고 pajānāti 안다"라고 iti veditabbo이와 같이 알아야 한다.[68]

바른 앎sampajañña에는 네 가지가 있습니다. ① 이익이 있는지 없는지를 바르게 아는 '이익 바른 앎sātthaka sampajañña', ② 이익이 있더라도 적당한지 적당하지 않은지를 아는 '적당함 바른 앎sappāya sampajañña', ③ 수행주제에 계속 마음 기울이며 아는 '영역 바른 앎gocara sampajañña', ④ 물질과 정신만 존재한다고, 물질·정신 법들은 무상하고 괴로움이고 무아라고 아는 '미혹없음 바른 앎asammoha sampajañña'입니다.

이익 바른 앎과 적당함 바른 앎은 세간 일을 할 때도 유익합니다. 세간의 어떤 일을 할 때 좋은 이익이 있는지 먼저 분명하게 알고 행해야 합니다. 또한 나에게만 이익이 있으면 된다고 생각하면 안 됩니다. '나에게만 이익이 있는가? 남에게만 이익이 있는가? 둘 모두에게 이익이 있는가? 둘 모두에게 이익이 없는가?'라고 살펴야 합니다. 제일 좋은 것은 둘 모두에게 이익이 있는 것이고, 제일 안 좋은 것은 둘 모두에게 이익이 없는 것입니다.

이익이 있더라도 시기와 장소, 경우가 적당한지 살펴야 합니다. 이익이 있는지는 알지만 적당한지 아닌지를 살펴보지 않고 행하면 잘못된 결과를 생겨나게 할 수 있습니다.[69]

68 마하시 사야도 지음, 비구 일창 담마간다 옮김, 『마하사띠빳타나숫따 대역』, pp.168~170 참조.

69 ㊢미얀마의 어느 강원에 늦게 출가해서 40세에 가까운 나이에도 사미인 스님이 있었다. 이 스님은 오전에 다른 스님들이 경전 등을 열심히 소리 내어 외울 때는 자고, 다른 스님들이 공양 후 잠깐 쉬는 시간에는 반대로 소리 내어서 외웠다. 그런 일이 반복되자 강원의 다른 스님들이 그 스님을 불편하게 생각했다. 경전을 독송하는 것은 좋은 일이지만 적당한 시간에 독송해야 한다. 이익과 함께 시간, 장소, 사람이 적당한 지도 같이 알아야 지혜로운 사람이라고 할 수 있다.

영역이란 수행자가 계속 마음 기울여야 할 곳, 대상입니다. 새김확립 수행자에게는 몸·느낌·마음·법이 영역에 해당합니다. 영역을 뜻하는 빠알리어 'gocara'는 'go 소' + 'cara 노니는 곳'의 합성어로 소들이 풀을 뜯으며 머무는 곳을 말합니다. 소들이 풀이 많은 곳에 주로 머물듯이 수행자들은 몸·느낌·마음·법이라는 새김확립 주제에만 머물러야 합니다. 풀이 많은, 잘 보호를 받고 있는 영역에서 벗어난 소가 어려움을 겪는 것처럼 새김확립 주제에서 벗어나 마음이 다른 곳으로 달아난 수행자들은 다섯 장애에게 괴롭힘을 당하고 잡아먹힐 것입니다. 번뇌라는 마라에게 괴롭힘을 당하고 잡아먹힐 것입니다.

이렇게 자신의 영역을 대상으로 새김확립을 열심히 닦으면 나중에 물질과 정신의 성품법, 생성과 소멸, 무상·고·무아의 성품을 확실히 알게 됩니다. 이것이 미혹없음 바른 앎입니다.

사실 느끼는 성품은 나가 아닙니다. 성품법일 뿐입니다. 대상에 따라, 대상이 좋으면 좋은 대로, 대상이 나쁘면 나쁜 대로 느끼는 성품이 생겨납니다. 그것을 알도록 저림, 뜨거움, 아픔, 쓰림 등 몸에서 괴로움이 생겨날 때도 새겨야 합니다. 근심, 실망, 낙담 등 마음에서 괴로움이 생겨날 때도 새겨야 합니다. 좋은 감촉으로 인해 몸에서 생겨나는 행복함, 마음에서 생겨나는 즐거움, 행복함, 기쁨 등도 새겨야 합니다. 이러한 성품들을 새기면 각각 자신의 차례에 생멸하는 성품인 것을 알게 됩니다. '괴롭다는 것도 성품법일 뿐이다. 행복하다는 것도 성품법일 뿐이다. 각각 찰나에 생멸하는 성품법일 뿐이다. 나, 개인, 중생이라고 할 만한 것은 전혀 없다'라고 사실대로 바르게 알도록 노력하는 것입니다.

수행자는 볼 때 느낌이 생겨나면 느낌의 성품을 알아야 합니다. '나가 아니다. 개인이나 중생이 아니다. 느끼는 성품법일 뿐이다'라고 알아야 합니다. 들을 때, 맡을 때, 먹을 때, 닿을 때도 마찬가지입니다. 어떠한 경우든 생겨나는 느낌을 새겨서 나, 개인, 중생이 아닌 성품법일 뿐이라고 알아야 합니다.

Idaṁ vedanā, ettakaṁ vedanā, na ito bhiyyoti pajānāti. (ItA.50)

대 역

Idaṁ이것이 vedanā느낌이다. ettakaṁ이 정도가 vedanā느낌이다. ito이보다 더 bhiyyo넘어서는 것은 na없다. iti이렇게 pajānāti안다.

계속 영역에 머무는 수행자는 "이것이 느낌이다. 이 정도가 느낌이다"라는 성전의 내용처럼 '이렇게 좋고 나쁘게 느끼는 성품을 이전에는 알지 못해 나라고 생각했다. 사실 느끼는 성품법일 뿐이다'라고 압니다. 또한 "이보다 더 넘어서는 것은 없다"라는 성전의 내용처럼 '느끼는 성품보다 더 뛰어넘어 느낄 수 있는 나라거나 개인, 중생이라고는 전혀 없다'라고도 압니다. '괴로움에도 개인이 없다. 행복함에도 개인이 없다. 좋은 것에도 개인이 없다. 느끼는 성품법일 뿐이다. 단계단계 생겨나는 것일 뿐이다'라고도 압니다. 이렇게 관찰하면서 이해합니다.[70]

70 『*Cittānupassanā tayatogyi hnin Dhammānupassanā tayatogyi(Nīvaraṇapain/Khandhāpain/Āyatanapain*(마음 거듭관찰 법문과 법 거듭관찰 법문(장애의 장/ 무더기의 장/ 감각장소의 장)』, pp.273~274 참조.

제25강

2008년 11월 11일

절대성품만 접하다 보면 자칫 세속적 진리를 등한시하는 경우가 있습니다. 그래서 아비담마 강의에 앞서 『위마나왓투 주석서』에 나오는 "네 종류의 사람"에 대해서 설명하고자 합니다.

인간 세상이라고 말은 하지만 인간에도 네 종류가 있습니다.

① 지옥사람manussanerayika

② 아귀사람manussapeta

③ 축생사람manussatiracchāna

④ 진짜사람paramattha manussa

첫 번째는 지옥 중생과 같은 사람입니다. 사람으로 태어나기는 했지만 살생·도둑질 등의 악행을 범해서 현생에서 신체형身體刑을 받거나 감옥에 갇히는 등 여러 고통을 당하는 사람이 있습니다. 현생에서 마치 지옥에 있는 듯한 고통을 당하기 때문에 이러한 사람을 '지옥사람', '지옥 중생과 같은 사람'이라고 말합니다.

두 번째는 아귀와 같은 사람입니다. 사람으로 태어나기는 했지만 과거생에 행한 선업, 특히 보시 선업이 적어서 먹을 것이나 입을 것, 지낼 곳 등이 부족해 항상 배고픔과 추위, 더위 등으로 괴로움을 겪어야 하는 사람들이 있습니다. 현생에서 마치 항상 굶주림과 갈증, 불에 태워지는 고통을 당하는 아귀와 같은 고통을 당하기 때문에 이러한 사람을 '아귀사람', '아귀와 같은 사람'이라고 말합니다.

세 번째는 축생과 같은 사람입니다. 가축들은 인간이 시키는 대로 힘들게 여러 일을 해야 합니다. 야생 동물이라 하더라도 힘들게 먹이를 구해야 하고, 약한 동물들은 잡아먹힐까 봐 항상 두려움에 떨어야 합니다. 이와 마찬가지로 사람으로 태어나기는 했지만 다른 사람이 시키는 일을 해야 하는 것 때문에 괴로움을 겪는 사람들이 있습니다. 혹은 잘못을 저지르고 사람들 눈을 피해 힘들게 먹을 것 등을 구해야 하는 사람들도 있습니다. 이렇게 축생들이 겪는 괴로움을 겪으며 살기 때문에 그런 사람을 '축생사람', '축생과 같은 사람'이라고 말합니다. 축생들은 배고프면 먹고, 배부르면 자고, 그 외에는 뒹굴면서 즐기는 것밖에 하지 않습니다. 마찬가지로 사람으로 태어나기는 했지만 그저 먹고, 자고, 즐기는 것밖에 모르는 사람은 축생과 같은 사람이라고 할 수 있습니다. 세상에는 축생과 같은 사람들이 많이 있습니다.

네 번째는 진짜 사람, 거룩한 사람입니다. '선업을 행하면 좋은 결과를 받는다. 악업을 행하면 나쁜 결과를 받는다'라고 업과 업의 결과를 믿고, 도덕적 부끄러움·도덕적 두려움을 지니고, 많은 중생에 대해 자애·연민·같이 기뻐함·평온을 닦는 사람을 진짜 사람, 거룩한 사람이라고 합니다. 따라서 진짜 사람, 거룩한 사람이 되도록 무엇이 선업이고 불선업인지 알도록 노력해야 합니다. 그리고 그렇게 아는 것에 따라서 선업은 행하고 불선업은 행하지 않도록 실천해야 할 것입니다.(VvA.20)

인식

모든 마음 공통들 7가지 중 세 번째 마음부수는 인식saññā입니다. 인식은 말 그대로 인식하는 성품입니다. 이전에 경험해 본 대상을 다음에 기억하도록 인식해 두는 성품입니다. 나중에 다시 경험할 때도 다시 인식해 둡니다. 비슷한 대상을 경험하면 '이전에 경험해 본 종류다'라고 인식합니다. 그렇게 기억하도록 인식하는 성품이 인식입니다.

단어분석

Nīlādibhedaṁ ārammaṇaṁ sañjānāti saññaṁ katvā jānātīti saññā.

(AhVṬ.104)

대 역

Yā dhammajāti어떤 법성품은 nīlādibhedaṁ푸른색 등으로 나눠지는 《다양한》 ārammaṇaṁ대상을 sañjānāti인식한다, saññaṁ인식을 katvā행해서 jānāti안다. iti그래서 sā dhammajāti그 법성품이 saññā 인식이다.

다른 마음부수들과 마찬가지로 인식도 세 가지로 정의됩니다.

① 대상을 인식하는 주체가 인식입니다. 다른 어떤 개인이나 중생이라는 실체가 인식하는 것이 아닙니다.

② 자신이 생겨나고 머물고 있는 중생으로 하여금, 또는 자신과 함께 생겨나고 있는 정신법들로 하여금 대상을 인식할 수 있도록 해 주는 것이 인식입니다. 다른 어떤 절대자나 창조주가 인식하게 해 주는 것이 아닙니다.

③ 대상을 인식하는 성품 자체가 인식입니다. 이것은 인식에 대한 엄밀한 정의입니다.

'푸른색 등으로'라는 구절에서 '~등으로'란 푸른색이나 노란색 등 색깔을 '푸른색이다. 노란색이다' 등으로 인식하는 것, 길거나 짧은 모양 등을 '길다. 짧다' 등으로 인식하는 것, 단맛과 신맛 등 맛을 '달다. 시다' 등으로 인식하는 것을 말합니다. 인식은 아이들이 단지 기억하는 정도로 아는 성품이어서 자세하게 분석해서 알지는 못합니다.

특질

Sā … sañjānanalakkhaṇā, tadevetanti puna sañjānanapaccayanimittakaraṇarasā dāruādīsu tacchakādayo viya, yathāgahitanimittavasena abhinivesakaraṇapaccupaṭṭhānā hatthidassakaandhā viya, yathāupaṭṭhitavisayapadaṭṭhānā tiṇapurisakesu migapotakānaṁ purisāti uppannasaññā viyāti. (Vis.ii.91)

대역

Sā그것은; 인식은 sañjānanalakkhaṇā인식하는 특성이 있다. tadevetanti'이것이 바로 그것이다'라고 puna다시 sañjānanapaccayanimittakaraṇarasā인식하게 하는 조건인 표상을 만드는 역할이 있다, dāruādīsu tacchakādayo viya마치 목수들이 목재 등에 표시하는 것처럼. yathāgahitanimittavasena거머쥔 표상에 따라 abhinivesakaraṇapaccupaṭṭhānā고집하는 것으로; 집요하게 생각하는 것으로 나타난다, hatthidassakaandhā viya마치 코끼리를 보는 맹인처럼. yathāupaṭṭhitavisayapadaṭṭhānā어떤 모습으로 드러난 대상이 가까운 원인이다, tiṇapurisakesu마치 허수아비에 대해서 migapotakānaṁ어린 사슴들에게 purisāti사람이라고 uppannasaññā viyāti생겨나는 인식처럼.

특성

인식은 인식하는sañjānana 특성이 있습니다. 흰색, 붉은색 등 여러 대상을 인식하는 정도로 아는 것을 말합니다.(DhsA.153) 이에 관해 「마하웨달라숫따Mahāvedallasutta(교리문답 긴 경)」에서는 마하꽂티까Mahākoṭṭhika 존자와 사리뿟따Sāriputta 존자의 법담을 다음과 같이 소개하고 있습니다.(M43)

마하꼿티까 존자가 물었다.

"도반이여, '인식, 인식'이라고 합니다. 무엇 때문에 '인식'이라고 합니까?

사리뿟따 존자가 대답했다.

"'인식한다, 인식한다'라고 해서 '인식'이라고 합니다."

마하꼿티까 존자가 다시 물었다.

"도반이여, 무엇을 인식합니까?"

사리뿟따 존자가 다시 대답했다.

"푸른색도 인식하고, 노란색도 인식하고, 붉은색도 인식하고, 흰색도 인식합니다. 도반이여, 이렇게 인식하기 때문에 '인식'이라고 합니다."

이 경전 내용을 통해 여러 대상을 인식하는 것은 바로 인식할 수 있는 '인식' 마음부수라는 사실을 알 수 있습니다. 어떤 개인이나 중생이 인식하는 것이 아닙니다. '개인'이나 '중생'이라고 불리는 존재에게 생겨나고 있는 '인식하는 성품', 바로 그 인식이 인식하는 것입니다.

하지만 위빳사나 수행을 하지 않는 일반인들은 '인식하는 것은 나다. 내가 인식한다. 인식하는 것은 나의 것이다. 나의 안에 인식이 있다. 인식하는 것에 내가 있다' 등으로 생각합니다. 이것이 인식과 관련해서 존재더미사견sakkāyadiṭṭhi·有身見, 자아집착이 생겨나는 모습입니다. 세간의 바람직한 내용들을 기억하고 인식하는 것은 좋다고 할 수 있지만 과거에 있었던 나쁜 일들을 상기하는 것은 괴롭습니다. 또한 좋은 것만 인식하기를 바라지만 그렇게 되지 않습니다.[71]

71 『아낫딸락카나숫따 법문』, pp.133~134 참조.

• **인식과 통찰지와 의식의 차이** 그렇다면 인식saññā으로 아는 것과 통찰지paññā로 아는 것, 그리고 의식viññāṇa으로 아는 것은 어떻게 다를까요? 제3강에서[72] 언급했듯이 틀린 것이든 옳은 것이든 이전에 경험했던 대상을 그대로 인식하는 정도로만 아는 것이 인식으로 아는 것입니다. 틀리지 않게 항상 대상의 바른 성품을 꿰뚫어 아는 것이 통찰지로 아는 것입니다. 어느 대상 하나를 취해 가지는 정도로 아는 것이 의식으로 아는 것입니다.(AhBṬ.13)

『위숫디막가』에서는 황금동전을 보고 어린아이가 '노란색이다. 동그랗다' 정도로만 아는 것이 인식으로 아는 것, 일반 성인이 '황금동전이다. 얼마의 가치다' 정도로 아는 것이 의식으로 아는 것, 금세공사가 '진짜 금이다. 순도가 얼마다'라고 아는 것이 통찰지로 아는 것이라고 비유했습니다.(Vis.ii.66)[73]

통찰지는 항상 옳은 성품만을 보지만 인식은 틀리게 인식하기도 합니다. 예를 들어 한밤중에 하얀 물체를 보고 귀신이 아닌데도 귀신이라고 알게 하는 것은 인식의 작용입니다. 또 다른 예로 일반인들은 대변을 혐오합니다. 하지만 일부 동물들은 그것을 먹잇감으로 생각하고 좋아합니다. 좋은 것으로 인식합니다. 일반인들은 시체를 혐오합니다. 하지만 독수리는 좋은 먹잇감으로 생각합니다. 그것은 모두 인식의 작용입니다. 반대로 부처님을 비롯한 아라한들은 감각욕망대상을 혐오합니다. 부처님께서는 「담마짝깝빠왓따나숫따Dhammacakkappavattana-sutta(초전법륜경)」에서 감각욕망쾌락의 탐닉에 몰두하는 것을 '저열하

72 『아비담마 강설 1』, p.62 참조.

73 『아비담마 강설 1』, p.63 참조.

고, 통속적이고, 범속하고, 이익과 관련되지 않은 것'이라고 설하셨습니다.(S.iii.368/S56:11)[74] 하지만 범부들은 감각욕망대상을 좋은 것, 즐길 만한 것으로 생각해서 찾고 구합니다. 이것도 인식의 작용입니다. 윤회하게 하는 근본 뿌리 두 가지는 무명과 갈애이지만 이렇게 잘못된 인식이 윤회를 더욱 부추깁니다.

• **새김과 인식의 차이** 미얀마어에서는 새김sati을 나타낼 때 쓰는 단어와 인식saññā을 나타낼 때 쓰는 단어가 동일해서 새김과 인식을 혼동하기도 합니다. 어떤 것을 '기억하는 성품'이라는 측면에서는 두 법이 비슷합니다. 하지만 새김은 아름다운 마음과만 결합하고 인식은 아름다운 마음뿐만 아니라 불선 마음을 비롯한 모든 마음과 결합합니다. 또한 새김에는 대상의 바른 성품이 드러나도록 밀착시키는 특성이 있지만 인식에는 바른 성품이거나 바르지 않은 성품이거나 이전에 기억한 그대로만 인식하는 특성이 있습니다.

• **인식의 전도** 이렇게 잘못 인식하기도 하기 때문에 제5강에서[75] 설명한 '인식의 전도'가 있는 것입니다. 그릇되고 왜곡된 것을 전도vipallāsa라고 합니다. 그중 인식이 그릇된 것을 인식의 전도saññā vipallāsa라고 합니다. 무상한 것을 항상한 것으로, 괴로움인 것을 행복한 것으로, 무아인 것을 자아인 것으로, 더러운 것을 깨끗한 것으로 잘못 인식하는 것입니다.

---

74 마하시 사야도 지음, 비구 일창 담마간다 옮김, 『담마짝까 법문』, p.116 참조.
75 『아비담마 강설 1』, pp.95~100 참조.

전도에는 인식의 전도 외에도 마음의 전도, 견해의 전도가 있습니다. 이 세 가지 전도는 무명avijjā을 뿌리로 합니다. 즉 네 가지 진리를 사실대로 바르게 알지 못하는 무명 때문에 전도들이 생겨납니다. 그중 인식의 전도와 마음의 전도, 이 두 가지는 세간의 선 마음이 일어날 때도 생겨납니다. 그러한 전도 때문에 갈애·자만·사견이라는, 윤회를 확산시키는 확산papañca 법들이 생겨납니다.[76]

절대적 진리paramattha sacca의[77] 입장에서 보면 그러한 전도법들은 잘못되고 그릇된 것입니다. 위빳사나 수행을 통해 전도법들이 잘못되고 그릇된 것임을 분명하게 알아야 잘라낼 수 있습니다. 여섯 문에서 물질·정신 법들이 생겨나는 대로 잘 관찰하면서 모든 전도를 뛰어넘어야 도와 과, 열반을 실현할 수 있습니다.

• **전도가 생기는 모습** 제5강에서 세 가지 전도가 생겨나는 모습을 자세하게 설명했습니다. 눈으로 형색을 볼 때 대상은 단지 '형색'이라는 절대성품 법일 뿐입니다. 어떤 사람, 어떤 개인이 아닙니다. 하지만 이후의 여러 마음을 통해 '어떤 실체, 항상한 것' 등으로 생각합니다.[78] 이것이 마음의 전도입니다. 그렇게 한 번 본 것을 '어떠한 것'이라고 인식해 둡니다. 만약 어떤 이름을 들었다면 '사람' 등으로 기억해서 잊어버리지 않게 합니다. 그리고 다음에 다시 그 대상을 보았을 때 '사람'이라고 생각합니다. 이것이 인식의 전도입니다. 그렇게 '어떠한 것'이라고 인식이 집착해 놓은 중생, 사람 등에 대해 '자아가 있다. 영혼이

76 『아비담마 강설 1』, p.98 참조.
77 『아비담마 강설 1』, p.93 참조.
78 마음의 전도가 생겨나는 자세한 모습은 『아비담마 강설 1』, pp.99~100 참조.

있다' 등으로 견지합니다. 이것이 견해의 전도입니다. 듣는 것 등에 대해서도 마찬가지입니다.

• **전도가 제거되는 모습** 정리하면 전도에는 항상하다고, 행복이라고, 자아라고, 깨끗하다고 생각하는 네 가지 측면에서 인식의 전도, 마음의 전도, 견해의 전도 세 가지가 있어서 모두 12가지가 있습니다. 수다원도의 지혜는 이 중 8가지를 제거합니다. 먼저 무상한 것을 항상하다고 생각하는 인식의 전도, 마음의 전도, 견해의 전도를 제거합니다. 즉 무상과 관련된 모든 전도를 제거합니다. 그리고 무아인 것을 자아라고 생각하는 인식의 전도, 마음의 전도, 견해의 전도를 제거합니다. 무아와 관련된 전도도 모두 제거합니다. 그리고 괴로움인 것을 행복이라고 생각하는 견해의 전도, 더러움인 것을 깨끗하다고 생각하는 견해의 전도를 제거합니다.[79]

사다함도는 감각욕망이나 성냄을 약하게 하는 정도입니다. 특별히 전도를 제거하지는 못합니다.

아나함도는 더러운 것을 깨끗하다고 생각하는 인식의 전도와 마음의 전도 두 가지를 제거합니다. 이것은 아나함도가 감각욕망을 완전히 제거하는 것과 관련됩니다. 감각욕망은 실제로는 깨끗하지 않고 더러운 것을 깨끗하다고 생각하는 인식의 전도나 마음의 전도 때문에 생겨납니다. 하지만 아나함도를 통해 감각욕망이 제거되면 그 감각욕망을 생겨나게 하는 인식의 전도와 마음의 전도도 다 제거된다고 말할 수 있

79 ㉳전도가 없어지면 '전도의 거지'가 될까 봐 제거하지 않고 그냥 지낸다면 '전도의 부자'로 윤회하며 많은 괴로움을 겪게 된다.

습니다.[80]

마지막으로 괴로움인 것을 행복한 것으로 생각하는 인식의 전도와 마음의 전도는 아라한도가 제거합니다.

| 도표1 | 전도의 제거

전도 12가지	도의 지혜가 전도를 제거하는 모습		
	인식의 전도	마음의 전도	견해의 전도
1.무상 → 항상	수다원도	수다원도	수다원도
2.괴로움→행복	아라한도	아라한도	수다원도
3.무아 →자아	수다원도	수다원도	수다원도
4.더러움→깨끗함	아나함도	아나함도	수다원도

역할

인식에는 '다시puna 인식하게 하는 조건sañjānanapaccaya'인 표상nimitta을 만드는karaṇa 역할이 있습니다. 대상을 단지 어떠한 것으로 아는 정도가 아니라 나중에 다시 알기 위해 '하얀색이다. 검은색이다. 길다. 짧다' 등으로 표상을 만든다는 뜻입니다. 비유하자면 목수와 같습니다. 목수는 집을 지을 때 '이것은 2층 첫 번째 방에 들어갈 문이고 이것은 1층 세 번째 방에 들어갈 문이다'라고 각각의 문에 표시를 해 둡니다. 그러면 나중에 문을 달 때 정해진 자리에 설치할 수 있습니다. 마찬가지로 인식도 이전의 대상들을 다음에 다시 알 수 있도록 표시하는 역할을 합니다.(DhsA.154)

혹은 인식을 재산관리인에도 비유합니다. 재산관리인이 자신이 관

80 ㉤더러운 것을 깨끗하다고 생각하는 것은 물질법과 관련된 것이다. 정신법과는 관련되지 않는다. 그래서 감각욕망대상에 해당하는 법들을 물질로 취해야 한다.

리하는 재산목록을 일일이 잘 기록해서 다음에 참조하듯이 인식도 나중에 다시 만났을 때 알도록 잘 기록해 둡니다.(DhsA.154)

• **인식의 특성과 역할의 다른 점** 인식의 특성은 '대상을 인식하는 것'이라고 설명했고, 인식의 역할은 '대상을 다시 만났을 때 잘 알 수 있도록 표상을 만드는 것'이라고 설명했습니다. 이 두 가지는 어떻게 다를까요? 각각의 설명 그대로 인식의 특성은 처음 대상을 만났을 때 '어떠한 것이다'라고 인식하는 측면을 드러낸 것이고 인식의 역할은 그 대상을 다시 만났을 때 '이전에 만났던 어떠한 것이다'라고 알도록 표상을 만드는 측면을 드러낸 것이라고 이해하면 됩니다. 예를 들면 어떤 사람을 만났을 때 그 사람의 이름이나 모습, 행동 등을 바탕으로 '어떠한 사람이다'라고 처음에 인식하고 기억합니다. 이렇게 처음에 인식하고 기억하는 측면이 인식의 특성입니다. 그런데 그렇게 하는 것은 나중에 다시 만났을 때도 '어떠한 사람이다'라고 동일하게 알게 합니다. 이렇게 다시 만났을 때 인식하고 기억하도록 표상을 만드는 측면이 인식의 역할입니다.

그렇다면 인식의 힘을 좋게 하려면 어떻게 해야 할까요? 인식의 특성과 역할을 결합해서 설명한다면 처음에 인식한 대로 두 번째 만났을 때 인식합니다. 두 번째 인식한 것은 세 번째 인식하는 것에 도움을 줍니다. 이러한 식으로 어떤 대상을 거듭해서 인식한다면 '어떠한 것이다'라고 잘 기억할 것입니다.[81] 힘이 매우 강해집니다. 강한 인식은 평생 동안, 심지어 생이 바뀌어서까지 지속되기도 합니다.

81 ㉯예외적인 경우도 있다. 미얀마의 삼장법사였던 밍군 사야도는 3년 전에 단지 예경만 올린 어느 재가신도를 보자마자 "어서 오십시오, ○○ 거사님"이라고 먼저 이름을 부르며 말을 건넸다고 한다. 처음 보았을 때 인식의 힘이 매우 강해 시간이 지나서 만났을 때도 그대로 기억했던 것이다.

특히 천상이나 지옥에 태어났을 때는 과거의 선업이나 불선업을 바로 떠올릴 수 있다고 합니다. 대표적인 예로는 부처님께 마음으로 예경 올린 공덕만으로 천상에 태어났다는 것을 기억한 맛따꾼달리 Maṭṭakuṇḍali의 일화(Dhp.2), 삿된 음행 때문에 화탕지옥에 태어났다는 것을 기억하며 후회한 악인 네 명의 일화(Dhp.60)가 있습니다.

지금 아비담마를 배우거나 위빳사나 수행을 하고서 다음 생에 욕계 천상에 태어난다면 이전 생에 아비담마를 배웠던 것, 위빳사나 수행을 했던 것 등 선업을 실천했던 것을 떠올릴 수 있을 것이고, 그러한 인식은 법을 증득하는 데 큰 밑받침이 될 것입니다.

하지만 조심해야 할 점이 있습니다. 앞에서 인식은 그릇되게도 기억한다고 설명했습니다. 그릇된 인식이 강해지고 고착되면 스승은 말할 것도 없고 부처님도 제도할 수 없을 정도가 될 수 있습니다.(AhSṬ. i.113) 따라서 그릇된 인식의 힘을 키우면 안 되고 아비담마나 위빳사나 등 선법과 관련된 인식의 힘만을 키워야 합니다.

특히 위빳사나 관찰을 할 때 〈부푼다, 꺼진다; 듦, 감, 놓음〉 등으로 명칭을 붙이는 것도 인식과 관련됩니다. 물론 관찰할 때는 새김, 지혜, 정진, 사유, 삼매가 관련되지만 명칭을 붙이면 인식의 힘도 좋아집니다. 강한 인식은 새김의 가까운 원인입니다. 인식의 힘이 좋아지면 새김도 좋아지고, 나머지 법들의 힘도 좋아져서 수행이 더 잘 진행될 수 있습니다.

정리하면 처음에 어떠한 것으로 인식하는 것이 특성의 측면, 나중에 쉽게 알 수 있도록 표상을 만드는 것이 역할의 측면입니다. 사실 인식은 옳고 그름을 자세하게 구분하지 않습니다. 대상이 드러나는 대로 어떠한 것으로 인식할 뿐인 성품을 말하는 것입니다.

나타남

인식은 거머쥔 표상에 따라yathāgahitanimittavasena 고집하는 것abhinivesakaraṇa으로 나타납니다. 인식은 옳든 그르든, 이전에 기억했던 표상에 따라서 거머쥐고 그대로 인식합니다.

인식은 대상을 잘 숙고하고 비교하고 분석해서 취하지 않습니다. 실제로 존재하는 그대로 꿰뚫어 알고서 취하는 것도 아닙니다. 이전에 인식해 두었던, 기억해 두었던 그대로 옳든 그르든 인식합니다.

이를 주석서에서는 '장님[82] 코끼리 만지기'에 비유했습니다.(DhsA.154; Ud.160) 장님 여섯 명이 코끼리를 만졌습니다. 그들은 한 사람씩 코끼리의 코, 상아, 귀, 몸통, 다리, 꼬리를 만진 뒤 코끼리에 대해 각자가 만진 대로, 각자가 인식한 대로 말했습니다. 코를 만진 장님은 "코끼리는 내가 눈이 멀기 전에 보았던 큰 뱀과 같다"라고, 상아를 만진 장님은 "쌀을 찧는 절구공이와 같다"라고, 귀를 만진 장님은 "양탄자와 같다"라고, 몸통을 만진 장님은 "벽과 같다"라고, 다리를 만진 장님은 "기둥과 같다"라고, 꼬리를 만진 장님은 "빗자루와 같다"라고 말했습니다. 이와 마찬가지로 인식도 이전에 기억했던 그대로만, 옳든 그르든 집착해서 인식합니다. 이렇게 이전에 기억했던 그대로 거머쥐는 것이 인식의 나타남입니다.[83]

가까운 원인

인식의 가까운 원인은 드러난 대상입니다. 인식은 드러난 대상을 특

82 장님이 '시각 장애인'을 낮잡아 이르는 말이지만 속담에서 인용한 구절이어서 그대로 사용했다.

83 ㉮인식이 단지 의식과만 결합하면 사실이든 거짓이든 그대로 인식하지만 지혜와 결합하면 사실대로만 인식한다. 힘이 강해진다.

별히 숙고하지 않은 채 드러나는 대로 인식할 뿐입니다. 하얀 대상이 드러나면 하얀 것으로 인식합니다. 붉은 대상이 드러나면 붉은 것으로 인식합니다. 어떠한 모습과 어떠한 형태로 드러나든지 드러나는 모습 그대로 인식합니다.

이것을 주석서에서는 허수아비를 사람이라고 착각하는 사슴에 비유했습니다.(DhsA.154) 숲에 사는 사슴에게 건초를 엮어 만든 허수아비는 진짜 사람처럼 드러납니다. 그러면 사슴은 허수아비가 진짜 사람인지 아닌지 숙고하지도 않고 그렇게 드러나는 대로 사람이라고 인식해 버립니다. 이와 같이 인식도 드러나는 대상을 사실인지 아닌지 특별히 숙고하지 않고 대상이 드러나는 모습 그대로 인식합니다.

혹은 여장한 남자를 여자라고 생각하는 사람에 비유할 수도 있습니다. 여자의 모습으로 곱게 단장한 남자를 일반인들은 여자라고 생각합니다. 실제로는 남자지만 보기에는 여자의 모습으로 드러나기 때문에 자세하게 살펴보지 않는다면 여자로 알게 됩니다.

사슴이 허수아비를 진짜 사람이라고 생각하는 것은 사슴에게 허수아비가 진짜 사람처럼 드러나기 때문입니다. 진짜 사람처럼 대상이 드러나지 않으면 그렇게 인식할 수 없습니다. 그래서 인식의 가까운 원인을 '드러난 대상'이라고 합니다.

한편 올바르게 마음 기울이는 것인 합리적 마음기울임yonisomanasikāra, 올바르지 않게 마음 기울이는 것인 비합리적 마음기울임ayonisomanasikāra 때문에도 바른 인식과 바르지 않은 인식이 생겨납니다. 그래서 합리적 마음기울임, 비합리적 마음기울임을 인식의 먼 원인이라고 합니다.

인식의 종류

지금까지 인식의 특성, 역할, 나타남, 가까운 원인을 설명했습니다. 이제 인식의 종류를 살펴보겠습니다.

인식의 6종류

인식은 대상에 따라서 6종류로 나뉩니다.

① 형색 인식rūpasaññā

② 소리 인식saddasaññā

③ 냄새 인식gandhasaññā

④ 맛 인식rasasaññā

⑤ 감촉 인식phoṭṭhabbasaññā

⑥ 법 인식dhammasaññā

인식의 11종류

혹은 다음과 같이 11종류로 나뉩니다.

① 과거의 인식atīta saññā

과거 여러 생에서 기억했던 인식, 혹은 현생 중 과거의 시간에 인식했던 인식, 조금 전에 인식했던 인식이 '과거의 인식'입니다.

② 미래의 인식anāgata saññā

미래의 여러 생이나 현생 중에서 나중에 인식할 인식이 '미래의 인식'입니다.

③ 현재의 인식paccuppanna saññā

현생이나 혹은 지금 현재 생겨나고 있는 인식이 '현재의 인식'입니다.

④ 내부의 인식ajjhatta saññā과 ⑤ 외부의 인식bahiddhā saññā

인식을 내부와 외부로 나눌 때는 대상이 기준입니다. 자신과 관련된 대상을 인식하는 것은 내부의 인식이고 외부 대상을 인식하는 것은 외부의 인식입니다.[84]

⑥ 거친 인식oḷārika saññā과 ⑦ 미세한 인식sukhuma saññā

거칠고 미세한 인식은 기준이 다양합니다. 눈 등 다섯 문에서 생겨나는 인식은 거칠고 맘문에서 생겨나는 인식은 미세합니다. 불선 마음과 함께 생겨나는 인식은 거칠고 선 마음과 함께 생겨나는 인식은 미세합니다. 애착하는 마음, 화내는 마음, 우쭐거리는 마음, 잘못 견지하는 마음과 함께하는 인식은 거칩니다. 부처님의 덕목을 상기하는 마음, 법문을 상기하는 마음, 수행과 관련된 마음과 함께하는 인식은 미세합니다. 괴로운 느낌과 함께하는 인식은 거칠고, 그에 비해 즐거운 느낌과 함께하는 인식은 미세하고, 평온한 느낌과 함께하는 인식은 더 미세합니다. 삼매에 들지 못한 마음과 함께하는 인식은 거칠고 삼매에 든 마음과 함께하는 인식은 미세합니다. 분명하고 거친 대상을 인식하는 것은 거칠고 미세하고 불분명한 대상을 인식하는 것은 미세합니다.[85]

⑧ 저열한 인식hīna saññā과 ⑨ 수승한 인식paṇīta saññā

앞에서 설명한 거친 인식이 저열한 인식이고 미세한 인식이 수승한 인식입니다.[86]

⑩ 먼 인식dūre saññā과 ⑪ 가까운 인식santike saññā

미세한 대상이나 먼 대상을 인식하는 것이 먼 인식이고 거친 대상

84 『아낫딸락카나숫따 법문』, p.343; p.352 참조.

85 『아낫딸락카나숫따 법문』, p.353 참조.

86 『아낫딸락카나숫따 법문』, p.353 참조.

이나 가까운 대상을 인식하는 것이 가까운 인식입니다.[87] 혹은 불선 인식은 선 인식이나 비확정 인식과 멀고 불선 인식끼리는 가깝습니다. 선 인식이나 비확정 인식도 마찬가지 방법으로 설명할 수 있습니다. 예를 들어 오무간죄를 범할 때 생겨나는 제일 저열한 인식과 아라한도가 생겨날 때 생겨나는 제일 수승한 인식은 서로 가장 먼 인식입니다.

느낌에서도 언급했듯이[88] 인식은 이렇게 11종류로 나뉘지만 '대상을 인식하는 성품'으로는 모두 동일합니다. 그래서 부처님께서 인식을 하나로 모아서 '인식 무더기saññā khandha'라고 설하셨습니다. 인식을 이렇게 11종류로 자세하게 설하신 이유는 느낌과 마찬가지로 현재 분명하게 생겨나는 인식을 관찰하면 과거의 인식이나 미래의 인식까지도 스스로의 지혜로 무상하고 괴로움이고 무아라고 결정할 수 있기 때문입니다.[89] 반면 '인식 무더기'라는 하나의 무더기로 표현하신 것은 느낌과 마찬가지로 무더기 가르침이 간략한 설명으로 이해할 수 있는 이들에게 적합한 가르침이기 때문입니다. 혹은 정신법들에 미혹한 이들에게는 정신법들을 느낌, 인식, 형성들, 의식이라는 네 무더기로 나눈 것이 적합한 가르침이기 때문이기도 합니다.(Pm.ii.84)[90]

---

87 『아낫딸락카나숫따 법문』, p.354 참조.

88 본서 pp.66~67 참조.

89 『아낫딸락카나숫따 법문』, p.349 참조.

90 『*Cittānupassanā tayatogyi hnin Dhammānupassanā tayatogyi(Nīvaraṇapain/Khandhāpain/Āyatanapain*(마음 거듭관찰 법문과 법 거듭관찰 법문(장애의 장/ 무더기의 장/ 감각장소의 장)』, pp.457~459 참조.

인식을 특별히 설하신 이유

앞에서 그릇되고 잘못된 것을 올바르고 맞는 것이라고, 혹은 올바르고 맞는 것을 잘못된 것이라고 '뒤바꿔 잘못 생각하는 것'을 전도vipallāsa라고 한다고 설명했습니다. 중생들로 하여금 실체가 없는 무아의 성품법일 뿐인 것을 실체가 있는 자아라고 뒤바꿔 그릇되게 생각하게 하는 법들 가운데 인식이 제일 크게 영향을 미칩니다. 인식 때문에 무아anatta를 자아atta라고 그릇되게 생각합니다. 그래서 부처님께서 인식을 접촉 등의 다른 마음부수들처럼 형성 무더기에 포함시켜 설하지 않고 하나의 무더기로 따로 설하신 것입니다.(AhSṬ.ii.325~327)

• **제일 크게 영향을 주는 법들** 범부들로 하여금 무아인 것을 자아라고 전도해서 생각하게 하는 법들 중 제일 크게 영향을 주는 법은 인식입니다. 주로 인식 때문에 자아라는 전도가 생겨납니다. 괴로움인 것을 행복이라고 전도해서 생각하게 하는 법들 중 제일 크게 영향을 주는 법은 느낌입니다. 주로 느낌 때문에 행복하다는 전도가 생겨납니다. 무상한 것을 항상하다고 전도해서 생각하게 하는 법들 중 제일 크게 영향을 주는 법은 마음입니다. 주로 마음 때문에 항상하다는 전도가 생겨납니다.

이렇게 무아인 것을 자아라고 집착할 때 인식을 제일 많이 의지합니다. 사람들은 인식을 통해 학문을 익힙니다. 그렇게 익힌 자신의 학문을 대단하다고 생각하면서 '나도 높은 학식을 가진 사람들 중 하나이다', 혹은 '나보다 더 많이 아는 사람이 누가 있겠는가?'라고 자만합니다. 이때 기억하고 인식하는 인식을 매우 대단한 '나'라고 생각합니다. 이렇게 자아라고 전도해서 생각하게 하는 법들 중에서 인식이 제일 큰 영향을 미칩니다. 그래서 부처님께서는 인식을 따로 뽑아내어 하나의 무더기khandha로 설하신 것입니다.(AhSṬ.ii.325~327)[91]

좋아하고 즐기는 갈애의 근본 원인은 느낌인데, 그 느낌이 대상을 느낄 때도 인식이 제일 중요합니다. 인식이 여러 가지로 인식하는 것에 따라서 느낌도 대상을 여러 가지로 느낍니다. 이런 일화가 있습니다. 어떤 상인이 어두운 밤에 그릇에 담긴 길쭉길쭉하고 쫀득쫀득한 것을 국수라고 생각해서 맛있게 먹었습니다. 그 맛이 매우 좋아서 다음날 아침에 먹으려고 조금 남겨놓기까지 했습니다. 그러나 날이 밝아 국수인 줄 알고 맛있게 먹었던 것이 지렁이임을 알게 됐고, 그 사실을 알자마자 상인은 즉시 토해버렸습니다. 이렇게 틀리든 맞든 인식이 인식한 대로 느낌이 그 대상의 맛을 느낍니다.(AhBṬ.586)

다른 예를 들면 말에게 풀을 먹일 때 처음에는 평범한 건초를 먹입니다. 말은 마른 풀이라 조금만 먹습니다. 그때 사육사가 말에게 녹색 안경을 씌운 뒤 좀 전에 주었던 건초더미를 다시 먹입니다. 그러면 말은 좋아하면서 많이 먹습니다. 처음 건초를 먹을 때는 '마른 풀이다'라고 인식하기 때문에 맛있다고 드러나지 않아서 조금만 먹은 것이고 녹색 안경을 썼을 때는 눈에 드러난 대로 '녹색의 신선한 풀이다'라고 인식하기 때문에 느낌에 맛있다고 드러난 것입니다.

이렇게 느낌에 맛이 잘 드러나도록 인식이 큰 영향력을 행사하기 때문에 인식을 따로 뽑아내어 하나의 무더기khandha로 설하신 것입니다.

91 엄밀하게 말해 '이것은 나의 것이다'라고 생각하는 것은 갈애로 집착하는 것, '이것은 나다'라고 생각하는 것은 자만으로 집착하는 것, '이것은 나의 자아다'라고 집착하는 것은 사견으로 집착하는 것이다. 『아낫딸락카나숫따 법문』, pp.259~262 참조.

느낌과 인식을 따로 무더기로 설하신 이유

그렇다면 부처님께서 인식뿐만 아니라 느낌까지 따로 무더기로 설하신 이유는 무엇일까요? 윤회윤전의 굴레를 부수기 위해서는 좋아하고 애착하는 갈애를 제거하는 것이 제일 중요합니다. 갈애에서 집착이, 집착에서 여러 선업과 불선업이 생겨나 윤회하기 때문입니다. 좋아하고 애착하는 갈애가 없다면 윤회윤전을 하면서 대상을 즐기지 않을 것입니다. 그리고 그 갈애는, 느끼는 역할을 하는 느낌이 없으면 어떠한 대상도 즐길 수 없습니다. 그러므로 갈애가 좋아하고 애착하게 하는 데는 느낌이 매우 중요합니다. 또한 '밥을 먹을 때 좋은 반찬이 필요하듯이' 느낌이 대상을 느낄 때도 인식이 매우 중요합니다. 인식이 여러 가지로 인식할수록 느낌은 여러 맛을 느낄 수 있습니다. 그래서 느낌과 인식 마음부수 두 가지를 무더기로 따로 설하신 것입니다.

또 다른 이유로는 앞에서 설명했듯이 중생들로 하여금 행복하다고 잘못 생각하게 하는 법들 중에서 느낌이 제일 영향을 크게 미치기 때문에 따로 느낌을 하나의 무더기로 설하셨고, 자아라고 잘못 생각하게 하는 법들 중에서 인식이 제일 영향을 크게 미치기 때문에 따로 인식을 하나의 무더기로 설하셨고, 항상하다고 잘못 생각하게 하는 법들 중에서 마음이 제일 영향을 크게 미치기 때문에 의식을 하나의 무더기로 따로 설하신 것입니다.

인식은 무아다

인식과 관련해서 인식이 무아인 모습을 「아낫딸락카나숫따Anattalakkhaṇasutta(무아특성경)」를 통해 설명하겠습니다.

인식에는 대상에 따라 형색을 인식하는 것, 소리를 인식하는 것, 냄새를 인식하는 것, 맛을 인식하는 것, 감촉을 인식하는 것, 법을 인식하는 것으로 여섯 종류가 있다고 앞에서 설명했습니다.

일반인들은 그렇게 인식할 때마다 '인식하는 것은 나다. 내가 인식한다'라고 생각하고 집착합니다. 형색을 볼 때 '사람을 본다. 여자를 본다. 남자를 본다' 등으로 인식합니다. 소리 등 다른 대상을 인식할 때도 마찬가지입니다. 그리고 '그렇게 인식하는 것은 나다'라고 생각하고 집착합니다. 하지만 인식은 그렇게 생각하고 집착하는 대로 자아가 아닙니다. 무아입니다.

그렇다면 무엇 때문에 인식은 '자아'가 아닐까요? 인식이 자아라면 인식은 자신이 힘들도록 괴롭히는 것이 아니어야 합니다. 그러나 인식은 괴롭히기 때문에 자아가 아닙니다. 인식에는 좋은 점도 있습니다. 인식의 작용으로 세간의 기술이나 선법들을 기억하는 것은 좋은 일입니다. 하지만 나쁜 것, 혐오스러운 것을 기억하는 것은 괴롭습니다. 이미 죽은 가족이나 친지들을 잊지 못해 그리워하며 괴로워하고 심하면 죽기까지 합니다. 마음을 괴롭히는 대상이 계속 생각나서 괴로움을 겪기도 합니다. 이렇게 인식은 괴롭히기 때문에 자아가 아닙니다. 무아입니다.

또한 자아라면 '좋은 것만 기억하기를. 나쁜 것은 기억하지 않기를'이라고 조정하고 마음대로 할 수도 있어야 합니다. 그러나 그렇게 마음대로 할 수 없기 때문에도 인식은 자아가 아닙니다. 무아입니다.[92]

92 자세한 내용은 『아낫딸락카나숫따 법문』, pp.133~134 참조.

인식은 신기루와 같다

중생들은 인식을 통해 여러 대상을 기억합니다. 선업과 관련된 것도 인식하고 불선업과 관련된 것도 인식합니다. 실제로는 중생들의 인식은 목마른 사슴으로 하여금 연못이라고 착각하게 만드는 '신기루'와 같습니다. 실체라고 할 만한 것이 없이 즉시 생겨나서는 사라져 버리는 성품일 뿐입니다

한여름, 풀이라고는 없는 모래사장 주변에 '물'이라고 생각하게 하는 신기루가 생깁니다. 더운 날씨 때문에 목마른 사슴들은 그 신기루를 물이라고 생각하고 그곳으로 달려갑니다. 하지만 신기루는 물이 아니라 물이라고 생각하게 하는 햇빛의 작용일 뿐입니다. 가까이 가보면 물이 없습니다. 사슴들이 물이라고 생각하고서 그곳으로 급히 달려가더라도 물을 마실 수 없기 때문에 결국은 힘들고 지쳐서 큰 괴로움을 겪습니다.

마찬가지로 인식도 즉시 생겨나서는 사라져 버리는 성품법일 뿐입니다. 어떤 실체가 없습니다. 중생들로 하여금 '자신, 타인, 남자, 여자' 등으로 인식하게 하는 성품법일 뿐입니다. 그렇게 계속되는 인식이 중생으로 하여금 윤회윤전에서 계속 헤매면서 고통을 겪게 만듭니다.(AhSṬ.ii.329~330)

남자가 남자의 생에서 벗어나지 못하고 여자가 여자의 생에서 벗어나지 못하는 이유도 인식 때문이라고 부처님께서 설하셨습니다.[93] 시작을 알 수 없는 과거로부터 윤회하면서 남자는 계속해서 '나는 남자다'

93 본문과 동일하게 표현된 경전 원문은 찾지 못했다. 『앙굿따라 니까야』에 "여자는 안으로 여자의 기능에 마음 기울이고, 여자의 행위와 여자의 외관과 여자의 자만과 여자의 의욕과 여자의 목소리와 여자의 장식에 마음 기울인다. 그녀는 거기에 매혹되고 그것을 기뻐한다. … 이렇게 하여 여자는 여자의 성을 넘어서지 못한다"라는 가르침이 있다.(A7:48)

라는 인식이 강해져 남자의 생에서 벗어나지 못하고, 여자는 계속해서 '나는 여자다'라는 인식이 강해져 여자의 생에서 벗어나지 못합니다. 앞서 허수아비를 보고서 사람이라고 놀라는 사슴의 비유처럼 윤회하면서 이런저런 사람들이나 사물들을 어떠한 것이라고 계속해서 기억해 왔기 때문에 그 인식에서 벗어나기가 매우 어렵습니다.

그러면 그러한 인식에서 벗어나려면 어떻게 해야 할까요? 앞에서 설명했듯이 인식은 대상의 모양이나 명칭 등을 다 포함해서 기억합니다.[94] 다시 말해 인식은 모양이나 형체, 명칭에 따라서 인식할 뿐 물질·정신 법들의 고유특성이나 무상·고·무아라는 공통특성까지는 알지 못합니다. 따라서 사실대로 바르게 알기 위해서는 위빳사나 수행을 실천해야 합니다. 위빳사나 수행을 하면서 점점 지혜가 향상되면 형체나 명칭 등이 드러나지 않습니다. 그래서 무상하고 괴로움이고 자아라고 할 만한 것이 없다는 사실을 알게 돼 인식에서 벗어날 수 있습니다.

94 본서 pp.85~86 참조.

제26강

2008년 11월 18일

심오한 가르침인 아비담마 가르침을 현재 생에 듣고 보고 배울 수 있는 것은 과거 생에서 선업을 행할 때 '바르고 심오한 법을 듣기를'이라고 서원했기 때문입니다. 아비담마 법문을 듣는 것은 나중에 아라한 도와 과를 증득하게 하는 원인과 바탕이 될 수 있는데, 꼭 이렇게 심오한 가르침까지 듣지 못하더라도 '붓다buddha', '고따마Gotama', '삽반뉴sabbaññū'라는 빠알리어를 듣는 것만으로도 이러한 이익을 누릴 수 있습니다.

그 대표적인 예가 『아빠다나』에 나오는 담마루찌야Dhammaruciya 존자입니다. 담마루찌야 존자는 부처님께서 4아승기 10만 대겁 전에 수메다 행자로 처음 수기를 받으실 때 수메다 수행자와 같이 출가해서[95] 계를 지키고 감관을 단속하면서 수행을 실천했던 도반이었습니다. 하지만 그다음 어느 한 생에서 나쁜 친구와 어울리면서 어머니를 죽이는 죄를 저질러 그 과보로 무간지옥에서 오랫동안 고통을 받아야 했습니다. 그 뒤 4아승기 10만 대겁 동안 계속 선처와 악처를 오가며 태어나다가 고따마 부처님께서 출현하셨을 때 물고기로 태어났습니다. 그때 사람들이 "고따마 부처님께서 탄생하셨다"라고 외치는 소리에 '고따마'라는 단어를 듣자마자 물고기에게 존경심과 믿음이 강하게 생겨났습니다. 이러한 존경심과 믿음의 선업으로 나중에 사람으로 태어나 부처님의 교단에 출

95 『아빠다나』에서 "pabbajantañca taṁ vīraṁ, sahāva anupabbajiṁ. 그 영웅과 함께 출가자의 상태로 따라서 출가했다"라고 언급했다. 여기서 '영웅'이란 수메다 행자를 말한다. 이 내용에 따르면 디빵까라 부처님 당시에 수메다 행자가 수기를 받은 뒤 출가했다고 알 수 있다. 하지만 *Mingun sayadaw*, 『*Mahābuddhawin*(마하붓다윈)』 제1-2권, pp.540~541에 따르면 디빵까라 부처님 당시 수메다 행자는 일반 출가자인 선인으로 헤아려졌고 불교 교단의 비구로 언급되는 9생에는 포함되지 않는다. 따라서 수메다 행자와 담마루찌야 존자가 출가한 것은 부처님 교단에 출가한 것이 아니라 일반 출가자인 선인으로 출가한 것이라고 알아야 한다.

가해서 아라한까지 됐습니다.(Ap.ii.68)

여러분들이 아비담마 법문을 들으면서 '아비담마를 배워도 어려워서 이해가 되지 않는다. 피곤하기만 하다. 시간만 낭비하는 것 아닌가. 아무런 이익이 없는 것 아닌가'라는 생각이 들 수도 있을 것입니다. 하지만 '물고기조차도 고따마 부처님이라는 단어를 들은 것만으로 그렇게 큰 이익이 있었다'라고 올바르게 마음 기울여서 믿음을 가지고 계속해서 공부해 나가기 바랍니다.

의도

모든 마음 공통들 7가지 중 네 번째 마음부수는 의도cetanā입니다. 일반적으로 의도는 '무엇을 하고자 하는 생각이나 계획'이라고 설명하지만 아비담마에서 마음부수로서의 의도는 조금 더 구체적인 의미를 가지고 있습니다.

단어분석

Cetayatīti cetanā. Abhisandahatīti attho. (Vis.ii.92)

대 역

Cetayatīti의도한다고 해서; 자극하고 부추긴다고 해서 cetanā의도다. abhisandahatīti《자신과 결합된 법들을 대상에》 결합시켜 준다는 attho의미다.

'의도한다cetayati'고 해서 '의도cetanā'입니다. 의도는 세 가지로 정의됩니다.

① 자신과 함께 생겨나는 법들을 대상에 결합시켜 주는 주체, 각자의 역할을 하도록 북돋는 주체가 의도입니다.

② 자신과 함께 생겨나는 법들을 대상에 결합시켜 주는 조건, 각자의 역할을 하도록 북돋게 하는 조건이 의도입니다.

③ 자신과 함께 생겨나는 법들을 대상에 결합시켜 주는 성품, 각자의 역할을 하도록 북돋는 성품 자체가 의도입니다.

특질

Sā cetanābhāvalakkhaṇā, āyūhanarasā, saṁvidahanapaccupaṭṭhānā sakiccaparakiccasādhikā jeṭṭhasissamahāvaḍḍhakīādayo viya. Accāyikakammānussaraṇādīsu ca panāyaṁ sampayuttānaṁ ussahanabhāvena pavattamānā pākaṭā hoti. sesakhandhattayapadaṭṭhānā. (Vis.ii.92)

대 역

Sā그것은; 그 의도는 cetanābhāvalakkhaṇā의도하는; 자극하고 격려하는 성품이라는 특성이 있다. āyūhanarasā애쓰는; 신경을 쓰는 역할이 있다. saṁvidahanapaccupaṭṭhānā조정하는 것으로 나타난다, sakiccaparakiccasādhikā마치 자신의 일과 다른 이의 일을 성취하게 하는 jeṭṭhasissamahāvaḍḍhakīādayo viya수제자나 대목수처럼. ca pana그리고 accāyikakammānussaraṇādīsu급한 일을 기억하는 것 등에 대해 ayaṁ이것은; 이 의도는 sampayuttānaṁ결합된 법들을 ussahanabhāvena북돋는; 노력하게 하는 성품으로 pavattamānā거듭 생겨나면서 pākaṭā hoti분명하다. sesakhandhattayapadaṭṭhānā나머지 세 무더기가 가까운 원인이다.[96]

96 가까운 원인은 『상가하 바사띠까』를 참조해서 '형성 무더기'의 가까운 원인을 밝히는 구절을 인용했다.(AhBṬ.103)

특성

의도는 의도하는 성품cetanābhāva이라는 특성이 있습니다. 자신과 결합해서 함께 생겨나는 접촉 등의 법들로 하여금 각자의 역할을 잘하도록 자극하고 격려하는 특성이 있다는 뜻입니다.(Vis.ii.92; DhsA.154) 다른 문헌에는 접촉 등 함께 생겨나는 법들을 대상과 결합시켜 주는abhisandahana 특성이 있다고도 설명했습니다.(PsA.i.45) 혹은 함께 생겨나는 법들을 관리하는abhisaṅkhāra 특성이 있다고도 설명했습니다.(Mil.62)

의도는 자신도 대상을 취하고, 자신과 함께 생겨나는 마음과 다른 마음부수들도 대상과 결합하게 해 줍니다. 또한 함께 생겨나는 마음과 다른 마음부수들이 각자 관련된 역할들을 잘 수행하도록 자극하고 격려해 줍니다. 마치 학급 반장이 선생님이 멀리서 오는 것을 보자마자 "저기 선생님이 오신다"라고 외치면서 스스로도 크게 소리 내어 책을 읽고 다른 학생들 또한 크게 소리 내어 읽도록 자극하고 격려하는 것과 같습니다.(DhsA.155)

마찬가지로 의도 마음부수는 자신도 대상을 취하고, 자신과 함께 생겨나는 마음과 마음부수들도 대상과 결합하게 해 줍니다. 또한 접촉 등 함께 생겨나는 법들이 각자 관련된 역할을 잘 수행하도록 자극하고 격려하기도 합니다.(DhsA.155)

이렇게 자신의 역할, 다른 이의 역할을 성취시켜 주기 때문에, 달리 말하면, 자신도 대상을 취하고 함께 생겨나는 접촉 등 다른 법들도 대상을 취하게 해 주고, 관계된 역할들을 수행하도록 격려하고 자극하기 때문에 의도를 학급의 반장과도 같다고 여러 주석서나 복주서에서 설명했습니다.

혹은 의도를 대장군에 비유하기도 합니다. 옛날 전쟁터에서는 대장군이 직접 선두에 나서서 "나를 따르라"라고 앞서 나가며 부하들을 독려했습니다. 직접 나가서 적들을 물리치기도 하고 부하들이 힘을 내 싸우도록 독려하기도 했습니다. 의도도 마찬가지입니다. 스스로도 역할을 수행하고 함께 생겨나는 다른 마음부수들도 각자의 역할들을 수행하도록 자극하고 격려합니다.[97]

역할

의도는 애쓰는āyūhana 역할을 합니다. 자신과 함께 생겨나는 법들이 각각 관련된 역할들을 잘 수행할 수 있도록 애쓰고 신경 쓰는 역할을 한다는 뜻입니다. 논 주인은 자기 논의 수확이 많아지도록, 농사를 망치지 않도록, 쭉정이가 많지 않도록, 다른 사람들보다 더욱 애쓰고 신경을 씁니다. 일할 사람들을 불러 모은 뒤 함께 일터로 가서 "잡으시오. 당기시오. 자르시오" 등으로 계속해서 자극하고 격려합니다. 어디까지 수확해야 할지 그 경계도 지시하고, 일하는 사람들에게 필요한 도구와 음식도 제공하고, 수확할 때 줄을 맞추는 것에도 신경을 씁니다.

마찬가지로 의도도 대상들을 취할 때 자신 스스로도 대상과 결합하도록, 또한 자신과 함께 생겨나는 법들도 대상과 결합하도록 애쓰고 신경을 씁니다. 선한 행위를 할 때든 불선한 행위를 할 때든 매우 애씁니다. 그래서 의도가 강할수록 몸과 마음 전체에 활기와 힘이 넘치기 때문에 의도가 생겨나는 것은 매우 분명합니다. 다른 법들은 의도만큼 분명하지 않습니다.(DhsA.155)

97 『바사띠까』에서는 의도의 나타남을 설명할 때 반장과 대장군의 비유를 들었다.(AhBṬ.103~104)

나타남

의도는 조정하는saṁvidahana 것으로 나타납니다. 접촉 등 함께 생겨나는 법들을 관리하고 운영하고 감독하는 것으로 지혜에 나타난다는 뜻입니다. 두 가지 나타남 중 드러나는 양상upaṭṭhānākāra, 지혜에 드러나는 양상의 측면에서 의도는 조정하는 법으로 나타난다는 뜻입니다.

비유하자면 의도는 작업책임자와 같습니다. 작업책임자는 어떤 일에 있어서 우두머리이기 때문에 다른 사람들보다 더 애쓰고 노력합니다. 자신의 일은 물론이고 다른 작업자들도 자기처럼 각자의 역할을 완수하도록 조정하고 지시합니다.

마찬가지로 의도는 자신도 대상을 취하고, 함께 생겨나는 법들도 대상과 결합하도록, 각자의 역할을 완수하도록 조정하고 지시하고 애씁니다. 이러한 성품이 관찰하는 수행자의 지혜에 드러난다는 뜻입니다.

또한 의도는 '북돋는 성품으로' 분명하다고 설명했습니다. 여기서 '북돋는 성품'이란 예경을 올리게 하는 것, 애쓰게 하는 것 등을 말합니다. 그래서 『위숫디막가 대복주서』에서 "북돋는 것이란 예경을 올리게 하는 것 등을 말한다. 사실 이 의도는 스스로가 예경을 올리면서 결합된 법들도 예경을 올리게 한다. 그래서 '북돋는 것ussāhana'이란 '애쓰는 것āyūhana'이라는 의미로 알아야 한다. 정진으로 노력하게 하는 것이라는 의미로 알아서는 안 된다"라고 설명했습니다.(Pm.ii.140)[98]

가까운 원인

의도의 가까운 원인은 「형성 무더기」 가르침에 따르면 다섯 무더기

98 『*Visuddhimagga Myanmarpyan*(위숫디막가 미얀마어 번역)』 제2권, p.280 참조.

중 느낌·인식·의식 무더기라는 나머지 세 무더기sesakhandhattaya입니다. 이것은 무더기 가르침 중 형성 무더기에 포함된 의도를 대표로 드러내어 설명한 것입니다.(AhBṬ.103)

다른 가르침에서는 의식, 즉 마음 89가지가 가까운 원인이라고 설명합니다. 의도는 마음부수입니다. 마음부수는 마음과 떨어져서 대상을 취할 수 없습니다. 마음이 생겨나야 마음을 의지해서 대상을 취할 수 있습니다. 그래서 의도가 생겨나는 데는 마음이 가까운 원인이라고 할 수 있습니다.[99]

의도와 관련된 여러 명칭

의도는 업kamma, 조건paccaya, 음식āhāra, 형성saṅkhāra, 존재bhava 등 여러 명칭으로 표현됩니다.

업

업kamma은 행위입니다. 행위에는 몸으로 행하는 업, 입으로 행하는 업, 마음으로 행하는 업이라는 세 종류가 있습니다. 이러한 몸과 말과 마음의 행위는 저절로 행해지는 것이 아닙니다. '의도'라는 마음부수가 자극하고 격려하고 애써줘야 이뤄집니다. 업을 행할 때 의도가 가장 핵심입니다. 앞서 설명한 의도의 특성·역할·나타남을 잘 숙고해 본다면 의도가 대상을 취할 때 함께 결합한 다른 법들보다 더욱 애를 많이 쓴다는 사실이 분명하게 드러납니다. 좋거나 나쁜 여러 행위를 할 때 의도야말로 '행위의 주인이다'라고 말할 수 있습니다.(AhBṬ.132) 그래서

99 『*Buddha abhidhamma cetasikāmya*(붓다 아비담마 마음부수)』 제1권, p.187.

부처님께서도 "의도를 업이라고 나는 말한다"(A.ii.363/A6:63)라고 설하셨습니다.[100] 업이란 엄밀히 말하면 몸의 행위, 말의 행위, 마음의 행위지만 그러한 행위는 의도가 있어서 성취되므로 근본원인에 해당하는 '의도'를 '업'이라고 부르는 것입니다.

의도의 힘이 클수록 업, 즉 행위도 강하게 일어나고 의도의 힘이 작을수록 업도 약하게 일어납니다. 특히 탐욕없음·성냄없음·어리석음없음이라는 세 가지 원인을 갖춰 태어나는 사람들은 좋은 원인 법 세 가지를 다 갖췄기 때문에 의도의 힘이 매우 강합니다. 그래서 선업을 행할 때 열반을 증득하거나 더 나아가 정등각자가 될 정도로 적극적으로 행합니다. 불선업을 행할 때도 아버지를 죽이는 등 무간지옥에 떨어질 정도로 적극적으로 행합니다. 반면 탐욕없음과 성냄없음이라는 두 가지 원인만 갖춰 태어난 사람은 선업이나 불선업을 적극적으로 행하지 않습니다.

조건

의도는 조건paccaya에도 해당합니다. 자신의 결과법들이 나중에 생겨나도록, 혹은 같이 생겨나는 법들이 잘 머물도록 도움을 주는 법을 '조건'이라고 하는데, 의도 또한 그러한 역할을 하기 때문에 의도로서 도움을 주는 것을 '업 조건kammapaccaya'이라고 합니다. 자신이 생겨날 때는 결과를 주지 못하고 소멸한 뒤에 과보를 주는 것은 '다른 순간의 업nānākkhaṇikakamma'이라고 하고 함께 생겨나는 법들에 도움을 주는 것은 '함께 생긴 업sahajātakamma'이라고 합니다.[101]

100 대림스님 옮김, 『앙굿따라 니까야』 제4권, p.262 참조.
101 『빳타나-조건의 개요와 상설』, p.119 참조.

음식

의도는 음식āhāra에도 해당합니다. 자신과 관계된 결과법들을 잘 유지시켜 주는 법을 '음식'이라고 부릅니다. 특히 의도는 '맘 의도 음식manosañcetanāhāra'이라고 표현합니다. 음식으로서 의도는 새의 날개와 같습니다. 새들은 날개가 있어서 이 나무에서 저 나무로, 이 숲에서 저 숲으로 다니면서 먹이를 구하고 자신의 몸을 유지합니다. 만약 새에게 날개가 없다면 먹이를 구하러 이리저리 다니지 못해 죽고 말 것입니다.(MA.i.120) 마찬가지로 중생들도 의도라는 날개의 자극과 격려로 크고 작은 행위를 하면서 이 생에서 저 생으로 윤회합니다. 만약 의도가 생겨나지 않으면 행위도 생겨나지 않을 것이고, 행위가 생겨나지 않으면 과보도 생겨나지 않을 것입니다. 과보가 생겨나지 않으면 그로 인한 번뇌도 생겨나지 않을 것입니다. 이런 식으로 번뇌·업·과보 윤전이 끊어질 것입니다. 따라서 윤전 세 가지가 계속 회전하면서 유지되는 것은 의도의 힘이 크기 때문임을 알 수 있습니다.(AhSṬ.ii.305) 이렇게 의도는 욕계 재생연결식, 색계 재생연결식, 무색계 재생연결식 등을 생겨나게 하므로 매우 두려워할 만한 위험입니다.(SA.ii.24)

의도는 활활 타오르는 숯불 구덩이에 던져 넣는 사람에 비유할 수도 있습니다. 벌겋게 타오르는 숯불 구덩이에 힘센 두 사람이 한 사람을 집어넣듯이 의도도 범부 중생들을 삼계라는 고통의 구덩이에 던져 넣습니다.(MA.i.217)

형성

의도는 형성saṅkhāra이라고도 불립니다. 결과인 물질과 정신 등 형성된 법들을 조정하고 형성시키는 조건법들을 형성이라고 하는데,

법체sarūpa[102]로는 세간 선 마음 17가지와 불선 마음 12가지, 이렇게 29가지 마음과 결합한 29가지 의도를 말합니다. 이러한 의도들의 자극과 부추김으로 인해 몸과 말과 마음으로 선업과 불선업을 행합니다. 그러한 선업과 불선업 때문에 선처와 악처에 태어남이라고 하는 결과법들이 생겨납니다.

특히 12연기에서 "무명을 조건으로 형성들이 생겨난다"라고 부처님께서 설하셨습니다. 이때 형성에는 세 종류가 있습니다.

① 공덕 업형성puññābhisaṅkhāra[103]은 욕계 큰 선 마음 8가지, 색계 선 마음 5가지와 결합한 의도 13가지입니다.

② 비공덕 업형성apuññābhisaṅkhāra은 불선 마음과 결합한 의도 12가지입니다.

③ 부동 업형성āneñjābhisaṅkhāra은 무색계 선 마음과 결합한 의도 4가지입니다.

혹은 형성을 몸 형성kāyasaṅkhāra과 말 형성vacīsaṅkhāra과 마음 형성cittasaṅkhāra이라는 세 종류로 나눌 수도 있습니다.

① 몸 형성은 몸의 암시라고 불리는 몸문[104] 때문에 생겨나는[105] 욕계 큰 선 마음 8가지, 불선 마음 12가지와 결합한 20가지 몸의 업 의도들kāyasañcetanā입니다.

102 법체sarūpa·法體란 여러 명칭으로 표현된 법의 엄밀한 표현, 즉 절대성품으로 아비담마에서 언급된 마음, 마음부수(접촉 등 구체적으로도), 물질, 열반 등을 말한다.

103 여기서 형성saṅkhāra과 업형성abhisaṅkhāra은 같은 의미다.

104 업은 업문kammadvāra, 즉 업을 행하는 문에 따라 몸의 업kāyakamma, 말의 업vacīkamma, 맘의 업manokamma이라는 세 가지가 있다. 여기서 '문dvāra'은 업을 짓는 매개체를 뜻한다. 『아비담마 길라잡이』 제1권, p.507 참조.

105 '몸의 암시를 일으킨 뒤 몸문으로 일어나면'이라는 뜻이다. 업을 짓는 순간에 공덕이 되는 행위 등이 세 가지 문을 통해서 일어나는 것을 보여 주기 위해 이렇게 표현했다.

② 말 형성은 말의 암시라고 불리는 말문 때문에 생겨나는[106] 욕계 큰 선 마음 8가지, 불선 마음 12가지와 결합한 20가지 말의 업 의도들vacīsañcetanā입니다.

③ 마음 형성은 암시 두 가지를 생겨나게 하지 않고 맘문에서만 생겨나는 불선 마음 12가지, 욕계 큰 선 마음 8가지, 고귀한 선 마음 9가지와 결합한 29가지 맘의 업 의도들manosañcetanā입니다.

연기 가르침 중 "무명을 조건으로 형성이 생겨난다"라는 구절에서 특히 비공덕행, 다시 말해 불선업은 지금 현재 생의 행복만을 생각하기 때문에 저지르는 것입니다. 다음 생의 행복까지 고려한다면 공덕행이나 부동행을 행할 것입니다.

공덕행이나 부동행은 다음 생에 행복하기를, 또는 천상에 나기를 바라며 행하는 경우가 대부분입니다. 인간 세상, 욕계 천상 세상, 색계·무색계 범천 세상을 좋고 행복하다고 말하지만 완벽하게 행복한 것은 아닙니다. 사악도보다 행복한 정도일 뿐입니다. 일반인들에게는 선처 세상이 행복하게 보일지 몰라도 부처님이나 성제자들에게는 선처에 태어나더라도 늙음과 죽음에서 벗어날 수 없기 때문에 여전히 괴로운 세상으로 보입니다.

인간 세상을 예로 들어 보겠습니다. 먼저 가족이나 친척의 죽음이라는 친척의 상실ñāti byasana, 재산의 손실이라는 재산의 상실bhoga byasana, 병에 걸려 괴로워하는 질병으로 인한 상실roga byasana, 계가 무너지는 계의 상실sīla byasana, 잘못된 견해를 따라가는 견해의 상실diṭṭhi

106 '말의 암시를 일으킨 뒤 말문으로 일어나면'이라는 뜻이다.

byasana, 이러한 다섯 가지 상실로 인해 계속 괴로움을 겪습니다. 특히 가족의 상실이나 재산의 손실 때문에 큰 고통을 겪습니다. 이렇게 고통을 겪는 인간 세상에 태어난 것은 스스로 공덕행을 행한 결과를 받는 것이기 때문에 마치 스스로 붙인 불에 갇혀 나오지 않으면서 괴롭다고 말하는 것과 같습니다.

제정신이 아닌 사람이 한 명 있습니다. 그는 마을 공터에 쓰레기나 낙엽을 둥그렇게 모은 뒤 잘 타도록 기름까지 붓고는 그 안에 들어가 스스로 불을 붙입니다. 불이 훨훨 타오릅니다. 그런데 자기가 불을 붙여놓고서 "뜨겁습니다. 도와주십시오"라고 외칩니다. 그 소리를 듣고 마을 사람들이 뛰쳐나와 "누가 이 쓰레기를 모았습니까?"라고 물으면 "제가 모았습니다"라고 대답합니다. "누가 기름을 부었습니까?"라고 물어도 "제가 부었습니다"라고 대답합니다. "누가 불을 붙였습니까?" 라고 물어도 "제가 붙였습니다"라고 대답합니다. 마을 사람들은 "당신이 불에 탈 것을 모아서 기름을 붓고 불을 붙인 것이니 우리가 어떻게 할 방법이 없습니다"라고 말합니다.

이 비유가 의미하는 바는 다음과 같습니다. 죽은 가족이나 친척, 무너진 재산 때문에 괴롭다고 할 때 쓰레기나 낙엽을 모으듯이 가족이나 재산을 모은 이는 누구입니까? 자신입니다. 잘 타도록 기름을 붓듯이 가족이나 재산을 돌본 이는 누구입니까? 자신입니다. 불이 붙어 뜨겁다고 외치듯이 가족이나 재산이 무너져 괴롭다고 외치는 이는 누구입니까? 자신입니다. 이렇듯 스스로 행해 놓고 괴롭다고 외치는 이는 제정신이 아닌 사람과 같지 않습니까? 여기서 제정신이 아닌 사람은 세상의 이러한 성품을 전혀 모르고 살아가는 '눈먼 범부'를 말합니다. '선업도 무명 때문에 행한다'라는 말처럼 '선업이 과보를 주어 선처에 태어나더라도 여전히 괴로움에서 벗어나지 못한다. 윤회에서 완전히 벗어나야 괴로움에서 완전히 벗어난다'라는 사실을 모르는 무명 때문에 선업을 행하고, 그러한 선업으로 인간 세상 등 선처에 태어나 다시 괴로움을 겪습니다. 그래서 "무명을 조건으로 형성이 생겨난다"라고 할 때 그 형성에는 공덕행도 포함됩니다.

부처님을 비롯한 아라한들은 모든 무명이 다했기 때문에 어떠한 형성도 더 이상 행하지 않습니다. 그래서 현생만 고려한 채 비공덕행을 일삼지 말고 다음 여러 생을 위해 공덕행이나 부동행도 실천하면서 궁극적으로는 모든 형성이 다한 아라한이 되도록 위빳사나 수행을 열심히 실천해야 합니다.

존재

의도를 존재bhava, 업 존재kamma bhava라고도 표현합니다. 부처님께서 12연기를 설하실 때, "upādāna paccayā bhavo, bhava paccayā jāti. 취착을 조건으로 존재가, 존재를 조건으로 태어남이 생겨난다"라고 'bhava'라는 명칭을 사용하셨습니다. 여기서 'bhava'의 의미는 앞에서 형성을 설명할 때 언급한 세간 선 마음 17가지, 불선 마음 12가지와 결합한 29가지 의도를 말합니다. 이러한 의도는 과보인 정신법들이나 업 생성물질 등 과보vipāka 무더기가 생겨나게 하는 조건법이어서 'bhava'라는 명칭으로 불리기도 합니다.(AhVṬ.236) 다르게 설명하면 원래 'bhava'는 결과에 대한 명칭이지만 그것의 원인법도 결과법에 비유해서 'bhava'라고 부르는 것입니다.(VbhA.174)

존재에는 업 존재kamma bhava와 탄생 존재upapatti bhava라는 두 가지가 있습니다. 그중 업 존재는 탄생 존재의 조건입니다. 업 존재는 앞에서 말한 선과 불선 의도 29가지이고, 이 업 존재 때문에 생겨나는 세간 과보 정신 무더기와 업 생성물질을 '탄생 존재'라고 부릅니다.

그래서 의도를 '존재'라고 할 때는 탄생 존재는 제외하고 업 존재만 취해서 선과 불선 의도 29가지를 취해야 합니다.

• **형성과 존재의 차이점** 형성과 존재는 모두 의도라는 마음부수로는 동일합니다. 하지만 현재 재생연결의 조건이 되는 과거 의도가 형성이고 미래 재생연결의 조건이 되는 현재 의도가 존재입니다.

혹은 의도가 형성이고 그 의도와 함께 일어나는 마음과 마음부수들이 존재입니다.

혹은 선업이나 불선업을 행할 때 행하기 전에 생겨나는 의도들이 형성이고 직접 행할 때 생겨나는 의도가 존재입니다.

혹은 인식과정의 일곱 속행 중 앞의 여섯 속행과 함께 하는 의도가 형성이고 마지막 일곱 번째 속행과 함께하는 의도가 존재입니다.[107]

의도의 종류

의도에는 다음과 같이 두 종류가 있습니다.(PaA.230)

① 과보 있는 의도savipāka cetanā

② 과보 없는 의도avipāka cetanā

'과보 있는 의도'란 선 과보나 불선 과보를 생겨나게 하는 의도를 말합니다. 여기에는 선 마음 21가지, 불선 마음 12가지와 결합하는 의도 33가지가 해당됩니다.

107 인식과정에 대해서는 본서 부록 pp.729~730 참조.

'과보 없는 의도'란 선 과보나 불선 과보를 생겨나게 하지 못하는 의도를 말합니다. 여기에는 과보 마음 36가지, 작용 마음 20가지와 결합하는 의도 56가지가 해당됩니다.

• 과보 있는 의도의 두 종류 과보 있는 의도에는 다시 두 종류가 있습니다.(PaA.393)

① 확고한 과보 의도dhuva vipāka cetanā

② 확고하지 않은 과보 의도adhuva vipāka cetanā

'확고한 과보 의도'는 확실히 과보를 주는 의도입니다. 이 의도는 자신이 생겨난 뒤에 확실히 이후에 재생연결이나 진행과정에서 과보를 줍니다. 여기에는 다시 네 종류가 있습니다.

❶ 오무간 의도pañcānantariya cetanā

❷ 고귀한 의도mahaggata cetanā

❸ 도 의도magga cetanā

❹ 결정사견 의도niyatamicchādiṭṭhi cetanā

첫 번째로 '오무간 의도'란 오무간업pañcānantariya kamma, 즉 어머니를 죽이는 것mātughātaka, 아버지를 죽이는 것pitughātaka, 아라한을 죽이는 것arahantaghātaka, 부처님의 몸에 피멍이 들게 하는 것lohituppādaka, 승가를 분열시키는 것saṅghabhedaka을 행할 때 생겨나는 의도를 말합니다. 이러한 오무간업을 범하면 바로 다음 생에 확실히 지옥에 떨어집니다. 오무간업을 범한 자가 아무리 보시 등 선업을 행하더라도 지옥에 떨어지지 않게 할 선업은 없습니다. 부왕을 시해한 아자따삿뚜Ajātasattu 왕은 나중에 부처님께 법문을 듣고 결집을 돕는 등의 수승한 보시 선업을 행해서 무간지옥에 태어나지 않고 소지옥에 태어나긴 했

지만 지옥에 태어나는 것을 완전히 막을 수는 없었습니다.(DA.i.211)[108]

두 번째로 '고귀한 의도'란 색계 선정 5가지[109], 무색계 선정 4가지 마음과 결합한 의도를 말합니다. 자신이 얻은 색계 선정이나 무색계 선정이 완전히 무너지지 않는 한 그러한 색계 선정의 과보로 색계 범천에, 무색계 선정의 과보로 무색계 범천에 확실하게 태어납니다.

세 번째로 '도 의도'란 수다원도, 사다함도, 아나함도, 아라한도 마음과 결합한 의도를 말합니다. 도 마음 다음에 바로, 틀림없이 과 마음이 따라오기 때문입니다. 도 마음 다음에 과 마음이 일어나지 않도록 어떤 것도 방해할 수 없습니다. 확실하게 과라는 결과를 줍니다. 아무리 위력이 큰 대범천 등의 범천들도 수다원도에 위치한 존재로 하여금 그 다음 찰나에 과 마음이 일어나지 못하도록 가로막지 못합니다. 부처님조차 할 수 없습니다. 미얀마 법사 4차 시험에 "우주가 무너질 때 우주를 무너지지 않게 하는 것이 있다면 무엇인가?"라는 문제가 나온 적이 있었습니다. 제22강에서[110] 설명했던 '겁 중지자ṭhakappī'가 이 문제에 대한 대답이 될 것입니다. 우주가 무너지는 그 시점에 만약 어떤 존재가 도의 찰나에 들었다면 과의 마음이 일어나기 전에는 우주가 절대로 무너지지 않습니다.

네 번째로 '결정사견 의도'는 결정사견과 함께하는 의도를 말합니다. 제14강에서도 설명했듯이 결정사견에는 세 가지가 있습니다. 1 무작용견akiriyadiṭṭhi은 원인을 거부하는 사견입니다. 선업도 없고 불선업도 없다고 주장합니다. 하지만 원인을 거부하면 결과도 거부하는 것이 됩

108 『부처님을 만나다』, p.435 참조.

109 5종류로 나눴을 때 5가지, 4종류로 나눴을 때 4가지를 말한다.

110 『아비담마 강설 1』, p.410 참조.

니다. [2] 허무견natthikadiṭṭhi은 결과를 거부하는 사견입니다. 보시 등 선업의 좋은 결과도 없고 살생 등 불선업의 나쁜 결과도 없다고 주장하는 것입니다. 하지만 결과를 거부하면 원인도 거부하는 것이 됩니다. [3] 무인견ahetukadiṭṭhi은 원인과 결과를 모두 거부하는 것입니다. 선업 자체도 없고 그것의 좋은 과보도 없고, 불선업 자체도 없고 그것의 나쁜 과보도 없다고 주장하는 것입니다. 이유 없이 저절로 행복하고 저절로 괴롭다고 주장하는 것입니다. 이러한 결정사견을 지닌 채 죽으면 다음 생에 바로 무간지옥으로 떨어지는 것이 확실합니다.[111]

이 외의 선업·불선업 의도들은 결과를 주는 것이 확실하지 않은 의도들입니다.

하나됨

모든 마음 공통들 7가지 중 다섯 번째 마음부수는 '하나됨ekaggatā'입니다. '하나됨'은 주로 문헌에서 사용하는 용어입니다. '하나의 부분', '하나의 대상'이라는 뜻입니다. 하나의 부분이 있는 상태, 하나의 대상에 있게 하는 조건법이라는 뜻입니다. 일반적으로 '삼매samādhi'라고 표현합니다. 집중됨, 고요함이라는 뜻입니다. 마음이 대상을 취할 때 마치 풀로 붙여놓은 것처럼 마음이 그 대상에서 떨어지지 않고 밀착해서 집중해 있는 상태를 말합니다.

111 『아비담마 강설 1』, pp.242~243; 비구 일창 담마간다 지음, 『가르침을 배우다』, pp.220~221 참조.

단어분석

Nānārammaṇavikkhepābhāvato ekaṁ ārammaṇaṁ aggaṁ uttamaṁ assāti ekaggo, ekaggassa bhāvo ekaggatā. (PsA.i.213)[112]

대역

Assa그것에는; 그 마음에는; 하나됨과 결합한 마음일어남[113]에는 nānārammaṇavikkhepābhāvato여러 대상에 산란한 상태가 없어 aggaṁ꼭대기인, uttamaṁ거룩한 ekaṁ하나의 ārammaṇaṁ대상만 atthi있다. iti=tasmā그래서 ekaggo한 꼭대기이다. ekaggassa한 꼭대기의 bhāvo상태가 ekaggatā하나됨이다.

하나됨ekaggatā의 단어분석은 다양합니다. 먼저 『빠띠삼비다막가』 주석에서는 위에 언급한 대로 여러 대상에 산란하지 않고 꼭대기인agga, 즉 거룩한 하나의eka 대상만 있는 것이 '한 꼭대기ekagga'이고, 그 상태가 '하나됨ekaggatā'이라고 설명했습니다.

『위바위니 띠까』에서는 '꼭대기agga'를 '대상'으로 설명하면서 다음과 같이 분석했습니다.

112 『위숫디막가』에는 삼매의 단어분석만 다음과 같이 언급했다.
Ārammaṇe cittaṁ samaṁ ādhiyati, sammā vā ādhiyati, samādhānamattameva vā etaṁ cittassāti samādhi. (Vis.ii.93)
대역
Ārammaṇe대상에 cittaṁ마음을 samaṁ고르게 ādhiyati둔다, vā혹은 sammā바르게 ādhiyati둔다, vā혹은 etaṁ그것은; 그 삼매는 단지 cittassa마음의; 마음을 samādhānamattameva바르게 두는 것일 뿐이다. iti그래서 samādhi삼매다.

113 마음과 함께 일어나는 마음부수와 마음을 포함해서 '마음일어남cittuppada'이라고 표현한다.

Nānārammaṇavikkhepābhāvena ekaṁ ārammaṇaṁ aggaṁ imassāti ekaggaṁ, cittaṁ, tassa bhāvo ekaggatā, samādhi. (AhVṬ.92)

대 역

Imassa이것에는; 이 법에는 nānārammaṇavikkhepābhāvena여러 대상에 산란한 상태가 없어 ekaṁ하나의 ārammaṇaṁ대상인 aggaṁ꼭대기만 atthi있다. iti=tasmā그래서 ekaggaṁ한 꼭대기, cittaṁ마음이다. tassa그것의; 하나의 대상이 있는 마음의 bhāvo상태가 ekaggatā하나됨, samādhi삼매이다.

『빠라맛타 디빠니』에서는 '꼭대기'라는 단어를 '부분'이나 '끝'으로 설명하면서 다음과 같이 분석했습니다.

Ekattārammaṇasaṅkhāto aggo koṭṭhāso koṭi vā etassāti ekaggaṁ, cittaṁ, tassa bhāvo ekaggatā. (AhPdṬ.91)

대 역

Etassa이것에는; 이 법에는 ekattārammaṇasaṅkhāto하나의 대상이라고 불리는 aggo꼭대기, koṭṭhāso부분, koṭi끝이 atthi있다. iti=tasmā그래서 ekaggaṁ한 꼭대기, cittaṁ마음이다. tassa그것의 bhāvo상태가 ekaggatā하나됨이다.

그리고 꼭대기가 대상의 의미로 쓰인 곳은 어디에서도 볼 수 없다며 앞서 『위바위니 띠까』의 설명이 적합하지 않다고 반박했습니다.(AhPdṬ.92)

삼매

하나됨을 '삼매samādhi'라고도 부릅니다. 하나됨, 혹은 삼매라는 마음부수는 불선 마음이나 선 마음, 비확정 마음 모두와 결합합니다. 그래서 바른 삼매sammāsamādhi와 삿된 삼매micchāsamādhi라고 엄밀하게 구분해서 언급합니다.[114]

하지만 일반적으로 '삼매'라는 용어는 수행과 관련해서 주로 바른 삼매를 뜻하는 경우가 많습니다. 예를 들어 『쭐라웨달라숫따Cūḷavedallasutta(교리문답 짧은 경)』에서 위사카Visākha 장자가 담마딘나Dhammadinnā 비구니 스님에게 삼매, 삼매의 표상, 삼매의 외호법外護法, 삼매 수행이란 무엇인지 물었을 때 담마딘나 스님은 삼매란 마음의 하나됨cittassa ekaggatā이고, 삼매를 생겨나게 하는 표상은 네 가지 새김확립이고, 삼매를 외부에서 보호해 주는 외호법은 바른 정근이고, 삼매 수행이란 정근·새김·삼매를 많이 생겨나게 하고 계발하는 것이라고 대답했습니다. 이것은 모두 수행과 관련된 내용입니다.(M.i.374/M44)

이러한 바른 삼매가 없는 이들은 밥을 먹는 동안에도 가만히 있질 못하고 다른 곳으로 가버리는 제정신이 아닌 사람과 같습니다. 또는 이 나무 저 나무를 분주하게 옮겨 다니는 원숭이와도 같습니다. 이러한 하나됨, 삼매를 두고 주석서에서는 "하나됨은 바람이 없을 때 등불이 고요하듯이 마음이 고요한 성품이라고 보아야 한다"라고 설명했습니다.(DhsA.162)

한편 낚시할 때 생겨나는 강한 집중이나 도박할 때 생겨나는 집중은 모두 불선 마음과 결합한 집중이므로 삿된 삼매라고 말합니다. 이 또한 마음부수로는 하나됨입니다.

---

114 『아비담마 길라잡이』 제2권, p.119 참조.

정리하면 어떠한 마음이든 한 마음은 하나의 대상만 취하는데, 그렇게 하나의 대상만 취하게 하는 마음부수가 '하나됨'입니다. '하나됨'을 '삼매'라고도 표현하는데 삼매에는 바른 삼매도 있고 삿된 삼매도 있습니다. 엄밀하게 표현하는 아비담마에서는 '하나됨'이라는 용어를 주로 사용하고 여러 상황에 따라 달리 표현하는 경전에서는 '삼매'라는 용어를 자주 사용합니다.[115]

특질

So avisāralakkhaṇo, avikkhepalakkhaṇo vā, sahajātānaṁ sampiṇḍanaraso nhāniyacuṇṇānaṁ udakaṁ viya, upasamapaccupaṭṭhāno, visesato sukhapadaṭṭhāno, nivāte dīpaccīnaṁ ṭhiti viya cetaso ṭhitīti daṭṭhabbo. (Vis.ii.93)

대 역

So그것은 avisāralakkhaṇo《다른 대상으로》 달아나지 않는 특성, vā 혹은 avikkhepalakkhaṇo《결합한 법들을》 산란하게 하지 않는 특성이 있다. sahajātānaṁ함께 생겨나는 법들을 sampiṇḍanaraso뭉치는 역할이 있다. nhāniyacuṇṇānaṁ udakaṁ viya마치 목욕가루를 뭉치는 물처럼. upasamapaccupaṭṭhāno고요함으로 나타난다. visesato특히; 일반적으로 sukhapadaṭṭhāno행복이 가까운 원인이다. nivāte바람이 없을 때 dīpaccīnaṁ등불이 ṭhiti viya안정되듯이 cetaso ṭhitīti마음의 안정됨이라고 daṭṭhabbo보아야 한다.

115 ㉖'하나됨'으로는 동일하지만 어떠한 마음과 함께 생겨나는가에 따라 바른 삼매이기도 하고 삿된 삼매이기도 하다. 예를 들어 미얀마어 'ပ'라는 단어는 '빠'라고 발음하는데, 이것을 오른쪽으로 90도 회전시키면 'င 응아', 180도 회전시키면 'ဂ 가', 270도 회전시키면 숫자 1을 뜻하는 '၁'과 비슷하다. 또한 법체로는 탐욕lobha으로 동일하지만 부처님께서 상황에 따라 애착rāga, 감각욕망kāma 등으로 다르게 표현하신 것과도 비슷하다.

특성

하나됨에는 결합된 법들이 다른 대상으로 달아나지 않는avisāra 특성, 혹은 산만하지 않은avikkhepa 특성이 있습니다. 스스로도 달아나지 않고 결합된 법들도 흩어지지 않게 하는 것이 하나됨의 특성입니다. 이 특성도 바른 삼매의 경우 더욱 잘 드러납니다. 하나됨의 힘이 약하면 "나모 땃사 바가와또 아라하또 삼마삼붓닷사"라고 독송하는 짧은 시간에도 마음이 다른 곳으로 달아납니다.[116] 여기서 '달아난다'는 것은 이리저리 흩어지는 것을 말합니다. 의심은 하나의 대상에 거듭 의문을 가지면서 고요하게 머물지 못합니다. 들뜸도 이리저리 동요하면서 하나의 대상에 가만히 머물지 못합니다. 그래서 의심과 들뜸을 'visāra 달아나는 것'이라고 말합니다. 삼매는 이러한 의심과 들뜸을 가로막으면서 고요하게 머무는 성품이 있습니다.(AhBṬ.105)

『담마상가니 주석서』에서는 '주된 것pamukha'이라는 특성도 언급했습니다.(DhsA.161) 『밀린다빤하』에서도 "대왕이여, 삼매는 주된 것이라는 특성이 있습니다. 모든 선법은 삼매로 흐르고, 삼매로 향하고, 삼매로 들어갑니다. 마치 큰 누각의 서까래 등이 용마루로 향하고 전쟁터에서 모든 부대가 왕으로 향하는 것과[117] 마찬가지입니다"라고 설명합니다.(Mil.37)

116 ㉯레디 사야도는 처음에 강원에서 학인들을 가르치다가 나중에 숲에서 수행하며 지냈다. 숲에서 수행하면서 저녁에 "나모 땃사 바가와또 아라하또 삼마삼붓닷사"라고 부처님께 예경 올릴 때 더욱 삼매가 좋았다고 한다. 그래서 "숲에서 예경 올리는 것에 비하면 강원에서 예경 올렸던 것은 우스운 일로 생각된다"라고 언급했다고 한다.

117 ㉯왕이 직접 전장에 뛰어들어 "나를 따르라"라고 하면 그때까지 두려워하던 모든 부하가 용기를 얻어 왕을 따르는 것과 같다.

역할

하나됨은 함께 생겨나는 정신법들을 이리저리 흩어지지 않게 뭉치는sampiṇḍana 역할을 합니다. 물이 쌀가루나 밀가루를 이리저리 흩어지지 않게 모아주는 것, 혹은 전쟁을 할 때 전력이 약한 쪽 군사들이 이리저리 흩어지지 않도록 왕이나 장군이 직접 나서서 병력을 모으는 것과 비슷합니다. 아는 성품인 마음과 마음을 여러 가지로 장식해 주는 마음부수들은 한 대상에 잘 머물지 못합니다. 형색 대상에서 소리 대상, 다시 냄새 대상 등으로 만나는 대상에 따라 이리저리 달아나고 흩어져서 산만합니다. 하나됨은 이렇게 달아나는 정신법들을 흩어지지 않게 결합시켜 줍니다.(DhsA.162)

이것은 '대상에 마음을 고르게samaṁ 둔다ādhiyati고 해서, 혹은 잘 sammā 둔다고 해서 삼매samādhi라고 한다'라는(Vis.ii.93) 단어분석과도 일치합니다. 마음을 한 대상에 오랫동안 잘 머물게 하는 성품입니다. 사마타 수행으로 생겨나는 근접 삼매나 몰입 삼매라면 두루채움 등의 대상에 오랫동안 잘 머뭅니다. 위빳사나 수행의 경우, 처음에는 배의 부풂과 꺼짐 등 분명하게 드러나는 대상에 머물지 못하고 망상 등으로 마음이 달아나지만 찰나 삼매의 힘이 좋아지면 분명하게 드러나는 대상마다 순간순간 잘 머뭅니다. 이 역할은 '작용으로서의 역할kicca rasa'입니다.[118]

하나됨은 들뜸을 제거하는uddhaccaṁviddhaṁsana 역할도 합니다. 들뜸은 출렁거리는 물이나 바람에 흩어진 먼지와 같습니다. 물이 출렁거리면 그 물에 영상이 잘 드러나지 않습니다. 사마타 수행으로 근접 삼

118 『아비담마 강설 1』, p.69 참조.

매나 몰입 삼매의 힘이 강해지면 이러한 들뜸이 어느 정도 제거됩니다. 위빳사나 수행을 통해 찰나 삼매의 힘이 강해져도[119] 분명한 대상마다 들뜸이 없이 잘 머뭅니다. 이렇게 삼매가 생겨나면 들뜸이 제거되기 때문에 이 역할은 '성취로서의 역할sampatti rasa'입니다.[120]

나타남

하나됨은 고요함upasama으로 수행자의 지혜에 나타납니다. 마음 찰나마다 하나의 대상만 취하게 하는 하나됨은 고요함이 그리 분명하지 않습니다. 어느 정도 긴 시간 동안 하나의 대상에 머물게 하는 하나됨이나 대상이 바뀌어도 분명한 대상마다 잘 밀착되는 하나됨, 즉 일반적으로 말하는 삼매가 생겨나면 매우 고요한 성품이 수행자의 지혜에 분명하게 드러납니다.

앞에서 언급했듯이 이러한 삼매를 주석서에서는 바람이 잠잠한 곳에 켜 놓은 등불이 고요한 것과 같다고 설명했습니다. 바람이 잠잠한 곳에 켜 놓은 등불이 흔들리지 않고 고요하게 타오르는 것처럼 마음의 고요함이라는 삼매는 각각의 대상에 흔들리지 않고 한 대상에만 고요하게 머뭅니다. 그래서 '등불이 고요한 것과 같다'는 비유는 마음 찰나마다 각기 다른 대상을 취하게 하는 것을 뜻하는 것이 아니라 하나의 대상을 계속 취하는 것을 뜻하는 것이라고 알아야 합니다.(Pm.ii.142)

119 ㉯노령의 여성 수행자가 인터뷰 때 "수행센터에서 수행하니 망상이 더 많아졌습니다"라고 보고한 적이 있다. 이것은 수행하기 전에는 그렇게 들뜸이 생겨난 것을 모르다가 수행을 해서 알게 된 것일 뿐이다. 레디 사야도는 "매일 총에 맞아 패전해 죽는다"라고 말했다. 여러 망상과 생각만 하며 지내면서 삼매를 닦지 않으면 들뜸이라는 총에 계속 맞아 번뇌와의 전쟁, 마라와의 전쟁에 져서 보통의 선 마음, 사마타 수행 선 마음, 위빳사나 수행 선 마음이 일어나지 못하고 죽어버린다.

120 『아비담마 강설 1』, p.70 참조.

특히 사마타 수행자가 땅 두루채움 등의 대상에 집중할 때 그의 마음은 바람이 잠잠한 곳에 켜 놓은 등불처럼 대상에 고요하게 머뭅니다. 삼매에서 출정한 뒤 삼매의 성품을 반조할 때 '고요한 성품이다'라고 그의 지혜에 드러납니다. 위빳사나 수행자는 각각의 순간에 분명하게 드러나는 대상에 마음이 잘 머무는 것을 경험할 때 그의 지혜에 드러납니다.[121] 그래서 삼매는 고요한 성품으로 나타난다고 말하는 것입니다.

『담마상가니 주석서』에서는 지혜ñāṇa로 나타난다고도 설명했습니다.(DhsA.161) 이것은 삼매의 결과로서 나타나는 지혜를 언급한 것입니다. 부처님께서도 『상윳따 니까야』「사마디숫따Samādhisutta(삼매경)」에서 "삼매를 닦아라. 삼매에 드는 비구는 사실대로 안다"라고 설하셨습니다.(S.ii.12/S22:5)

가까운 원인

하나됨의 가까운 원인은 하나의 대상ekālambaṇa입니다. 하나됨은 마음이 하나의 대상만 가지도록 하는 것이기 때문입니다. 여러 대상으로 마음이 달아나고 있으면 하나됨이[122] 생길 수 없습니다. 'puthujjano ummattako. 범부는 미친 사람과 같다'라는 설명처럼(MA.i.27) 범부의 마음은 하나의 대상에 잘 머물지 못하고 이리저리 여러 대상으로 달아납니다. 마음이 여러 대상으로 달아나면 삼매가 생겨날 수 없습니다. 마음이 하나의 대상에 잘 머물고 있어야만 삼매가 생길 수 있습니다.

---

121 ㊙하지만 삼매가 지나치면 나른함이나 지겨움이 생겨날 수도 있기 때문에 그럴 때는 〈부풂, 꺼짐, 닿음〉, 혹은 〈부풂, 꺼짐, 앉음〉, 혹은 〈부풂, 꺼짐, 앉음, 닿음〉 등으로 대상을 늘려 관찰해야 한다.

122 엄밀하게 말하면 '삼매'이다. 달아나는 마음들도 하나의 대상만 가지고 있다.

그래서 하나의 대상이 삼매의 가까운 원인입니다. 합리적 마음기울임yonisomanasikāra 등은 삼매의 먼 원인입니다.

즐거운 느낌인 행복sukha도 하나됨, 즉 삼매의 가까운 원인이라고 할 수 있습니다. 부처님께서도 "행복한 이는 마음이 삼매에 든다"라고 설하셨습니다.(M.i.45/M7) 예를 들어 초선정은 사유, 고찰, 희열, 행복, 하나됨이라는 선정 구성요소 5가지가 있어야 생깁니다. 사유가 결합된 법들을 대상으로 보내주고, 고찰이 거듭 반복해서 생각하게 하고, 희열이 대상을 좋아해 주고, 행복이 대상의 맛을 즐기고, 하나됨이 하나의 대상에 지속적으로 머물 때 초선정이 생깁니다. 이때 행복이 대상의 맛을 누려야 하나됨이 그 대상에 지속적으로 머뭅니다. 그래서 행복이 삼매의 가까운 원인입니다. 사유 등은 먼 원인입니다.

하나됨의 종류

하나됨은 결합한 마음의 종류jāti에 따라 불선 하나됨akusala ekaggatā, 선 하나됨kusala ekaggatā, 비확정 하나됨abyākata ekaggatā이라는 세 가지가 있습니다.

불선 하나됨

중생의 상속에 불선 마음이 생겨날 때 그 불선 마음과 결합한 하나됨 마음부수를 '불선 하나됨'이라고 합니다. 이 하나됨은 불선 마음으로 하여금 관련된 불선 대상에 잘 머물게 하는 역할을 합니다.

예를 들어 총으로 사냥을 하려고 할 때 빗나가지 않도록 사냥감에 마음을 집중해서 총을 쏴야 합니다. 그때 쏘는 이의 상속에 생겨나고 있는 성냄뿌리 마음이 사냥감이라는 대상에 잘 머물게 하는 것이 '불선 하나됨'입니다.

훔칠 때 훔치려는 물건에 마음이 잘 머물게 하는 것, 삿된 음행을 할 때 범하려는 이에게 마음과 갈애가[123] 잘 머물게 하는 것 등도 '불선 하나됨'입니다. 구체적인 예로는 데와닷따가 부처님을 시해하려고 깃자꾸따 산 위에서 큰 바위를 굴릴 때 그의 상속에 생겨나는 성냄 마음이 부처님이라는 대상에 잘 머물게 하는 성품, 부왕인 빔비사라 왕을 시해하려는 아자따삿뚜의 상속에 생겨나는 성냄 마음이 빔비사라 왕이라는 대상에 잘 머물게 하는 성품 등이 여기에 해당합니다.(DhsA.290)

선 하나됨

중생의 상속에 선 마음이 생겨날 때 그 선 마음과 결합한 하나됨 마음부수를 '선 하나됨'이라고 합니다. 선 하나됨은 삼보에 예경할 때, 법문을 들을 때, 사마타나 위빳사나 수행을 할 때 생겨나는 마음과 마음부수들이 각각의 대상에 잘 머물게 하는 역할을 합니다. "이띠삐 소 바가와 itipi so bhagavā" 등으로 부처님의 덕목을 떠올리며 예경할 때는 부처님의 덕목에, 법문을 들을 때는 법문과 그 의미에, 사마타 수행을 할 때는 두루채움 등의 대상에, 위빳사나 수행을 할 때는 분명히 드러나는 물질과 정신에 마음이 잘 머물게 하는 성품입니다.

• **불선 하나됨과 선 하나됨의 비교** 불선 하나됨은 선 하나됨보다 힘이 약합니다. 불선법들은 제거돼야 할pahātabba 법이고 선법들은 제거하는pahāyaka 법들이기 때문입니다. 살해되는 이는 살해하는 이보다

123 마음과 함께 갈애도 생겨나는 것을 분명히 하기 위해 갈애도 언급했다.

힘이 작아서 살해를 당하는 것과 마찬가지로 불선법들은 제거돼야 하는 법들이어서 선법들보다 힘이 약합니다. 그래서 불선법들과 섞여 생겨나는 불선 하나됨도 선 하나됨보다 힘이 약합니다.

주석서에서는 불선 하나됨과 선 하나됨의 힘이 약하고 강한 모습을 다음과 같이 비유로 설명했습니다. 먼지가 많은 곳에 물을 뿌려 빗자루로 쓸면 잠시 동안은 먼지가 잠잠하지만 물이 마르면 원래대로 먼지가 일어나는 것처럼 불선 마음에 포함된 하나됨은 힘이 없습니다. 불선 마음이 일어나는 그 순간 정도에만 머물게 하는 것입니다. 반대로 같은 곳에 항아리로 물을 길어 와 잔뜩 붓고, 쟁기로 파고, 벽돌을 쌓고, 다시 물을 뿌려 놓으면 거울에 영상이 비치듯 먼지가 제거됩니다. 백 년이 지나도 다시 먼지가 일어나지 않습니다. 그처럼 선 마음과 관련된 선 하나됨은 힘이 강합니다.(DhsA.188)[124]

비확정 하나됨

중생의 상속에 비확정 마음, 즉 과보 마음이나 작용 마음이 생겨날 때 그 비확정 마음과 결합한 하나됨 마음부수를 '비확정 하나됨'이라고 합니다. 예를 들어 눈문 인식과정에서 드러나는 형색으로 전향시키는 전향 마음이 생길 때, 형색 대상을 단지 보아서 아는 눈 의식이 생길 때 등에도 하나됨이 있기 때문에 하나의 대상을 대상으로 이러한 마음들이 일어날 수 있습니다.

비확정 하나됨도 불선 하나됨처럼 힘이 약합니다. 눈 의식은 보이는 형색 대상을 대상으로 '생성-머묾-소멸'이라는 한 찰나 정도에

124 『*Buddha abhidhamma cetasikāmya*(붓다 아비담마 마음부수)』 제1권, p.343 참조.

만 머물게 하는 힘이 있습니다. 그래서 주석서에서는 "눈 의식은 힘이 없다. 마음이 한 찰나 머무는 정도로만 얻는다"라고 설명했습니다.(DhsA.103)[125]

수행과 관련된 삼매

앞에서 수행과 관련된 삼매를 언급했는데, 수행과 관련된 삼매에도 사마타 삼매와 위빳사나 삼매가 있습니다. 사마타 삼매란 사마타 수행을 통해 하나의 대상에 오랫동안 머무는 삼매를 말합니다. 사마타 삼매는 하나의 대상에만 집중합니다. 두세 가지를 대상으로 하지 않습니다. 두루채움이라면 두루채움 하나의 대상에 집중합니다. 중간에 끊어짐도 없고, 무상·고·무아도 드러나지 않습니다. 대상의 단절이나 관찰하는 마음의 단절도 드러나지 않습니다. 이렇게 하나의 대상에 연속으로 집중해서 머무는 삼매가 사마타 삼매입니다. 위빳사나 삼매란 찰나마다 대상은 바뀌지만 분명한 대상마다 계속 관찰하는 삼매를 말합니다.

수행과 관련된 삼매를 근접삼매와 몰입삼매와 찰나삼매로도 나눕니다. 사마타 수행을 통해 장애가 가라앉을 정도로 고요한 삼매가 근접삼매upacārasamādhi입니다. 더 나아가 선정 구성요소까지 드러나 대상에 집중된 삼매가 몰입삼매appanāsamādhi입니다.[126] 분명한 대상마다 찰나찰나 집중된 위빳사나 삼매가 찰나삼매khaṇikasamādhi입니다.

그중 찰나삼매란 위빳사나 마음이 찰나마다 대상에 착, 착 머무는 것을 말합니다. 위빳사나 삼매의 힘이 좋을 때는 관찰대상에 즉시 밀착

125 『*Buddha abhidhamma cetasikāmya*(붓다 아비담마 마음부수)』 제1권, p.343 참조.

126 『아비담마 강설1』, pp.294~297 참조.

되듯이, 그 위에 툭 떨어지듯이, 대상과 마음이 착, 착 붙어서 생겨납니다. 보이는 대상을 관찰할 때는 보이는 대상에 즉시 밀착됩니다. 배의 부풂과 꺼짐을 새길 때도 부푸는 성품, 꺼지는 성품에 즉시 밀착됩니다. 대상과 마음이 하나의 쌍으로 연결됩니다. 이렇게 새기는 대상에 밀착해서 생겨나는 성품을 찰나삼매라고 말합니다. 관찰되는 대상에 마음찰나로 한 찰나 정도 머무는 삼매를 찰나삼매라고 합니다.

위빳사나 수행을 할 때 찰나삼매는 매우 중요합니다. 찰나삼매가 갖춰져야 위빳사나 지혜가 생겨납니다. 찰나삼매가 갖춰지지 않으면 위빳사나 지혜가 생겨나지 못합니다. 〈본다, 본다〉라고 관찰할 때도 하나의 봄, 또 하나의 봄이 생겨납니다. 〈듣는다, 듣는다〉라고 관찰할 때도 하나의 들음, 또 하나의 들음이 생겨납니다. 서로 섞이지 않습니다. 아픈 느낌을 〈아프다, 아프다〉라고 관찰할 때도 앞의 아픔과 뒤의 아픔이 따로따로입니다. 대상이 하나씩 하나씩 나눠집니다. 첫 번째 아픔에 집중되는 삼매가 하나, 그 뒤의 아픔에 집중되는 삼매가 하나, 이 둘은 서로 섞이지 않습니다. 그렇게 부분 부분 밀착하는 것이어서 찰나삼매라고 부르는 것입니다. 이러한 찰나삼매가 생겨나야 처음과 끝을 구분해서 무상의 성품이 드러납니다. 무상의 성품이 드러나야 괴로움의 성품, 무아의 성품도 드러납니다. 그렇게 드러나도록 위빳사나 관찰을 하는 것입니다.

하나됨의 범주

하나됨은 선법이든 불선법이든 비확정법이든 함께 생겨나는 법들을 대상에 집중시키는 영역을 관장하기 때문에 혼합 범주에서 기능 22가지 중 '삼매 기능'으로 포함됩니다. 깨달음 동반법 범주에서도 기능 5가지 중 '삼매 기능'으로 포함됩니다.

반대되는 법인 들뜸에 흔들림이 없이 확고하기 때문에 혼합 범주에서 힘 9가지 중 '삼매 힘', 깨달음 동반법 범주에서 힘 5가지 중 '삼매 힘'으로 포함됩니다.

선법과 불선법, 비확정법과도 결합해서 대상에 집중하게 하는 하나의 구성요소이기 때문에 혼합 범주에서 선정 구성요소 7가지 중 '삼매 선정 구성요소'로 포함됩니다. 혼합 범주에서 도 구성요소 12가지 중 좋은 결과로 인도하는 것은 바른 삼매, 나쁜 결과로 인도하는 것은 삿된 삼매로 구분해서 표현됐습니다.

깨달음 동반법 범주에서 삼매는 네 가지 진리를 깨닫는 도의 지혜가 생겨나게 하고 뒷받침이 되기 때문에 깨달음 구성요소 7가지 중 '삼매 깨달음 구성요소'로 포함됩니다. 열반에 도달하게 하는 길과 같기 때문에 도 구성요소 8가지 중 '바른 삼매sammāsamādhi'로 포함됩니다.

제27강

2008년 12월 2일

여러분들의 '많이 배움bahussuta'을 위해 『닛데사』의 한 구절을 소개하겠습니다.

Adassanato āyanti, bhaggā gacchantudassanaṁ;
Vijjuppādova ākāse, uppajjanti vayanti cāti.

(Nd1.10; Vis.ii.260)

해 석

볼 수 없는 곳에서 와서는
무너진 뒤 볼 수 없는 곳으로 간다네.
허공에 번쩍이는 번갯불처럼
생겨났다가 또한 사라진다네.

대 역

Adassanato볼 수 없는 곳에서 āyanti와서는 bhaggā무너진 뒤 adassanaṁ볼 수 없는 곳으로 gacchanti간다네. ākāse허공에 vijjuppādova번쩍이는 번갯불처럼 uppajjanti ca생겨났다가 vayanti ca또한 사라진다네.[127]

"볼 수 없는 곳에서 와서는"이란 "이전에는 존재하지 않다가 새로 생겨났다"라는 뜻입니다. "무너진 뒤 볼 수 없는 곳으로 간다네"란 "그

127 『*Visuddhimagga Myanmarpyan*(위숫디막가 미얀마어 번역)』 제4권, pp.442~443; *Myanmarnaingan Buddhasāsanāphwe*, 『*Visuddhimagga Myanmarpyan*(위숫디막가 미얀마어 번역)』 제5권, p.139; 『청정도론』 제3권, p.254 참조.

렇게 생겨난 뒤 사라져서 더 이상 존재하지 않는다"라는 뜻입니다. 그렇게 생겨났다가 사라진다는 이 구절의 주어는 무엇일까요? 바로 생겨남과 사라짐이 있는 물질·정신 형성들입니다.

형성들은 생겨나기 전에 어디에 머물러 있지 않습니다. 어디에 존재하다가 장소를 바꾸어 생겨나는 것이 아닙니다. 이전에는 존재하지 않았습니다. 그래서 '볼 수 없는 곳에서 왔다'라고 말한 것입니다. 마찬가지로 형성들이 사라진 뒤에 어디에 머물러 있는 것도 아닙니다. 장소를 바꾸어 이동하는 것도 아닙니다. 사라진 이후에는 존재하지 않습니다. 그래서 '볼 수 없는 곳으로 간다'라고 말한 것입니다. 위빳사나 수행을 열심히 하는 수행자라면 형성들이 생겨나는 바로 그 자리에서 생겨나고 생겨난 그 자리에서 사라진다는 사실을 눈으로 직접 보듯이, 손으로 만지듯이 스스로 분명히 알 수 있을 것입니다.

이 사실을 더욱 분명하게 밝히기 위해 번갯불을 비유로 들었습니다. 하늘에서 번갯불이 번쩍 생겨났다가 사라질 때, 번갯불이 어떤 다른 장소에 이미 있었던 것이 아닙니다. 마찬가지로 사라진 뒤에 다른 장소로 이동한 것도 아닙니다. 조건이 형성됐을 때 번쩍 생겨났다가 즉시 사라집니다. 이와 마찬가지로 물질·정신 형성들도 없다가 생겨나고, 생겨난 뒤 사라지고, 사라진 뒤에는 더 이상 존재하지 않는다는 뜻입니다. 그런데 일반인들은 이 사실을 왜 모를까요? 하나로 계속 이어졌다고 생각하는 '상속개념santatipaññatti'에 뒤덮였기 때문입니다.

그렇다면 왜 형성들은 없다가 생겨나고, 생겨나서는 사라져서 더 이상 존재하지 않을까요? 열반을 제외한 모든 형성법은 조건이 형성되면 생겨나게 마련이고, 그 조건이 없어지면 사라지기 마련입니다. 이것은 결정법칙niyama입니다.

생명기능

모든 마음 공통들 7가지 중 여섯 번째는 '생명기능jīvitindriya'입니다. 부처님께서는 『상윳따 니까야』에서 '죽음'을 '목숨āyu'과 '온기usmā'와 '의식viññāṇa'이 이 몸을 떠나는 것이라고 설하셨는데(S22:95), 이때 '목숨'은 물질적 생명기능과 정신적 생명기능 2가지를 말합니다. 물질적 생명기능은 함께 생겨나는 업 생성물질의 수명이 유지되도록 보호합니다.[128] 정신적 생명기능은 결합한 정신법들의 수명이 유지되도록 보호합니다. 여기서는 정신적 생명기능을 설명하겠습니다.

단어분석

Jīvanti tena, sayaṁ vā jīvati, jīvanamattameva vā tanti jīvitaṁ.

(Vis.ii.93)

대 역

Tena그것 때문에 《결합된 법들이》 jīvanti산다. vā혹은 sayaṁ스스로 jīvati산다. vā혹은 taṁ그것은 jīvanamattameva단지 사는 것 정도이다. iti그래서 jīvitaṁ생명이다.

앞에서 설명한 여러 마음부수와 같은 의미로 '그것 때문에 산다'는 생명을 유지하는 것의 조건이라는 뜻입니다. '스스로 산다'는 '사는 것의 주체'라는 뜻입니다. '단지 사는 것 정도이다'는 생명의 법

128 물질적 생명기능은 『아비담마 길라잡이』 제2권, p.46, 업 생성물질은 『아비담마 길라잡이』 제2권, pp.71~72 참조.

체를 직접 밝히는 내용입니다. 'indriya'와 결합한 단어분석은 다음과 같습니다.

Jīvanti tena taṁsampayuttakā dhammāti jīvitaṁ, anupālanalakkhaṇe indaṭṭhaṁ kāretīti indriyaṁ, jīvitameva indriyaṁ jīvitindriyaṁ. (DhsA.167)

대역

Tena《dhammajātena》그 법에 의해 taṁsampayuttakā dhammā결합한 법들이 jīvanti생명을 유지한다. iti그래서《taṁ dhammajātaṁ그 법의 성품을》jīvitaṁ생명이라고 한다. anupālana lakkhaṇe같이 생겨나는 법들을 보호하는 특성에 있어서 indaṭṭhaṁ다스리는 상태를 kāreti행한다. iti그래서 indriyaṁ기능이라고 한다. jīvitameva생명 그 자체가 indriyaṁ기능이기도 하기 때문에 jīvitindriyaṁ생명기능이라고 한다.

요약하면 그 법에 의해서 자신과 결합한 법들이 생명을 유지하기 jīvanti 때문에 생명jīvita이라고 합니다. 보호하는 영역을 관장하기 때문에indaṭṭhaṁ kāreti 기능indriya이라고 합니다. 생명jīvita이기도 하고 기능indriya이기도 하기 때문에 생명기능jīvitindriya이라고 합니다.

'기능'이라고 붙인 것은 "나와 결합된 그대들은 나 없이 혼자서는 생명을 유지할 수 없다. 그대들의 목숨은 나의 손에 달려 있다. 그대들의 생명을 보존하는 일은 내가 다스린다"라고 마치 직접 말하듯이 생명을 유지시키는 일에서 결합한 법들보다 더 절대적인 힘을 가진 법을 생명기능이라고 한다는 뜻입니다.(AhSṬ.i.117)

특질

Anupālanalakkhaṇaṁ[129] jīvitindriyaṁ, tesaṁ pavattanarasaṁ, tesaṁyeva ṭhapanapaccupaṭṭhānaṁ, yāpayitabbadhammapadaṭṭhānaṁ[130].

(DhsA.166; Vis.ii.77)

대역

Jīvitindriyaṁ생명기능은 anupālanalakkhaṇaṁ보호하는 특성이 있다. tesaṁ그것들을; 함께 생겨나는 법들을 pavattanarasaṁ거듭 생겨나게 하는 역할이 있다. tesaṁyeva바로 그것들을; 바로 그 함께 생겨나는 법들을 ṭhapanapaccupaṭṭhānaṁ유지시키는 것으로 나타난다. yāpayitabbadhammapadaṭṭhānaṁ지속시켜야 할 법이 가까운 원인이다.

특성

생명기능은 계속 보호하는anupālana 특성이 있습니다. 자신과 함께 생겨나는 정신법들을 계속 보호하는 성품을 말합니다. 함께 생겨나는 법들이란 생명기능과 함께 생겨나는 마음과 여러 마음부수를 말합니다. 중생들의 상속에서 그러한 정신법들의 생명이 유지되도록, 잘 머물도록 생명기능이라는 마음부수가 돌봅니다.

생명기능이 보호하는 모습을 주석서에서는 물, 유모, 뱃사공이라는 3가지 비유로 설명했습니다.[131] 먼저 물 비유를 살펴보겠습니다. 물은

129 『위숫디막가』에서는 'sahajarūpānupālanalakkhaṇaṁ(함께 생겨나는 물질들을 보호하는 특성)'이라고 물질적 생명기능만 표현하고 정신적 생명기능은 따로 언급하지 않아 특성은 『담마상가니』를 인용했다. 역할과 나타남은 동일하다.

130 『위숫디막가』에서는 'yāpayitabbabhūtapadaṭṭhānaṁ(지속시켜야 할 근본 물질이 가까운 원인이다)'이라고 물질적 생명기능만 표현하고 정신적 생명기능은 따로 언급하지 않아 가까운 원인도 『담마상가니』를 인용했다.

131 이것은 물질적 생명기능에 대한 설명이지만 의미는 비슷하다.

연꽃이 싱싱하도록, 시들지 않도록 보호합니다. 연꽃이 싱싱하게 살아 있는 것은 물이 보호하기 때문입니다. 마찬가지로 생명기능은 접촉이나 느낌 등 다른 정신법들을 그 수명대로 머물도록 보호합니다. 정신법들이 그 수명대로 머무는 것은 정신적 생명기능이 보호하기 때문입니다.

접촉이나 느낌 등 정신법들은 중생들의 재생연결 때부터 다섯 무더기가 완전히 무너질 때까지 각각 조건에 따라 생겨나서 머물고 사라지고, 다시 생겨나서 머물고 사라집니다. 그렇게 거듭 생멸하면서 지속되는 것을 '정신법들이 생명을 유지하고 있다'라고 말합니다. 그렇게 정신법들이 생명을 유지하도록 생명기능이라는 마음부수가 보호해 줍니다. 정신법들은 생명기능이 없으면 생명을 유지할 수 없습니다. 생명기능이 없으면 생성과 소멸을 유지할 기회를 갖지 못합니다. 이렇듯 생명기능은 완전열반에 이르기까지 정신법들이 생명을 유지하도록, 계속 생겨날 수 있도록 관장해 줍니다.

또한 유모가 다른 이들의 아이들을 보호하듯이 생명기능은 대상이나 업 등 다른 조건들 때문에 생겨난 법들을 보호합니다.[132]

그렇다면 "생명기능이 함께 생겨나는 법들의 수명을 보호한다면 생명기능 자신의 수명은 누가 보호하는가?"라고 질문할 수 있습니다. 이 질문에 대해서는 뱃사공의 비유로 설명할 수 있습니다. 뱃사공이 배를 강 건너편으로 보낼 때 엄밀하게는 배만 보내지만 자신이 배를 저어서 함께 가기 때문에 자신도 보내게 되는 것입니다. 마찬가지로 생명기능

132 ㉲물질적 생명기능은 자신과 함께 생겨나는 법들을 생겨나게 하지는 못한다. 정신적 생명기능은 함께 생겨나는 기능 조건의 힘sahajātindriyasatti을 통해 함께 생겨나도록 할 수 있다. 하지만 업이나 대상들처럼 아직 생겨나지 않은 법들을 생겨나게 하지는 못한다.(AhBṬ.106)

이 함께 생겨나는 법들을 보호하지만 함께 생겨나는 법들과 결합돼 있기 때문에 자신도 다시 보호하는 것입니다.(AhBṬ.107)

역할

생명기능은 자신과 함께 생겨나는 정신법들과 물질법들을 거듭 생겨나게 하는pavattana 역할을 합니다. '거듭 생겨나게 한다'는 것은 중간에 끊어지지 않고 계속 생겨나게 하는 것을 말합니다. 생명기능이 제 역할을 하지 않으면 정신의 연속이 끊어집니다. 그렇게 끊어지지 않고 마음과 마음부수가 계속 생겨나서 생명을 유지시켜 주는 것입니다. 언제까지일까요? 아라한이 되어 완전열반에 들기 전까지입니다.

나타남

생명기능은 자신과 함께 생겨나는 물질법과 정신법들을 잘 머물게 하는ṭhapana 법으로 수행자의 지혜에 나타납니다. '잘 머물게 한다'는 것은 생성부터 머묾, 소멸까지 잘 머물게 하는 것인데 사실 소멸의 찰나에는 자신도 소멸하기 때문에 보호하지 못합니다. 생성과 머묾까지 잘 머물게 하고 소멸 때 같이 사라지는 것으로 나타난다고 이해해야 합니다. 자신이 소멸한 뒤에 아직 소멸하지 않은, 함께 생겨난 마음생성 물질을 정신적 생명기능이 보호할 수 없다는 사실이 분명합니다.

가까운 원인

생명기능의 가까운 원인은 자신과 함께 생겨나서 자신의 보호를 받아 잘 머물고 있는 정신법과 물질법입니다. 특히 함께 생겨나는 정신법들은 생명기능과 함께 생겨나고 함께 사라지며 같은 토대와 같은 대상을 가지기 때문에 서로 도움을 줍니다. 이것을 '상호 조건으로 도움을 준다'라고 말합니다.

생명기능은 자신과 함께 생겨나는 법들을 보호할 뿐만 아니라 자신이 소멸한 뒤에도 물질·정신의 상속이 끊어지지 않도록, 계속 생겨나도록 도움을 줍니다. 이것은 '틈이 없는 조건'으로 도움을 주는 것입니다. 그렇게 생명기능이 계속 도움을 주기 때문에 업의 힘이 남아 있는 한 죽음에 이를 때까지, 혹은 완전열반에 들 때까지 물질·정신의 상속이 끊임없이 이어져 생겨날 수 있습니다. 그래서 생명기능을[133] 물질·정신 상속의 지배인pavattasantatādhipateyya이라고 주석서에서 설명했습니다.(DhsA.166)

생명이란 무엇인가

'살아 있다'는 것을 어떻게 정의할까요? 미얀마에서는 일반적으로 숨을 쉬면 살아 있다고 말합니다. 현대 과학자들도 생명에 관해 다양하게 분석합니다. 하지만 물질과 관련된 것에만, 그것도 여러 장치로 관찰할 수 있는 것에만 한정돼 있습니다. 불교에서는 물질과 관련된 것뿐만 아니라 정신과 관련된 것까지, 또한 여러 장치로 관찰하지 못하는 것까지 설명하고 있습니다. "'정신적·물질적 생명기능'이 있어야 생명이라고 할 수 있다"라고 분명하게 설명합니다.

앞서 언급한 '정신적 생명기능'이 바로 정신의 연속이 계속 진행될 수 있도록 주된 역할을 합니다. 그래서 '생명기능'이라고 표현합니다. 그래서 물질이 없이 오랫동안 정신의 연속으로만 살아가는 '무색계 범

133 이 설명은 물질적 생명기능도 해당한다.

천'도 불교에서는 다룹니다. 또한 오랫동안 정신이 생겨나지 않고 물질의 연속으로만 살아가는 '무상유정천 범천'도 다룹니다.

죽음이란 무엇인가?

죽음에 관한 예를 먼저 들겠습니다. 자신에게 달려오는 적의 목을 단칼에 베었고, 그래서 머리는 떨어져 나갔지만 몸은 그대로 달려가다가 쓰러졌다고 합시다. 이때 머리가 떨어져 나간 몸에 생명이라는 것이 있을까요 없을까요? 첫 번째 견해는 머리가 떨어져 나간 순간부터 생명이 없다고 설명합니다. 머리가 떨어져 나간 이후에 몸이 계속 움직인 것은 이른바 물질인 몸의 '관성' 때문이라는 것입니다. 두 번째 견해는 『위마띠 띠까』의 견해로 생명기능은 심장을 토대로 생겨나므로 머리가 잘렸더라도 심장 기능이 작동하는 한 그것을 토대로 생명기능이 생겨날 수 있다고 설명합니다. 예를 들어 도마뱀의 꼬리를 잘랐을 때 잘린 꼬리도 뛰고, 도마뱀도 움직입니다. 이때 잘린 꼬리가 뛰는 것은 근육의 전기적 신호가 아직 남았기 때문이지 생명과는 관계가 없다고 설명하는 것이 첫 번째 설명이고, 마음은 매우 빠르게 생멸하기 때문에 양쪽 모두 빠르게 번갈아 마음 때문에 생겨나는 물질이 일어난다고 설명하는 것이 두 번째 설명입니다. 여전히 잘린 꼬리도 자신의 꼬리라고 집착하는 것입니다. 환지통幻肢痛도 마찬가지로 해석할 수 있습니다. 사고로 손과 발이 잘리더라도 마치 있는 것처럼 고통을 느끼는 현상은 뇌신경의 물질적 현상이라고 설명할 수도 있지만, 이미 잘리고 없는 손과 발이 여전히 있는 것처럼 착각해서 집착하는 정신 때문이라고도 설명할 수 있습니다.

예로 든 사건을 조금 더 발전시켜 봅시다. 자신에게 달려오는 적의 목을 단칼에 베어 적의 머리는 떨어져 나갔지만 몸은 그대로 달려갈 때 다른 사람이 그의 심장을 찔러 완전히 죽였다면 누구에게 살생업이 있을까요?

첫 번째 설명에 따르면 목을 잘랐을 때 죽었다고 결정하기 때문에 처음 목을 자른 이에게 살생업이 있습니다. 목이 잘린 채 달려가는 몸은 이미 시체와 같기 때문에 나중에 그의 심장을 찌른 이에게는 살생업이 없습니다. 두 번째 설명에 따르면 둘 다 살생업에 해당합니다. 머리를 자른 것도 죽게 하는 원인이고, 아직 생명이 있는 상태에서 심장을 찌른 것도 죽게 하는 원인이 됐기 때문입니다.

미얀마의 만레 사야도*Manle sayadaw*(1714-1805)께 어떤 신도가 "'도마뱀 꼬리가 잘렸을 때 마음이 꼬리와 몸체에 왔다 갔다 한다'라는 설명은 근거가 없는 듯합니다"라고 말했다고 합니다. 만레 사야도는 "마음의 위력은 대단합니다. 임종과 동시에 매우 멀리 떨어져 있는 색계나 무색계까지 즉시 관련된 새로운 마음이 생겨납니다. 또한 마음의 위력, 절대성품의 여러 성품을 완벽하게 아는 것은 일체지의 영역입니다. '아비담마에서는 이렇게 설명했다. 『위마띠 띠까』에서는 이렇게 설명했다'라는 정도로 받아들이는 것이 좋습니다. 스스로 잘못 결정하면 사견에 빠질 수 있고 그러한 사견은 나쁜 결과를 초래합니다"라고 대답했다고 합니다.

마음기울임

모든 마음 공통들 7가지 중 마지막 일곱 번째 마음부수는 '마음기울임manasikāra'입니다. 마음기울임은 마음이나 다른 마음부수들로 하여금 대상을 가지게 하는 성품입니다.

단어분석

Visayaṁ manasmiṁ kāro manasikāro. (AhBṬ.132)

대 역

Visayaṁ대상을 manasmiṁ마음에서 kāro행하는 것이 manasikāro마음기울임이다.[134]

여기서 '대상을 행한다'라는 것은 '대상을 가진다'라는 뜻입니다.[135] 즉 마음을 비롯한 정신법들이 일어나려면 대상이 있어야 하는데, 스스로도 대상을 가지고 결합한 법들도 대상을 가지게 하기 때문에 그 법을 '마음기울임'이라고 합니다. 엄밀한 의미로는 '대상을 가지는 성품' 그 자체입니다. 혹은 '대상을 행한다'라는 것은 대상을 마음에 보내주는 것이라고도 설명할 수 있습니다. 마음기울임은 마음과 결합돼 있기 때문에 엄밀하게는 마음을 대상에 보내줄 수 있습니다. 하지만 마음을 대상에 도달하도록 보내준다면 대상을 마음에 도달하도록 보내준다고도 말할 수 있습니다.

특질

So sāraṇalakkhaṇo, sampayuttānaṁ ārammaṇe saṁyojanaraso, ārammaṇābhimukhabhāvapaccupaṭṭhāno, ārammaṇapadaṭṭhāno. Saṅkhārakkhandhapariyāpanno, ārammaṇapaṭipādakattena sampayuttānaṁ sārathi viya daṭṭhabbo. (Vis.ii.96)

134 『위숫디막가』에서는 뒤에 언급되는 인식과정유발자와 속행유발자에 대한 단어분석이 설명돼 『상가하 바사띠까』의 단어분석을 소개했다.

135 한문으로는 마음기울임을 '作意', 즉 '마음에서'를 '意', '행한다'라는 표현을 '作'으로 표현했다.

대 역

So그것은; 대상유발자 마음기울임[136]은 sāraṇalakkhaṇo《결합된 법들을 대상 쪽으로》 내모는; 가게 하는 특성이 있다. sampayuttānaṁ결합된 법들을 ārammaṇe대상에 saṁyojanaraso연결시키는 역할이 있다. ārammaṇābhimukhabhāvapaccupaṭṭhāno대상으로 지향하는 성품으로 나타난다. ārammaṇapadaṭṭhāno대상이 가까운 원인이다. saṅkhārakkhandhapariyāpanno형성 무더기에 포함된다. ārammaṇapaṭipādakattena대상으로 가게 하는 것이어서 sampayuttānaṁ결합된 법들을 sārathi viya마부와 같다고 daṭṭhabbo보아야 한다.

특성

마음기울임은 내모는sāraṇa 특성을 가지고 있습니다. '내몰다'라는 것은 결합된 법들을 대상 쪽으로 가게 한다는 뜻입니다. 대상으로 향하게 하고 나아가게 하는 성품입니다.

다시 설명하면 마음기울임은 마음이 계속 일어나고 사라질 때 대상이 없는 상태가 생기지 않도록 항상 어떠한 대상이든지 취하게 하는 성품입니다. 마음기울임이 없으면 마음은 대상을 취하지 못하기 때문에 일어날 수 없습니다. 마음기울임이 있기 때문에 마음은 대상을 항상 가질 수 있습니다. 반면에 앞에서 설명한 하나됨 마음부수는 그렇게 대상을 가질 때 하나의 마음이 하나의 대상만 가지도록 하는 성품으로 그 성품이 다릅니다.

---

136 마음부수로서 대상을 가지게 하는 마음기울임을 말한다. 본서 p.154 참조.

또한 찰나마다 여러 대상이 있는데 마음기울임이 어떤 대상 하나로 마음을 내몰았다면 그 찰나에 다른 대상들에 대해서는 마음이 일어나지 않습니다. 그래서 찰나마다 마음이 취하지 않아서 알지 못하는 대상들이 매우 많습니다. 예를 들면 어떤 생각을 골똘히 하면서 갈 때는 다른 사람이 지나가더라도 잘 모르는 것과 같습니다.

보이는 대상이 있어도 주의를 기울이지 않으면 보이지 않을 때도 있습니다. 그러다가 주의를 기울이게 되면 어떤 소리를 알아차릴 때가 있습니다. 하지만 그때까지 들리지 않았습니다. 왜냐하면 마음기울임이 없었기 때문입니다. 수행자들의 경우는 더욱 분명합니다. 수행하면서 배의 부풂과 꺼짐에 마음 기울이고 있으면 삼매의 힘이 좋아졌을 때 외부 대상은 전혀 알지 못합니다. 대상을 알 때마다 계속해서 어떠한 대상이든 마음기울임은 존재합니다.[137]

역할

마음기울임은 결합된 법들을 대상에 연결시키는saṁyojana 역할을 합니다. 자신과 함께 생멸하는 마음과 여러 마음부수를 대상과 결합하게 하는 역할을 합니다.

나타남

마음기울임은 대상으로 지향하는 성품abhimukhabhāva으로 나타납니다. '지향한다'는 것은 대상으로 향한다는 뜻입니다.

---

137 『*Cittānupassanā tayatogyi hnin Dhammānupassanā tayatogyi(Nīvaraṇapain/Khandhāpain/Āyatanapain*(마음 거듭관찰 법문과 법 거듭관찰 법문(장애의 장/ 무더기의 장/ 감각장소의 장)』, pp.357~358 참조.

• **마음기울임과 새김의 차이** 마음기울임이 대상으로 향하는 성품으로 나타난다고 말했는데 나중에 설명할 새김sati도 대상으로 향하는 성품이 있습니다. 그렇다면 이 두 법이 어떻게 다른지 의문을 가질 수 있습니다.

새김이 대상으로 향하는 성품에는 대상을 잊어버리지 않게 향하는 것이 포함돼 있는 반면에, 마음기울임이 대상으로 향하는 성품에는 대상에 잘 결합되도록 향하는 정도만 포함돼 있습니다.

또한 마음기울임은 모든 마음과 결합하는 마음부수로서 선 마음, 불선 마음, 비확정 마음 모두와 결합합니다. 즉 결합하는 정신법들을 좋은 대상으로 향하게 하기도 하고 나쁜 대상으로 향하게 하기도 합니다. 새김은 아름다운 마음과 항상 결합하는 마음부수로서 아름다운 마음과만 결합하고 불선 마음이나 원인 없는 마음과는 결합하지 않습니다.[138]

가까운 원인

마음기울임의 가까운 원인은 대상입니다. 대상이 있어야 마음이 일어나고 마음기울임도 일어날 수 있습니다. 예를 들어 어떤 사람을 죽일 때 죽이려는 대상이 마음에 드러나야 죽일 수 있습니다. 그 대상 쪽으로 마음을 향하게 하는 것이 마음기울임입니다. 대상이 마음에 드러나지 않으면 죽임과 관련된 성냄뿌리 마음 등이 일어나지 않습니다.

부처님 거듭새김도 부처님의 덕목이라는 대상이 있어야 닦을 수 있

138 『*Buddha abhidhamma cetasikāmya*(붓다 아비담마 마음부수)』, p.419 참조. 마음기울임의 결합은 본서 p.570, 새김의 결합은 본서 p.602를 참조.

습니다. 부처님의 덕목을 대상으로 마음을 향하게 하는 마음기울임이 스스로도 대상으로 향하고, 다른 결합한 법들도 향하게 합니다. 그래서 대상이 마음기울임의 가까운 원인입니다.

마부와 같은 모습

마부가 말들을 원하는 곳으로 바르게 가게 하는 것처럼 마음기울임도 결합된 법들을 대상으로 바르게 도달하도록, 대상 쪽으로 향하도록 몰아갑니다. 마음기울임의 작용 때문에 함께 결합해서 생겨나는 마음과 마음부수들이 대상을 취하지 않는 경우란 없습니다. 어느 때건 항상 한 대상을 취합니다. 그래서 마부는 마음기울임과 같고, 말들은 결합된 법들과 같고, 원하는 곳은 대상과 같습니다.(AhBṬ.132)

마음기울임의 종류

마음기울임에는 ① 대상유발자, ② 인식과정유발자, ③ 속행유발자라는 세 종류가 있습니다.(DhsA.177)

대상유발자ārammaṇapaṭipādaka는 대상을ārammaṇa 일으키는paṭipādaka 마음기울임입니다. 즉 정신법들로 하여금 대상을 가지게 하는 것으로 지금 마음부수에서 말하는 마음기울임이 여기에 해당합니다.

인식과정유발자vīthipaṭipādaka는 인식과정을vīthi[139] 일으키는paṭipādaka 마음기울임입니다. 즉 보거나 들을 때 하나의 인식과정이 생겨나게 하는 것으로 제1강에서 설명했던 오문전향pañcadvārāvajjana을 말합니다.

---

139 인식과정은 본서 부록 pp.729~730 참조.

속행유발자javanapaṭipādaka는 속행을javana 일으키는paṭipādaka 마음기울임입니다. 즉 맘문 인식과정에서 속행이 생겨나게 하는 것으로 제1강에서 설명했던 맘문전향manodvārāvajjana을 말합니다.[140]

인식과정유발자와 속행유발자인 마음기울임은 지금 설명하는 마음부수로서의 마음기울임에 해당되지 않습니다.

• 인식과정이나 속행을 일으키는 마음기울임의 예 인식과정이나 속행을 일으키는 마음기울임은 같은 대상이라도 다른 속행들을 생겨나게 할 수 있는데 이와 관련된 일화를 소개하겠습니다.[141]

부처님 당시 띳사 비구는 가사에 대해 올바르지 않게 마음을 기울였습니다. 어느 날 좋은 가사를 얻자 '내일 탁발할 때 두르리라'라고 애착했습니다. 그래서 그날 밤에 입적했을 때 가사에 사는 이로 태어났습니다.(Dhp.240)[142]

보살은 과거 어느 생에 원숭이 왕이었을 때 높은 절벽에서 떨어진 바라문을 구해 주었습니다. 하지만 바라문은 은혜를 저버리고 쉬고 있던 원숭이 왕을 돌로 내리쳤습니다. 그때 바라문에게 생겨난 마음기

140 오문전향과 맘문전향은『아비담마 강설1』, pp.201~202 참조.

141 ㉤합리적 마음기울임이 모든 선법이 생겨나게 하는 근본 원인이다. 마치 지붕이 있어야 가구 등 집안의 여러 물건을 보호할 수 있는 것과 마찬가지로 합리적 마음기울임이 있어야 여러 선법을 보호할 수 있다. 키우는 닭이 때로는 울타리 밖으로 나가서 장난치는 아이들에게 돌로 맞기도 하지만 나중에는 항상 우리로 들어오듯이 마찬가지로 참사람이라면 세상에서 여러 고통을 받더라도 항상 합리적 마음기울임이라는 우리로 다시 들어와서 머문다. 좋거나 나쁜 어떤 대상과 만나더라도 항상 합리적 마음기울임을 일으키는 것이 매우 중요하다.

142 ㉤하지만 심한 애착은 아니었고 출가자로서의 법도 갖췄기 때문에 일주일 뒤에 천상에 태어났다. 출가자의 가사에 대한 애착에 비하면 재가자들의 애착은 훨씬 크다고 할 수 있다. 필수품에 대해 잘못 마음 기울여 애착하지 않도록 조심해야 한다.

울임은 올바르지 않은 비합리적 마음기울임입니다. 반면에 도와줬는데도 자신을 죽이려한 바라문에게 화를 내지 않고 안전한 곳까지 안내한 원숭이 왕에게 생겨난 마음기울임은 올바른 합리적 마음기울임입니다.(J407)[143]

미얀마에 학인이 50명 정도 있는 한 강원이 있었습니다. 근처에 사는 신도들이 매일 학인 50명을 포함해 스님들이 공양하기에 충분한 생선 조림을 보시했습니다. 하지만 그 강원의 봉사자들이 생선 몸통은 다 먹고 생선 대가리와 꼬리 부분만 학인 스님들에게 올렸습니다. 시간이 지나자 학인 스님들이 "왜 생선 대가리와 꼬리만 올라오는가?"라고 불평했습니다. 학인 스님들의 불평을 큰스님이 듣고 저녁 예불 뒤 훈계 시간에 다음과 같이 학인 스님들에게 물었습니다.

"학인들은 무슨 목적으로 출가했습니까?"

"윤회윤전의 고통에서 벗어나기 위해 출가했습니다"라고 학인 스님들이 대답했습니다.

"출가를 청할 때 '생선 한 마리 다 먹기 위해 출가를 청합니다'라고 했습니까?"

"아닙니다. 그렇지 않습니다."

"그렇다면 생선 한 마리 다 못 먹었다고 불평해야 합니까?"

"불평하지 말아야 합니다, 스님."

143 ㉯보살 원숭이가 바라문을 구하려고 할 때 먼저 큰 돌을 지고서 시험해 보았다. 이것은 방편에 관한 지혜 바라밀이다. 바라문을 직접 지고서 끌어 올리려 노력했다. 이것은 정진 바라밀이다. 자신의 목숨을 아끼지 않고 구했다. 여기에는 보시 바라밀이 포함돼 있다. 구할 때 전혀 흔들림 없이 결정한 대로 실천했다. 이것은 결정 바라밀이다. 구한 뒤 대가를 바라지 않고 평온했다. 이것은 평온 바라밀이다. 이렇게 여러 바라밀이 다 포함된 선업이었다.

그러자 웃음과 함께 학인들의 불만이 사라졌습니다. 좋은 방편으로 올바르게 마음 기울이도록 잘 훈계한 예입니다.

합리적 마음기울임과 관련해서 마대야*Madaya*[144] 사야도의 일화도 유명합니다. 19세기 중후반 미얀마의 민돈*Mindon* 왕 당시 마대야에 주석한 마대야 사야도는 청정한 계와 깊은 삼매, 예리한 지혜, 특히 잘 참는 인욕으로 명성이 높았습니다. 민돈 왕은 마대야 사야도를 왕궁으로 모시고 싶다고 사람을 보냈습니다. 마대야는 왕궁이 있는 만달레이에서 북쪽으로 8km 거리에 있었습니다. 사야도가 중간쯤 도착했을 때 민돈 왕이 "나이도 많으시니 만달레이까지 오지 마시고 그만 되돌아가십시오"라는 소식을 보냈습니다. 사야도는 '반이나 왔는데 돌아가라고 하다니'라고 화를 내지 않고 '그렇지. 정사에 남은 제자들이나 신도들이 내가 없으면 허전할 텐데 내가 다시 돌아가면 모두가 기뻐할 것이다'라고 올바르게 마음 기울이고 그대로 되돌아갔습니다. 한 달 정도 지났을 때 왕이 다시 왕궁으로 초청했습니다. 이번에도 사야도는 아무 말 하지 않고 그대로 왕궁까지 갔습니다.

그런데 왕은 일부러 계단이 많은 높은 곳에 정사를 지어 그곳에 사야도를 지내게 했습니다. 사야도는 '나이도 많은데 이렇게 높은 곳에 머물게 하다니'라고 화를 내지 않고 '오르내리면 건강에 좋을 것이다'라고 올바르게 마음 기울이고 그대로 지냈습니다. 조금 지나자 왕은 이번에는 주위가 논밭으로 둘러싸이고 먼지도 많이 날리는 맨땅에 지어진 오두막에 사야도를 지내게 했습니다. 사야도는 '높은 곳을 오르내리

144 미얀마에서 발음하는 그대로 표기했다.

면 무릎에 좋지 않을 것이다. 이제 편하게 지낼 수 있겠구나'라고 올바르게 마음 기울이고 그대로 지냈습니다. 왕은 일주일 뒤에 다시 높은 곳의 정사에서 지내시라고 청했습니다. 사야도는 '평지에 있으면 더운 기운도 많이 올라오고 대중도 오가며 시끄러운데, 높은 곳으로 올라가면 시원하기도 하고 시끄럽지도 않고 한가할 것이다'라고 올바르게 마음 기울이고 그대로 지냈습니다.

그 다음 왕은 일부러 공양을 죽처럼 올리게 했습니다. 사야도는 '내가 늙었다고 죽으로 공양을 만들어주는구나. 마시기만 하면 되니 매우 좋구나'라고 숙고하고 그대로 공양했습니다. 어느 때는 공양을 매우 되게 지어 올리게 했습니다. 사야도는 '이렇게 좀 씹을 것이 있어야 맛있지'라고 숙고하고 그대로 공양했습니다. 어느 때는 반찬에 소금을 전혀 넣지 않고 올리게 했습니다. 사야도는 '반찬이 싱거우니 물먹을 일이 없어 편하겠구나'라고 숙고하고 그대로 공양했습니다. 어느 때는 반찬에 소금을 잔뜩 넣어 올리게 했습니다. 사야도는 '소금기가 있어 영양분이 균형을 이루겠구나'라고 숙고하고 그대로 공양했습니다.

아무리 안 좋은 대상이 생겨난다 하더라도 마음에 불선 마음이 생기지 않도록, 선 마음이 생기도록 올바르게 마음을 기울인 마대야 사야도의 일화입니다.

덧붙여 마대야 사야도가 연로하셨을 때의 일화를 소개하겠습니다. 시자들이 사야도의 엉덩이 부분을 안마할 때 사야도가 갑자기 움찔했습니다. 시자들이 살펴보니 사야도의 엉덩이 부분에 종기가 났는데, 그대로 방치해서 구더기가 살을 파먹고 있었습니다. 시자들이 신도나 왕에게 얘기해서 치료를 하자고 말씀드렸을 때 사야도는 "놔둬라. 구더기들도 부모나 배우자, 자식들이 다 있을 텐데 불쌍하다"라고 하시며 그냥 놔두게 했고, 결국 그 병으로 입적했다고 합니다.

깟사빠 부처님 당시 수망갈라Sumaṅgala라는 장자는 부처님께 정사를 보시했습니다. 그런데 그 정사가 불에 타서 전부 잿더미로 변해버렸습니다. 그 모습을 본 장자는 왼쪽 어깨를 구부린 뒤 오른손으로 왼쪽 어깨를 크게 두드리며 기뻐했습니다. 주위 사람들은 장자가 보시한 정사가 불에 타서 충격으로 정신이 이상해졌다고 생각하고서 정신을 차리라고 말해 주었습니다. 그러자 장자는 "정신이 이상한 것이 아닙니다. 정사 보시 공덕은 윤회하는 내내 따라옵니다. 절대로 무너지지 않는 재산입니다. 정사는 불에 타서 없어지더라도 내가 행한 공덕은 없어지지 않습니다. 내가 웃는 것은 오늘 정사가 불에 타 무너져서 다시 정사를 지어 보시할 수 있는 기회가 생겨났기 때문입니다. 너무나 기뻐서 웃는 것입니다"라고 말했습니다. 매우 올바른 마음기울임이라고 할 수 있습니다. '누가 불태웠는가'라고 화내지 않았습니다.(Dhp.136 일화; DhpA.ii.39)[145]

본승[146]의 경험도 소개하겠습니다. 한 청신사가 본승이 지내던 절에 불단을 보시했습니다. 시간이 지나 부처님을 다른 곳으로 모셔야 했고, 그래서 그 불단도 해체해야 했습니다. 그러자 불단을 보시했던 청신사가 자신이 보시한 불단을 해체한다고 화를 냈습니다. 본승은 "불단을

145 무념·응진 역, 『법구경 이야기』 제2권, pp.380~381 참조.

146 한국마하시 우 소다나 사야도를 뜻한다.

보시한 선업은 없어지지 않습니다. 불, 물, 도적, 왕, 나쁜 상속자라는 다섯 원수에 의해 절대로 무너지지 않습니다. 윤회하는 내내 따라옵니다. 떠올릴 때마다 더욱 늘어나기까지 합니다"라고 위에서 언급한 망갈라 장자의 일화를 설명해 주었습니다. 그 청신사는 며칠 동안은 마음이 가라앉는 듯했지만 일주일 뒤에 왔을 때 여전히 마음이 불편하다고 말했습니다. 올바르게 마음 기울이는 것이 결코 쉽지 않다는 것을 보여주는 예입니다.[147]

147 접촉부터 마음기울임에 관한 여러 내용은 『*Buddha abhidhamma cetasikāmya*(붓다 아비담마 마음부수)』 제1권 전체를 참조했다.

제28강

2008년 12월 9일

제27강에서 설명한 전도와 관련해 게송 하나를 먼저 소개하겠습니다. 부처님 당시 수다원이었던 숩빠와사Suppavāsā 공주는 7년간의 난산 끝에 낳은 아들이 사리뿟따 존자와 대화하는 모습을 보고 매우 기뻐했습니다. 그 모습을 보고 부처님께서는 "저런 아이를 더 원하는가?"라고 물으셨습니다. 숩빠와사는 일곱 명이라도 더 원한다고 대답했습니다. 하지만 아들이라는 존재는 좋아할 만한 것이 아니라 괴로워할 만한 것이라는 사실을 일깨우기 위해 아래의 게송을 읊으셨습니다.

Asātaṁ sātarūpena, piyarūpena appiyaṁ;
Dukkhaṁ sukhassa rūpena, pamattamativattati.

(Ud.97/Ud2:8)

해 석

불쾌가 쾌락의 모습을 하고
미움이 사랑의 모습을 하고
고통이 행복의 모습을 하고
방일한 자를 정복한다네.[148]

대 역

Asātaṁ불쾌가; 즐길 만한 것이 아닌 형성된 법들이 sātarūpena쾌락의 모습을 하고; 즐길 만한 것으로 가장해서 pamattaṁ방일한 자를; 다섯 감각욕망으로 즐기며 방

148 각묵스님 옮김, 『우다나』, p.186; 전재성 역주, 『우다나-감흥어린 시구』, p.299 참조.

일하는 자를 ativattati정복한다. appiyaṁ미움이; 좋아할 만한 것이 아닌 형성된 법들이 piyarūpena사랑의 모습을 하고; 좋아할 만한 것으로 가장해서 pamattaṁ방일한 자를; 다섯 감각욕망으로 즐기며 방일하는 자를 ativattati정복한다. dukkhaṁ고통이; 혐오스럽고 쓸모없는 형성된 법들이 sukhassa rūpena행복의 모습을 하고; 행복한 성품으로 가장하고서 pamattaṁ방일한 자를; 다섯 감각욕망으로 즐기며 방일하는 자를 ativattati정복한다.

윤회하면서 생겨나는 물질·정신 형성들은 즐거워할 만한 것이 아닙니다. 좋아할 만한 것도 아닙니다. 진실로 괴로움일 뿐입니다. 하지만 새김이 없는 방일한 사람들은 전도를 아직 제거하지 못했기 때문에 올바르게 마음 기울이지 못한 채 즐거워할 만한 것이라고, 좋아할 만한 것이라고, 진실로 행복한 것이라고 생각합니다. 그래서 그 물질·정신 형성들은 방일하게 지내는 그들을 집어삼킵니다. 거듭 윤회하면서 괴로움을 겪는다는 뜻입니다.(UdA.139)[149]

(2) 때때로들 6가지

아름다운sobhana 마음들이나 아름답지 않은asobhana 마음들 모두와 결합해서 그들과 성품이 같아지는 마음부수들을 '동화aññasamāna' 마음부수라고 설명했습니다. 동화 마음부수에는 '모든 마음 공통들sabbacittasādhāraṇā' 7가지와 '때때로들pakiṇṇakā' 6가지가 있습니다. 그중 모든

149 *Mouthi* 본, 『Udāna Aṭṭhakathā Nissaya(우다나 주석서 대역)』, p.381 참조.

마음과 항상 결합하는 공통들에 대한 설명이 끝났고, 이제 때때로들 6가지를 살펴보겠습니다.

3 Vitakko vicāro adhimokkho vīriyaṁ pīti chando cāti cha ime cetasikā pakiṇṇakā nāma.

대역

Vitakko ca사유와; 결합된 법들을 대상 쪽으로 향하게 하는 특성이 있는 사유 마음부수와 vicāro ca고찰과; 결합된 법들을 고찰하게 하는 특성이 있는 고찰 마음부수와 adhimokkho ca결심과; 대상을 결정하는 특성이 있는 결심 마음부수와 vīriyañca정진과; 결합된 법들을 지지하고 확고하게 하는 특성이 있는 정진 마음부수와 pīti ca희열과; 대상을 좋아하는 특성이 있는 희열 마음부수와 chando ca열의; 단지 하려고 하는 정도라는 특성이 있는 열의, iti=iminā pabhedena이렇게; 이렇게 종류로 구분하면 cha6가지인 ime cetasikā이 마음부수들은 pakiṇṇakā nāma honti'때때로들'이라고 한다; 가끔씩 결합하기 때문에 '때때로들 마음부수'라고 한다.

'때때로들'이란 아름답지 않은 마음이든 아름다운 마음이든 종류에 관계없이 모든 마음과 결합할 수는 있지만 언제나 결합하지는 않는 마음부수들을 말합니다. 아름답지 않은 마음과도, 아름다운 마음과도 섞여서pakiṇṇaka 결합할 수 있는 마음부수여서 '혼합 마음부수'라고도 표현합니다.

때때로들 6가지란 다음과 같습니다.

① 사유vitakka: 결합하는 법들을 대상에 도달하게 하는 성품
② 고찰vicāra: 대상을 계속해서 취하며 숙고하는 성품
③ 결심adhimokkha: 대상을 결정하는 성품
④ 정진vīriya: 결합하는 법들을 지지하고 받쳐주고 노력하는 성품
⑤ 희열pīti: 대상을 기뻐하는 성품
⑥ 열의chanda: 대상을 바라는 성품

사유

때때로들 6가지 중 첫 번째 마음부수는 '사유vitakka'입니다. 사유는 일반적으로 '대상을 두루 생각하는 일', '구성·판단·추리 따위를 행하는 인간의 이성 작용' 등으로[150] 설명합니다. 마음부수로서의 사유는 마음을 대상에 도달하도록 올려주는 성품을 말합니다.

단어분석

Vitakkanaṁ vitakko, ūhananti vuttaṁ hoti. (Vis.i.137)

대 역

Vitakkanaṁ사유하는 것이 vitakko사유다. ūhananti사고思考하는 것이라는[151] vuttaṁ hoti뜻이다.

150 민중서림편집국, 『엣센스 국어사전』, p.1185 참조.

151 마하시 사야도의 설명을 따랐다. 『*Visuddhimagga Myanmarpyan*(위숫디막가 미얀마어 번역)』 제1권, p.438 참조. 본서에서 '사고思考하는 것'이라고 해석한 'ūhana'를 『청정도론』 제1권, p.373에서는 그것의 동사형인 'ūhanati 치다'를 근거로 '치는 것'이라고 해석했다.

사유하는 것vitakkana이 사유vitakka입니다.(Vis.i.137) 혹은 사유한다고vitakketi 해서 사유입니다.(DhsA.157) 하지만 앞에서도 언급했듯이 일반적으로 표현하는 '사유, 사유하는 것, 생각, 생각하는 것'을 뜻하지는 않습니다. 여기서 '사유'란 마음을 대상에 도달하도록 올려주는 성품, 보내주는 성품을 말합니다. 밤에 생각이 많아 잠들지 못하는 것도 사유가 마음을 새로운 대상으로 계속 보내주기 때문입니다.

특질

Svāyaṁ ārammaṇe cittassa abhiniropanalakkhaṇo, āhananapariyāhananaraso. Tathā hi tena yogāvacaro ārammaṇaṁ vitakkāhataṁ vitakkapariyāhataṁ karotīti vuccati. Ārammaṇe cittassa ānayanapaccupaṭṭhāno. Viññāṇapadaṭṭhāno, āpāthagatavisayapadaṭṭhāno vā. (Vis.i.137)

대 역

Svāyaṁ그것은 ārammaṇe대상에 cittassa마음을 abhiniropanalakkhaṇo향해서 올려주는 특성이 있다. āhananapariyāhananaraso처음 두드리는 것과 돌며 두드리는 역할이 있다. tathā hi그러므로 tena 그것을 통해; 사유를 통해 'yogāvacaro수행자는 ārammaṇaṁ대상을 vitakkāhataṁ사유로 두드림과 vitakkapariyāhataṁ사유로 돌며 두드림을 karotīti행한다'라고 vuccati말한다. ārammaṇe대상에 cittassa마음을 ānayanapaccupaṭṭhāno이끄는 법으로 나타난다. viññāṇapadaṭṭhāno의식이 가까운 원인이다. vā혹은 āpāthagatavisayapadaṭṭhāno 도달한 경계가; 도달한 대상이 가까운 원인이다.[152]

152 가까운 원인은 본문에 생략돼 다른 법들을 참조해서 보충했다.

사유는 마음을 대상으로 올려주는abhiniropana 특성이 있습니다.[153] 마음을 대상에 기울어지게 하는, 마음을 대상으로 보내주는 성품이라는 뜻입니다. 마음은 사유의 힘을 통해 대상으로 올라가는 것처럼 생겨납니다. 마치 시골 사람이 왕과 가까운 친구를 의지해서 그의 뒤를 따라 궁전에 들어가는 것처럼 마찬가지로 사유를 의지해서 마음은 대상으로 올라갑니다. 이때 왕은 대상, 시골 사람은 결합된 법들, 왕과 가까운 친구는 사유와 같습니다.(AhBṬ.110; Pm.i.165) 혹은 사유는 치는 ākoṭṭhana 특성이 있습니다.(DhsA.157; Mil.64) 대상을 처음 치듯이 마음을 대상으로 보내주는 성품입니다.

다른 방법으로 비유하자면 한 무리의 사람들이 앉아 있다고 합시다. 한 사람이 창가에서 밖을 보고 있습니다. 그는 자신이 직접 본 것을 창밖을 보지 못하는 다른 이들에게 말해 줍니다. "저기 차가 옵니다. 저기 사람이 걸어갑니다. 그는 이러이러한 옷을 입고 있습니다. 어떤 동료와 함께 갑니다. 어떤 행위를 합니다"라고 그 사람이 말하면, 창밖을 보지 않는 사람들도 그가 말한 그 대상들로 마음이 따라갑니다. 그때 직접 보는 사람에 해당하는 것이 사유입니다. 다른 사람들을 대상 쪽으로 이끌어줍니다.[154]

사유는 대상을 처음 두드리고āhanana 돌며 두드리는pariyāhanana 역할을 합니다. 〈물질, 물질〉이나 〈땅, 땅〉이라고 두드리는 것처럼 생겨나는 것을 '처음에 두드리는 것과 돌며 두드리는 것'이라고 말합니다.(Pm.

153 『*Visuddhimagga Myanmarpyan*(위숫디막가 미얀마어 번역)』 제1권, p.438 참조.

154 『*Cittānupassanā tayatogyi hnin Dhammānupassanā tayatogyi(Nīvaraṇapain/Khandhāpain/Āyatanapain*(마음 거듭관찰 법문과 법 거듭관찰 법문(장애의 장/ 무더기의 장/ 감각장소의 장)』, pp.369~370 참조.

i.165) 감각욕망거리를 거듭 생각하는 것도 사유의 역할입니다. 사유는 대상으로 마음을 이끄는 것ānayana으로 수행자의 지혜에 나타납니다. 특성을 말할 때는 '마음을 대상으로 보내주는 것'이라고 표현했다면 가끔씩은 '대상으로 마음을 끄는 것, 잡아당기는 것'이라고 지혜에 나타난다는 뜻입니다.

의식, 혹은 드러난 대상이 가까운 원인입니다.

사유와 결합하지 않은 마음들이 대상을 취하는 모습

사유가 대상으로 올려 보내주기 때문에 결합된 법들이 대상에 도달할 수 있다고 한다면 사유와 결합하지 않은 다섯 의식 쌍dvepañcaviññāṇa·前五識, 제2선정 마음 등은 대상에 어떤 방법으로 도달할까요? 다섯 의식 쌍은 형색 등 다섯 대상이 눈 토대 등 다섯 토대에 부딪히는 힘을 통해 도달합니다. '매우 분명한 대상에는 사유가 일부러 보내줄 필요가 없다'라는 뜻입니다.(AhBṬ.132) 보아서 아는 마음은 형색에 직접 부딪히기 때문에 생각할 필요가 없습니다. 직접 보아서 압니다. 굳이 사유해서 대상을 취하지 않아도 됩니다. 들어서 아는 마음 등도 마찬가지입니다.

하지만 보아서 아는 마음 앞에 생겨나는 '전향 마음'에는 사유가 포함돼야 합니다. 대상이 드러났을 때 대상 쪽으로 보내주는 사유가 포함돼야 '무엇이지'라고 전향할 수 있습니다. 보아서 아는 마음 뒤에 생겨나는 '접수 마음, 조사 마음' 등에도 각각 사유가 포함돼야 대상을 받아들이고 조사할 수 있습니다.[155]

155 『*Cittānupassanā tayatogyi hnin Dhammānupassanā tayatogyi(Nīvaraṇapain/Khandhāpain/Āyatanapain*(마음 거듭관찰 법문과 법 거듭관찰 법문(장애의 장/ 무더기의 장/ 감각장소의 장)』, p.368 참조. 인식과정에 대해서는 본서 부록 pp.729~730 참조.

제2선정 마음 등은 근접수행upacārabhāvanā의 힘을 통해 사유와 결합하지 않고도 대상에 올라갈 수 있습니다. 근접수행을 통해 땅 두루채움 등의 대상을 충분히 취한 뒤에야 선정이 생겨날 수 있습니다. 근접수행이 사유와 결합해서 준비parikamma, 근접upacāra, 수순anuloma, 종성gotrabhū까지 잘 취한 대상을 마치 '차려놓은 밥상을 먹는 사람처럼' 제2선정 등이 사유 없이도 쉽게 취할 수 있는 것입니다.(AhBṬ.132)

사유의 범주

사유는 선법과 불선법, 비확정법과 결합해서 대상에 집중하게 하는 하나의 구성요소이기 때문에 혼합 범주에서 선정 구성요소 7가지 중 '사유 선정 구성요소'로 포함됩니다. 혼합 범주에서 도 구성요소 12가지 중 좋은 결과로 인도하는 것은 바른 생각sammāsaṅkappa, 나쁜 결과로 인도하는 것은 삿된 생각micchāsaṅkappa으로 구분해서 표현합니다. 바른 생각에는 출리nekkhamma 생각, 분노없음abyāpāda 생각, 해침없음avihiṁsā 생각이 있고, 삿된 생각에는 감각욕망kāma 생각, 분노byāpāda 생각, 해침vihiṁsā 생각이 있습니다.

깨달음 동반법 범주에서 사유는 열반에 도달하게 하는 길과 같기 때문에 도 구성요소 8가지 중 바른 생각sammāsaṅkappa에 포함됩니다. 수행과 관련된 바른 생각, 즉 사유는 뒤에 자세하게 설명하겠습니다.

의도와 마음기울임과 사유의 구별

의도cetanā는 결합한 법들을 대상으로 모으고 각각의 역할을 하도록 격려하는 성품입니다. 마음기울임manasikāra은 결합한 법들을 어떤 대상과 결합시키는 성품입니다. 사유vitakka는 결합한 법들을 대상으로 보내는 성품입니다. 이 세 가지 법은 성품이 비슷한 듯 보이기 때문에 각각 어떻게 다른지 구분하기가 쉽지 않습니다.

비유하면 조정 경기에 나선 배에 세 사람이 각각 뱃머리, 몸통, 후미에 같이 탔지만 하는 일은 다른 것과 같습니다. 뱃머리에 앉은 사람은 배를 곧게 인도하고 격려하면서 결승점에 있는 승리의 꽃다발을 움켜쥐는 것이 중요합니다. 몸통에 앉은 사람은 노를 빨리 젓는 것이 중요합니다. 후미에 앉은 사람은 배가 곧게 가도록 키를 조정하는 것이 중요합니다. 이 비유와 마찬가지로 사유는 결합한 법들이 대상에 도달하도록 보내 주는 것만 책임집니다. 그래서 몸통에 앉은 사람은 사유와 같습니다. 마음기울임은 결합한 법들이 대상에 똑바로 도달하게 하는 것만 책임집니다. 그래서 후미에 앉은 사람은 마음기울임과 같습니다. 의도는 결합한 법들을 대상으로 모으고 각각의 역할을 하도록 격려하는 것만 책임집니다. 그래서 뱃머리에 앉은 사람은 의도와 같습니다. 배는 결합한 법들과 같습니다. 결승점에 있는 승리의 꽃다발은 대상과 같습니다.(AhBṬ.132)

수행과 관련된 사유

위빳사나 수행을 할 때도 관찰대상을 생각하며 대상으로 보내주는 성품이 있습니다. 그것이 사유입니다. 예를 들어 〈부푼다〉라고 새기면 부푸는 대상 쪽으로 마음이 건너갑니다. 〈꺼진다〉라고 새기면 꺼지는 대상 쪽으로 마음이 건너갑니다. 생각할 때는 생각하는 마음이 생각의 대상 쪽으로 건너갑니다. 휙 하고 대상에 도달합니다. 생각하는 마음에 이어서 관찰하는 마음도 그 생각으로 건너가서 계속 올라탑니다. 이렇게 사유가 분명합니다. 생각하면 〈생각한다〉라고 이어서 새깁니다. 일부러 고민해서 생각할 때는 사유가 매우 분명합니다.

특별하게 생각하지 않고 지금처럼 드러날 때마다 관찰대상에 마음이 계속 뻗어서 올라타듯이 생겨나는 성품, 결합된 법들을 대상 쪽으로 보내주는 성품이 사유입니다. '대상을 생각하는 것'이라고도 말할 수 있습니다. 생각의 대상 쪽으로 다른 결합된 마음이나 마음부수들이 따라 생겨납니다.

관찰할 때도 새겨야 하는 대상 쪽으로 앞에서 즉시 '와라'라고 부르듯이 부풂이나 꺼짐, 앉음, 닿음, 굽힘이나 폄, 보는 것이나 듣는 것 쪽으로 즉시 올라갑니다. 발을 들어 올라가는 것처럼 대상에 올라탑니다. 바른 대상에 올라탔다면 뒤에 바른 견해가 생겨납니다.

사유라는 법이 올바르게 사유해 주어야 바른 견해가 뒤에서 사실대로 바르게 알면서 생겨납니다. 부푸는 것의 단지 부푸는 성품, 꺼지는 것의 단지 꺼지는 성품, 부푸는 것의 대상을 알지 못하는 성품, 꺼지는 것의 대상을 알지 못하는 성품[156], 새겨 아는 마음의 대상 쪽으로 도달하는 성품과 대상을 취할 수 있는 성품[157], 그리고 부풂과 꺼짐, 새겨 아는 마음의 각각 찰나에 생겨나는 성품, 생겨나서는 사라지는 성품, 계속 사라지기 때문에 무상한 성품, 사유는 이러한 성품들을 이끌어주듯이 생겨납니다. 앞에서 뻗어 올라타는 것처럼 대상 쪽으로 올려줍니다. 그래서 물질성품, 정신성품을 수행자가 계속 새기면서 이해합니다. 이렇게 알아야 합니다. 삼매의 힘이 좋으면 좋은 만큼 분명하게, 확실하게 알게 됩니다.

156 물질일 뿐이라는 성품을 나타낸다.

157 정신일 뿐이라는 성품을 나타낸다.

'생겨나서는 사라지므로 무상한 성품법일 뿐이다'라는 등으로 물질법과 정신법, 무상·고·무아의 바른 성품을 사실대로 알게 됩니다. 사실대로 아는 것은 바른 견해입니다. 사유라는 바른 생각과 바른 견해가 짝을 이뤄 연결돼 생겨납니다. 이것이 생각하는 성품입니다. 관찰할 때 사유는 새겨야 하는 대상 쪽으로 계속 뻗어서 향해 가는 것처럼 드러납니다. 결합된 법들을 이끌어서 데려가는 것처럼 즉시 도달하는 성품입니다. 이것이 바로 수행과 관련해서 앞에서 언급한 '바른 생각sammāsaṅkappa'입니다.

고찰

때때로들 6가지 중 두 번째 마음부수는 '고찰vicāra'입니다. 고찰은 일반적으로 '어떤 것을 깊이 생각하고 연구하는 것'을 말하는데[158], 마음부수로서 고찰은 대상 주위를 계속 맴도는 성품입니다.

단어분석

Vicaraṇaṁ vicāro, anusañcaraṇanti vuttaṁ hoti. (Vis.i.137)

대 역

Vicaraṇaṁ고찰하는 것이; 대상에 맴도는 것이 vicāro고찰이다. anusañcaraṇanti거듭 노니는 것이라는; 대상에 거듭 노니는 것이라는 vuttaṁ hoti뜻이다.

158 『엣센스 국어사전』, p.200 참조.

'고찰하는 것vicaraṇa'이 '고찰vicāra'입니다. 혹은 '맴돌다vicarati'라고 해서, '맴돌게 하다vicāreti'라고 해서 '고찰'입니다.(DhsA.158)[159] 'vicarati'라는 단어는 원래 '맴돌다'라는 뜻입니다. 어떤 정신법은 스스로도 대상 주위를 계속 맴돌고, 결합한 다른 법들도 대상을 맴돌게 합니다. 그래서 그 법을 '고찰'이라고 한다는 뜻입니다. 앞서 언급한 사유와 마찬가지로 일반적으로 표현하는 '고찰, 고찰하는 것, 숙고, 숙고하는 것'을 뜻하지는 않습니다. 여기서 '고찰'이란 앞에서 언급한 사유가 보내 준 대상의 성품이 잘 드러나도록 대상을 거듭 맴도는 성품을 말합니다.

특질

Svāyaṁ ārammaṇānumajjanalakkhaṇo, tattha sahajātānuyojanaraso, cittassa anuppabandhanapaccupaṭṭhāno, viññāṇapadaṭṭhāno. (Vis.i.137)

대 역

Svāyaṁ그것은 ārammaṇānumajjanalakkhaṇo대상을 거듭 문지르는 특성이 있다. tattha그 sahajātānuyojanaraso대상에 같이 생겨나는 법들을 결합시키는 역할이 있다. cittassa마음을 anuppabandhanapaccupaṭṭhāno대상에 거듭 묶어주는 것으로 나타난다. viññāṇapadaṭṭhāno의식이 가까운 원인이다.

고찰은 대상을 거듭 문지르는anumajjana 특성이 있습니다. '대상에 거듭 노니는 것anusañcaraṇa', '한 대상을 거듭 생각하는 성품'이라는 뜻입니다. 사유에 의해 대상에 올려졌을 때, 즉 대상에 도달했을 때 그 대상에서

159 '맴돌게 하다vicāreti'고 해서 고찰이라는 단어분석은 제6차 결집본에는 없다.

벗어나지 않고 맴도는 것이 고찰의 성품입니다. '맴돈다'라고 할 때도 대상 주위를 그냥 떠돌듯이 맴도는 것이 아니라 대상에서 벗어나지 않고 거듭 대상으로 하는[160] 것을 말합니다. 그래서 '문지른다'라고 표현했습니다.

고찰은 함께 생겨나는 법들을 대상에 결합시키는sahajātānuyojana 역할을 합니다. 결합된 법들도 이러한 고찰의 거듭 결합시키는 역할 때문에 대상을 취하면 벗어나지 않고 계속 결합한다는 뜻입니다. 한 대상에 마음과 여러 마음부수가 생겨날 때 그러한 법들을 결합시킵니다.

고찰은 마음을 거듭 묶어주는 것anuppabandhana으로 나타납니다. 마음이 대상에서 벗어나지 않도록 묶어줍니다.

의식, 즉 마음이 고찰의 가까운 원인입니다.

사유와 고찰

비록 어떤 마음에서는 사유와 고찰이 분리되지 않지만 사유는 고찰보다 조금 더 거칩니다. 앞서갑니다. 마치 종을 처음 치는 것처럼 대상에 먼저 도달하는 것, 혹은 도달하게 하는 것이 사유입니다. 고찰은 사유보다 미세합니다. 마치 종이 거듭 울리는 것처럼 대상을 거듭 문지르는 것, 마음을 대상에 거듭 묶어주는 것이 고찰입니다.

사유는 처음 마음이 일어날 때 움직이는 성품이 있습니다.[161] 비유하면 허공으로 날아가려는 새가 처음 날개를 펄럭이는 것이나, 꿀 냄새를

160 그 대상을 계속 취하는 것을 말한다.

161 ㉯여기서 움직임이라는 것은 동요함, 고요하지 않음을 뜻하는 것이 아니다. 흐리멍덩하고 물러남의 반대로 활기차고 힘이 있는 상태를 말한다. 그래서 『사랏타디빠니 띠까』에서 "여기서 사유의 움직임vipphāra이라는 것은 흐리멍덩함이라는 해태·혼침의 반대로 대상에 대해 물러나지 않는 것, 웅크리지 않는 것이다. 하지만 그렇게 물러나지 않는 것과 웅크리지 않는 것은 대상에 올려주는 성품으로는 움직이는 것과 동일하다. 그래서 '마음의 움직임'이라고 말했다"라고(SdṬ.i.106) 설명했다. 『*Vissuddhimagga myanmarpyan*(위숫디막가 미얀마어 번역)』 제1권, p.441 참조.

맡은 벌이 연꽃으로 내려가려는 것과 같습니다. 고찰은 마음이 지나치게 움직이지 않는 고요한 성품입니다. 비유하면 허공으로 날아간 새가 날개를 펴 놓고 있는 것이나, 연꽃 위에 올라탄 벌이 연꽃 위를 맴돌고 있는 것과 같습니다.

일부 주석서에서는 "허공을 날고 있는 새가 바람을 잡으면서 두 날개를 가만히 펼치고 있는 것처럼 대상에 마음을 올라가게 하는 것이 사유이고, 바람을 잡기 위해 날개를 거듭 펄럭이는 것처럼 대상을 거듭 숙고하는 것이 고찰이다"라고도[162] 설명하는데, 이것은 두 법이 거듭 생겨날 때를 묘사한 것입니다.

그리고 녹슨 청동 그릇을 한 손으로 꽉 잡고 다른 한 손으로 가루와 기름을 묻힌 양털 솔로 문지를 때 그 사람의 꽉 잡은 손은 사유와 같고 문지르는 손은 고찰과 같습니다. 도공이 막대기로 치면서 바퀴를 돌려 도자기를 만들 때 흙덩이를 누르는 손은 사유와 같고 이리저리 돌리는 손은 고찰과 같습니다. 원을 그릴 때 중앙에 고정시켜 박아 놓은 못은 대상으로 거듭 올라가게 하는 사유와 같고 바깥 둘레를 도는 못은 계속해서 문지르는 고찰과 같습니다.(Vis.i.137)

사유와 고찰의 차이점은 선정을 다섯 종류로 나눴을 때 초선정과 제2선정에서 분명합니다.

『마하사띠빳타나숫따』「법 거듭관찰」 중 진리의 장, 생겨남의 진리에서 형색 고찰rūpavicāra, 소리 고찰saddavicāra 등 6가지 고찰을 언급하고 있습니다. 사유와 고찰은 선정 구성요소에 해당하기 때문에 24조건으로는 선정 조건에 포함됩니다.

162 『Dukanipātaṭṭhakathā』라고만 언급돼 있고 구체적인 근거는 제6차 결집본에서 찾을 수 없다.

결심

때때로들 6가지 중 세 번째 마음부수는 '결심adhimokkha'입니다. 결심은 일반적으로 '할 일에 대하여 어떻게 하기로 마음을 굳게 정하는 것'이라고 설명합니다.[163] 마음부수로서 결심은 대상에 대해 어떠하다고 결정하는 성품입니다.

단어분석

Adhimuccanaṁ adhimokkho. (Vis.ii.96)

대 역

Adhimuccanaṁ《대상을》 결심하는 것이 adhimokkho결심이다.

마음부수로서의 결심은 일반적으로 표현하는 '결심, 결심하는 것, 결정, 결정하는 것'을 뜻하지 않습니다. '이것이다'라고 대상에 대해 결정하는 성품을 결심이라고 합니다. 반대로 '맞는가? 아닌가?'라고 의심하는 성품을 의심vicikicchā이라고 합니다. 결심의 힘이 좋은 이들은 어떠한 사항이든 쉽게 결정합니다. 결심의 힘이 약한 이들은 바로 결정하지 못합니다. 이럴까 저럴까 머뭇거립니다. 결심에는 좋은 것도 있고 나쁜 것도 있습니다.

한 대상이 드러났을 때 '좋아할 만한 것이다. 좋아할 만한 것이 아니다'라고 결정하는 것도 결심입니다. '이것은 화나게 하는 것이다. 이것은 싫어할 만한 것이다. 이것은 이익이 있는 것이다. 이것은 이익이 없

163 『엣센스 국어사전』, p.146 참조.

는 것이다' 등으로 결정하는 성품이 결심입니다. 불선법과 관련해서 결정하는 것도 있고, 선법과 관련해서 결정하는 것도 있습니다. 결심도 이렇게 좋은 것과 나쁜 것 두 종류가 있습니다.[164]

특질

So sanniṭṭhānalakkhaṇo, asaṁsappanaraso, nicchayapaccupaṭṭhāno, sanniṭṭheyyadhammapadaṭṭhāno, ārammaṇe niccalabhāvena indakhīlo viya daṭṭhabbo. (Vis.ii.96)

대역

So그것은; 그 결심은 sanniṭṭhānalakkhaṇo결론을 짓는 특성이 있다. asaṁsappanaraso머뭇거리지 않는 역할이 있다; 결정하지 못함의 반대라는 역할이 있다. nicchayapaccupaṭṭhāno결단으로 나타난다. sanniṭṭheyyadhammapadaṭṭhāno결론을 지어야 할 법이; 대상이 가까운 원인이다. ārammaṇe대상에 niccalabhāvena동요하지 않는 상태로 indakhīlo viya문기둥과 같다고 daṭṭhabbo보아야 한다.

결심은 결론을 짓는sanniṭṭhāna 특성이 있습니다. 대상에 대해 어떠한 것이라고 결정짓는 성품입니다. 틀리든 옳든 물러나지 않고 결정하는 것이 결심의 성품입니다.

결심은 머뭇거리지 않는asaṁsappana 역할을 합니다. 이리저리 동요하지 않고 결론을 내립니다. 이럴까 저럴까 하는 의심과 반대되는 역할

164 『*Cittānupassanā tayatogyi hnin Dhammānupassanā tayatogyi(Nīvaraṇapain/Khandhāpain/Āyatanapain*(마음 거듭관찰 법문과 법 거듭관찰 법문(장애의 장/ 무더기의 장/ 감각장소의 장)』, p.379 참조.

을 하는 것이 결심입니다. 그래서 의심과 결합한 마음에는 결심이 결합하지 않습니다.[165]

결심은 결단하는 것nicchaya으로 나타납니다.

결론을 지어야 할 법sanniṭṭheyyadhamma, 즉 대상이 결심의 가까운 원인입니다. 튼튼하게 박아놓은 성문의 기둥은 사방에서 불어오는 바람에도 흔들리지 않는 것처럼, 결심은 대상에 대해 흔들림이나 동요함이 없다고 알아야 합니다.

정진

때때로들 6가지 중 네 번째 마음부수는 '정진vīriya'입니다. 정진은 일반적으로 '힘써 나아가는 것, 열심히 노력하는 것'이라고 설명하는데[166] 마음부수로서의 정진도 이와 비슷합니다. 노력하고 애쓰는 성품입니다.

단어분석

Vīrabhāvo vīriyaṁ. (Vis.ii.93)

대 역

Vīrabhāvo용감한 성품이 vīriyaṁ정진이다.

'용감한 성품vīrabhāva'이 '정진vīriya'입니다. 혹은 여러 가지에 대해 용감한 이의vīrassa 성품bhāva이 정진입니다. '정진'이라는 단어가 '용감

165 본서 p.579 참조.

166 『엣센스 국어사전』, p.2079 참조.

하다'라는 단어에서 유래했다는 뜻입니다. 용감한 이가 되게 하는 것이 바로 정진입니다. 정진을 갖춘 용감한 이는 어떠한 행위든 성취할 수 있습니다. 그에게 성취할 수 없는 일이란 없습니다.

Vīriyavato kiṁ nāma kammaṁ na sijjhati. (Naradakkhadīpanī, 41)

대 역

Vīriyavato정진을 갖춘 이가; 넘치는 정진을 갖춘 이가 kiṁ nāma어떠한 kammaṁ일을 na sijjhati성취하지 못하겠는가? 《sijjhati eva확실하게 성취할 것이다.》

특질

Taṁ ussahanalakkhaṇaṁ, sahajātānaṁ upatthambhanarasaṁ, asaṁsīdanabhāvapaccupaṭṭhānaṁ. "Saṁviggo yoniso padahatī"ti vacanato saṁvegapadaṭṭhānaṁ, vīriyārambhavatthupadaṭṭhānaṁ vā, sammā āraddhaṁ sabbasampattīnaṁ mūlaṁ hotīti daṭṭhabbaṁ. (Vis.ii.93)

대 역

Taṁ그것은; 그 정진은 ussahanalakkhaṇaṁ분투하는 특성이 있다. sahajātānaṁ함께 생겨나는 법들을 upatthambhanarasaṁ지지하는 역할이 있다. asaṁsīdanabhāvapaccupaṭṭhānaṁ물러나지 않는 성품으로 나타난다. "saṁviggo yoniso padahatīti경각심을 가진 이는 합리적으로 힘쓴다"라고 vacanato설하셨기 때문에 saṁvegapadaṭṭhānaṁ경각심이 가까운 원인이다. vā혹은 vīriyārambhavatthupadaṭṭhānaṁ정진매진의 토대가 가까운 원인이다. sammā바르게 āraddhaṁ시도한 노력은 sabbasampattīnaṁ모든 성취의 mūlaṁ hotīti뿌리라고 daṭṭhabbaṁ보아야 한다.

정진은 분투하는ussahana 특성이 있습니다. '분투'는 매우 열심히 노력하는 것을 말합니다. 정진을 갖춘 이는 어떠한 행위를 함으로써 생겨날 수 있는 고통을 두려워하지 않습니다. 인내할 수 있습니다. '분투ussāha'에서 'u'는 '다가오는 고통', 'sāha'는 'sahanaṁ', 즉 '인내할 수 있는 것'을 말합니다.

정진은 결합된 법들을 격려하는paggaha 특성도 있습니다. 힘이 줄어들었을 때 북돋아주는 특성을 말합니다. 전장에서 적군의 숫자가 많아 움츠러든 아군에게 왕이 강력한 보충군대를 보내 아군을 격려하고서 전쟁에 이기듯이 정진은 함께 생겨나는 법들이 움츠러들지 않도록 북돋고 격려합니다.(DhsA.163)

정진은 결합된 법들을 지지해 주는upatthambhana 특성도 있습니다. 낡고 헌 집이 버팀목의 지지를 받아[167] 잘 유지되는 것처럼 수행자들은 정진이라는 버팀목의 지지를 받아 모든 선법에서 물러나지 않고 쇠퇴하지 않습니다.(DhsA.163; Mil.35)

이렇게 『담마상가니』에서는 지지해 주는 성품을 정진의 특성으로 설명했는데, 『위숫디막가』에서는 정진이 함께 생겨난 법들을 지지해 주는upatthambhana 역할을 한다고 설명합니다. 격려하고 북돋는다는 뜻입니다. 무너져가는 낡은 집을 무너지지 않도록 버팀목이 지지해 주는 것처럼 결합된 법들이 각각의 역할에서 물러나지 않도록 정진이 지지해 줍니다. 그래서 정진과 결합된 법들도 활기를 띠게 됩니다.

정진은 물러나지 않는 성품asaṁsīdanabhāva으로 수행자의 지혜에 나타납니다. 물러남의 반대인 성품으로 드러난다는 뜻입니다. 해태·혼침

167 『담마상가니』 원문에는 '손님과도 같은 버팀목'이라고 표현했다. 손님이 가족에 속하지 않듯이 집에 속한 것이 아닌 버팀목이 지지해 주는 것을 뜻한다.

을 바탕으로 한 불선 마음일어남cittuppāda을[168] '게으름kosajja'이라고 말하는데, 정진은 그러한 게으름과 지겨워함을 제압하기 때문에 물러나지 않는 성품으로 수행자의 지혜에 나타납니다.

경각심saṁvega, 혹은 정진매진의 토대vīriyārambhavatthu가 정진의 가까운 원인입니다.

경각심의 토대

정진의 가까운 원인은 경각심saṁvega입니다. "경각심을 일으킨 이는saṁviggo 이치에 맞게 노력한다"(A.i.430/A4:113)라는 부처님의 말씀에 따라 바르게 노력하는 것은 모든 성취의 뿌리가 된다고 보아야 합니다.(DhsA.163) 경각심이 생겨난 사람·천신·범천들은 올바르게 숙고하는 지혜로 보시·지계·수행을 실천하여 사람의 행복, 천상의 행복, 나아가 열반의 행복을 성취합니다.

여기서 '경각심saṁvega·驚覺心'이란 선행, 특히 수행을 하도록 놀라게 하고 경책하고 깨닫게 하는 지혜 경각심ñāṇa saṁvega을 말합니다. 법체로는 두려움ottappa과 결합한 어리석음없음amoha, 즉 통찰지 마음부수입니다.[169]

이러한 경각심을 일으키는 토대가 '경각심의 토대'입니다. 여기에는 8가지가 있습니다. 『앙굿따라 니까야』 등에서는 태어남, 늙음, 병듦, 죽음이라는 4가지만 언급했습니다.(A4:119; Dhs.264) 여러 주석서에서는 사악도의 고통, 과거 윤회에 기인한 고통, 미래 윤회에 기인한 고통,

168 '마음일어남'이란 함께 일어나는 마음과 마음부수들을 말한다.

169 자세한 설명은 본서 부록 pp.719~720 참조.

현생에 음식을 구함에 의한 고통이라는 4가지를 첨가해 8가지로 설명합니다.(DA.ii.383)[170]

태어나기 때문에 사악도의 고통, 인간 세상에서 늙고 병드는 등의 고통, 천상에서 죽는 고통이 생겨납니다. 여러 괴로움을 생겨나게 하므로 태어남도 고통입니다. 늙으면 몸이 무기력해지고 감관이 쇠퇴하는 등 여러 고통이 생겨납니다. 병이 들었을 때 고통스러운 것은 말할 필요도 없습니다. 죽을 때는 모든 근육과 관절이 끊어지는 듯한 심한 고통이 생겨납니다. 지옥에 태어나면 창에 찔리고 불에 태워지는 여러 고통을 당합니다. 축생으로 태어나면 잡혀 먹히는 고통, 부림을 다하는 고통 등 여러 고통을 겪습니다. 아귀로 태어났을 때도 굶주림과 목마름, 불에 태워지는 고통 등을 겪습니다. 이러한 고통은 과거 생에 윤회하면서도 겪었습니다. 미래에도 윤회에서 벗어나지 못하는 한 계속 겪을 것입니다. 욕계 중생들이라면 현생에 음식을 계속 구하는 고통까지 겪습니다. 이러한 고통들을 숙고하면 윤회에서 벗어나려고 노력하는 '정진'이 생겨납니다.[171]

정진매진의 토대

정진매진의 토대vīriyārambhavatthu도 정진의 가까운 원인입니다. 어떤 이들은 일을 하기 전에는 '일을 하면 피곤할 것이다'라고 쉬고, 일을 하고 나서는 '일을 했으니 피곤하다'라고 쉽니다. 여행을 하기 전에는 '여행을 하면 피곤할 것이다'라고 쉬고, 여행을 하고 나서는 '여행을 해서 피곤하다'라고 쉽니다. 음식을 충분히 먹지 못했을 때는 '잘 먹지 못

170 4가지를 첨가한 이유는 『가르침을 배우다』, pp.379~380 참조.

171 『가르침을 배우다』, pp.380~382 참조.

해 힘이 없다'라고 쉬고, 음식을 많이 먹었을 때는 '과식해서 몸이 무겁다'라고 쉽니다. 병에 걸렸을 때는 '병에 걸려 힘이 없다'라고 쉬고, 병에서 회복했을 때는 '그동안 몸이 아팠으니 잘 쉬어야겠다'라고 쉽니다.

하지만 매진하는 이들은 해야 할 일이 있으니 일하기 전 시간이 있을 때 선법을 행하려 노력하리라고 매진합니다. 일을 한 뒤에는 일을 하는 동안 선법을 행하기 위해 노력하지 못했으니 이제 노력하리라고 매진합니다. 여행할 일이 있을 때는 여행을 떠나기 전에 매진하고, 여행을 하고 난 뒤에는 그동안 못했던 것을 생각하고 매진합니다. 적게 먹었다면 몸이 가볍다고 생각해서 매진하고, 충분히 먹었다면 힘이 있다고 생각해서 매진합니다. 병이 생겼다면 더 심해지기 전에 매진하고 병에서 회복한 뒤에는 병이 재발하기 전에 매진합니다.(A8:80)

좋은 노력과 좋지 않은 노력

정진에는 좋은 노력과 좋지 않은 노력, 두 종류가 있습니다. 탐욕이 바라는 대로 따라서 아직 얻지 못한 것을 얻도록, 이미 얻은 것이 사라지지 않도록 노력하는 것도 있습니다. 성냄에 따라서 노력하는 것도 있습니다. 이렇게 불선법과 결합해서 생겨나기도 합니다. 아직 가지지 못한 재산이나 보석을 얻도록, 이미 가진 것이 늘어나도록 노력하는 것은 좋지 않은 정진입니다. 선업과 관련해서 노력하고 애쓰는 것은 좋은 정진입니다.

수행과 관련된 정진

수행할 때도 관찰하는 마음마다 정진이 포함됩니다. 하지만 가끔은 정진이 느슨할 때도 있고, 때로는 강할 때도 있습니다. 지나치게 애쓰면서 노력하면 좋지 않습니다. 너무 느슨해도 좋지 않습니다. 정진의 균형을 이뤄야 좋습니다. 네 가지 바른 정근sammappadhāna이란 이러한 정진을 말합니다.

Anuppannānaṁ pāpakānaṁ akusalānaṁ dhammānaṁ anuppādāya … vāyamati. (D.ii.250/D22)

대역

Anuppannānaṁ아직 일어나지 않은 pāpakānaṁ악한; 나쁜 akusalānaṁ dhammānaṁ불선법들이 anuppādāya일어나지 않도록 … vāyamati노력한다.

아직 생겨나지 않은 불선법이 생겨나지 않도록 노력하는 것이 네 가지 정근 중 하나입니다. '나에게 불선법이 아직 생겨나지 않았다. 다른 이들에게 생겨나는 그러한 불선법이 생겨나지 않도록 노력하리라'라고 마음을 두고 노력하는 것을 말합니다. 예를 들어 '이러한 불선법이 생겨나지 않도록 계를 수지하리라. 수행을 하리라'라고 노력하는 것입니다.

Uppannānaṁ pāpakānaṁ akusalānaṁ dhammānaṁ pahānāya … vāyamati. (D.ii.250/D22)

대역

Uppannānaṁ이미 일어난 pāpakānaṁ악한; 나쁜 akusalānaṁ dhammānaṁ불선법들을 pahānāya제거하기 위해 … vāyamati노력한다.

이미 생겨난 불선법을 제거하도록 노력하는 것도 네 가지 정근 중 하나입니다. '이러한 악행, 불선업을 내가 행했다. 이것을 제거하도록 노력하리라. 선업을 행하리라'라고 결심하면서 노력하는 것이 네 가지 바른 정근이라는 정진 중 하나입니다.

Anuppannānaṁ kusalānaṁ dhammānaṁ uppādāya … vāyamati.
(D.ii.250/D22)

대역

Anuppannānaṁ아직 일어나지 않은 kusalānaṁ dhammānaṁ선법들이 uppādāya일어나도록 … vāyamati노력한다.

아직 생겨나지 않은 선법이 생겨나도록 노력하는 것도 네 가지 정근 중 하나입니다. 이전에 선행을 한 적이 없다면 하도록 노력해야 합니다. 수행을 해 본 적이 없다면 수행하도록 노력해야 합니다. 부처님께서 설하신 경전을 새겨본 적이 없다면, 마음 기울여 본 적이 없다면, 숙고해 본 적이 없다면 새기도록, 마음 기울이도록, 숙고하도록 노력해야 합니다. 이것이 아직 생겨나지 않은 선법들이 생겨나도록 노력하는 것입니다.

Uppannānaṁ kusalānaṁ dhammānaṁ ṭhitiyā asammosāya bhiyyobhāvāya vepullāya bhāvanāya pāripūriyā chandaṁ janeti vāyamati vīriyaṁ ārabhati cittaṁ paggaṇhāti padahati. Ayaṁ vuccati, bhikkhave, sammāvāyāmo.
(D.ii.250/D22)

대역

Uppannānaṁ이미 일어난 kusalānaṁ dhammānaṁ선법들을 ṭhitiyā 지속시키고, asammosāya사라지지 않게 하고, bhiyyobhāvāya증장시키고, vepullāya충만하게 하고, bhāvanāya닦기 위해서, pāripūriyā

구족하기 위해서 chandaṁ의욕을 janeti일으키고, vāyamati노력하고, vīriyaṁ ārabhati정진을 쏟고, cittaṁ paggaṇhāti마음을 다잡고, padahati매진한다. bhikkhave비구들이여, ayaṁ네 가지로 노력하는 이것을, sammāvāyāmo바른 노력이라고 vuccati한다.

이미 생겨난 선법이 사라지지 않도록, 늘어나도록, 구족하도록 노력하는 것도 네 가지 정근 중 하나입니다. 위빳사나 수행을 하는 경우라면 이 네 가지 바른 정근이 새길 때마다 포함됩니다. 배의 부풂을 관찰할 때도 네 가지 바른 정근이 포함됩니다. 관찰하는 것은 이전에 생겨난 불선법을 제거하도록 노력하는 것이기도 합니다. 이전에 생겨나지 않은 불선법이 생겨나지 않도록 노력하는 것이기도 합니다. 수행하지 않으면 불선법이 거듭해서 생겨나기 때문입니다. 아직 생겨나지 않은 도라는 선법을 얻도록 노력하는 것이기도 합니다. 새길 때마다 아직 얻지 못한 특별한 위빳사나 지혜, 도의 지혜를 얻도록 노력하는 것입니다. 이미 얻은 선법이 늘어나도록, 향상되도록, 구족되도록 노력하는 것이기도 합니다. 그래서 위빳사나 수행을 하면 새길 때마다 이 네 가지 바른 정근이 포함됩니다.[172]

정진의 범주

정진은 열심히 노력하는 영역을 관장하기 때문에 혼합 범주에서 기능 22가지 중 '정진 기능vīriyindriya'으로, 깨달음 동반법 범주에서도 기능 5가지 중 '정진 기능'으로 포함됩니다. 반대되는 법인 게으름에 흔들림이

172 『*Cittānupassanā tayatogyi hnin Dhammānupassanā tayatogyi(Nīvaraṇapain/Khandhāpain/Āyatanapain*(마음 거듭관찰 법문과 법 거듭관찰 법문(장애의 장/ 무더기의 장/ 감각장소의 장)』, pp.376~377 참조.

없이 확고하기 때문에 혼합 범주에서 힘 9가지 중 '정진 힘vīriyabala'으로, 깨달음 동반법 범주에서도 힘 5가지 중 '정진 힘'으로 포함됩니다. 선법과 불선법, 비확정법과도 결합해서 자신이 행하고 있는 일들을 성취하도록 따르게 할 수 있기 때문에 혼합 범주에서 지배 4가지 중 '정진지배 vīriyādhipati'에 해당하기도 합니다.[173] 도 구성요소 범주에서는 바른 노력 sammāvāyāma과 삿된 노력micchāvāyāma으로 구분해서 표현했습니다.

혼합 범주와 함께 해당하지 않고 깨달음 동반법 범주에만 해당하는 경우도 있습니다. 선법과 관련해서 생겨나는 정진은 앞에서 설명한 바른 정근 4가지일뿐만 아니라 'iddhi 성취'라는 고귀한 법, 출세간 법에 도달하게 하는 강력한 수단이기 때문에 성취수단 4가지 중 정진 성취수단vīriyiddhipāda이기도 합니다. 네 가지 진리를 깨닫는 도의 지혜가 생겨나게 하고 그것의 뒷받침이 되기 때문에 깨달음 구성요소 7가지 중 정진 깨달음 구성요소vīriyasambojjhaṅga이기도 합니다. 열반에 도달하게 하는 길과 같기 때문에 8가지 도 구성요소 중 바른 노력sammāvāyāma이기도 합니다.

희열

때때로들 6가지 중 다섯 번째 마음부수는 '희열pīti'입니다. 희열은 일반적으로 '희락喜樂, 기뻐하고 즐거워하는 것'이라고 설명하는데[174] 마음부수로서의 희열도 비슷합니다. 자신이 얻은 대상에 만족하

173 『아비담마 길라잡이』 제2권, pp.125~126 참조.

174 『엣센스 국어사전』, p.2708 참조.

고 반가워하고 기뻐하는 성품입니다. '희열' 외에도 기뻐하는 성품이 하나 더 있는데 '같이 기뻐함muditā'입니다. '같이 기뻐함'이 다른 이의 번영에 기뻐하는 것이라면, 희열은 자기가 얻은 대상을 반기는 성품입니다.

단어분석

Pīṇayatīti pīti. (Vis.i.138)

대 역

Pīṇayatīti기쁘게 한다고 해서 pīti희열이다.

'기쁘게 하다pīṇayati'라고 해서 희열pīti입니다. 여기서 '기쁘게 하다pīṇayati'는 것은 '즐기게 하다tappeti', '늘어나게 하다vaḍḍheti'는 뜻입니다.(AhVṬ.91)

특질

Sā sampiyāyanalakkhaṇā, kāyacittapīnanarasā, pharaṇarasā vā, odagyapaccupaṭṭhānā, (somanassasahagatacittapadaṭṭhānā)[175]. (Vis.i.138)

대 역

Sā그것은; 그 희열은 sampiyāyanalakkhaṇā기뻐하는; 만족해하는 특성이 있다. kāyacittapīnanarasā몸과 마음을 부풀게 하는 역할이 있다. vā혹은 pharaṇarasā《좋은 마음생성물질로》 충만하게 하는 역할이 있다. odagyapaccupaṭṭhānā《몸과 마음의》 의기양양함으로 나타

175 희열의 가까운 원인은 『위숫디막가』에 언급되지 않아 『Abhidhammamātikāpāḷi』, p.15 구절을 인용했다.

난다. (somanassasahagatacittapadaṭṭhānā즐거움과 함께하는 마음이 가까운 원인이다.)

희열은 대상을 기뻐하는sampiyāyana 특성이 있습니다. 대상을 좋아하고 존중하는 성품입니다. 숲을 가다가 피곤해진 여행자가 길을 잘 아는 이에게 물이 있는 곳을 물었을 때 "이 어려운 길을 지나면 시원한 연못이 있습니다"라는 소리를 듣고 기뻐하는 것, 계속 가다가 반대편에서 오는 이가 젖은 옷이나 머리카락을 한 모습을 보고 '연못이 진실로 있구나'라고 기뻐하는 것, 연못 근처에 도착해서 여러 연꽃과 깨끗한 물을 보고서 기뻐하는 것과 같이 어떠한 대상이든 그 대상에 대해 기뻐하고 즐거워하는 것이 희열의 특성입니다.

몸과 마음을 부풀게 하는pīnana 역할을 합니다. 풍성하게 한다는 뜻입니다. 혹은 충만하게 하는pharaṇa 역할을 합니다. 좋은 마음생성 물질이 온몸에 퍼져나가게 한다는 뜻입니다. 활짝 핀 연꽃처럼 희열이 생겨날 때는 마음이 활짝 열리고, 기뻐하는 마음 때문에 생겨나는 좋은 마음생성물질이 온몸에 퍼져나가서 몸 전체에 활기가 넘칩니다.

희열은 의기양양한odagya 상태로 나타납니다. 몸과 마음에 기쁨과 활력이 있는 상태, 물위에 박이 떠올라 있는 것처럼 고양되고 떠오르는 성품이라고 수행자의 지혜에 나타납니다. 다른 사람에게 희열이 생겨날 때 매우 기뻐하며 고양된 모습을 볼 수 있습니다.

의식viññāṇa, 혹은 작은 행복이라는 기쁨pāmojja이 희열의 가까운 원인입니다.[176]

176 자세한 설명은 본서 p.191 참조.

희열의 종류

희열에는 작은khuddikā 희열, 찰나khaṇikā 희열, 반복okkantikā 희열, 용약ubbegā 희열, 충만pharaṇā 희열이라는 5종류가 있습니다.

몸에 소름이 돋는 정도의 희열을 '작은 희열'이라고 합니다. 마치 번갯불이 번쩍 하듯이 찰나에 생겨나는 희열을 '찰나 희열'이라고 합니다. 파도가 해안으로 와서 거듭 부딪히고 사라지듯이 자신의 몸에 거듭 생겨나는 희열을 '반복 희열'이라고 합니다. 매우 힘이 강해 몸을 위로 들어 올려 하늘로 날아가게 할 정도의 희열을 '용약 희열'이라고 합니다. 부풀대로 부푼 부레처럼, 많은 계곡물이 흘러들어 오는 협곡처럼, 솜에 기름이 완전히 스며들 듯이 온몸에 남김없이 퍼지는 희열을 '충만 희열'이라고 합니다.(Vis.i.138)

용약 희열의 예를 들면 뿐나왈리까Puṇṇavallika에 머물던 마하띳사Mahātissa 장로는 부처님의 덕목을 대상으로 용약 희열이 생겨나 공중을 날아올라 마하쩨띠Mahācetī 대탑 앞에 섰다고 합니다. 또한 기리깐다까Girikaṇḍaka(가시나무 산) 사원 근처에 왓따깔라까Vattakālaka 마을의 한 여신도는 부처님의 덕목을 대상으로 강력한 용약 희열이 생겨나 공중을 날아올라 기리깐다까 사원의 대탑으로 갔다고 합니다.(Vis.i.138)

"용약 희열은 하늘을 날아가게 할 정도로 강력하기 때문에 충만 희열보다 더 수승한가?"라고 질문할 수 있습니다. 『담마상가니 물라띠까』에서 "용약 희열보다 충만 희열이 동요함이 없기 때문에niccalatthā, 또한 오래 유지되기 때문에ciraṭṭhitikattā 더 수승하다"라고 설명했습니다.(DhsMṬ.87) 몰입 삼매에 해당하는 초선정 등의 선정 구성요소에 해당하는 희열도 충만 희열입니다.

희열과 기쁨, 즐거움, 행복

앞에서 "작은 행복이라는 기쁨pāmojja이 희열pīti의 가까운 원인이다"라고 설명했습니다. 여기서 행복sukha은 마음으로 느끼는 행복한 느낌으로 즐거움somanassa과 법체로는 동일합니다. 이 내용과 함께 부처님께서 『맛지마 니까야』「왓투빠마숫따Vatthūpamasutta(옷감비유경)」에서 설하신 내용을 바탕으로 희열과 기쁨, 즐거움, 행복의 관계를 알아보겠습니다.

> Pamuditassa pīti jāyati, pītimanassa kāyo passambhati, passaddhakāyo sukhaṁ vedeti, sukhino cittaṁ samādhiyati. (M.i.45/M7)
>
> **해 석**
>
> 기뻐하는 이에게 희열이 생긴다. 희열이 있는 이는 몸이 경안하다. 몸이 경안한 이는 행복을 느낀다. 행복한 이는 마음이 삼매에 든다.

따라서 "기쁨의 자식이 희열이고, 희열의 자식이 경안이다. 경안의 자식이 행복이고 행복의 자식이 삼매다"라고 말할 수 있습니다.

질문 "희열과 즐거움은 특성으로 동일한가, 다른가?"

대답 희열과 즐거움은 특성으로 다르다. 희열은 마음에 들어 하고 좋아하는 성품이다. 즐거움은 행복하게 느끼는 성품이다.

질문 "희열과 행복[177]은 어떻게 다른가?"

대답 원하는 대상을 얻어서 만족하는 성품이 희열이고, 얻은 맛을 누리는 성품이 행복이다. 희열이 있는 곳에는 행복이 있지만 행복

177 '즐거움' 대신 인용문에 따라 '행복'이라고 표현했다.

이 있는 곳에 희열이 반드시 있는 것은 아니다. 희열은 형성 무더기에 속하고 행복은 느낌 무더기에 속한다. 사막에서 목말라 지친 여행자가 숲속의 물을 보거나 혹은 물이 있다는 소식을 들을 때 기뻐하는 것이 희열이고, 숲에 도착해서 그늘에 들어가 물을 마실 때 행복하게 느끼는 것이 행복이다.(DhsA.160/Vis.i.140)

희열의 범주

희열은 선법과 불선법, 비확정법과도 결합해서 대상에 집중하게 하는 하나의 구성요소이기 때문에 혼합 범주에서 선정 구성요소 7가지 중 '희열 선정 구성요소'로 포함됩니다. 이렇게 희열에는 좋은 것도 있고 나쁜 것도 있습니다. 예를 들어 자신이 원하는 대상을 얻었을 때 기뻐하고 마음에 들어 하는 성품은 탐욕과 결합한 기쁨입니다. 그러한 기쁨은 좋은 것이 아닙니다. 반대로 부처님을 대상으로 하거나, 가르침을 대상으로 하거나, 승가를 대상으로 하거나, 자신이 행한 보시 선업을 대상으로 해서 기뻐하고 마음에 들어 하는 성품, 혹은 수행할 때 생겨나는 기쁨 등은 선업과 관련된 기쁨입니다. 그러한 기쁨은 좋은 것입니다.

희열은 네 가지 진리를 깨닫는 도의 지혜가 생겨나게 하고 그것의 뒷받침이 되기 때문에 깨달음 구성요소 7가지 중 희열 깨달음 구성요소pītisambojjhaṅga로 포함됩니다.

수행과 관련된 희열

깨달음 구성요소에 해당하는 희열은 특히 생멸의 지혜에서 많이 생겨납니다. 위빳사나 수행을 통해 삼매와 지혜의 힘이 어느 정도 좋아지기 시작할 때부터 희열이 생겨납니다. 희열이 생겨날 때는 닭살이 돋는 것, 찌릿찌릿 소름이 돋는 것 등으로 분명합니다. 이 희열 때문에 좋은 물질들이 온몸에 퍼집니다. 앞에서 말했듯이 충만하게 하는 것, 온몸에 스며들어 퍼지게 하는 것이 희열의 역할입니다.

'퍼진다'고 할 때 마음부수라는 정신법들이 온몸에 퍼지는 것이 아닙니다. 마음부수라는 정신법들의 여세 때문에 온몸에 마음생성 물질들이 즉시 퍼지며 생겨나는 것을 말합니다. 다리에서부터 머리까지 올라가기도 하고, 머리에서 다리로 내려가기도 합니다. 옆으로 가로질러 퍼지는 경우도 있고 둘러싸는 것처럼 생겨나기도 합니다. 여러 종류가 있습니다. 수행해서 삼매와 지혜가 어느 정도 좋아졌을 때 생겨납니다. 온몸이 찌릿찌릿하기도 하고 서늘하기도 하고 즉시 온몸이 가벼워지기도 합니다. 이것은 희열이 생겨난 것입니다. 즐길 만한 것이기도 하고 기뻐할 만한 것이기도 합니다.

새김이 분명하고 좋을 때 기뻐하고 만족해하는 기쁨pāmojja과 희열pīti이 생겨납니다. 부풂과 꺼짐을 관찰할 때도 부푸는 것, 꺼지는 것을 새기면서 생겨납니다. 굽힘과 폄을 관찰할 때도 굽히는 것, 펴는 것을 새기면서 생겨납니다. 앉음을 관찰할 때도 앉음을 새기면서 생겨납니다. 서서 관찰할 때도 섬을 새기면서 생겨납니다. 경행을 하면서 관찰할 때도 찌릿찌릿 기쁨과 희열이 생겨납니다. 희열의 힘이 좋은 수행자라면 계속해서 생겨납니다. 힘이 좋지 않은 수행자에게는 가끔 생겨납니다. 잠시 생겨났다가 없어집니다.

앞에서도 언급했지만 수행과 관련된 희열 다섯 종류를 설명하면 '휙' 하고 한 번 정도 생겨났다가 없어지는 희열이 작은 희열입니다. 한 번 정도로는 사라지지 않고 두세 번 거듭 찌릿찌릿 연속해서 생겨나는 희열이 찰나 희열입니다. 몸이 벅차오르듯, 즉시 들어와 반복해서 생겨나는 희열이 반복 희열입니다. 위에서 덮어씌워 내리는 것처럼, 아래로 내려오는 것처럼, 아래에서 움찔움찔 하면서 위로 올라가는 것처럼 매우 강하게 생겨납니다. 그때 찌릿찌릿함도 온몸에 퍼져 생겨납니다. 앉아서 수행하는 것도 좋고, 경행하는 것도 좋습니다. 매우 지내기에 편안합니다. 그것은 희열, 기쁨의 성품입니다. 이러한 희열은 생멸의 지혜를 갖춘 수행자의 거룩한 열반이라고까지 부처님께서 설하셨습니다.

Yato yato sammasati, khandhānaṁ udayabbayaṁ.
Labhate pītipāmojjaṁ, amataṁ taṁ vijānataṁ. (Dhp.67)

해석

각각 각각에서 명상한다네
무더기들의 생성과 소멸을.
얻는다네 희열과 또한[178] 기쁨을
그것이 아는 이의 불사不死라네.

대역

Yato yato그 각각의 물질·정신 부분부분에서 khandhānaṁ무더기들의; 다섯 무더기의 udayabbayaṁ생성과 소멸을; 생멸의 지혜에서 생멸을 sammasati명상한다; 관찰하고 새긴다. 《tato tato그렇게 관찰하고 새기며 명상하는 각각의 물질·정신 부분부분에서》 pītipāmojjaṁ희열과 기쁨이; 찌릿찌릿한 기쁨과 희열이[179] labhate분명하게 확실

178 "얻는다네/ 희열과/ 또한/ 기쁨을"이라고 사음보에 맞추기 위해 '또한'을 첨가해서 해석했다.

179 해석과 첫 번째 대역에서는 짧은 음절을 앞에 두는 빠알리어 문법에 따라 'pīti pāmojjaṁ'이라는 원문 그대로 '희열과 기쁨이'라고 표현했지만 대역의 자세한 설명에서는 생겨나는 차례나 정도에 따라 '기쁨과 희열'이라고 표현했다.

> 히 얻어진다. taṁ그렇게 얻어지는 기쁨과 희열, 그것이야말로 vijānataṁ물질과 정신일 뿐인 것의 생멸의 모습을 아는 수행자, 지혜 있는 이의 amataṁ진실로 서늘한 곳, 거룩한 열반이다.

생멸의 지혜에 도달하면 새겨지는 대상과 아는 마음, 관찰하고 새기는 마음이 거듭 생겨났다가 사라집니다. 그러다가 중간에 움찔움찔 희열이 몸에 생겨납니다. '어떻게 될 것인가'라고 생각하기도 합니다. 하지만 특별한 것은 생겨나지 않습니다. 새기면 즉시 깨끗하게 없어져 버립니다. 이것이 반복 희열입니다.

용약 희열은 몸을 떠오르게까지 합니다. 앞에서 탑을 대상으로 몸이 떠올라 탑에 도달한 예를 소개했습니다. 몸 전체가 떠오르지는 않더라도 일부분 정도가 움직이거나, 떨리거나, 움찔거리는 경우도 있습니다. 이것도 용약 희열입니다.

충만 희열은 온몸이 서늘하고 찌릿찌릿할 정도로 좋아서 아무것에도 마음 기울일 수 없고 아무것도 숙고할 수 없는 그런 희열입니다. 전혀 움직일 수가 없습니다. 그렇게 매우 좋은 희열을 충만 희열이라고 합니다.

이렇게 희열은 기뻐하고 만족하는 성품입니다. 몸에서 서늘서늘, 찌릿찌릿 생겨나는 것은 희열의 작용 때문입니다. '희열 생성물질'이라고도 합니다. 희열 때문에 생긴 물질이라는 뜻입니다. 희열 생성물질은 온몸에 퍼져 생겨납니다. 희열의 힘이 좋으면 심하지 않은 질병이 사라지기도 합니다.

성냄 마음에는 희열이 없습니다. 평온 마음에도 희열이 없습니다. 평온하게 관찰하는 마음에는 희열이 생겨나지 않습니다. 즐거운 마음에는 희열이 생겨납니다. 하지만 즐거운 마음마다 생겨나는 것은 아닙니다. 선정을 다섯 종류로 구분했을 때 초선정 마음과 제2선정 마음, 제3선정 마음에는 희열이 있지만 제4선정 마음에는 희열이 없습니다. 행복만 함께하고 희열은 포함되지 않습니다. 그리고 몸으로 좋은 감촉과 닿았을 때도 행복과 함께하고 희열은 포함되지 않습니다.

열의

때때로들 6가지 중 마지막 여섯 번째 마음부수는 '열의chanda'입니다. 열의는 일반적으로 '어떤 일을 이루기 위해 온갖 정성을 다하는 마음'이라고 설명하는데[180] 마음부수로서의 열의는 '단지 하고자 하는 정도의 성품', '단지 바라는 정도의 성품'입니다. 행하는 것을 즐기거나 집착하는 성품이 아닙니다. 좋아하면서 원하는 성품이 아닙니다.

단어분석

Chandanaṁ chando. (AhVṬ.106)

대 역

Chandanaṁ열망하는 것이; 행하길 원하고 되길 원하는 것이 chando 열의다; 바람이다.

180 『엣센스 국어사전』, p.1675 참조.

특질

Tasmā so kattukāmatālakkhaṇo chando, ārammaṇapariyesanaraso, ārammaṇena atthikatāpaccupaṭṭhāno, tadevassa padaṭṭhānaṁ. Ārammaṇaggahaṇe ayaṁ cetaso hatthappasāraṇaṁ viya daṭṭhabbo.

(Vis.ii.95)

대역

Tasmā그래서 so chando그 열의는 kattukāmatālakkhaṇo하고자 하는 특성이 있다. ārammaṇapariyesanaraso대상을 찾는 역할이 있다. ārammaṇena대상을 atthikatāpaccupaṭṭhāno원하는 것으로 나타난다. tadevassa바로 그것이; 그렇게 원하는 바로 그 대상이 padaṭṭhānaṁ 가까운 원인이다. cetaso마음이 ārammaṇaggahaṇe대상을 잡을 때 ayaṁ이 열의는 hatthappasāraṇaṁ viya마치 손을 뻗는 것과 같다고 daṭṭhabbo보아야 한다.

열의는 하고자 하는kattukāmatā 특성이 있습니다. 여기서 '하고자 하는'이란 모든 행위와 관련됩니다. 보는 행위를 하고자 하는 것, 듣는 행위를 하고자 하는 것, 맡는 행위를 하고자 하는 것, 먹는 행위를 하고자 하는 것, 닿는 행위를 하고자 하는 것, 아는 행위를 하고자 하는 것이라는 모든 여섯 대상을 대상으로 하는 것과 관련됩니다.

열의는 대상을 찾는pariyesana 역할을 합니다. 원하면 찾기 마련입니다. 바라는 대상을 찾고 구하는 것이 열의의 역할입니다. 세상에서 탐욕을 일으킬 만한 감각욕망거리를 찾는 것도 있지만 법을 찾는 것, 지혜를 찾는 것, 열반을 구하는 것도 있습니다. 감각욕망거리를 바랄 때는 탐욕이 기본이 되므로 탐욕의 성품 뒤를 열의가 따라갑니다. 하지만 탐욕을 일으킬 만한 대상이라 하더라도 다른 이에게 보시하기 위해 물건을 찾고 구하고 저장할 때는 들러붙는 성품인 갈애가 포함되지 않기 때문에 탐욕이 아니라 열의의 성품이라고 알아야 합니다. 『위바위니 띠까』에서는 보시할 물건을 베풀 때 그 보시할 물건을 바라는 정도, 궁사가 쏠 화살을 잡으려고 바라는 정도라고 비유했습니다.[181] 보시한 물건을 다시 가지려고, 쏜 화살을 다시 가지려고 강하게 집착하며 원하지는 않는 성품을 말합니다.(AhBṬ.117)

열의는 대상을 원하는 것atthikatā으로 나타납니다. 바로 그 대상이 가까운 원인입니다.

열의는 힘이 강하기 때문에 열의와 결합한 마음은 대상을 과감하고 확고하게 거머쥡니다. 그래서 열의는 대상을 취하는 데 있어 마치 저녁에 어둠 속에서 물건을 훔치고자 하는 도둑이 손을 뻗는 것과 같다고 『위숫디막가』에서 설명했습니다.

열의의 종류

열의에는 '갈애로서의 열의taṇhāchanda'와 '하고자 하는 열의kattukamyatāchanda'라는 두 종류가 있습니다. 그중 애착하고 갈망하는 것이 '갈애로서의 열의'입니다. 애착하는 것이 아니라 단지 행하려는, 단지 되려는, 단지 얻으려는, 단지 가려는 등 단지 행동하길 원하는 정도가 '하고자 하는 열의'입니다.(AhSṬ.i.124~125) 『위숫디막가』에서는 'chandoti kattukāmatāyetaṁ adhivacanaṁ. 열의란 하고자 하는 것의 동의어다'라고 설명합니다.(Vis.ii.95)

181 Dānavatthuvissajjanavasena pavattakālepi cesa vissajjitabbena tena atthikova khipitabbausūnaṁ gahaṇe atthiko issāso viya.(AhVṬ.106)

혹은 “kāmesu chando, kāmo ca so chando cātipi kāmacchando, kāmarāgo. 감각욕망에 대한 바람, 그리고 감각욕망이기도 하고 바람이기도 해서 감각욕망바람이다. 감각욕망애착을 말한다”라는(ThagA. i.209) 구절에서는 ‘chanda’가 갈애를 뜻하고, “chandaṁ janeti vāyamati. 의욕을 일으키고 노력한다”라는 구절에서는 ‘chanda’가 정진vīriya을 뜻합니다. 마음부수로서의 열의는 대상을 단지 바라는 정도를 뜻합니다.(AhBṬ.117)

열의에는 다시 ‘감각욕망바람kāmacchanda’과[182] ‘법 바람dhammachanda’이라는 두 종류가 있습니다. ‘감각욕망바람’이란 감각욕망거리, 감각욕망 대상을 바라는 것입니다. 감각욕망바람이 애착rāga과 결합하면 애착을 더욱 강하게 만듭니다. 그러한 애착을 ‘바람애착chandarāga’이라고 말합니다. ‘법 바람’이란 선법이나 법문 듣기를 바라는 것입니다.

갈애로서의 열의 5가지

때때로들 마음부수에 포함되는 열의는 ‘하고자 하는 정도의 열의’입니다. 갈애로서의 열의가 아닙니다. 하지만 비교하는 의미로 갈애로서의 열의 5가지를 설명하겠습니다.

부처님께서 『디가 니까야』 「삭까빤하숫따Sakkapañhasutta(제석왕문경)」에서 “좋아하고 싫어함은 열의를 인연nidāna·因緣으로 한다”라고 설하셨습니다.(D.ii.220/D21) ‘열의를 인연으로 한다’라는 구절과 관련해서 주석서에서는 열의를 5가지로 언급했습니다.

182 ‘chanda’를 때로는 ‘바람’이라고도 번역했다.

Chandanidānanti ettha pariyesanachando, paṭilābhachando, paribhogachando, sannidhichando, vissajjanachandoti pañcavidho chando.

(DA.ii.311)

해 석

'열의를 인연으로 한다'라는 이 구절에서 열의는 추구 열의, 획득 열의, 사용 열의, 저장 열의, 베풂 열의라는 5종류이다.

먼저 '추구 열의pariyesanachanda'란 형색 등의 감각욕망거리를 추구하기를 열망하는 것입니다. 그것도 만족할 수 없을 정도로 찾고 구하길 열망합니다. 중생들이 감각욕망거리를 구하는 데 만족하지 못하는 것은 이 추구 열의 때문입니다. 그것은 갈애입니다. 태어나는 생마다 죽을 때까지 갈애로 구하고 있습니다.

두 번째로 '획득 열의paṭilābhachanda'란 형색 등의 감각욕망거리를 얻기를 열망하는 것입니다. 만족할 수 없을 정도로 얻길 열망합니다. 그것도 갈애일 뿐입니다. 처음에는 '한 개 정도면 충분하다'라고 생각하지만 하나를 얻고 나면 두 개를 원합니다. 두 개를 얻고 나면 세 개, 네 개 등으로 더욱더 많이 얻기를 원합니다. 아무리 많이 얻어도 만족하지 못합니다.

세 번째로 '사용 열의paribhogachanda'란 형색 등의 감각욕망거리를 사용하길 열망하는 것입니다. 만족할 수 없을 정도로 누리길 열망합니다. 그것도 갈애일 뿐입니다. 축제를 보고, 노래를 듣고, 향기를 맡고, 음식을 먹고, 감촉을 즐기는 데 만족하지 못합니다.

네 번째로 '저장 열의sannidhichanda'란 재산을 저장하길 열망하는 것입니다. 아무리 많이 저장하더라도 만족하지 못할 정도로 열망합니다.

이것 역시 갈애일 뿐입니다.

다섯 번째로 '지급 열의vissajjanachanda'란 자신을 위해 일하는 이들에게 임금을 주려고 열망하는 것입니다. 처음에는 두세 명에게 임금을 지불하면서 일을 시키면 충분하다고 생각하지만 사업이 커질수록 더 많은 직원에게 임금을 주기를 열망합니다. 쉽게 말하면 아무리 직원이 많아도 만족하지 못할 정도로 많은 직원을 열망합니다. 이것도 역시 갈애일 뿐입니다.

좋은 열의와 나쁜 열의

앞에서도 잠깐 언급했듯이 열의에도 좋은 열의와 나쁜 열의가 있습니다. 좋은 열의는 선법과 관련해서 생겨납니다. 나쁜 열의는 불선법과 관련해서 생겨나고 탐욕이나 성냄과 결합합니다.

선법과 관련해서 바라는 성품은 탐욕도 아니고 성냄도 아닙니다. 예를 들어 보시 선업을 행하려고 하거나, 계를 지키려고 하거나, 법문을 듣고자 하거나, 수행을 하고자 하는 등 선법과 관련해서 바라는 성품이 있습니다. 이것은 탐욕이 아닙니다. 즐김이나 좋아함이 포함되지 않은, 선법을 행하고자 하는 정도의 성품일 뿐입니다. 이것을 선 열의kusala chanda라고 부릅니다.

보살이 바라밀을 닦을 때는 열의가 더욱 중요합니다. 결정수기niyatabyākaraṇa[183]를 받을 구성요소 여덟 가지 중에[184] 이 열의가 포함됩니

183 '확실하게 ~이 될 것'이라고 수기하는 부처님의 말씀.

184 ① 사람일 것 ② 남자일 것 ③ 세 가지 원인 재생연결일 것 ④ 업과 업의 결과를 믿는 출가자일 것 ⑤ 현존하시는 부처님을 뵐 것 ⑥ 세간 선정과 신통을 갖출 것 ⑦ 수승한 헌공 ⑧ 강렬한 열의가 있을 것. 『부처님을 만나다』, pp.71~75 참조.

다. 강렬한 열의가 있어야 합니다. 바라밀을 닦고 일체지를 얻어 붓다의 지위에 도달하고자 하는, 중생들에게 특별하고 거룩한 법을 얻도록 설하고자 하는 강렬한 열의가 있어야 합니다. 이러한 열의는 선 열의입니다.

랏타빨라Raṭṭhapāla 장자는 부처님의 법문을 듣고 출가하려는 매우 강한 열의가 일어났습니다. 랏타빨라는 매우 부유한 집안의 아들이었습니다. 그것도 외동아들이었습니다. 출가하려는 의사를 부모에게 알리자 부모는 허락하지 않았습니다. 랏타빨라 장자는 다시 청했습니다. 역시 허락받지 못했습니다. 세 번째로 다시 청했습니다. 그래도 허락받지 못했습니다. 그러자 랏타빨라는 "출가하지 못하면 이 자리에서 죽어도 좋습니다"라고 하면서 땅위에 그대로 누워 버렸습니다. 음식도 먹지 않았습니다. 물도 마시지 않았습니다. 출가하려는 열의가 매우 강하게 일어났기 때문입니다. 이러한 열의는 바라밀이 매우 특별한 이에게만 일어납니다. 부모가 그렇게 하지 말라고 이삼일 계속해서 말을 해도 듣지 않자 결국 출가를 허락했습니다. 랏타빨라는 즉시 출가했고, 출가한 뒤 수행해서 아라한이 됐습니다.(M82) 이러한 열의는 선 열의입니다. 좋은 열의입니다.

지금도 어떤 수행자는 수행하고 싶어도 기회를 얻지 못해 수행하려는 열의만 매우 강하게 생겨나고 있다가 나중에 직접 수행할 기회를 얻었을 때 법을 매우 빠르게 구족합니다. 평소 수행하고자 하는 마음이 매우 강렬했기 때문입니다. 그것을 "tibbachandatā 예리한 열의가 있는 상태"라고 말합니다.(DAṬ.i.359) 특별한 법을 얻는 요건 중에는 이렇게 열의가 매우 강하게 생겨나야 한다는 것도 포함됩니다.

이러한 열의가 매우 강하게 생겨나야 수행센터에 옵니다. 또 수행할 때도 이러한 열의가 매우 강렬해야 수행의 마지막 목표까지 노력할 수 있습니다. 열의의 힘이 약하면 시간이 어느 정도 지났을 때 수행하지 않으려는 상태에 이를 수도 있습니다. 이처럼 열의는 매우 중요합니다.

열의의 범주

열의는 선법과 불선법, 비확정법과도 결합해서 자신이 행하고 있는 일들을 성취하도록 따르게 할 수 있기 때문에 혼합 범주에서 지배 4가지 중 '열의 지배chandādhipati'에 해당합니다.[185]

선법과 관련해서 생겨나는 열의는 깨달음 동반법 중 '성취iddhi'라는 고귀한 법들, 출세간 법들에 도달하게 하는 강력한 수단이기 때문에 성취수단 4가지 중 '열의 성취수단chandiddhipāda'에 해당하기도 합니다.

4 Evamete terasa cetasikā aññasamānāti veditabbā.

해 석

이와 같이 13가지인 이 마음부수들은 '동화들'이라고 알아야 한다.

대 역

Evaṁ이와 같이 terasa13가지인 ete cetasikā이 마음부수들은; 이 마음부수들을[186] aññasamānāti동화들이라고; 동화 마음부수들이라고; 아름다운 마음과 결합할 때는 아

185 『아비담마 길라잡이』 제2권, pp.125~126 참조.

186 이 단어는 수동태 문장의 주어여서 대역에서는 "ete cetasikā이 마음부수들은; 이 마음부수들을"이라고 둘 다로 표현했고 해석에서는 능동태와 수동태 모두 포함할 수 있도록 '이 마음부수들은'이라고 표현했다. 이후에 나오는 비슷한 단어는 능동태·수동태 모두 포함하는 '~은'이나 능동태인 '~을'이라고 표현했다. 이와 마찬가지로 이해하면 된다.

름다운 마음과 같은 상태가 되고 아름답지 않은 마음과 결합할 때는 아름답지 않은 마음과 같은 상태가 되기 때문에 동화 마음부수라고 veditabbā알아져야 한다; 알아야 한다.[187]

'동화들aññasamānā' 마음부수를 끝내기 전에 '동화'라는 단어의 정확한 의미에 대해 조금 더 설명하겠습니다. '동화'라는 단어는 다음과 같이 분석할 수 있습니다.

Aññesaṁ samānā aññasamānā. (AhBṬ.118)

대 역

Aññesaṁ다른 것들과 samānā동일한 것들이; 성품이 같은 마음부수들이 aññasamānā동화들이다.

뒤에 설명할 어리석음 등의 마음부수들은 불선akusala이라는 한 종류이고, 믿음 등의 마음부수들은 아름다움sobhana이라는 한 종류입니다. 이런 마음부수들은 다른 법들의 성품에 따라가지 않습니다. 다른 법들의 성품에 따라가서 같아지지 않습니다. 지금까지 설명한 접촉 등의 마음부수들은 어리석음이나 믿음 등의 마음부수들처럼 한 종류가 아닙니다. 다른 법들의 성품에 따라가서 같아집니다. 그래서 아름다움과 대비해서 보면 아름답지 않음이 '다른 것añña'이고, 그 다른 법이라

187 'vedita'는 'vedeti 알다'의 수동태 표현이다. 그래서 대역에서는 "veditabbā알아져야 한다; 알아야 한다"라고 둘 다로 표현했고, 해석에서는 '알아야 한다'라고 능동태만 표현했다. 이후에 나오는 비슷한 단어는 저본의 대역에 따라 능동태로만 표현했다. 이와 마찬가지로 이해하면 된다.

는 아름답지 않음에 따라갈 수 있습니다. 아름답지 않음과 대비해서 보면 아름다움이 '다른 것'이고 그 다른 것이라는 아름다움에 따라갈 수 있습니다. 비유하면 한 무리의 사람들이 양쪽으로 갈라져 싸우고 있을 때 저쪽 편과도 어울리고 이쪽 편과도 어울리는 사람과 비슷합니다.

일부 스승들이 "아름다움과 결합할 때는 아름답지 않음과 다른 것인 아름다움과 같아지고, 아름답지 않음과 결합할 때는 아름다움과 다른 것인 아름답지 않음과 같아지기 때문에 동화라고 한다"라고 설명합니다. 하지만 '결합할 때'라는 말은 문헌의 근거가 없습니다. 결합할 때와 결합하지 않을 때를 기준으로 '다른 것'이라는 명칭을 사용한 것이 아닙니다. 예를 들어 아름다운 마음 하나와 결합할 때 결합하지 않은 다른 아름다운 마음들도 많습니다. 이때 결합하지 않은 다른 아름다운 마음들을 모두 다른 것이라고 할 수는 없습니다. 따라서 앞에서 설명했듯이 법의 종류를 기준으로 다른 종류를 '다른 것'이라고 표현한 것입니다.(AhBṬ.118)

제29강

2008년 12월 16일

마음부수에 대한 설명에 앞서 법회나 예불을 시작하기 전에 독송하는 '큰 예경mahāpaṇāma'인 "namo tassa bhagavato arahato sammāsambuddhassa" 예경(이하 '나모 땃사 예경')에 대해 소개하겠습니다. '나모 땃사 예경'은 예불이나 독송, 법회 등을 시작할 때 항상 독송하는 것으로 매우 중요합니다. 그런 만큼 그 의미를 정확하게 알아야 합니다. '나모 땃사 예경'을 독송하는 방법은 자세하게는 38종류나 됩니다.[188] 그중 대표적인 방법 두 가지만 설명하겠습니다.

첫 번째 방법은 'tassa'와 'bhagavato'를 붙여서 해석하고 독송하는 방법입니다. 미얀마의 마하시 사야도나 마하간다용 사야도가 이렇게 해석합니다.

Namo | tassa bhagavato | arahato | sammāsambuddhassa ||

대 역

Arahato모든 번뇌로부터 떠나 공양을 받을 만한 분이시며,
Sammāsambuddhassa알아야 할 모든 법을 스스로 바르게
깨달은 분이신
Tassa bhagavato그 거룩하신 세존께
Namo정성 다해 합장하여 예경 올립니다.

두 번째 방법은 'tassa'와 'bhagavato'를 따로 해석하고 독송하는 방법입니다. 미얀마의 네인 사야도나 삼장법사인 밍군 사야도가 이렇게 해석합니다.

188 *Bhaddanta Kuṇḍala*, 『*Mahāsutadīpanīkyan*(견문 해설서)』 제3권, pp.157~161 참조.

Namo | tassa | bhagavato | arahato | sammāsambuddhassa ||

대 역

Bhagavato여섯 가지 복덕을[189] 모두 갖춘 분이시며

Arahato모든 번뇌로부터 떠나 공양을 받을 만한 분이시며,

Sammāsambuddhassa알아야 할 모든 법을 스스로 바르게 깨달은 분이신

Tassa그분께

Namo정성 다해 합장하여 예경 올립니다.[190]

2) 불선 마음부수 14가지

지금까지 동화 마음부수 13가지를 살펴보았습니다. 이제 불선 마음부수 14가지를 설명하겠습니다.

5 Moho ahirikaṁ anottappaṁ uddhaccaṁ lobho diṭṭhi māno doso issā macchariyaṁ kukkuccaṁ thinaṁ middhaṁ vicikicchā ceti cuddasime cetasikā akusalā nāma.

해 석

어리석음, 부끄러움없음, 두려움없음, 들뜸, 탐욕, 사견, 자만, 성냄, 질투, 인색, 후회, 해태, 혼침, 의심, 이렇게 14가지인 마음부수들은 '불선들'이라고 한다.

189 권위(몸과 마음을 마음대로 할 수 있는 것), 법(출세간법), 명성, 영광(보는 이의 마음을 기쁘게 하는 것), 소원(원하는 것은 모두 이루어짐), 매진이라는 여섯 가지다. 『가르침을 배우다』, p.54 참조.

190 이 내용은 실제강의로 제46강의 내용이다.

대 역

Moho ca어리석음과; 대상의 성품을 덮어버리는 특성이 있는 어리석음 마음부수와 ahirikañca부끄러움없음과; 몸의 악행 등을 부끄러워하지 않는 특성이 있는 부끄러움없음 마음부수와 anottappañca두려움없음과; 몸의 악행 등을 두려워하지 않는 특성이 있는 두려움없음 마음부수와 uddhaccañca들뜸과; 마음이 고요하지 않고 산란한 특성이 있는 들뜸 마음부수와 lobho ca탐욕과; 대상에 들러붙어 애착하는 특성이 있는 탐욕 마음부수와 diṭṭhi ca사견과; 그릇되게 마음 기울이는 특성이 있는 사견 마음부수와 māno ca자만과; 자신을 '나만 거룩하다'라고 마치 뾰족탑처럼 으스대는 특성이 있는 자만 마음부수와 doso ca성냄과; 거칠게 허물을 범하는 특성이 있는 성냄 마음부수와 issā ca질투와; 다른 이의 번영을 시기하는 특성이 있는 질투 마음부수와 macchariyañca인색과; 자신의 번영을 감추는 특성이 있는 인색 마음부수와 kukkuccañca후회와; 이미 행한 악행과 하지 못한 선행에 대해 거듭 걱정하는 특성이 있는 후회 마음부수와 thinañca해태와; 마음이 확고하지 않은 특성이 있는 해태 마음부수와 middhañca혼침과; 확고하지 않은 특성이 있는 혼침 마음부수와 vicikicchā ca의심; 대상을 결정하지 못하는 특성이 있는 의심 마음부수, iti=iminā pabhedena이렇게; 이렇게 종류로 구분하면 cuddasime14가지인 ime cetasikā이 마음부수들은 akusalā nāma honti불선들이라고 한다; 불선 마음과만 결합하기 때문에 '불선 마음부수'라고 한다.

불선 마음부수 14가지 중 모든 불선 마음에 포함되는 어리석음, 부끄러움없음, 두려움없음, 들뜸이라는 4가지를 '모든 불선 공통들sabba akusala sādhāraṇā'이라고 합니다.[191] 먼저 어리석음에 대해 살펴보겠습니다.

어리석음

모든 불선 공통들 4가지 중 첫 번째 마음부수는 어리석음moha입니다. 어리석음은 일반적으로 '슬기롭지 못하고 둔한 것'이라고 설명합니다.[192] 마음부수로서의 어리석음은 그보다 조금 더 깊은 뜻을 담고 있습니다. 여기에서 어리석음은 대상의 바른 성품을 알지 못하는 것, 지혜의 반대인 성품을 의미합니다.

단어분석

Muyhanti tena, sayaṁ vā muyhati, muyhanamattameva vā tanti moho. (Vis.ii.97)

대 역

Tena그것 때문에; 그 법을 통해 muyhanti어리석다. vā혹은 sayaṁ스스로가 muyhati어리석다. vā혹은 taṁ그것은 muyhanamattameva단지 어리석은 것이다. iti그래서 moho어리석음이다.

191 본서 p.586 참조.
192 『엣센스 국어사전』, p.1605 참조.

'그것 때문에 어리석다muyhati', 혹은 '스스로 어리석다', 혹은 '단지 어리석음일 뿐이다'라고 해서 '어리석음moha'이라고 말합니다. 앞에서도 여러 번 설명했듯이 '그것 때문에 어리석다'는 분석은 어리석음이 생겨나는 곳이자 머무는 곳인 중생, 혹은 자신과 함께 결합해서 생겨나는 여러 정신법, 이러한 대상들에 대해 알지 못하도록 하는 성품, 즉 대상에 미혹한 것의 조건이라는 뜻입니다. '스스로 어리석다'라는 분석은 '어리석은 것의 주체'라는 뜻입니다. '단지 어리석음일 뿐이다'라는 분석은 어리석음의 법체를 직접 밝히는 내용입니다.

여기서 '어리석다'라는 것은 나중에 설명할 의심처럼 '여기에서 생겨나는가, 저기에서 생겨나는가? 맞는가, 맞지 않은가?'라는 등으로 결정하지 못한 채 대상에 대해 허둥지둥하는 상태가 아닙니다. 알아야 할 대상의 성품을 알지 못하는 것입니다.[193](AhBṬ.119)

특질

Moho cittassa andhabhāvalakkhaṇo, aññāṇalakkhaṇo vā, asampaṭivedharaso, ārammaṇasabhāvacchādanaraso vā, asammāpaṭipattipaccupaṭṭhāno, andhakārapaccupaṭṭhāno vā, ayonisomanasikārapadaṭṭhāno, sabbākusalānaṁ mūlanti daṭṭhabbo. (Vis.ii.97)

대 역

Moho어리석음은 cittassa마음의 andhabhāvalakkhaṇo장님인 특성이 있다; 지혜의 눈이 먼 성품이라는 특성이 있다. vā혹은 aññāṇalakkhaṇo지혜가 없는 특성이 있다; 바르게 알지 못하는 특성이 있다; 지

193 ㉯존재요인에 떨어져 깊은 잠에 빠져 있는 것처럼 단지 모르는 것만이 아니라 틀리게 아는 것이다. 그래서 지혜와 상반된 특성을 가지고 있다.

혜의 반대인 특성이 있다. asampaṭivedharaso통찰하지 못하게 하는 역할이 있다. vā혹은 ārammaṇasabhāvacchādanaraso대상의 고유 성질을; 바른 성품을 덮어버리는 역할이 있다. asammāpaṭipattipaccupaṭṭhāno바르게 가지 못하는 것으로; 바르게 알지 못하고 잘못 보는 것으로 나타난다. vā혹은 andhakārapaccupaṭṭhāno《지혜의 눈을 멀게 하는》 어둠으로 나타난다. ayonisomanasikārapadaṭṭhāno비합리적 마음기울임이 가까운 원인이다. sabbākusalānaṁ모든 불선의 mūlanti뿌리라고 daṭṭhabbo보아야 한다.

특성

어리석음은 '지혜의 눈이 먼 성품'이라는 특성과 '지혜의 반대인 성품'이라는 특성이 있습니다.

(가) 지혜의 눈이 먼 성품

어리석음은 대상의 바른 성품을 사실대로 바르게yathābhūta 알지 못하는 성품, 볼 수 없는 성품입니다. 마음은 대상을 식별하는vijānana 특성이 있습니다.[194] 그렇게 마음이 대상을 식별할 때 "어리석네 큰암흑 모하아윗자"라는 게송처럼 어리석음은 스스로도 대상의 바른 성품을 알지 못하는 암흑과 같은 법인 동시에 자신과 함께 결합해서 생겨나는 다른 정신법도 대상의 바른 성품을 알지 못하도록 암흑을 드리우는 성품입니다.

마음에 어리석음이라는 암흑이 드리우면 악행이 매우 나쁜 법이라

194 『아비담마 강설1』, p.71 참조.

는 사실, 선행이 매우 좋은 법이라는 사실, 인간이나 천상의 행복과 범천의 행복이 진짜 행복이 아니라 실제로는 괴로움이라는 사실, 물질·정신 법들의 무상·고·무아의 성품 등 대상의 바른 성품을 전혀 알지 못합니다. 이렇게 어리석음은 선이라는 영역에서 어떤 실마리 하나도 생겨나지 않도록, 어떤 사소한 것도 알 수 없도록 마음에 암흑을 드리우는 특성이 있습니다.

어리석음의 특성을 분명하게 보이기 위해 비유를 하나 소개하겠습니다. 세상에서 제일 심한 암흑은 "그믐자정 구름숲속"이라는 게송처럼 '그믐날 자정, 검은 먹구름이 하늘을 다 덮은 숲속'이라는 4요소를 갖춘 암흑입니다. 어떤 사람이 그런 칠흑같이 어두운 그믐날 자정에 어두운 방 안에 들어가서 붉은색, 노란색 등 여러 색의 옷 중에 어떤 옷을 잡으려고 한다고 합시다. 칠흑같이 어두운 암흑이 색을 분간하지 못할 정도로 드리워져 있기 때문에 그는 옷이 붉은색인지 노란색인지 어떻게 생겼는지 색깔이나 모양을 사실대로 바르게 알 수 없습니다.

마찬가지로 마음도 무상·고·무아 등의 성품이 있는 물질·정신 법들을 대상으로 하지만 어리석음이라는 암흑이 덮고 숨겨놓기 때문에 물질·정신의 바른 성품을 전혀 알 수 없습니다.

여기서 물질·정신 법들을 대상으로 하는 마음은 어두운 방 안에서 옷을 잡으려고 하는 사람과 같습니다. 어리석음은 4가지 요소를 갖춘 큰 암흑과 같습니다. 물질·정신 법들은 옷과 같습니다. 물질·정신 법들의 무상·고·무아의 성품은 옷의 색과 같습니다. 무상 등 대상의 바른 성품을 어리석음이 미혹시키는 것은 옷의 색을 암흑이 덮어버리는 것과 같습니다. 어리석음이 미혹시켰기 때문에 마음이 대상의 바른 성품을 알 수 없고 볼 수 없는 것은 암흑이 덮어버렸기 때문에 옷의 색을 사실대로 바르게 알 수 없고 볼 수 없는 것과 같습니다.(Abhidhammattha sarūpadipaka.i.414~5)

(나) 지혜의 반대인 성품

어리석음과 지혜는 검은색과 흰색처럼 정반대인virodha 성품입니다. 동쪽과 서쪽, 남쪽과 북쪽처럼 성품상으로 멀리 떨어져 있습니다.

지혜는 밝음, 광명, 앎입니다. 허물이 없어 깨끗한 법입니다. 선업의 동지, 전우, 제일 가까운 친구입니다. 반면 어리석음은 어두움, 암흑, 알지 못함입니다. 허물이 있어 더러운 법입니다. 불선업의 동지, 전우, 제일 가까운 친구입니다. 불선업에 앞장서는 우두머리입니다.

어리석음은 대상이 그 바른 성품에 따라 드러나지 못하도록 먹구름을 드리우지만 지혜는 그 먹구름을 제거해서 대상의 바른 성품을 분명하게 알 수 있도록 빛을 비춰 줍니다.

자세하게 설명하면 다음과 같습니다. 빛이 드러날 때 사물들을 서로 구별해서 분명하게 볼 수 있듯이, 지혜가 생겨날 때 대상의 바른 성품을 서로 구별해서 분명하게 알고 볼 수 있습니다. 그래서 지혜는 빛과 같은 법입니다. 그러한 의미를 염두에 두고 부처님께서는『위방가』에서 "통찰지라는 광명paññā āloka, 통찰지라는 빛paññā obhāsa, 통찰지라는 광채paññā pajjota"라고 여러 표현으로 설하셨습니다.(Vbh.259)[195]

세상에는 달빛, 햇빛, 불빛, 지혜빛이라는 네 종류의 빛이 있습니다. 그중 지혜빛이 다른 빛들보다 더욱 환하게 빛나고 힘도 제일 셉니다. 그래서 부처님께서는 지혜빛이 모든 빛 중에서 제일 거룩한 빛이라고

195 각묵스님 옮김,『위방가』제2권, p.96 참조.

『앙굿따라 니까야』「아바숫따Ābhāsutta(빛 경)」(A4:141) 등에서[196] 설하셨습니다.

지혜는 빛의 요소, 밝음의 요소이기 때문에 검은색을 검은색이라고 보고 흰색을 흰색이라고 보는 것처럼, 바르지 않은 실천의 나쁘고 저열한 성품, 바른 실천의 거룩하고 깨끗한 성품, 물질·정신 법들의 무상·고·무아의 성품 등 대상의 바른 성품을 사실대로 바르게 압니다. 자신 스스로 아는 것처럼 자신과 함께 생기는 다른 정신법들도 알게 합니다. 그러한 앎은 바른 앎, 허물이 없는 앎이고 그것은 선한 행위들을 행하게 하기 때문에 마치 등불처럼 빛을 드리워주는 앎입니다. 그래서 지혜는 선업의 동지, 전우, 제일 가까운 친구입니다.

어리석음은 지혜처럼 밝음의 종류가 아닙니다. 밝음과 반대인 어둠의 종류입니다. 달도 뜨지 않은 어두운 밤이나 빛이 사라져 암흑이 드리워졌을 때 어떠한 사물들도 볼 수 없는 것과 같습니다. 마음에 어리석음이라는 큰 암흑이 드리워졌을 때에도 대상의 바른 성품을 사실대로 바르게 알지 못하고 보지 못합니다. 그래서 어리석음은 어둠, 암흑과 같은 법입니다.

단순히 '어둠'이라고 표현했지만 일반적인 그런 어둠이 아닙니다. 앞에서 언급한 4가지 요소를 갖춘 큰 암흑보다 더 어두운, 어떠한 것도 볼 수 없고 알 수 없는 "완전히 덮어버린" 매우 큰 암흑입니다. 중생들의 마음 상속에 어리석음의 암흑이 드리워졌다면 대상의 바른 성품을 사실대로 바르게 알 수 없습니다. 흰색을 보고서도 흰색인지 모르는 것처럼 사실은 괴로운 성품인데 그것을 괴로운 성품인 줄 모릅니다. 괴로

196 『앙굿따라 니까야』 제2권, p.332 참조.

움을 생겨나게 하는 원인법을 보고서도 괴로움을 생겨나게 하는 원인법인 줄 모릅니다. 바르지 않은 실천법을 바르지 않은 실천법이라고 모릅니다. 바른 실천법을 바른 실천법이라고 모릅니다. 어리석음 스스로가 모르기 때문에 자신과 함께 생겨나는 다른 정신법들도 알 수 없게, 볼 수 없게 만듭니다. 그렇게 알지 못하는 것은 불선업을 행하고 실천하도록 길을 열어 놓는 것과 같기 때문에 어리석음을 불선업과 함께 길을 가는 동지, 전우, 제일 가까운 친구라고 설명한 것입니다.

사실 불선법이나 여러 허물을 범하는 것에 가장 기본이 되는 것은 어리석음입니다. 불선법을 행할 때마다 어리석음이 앞장섭니다. 그래서 어리석음 없이는 어떠한 불선법도 생겨날 수 없다고 여러 아비담마 문헌에서 설명했습니다.[197]

맞습니다. 불선법이나 여러 허물을 범하는 것은 불선법이 허물이 많다는 사실, 나쁘고 저열하다는 사실 등 바른 성품들을 사실대로 알지 못하기 때문입니다. 그렇게 알지 못하는 것, 원래 성품대로 볼 수 없는 것은 어리석음이라는 암흑이 지혜의 눈을 덮어버렸기 때문입니다.

다른 방법으로 말하면 어리석음은 불선법이 생기는 데 근본 원인 중 하나입니다. 제7강에서[198] 어리석음도 모든 불선법의 뿌리라고 보아야 한다는 내용을 언급했습니다. 제10강에서는[199] 부처님께서 『앙굿따라 니까야』 「아꾸살라물라숫따Akusalamūlasutta(불선의 뿌리경)」에서 아래와 같이 설하신 내용도 소개했습니다.

197 『*Buddha abhidhamma cetasikāmya*(붓다 아비담마 마음부수)』 제3권, p.192 참조.

198 『아비담마 강설1』, p.134 참조.

199 『아비담마 강설1』, pp.177~178 참조.

> 비구들이여, 어리석음도 불선의 뿌리다. 미혹해서 몸과 말과 마음으로 어떤 의도적 행위를 한다면 그것도 불선이다. 미혹해서, 미혹에 사로잡혀서, 마음이 완전히 고갈돼서 다른 이를 부당하게 죽이거나 옭아매거나 몰락시키거나 비방하거나 추방해서 고통을 야기한다면, 혹은 '나는 힘이 있다. 나는 능력 있다'라고 말한다면 그것도 불선이다. 이렇게 그에게 어리석음에서 생겨난, 어리석음을 인연因緣으로 한, 어리석음이라는 생겨남이 있는, 어리석음이라는 조건이 있는 여러 가지 악하고 불선한 법이 일어난다.(A.i.201/A3:69)

정리하면 어둠과 빛이 고유성질로 서로 상반되듯이 어리석음이라는 어둠과 지혜라는 빛도 고유성질로 서로 반대됩니다. 밝음과 어둠이 함께 생겨나지 못하듯이 어리석음과 지혜도 함께 생겨나지 못합니다. 비유하자면 사면이 막힌 방안에 등불의 빛이 사라지면 어둠이 덮어버리고 그때는 원래 보이던 물체도 보이지 않게 되는 것과 마찬가지로 중생의 마음상속에 지혜라는 빛이 사라지면 어리석음이라는 어둠이 지배하게 되고 그때는 대상의 바른 성품을 조금도 꿰뚫어 알 수 없습니다.(Mil.38)

역할

어리석음은 '대상의 고유성질을 덮어버리는sabhāvacchādana 역할'과 '바르게 꿰뚫어 알지 못하는asampaṭivedha 역할'이라는 두 가지 역할이 있습니다. 제3강에서 역할에는 절대성품 법들이 행하는 작용이라는 '작용으로서의 역할'(조건으로서의 역할)과 원인을 갖추어서 생겨나는 모습이라는 '성취로서의 역할'(결과로서의 역할) 두 종류가 있다고 설명했습니다.(DhsA.105)[200] '대상의 고유성질을 덮어버리는 역할'은 작용으로서의 역할이고 '바르게 꿰뚫어 알지 못하는 역할'은 성취로서의 역할입니다.

(가) 대상의 고유성질을 덮어버리는 역할

중생 세상에서 대통령은 대통령의 지위에 따라, 회사원은 회사원의 지위에 따라 각자가 해야 할 일이 있듯이 절대성품 법들도 각자 맡은 일이 있습니다. 어리석음이라는 마음부수가 하는 일은 '대상의 고유성질을 덮어버리는 일'입니다. '고유성질sabhāva'은 '바른 성품'이라고도 합니다. 어리석음이 덮어버리는 대상의 바른 성품이란 일반적으로는 '불선법은 허물이 있고 저열하고 나쁜 결과를 가져온다'는 성품, '선법은 허물이 없고 거룩하고 좋은 결과를 가져온다'는 성품 등입니다.

특히 『위방가』에서는 어리석음이 덮어버리는 대상의 바른 성품을 네 가지 진리catusaccadhamma의 바른 성품 4가지, 앞부분pubbanta(과거생)이 있다는 성품, 뒷부분aparanta(미래생)이 있다는 성품, 앞부분과 뒷부분pubbantāparanta(과거생과 미래생) 둘 모두가 있다는 성품, 연기paṭiccasamuppāda의 성품이라는 8가지로 설하셨습니다. 바른 성품 8가지와 어리석음이 그것을 덮어버리는 모습을 간략하게 설명하겠습니다.

• 네 가지 진리를 덮어버리는 모습 네 가지 진리란[201] 괴로움의 진리, 생겨남의 진리, 소멸의 진리, 도의 진리입니다. 중생들의 상속에 탐욕을 제외하고[202] 생멸하고 있는 세간의 물질·정신 법들과 외부의 여

---

200 『아비담마 강설1』, pp.69~70 참조.

201 진리, 혹은 진실sacca에 대해서는 『보배경 강설』, p.84; 『아비담마 강설1』, pp.91~100 참조.

202 생겨남의 진리에 해당되기 때문이다.

러 물질은 그것들을 일부러 만들고 바꾸고 지켜야 하기 때문에, 그렇게 하더라도 무너지기 때문에 피곤하게 합니다. 그래서 그러한 법들은 모두 괴로움의 진리에 해당합니다. 하지만 중생들의 상속에 포함된 어리석음이 그 사실을 덮어버리기 때문에 진실로 괴로움일 뿐인 것을 진실로 행복한 것이라고 잘못 알고 생각합니다.

진실로 괴로움일 뿐인 그러한 법들을 생겨나게 하는 뿌리를 찾아본다면 갈망하고 즐기는 성품인 갈애가 나옵니다. 갈애가 바로 생겨남의 진리입니다. 아라한을 제외한 모든 중생은 갈애에 계속 둘러싸여 있습니다. 그래서 그들은 갈애가 갈망하는 정도에 따라 여러 괴로움일 뿐인 것에 밤낮으로 애를 씁니다. 그들은 '갈애는 괴로움을 주는 원수'라는 사실을 알지 못합니다. 좋은 친구로만 생각합니다. 그래서 갈애와 함께 윤회에 전전하며 헤매는 것입니다. 원수인 갈애를 좋은 친구로 생각하는 것은 중생들의 상속에 어리석음이라는 어둠이 지배하고 있기 때문입니다. 어리석음이라는 큰 암흑이 그들로 하여금 괴로움의 원인을 행복의 원인이라고 생각하도록 속이는 것입니다.

어리석음은 소멸의 진리라는 열반이 모든 괴로움이 소멸된 진정 행복한 성품이라는 사실도, 도의 진리가 열반을 얻게 하는 바른 방법이라는 사실도 볼 수 없도록 지혜의 눈을 덮어버립니다. 이렇게 어리석음은 네 가지 진리라는 바른 성품을 덮어버립니다.

• **앞부분을 덮어버리는 모습** '앞부분'이란 과거생에 생겨났던 무더기, 감각장소, 요소 등을 말합니다. 일부 사람들은 태어나기 전 과거생이 있다는 사실을 받아들이지 않습니다. '과거의 여러 생에 태어났다'라는 사실을 믿지 않습니다. '지금 현생만 존재하고 이 현생은 창조주

가 창조해서 중생들이 생겨났다'라고 생각합니다. 이러한 창조원인사견 issaranimmānahetudiṭṭhi을 부처님께서 『앙굿따라 니까야』「띳타숫따Tittha-sutta(외도경)」나(A3:61) 『디가 니까야』「브라흐마잘라숫따Brahmajālasutt-a(범망경)」 등에서(D1) 설하셨습니다. 과거생은 없고 현생에 창조주가 창조해서 생겨난 뒤 '천국' 등에서 다음 여러 생에도 계속 태어날 것이라고 믿고 있습니다. 그렇게 과거생을 받아들이지 않고 믿지 못하는 것은 그들의 상속에 생겨나고 있는 어리석음이 과거생에 생겼던 무더기, 감각장소, 요소 등을 보지 못하도록 덮어버리기 때문입니다.

• **뒷부분을 덮어버리는 모습** '뒷부분'이란 미래생에 태어날 무더기, 감각장소, 요소 등을 말합니다. 어떤 이들은 과거에 여러 생이 있었다는 것만 받아들이고 믿고 아라한이 되기 전에는 다음 여러 생에서 계속해서 태어나야 한다는 사실을 믿지 않습니다. 다음 생이 있다는 것을 거부합니다. 이것은 "죽으면 완전히 끝나버릴 것이다"라는 단견 ucchedadiṭṭhi에 포함됩니다. 이것도 그들의 상속에 생겨나는 어리석음이 미래생을 알지 못하도록 덮어버리기 때문입니다.

• **앞부분과 뒷부분을 덮어버리는 모습** 어떤 이들은 과거생들이 있었다는 것도 믿지 않고, 미래생들이 있을 것이라는 것도 믿지 않습니다. "지금 현재생만 있다. 죽으면 끝날 것이다"라고 믿습니다. 그들의 견해는 창조원인사견과 단견 둘 모두에 포함됩니다. 이러한 견해도 그들의 상속에 생겨나는 어리석음이 과거생과 미래생 둘 모두를 보지 못하도록 덮어버리기 때문입니다.

• **연기를 덮어버리는 모습** 연기법은 빳타나paṭṭhāna처럼 조건능력 paccayasatti을 드러내어 보이지는 않지만[203] 물질·정신 법들이 서로 조건과 결과로 연결돼 있는 모습을 보여 놓은, '조건과 결과를 보여주는' 가르침입니다. 부처님께서는 『위방가』 「빠띳짜사뭅빠다 위방가Paṭicca-samuppāda vibhaṅga(연기 분석)」에서 연기에 대해 자세하게 설하셨습니다. "무명 등이 조건이고 형성 등이 결과다"라고 윤회바퀴가 회전하는 모습도 명확하게 설하셨습니다.

바라밀 지혜의 정상에 이른 사리뿟따 존자와 마하목갈라나 존자라는 두 상수제자가 깨달음을 얻기 전 우빠띳사Upatissa와 꼴리따Kolita라는 바라문 젊은이였을 때, 그들은 연기 가르침의 핵심인 "**ye dhammā hetuppabhavā, tesaṁ hetuṁ tatāgato āha.** 어떤 법들은 원인에서 생겨나니, 그것들의 원인을 여래께서 설하시네"라는[204] 게송을 듣는 것만으로[205] 수다원이 됐습니다.

하지만 연기의 가르침은 매우 심오하여 알기 어려운 가르침이라고 『상윳따 니까야』 「니다나숫따Nidānasutta(인연경)」에서 부처님께서 직접

---

203 조건paccaya을 설명하는 데는 연기방법paṭiccasamuppādanaya과 빳타나방법paṭṭhānanaya이 있다. 『아비담마 길라잡이』 제2권, pp.174~179 참조.

204 전체 게송은 다음과 같다.
Ye dhammā hetuppabhavā, tesaṁ hetuṁ tathāgato āha;
Tesañca yo nirodho, evaṁ vādī mahāsamaṇo. (Ap.i.27)
해 석
어떤 법들은 원인에서 생겨나니,
그것들의 원인을 여래께서 설하시네.
또한 그것들의 소멸도 있으니,
그것들도 이와 같이 대사문은 말하시네.
대 역
Ye dhammā어떤 법들은 hetuppabhavā원인이라는 처음이 있다. tesaṁ그 원인이라는 처음이 있는 결과법들의 hetuṁ그 원인을 tathāgato여래께서; 부처님께서 āha설하시네. tesaṁ그들의; 그 결과법들의 yo nirodho ca그 소멸도; 소멸된 곳도; 소멸된 곳인 법도 atthi있다. tañca 그것도; 그 소멸된 곳도 mahāsamaṇo대사문께서; 나의 스승이신 거룩하신 부처님께서 evaṁ vādī이와 같이 말씀하시네; 이와 같이 네 가지 진리를 말씀하시네.

205 실제로는 듣는 것만이 아니라 빠르게 위빳사나 관찰이 향상돼 수다원이 된 것이다.

설하셨습니다.(S12:60) 그래서 일부 사람들은 무명 등의 조건법들 때문에 형성 등의 결과법들이 끊어지지 않고 생겨나고 있다는 사실을 알고 보지 못합니다. 그렇게 물질·정신 법들이 조건과 결과로 계속해서 연결돼 있는 모습을 이해하지 못하는 것은 연기의 가르침이 너무 심오하기 때문만은 아닙니다. 조건과 결과의 고유성질을 알고 볼 수 있는 힘이 없도록 어리석음이 덮어버리기 때문입니다.

이렇게 어리석음은 네 가지 진리 등 8가지 성품을 사실대로 바르게 보지 못하도록 덮어버리고 가로막는 역할을 행하고 있습니다.

• **어리석음의 위력** 어리석음이 '8가지 성품을 덮어버린다'라고 설명하면 '8가지만 덮어버리므로 그리 광범위하지 않다'라고 생각할 수 있습니다. 사실 어리석음의 '덮어버리는 위력'이 미치는 영역은 매우 광범위합니다.

어리석음은 공간세상okāsa loka의 영역으로는 31탄생지 중 제일 높은 곳이어서 '존재꼭대기bhavagga'라고 불리는 비상비비상처천까지, 중생세상satta loka의 영역으로는 아나함까지, 형성세상saṅkhāra loka의 영역으로는 도의 마음이 생겨나기 직전에 생겨나는 종성gotrabhū까지, 과의 증득에[206] 들 때는 과의 마음이 생겨나기 전에 생겨나는 준비마음들까지[207]

206 증득은『아비담마 강설1』, p.334 참조.

207 ㉯어리석음이 종성과 준비를 덮는다는 것은 종성 마음이나 준비 마음을 사실대로 알지 못하도록 덮는 것을 말한다. 과 마음의 앞에 생겨나는 '준비-근접-수순-종성'이라는 네 가지 속행 모두는 준비나 근접이나 수순이라는 명칭 하나로 표현할 수 있다. *Bhaddanta Vāyāmasāra*, 『*Abhidhamma pouchasin*(아비담마 강의차례)』, pp.81~83. 종성과 준비는『아비담마 길라잡이』제1권, pp.420~421 참조.

덮어 버릴 수 있습니다.

즉 세 번째 도까지 성취하여 윤회에서 해탈하기 위해 이미 많은 힘을 축적한 아나함까지 어리석음의 지배에서 벗어나지 못합니다. 아라한을 제외한 다른 이들은 어리석음이라는 그물로부터 벗어나기 위해 31탄생지 중 어느 곳에 들어가 숨어 있어도 어리석음의 지배에서 벗어날 수 있는 기회를 얻을 수 없습니다. 여기서 '어리석음이 지배한다'라는 것은 어리석음은 어떠한 세간법이든 대상으로 취할 수 있는 능력을 가지고 있다는 뜻입니다.

• **어리석음의 두께** '어리석음이 덮는 것'도 단계별로 비교해 보면 두껍고 얇은 것으로 구별됩니다. 선법인지 불선법인지조차 알지 못하도록 덮는 어리석음은 매우 두꺼운 어리석음입니다. 선법인지 불선법인지 정도는 알아서 불선법은 '적합하지 않다'라고 삼가고 선법은 '적합하다'라고 실천할 수 있다면 어리석음은 어느 정도 얇다고 할 수 있습니다. 하지만 어리석음이 완전히 사라지는 것과는 여전히 거리가 멉니다. 수다원, 사다함, 아나함의 단계에 이르러 네 가지 진리 등을 꿰뚫어 알고 볼 수 있어도 어리석음은 매우 얇아지기만 한 것일 뿐입니다. 여전히 남아 있습니다. 아라한의 단계에 이르러야 어리석음이 완전히 사라집니다.

• **아라한이 모르는 것은 어리석음 때문인가** '아라한이 되면 어리석음이 소멸하므로 아라한은 모든 세간·출세간에 관한 것을 알 수 있다'라고 생각해서는 안 됩니다. 알아야 하고, 알기에 적당한 네 가지 진리 등을 아는 것만이 근본입니다. 아라한이 되더라도 4가지 분석지

를[208] 갖춘 아라한이 아니면 삼장을 일부러 들어서 배워야 합니다. 삼장에 능숙하더라도 다른 이의 습성이나 잠재성향을 모두 알지는 못합니다. 습성잠재지혜āsayānusayañāṇa와 기능성숙지혜indriyaparopariyattañāṇa,[209] 일체지sabbaññutañāṇa를 갖추신 부처님만이 알아야 할 모든 것을[210] 다 알고 볼 수 있습니다.

이렇게 세간·출세간 법 모두를 알지 못하는 것은 어리석음이 덮어버렸기 때문이 아닙니다. 개개인이 갖춘 지혜의 능력이 부족하기 때문일 뿐입니다. 비유하면 낮에 멀리 있는 것을 볼 수 없는 것은 어둠이 덮어버렸기 때문이 아니라 눈의 능력이 부족하기 때문인 것과 같습니다.

부처님 당시 사리뿟따 존자가 젊은 제자에게 '감각욕망으로 마음이 기울 것이다'라고 생각해서 더러움 수행주제를 주었습니다. 하지만 성향이나 기질이 맞지 않았기 때문에 그 비구는 4개월 내내 열심히 노력했지만 수행에 진전이 없었습니다. 사리뿟따 존자는 부처님께 제자를 데려갔습니다. 부처님께서는 그가 과거 500생 동안 금 세공사로서 붉은색 황금rattasuvaṇṇa을 많이 보았던 사실을 아시고 성향에 알맞도록 붉은색 황금 연꽃을 만들어 관조하게 했습니다. 그가 선정을 얻자 다시 연꽃을 시들게 만들어 무상 등의 성품을 드러나게 했습니다. 그는 즉시 위빳사나 지혜가 향상돼 아라한이 됐습니다.(Dhp.285 일화)

따라서 아라한이라도 모든 것을 알지 못하는 것은 지혜의 능력이 부족하기 때문이지 어리석음이 덮어버렸기 때문이 아닙니다. 어리석음이

208 본서 부록 p.734 참조.

209 습성잠재지혜란 중생들의 습성과 잠재성향번뇌를 알고 보는 지혜다. 기능성숙지혜란 제도가능한 중생들의 믿음과 새김 등 그 기능이 여린지 성숙됐는지 아는 지혜다. 『해마와따숫따 법문』, pp.172~177 참조.

210 알아야 할 법은 본서 p.484 참조.

덮어버리는 것은 네 가지 진리와 앞부분 등의 법들입니다.(AhBṬ.607)

(나) 바르게 꿰뚫어 알 수 없음이라는 역할

어리석음이 이렇게 대상의 바른 성품을 덮어버리는 역할을 수행하기 때문에 어리석음과 함께 생겨나고 결합된 정신법들도 대상의 성품을 사실대로 알 수 없고 볼 수 없습니다. 이렇게 결합된 법들이 대상을 바르게 꿰뚫어 알지 못하는 것이 어리석음이 하는 성취로서의 역할입니다.

그렇다면 "어리석음은 자신과 결합한 법들을 사실대로 알 수 없도록, 볼 수 없도록 덮는 역할만 행하고 자신 스스로는 대상의 바른 성품을 알 수 있는 것 아닌가?"라고 질문할 수 있습니다.

어리석음은 자신과 결합한 다른 정신법들이 대상의 바른 성품을 알 수 없도록 어둠을 드리우는 역할만 수행하는 것이 아닙니다. 어리석음 자신도 대상의 바른 성품을 꿰뚫어 알지 못하고 보지 못하는 역할이 있습니다. 그래서 주석서의 스승들이 어리석음의 역할을 두 가지로 나누어 설명한 것입니다.

어리석음이 꿰뚫어 알지 못하고 보지 못하는 성품은 어리석음의 특성 중 '지혜와 반대되는 특성aññāṇa'에서 자세하게 설명했습니다. 여기서는 '한 덩굴을 당기면 다른 덩굴이 따라온다'라는 미얀마 속담처럼 두 번째 역할과 관련해서 기억할 만한 여러 가지를 설명하겠습니다.

• **어리석음은 잘못된 것을 아는가?** 어리석음 마음부수가 대상의 바른 성품을 알지 못하는 특성이 있고, 함께 결합하여 생겨나는 정신법들도 알지 못하도록 어둠으로 덮어버리는 역할이 있다고 설명했

습니다. 그렇다면 "어리석음은 잘못된 것을 아는가?"라고 질문할 수 있습니다.

먼저 성전과 주석서의 설명을 소개하겠습니다. '바른 성품을 알지 못하면 잘못된 것을 안다'라고 얼핏 생각할 수도 있지만 성전과 주석서의 설명에 따르면 어리석음은 잘못된 것을 알 수 없다고 말해야 합니다. 어리석음은 바른 성품도 모르고 그릇된 성품도 모르는, 어리석은 법, 어둠의 법입니다. 어리석음은 앞에서 설명한 대로 자신 스스로도 대상의 바른 성품을 알 수 없도록 어둠을 드리우는 암흑의 법입니다. 인식과정 중에 어리석음이 들어오면 마음은 어둠을 드리우는 어리석음의 역할 때문에 대상의 바른 성품을 사실대로 바르게 알 수 없습니다.

그러면 항상하지 않은 성품anicca을 항상하다고nicca, 괴로운 성품dukkha을 행복하다고sukha, 지배할 수 없는 성품anatta을 지배할 수 있는 성품atta이라고 잘못 알게 됩니다. 하지만 그렇게 잘못 아는 법은 어리석음이 아닙니다. 그릇되고 잘못되게 아는 성품이 있는 사견, 인식, 마음이 그렇게 잘못 아는 것입니다. 어리석음은 단지 사견과 인식과 마음으로 하여금 잘못 알도록 어둠을 드리워주는 역할만 할 뿐입니다. 바른 성품을 덮어버리고 지혜의 눈을 닫아버립니다. 어둠을 드리우는 것, 바른 성품을 덮어버리는 것, 지혜의 눈을 닫아버리는 것만이 어리석음의 역할입니다.

'잘못 앎'이라는 것은 어리석음의 역할이 아닙니다. 사견과 인식, 마음의 성품일 뿐입니다. 따라서 알 수 있는 성품과 어리석음은 기름과 물처럼 절대로 섞이지 않는 법입니다.

부처님께서는 『담마상가니』에서 어리석음의 성품을 "알지 못함

aññāṇa, 보지 못함adassana, 관통하지 못함anabhisamaya, 깨닫지 못함 ananubodha, 통찰하지 못함appaṭivedha, 바르게 알지 못함asampajañña" 등으로 '알지 못하는 성품'으로만 여러 방편을 사용해서 자세하게 설하셨습니다.(Dhs.94) 『담마상가니 주석서』에서도 "앎과 봄의 반대가 알지 못함과 보지 못함이다"라고 앎과 반대되는 것으로 설명했습니다.(DhsA.294)

『아비담마와따라 띠까 띠』에서도 어리석음 마음부수가 어떠한 대상도 알지 못하는 법이라는 사실을 지혜나 사견과 비교해서 다음과 같이 설명했습니다.

> 지혜는 대상의 바른 성품을 사실대로 안다. 사견은 대상을 잘못되게, 그릇되게 취하여 안다. 어리석음은 어떠한 대상도 알지 못한다. 즉 대상의 성품을 바른 방법에 따라서도, 그릇된 방법에 따라서도 알지 못한다. 적어도 어리석음은 대상에 가까이 갈 때 대상을 (바르거나 그릇되거나) 전혀 알지 못한 채 다가간다. 비유하면 접촉 등의 마음부수들이 대상에 가까이 갈 때는 대상을 아는 성품으로 가까이 가는 것이 아니다. 닿고 부딪히는 모습phusanākāra[211] 등으로 가까이 가는 것이다. 그와 마찬가지로 어리석음도 대상을 아는 성품으로 대상에 가까이 가는 것이 아니다. 대상의 바른 성품을 덮어버리는 모습paṭicchādanākāra으로 가까이 간다.(*Abhidhammāvatāraṭīkāthik.i.317*)

211 접촉을 대표로 예를 들었다.

이 설명에 따르면 법의 바른 성품을 아는 것은 지혜의 역할인 반면에, 바른 성품을 알지 못하도록 덮어버리는 것은 어리석음의 역할입니다. 그렇게 어리석음이 덮어버려 잘못 아는 것은 사견의 역할이라는 사실이 분명합니다. 여기서 어리석음과 사견, 이 두 가지는 조건과 결과로 결합된 법들이라고도 이해해야 합니다. 어리석음이 바른 성품대로 보지 못하도록 지혜의 눈을 덮어버리면 사견이 그릇되게 봅니다. 그렇게 절대성품 법들이 자기 성품 그대로 각자 존재하는 모습을 그것에 따라 확실하게 구분하여 안다면 "어리석음은 잘못된 것을 알지 못한다"라는 설명을 수긍할 수 있을 것입니다.

어리석음이 잘못된 것을 알 수 있는지 없는지에 관해 레디 사야도는 『빠라맛타 디빠니』에서 다음과 같이 설명했습니다.

> 네 가지 조건을 갖춘 칠흑 같은 어둠이 눈의 보는 힘을 가로막고 덮어버리듯, 마음을 전혀 알 수 없도록 행할 수 있는 성품을 '어리석음'이라고 한다. 어리석음은 불선업 영역에서는 선업 영역에서의 지혜와 같은 역할을 한다. 즉 지혜처럼 알 수 있다. 그래서 성전에서 어리석음을 'micchāñāṇa 삿된 지혜'라고 설하셨다. 여러 주석서에서 'micchāñāṇa 삿된 지혜'라고 언급한 것은 악행을 행할 때 여러 방편을 생각해 내는 힘으로 생겨나는 어리석음일 뿐이다.
>
> 어리석음과 같은 법체인 무명avijjā과 관련해서도 『위방가 주석서』 등에 실천없음 무명appaṭipatti avijjā과 삿된 실천 무명micchāpaṭipatti avijjā이라는 두 종류로 설명했다.(VbhA.129) 그중 깨

끗하고 훌륭한 선업의 영역에 대해 모르는 것을 실천 없음 무명이라고 하고, 깨끗하지 않고 훌륭하지 않은 불선업의 영역에서 그릇되게 아는 것을 삿된 실천 무명이라고 말한다. 맞다. 불선업의 영역에 이르렀을 때 어리석음, 탐욕, 사견, 사유, 고찰, 마음이라는 이 여섯 가지 법은 지혜와 비슷한 성품이 된다. 즉 지혜처럼 알 수 있는 힘이 있다. 알 수 있다.(AhPdṬ.i.97~98)

레디 사야도는『빠라맛타 디빠니』에 대한 주석인『아누디빠니』에서 다시 다음과 같이 보충해서 설명했습니다.

"지혜가 바르게 아는 것처럼 어리석음은 그릇되게 안다"라는 내용은 주석서에 따라 설명한 것이다.『담마상가니 물라띠까』에서는 삿된 지혜micchāñāṇa를 삿된 사유micchāvitakka로 설명했다.(VbhMṬ.228) 맞다. 삿된 사유란 삿된 생각micchāsaṅkappa일 뿐이어서 여러 가지로 생각하고 계획할 수 있는 힘이 있기 때문에 지혜와 같은 점이 있다. 어리석음은 마음에 암흑을 드리우는 역할만 할 수 있지 어떠한 것을 생각하거나 알 수 있는 힘은 없다. 그렇게 생각하고 알 수 있는 힘이 없는 성품인 어리석음이 어떤 모습, 어떤 방법으로 지혜의 성품에 이를 수 있겠는가? 이상은 물라띠까 스승들의 견해이다.(Anūdīpanī, 89~90)

정리하자면 레디사야도는 자신의 저서『빠라맛타 디빠니』에서 "주석서의 방법에 따라 어리석음이 불선업의 영역에서는 잘못 아는 성품이 있다"라고 설명한 뒤, 다른 저서『아누디빠니』에서는 물라띠까 스승들의 견해를 완전히 거부하지 않고 어느 정도 중시하면서 "어리석음이 잘못 아는 성품은 『위방가 물라띠까』의 방법에 따르면 엄밀하게 말해 삿된 사유를 말한다"라고 보충했습니다.

『빠라맛타 상케이 띠까』에서는 다음과 같이 설명했습니다.

> 어리석음은 나쁜 영역에 이르면 매우 예리하게, 능숙하게, 잘 생각하고 알 수 있는 힘이 있다. 어리석음은 악행이라면 그 무엇이든 방법을 제공하고 준비해 주는 머리가 매우 좋은 성품이다. 그래서 어리석음을 'micchāñāṇa 삿된 지혜'라고 부처님께서 설하셨다.(M.i.51/M8)[212] 그 구절에 대한 주석에서도 "삿된 지혜란 나쁜 행위에 대해 방법을 생각하는 모습으로 생겨나는 어리석음이다"라고 설명했다.(MA.i.192) 어리석음은 선하고 훌륭한 부분에서는 암흑을 드리우고, 나쁜 부분에서는 빛을 밝힌다. 어리석음, 탐욕, 사견, 사유, 고찰, 마음, 이 여섯 가지 법은 나쁜 부분에서는 지혜나 통찰지처럼 생각할 수 있고 꿰뚫어 알 수 있는 성품이 있다. 맞다. 원래 예리하고 지혜가 날카로워 여러 가지에 대해 잘 아는, 지혜 있는 이, 학문적 지식이 많은 이의 상속에 생겨날 기회를 얻으면 이 여섯 가지 법은 각자 힘껏 방법을 생각하고 계획하는 모습으로 능숙하게 여러 가지를 성취하게 한다.(AhSṬ.i.128~129)

212 대림스님 옮김, 『맛지마 니까야』 제1권, p.279 참조.

『바사띠까』에서는 다음과 같이 설명했습니다.

"대상에 혼미하기 때문에muyhati 어리석음moha이라고 한다"라는 어리석음의 단어분석에서 '혼미하다'는 것은 의심처럼vicikicchā 결정할 수 없어 혼미한 것이 아니다. 대상의 바른 성품을 알지 못하는 것일 뿐이다. 그래서 '혼미하다muyhati'라는 단어를 '깨닫지 못하다na bujjhati'라고 복주서에서 다시 설명했다. 존재요인에 빠져 잠에 들어 있는 것처럼 단지 알지 못하는 정도가 아니라, 지혜가 바른 성품을 아는 것처럼 어리석음은 잘못된 것을 안다. 그래서 '지혜의 반대라는 특성이 있다aññāṇalakkhaṇo'라고 말했다.(AhBṬ.119)

마하시 사야도는 먼저『연기에 대한 법문』에서 다음과 같이 설명했습니다.

명지vijjā란 아는 것이고 무명avijjā이란 알지 못하는 것이다. 아는 것과 알지 못하는 것은 반대인 성품이다. 빛과 어둠이 서로 반대되는 것과 마찬가지다.
명지가 '안다'는 것은 무엇을 아는 것인가? 네 가지 진리를 사실대로 아는 것이다. 무명이 '알지 못한다'는 것도 네 가지 진리를 사실대로 바르게 알지 못하는 것이다. '사실대로 바르게 알지 못한다'라고 하면 잘못 아는 것이다. 그래서 주석서에서도 "무명은 실천없음 무명appaṭipatti avijjā과 삿된 실천 무명micchāpaṭipatti avijjā이라는 두 종류로 설명했다.(VbhA.129)

'실천없음'이란 사실대로 바르게 실천하지 못함, 사실대로 바르게 알지 못함을 말한다. 검은색을 보고도 검다고 알지 못하듯이 실제로 괴로움을 겪으면서도 괴로움이라고 알지 못하고 생각하지 못하는 무명을 말한다.
'삿된 실천'이란 잘못 실천하는 것, 잘못 아는 것을 말한다. 검은색을 보고 흰색이라고 알고 생각하는 것처럼 괴로움을 겪으면서 행복하다고 잘못 알고 생각하는 무명을 말한다.
비유하면 말에게 초록색을 칠한 안경을 씌워 마른 풀을 먹이는 것과 같다. 말은 초록색 안경을 썼기 때문에 마른 풀을 싱싱하고 촉촉한 풀이라고 생각하고 좋아하면서 먹는다. 이와 마찬가지로 중생들에게는 무명이라는 초록색 안경 때문에 괴로움을 행복하다고 생각해서 좋아하고 즐기는 갈애가 생겨나는 것이다.(『*Paṭiccasamuppāda tayatogyi*(연기에 대한 법문)』 제1권, pp.32~33)

『위빳사나 수행방법론』에서는 다음과 같이 설명했습니다.

'모든 정신과 물질, 생애들은 괴로움일 뿐이다'라고, 혹은 '그 정신과 물질, 생애들에 대해 갈망하고 애착하는 갈애가 괴로움의 원인이다'라고 사실대로 바르게 알지 못하는 것을 '실천없음 무명appaṭipatti avijjā'이라고 한다. '괴로움의 진리, 생겨남의 진리를 사실대로 바르게 알지 못하는 무명'이라는 뜻이다. 그 밖에 정신과 물질, 생애들을 행복한 것으로, 좋고 거룩한 것으로, 또한 바라고 애착하는 바로 그 갈애를 행복과 좋음의 원인으로 생각하는 것을 '삿된 실천 무명micchāpaṭipatti avijjā'이라고 한다. '괴로움의 진리, 생겨남의 진리를 반대로 잘못 아는 무명'이라는 뜻이다. 이 무명 두 가지는 범부들의 상속에 매우 어리석게, 아주 심하게 생겨난다. 들어서 아는 지혜로 숙고해서 제거하려고 해도 제거할 수 없다. 그렇기 때문에 좋아하고 즐기고 바라고 기대하는 것들을 많이 생겨나게 하려고 밤낮으로 끊임없이 노력하고 애쓰는 것이다. 지금 현재의 물질과 정신, 생애를 더욱 확고하게 하려고, 또한 다음에 좋은 물질과 정신, 생애를 구족하게 하려고 밤낮으로 노력하고 애쓰는 것이다.

다음으로, 원인인 번뇌와 업이 사라지고 소멸돼 완전열반에 들 때의 임종마음 다음에 사람, 천신, 여성, 남성이라는 것이 다시는 생겨나지 않은 채 정신과 물질이 완전히 소멸되는 것, 다시 생겨나지 않는 것을 무여열반anupādisesa nibbāna, 즉 소멸의 진리라고 한다. 《또한 열반에 도달하게 하는 위빳사나와 도의 실천을 도의 진리라고 한다.》 그러한 열반을 '좋다, 행복하다'라고, 또한 '그 열반에 이르게 하는 위빳사나와 도의 실천이 그렇게 행복하게 하는 원인이다'라고 사실대로 바르게 알지 못하는 것, 생각하지 않는 것을 '실천없음 무명'이라고 한다. '소멸의 진리, 도의 진리를 사실대로 바르게 알지 못하는 무명'이라는 뜻이다. 그 밖에 열반을 좋지 않은 것으로, 위빳사나와 도의 실천을 '괴롭게 하는 일'이라고 잘못 아는 것을 '삿된 실천 무명'이라고 한다. '소멸의 진리, 도의 진리를 반대로 잘못 아는 무명'이라는 뜻이다. 이 무명 두 가지가 매우 심한 이들은 열반을 '좋지 않다'라고만 생각하고 인식한다. '완전열반에 들고 난 후에는 전혀 아무 것도 생겨나지 않는다고? 아무것도 알 수 없다고? 아무것도 느낄 수 없다고? 누구도 만날 수 없다고?'라는 등으로 생각해서 열반에 이르는 것 자체를 두려워하기까지 한다. "매우 큰 죽음에 이르는 것이다. 전혀 좋지 않다"라고 비난하기까지 한다. 열반에 이르기 위해 노력하고 있는 이들에 대해서도 "몸과 마음을 일부러 괴롭게 하고 있다. 죽음에 이르기 위해 노력하고 있다"라고 생각하거나 비난하기도 한다.(『*Vipassanā Shunikyan*(위빳사나 수행방법론)』 제2권, pp.80~82)[213]

위의 여러 설명 중 "삿된 지혜micchāñāṇa란 나쁜 행위를 행할 때 여러 방편을 생각하는upāyacintā 모습으로, 또는 나쁜 행위를 행한 뒤 '내가 행한 행위는 좋은 행위다'라고 반조하는paccavekkhaṇā 모습으로 생겨나는 어리석음moha이다"라는(MA.i.191; VbhA.496) 주석서의 내용에 대해 자세하게 살펴보겠습니다.

• **『위방가 물라띠까』의 설명** 『위방가 물라띠까』에서는 주석서의 설명 중 첫 번째 부분인 '여러 방편을 찾는 것', 즉 악행을 생겨나게 하는 그물, 칼, 창, 총 등의 무기나 도구를 구하고 준비하는 데 능숙하고 잘 계획하는 것 자체는 어리석음이 아니라 마치 지혜처럼 예리하게 생각해 낼 수 있는 삿된 생각micchāsaṅkappa, 즉 불선 사유vitakka 마음부수일 뿐이라고 설명합니다. 마찬가지로 두 번째 부분인 '내가 행한 행위는 좋은 행위다'라고 반조하는 것도 근본이 되는 법의 측면으로는 이미 범했던 악행들에 대해 '허물이 없다'라고 생각하는 '인식'과, '허물이

213 『위빳사나 수행방법론』 제2권, pp.141~144.

없다'라고 돌이켜 생각하는 '사유'일 뿐이지 어리석음이 아니라고 설명합니다. 그렇게 잘못 알고 보도록, 혹은 반대로 보고 반조하도록 허물이 있는 성품을 덮어버리는 성품, 암흑을 드리우는 성품만이 어리석음이라고 설명합니다.(VbhMṬ.228)

『위방가 물라띠까』를 근거로 하면 나쁜 행위를 할 때 잘못되고 그릇되게 아는 것, 반대로 생각하는 것이라는 삿된 지혜란 법체로는 인식 마음부수와 불선 사유 마음부수일 뿐입니다. 잘못되고 그릇된 것을 생각해 내고 알 때 허물을 볼 수 없도록 덮어버리는 것만이 어리석음이라고 알 수 있습니다.

그렇다면 주석서에서는(MA.i.192) 왜 삿된 지혜의 법체가 어리석음이라고 설명했을까요? "근접upacāra방법을 통해 엄밀하게는 인식이나 사유이지만 함께 생겨나므로 어리석음이라고 말한 것이다"라고 복주서 스승들이 설명한 내용이 있습니다.

『상윳따 니까야 주석서』에서는 어떤 한 가지 나쁜 행위를 행한 후 '내가 행한 행위는 훌륭한 행위다'라고 반조하는 것으로 생겨나는 삿된 의식micchāviññāṇa이 삿된 지혜라고도 설명했습니다.(SA.iii.168)[214]

• 악행의 방편을 생각해내는 것과 삿된 지혜 악행을 행할 때 그 방편을 생각해 내는 것을 '삿된 지혜'라고 했습니다. 이것과 관련해서 부처님 당시 아나타삔디까Anāthapiṇḍika 장자의 한 하녀의 일화를 살펴보겠습니다.

214 '삿된 지혜'는 어떠한 경험을 성스러운 과라고 잘못 취할 때 사견과 결합한 마음과 함께 생겨나는 사견을 뜻하기도 한다.(VbhMṬ.228)

어느 날 하녀는 아나타삔디까 장자 부인의 값비싼 장식을 두르고 다른 동료 하녀들과 함께 정원으로 놀러 나갔습니다. 한 도적이 그녀를 우연히 보고서 값비싼 장식에 눈이 멈췄습니다. 도적은 그 장식을 빼앗기 위해 하녀에게 마치 그녀를 좋아하는 듯 먹을 것과 마실 것을 주며 신임을 얻었습니다. 하녀는 '저 사람이 나를 좋아하는구나'라고 여겨 도적을 믿게 되었습니다.

어느 밤에 동료 하녀들이 피곤해서 자고 있을 때, 그 하녀는 도적과 단둘이 만났습니다. 하지만 하녀는 도적의 여러 가지 의심스러운 점들을 간파하게 됐고, '나를 진짜로 좋아하는 것이 아니다. 나를 죽여서 재산을 빼앗으려고 하는 것이다'라고 알아챘습니다. 그래서 '자신의 생명을 지키고 위험에서 벗어나려는' 목적으로 방편을 써서 그 도적을 유인해 우물 속으로 빠뜨렸습니다. 도적은 우물에 빠져 죽었습니다.(JA. iii.413/J419)

신떼 사야도는 '속여서 죽이는 것이 지혜인가, 지혜가 아닌가'라는 질문에 대해 결정할 때 이 일화를 예로 들면서 다음과 같이 설명했습니다.

> 아나타삔디까 장자의 하녀가 도적을 죽이기에 앞서 속이는 것은 지혜와 비슷하다. 하지만 지혜는 아니다. 삿된 지혜라고 알아야 한다. 그 삿된 지혜란 어리석음이다.(『*Abhidhammasamūhavinicchayakyan*』제1권, 134)

이것은 "잘못된 행위를 할 때 그 행위의 여러 방편을 생각하고 준비하는 것으로 생겨나는 어리석음을 삿된 지혜라고 한다. 그것은 어리석음이다"라는『위방가 주석서』에 따라 결정한 것입니다.

이 일화에서 하녀는 자신을 죽이려는 도적에 대해 자신이 먼저 여러 방편을 생각해 내려고 노력했습니다. 그렇게 생각할 때 하녀의 상속에 깨끗하고 허물이 없는 선한 마음들이 생겨나기란 쉽지 않습니다. 대부분 성냄을 선두로 한 불선 마음들만 차례로 생겨났을 것입니다. 도적을 자신이 먼저 이길 수 있도록 방편들을 생각해 내는 것, 궁리하는 것들을『물라띠까』스승들은 '방편을 생각하는 것upāyacintā'이라고 했습니다. '방편을 생각하는 것'은 앞서 삿된 지혜와 어리석음에서 설명했듯이 지혜처럼 아주 예리하게 생각해 낼 수 있는 불선 사유 마음부수입니다. 죽이거나 이기기 위해 방편을 생각해 낼 때 그것이 허물이 있다는 바른 성품을 보지 못하도록, 알지 못하도록 덮어버리는 성품만이 삿된 지혜, 즉 어리석음이라고 부를 수 있습니다. 이렇게 죽이기 위해 계획할 때는 어리석음 마음부수가 한 부분 포함돼 자기 역할을 수행한다는 점도 알아야 합니다.

• **무기를 만들어내는 지혜와 어리석음** 또한 불선업을 증가시키는 그물, 덫, 칼, 창, 대포, 총, 미사일, 독가스 등의 무기장치를 만들고 개발할 때, 혹은 스스로 사용할 때 능숙한 것도 '방편을 생각하는 것upāyacintā'이라고 말할 수 있습니다. 그렇게 방편을 생각하는 것의 허물을 보지 못하도록 덮어버리는 성품이 어리석음이라는 삿된 지혜micchāñāṇa입니다.(VbhMṬ.228)

최근 과학기술이 급속도로 발전하고 있습니다. 과학기술은 좋은 일에 도움을 주는 데 큰 역할을 하지만 나쁜 일을 하는 데도 주된 역할을 합니다.[215] 과학기술의 힘으로 중생들이 병으로 죽는 비율이 확연히 줄어들고

215 ㉯좋은 곳에 도움을 주는 데도 경쟁자가 없는 것처럼 나쁜 곳의 바탕이 되는 데도 우승자로서 역할을 하고 있다.

있지만, 갖가지 첨단 무기 때문에 죽는 비율도 그만큼 늘어나고 있습니다. 현재의 과학기술은 단 몇 초 만에 수천, 수만 명의 중생을 죽게 할 수 있는 핵폭탄, 중성자탄 등의 무기들까지 만들어 내는 무시무시한 단계에 와 있습니다. 그러한 살상무기들을 만들어내고 계획하는 과학 기술자의 상속에 허물이 없는 선 마음이 생겨나기란 매우 어렵습니다. '어떻게 해야 사람을 더 많이 죽일 수 있을까. 건물을 더 많이 파괴할 수 있을까'라고 숙고하는 모습을 생각해 보면 이 사실이 분명합니다. 선 마음이 생겨나지 않으면 무기를 개발하는 지혜는 진짜 지혜가 될 수 없습니다. 앞에서 설명한 대로 어리석음이라고 불리는 삿된 지혜의 한 종류일 뿐입니다.

하지만 과학 기술자들이 자국 국민들에 대한 연민, 그들의 이익을 바라는 자애를 바탕으로 여러 위험으로부터 보호해 주는 장치들을 생각해 낸다면, 그것은 선 마음이기도 하고, 그로 인해 진짜 지혜가 생겨나기도 합니다. 마찬가지로 중생들의 행복을 위해 여러 이동수단이나 약, 생활필수품들을 생각하고 만들어 내는 것도 진짜 지혜인 선 마음이 생겨나는 것이라고 할 수 있습니다.(VbhMṬ.393)

• **외도를 존경하는 것과 어리석음** 세상에는 다양한 사람들이 존재합니다. 그렇듯 그들이 믿고 따르고 의지하는 종교도 다양합니다. 불교 가르침에 입문한 불자들이 고따마 부처님과 부처님의 가르침, 승가를 세 가지 보배로 믿고 의지하는 것처럼 기독교를 믿는 이들은 하느님과 예수를, 이슬람교를 믿는 이들은 알라 신과 모하메드를, 힌두교를 믿는 이들은 비쉬누 천신 등을 각각 믿고 의지합니다. 부처님 당시에도 뿌라나깟사빠Pūraṇakassapa 등 육사외도에 귀의한 제자들이 몇 천 명이나 있었다고 합니다.

부처님의 가르침에서는 믿음saddhā이라는 마음부수와 관련해서 "부처님과 가르침과 승가라는 삼보, 업과 업에 대한 결과라는 '믿기에 적당한 대상saddheyyavatthu'을 믿어야 진정한 믿음이다"라고 여러 주석서와 복주서에 설명돼 있습니다. 따라서 사견을 믿는 이들이 자신들의 외도titthi 스승, 아니면 절대자를 믿고 귀의하는 것은 진짜 믿음이라는 마음부수라고 말하기 어렵습니다. 믿음이 아니면 어떤 성품법이라고 해야 할까요?[216]

이 질문에 대해 주석서의 스승인 마하붓다고사Mahābuddhaghosa는 다음과 같이 설명했습니다.

> 사견을 가진 이들이 자신들의 외도 스승을 믿는 것은 믿음이라고 할 수 없다. 단지 자신의 스승이 설한 내용들을 받아들이는 것일 뿐이다. 법체로는 조사하고 숙고함이 없는anupaparikkhā 어리석음[217] 마음부수이거나, 사견 마음부수 중 하나이다.(DhsA.291)

그렇지만 『담마상가니 물라띠까』 스승들은 외도 스승들을 믿고 귀의하는 것은 조사하고 숙고함이 없는 어리석음의 힘 때문에, 또는 사견의 힘 때문에, 또는 믿기에 적당하지 않은 대상에 대해 애착하는 갈애 때문에 '맞다, 옳다'라고 확신하는 결심adhimokkha이라고 설명합니다. 또는 믿기에 적당하지 않은 대상에 대해 믿는 불선법은 불신assaddhiya이

216 본서 pp.430~431 참조.

217 DhsMṬ.119.

라는 삿된 결심 마음부수라고 설명합니다. 즉 『담마상가니 물라띠까』 스승들의 견해에 따르면 믿기에 적당하지 않은 외도 스승이나 절대자를 믿는 것은 법체로 삿된 결심 마음부수입니다.(DhsMṬ.89, 120)

레디 사야도도 『빠라맛타 디빠니』에서 "외도 스승들이나 그들의 가르침을 믿는 것은 '모조 믿음paṭirūpaka saddhā'이라는 가짜 믿음으로 법체로는 삿된 결심 마음부수다"라고 말했습니다.(AhPdṬ.104)

『위숫디막가』와 『위숫디막가 대복주서』에서는 외도에 대한 믿음은 지혜와 통찰지로 꿰뚫어 들어가 믿는 부동不動의 믿음aveccapasannasaddhā이 아니라 무조건 믿는 맹신muddhapasannasaddhā이라고 말했습니다. 맹신은 법체로는 어리석음 마음부수라고 『아비담맛타디빠까 짠』 스승은 설명했습니다.

요약하면 주석서의 스승들은 사견을 지닌 이들이 외도 스승들을 믿는 맹신과 모조 믿음은 어리석음 마음부수 아니면 사견 마음부수라고 말하고, 복주서의 스승들은 잘못 결정하는 성품인 삿된 결심이라고 말합니다.

이 두 가지 견해를 비교해 보면 서로 다르다고 생각할 수도 있습니다. 하지만 사실은 표현만 다를 뿐 말하고자 하는 근본 의미는 다르지 않습니다. 주석서의 스승들은 돌려서 말하는 우회화법vaṅkavutti, 방편적 의미neyyattha, 근접 의미upacārattha 방법으로 설명해서 '어리석음'이라고 말했고, 복주서의 스승들은 직설적으로 말하는 직접화법ujukavutti, 결정적 의미nītattha, 확실한 의미muchattha 방법으로 설명해서 '삿된 결심'이라고 말한 것입니다.

복주서 스승들의 "mohavasena vā diṭṭhivasena vā 어리석음을 통해서, 혹은 사견을 통해서"라는(DhsMT.119) 설명과 "통해서와 성품들을 간접직접 알아라"라는[218] 게송에 나와 있듯이 어리석음과 사견은 간접적으로 취한 것이고 삿된 결심은 직접적으로 취했다는 사실이 분명합니다.

'외도 스승들이 설한 것은 사실이다'라고 잘못 그릇되게 믿고 결정하는 성품인 삿된 결심 마음부수가 생겨나기 위해 어리석음이 대상의 바른 성품을 덮어버렸습니다. 따라서 어리석음은 조건법, 삿된 결심은 결과법입니다. 주석서의 스승들은 간접적 방법으로 조건인 어리석음 마음부수를 취해 말했고, 복주서의 스승들은 직접적 방법으로 결과인 삿된 결심 마음부수를 취해 말했습니다. 이렇게 주석서와 복주서가 취한 내용이 서로 다른 것은 그 취하는 방법이 다르기 때문이지 말하고자 하는 근본 의미가 다른 것은 아닙니다. 따라서 외도 스승들을 믿는 것은 어리석음이나 사견, 또는 삿된 결심이라고 말할 수 있습니다.

---

218 '통해서vasena'라고 설명한 것은 간접적으로 말한 것이고 '성품으로bhavena'라고 설명한 것은 직접적으로 말한 것이라고 알아야 한다.

제30강

2008년 12월 30일

경전 한 구절을 먼저 소개하겠습니다.

Vivādaṁ bhayato disvā, avivādañca khemato;
Samaggā sakhilā hotha, esā buddhānusāsanī. (Ap.i.7)

해 석

논쟁을 위험이라고 보고
논쟁않음을 안온이라고 보고
화합하며 상냥하라
이것이 붓다들의 거듭된 가르침이니라.

대 역

Vivādaṁ논쟁을 bhayato위험이라고 disvā보고 avivādañca논쟁않음을 khemato안온이라고 disvā보고 samaggā화합하며 sakhilā hotha상냥하라. esā이것이 buddhānusāsanī붓다들의 거듭된 가르침이니라.[219]

이 훈계는 고따마 부처님뿐만 아니라 강가 강의 모래알만큼이나 많은 이전의 모든 부처님께서 설하셨던 게송 중 하나입니다.

"논쟁"이란 서로 다투는 것입니다. 어떤 사실에 대해서 서로 견해가 다를 때 사람들은 언쟁합니다. 부처님 가르침 중 계율이나 경전, 아비담마 내용에 관해서도 서로 다툽니다. 개인끼리 다투는 것에 그치지 않

219 대역은 *Mouthi* 본, 『*Thera Apadāna Pāḷito Nissaya*(테라 일대기 성전 주석서)』, p.14 참조.

고 단체끼리도 싸웁니다. 더 나아가 국가 간에도 다툼이 일어납니다. 이러한 논쟁을 위험한 것, 좋지 않은 것이라고 보고 논쟁하지 않는 것을 안온한 것, 위험이 없는 것으로 봐야 한다는 가르침입니다. 부처님께서도 "나 여래는 세상과 논쟁하지 않는다. 세상이 나와 논쟁한다"라고(S.ii.113/S22:94) 말씀하셨습니다. 바른 법을 말하는 것은 논쟁하는 것에 해당하지 않습니다.[220]

그렇게 본 뒤 "화합하라"라고 말씀하셨습니다. 이것은 선업을 행할 때 화합하라는 것입니다. 불선업을 행할 때 같이 따라가서 화합하면 안 됩니다. 예를 들어 술을 마실 때 같이 마시는 것은 진정한 화합이 아닙니다. 범부들은 선업을 행할 때는 화합하지 않고, 불선업을 행할 때는 잘 화합하는 경향이 있습니다.

"상냥하라"라는 것은 서로 불편한 말을 하지 않고 부드럽게 말하는 것을 뜻합니다. 꿀처럼 부드럽게 말하는 것, 귀에 듣기에 부드럽게 말하는 것입니다. 마치 물과 우유가 섞이고 나면 어떤 것이 우유이고 어떤 것이 물인지 구별하지 못하는 것처럼 상냥하게 말하며 화합하라는 뜻입니다.

선행을 같이 하다 보면 서로 의견이 충돌할 때가 있습니다. 상대방의 행동이 마음에 들지 않을 수도 있습니다. 하지만 그로 인해 논쟁이 생겨난다면 개인은 물론이고 그가 속한 단체까지 여러 가지 나쁜 결과를 초래할 수 있습니다. 그러니 논쟁을 위험이라 보고, 논쟁하지 않고 화합하며 상냥하게 말해야 합니다. 이것이 모든 붓다께서 거듭 훈계하신 가르침입니다. 이 가르침을 마음에 잘 새겨야 합니다.

220 『아낫딸락카나숫따 법문』, pp.121~122 참조.

나타남

어리석음은 바르게 실천할 수 없는 성품이라고, 혹은 지혜의 눈을 멀게 하는 어둠의 법이라고 수행자의 지혜에 나타납니다.

(가) 바르게 실천할 수 없는 성품

바르게 실천할 수 없음asammāpaṭipatti이라는 나타남은 결과로서의 나타남입니다. 여기서 결과란 앞서 언급했던 '대상의 바른 성품을 덮어버림'이라고 하는 역할의 결과입니다. 어리석음이 대상의 바른 성품을 덮어버리기 때문에 바르게 실천할 수 없다는 뜻입니다. 어리석음의 성품을 역할의 측면으로 이미 설명했기 때문에 결과법과 연결 지어 그 조건인 어리석음의 성품을 다시 설명한 것입니다.

혹은 '어리석음의 덮어버림 때문에 바르게 실천하지 못한다'라고 결과법을 통해 '그 조건인 어리석음은 이러한 성품이다'라고 조건인 어리석음을 설명하는 모습입니다.

• **바르게 실천하지 못하는 모습** 세상에 존재하는 물질·정신 2가지, 다섯 무더기는 사실 괴로움의 덩어리, 괴로움의 모임일 뿐입니다. 하지만 어리석음이 아직 사라지지 않은 범부 등은 그들의 상속에 어리석음이라는 어둠이 큰 먹구름처럼 드리워져 있기 때문에 '괴로움의 무더기일 뿐이다'라고 알지 못합니다. 더 나아가 '사람의 물질·정신 무더기와 영화, 천신의 물질·정신 무더기와 영화 등도 11가지 불이[221] 끊임없이 활활 불태우고 있다'라는 사실도 알지 못합니다. 마치 신

221 애착rāga, 성냄dosa, 어리석음moha, 태어남jāti, 늙음jarā, 죽음maraṇa, 슬픔soka, 비탄parideva, 고통dukkha, 근심domanassa, 절망upāyāsa이다.(S35:28)

기루를 물이라고 착각하는 어리석은 사슴처럼 그러한 가짜 행복을 진짜 행복으로 잘못 알고 있습니다. 그래서 그들의 상속에는 계속 타오르게 하는 땔감일 뿐인 이 무더기를 애착하고 갈망하는 갈애와 취착만 매일 늘어납니다. 애착하고 갈망하는 갈애와 어떻게 해서라도 가지려고 하는 취착이 부추기고 자극하기 때문에 지금 가진 무더기의 편안함을 위해 '눈먼 사람 귀신 무서워하지 않듯'이라는 미얀마 속담처럼 사냥하는 일, 고기 잡는 일 등 여러 불선업을 함부로 행하고 있는 것입니다.

다른 생명을 죽이면 이번 생에서 다른 이의 비난이나 형벌을 받습니다. 다음 여러 생에서 사악도에 떨어집니다. 사람으로 다시 태어난다 하더라도 다리나 팔 등 신체 부분이 온전히 갖춰지지 않거나 용모가 추합니다. 이러한 여러 허물을 겪어야 합니다. 그와 마찬가지로 다른 이의 물건을 훔치는 행위, 삿된 음행 등 여러 악행도 지금 생과 다음 생 모두에서 나쁜 결과를 생겨나게 합니다.[222]

하지만 어리석음이 덮어버리면 그러한 여러 허물을 알지 못합니다. 두려워하지 않습니다. '죽으려는 사람은 독을 마시는 것도 두려워하지 않는다'라는 속담처럼 괴롭히고 죽이는 등 성냄을 뿌리로 하는 여러 행위를 함부로 행합니다. 아직 사물을 분간하여 알지 못하는 어린아이들이 대변을 즐겁게 만지며 노는 것처럼 감각욕망 대상의 행복을 누리는 것 등 탐욕을 뿌리로 하는 여러 행위를 함부로 행합니다.

그렇게 행할 때 일부는 무명이 매우 두껍게 덮어버려서 허물을 전혀 모른 채 행합니다. 일부는 허물을 알더라도 탐욕과 성냄이 생겨날 때

222 도둑질의 과보는 『가르침을 배우다』, p.151, 삿된 음행의 과보는 『가르침을 배우다』, pp.156~157 참조.

함께 결합돼 따라온 어리석음이 즉시 덮어버리기 때문에 그 행위를 하는 당시에는 허물을 볼 수 없어서 악행을 행합니다.(VbhA.ii.138)

• **깔라마숫따** 이렇게 어리석음이 아직 사라지지 않은 중생들의 상속에 어리석음의 먹구름이 드리워지면 중생들은 가엽게도 선행은 하지 못하고 여러 악행을 범합니다. 그래서 부처님께서 직접 『앙굿따라 니까야』「깔라마숫따Kālāmasutta」에서 깔라마 왕족들에게 다음과 같이 설하셨던 것입니다.

> "깔라마들이여, 어떻게 생각하는가? 어리석음은 중생들의 번영을 생겨나게 하는가? 번영을 생겨나게 하지 않는가?"
> "번영을 생겨나게 하지 않습니다, 부처님."
> "깔라마들이여, 어리석은 이들은 그들의 마음을 어리석음이 괴롭히고 거머쥐기 때문에 다른 이의 목숨을 빼앗고, 주지 않은 물건을 훔치고, 삿된 음행을 행하고, 바르지 않은 말을 한다. 심지어 다른 이들도 그렇게 행하도록 만든다. 그렇게 다른 이를 죽이거나 죽이도록 하는 것 등은 그들에게 오랜 세월 동안 불이익과 고통만 생겨나게 하지 않겠는가?"
> "생겨나게 합니다, 부처님."(A.i.207/A3:65)

• **일부 세간 선업도 바르지 않은 실천이다** 불선업을 행하는 것만 바르지 않은 실천에 해당하는 것은 아닙니다. 사람이나 천신, 범천의 영화를 바라고 고대하면서 세간의 선업을 행하려고 노력하는 것도 바르지 않은 실천일 뿐입니다.

무엇 때문일까요? 그러한 노력은 도의 선업처럼 윤회에서 직접 벗어나게 하는 원인이 아니기 때문입니다. 또한 그렇게 노력해서 생겨나는 사람·천신·범천의 영화조차도 몸과 마음 두 가지로 고통을 받는 고통 괴로움dukkha dukkha, 그것을 유지하고 보호해야 하는 형성 괴로움saṅkhāra dukkha, 결국에는 무너져 사라지고 없어지는 변화 괴로움vipariṇāma dukkha으로[223] 가득 차 있기 때문입니다.

물질·정신 무더기가 있는 모든 존재는 태어남, 늙음, 병듦, 죽음이라는 괴로움들을 어쩔 수 없이 겪어야 합니다. 좋아하는 이와 헤어져야 하고, 싫어하는 이와 만나야 하고, 바라는 것을 얻지 못하고, 재산을 잃고, 먹고 입고 자는 것이 편하지 않은 것 등 여러 괴로움을 '사람의 행복'이라고 말하는 바로 그 사람 세상에서 전부 겪으며 지내야 합니다.

천상 세상이나 범천 세상은 상대적으로 괴로움이 적습니다. 하지만 큰 재산을 잃었을 때 더욱 큰 괴로움의 불이 타오르는 것처럼 천상 세상과 범천 세상의 행복도 몸에 두른 독사처럼 언젠가는 고통으로 끝나기 마련입니다.

그럼에도 불구하고 지혜의 눈이 없는, 어리석음의 암흑이 드리워진 '탐욕인'들은 그 괴로움일 뿐인 무더기를 행복한 무더기라고 잘못 생각하고서 사람·천신·범천의 영화들만 고대합니다. 마치 꿀을 발라 놓은 칼날을 혀로 이리저리 핥아먹는 것처럼, 혹은 불나방이 불더미로 뛰어드는 것처럼, 자신에게 이익이 적은 그러한 여러 가지 행복하게 보이는 것들을 갈애로 애착해서 세간 선업을 행합니다.

223 고통 괴로움과 변화 괴로움과 형성 괴로움은 『담마짝까 법문』, pp.234~236 참조.

"어리석은 사슴들이 신기루를 물로 착각하고 따라가다가 죽는다"라는 구절처럼 그러한 행복들은 진실한 행복이 아니기 때문에 그 원함은 채워지지 않습니다. 그런데도 가짜 행복, 모조 행복에 거듭 도취돼 빠져 지냅니다.

몇 만 대겁으로 수명이 긴 무색계 범천들조차 언젠가는 무너지고 사라져버리는 '변화 괴로움'을 반드시 겪어야 합니다. 무색계 세상에 나기 위해 노력하고 행해야 하는 '형성 괴로움'도 비교할 수 없을 정도로 고통스럽습니다. 하지만 어리석음이 속이기 때문에 '무상이 드러나지 않을 정도로 매우 수명이 긴 무색계 범천 세상의 무더기들은 무너지지 않고 사라지지 않고 영원하다. 무색계 범천 세상의 행복들은 진실로 바랄 만한 것이고, 행복한 것이다'라고 잘못 생각하고서, 마치 길을 잃은 이들이 야차들의 마을로 들어가는 것처럼 무색계 선업을 행하려고 열심히 노력합니다.

그래서 부처님께서 직접 『위방가』「연기 분석」에서 "무명이 네 가지 진리를 덮어버리기 때문에 불선업도 행한다. 욕계선업·색계선업이라고 불리는 보시·지계·수행도 행한다. 허물 있는 여덟 세상[224]에 포함되는 무색계 세상에 이르게 하는 무색계 선업도 행하고 노력한다"라고 설하셨습니다.(Vbh.142)[225]

이 의미를 레디 사야도는 『연기 해설서』에서 다음과 같이 게송으로 표현했습니다.[226]

---

224 부처님의 가르침을 실천하기 힘든 여덟 장소인 팔난을 말한다. 지옥, 축생, 아귀, 수라, 무상유정천, 선천적 장애인, 변방, 사견을 가진 생이라는 여덟 경우다. 범부가 무색계에 태어났을 때도 가르침을 실천하기 어렵기 때문에 이 경우는 '무상유정천'에 포함시킨다. 『가르침을 배우다』, pp.382~386 참조.

225 『위방가』 제1권, pp.448~449 참조.

226 *Ledi Sayadaw*, 『*Paṭiccasamuppādadīpanī*(연기 해설서)』, p.43 참조.

다음세상 윤회할때 인간천상 부귀영화
행복이라 여겨집착 다음세상 행복하길
여러선업 노력하며 공덕토대 부동행인
생의근본 늘게하여 윤회굴레 길어져[227]

하지만 보시·지계·수행 등의 선업이 모두 바르고 훌륭한 실천이 아니라는 뜻은 아닙니다. 사람·천상·범천 세상의 무더기와 영화를 얻으려는 목적으로만 행하는, 계속 윤회하게 하는 선업만이 바르고 훌륭한 실천이 아니라는 뜻입니다. 윤회로부터 벗어나기 위해 행하는 세간 선업, 또는 도와 과, 열반의 바탕이 되는 바라밀로서의 세간 선업은 바르고 훌륭한 실천sammāpaṭipadā입니다. 무엇 때문일까요? 윤전으로부터 벗어나게 하는 바탕인vivaṭṭanissita 보시·지계·수행, 특히 위빳사나 세간 선업을 바탕으로 하지 않고서는 도와 과, 열반을 얻을 수 없기 때문입니다.

• **소멸과 도를 잘못 알고 그릇되게 실천하는 모습** 또한 소멸의 진리와 도의 진리를 어리석음이 덮어버리기 때문에 일부 사람들은 욕계천상이나 범천 세상을 모든 고통이 소멸된 곳, 죽음이 사라진 곳이라고 잘못 생각합니다. 그러한 세상에 이르게 하는 여러 실천도 '바른 실천'이라고 생각합니다. 그래서 그들이 생각하는 '모든 고통이 소멸된 곳'에 이르기 위해 개·돼지·염소·소 등의 짐승들을 죽여 헌공제를 열

227 '공덕토대'란 10가지 공덕행의 토대를 말한다. 『가르침을 배우다』, p.80 참조. '부동행'이란 무색계 선업을 말한다.

거나 다섯 뜨거움pañcātapa이라[228] 불리는 고행을 실천합니다. 사실 그러한 실천은 어리석음이 덮어서 잘못된 견해로 행하는 삿된 실천일 뿐입니다. (VbhA.ii.138)

• **어리석음 때문에 자아 사견이 생겨나는 모습** 부처님께서 출현하시기 이전부터 다섯 무더기가 마지막에 사라지는 임종cuti과 처음 분명하게 생겨나는 재생연결paṭisandhi에 대해 바른 성품을 보지 못하도록 어리석음이 덮어버렸기 때문에 일부 사람들은 잘못된 견해를 가지게 됐습니다.

그들은 '다섯 무더기, 물질·정신 두 가지가 마지막에 무너지는 것이 죽음maraṇa이다'라고 사실대로 보지 못하고 "'중생'이라는 '자아atta'가 죽는다. 그 자아는 이 무더기에서 저 무더기로 옮겨간다"라고 잘못 생각합니다. 그와 마찬가지로 '각각의 생에 다섯 무더기, 물질·정신 두 가지가 분명하게 처음 생겨나는 것이 재생연결paṭisandhi이다'라고 사실대로 보지 못하고 "중생이라고 불리는 자아가 태어났다. 자아에게 새로운 무더기가 분명하게 생겨났다"라는 등으로 잘못 생각합니다. 마찬가지로 '그러한 물질·정신 무더기가 계속해서 윤전하며 생겨나고 사라지는 것을 윤회saṁsāra라고 말한다'라고 사실대로 보지 못하고 '자아가 이 생에서 저 생으로 옮겨간다. 저 생에서 이 생으로 옮겨온다'라고 잘못 생각합니다.

물질·정신 법들의 성품에 대해 미혹한 이들은 물질법의 변형됨rup-

228 ㉲번뇌라는 물기를 말려 인간 세상에 이르기 위해 매우 뜨거운 모래 위에 사방으로 불더미를 쌓아놓고 그 중간에 들어가 지내면서 머리위의 태양의 뜨거움, 사방에서 불더미의 뜨거움이라는 다섯 가지 뜨거움을 받으며 실천하는 것이다.

pana, 정신법의 대상에 기욺namana, 물질·정신 법의 무상함anicca 등의 바른 성품이나 마음의 대상을 식별함ārammaṇa vijānana, 접촉의 닿음phusana, 땅 요소의 거칠고 단단함kakkhaḷa 등 고유성질을 사실대로 바르게 알지 못하기 때문에 그러한 물질·정신 법들일 뿐인 것을 '나', '나의 것'이라고, '나는 항상하다. 나는 행복하다. 나는 닿는다'라고 잘못 생각하고 삿된 견해를 가집니다.

무명 등 조건법들 때문에 형성 등의 결과법들이 생겨나는 것인 연기paṭiccasamuppāda의 성품을 사실대로 정확하게 알지 못하기 때문에 상키아 학파Saṅkhyādassana의 스승 까삘라Kāpila 등은 "자아는 조건과 결과를 직접 안다"라는 견해를 가지고, 위세시까 학파Visesikadassana의 스승 까나다Kaṇāda 등은 "자아는 조건과 결과를 스스로 알 수 없다. 깨달음buddhi이라는 덕목과 결합해야 안다. 다른 생에서 행복과 괴로움을 경험하는 자아, 그것이 선행과 악행을 스스로 행한다. 다른 이에게도 행하게 한다. 자아는 재생연결 때 생겨난다. 자아는 극미체paramāṇu에서 생겨난다. 빠라메스와paramesvā, 브라흐마brahmā 등 창조주issara가 창조해서 생겨난다. 그 자아는 눈 등의 신체 요소 각 부분indriya에 구족돼서 닿고, 느끼고, 애착하고, 집착하고, 자극한다. 바로 그 자아가 다시 새로운 생에 태어난다"라는 견해를 가집니다.

이렇게 '자아는 끊어지지 않은 줄로 엮여 서로 붙어 있는 염주알처럼 앞뒤로 사람, 천신, 새 등 각각의 생에 이른다'라고 사견을 취해서 '자아사견attadiṭṭhi'이 생겨납니다. 자아사견은 지금 이 순간까지 어리석음의 암흑이 드리워진, 탐욕의 자식들의 상속이라는 나라를 왕처럼 계속 지배하고 있습니다.(VbhA.141; Pm.ii.293)

요약하면 자아사견이란 "자아라는 것은 중생들의 무더기, 혹은 온

세상을 지배하며 무너지지 않고 항상 머물고 있는 실체이자 핵심 성품법이다"라고 고집하는 견해입니다.

그들이 말하는 자아를 바른 견해sammādiṭṭhi라는 '절대성품 현미경'으로 조사해 보면 자아라고 불릴 만한 어떠한 것도 찾아 볼 수 없습니다. 그들의 자아사견에는 어리석음이라는 암흑의 먹구름이 드리워져 있어 실재 성품을 정확하게 알지 못합니다. 앞에서도 언급했듯이 마치 장님[229]들이 각자 코끼리를 만지고서 '코끼리는 절구공이와 같다. 양탄자와 같다. 벽과 같다. 기둥과 같다. 빗자루와 같다'라고 생각하는 것처럼, 추측한 뒤 그것을 사실이라고 확고하게 거머쥐는 것과 같습니다.

• **선천적 맹인과 윤회의 유랑자** 어리석음이라는 먹구름에 덮여 바르게 볼 수 없어서 바른 실천이 생겨나지 못하는 모습을 선천적으로 앞을 볼 수 없는 맹인의 비유로 설명해 보겠습니다.

선천적 맹인은 인도해 주는 이 없이 혼자 지팡이를 잡고 길을 나서기가 쉽지 않습니다. 만약 스스로를 믿고 의지해서 용기를 내어 혼자서 간다면 '눈먼 닭 쌀항아리 만나듯'이라는 미얀마 속담처럼 아주 가끔씩만 좋고 바른 길을 걸을 수 있습니다. 대부분은 덫이나 그물, 가시, 그루터기 등으로 가득 찬 나쁜 길, 울퉁불퉁한 길만 가야 합니다.

그와 마찬가지로 범부 중생이라는 윤회의 유랑자들도 어리석음의 먹구름이 드리워져 있기 때문에 대상의 바른 성품을 볼 수 없는 선천적 맹인이 돼 버립니다. 그들은 네 가지 진리를 알고 보고 가르쳐 줄 수 있는 지혜라는 인도자, 동료를 가지지 못했습니다. 그래서 어리석

229 '장님 코끼리 만지기'라는 속담에 나오는 용어를 그대로 따랐다.

음이라는 먹구름이 드리워진 채, 이리저리 윤회의 여정을 유랑하면서 가끔씩만 세간의 선업을 행하고 대부분은 불선업만 범하게 됩니다. (VbhA.141~142)

(나) 지혜의 눈을 멀게 하는 어둠의 법

두 번째로 어리석음은 지혜의 눈을 멀게 하는 어둠의andhakāra 법이라고 수행자의 지혜에 나타납니다.

어리석음이 지혜의 눈을 멀게 하는 모습은 어리석음의 특성에서 자세하게 설명했습니다. 어리석음과 지혜가 어둠과 밝음처럼 반대되는 모습도 앞에서 설명했습니다. 지혜의 빛이 밝게 비추고 있을 때는 어리석음의 어둠이 사라져 버리듯이 어리석음의 어둠이 드리워져 있을 때는 지혜의 밝음이 사라져 버립니다.

이어서 어리석음의 나타남에서는 앞서 설명하지 않은 몇 가지를 덧붙여 설명하겠습니다.

• **전통에 따라 눈먼 이** 일부 사람들은 태어날 때부터 그 가문만의 전통적인 견해에 따른 어리석음의 큰 장막 아래 성장해 왔습니다. 예를 들면 그들은 '염소, 소, 닭, 새 등 다른 생명체를 죽여도 허물이 없다. 술을 마셔도 된다. 중생이나 중생들의 괴로움과 행복은 모두 하느님이 창조했다'라는 등으로 믿고 살아온 것입니다.

그들은 매우 두꺼운 어리석음이라는 장막으로 계속해서 덮여 왔기 때문에 선과 악을 구분해서 알지 못하고, 조건과 결과가 연결돼 생겨나는 모습도 알지 못합니다. 이렇게 그들은 대대로 내려온 전통적인 견해에 따라 맹인이라는 범부의 줄에 서게 됩니다.

마하시 사야도는『연기에 대한 법문』에서 다음과 같이 설명했습니다.

> 다른 종교를 믿는 한 여인이 "불교도들은 알지 못하는 무명 때문에 어떠한 것이 생겨난다고만 말하고 있다. 모르는 것으로부터는 좋고 훌륭한 것들이 잘 생겨날 수 없다. 한 번 보라. 의자 하나를 만들더라도 지혜가 있어야 만들 수 있다. 사람이나 중생이 생겨나도록, 또한 세상과 더불어 나무, 숲, 산, 달, 태양, 별 등이 생겨나도록 지혜로 만들어야 생겨날 수 있다. 따라서 그대들이 말하는 대로 알지 못하는 무명 때문에 생겨난다는 것은 사실일 수 없다. 하느님이 지혜와 신통으로 알맞게 창조해 놓았기 때문에 생겨나는 것이 맞다"라고 말했습니다.[230]

사실은 그 여인의 상속에 오랫동안 거듭해서 지혜를 덮어버리고 있는 어리석음이, 조건과 결과가 연속적으로 결합해서 생겨나고 있는 모습의 바른 성품인 연기를 알 수 있는 지혜의 눈을 멀게 했기 때문에 위와 같이 말한 것입니다.

• **가끔씩 눈먼 이** 일부 사람들은 태어날 때는 지혜가 있는 선한 부모에게서 태어나sappurisūpanissaya 바른 견해를 가질 수 있는 기회가 있는 지역에서patirūpadesa 성장합니다. 그들은 불선업과 선업이 있다는 사실, 불선업은 허물이 있고 나쁜 결과를 일으키는 성품이고 선업은 허물이 없고 거룩하고 깨끗하며 좋은 결과를 일으키는 성품이라는 사실

230『*Paṭiccasamuppāda tayatogyi*(연기에 대한 법문)』, 제1권, p.289.

을 압니다. 더 나아가 중생들의 태어남과 죽음, 괴로움과 행복은 창조주가 만들어낸 것이 아니라 "누구 아닌 스스로"라는 미얀마 속담처럼 스스로의 선업과 불선업이 만들어내는 것이라고 조건과 결과, 연기법까지 잘 이해하고 알고 보는 지혜로운 이가 됩니다.

하지만 그 지혜로운 이의 마음 연속에 어리석음이 뚫고 들어오게 되면 갑자기 조건과 결과의 좋고 나쁨을 구분하여 알지 못하고서 불선업을 범합니다. 이처럼 원래 있던 지혜의 눈을 멀게 하는 성품이 바로 어리석음입니다. 부처님께서는 『이띠웃따까』「안따라말라숫따Antarāmalasutta(내면의 더러움 경)」에서 다음과 같이 설하셨습니다.

어리석음은 불이익을 생겨나게 하고
어리석음은 마음을 뇌란惱亂시킨다.[231]
내면에서 위험이[232] 생겨나지만
사람들은 그것을 깨닫지 못한다.

어리석은 자는 이익을[233] 알지 못하고
어리석은 자는 법을[234] 보지 못한다.
칠흑 같은 어둠만이 있을 뿐이니
어리석음이 사람을 지배한다면.

231 괴롭고 어지럽게 하다
232 위험하게 하는 원인을 말한다.
233 자신의 이익과 타인의 이익.
234 공덕행 토대 10가지, 선행 10가지라는 선법을 뜻한다. 선정, 도와 과를 보지 못하는 것은 말할 필요도 없다.

그러나 어리석음을 제거하고서[235]
어리석게 하는 것에[236] 어리석지 않다면
그는 모든 어리석음을 제거하나니[237]
태양이 뜨면 어둠을 제거하듯이.(It3:39)[238]

• **문빗장의 비유** 비유하면 어리석음은 문빗장laṅgī과 같습니다. 옛날 도성에는 성문이 많았습니다. 왕래하기에 적당하지 않은 밤에는 성문에 빗장을 걸어놓았습니다. 그러면 도성 밖의 사람들이 도성 안으로 들어올 수 없는 것처럼 도성 안의 사람도 도성 밖으로 나갈 수 없게 돼 도성 안과 밖의 왕래가 끊어졌습니다.

마찬가지로 자신의 다섯 무더기라는 성 안에 마음의 문을 통해 어리석음이 들어와 빗장을 걸어놓으면 대상의 고유성질을 사실대로 바르게 알고 보아 열반까지 이끌어 줄 수 있는 지혜의 왕래가 완전히 끊어집니다. 그래서 수행자가 어리석음의 성품을 숙고해서 허물을 찾을 때 '어리석음은 지혜의 눈을 멀게 하는 어둠과 같구나'라고 자신의 지혜에 나타납니다.

이 비유에서 중생의 다섯 무더기는 도성과 같습니다. 마음의 문은 성문과 같습니다. 어리석음은 성문의 빗장과 같습니다. 마음의 문에 어리석음이 들어오는 것은 성문에 빗장을 걸어놓는 것과 같습니다. 마음의 문으로 지혜가 왕래하지 못하는 것은 성문으로 사람들이 왕래하지 못하는 것과 같습니다.(VbhA.133)

235 사마타 수행으로 억압제거를 통해, 여린 위빳사나 수행으로 부분 제거를 통해 제거하는 것을 말한다.

236 어리석음의 대상인 네 가지 진리, 과거, 미래, 과거와 미래, 연기를 말한다.

237 성스러운 도로 제거하는 것을 말한다.

238 각묵스님 옮김, 『이띠웃따까』, p.309; 전재성 역주, 『이띠붓따까-여시어경』, p.407 참조.

가까운 원인

어리석음의 가까운 원인은 올바르지 않게 마음 기울이는 비합리적 마음기울임ayonisomanasikāra입니다. 마음기울임에 대해서는 앞서 자세하게 설명했지만[239] 합리적 마음기울임과 비합리적 마음기울임과 관련해 보충해서 설명하겠습니다.[240]

• **비합리적 마음기울임과 합리적 마음기울임** 대상을 올바르지 않은 방법으로 마음 기울이고 숙고하는 것을 비합리적 마음기울임ayonisomanasikāra이라고 합니다. 'ayoniso'는 '원래의 이치에 맞지 않게'라는 뜻입니다. 더 나아가 '올바르지 않은 방법·원인·길에 따라서', 혹은 '나쁘고 좋지 않은 방법이나 길에 따라서'라는 의미를 가지고 있습니다. 비합리적 마음기울임은 여섯 문에 드러나는 대상을 올바르지 않게 마음 기울이는 것을 뜻하기도 합니다.

드러나는 대상에 올바르게 마음 기울이는 성품을 합리적 마음기울임yonisomanasikāra이라고 합니다. 'yoniso'는 '원래의 이치에 맞게', '올바른 방법·원인·길에 따라서', '좋은 방법·길에 따라서'라는 의미를 가지고 있습니다.

'manasikāra'는 마음기울임을 말합니다. 제27강에서도 언급했듯이[241] 마음기울임에는 ① 대상유발자, ② 인식과정유발자, ③ 속행유발자라는 세 종류가 있습니다. '대상유발자'는 마음마다 대상을 취하게 하는 마음부수로서의 마음기울임을 말하고, '인식과정유발자'는 오문에 인식과

239 본서 pp.149~160 참조.

240 합리적 마음기울임과 비합리적 마음기울임과 관련된 보충 설명은 『*Buddha abhidhamma cetasikāmya*(붓다 아비담마 마음부수)』 제1권, pp.427~465 참조.

241 본서 pp.154~155 참조.

정을 일으키는 오문전향 마음을 말하고, '속행유발자'는 맘문에 속행을 일으키는 맘문전향 마음을 말합니다.

합리적 마음기울임과 비합리적 마음기울임은 인식과정유발자 마음기울임이나 속행유발자 마음기울임을 말합니다. 대상유발자 마음기울임이 아닙니다.

새로운 대상으로 먼저 향하고 기울이는 성품인 마음기울임이 있어야 인식과정이나 속행이 생겨날 수 있습니다. 육문에 대상이 드러나 빛 등의 여러 조건이 갖추어졌을 때, 대상으로 전향하는 마음기울임이 없으면 인식과정이나 속행이 생겨날 수 없습니다. 그렇게 중생들의 상속에 인식과정 마음들이 생겨나지 않고 지나가 버리는 대상들이 헤아릴 수 없을 정도로 많습니다. 우연히 보게 된 형색, 우연히 듣게 된 소리에 마음 기울임이 없다면 보아서 아는 마음, 들어서 아는 마음이 생겨나지 않는 것을 여러분도 경험했을 것입니다.

• **맘문전향 때문에 선과 불선이 생겨나는 모습**　맘문에서 선과 불선 속행 마음들의 가까운 원인인 합리적 마음기울임과 비합리적 마음기울임은 맘문전향 마음입니다. 맘문전향 마음은 오문 인식과정pañcadvāra vīthi[242]에서는 '결정voṭṭhapana · voṭṭhabbana'이라는 이름으로, 맘문 인식과정manodvāra vīthi[243]에서는 '맘문전향'이라는 이름으로 생겨나서 선 속행 마음과 불선 속행 마음에게 틈이 없는anantara 조건, 빈틈없는samanantara 조건으로 도움을 준다고 부처님께서 『빳타나』에서 설해 놓으셨습니다.[244]

242 본서 부록 p.729 참조.

243 본서 부록 p.730 참조.

244 『빳타나-조건의 개요와 상설』, pp.45~65 참조.

전향 마음은 선과 불선의 갈림길에 있는 이정표와 같습니다. 다르게 표현하면 선과 불선의 갈림길에서 어느 한쪽 길로 가도록 조종하고 제시하는 조종사와 같습니다. 전향 마음이 훌륭하면, 즉 올바르게 바라보고 숙고하면 선 마음들이 생겨납니다. 전향 마음이 나쁘면, 즉 올바르지 않게 바라보고 숙고하면 불선 마음들이 생겨납니다.(DhsA.137)

예를 들어 "부모라면 자식들을 좋아함에 만족 없어"라는 미얀마 속담처럼 자식들에 대해 항상 자애가 넘치는 부모는 자식들이 나쁜 행위, 나쁜 말, 나쁜 생각들을 하지 않도록 자주 훈계를 합니다. 그때 일부 자식들이 '우리 부모님은 시대에 뒤떨어졌다. 요즘 세대를 자신들의 어릴 때처럼 생각해서 우리를 단속하려고만 한다. 매일 같은 노래만 계속 재생하는 것과 뭐가 다른가. 매우 듣기 싫은 소리만 하는 부모다'라고 나쁜 쪽으로 바라보고 숙고한다면 그 자식들의 상속에 즉시 성냄을 우선으로 하는 불선 마음들이 생겨날 것입니다.

반대로 '우리 부모님은 우리가 예의 바르도록, 행복하도록, 번영하도록 훈계하신다. 매우 연민이 크시다. 매우 고마우시다. 자식들을 위해 먹을 것과 입을 것을 마련하느라 피곤함을 무릅쓰고 늘 일을 하신다. 학업도 뒷바라지해 주신다. 훈계도 자주 해 주신다. 이 모든 것은 우리가 잘되기를 바라시기 때문이다. 부모의 의무를 다하신다'라고 좋은 쪽으로 바라보고 숙고하면 그 자식들의 상속에 즉시 선 마음들이 생겨날 것입니다.

예를 하나 더 들어 보겠습니다. 진밥을 싫어하는 사람이 진밥을 먹게 됐을 때 '오, 가끔씩은 밥이 질 수도 있지. 상관없다. 밥이 질면 씹는 것이 편하지. 소화도 잘 되지'라고 제27강에서 언급한[245] 미얀마의 민돈

245 본서 pp.157~159 참조.

왕 당시 마대야 사야도처럼 마음 기울이면 불선 마음이 생겨날 수 없습니다. 반면에 '나는 진밥은 먹지 않는다. 밥이 진 것이 마치 개가 토해낸 것과 같다'라고 올바르지 않게 마음 기울이면 성냄 마음이 이어서 생겨날 뿐입니다.

맘문전향 마음은 선 마음이 생겨나는 데 가장 중요하고 제일 가까운 원인입니다. 맘문전향 마음이 '마음기울임에 능숙함'이라는 합리적 마음기울임의 역할을 수행하면 선 마음이 생겨날 것이고 '마음기울임에 능숙하지 않음'이라는 비합리적 마음기울임의 역할을 수행하면 불선 마음이 생겨날 것입니다.

분명히 현존하시는 부처님과 만났을 때도 비합리적 마음기울임이 먼저 생겨나면 불선 마음이 생겨납니다. 자신이 좋아할 만한 대상과 만났을 때나 싫어할 만한 대상과 만났을 때도 합리적 마음기울임이 먼저 생겨나면 선 마음들이 생겨날 수 있습니다. 합리적 마음기울임과 비합리적 마음기울임에 대해 부처님께서 아래와 같이 설하셨습니다.

> 비구들이여, 비합리적 마음기울임이 일어나면 아직 일어나지 않은 불선법은 일어나고, 이미 일어난 선법은 버려진다. 비구들이여, 비합리적 마음기울임은 많은 불이익을 일으킨다.
> 비구들이여, 합리적 마음기울임이 일어나면 아직 일어나지 않은 선법은 일어나고, 이미 일어난 불선법은 버려진다. 비구들이여, 합리적 마음기울임은 많은 이익을 일으킨다.(A1:7:6)[246]

246 『아비담마 강설 1』, p.168 참조.

• **올바르게 마음 기울여라** 성냄을 생겨나게 하는 대상과 만나더라도 합리적 마음기울임이 먼저 생겨나면 불선 마음이 생겨날 기회를 얻지 못하고 대부분 선 마음만 생겨나는 모습을 마하시 사야도의 『위빳사나 수행방법론』을 통해 설명하겠습니다.

수행자라면 여섯 대상과 만날 때마다 합리적 마음기울임만 생겨나게 해야 합니다. 선법이 생겨나도록 올바르게, 여법하게 생각해야 한다는 말입니다. 아무 잘못이 없는데도 누군가 자신을 비난하면 '저 사람이 몰라서 비난하는 것이다. 생각한 대로 함부로 말하는 것은 마음을 잘 다스리지 못하는 이들의 본성dhammatā이다. 만약 사실대로 알게 된다면 몰라서 비난했다는 것 때문에 그 사람의 마음이 매우 안 좋을 것이다. 내가 지금 비난당하는 것도 이전에 잘못이 없는 사람을 비난했기 때문일 것이다. 윤회윤전의 빚이 아직 남아있어 비난당하는 것이니 마음 상할 필요가 없다'라고 올바르게 마음을 기울여야 합니다.

또 다른 방법으로는 '비난은 모든 사람이 겪는 세간팔법lokadhamma[247]이다. 부처님조차 겪어야 하는 법들인데 하물며 내가 어떻게 겪지 않을 수 있겠는가? 이러한 세간팔법들과 만났을 때 마음이 바뀌는 것은 보통 사람들의 일이다. 참는 것은 거룩한 이들, 선한 이들의 일이다. 나는 거룩한 이들, 선한 이들의 길만을 따라 가리라. 부처님께서도 포악한 악당들이 자신의 몸을 톱으로 토막토막 내더라도 그 악당들에게 화를 내면 안 된다고 훈계하셨다. 만약 화를 낸다면 부처님의 가르침을 따르는 이가 아니라고 하셨다.(M.i.181/M21) 지금 비난받는 것은 그 톱으로 잘리는 것보다는 참기가 훨씬 수월하다. 그러니 어찌 부처님

247 이득과 이득없음, 명성과 명성없음, 칭송과 비난, 행복과 괴로움이라는 8가지이다. 대림스님, 『앙굿따라 니까야』 제5권, p.69 참조.

의 가르침을 받아들이지 않겠는가?'라는 등으로 올바르게 마음을 기울여야 합니다.

또 다른 방법으로는 '비난하는 사람이라고 하는 것도 성냄을 뿌리로 한 마음과 함께 생겨나는 정신법들, 마음에 의해 생겨난 물질법들일 뿐이다. 다섯 무더기일 뿐이고, 물질과 정신일 뿐이다. 비난하는 사람이라고 하는 어떠한 존재는 따로 없다. 그 물질과 정신도 비난하는 그 즉시 사라져버린다. 그러니 지금 화낼 일도 없다. 비난하는 물질과 정신이 없는데도 그 뒤에 화를 내고 있으면 그 물질과 정신의 연속된 결과인 새로운 물질과 정신에 대해서 비난하는 것이다. 그렇다면 지금 내가 화를 내는 것은 마치 부모에게 원한을 가져 그들이 죽은 뒤에 그 아들이나 손자에게 복수를 하는 것과 같을 것이다. 비난당하고 있는 나도 다섯 무더기일 뿐이다. 그 다섯 무더기, 정신과 물질도 바로 이 순간 사라져 간다. 그러한 물질과 정신의 연속된 결과인 바로 지금 물질과 정신이 화를 내고 있다면 부모 시대에는 어찌할 수가 없어 자식이나 손주 시대가 되어서야 복수를 하는 것과 같다'라고 올바르게 마음을 기울여야 합니다.

이렇게 올바르게 생각하는 방법들은 매우 다양합니다. 선업이 생겨나도록 올바르게 마음 기울이는 모든 것이 합리적 마음기울임입니다.[248]

• **비합리적 마음기울임 때문에 어리석음이 생겨나는 모습** 어떤 하나의 결과법이 생겨나는 데에는 그것을 뒷받침해 주는 여러 조건이 있습니다. 이것은 정해진 성품, 고유성질sabhāva입니다. 어리석음 마음

248 『위빳사나 수행방법론』 제1권, pp.91~93 참조.

부수가 생겨나는 데에도 '올바르지 않게 마음기울이는 비합리적 마음기울임', '몸과 마음을 잘 두지 못함', '어리석은 이의 가르침을 받아들임', '불선법이 생겨나게 하는 좋지 않은 곳에서 지냄' 등 여러 조건이 있습니다. 그런 여러 조건 중 비합리적 마음기울임이 어리석음의 가장 가까운 원인입니다.[249]

어리석음 마음부수는 모든 불선 마음과 항상 결합돼 있습니다. 탐욕 마음이 생겨날 때도 어리석음은 결합돼 있습니다. 성냄이나 어리석음 마음이 생겨날 때도 어리석음은 포함돼 있습니다. 그래서 그 어리석음 마음부수를 '모든 불선 공통 마음부수sabbākusalasādhāraṇa cetasika'라고 여러 성전에서 언급했습니다.

어리석음 마음부수의 가까운 원인인 비합리적 마음기울임은 맘문전향[250] 마음입니다. 맘문전향 마음이 잘못되게, 그릇되게, 올바르지 않은 방법으로 마음 기울이고 숙고하기 때문에, 전향하기 때문에 어리석음 마음부수 등이 포함된 탐욕 마음, 성냄 마음, 어리석음 마음이 생겨납니다.

예를 들어 어떤 사람이 좋아하고 즐길 만한 아름다운subha 대상과 접해서 새로운 인식과정이 생겨난다고 합시다. 그 인식과정에 포함된 맘문전향이 '이 사람은, 또는 이 물건은 언젠가 무너지는 것이 확실하다. 그것에는 영원히 지속되는 성품이란 없다. 좋아하고 즐길 만한 아름다운 대상을 받아들이고 가지고 있는 이에게 많은 괴로움을 주는 매

249 ㉤어리석음의 '나타남'은 어리석음이 조건이고 어리석음 때문에 생겨나는 결과법의 측면을 설명한 것이고, 어리석음의 '가까운 원인'은 어리석음을 생겨나게 하는 조건법의 측면을 설명한 것이다.

250 오문전향도 해당하지만 더욱 분명한 맘문전향을 대표로 언급했다.

우 고통스러운 것이다. 진실로 좋아하고 바랄 만한 것이 아니다'라는 등으로 사실대로 바르게 마음 기울이는 합리적 마음기울임이라면 불선 인식과정이 생겨날 기회가 없습니다.

반면에 '매우 아름답다. 매우 좋다. 이것을 얻으면 매우 행복할 것이다. 매우 즐길 만하고 바랄 만한 것이다'라는 등으로 잘못되고 그릇되게 마음 기울이는 비합리적 마음기울임이라면 그의 상속에 감각욕망원함 등이 생겨나 탐욕 속행들이 이어서 생겨날 것입니다.

그 인식과정 중 제일 첫 번째 탐욕 마음과 결합된 어리석음 마음부수에게 비합리적 마음기울임은 틈이 없는 조건으로 도움을 줍니다.[251] 올바르지 않게 마음 기울이는 것 때문에 어리석음 마음부수가 생겨난다는 뜻입니다.(VbhA.ii.257; S.iii.90/S46:51)

또한 화가 나게 하는 대상과 만났을 때에도 비합리적 마음기울임이 생겨나면 성냄 마음과 함께 어리석음 마음부수가 생겨납니다. 예를 들어 자신의 행동이나 언행, 견해 중에 잘못된 점, 부족한 점, 미비한 점에 대해 어떤 사람이 이리저리 이유를 대며 따지러 왔을 때 '이 사람은 다른 이의 잘못만 항상 노려보고 있다. 허물을 말하는 습관이 있다. 자신은 얼마나 잘하기에 이렇게 말하는가. 나 같은 사람에게 이러쿵저러쿵 말할 자격이 있는가'라는 등으로 올바르지 않게 마음 기울인다면 그 사람의 상속에 어리석음 마음부수가 결합된 성냄 속행 마음들이 생겨날 것입니다. 이것은 피할 수 없는 절대성품 법들의 정해진 법칙niyāma 입니다.(VbhA.ii.258; S.iii.90/S46:51)

251 맘문 인식과정에서 맘문전향 다음에 바로 속행이 7번 생겨나는데, 제일 첫 번째 속행에 포함된 어리석음의 바로 앞에 맘문전향이 생겨나므로 '맘문전향'이라고 부르는 비합리적 마음기울임이 첫 번째 속행에 포함된 어리석음의 제일 가까운 원인이 된다는 뜻이다.

그러지 않고 '자신의 잘못을 스스로 보기는 어렵다. 내가 말하는 것이 맞고, 내가 말하는 것이 사실이고, 내가 생각하는 것이 제일 정확하다고 우쭐거리는 것이 보통이다. 이 사람은 나의 이익을 원해서, 친구의 마음으로 내가 보기 힘든 허물을 드러내어 보여준다'라는 등으로 올바르게 마음 기울인다면 선 마음들이 생겨날 것입니다.

마찬가지로 어떤 사람이 어리석음 속행 마음들이 많이 생겨날 수 있는 대상과 만났을 때도 '과거생이라는 것은 이미 지나가고 사라져 버린 것이어서 눈으로 볼 수 없다. 미래생이라고 하는 것도 아직 생겨나지 않은 것이어서 눈으로 내다볼 수 없다. 현재생만 직접 볼 수 있다. 그러니 과거생과 미래생은 없다'라거나 '부처님이라는 존재도 사람이 낳은 사람일 뿐이다. 어떠한 것이라도 다 알 수 있다는 일체지는 생각해 볼 여지가 있다. 모든 것을 다 알 수 있다면 지금 유행하고 있는 최신 과학기술들이 부처님 당시에 왜 생겨나지 않았겠는가'라는 등으로 올바르지 않게 마음 기울인다면 그의 상속에 '나는 과거생에 태어났을까? 태어나지 않았을까? 무엇이든 알고 볼 수 있는 능력이 있는 일체지를 갖추신 부처님이라고 하는 존재는 진짜 존재할까?'라는 등으로 의심 마음부수를 앞세우고 어리석음 마음부수가 포함된 속행 마음들이 생겨날 것입니다. 이러한 사실은 대지를 손으로 두드릴 때 실패하지 않듯이 확실합니다.(VbhA.ii.261; S.iii.90/S46:51)

이렇게 좋아하고 애착할 만한 대상, 화내고 원한을 가질 만한 대상, 의심하고 미혹할 만한 대상과 만날 때마다 올바르지 않게 비합리적으로 마음 기울이면 어리석음 마음부수가 포함된 탐욕 마음, 성냄 마음, 어리석음 마음이 즉시 생겨납니다. 이것은 마음 결정 법칙cittaniyāma입니다. 그래서 올바르지 않게 마음 기울이는 비합리적 마음기울임이 어리석음 마음부수의 제일 중요한 열쇠가 되는 조건, 가까운 원인이라고 부처님께서 설명하신 것입니다.

이상으로 어리석음 마음부수의 특성, 역할, 나타남, 가까운 원인이라는 네 가지 특질을 모두 설명했습니다. 요약하면 어리석음은 마음이 대상의 바른 성품을 사실대로 바르게 알지 못하게 하고 마음에 어둠을 드리우는 특성을 지니고 있습니다. 스스로 대상의 바른 성품을 알지 못할 뿐만 아니라 함께 결합한 다른 법들도 알지 못하도록, 볼 수 없도록 덮어버리고 막아버리는 역할을 수행합니다. 중생들이 바르게 실천하지 못하고 잘못되고 그릇되게 실천하는 것으로 나타납니다. 어리석음이 생겨나는 데 가장 가까운 법은 대상에 올바르지 않게 마음 기울이는 비합리적 마음기울임입니다.

어리석음의 범주

어리석음은 불선 범주로 계속해서 흘러나오기 때문에 누출āsava, 윤회의 바다로 휩쓸어버리기 때문에 격류ogha, 윤전 괴로움에 옭아매기 때문에 속박yoga, 천상의 길과 열반의 길을 방해하기 때문에 장애nīvaraṇa(아비담마 방법), 중생들의 존재상속에 항상 잠재돼 관련된 대상과 접하면 즉시 생겨날 수 있기 때문에 잠재성향anusaya, 중생을 윤회윤전의 고통에서 벗어나지 못하도록 결박하기 때문에 족쇄saṁyojana, 중생들을 번민하게 만들기 때문에 번뇌kilesa에 해당합니다. 족쇄 범주에서는 '무명avijjā'으로, 번뇌범주에서는 '어리석음moha'으로 표현됐습니다.(Ah.46~47)

수행과 관련된 어리석음

바른 성품을 모르는 어리석음이 없어지도록 위빳사나 수행을 실천해야 합니다. 위빳사나 수행을 실천하지 않으면 여섯 문에서 생겨나는 물질과 정신을 사실대로 알지 못합니다. 수행하지 않고 그냥 지내는 사람들은 그저 이 어리석음으로만 이리저리 알고 있습니다. 보고 나서, 듣고 나서, 맡고 나서, 먹고 나서, 닿고 나서, 생각하고 나서 항상한 어떤 실체로 압니다. 행복한 어떤 실체로 압니다. 아름답고 좋은 어떤 실체로 압니다. 윤회하는 내내 '나다. 개인이다. 중생이다. 항상하다. 행복하다. 좋다'라고만 압니다. 여섯 문에서 생겨나는 모든 것을 이렇게만 압니다.

어리석음이 장악한 영역에 이제 위빳사나를 투입시켜야 합니다. 이것은 전쟁을 벌이는 것과 같습니다. 상대편이 장악한 곳을 되찾기 위해 전투를 벌여 승리한다면 그곳은 자신의 영역이 됩니다. 상대편이 다른 곳으로 후퇴한다면 그곳까지 따라가서 전투를 벌여야 합니다. 이렇게 해서 모든 지역을 다 빼앗게 되면 승리하는 것입니다. 마찬가지로 어리석음이 장악한 영역이 있습니다. 여섯 문에서 생겨나는 다섯 취착무더기 전체가 다 어리석음의 영역입니다.

어리석음은 언제나 이러한 다섯 취착무더기를 대상으로 해서 생겨납니다. '개인이다. 중생이다. 항상하다. 행복하다. 좋은 것이다'라고 윤회하는 내내 이리저리 생각합니다. 볼 때도 생각하고, 들을 때도 생각하고, 맡을 때, 먹을 때, 닿을 때, 어떤 경우에나 그렇게 생각합니다. 그렇게 어리석음이 생겨나는 영역을 통찰지를 통해 바르게 알도록 노력해야 합니다. 그래서 이러한 법들을 '통찰지의 토양paññābhūmi'이라고 『위숫디막가』에서 명칭을 붙였습니다.(Vis.ii.72)[252]

252 『청정도론』 제2권, p.415 참조.

'통찰지의 토양paññābhūmi'이란 통찰지가 생겨나는 장소, 생겨나는 법들을 말합니다. 다섯 무더기가 바로 통찰지가 꿰뚫어야 할 법들입니다. 열두 가지 감각장소, 열여덟 가지 요소, 이러한 법들이 통찰지의 토양입니다.

'통찰지가 생겨나는 장소'라고 해도 결실이 저절로 생겨나지는 않습니다. 씨앗을 심어야 생겨납니다. 씨앗을 심지 않으면 생겨날 수 없습니다. 제아무리 기름진 땅이 있어도 씨앗을 심지 않으면 결실을 맺을 수 없습니다. 씨앗을 심지 않으면 잡초만 여기저기 무성합니다. 그러한 잡초를 뽑아낸 뒤 씨앗을 심으면 사람들이 사용할 수 있는 곡식이 자랍니다. 마찬가지로 어리석음이 다섯 취착무더기를 의지해서 싹을 틔우고 자라납니다. 볼 때도 어리석음이 생겨나고, 들을 때, 맡을 때, 먹을 때, 닿을 때, 생각할 때, 모든 곳에서 어리석음만 이리저리 생겨납니다.

그곳에 통찰지라는 씨앗을 심어줘야 합니다. 보자마자 알도록 관찰해야 합니다. 각각의 찰나에 생겨나는 성품법들을 사실대로 바르게 알도록 관찰해야 합니다. 부푸는 순간에, 꺼지는 순간에, 굽히는 순간에, 펴는 순간에, 각각 드러나는 물질·정신 법들의 바른 성품을 새길 때마다 계속해서 통찰지가 압니다. 생겨나서 사라지므로 무상하다고 압니다. 무상하다고 알면 괴로운 성품이라고도, 개인이나 중생이 아니라고도 압니다. 그렇게 알 정도가 되면 이제 어리석음의 영역이 줄어드는 것입니다. 볼 때, 들을 때, 맡을 때, 먹을 때, 닿을 때, 생각할 때 알아야 할 모든 것에서 위빳사나 지혜가 생겨나 어리석음이 물러날 것입니다. 그렇게 위빳사나 지혜가 향상되다가 아라한도에 의해 어리석음은 완전히 제거됩니다.(Vis.ii.325)

제31강

2009년 1월 6일

먼저『위숫디막가』의 한 구절을 소개하겠습니다.

Anidhānagatā bhaggā, puñjo natthi anāgate;
Nibbattā yepi tiṭṭhanti, āragge sāsapūpamā. (Vis.ii.260)

해 석

무너져 버린 것들은 저장되지 않는다.
미래를 위한 더미는 더 이상 없다.
생겨난 것들도 마찬가지로 머문다.
바늘 끝에 놓인 겨자씨처럼.

대 역

Ye어떤 것들이; 어떤 형성들이 bhaggā무너져 버렸다. te그것들은; 그 무너져 버린 형성들은 anidhānagatā저장되지 않는다; 어떤 곳에도 저장되지 않는 상태에 도달한다. anāgate미래를 위한 puñjo더미는 natthi없다. ye어떤 것들이; 어떤 현재 형성들이 nibbattā생겨난다. tepi그것들도; 현재 생겨난 형성들도 āragge바늘 끝에 놓인 sāsapūpamā겨자씨처럼 tiṭṭhanti머문다.[253]

253 『*Visuddhimagga Myanmarpyan*(위숫디막가 미얀마어 번역)』 제4권, p.442; *Myanmarnaingan Buddhasāsanāphwe*, 『*Visuddhimagga Nissaya*(위숫디막가 대역)』 제5권, p.138; 『청정도론』 제3권, p.254 참조.

"무너져 버린 것들은 저장되지 않는다"라고 말했습니다. 사라진 뒤에 어디에 저장되는 것이 아니라 완전히 없어진다는 뜻입니다. 그러면 "무너져 버린 것들"이란 무엇을 말할까요? 제2장에서 절대성품 법에 마음·마음부수·물질·열반이라는 네 종류가 있다고 설명했습니다. 그중 열반은 무너지지 않는 법입니다. 그래서 "무너져 버린 것들"이란 열반을 제외한 마음·마음부수·물질을 말합니다. 더 간단하게는 물질과 정신으로 말할 수 있습니다. 물질·정신 법들은 생겨나서는 사라지는 법들인데, 그렇게 사라진 뒤에는 어디에도 저장되지 않고 완전히 없어진다는 뜻입니다.

그렇다면 이러한 물질·정신은 언제부터 생겨났을까요? 부처님께서 "윤회의 시작은 알려지지 않는다. 알 수 없다"라고(S15:1) 설하셨기 때문에 물질·정신의 시작도 알 수 없다고 말해야 합니다. 시작을 알 수 없는 과거로부터 생멸해 왔던 물질·정신이 만약 사라진 뒤 어딘가 저장된다면 어떻게 될까요? 정신법들은 형체가 없어서 제외한다고 하더라도 시작을 알 수 없는 과거로부터 윤회하면서 태어났을 때마다 죽은 시체의 뼈를 다 쌓는다면 그 더미가 시네루Sineru 산보다 더 높을 것입니다. 윤회는 둘째 치고 현생에 태어나서부터 지금까지 버린, 아홉 가지 구멍에서 흘러나온 불순물들을 다 모아 놓는다면 아마 집 한 채보다 더 클 것입니다. 그러한 물질들과 함께 정신법들은 사라진 뒤에 저장되지 않고 완전히 없어집니다. 그렇다면 이러한 물질·정신은 왜 사라질까요? 왜 사라져서 완전히 없어질까요? 그것은 무상특성이 먹어치우기 때문이라고 비유로 말할 수 있습니다. '죽음'이 먹어치운다고도 말할 수 있습니다.

"미래를 위한 더미는 더 이상 없다"란 아직 다가오지 않은 미래에 생겨나기 위해 지금 저장된 더미가 없다는 뜻입니다. 과거에 생겨났다가 사라진 물질·정신은 완전히 없어졌고, 그리고 아직 생겨나지 않은, 미래에 생겨날 물질·정신도 생겨나기 위해 어디에 저장된 것이 아니라는 뜻입니다.

"생겨난 것들"이란 현재 생겨난 물질·정신을 말합니다. 그러한 현재 법들은 "바늘 끝에 놓인 겨자씨처럼" 머뭅니다. 바늘 끝에 놓은 겨자씨는 찰나만 머물다가 금방 떨어집니다. 마찬가지로 현재 물질·정신 법들도 각각의 찰나에 생겨나서는 각각의 수명만큼 머물다가 사라진다는 뜻입니다.

과거법들은 사라진 뒤 완전히 없어졌고, 미래법들은 생겨나기 위해 미리 존재하는 것이 아니고, 현재법들은 생겨나서는 즉시 사라집니다. 무상의 특성을 매우 분명하게 드러내는 게송입니다. 하지만 위빳사나 수행을 하지 않고, 아비담마 강의를 듣지 않는 일반인들은 이러한 사실을 모른 채 '과거의 몸도 내 몸이었고, 지금 몸도 내 몸이고, 미래의 몸도 내 몸일 것이다. 과거의 몸이 자라서 내 몸이 됐고 내가 늙으면 또 미래의 나가 될 것이다'라고 하나의 연속된 것으로 생각합니다. 이것이 무상한 것을 항상하다고 아는 마음의 전도, 인식의 전도입니다.[254]

부끄러움없음과 두려움없음

모든 불선 공통들 4가지 중 두 번째와 세 번째 마음부수는 '부끄러움없음ahirika'과 '두려움없음anottappa'입니다. 여기서 부끄러움없음은 일반적으로 표현하는 '남 앞에 설 때 느끼는 부끄러움이 없는 것, 이성 앞에서 느끼는 부끄러움이 없는 것' 등을 말하는 것이 아닙니다. 악행을 부

254 이 내용은 실제강의로 제29강의 내용이다.

끄러워하지 않는 성품입니다. 두려움없음도 일반적으로 표현하는 '맹수 앞에서 느끼는 두려움이 없는 것, 높은 곳에서 느끼는 두려움이 없는 것' 등을 말하는 것이 아닙니다. 악행을 두려워하지 않는 성품입니다.

단어분석

Na hiriyatīti ahiriko. Ahirikassa bhāvo ahirikaṁ. Na otappatīti anottappaṁ. (Vis.ii.97)

대 역

Na hiriyatīti부끄러워하지 않는다고 해서 ahiriko부끄러움이 없는 자다. ahirikassa부끄러움이 없는 자의 bhāvo성품이 ahirikaṁ부끄러움없음이다. na otappatīti두려워하지 않는다고 해서 anottappaṁ두려움없음이다.

조금 더 자세히 분석하면 다음과 같습니다.

Na hirīyati na lajjatīti ahiriko, puggalo, dhammasamūho vā. Ahirikassa bhāvo ahirikaṁ. (AhVṬ.107)

대 역

Yo puggalo어떤 개인, yo dhammasamūho어떤 법 모임은 na hirīyati《몸의 악행 등을》 부끄러워하지 않는다, na lajjati창피해하지 않는다. iti그래서 so puggalo그 개인을, so dhammasamūho그 법 모임을 ahiriko부끄러움없는 자라고 한다; 부끄러움없는 것이라고 한다. ahirikassa부끄러움 없는 이의; 부끄러움 없는 것의 bhāvo성품이 ahirikaṁ부끄러움 없음이다.

두려움없음도 위와 같이 자세하게 분석할 수 있습니다. '부끄러워하지 않는다'를 '두려워하지 않는다'라고만 바꾸면 됩니다.

특질

Tesu ahirikaṁ kāyaduccaritādīhi ajigucchanalakkhaṇaṁ, alajjālakkhaṇaṁ vā. Anottappaṁ teheva asārajjalakkhaṇaṁ, anuttāsalakkhaṇaṁ vā. Ayamettha saṅkhepo. Vitthāro pana hirottappānaṁ vuttapaṭipakkhavasena veditabbo. (Vis.ii.97)

Vuttapaṭipakkhavasenāti alajjanākārena pāpānaṁ karaṇarasaṁ ahirikaṁ, anuttāsākārena anottappaṁ, vuttappakāreneva pāpato asaṅkocanapaccupaṭṭhānāni attani, paresu ca agāravapadaṭṭhānāni. (Pm.ii.148)

대 역

Tesu그중에 ahirikaṁ부끄러움없음은 kāyaduccaritādīhi몸의 악행 등에 대해 ajigucchanalakkhaṇaṁ혐오하지 않는 특성이 있다. vā 혹은 alajjālakkhaṇaṁ창피해하지 않는 특성이 있다. anottappaṁ두려움없음은 teheva바로 그것에 대해; 바로 그 몸의 악행 등에 대해 asārajjalakkhaṇaṁ겁내지 않는 특성이 있다. vā혹은 anuttāsalakkhaṇaṁ무서워하지 않는 특성이 있다. ayamettha saṅkhepo이것은 약설이다. vitthāro pana상설은 hirottappānaṁ부끄러움과 두려움에서 vuttapaṭipakkhavasena설한 것과 반대로 veditabbo알아야 한다.
"Vuttapaṭipakkhavasenāti설한 것과 반대로 알아야 한다"란 ahirikaṁ부끄러움없음은 alajjanākārena부끄러워하지 않는 모습으로, anottappaṁ두려움없음은 anuttāsākārena두려워하지 않는 모습으로

pāpānaṁ악행을 karaṇarasaṁ행하는 역할이 있다. vuttappakāreneva 앞에서 말한 대로 asaṅkocanapaccupaṭṭhānaṁ물러나지 않는 것으로; 움츠리지 않는 것으로 나타난다. attani vā《부끄러움없음은》 자신이나 paresu ca《두려움없음은》 남을 agāravapadaṭṭhānaṁ중시하지 않는 것이 가까운 원인이다.

부끄러움없음은 몸과 말과 마음의 악행을 혐오하지 않는ajigucchana 특성, 창피해하지 않는alajjā 특성이 있습니다. 두려움없음은 몸과 말과 마음의 악행을 겁내지 않는asārajja 특성, 무서워하지 않는anuttāsa 특성이 있습니다.

부끄러움없음은 부끄러워하지 않는 모습으로 악행을 행하는 역할이 있습니다. 두려움없음은 두려워하지 않는 모습으로 악행을 행하는 역할이 있습니다.

부끄러움없음이나 두려움없음 모두 악행을 행하는 것에 대해 물러나지 않는 것asaṅkocana, 움츠리지 않는 것으로 나타납니다.

부끄러움없음은 자신을 중시하지 않는 것이 가까운 원인입니다. 두려움없음은 남을 중시하지 않는 것이 가까운 원인입니다.

관련 내용

비유

악행은 참사람들에게는 혐오스러운 것입니다. 악행을 행하면 참사람들 사이에서 매우 창피합니다. 하지만 집에서 키우는 돼지가 분변을 혐오하지 않고 그 위를 이리저리 뒹굴고 먹고 누우면서 매우 즐기듯이 부끄러움없음이 스며든 이도 혐오할 만하고 부끄러워해야 할 만한 악행을 어리석음이 덮어버려 혐오하지 않고 부끄러워하지 않습니다. 오히려 즐깁니다.

악행을 행하면 자신이 자신을 존경하지 못하고 비난하는 자책attānuvāda 위험, 다른 이가 비난하는 타책parānuvāda 위험, 왕의 처벌이라는 처벌daṇḍa 위험을 겪어야 합니다. 이러한 위험을 피하고 숨어서 설령 벗어난다 하더라도 다음 생에 악처duggati 위험은 틀림없이 겪어야 합니다. 따라서 악행은 실로 두려워할 만합니다. 하지만 불나방이 불을 두려워하지 않고 달려들 듯이 두려움없음이 스며든 이는 두려워할 만한 악행을 두려워하지 않습니다. 오히려 무모하게 행합니다. (Pm.ii.148; AhPdT.97)[255]

검은 법

부처님께서 부끄러움없음과 두려움없음은 "kaṇhā dhammā 검은 법들"이라고 설하셨습니다.(A2:1:7) 여기서 '검은 법'이란 '검은 소, 검은 돼지' 등과 같이 검은 색깔이어서 검은 것이 아니라 어둡고 캄캄한 상태인 사악도 탄생지에 가까운 상태로 이끌고, 그래서 검은 결과가 있기 때문에 검은 것을 말합니다. 혹은 모든 불선법은 자신들의 성품 자체로 검다고 말합니다. 불선법들이 생겨날 때 마음은 빛나지 않기 때문입니다.(AA.ii.6)[256]

---

255 Ajegucchī ahiriko, pāpāgūthāva sūkaro;
Abhīruca anottappī, salabho viya pāvakāti.(AhPdT.97)
해 석
부끄러움 없는 자는 혐오하지 않는다네,
집돼지가 똥구덩이 혐오하지 않듯이.
두려움이 없는 자는 겁내지 않는다네,
불나방이 불무더기 겁내지 않듯이.

256 『앙굿따라 니까야』 제1권, p.192 참조.

무명을 따른다

모든 불선 공통 마음부수 중 어리석음이 불선법들의 일어남에 앞장서고 부끄러움없음과 두려움없음이 뒤를 따릅니다. 그래서 악행이 늘어나고 결국 사악도로 떨어집니다.(It2:13)

Yā kācimā duggatiyo, asmiṁ loke paramhi ca;
Avijjāmūlikā sabbā, icchālobhasamussayā. (It2:13)

해 석

이 세상이든 저 세상이든
그 어떤 악처라[257] 하더라도
모두가 무명을 뿌리로 하고
바람과 탐욕을[258] 몸통으로 한다네.[259]

대 역

Asmiṁ loke이 세상에서든; 이 인간 세상에서든 paramhi ca다른 세상에서든 yā kāci그 어떤; 모든 duggatiyo악처가; 질병과 죽음 등 괴로움의 기반인 장소인 다섯 거취가 santi있는데 sabbā tā그 모든 것은; 모든 다섯 거취는 avijjāmūlikā무명을 뿌리로 하고; 무명을 근본 원인으로

257 일반적으로는 지옥, 축생, 아귀, 수라라는 사악도를 악처라고 하지만 이 게송에서는 대역에서 밝혔듯이 질병과 죽음 등 모든 괴로움이 기반하는 곳이라는 의미로 천상, 사람, 지옥, 아귀, 축생이라는 다섯 거취gati 모두를 말한다. 혹은 애착 등의 번뇌에 의해 행해진 악행 세 가지를 뜻하기도 한다.(ItA.147)

258 대역에서도 밝혔듯이 아직 얻지 못한 것을 찾고 구하고 가지려고 하는 것이 바람icchā, 이미 얻은 것을 애착하는 것이 탐욕lobha이다.

259 몸통으로 한다는 것은 원래 '쌓인 것samussitā'이라고 표현했는데, 그것을 'upacitā'라고 주석서에서 번역했다. '늘어나게 된 것'이라는 뜻이다.

하고 icchālobhasamussayā바람과 탐욕을 몸통으로 한다; 아직 얻지 못한 것을 얻으려고 하는 바람과 이미 얻은 것을 애착하는 탐욕이 다섯 거취가 마련되도록 모으고 쌓는다.

Yato ca hoti pāpiccho, ahirīko anādaro;
Tato pāpaṁ pasavati, apāyaṁ tena gacchati. (It2:13)

해 석

그 때문에 나쁜 원함을 가진 자,
부끄러움 없고 거리낌 없는 자가 된다네.
그로부터 악행이 흘러나오고
그래서 악도에 떨어진다네.

대 역

Yato그 때문에; 무명이라는 원인 때문에 pāpiccho ca나쁜 원함을 가진 자; 허물을 보지 못하고 없는 덕목으로 칭송 받으려고 하는 자, ahirīko ca부끄러워하지 않는 자, anādaro ca거리낌 없는 자가; 두려움이 없어서 동료에 대한 공손함이 없는 자가 hoti된다. tato그로부터; 무명과 나쁜 원함과 거리낌없음이라는 조건들 때문에 pāpaṁ악행이 pasavati흘러나온다; 늘어난다. tena그래서; 악행이 늘어나서 apāyaṁ악도로 gacchati간다.

Tasmā chandañca lobhañca, avijjañca virājayaṁ;
Vijjaṁ uppādayaṁ bhikkhu, sabbā duggatiyo jahe. (It2:13)

해 석

그래서 바람과 또한 탐욕과
무명 또한 버려 버리고
명지를 일으킨 비구라면
모든 악처를 버려야 한다네.

대 역

Tasmā그래서 《ete그것들은; 무명 등은 sabbaduccaritamūlabhūtā모든 악행의 뿌리인 것이네. sabbaduggati parikkilesahetubhūtā ca honti모든 악처에 이리저리 오염되는 것의 원인이기도 하다네.》 chandañca바람과; 아직 얻지 못한 것을 바라는 것과 lobhañca탐욕과; 이미 얻은 것을 애착하는 것과 avijjañca무명과 《ahirikañca부끄러움없음과 anottappañca두려움없음을》 virājayaṁ버리고 vijjaṁ명지를 uppādayaṁ일으킨 bhikkhu비구는 sabbā모든 duggatiyo악처를; 모든 다섯 거취를; 악행을 jahe버려야 한다네.[260]

부끄러움없음과 두려움없음의 제거

부끄러움없음과 두려움없음은 불선 범주 중 번뇌에 해당하며(Ah.47) 아라한도에 의해 제거됩니다.(Vis.ii.325)

260 『이띠웃따까』, pp.191~193; *Bhaddanta Sajjanābhivaṁsa*, 『*Itivuttaka Pāḷito Nissaya Thik*(이띠웃따까 新 대역)』, pp.97~98 참조.

들뜸

모든 불선 공통들 4가지 중 네 번째 마음부수는 '들뜸uddhacca'입니다. 일반적으로 마음이나 분위기가 가라앉지 아니하고 조금 흥분될 때 '들뜨다'라고 표현하는데, 마음부수로서의 들뜸은 대상에 집중하지 못하고 이런저런 대상으로 흩어지는 성품입니다.

단어분석

Uddhatabhāvo uddhaccaṁ. (Vis.ii.98)

대 역

Uddhatabhāvo들뜬 상태가; 대상에 집중하지 못하고 들뜬 상태가 uddhaccaṁ들뜸이다.

다음과 같이 분석할 수도 있습니다.

Uddhaṁ uddhaṁ hanatīti uddhataṁ, uddhatassa bhāvo uddhaccaṁ. (AhBṬ.132)

대 역

Uddhaṁ uddhaṁ위로 위로 hanati《gacchati》흩어진다; 흩어지는 것처럼 생겨난다. iti그래서 uddhataṁ들뜬 것이다. uddhatassa들뜬 bhāvo상태가 uddhaccaṁ들뜸이다.

이 단어분석에서 '들뜬 것uddhata'이란 들뜬 마음을 뜻합니다. 들뜸과 결합한 마음은 한 대상에 고요하게 머물지 못하고 '위로, 위로', 즉 여러 대상에 흩어져서 생겨납니다.

특질

Taṁ avūpasamalakkhaṇaṁ vātābhighātacalajalaṁ viya, anavaṭṭhānarasaṁ vātābhighātacaladhajapaṭākā viya, bhantattapaccupaṭṭhānaṁ pāsāṇābhighātasamuddhatabhasmaṁ viya, cetaso avūpasame ayonisomanasikārapadaṭṭhānaṁ, cittavikkhepoti daṭṭhabbaṁ. (Vis.ii.98)

대역

Taṁ그것은; 그 들뜸은 avūpasamalakkhaṇaṁ고요하지 않은 특성이 있다, vātābhighātacalajalaṁ viya바람에 출렁이는 물처럼. anavaṭṭhānarasaṁ가만히 머물지 않는 역할이 있다, vātābhighātacaladhajapaṭākā viya바람에 펄럭이는 깃발처럼. bhantattapaccupaṭṭhānaṁ혼란한 것으로[261] 나타난다, pāsāṇābhighātasamuddhatabhasmaṁ viya돌에 맞아 흩어지는 재처럼. cetaso avūpasame마음이 고요하지 않도록[262] ayonisomanasikārapadaṭṭhānaṁ비합리적으로 마음 기울이는 것이 가까운 원인이다. cittavikkhepoti마음의 산란함이라고 daṭṭhabbaṁ보아야 한다.

바람이 불어서 물이 고요하지 않고 출렁이는 것처럼 고요하지 않은 avūpasama 성품이 들뜸의 특성입니다. 하나의 대상을 고요하게 취하지 못한다는 뜻입니다.

261 ⓜ이리저리 회전하는 것으로.

262 ⓜ"성취하게 하는 결과를 나타내는 처소격이다"라는(Pm.ii.150) 설명에 따라 의역했다. 『*Visuddhimagga Myanmarpyan*(위숫디막가 미얀마어 번역)』 제3권, p.199 참조.

바람이 불어서 깃발이 고요하지 않고 펄럭이는 것처럼 하나의 대상에 가만히 머물지 않는 것anavaṭṭhāna이 들뜸의 역할입니다.

가만히 머물지 않는 역할을 하는 들뜸 때문에 동요돼 들뜸과 결합한 모든 법도 대상을 고요하게 취하지 못합니다. 심지어 하나됨도 들뜸과 결합하면 단지 대상을 취하는 정도만 할 수 있지, 다른 경우들처럼 확실하게 마음이 고요하게 머물도록 취하지 못합니다. 그래서 '잿더미에 돌멩이를 던졌을 때 이리저리 재가 흩어지는 것처럼 마음을 혼란하게 하는 것bhantatta이다'라고 수행자의 지혜에 나타납니다.(AhBṬ.122)

수행과 관련된 들뜸

들뜸은 보시, 지계, 수행, 더 나아가 도와 과가 생겨나지 못하도록 가로막기 때문에 불선 범주에서 후회와 함께 장애nīvaraṇa 5가지[263]에 포함됩니다. 족쇄 범주와 번뇌 범주에도 포함됩니다.(Ah.46~47) 수행과 관련해서 관조하거나 관찰하는 대상에 마음이 가지 않고 이리저리 다른 대상으로 달아나기 때문에 수행의 진전을 방해합니다.

들뜸은 "cetaso avūpasamo 마음의 그치지 않음, 고요하지 않음", 즉 걱정하게 하는 것에 마음을 기울일 때 생겨납니다.(DA.ii.370) 마음을 제어하지 않으면 보통 산란합니다. 마음은 이 대상 저 대상으로 옮겨 다니는 것을 좋아합니다. 저기에 가려하고 여기에 가려하고, 이것을 생각하고 저것을 생각하느라 산란합니다. 혹은 걱정거리를 이리저리 숙고하면 즉시 마음이 산란하고 뜨거워집니다.

263 감각욕망바람kāmacchanda, 분노byāpāda, 해태·혼침thinamiddha, 들뜸·후회uddhacca-kukkucca, 의심vicikicchā을 말한다. 아비담마 방법으로는 여기에 무명avijjā도 포함된다.

이러한 들뜸을 제거하려면 “cetaso vūpasamo 마음의 그침, 고요함”에 마음 기울여야 합니다. ‘마음의 그침’이란 삼매입니다. ‘삼매표상’이라고도 합니다. 삼매가 생겨나도록 마음 기울여야 한다는 뜻입니다. 사마타 삼매나 위빳사나 삼매가 생겨나도록 마음 기울이고서 삼매 대상에 마음을 두면 들뜸이 없어집니다.

배의 부풂과 꺼짐을 관찰하는 수행은 관찰하다가 마음이 들뜨면 그것을 관찰해야 합니다. 마음이 외부로 달아나면 그것을 관찰한 뒤 다시 부풂과 꺼짐에 집중해서 새겨야 합니다. 〈부푼다, 꺼진다; 앉음, 닿음〉 등으로 새기는 마음과 대상이 밀착하도록 관찰해야 합니다. 다시 달아나면 달아나는 마음을 다시 따라서 새겨야 합니다. 그리고 다시 〈부푼다, 꺼진다〉 등으로 정확하게 새겨야 합니다. 애쓰는 성품, 집중하는 성품이 줄어들면 마음은 달아나기 마련입니다. 삼매가 아직 좋지 않을 때는 여전히 달아납니다. 집중이 조금이라도 줄어들면 마음은 즉시 다른 곳으로 가버립니다. 그것을 따라 새겨야 합니다. 그리고 다시 다른 곳으로 달아나지 않도록 마음을 잘 집중해서, 밀착해서 새겨야 합니다. 그렇게 계속해서 새겨 나가면 들뜸이 없어집니다. 관찰해도 도저히 없어지지 않으면 숙고해야 합니다. 주석서에서는 뒤에 설명할 후회와 함께 들뜸을 제거하는 여섯 가지 방법을 제시했습니다.(DA.ii.368)

첫째, 많이 배움, 즉 들음과 봄이 많아야 합니다bahussutatā. 들음과 봄이 많으면 들뜸·후회를 제거할 수 있습니다. 예를 들어 재가자라면 법문을 통해 이전에 들어 본 적이 없는 법들을 듣고 ‘마음이 들뜨면 어떻게 해야 한다’라는 방법을 얻습니다. ‘후회가 생기면 어떻게 해결해야 한다’라는 방법도 얻습니다. 이것은 많이 배움이 들뜸·후회를 해결하는 모습입니다.

둘째, 질문해야 합니다paripucchakatā. 이해가 되지 않으면 질문해야 합니다.

셋째, 율에 능숙해야 합니다vināye pakataññutā. 율장에 능숙하면 율 비행非行이 생겨나지 않을 것입니다. 이것은 비구만을 위한 내용입니다.

넷째, 연장자를 의지해야 합니다vuddhasevitā. 연장자의 훈계를 들으면 마음의 들뜸이 사라져 고요하게 노력할 수 있습니다.

다섯째, 선우와 함께해야 합니다kalyāṇamittatā. 삼매를 많이 닦은 이, 고요하고 편안하게 마음을 둘 수 있는 이, 이러한 선우가 있어야 한다는 뜻입니다.

여섯째, 적당한 대화를 해야 합니다sappāyakathā. 마음이 들뜨지 않도록 삼매와 관련된 법담을 해야 합니다.

들뜸·후회를 제거하기 위해 성전에서는 마음을 편안하게 하도록, 삼매가 생겨나도록 마음 기울이는 방법을 제시했습니다. 사실은 관찰하라는 뜻입니다. 관찰해도 사라지지 않으면 마음이 고요해지도록 숙고하면 됩니다.

들뜸은 아라한도에 이르러야 사라집니다.(Vis.ii.325)

제32강

2009년 3월 3일

삼장 중 아비담마 삐따까Abhidhammapiṭaka·論藏는 부처님께서 직접 설하신 내용입니다. 그 근거에 대해서는(DhsA.29) 부록에서 자세하게 설명했습니다. 설하신 장소와 시기에 대해서도 부처님께서 7안거를 도리천에서 보내실 때 천신들에게 아비담마를 설하셨다고 주석서에서 분명하게 밝히고 있습니다.(DhpA.ii.140)

이와 관련해서 「마하빠리닙바나숫따Mahāparinibbānasutta(대반열반경)」의 한 구절을 소개하겠습니다.

> Yo vo, ānanda, mayā dhammo ca vinayo ca desito paññatto, so vo mamaccayena satthā. (D.ii.126/D16)
>
> **해 석**
>
> 아난다여, 내가 그대들에게 설하고 천명한 그 법과 율이 그대들의 스승이 될 것이다. 《그러니 '스승님께서 돌아가셨구나'라고 해서는 안 된다.》
>
> **대 역**
>
> Ānanda아난다여, mayā나는 vo그대들에게 yo dhammo ca법과; 경장과 논장과 yo vinayo ca율을; 율장을 desito설했고 paññatto천명했느니라. so그것이; 그 법과 율이 mamaccayena내가 가고 난 후에는 vo그대들의 satthā스승이 될 것이다.

이 구절의 주석에서 '율'은 율장으로, '법'은 경장과 논장으로 설명했습니다. 이렇게 아비담마를 비롯한 부처님의 삼장 가르침을 수지해서 가르치는 이들이 있다면, 혹은 그 가르침에 따라 실천하는 수행자들이 있다면 부처님께서 계시다고 말할 수 있습니다. 스승님이 계시다고 말할 수 있습니다. 그래서 부처님께서 살아 계실 때만 깨달음을 얻는다고 생각하면 안 됩니다. 부처님께서 현존하지 않으셔도 부처님의 가르침이 존재하는 한, 그 가르침에 따라서 열심히 계를 지키고 삼매를 닦고 위빳사나 수행을 하면 도와 과, 열반을 얻을 수 있다고 확실하게 믿고 실천해야 합니다.

탐욕

『아비담맛타상가하』에서는 불선 마음부수 14가지 중 모든 불선 공통들sabbākusalasādhāraṇā 4가지에 이어 탐욕과 관련된 마음부수 3가지인 탐욕, 사견, 자만을 언급했습니다. 그중 탐욕lobha을 먼저 설명하겠습니다. 탐욕은 일반적으로 '지나치게 탐하는 욕심'이라는 설명과[264] 비슷하게 대상을 탐하고 애착하는 성품입니다.

단어분석

Lubbhanti tena, sayaṁ vā lubbhati, lubbhanamattameva vā tanti lobho. (Vis.ii.97)

대 역

Tena그것을 통해; 그 법을 통해 lubbhanti탐한다; 그 법과 결합한 법들이 애착하고 좋아한다. vā혹은 sayaṁ스스로가 lubbhati탐한다. vā

264 『엣센스 국어사전』, p.2406 참조.

혹은 taṁ그것은 lubbhanamattameva단지 탐하는 것이다. iti그래서 lobho탐욕이다.

"그 법을 통해 그 법과 결합한 법들이 탐한다"라는 것은 탐하는 것의 원인인 성품으로서의 탐욕을 말합니다. "스스로가 탐한다"라는 것은 탐하는 것의 주체로서의 탐욕을 말합니다. "단지 탐하는 것이다"라는 것은 절대성품에 따라 단지 탐하는 성품이라는 사실을 나타냅니다.

특질

Lobho ārammaṇaggahaṇalakkhaṇo makkaṭālepo viya, abhisaṅgaraso tattakapāle khittamaṁsapesi viya, apariccāgapaccupaṭṭhāno telañjanarāgo viya, saṁyojaniyadhammesu assādadassanapadaṭṭhāno. So taṇhānadībhāvena vaḍḍhamāno, sīghasotā nadī viya mahāsamuddaṁ, apāyameva gahetvā gacchatīti daṭṭhabbo. (Vis.ii.97)

대역

Lobho탐욕은 ārammaṇaggahaṇalakkhaṇo대상을 거머쥐는 특성이 있다, makkaṭālepo viya원숭이 끈끈이처럼. abhisaṅgaraso지향해서 결합하는 역할이 있다, tattakapāle khittamaṁsapesi viya달구어진 냄비에 놓인 고깃덩이처럼. apariccāgapaccupaṭṭhāno버리지 못하는 것으로 나타난다, telañjanarāgo viya스며든 기름이나 잉크처럼. saṁyojaniyadhammesu족쇄에 묶일 만한 법들에서 assādadassanapadaṭṭhāno달콤함을 보는 것이 가까운 원인이다. so그것은; 탐욕은 taṇhānadībhāvena갈애의 강물인 상태로 vaḍḍhamāno불어나면 마치 sīghasotā물살이 빠른 nadī강물이 mahāsamuddaṁ《gahetvā gacchati》 viya큰 바다로 잡아끌고 가듯이 apāyameva악도로만 gahetvā gacchatīti잡아끌고 간다고 daṭṭhabbo보아야 한다.[265]

특성

"탐욕은 대상을 거머쥐는ārammaṇaggahaṇa 특성이 있다"라는 설명에서 '대상을 거머쥔다'는 것은 단지 대상을 취하는 정도를 말하는 것이 아닙니다. 탐욕의 힘이 크고 작은 정도에 따라 들러붙고 애착하고 탐하면서 거머쥐는 것을 말합니다. 그래서 탐욕이 대상을 거머쥐는 것을 원숭이 끈끈이가 원숭이를 꼼짝도 하지 못하게 만드는 것에 비유했습니다.

한 나무에 끈적끈적한 '원숭이 끈끈이'가 흘러나와 있습니다. 신기한 것을 보면 장난치고 싶어 하는 원숭이 한 마리가 그것을 보고 한 손으로 만져보았습니다. 그러자 원숭이 끈끈이에 원숭이 손이 들러붙었습니다. 붙은 손을 떼어내려고 다른 손을 짚자 그 손마저 들러붙었습니다. 두 손을 떼어내려고 입을 대자 입도 들러붙었습니다. 손과 입을 떼어내려고 두 다리를 대고 밀자 다리도 들러붙었습니다. 이때 원숭이가 아무리 떼어내려 해도 원숭이 끈끈이가 원숭이를 꽉 붙잡아두는 것처럼 탐욕도 여섯 대상과 접했을 때 떨어지지 않을 정도로 단단히 거머쥡니다. 원숭이 끈끈이는 탐욕과 같고 원숭이의 두 팔, 두 다리, 입, 몸이라는 여섯 부분은 여섯 대상과 같습니다.

역할

탐욕은 지향해서 결합하는abhisaṅga 역할을 합니다. 혹은 강하게 결합하는 역할을 합니다. 달구어진 냄비에 고깃덩이를 얹어놓으면 즉시

265 『청정도론』 제2권, p.476; 강종미 편역, 『아비담마 해설서』 제1권, p.236 참조. 『*Visuddhimagga Myanmarpyan*(위숫디막가 미얀마어 번역)』 제3권, p.297 참조.

냄비에 달라붙는 것처럼 대상에 강하게 결합시키는 것이 탐욕의 역할입니다.(DhsA.291)

이 비유에서 고깃덩이가 냄비에 달라붙는 것은 그 순간 정도입니다. 시간이 지나거나 냄비를 닦으면 떨어집니다. 하지만 자식이나 재산 등에 달라붙는 탐욕은 한 생에서 다음 생으로 이어질 정도로 계속해서 따라갑니다. 과거 스리랑카의 한 남자는 아내를 너무 사랑한 나머지, 아내가 자신의 동생을 시켜 자신을 죽게 했지만, 죽은 뒤 자기 집에 뱀으로 태어나 지붕에 있다가 아내의 몸 위로 떨어지곤 했습니다. 그녀는 그 뱀을 전남편이라 생각하고서 다시 죽였습니다. 그는 그 다음 생에는 개로, 다시 소로 태어났고 그때마다 아내에게 죽임을 당했습니다. 탐욕이 매우 강해 네 번이나 죽임을 당했어도 아내에 대한 애착을 버리지 못했습니다. 마지막으로 사람으로 태어나서야 과거를 기억해서 출가한 뒤 아라한이 됐습니다.(AA.ii.189)[266]

자신이 애지중지하는 보석, 재산 등에 집착하는 탐욕 때문에 죽은 뒤 그러한 보석 근처에 뱀이나 아귀, 쥐 등으로 태어나기도 합니다. 부처님 당시 띳사Tissa라는 비구는 새로 보시 받은 매우 좋은 가사에 대한 애착 때문에 죽은 뒤 그 가사에 사는 이로 태어났습니다.(Dhp.240 일화)[267]

나타남

마치 옷에 기름이 스며들면 좀처럼 깨끗하게 씻어내기가 어려운 것처럼 탐욕은 한 대상에 강하게 들러붙어 그것을 버리지 못하는apariccāga 성

266 마하시 사야도 지음, 비구 일창 담마간다 옮김, 『담마짝까 법문』, pp.311~313 참조.
267 마하시 사야도 지음, 비구 일창 담마간다 옮김, 『아리야와사 법문』, p.130 참조.

품으로 수행자의 지혜에 나타납니다. 이것은 수행자의 지혜에 드러나는 나타남이기 때문에 탐욕의 특성이나 역할과 완전히 다른 어떤 성품이 아닙니다. 수행자의 지혜에 나타나는 탐욕 마음부수의 특성이나 역할이 바로 탐욕의 나타남입니다. 그래서 '버리지 못하는 것으로 나타난다'라는 것은 대상을 강하게 거머쥐는 특성, 대상에 달라붙는 역할을 뜻합니다.

가까운 원인

'족쇄에 묶일 만한 법들saṁyojaniyadhammā'이란 족쇄의 대상이 되는 법들을 뜻합니다. 실제로는 족쇄가 생겨날 만한 대상, 좋지 않은 대상, 더러움인 대상인데 좋아할 만한 것이라는 달콤함assāda을 보는 것dassana이 탐욕이 생겨나게 하는 가까운 원인입니다.(AhBṬ.123)

어떤 결과가 생겨나는 데는 여러 조건이 있습니다. 탐욕이 생겨나는 데도 적합하지 않은 장소에서 지내는 것, 어리석은 이와 함께하는 것, 좋아할 만한 대상과 만나는 것, 올바르지 않게 마음 기울이는 것 등 여러 조건이 있습니다. 『앙굿따라 니까야』에서는 아직 일어나지 않은 탐욕이 일어나고, 이미 일어난 탐욕이 심해지는 것의 원인을 '아름다운 표상'과 그 아름다운 표상에 올바르지 않게 비합리적으로 마음 기울이는 것이라고 설하셨습니다.(A3:68)

탐욕이 생겨나는 여러 조건 중 '좋아할 만한 것이다'라고 대상의 달콤함assāda을 보는 것이 제일 가까운 원인이라는 뜻입니다. 좋아할 만한 것이 아닌 세간의 여러 대상을 좋아할 만한 것이라고 보는 것은 바로 사견입니다.

어리석음을 설명할 때 언급했던 초록안경의 비유를 다시 살펴봅시다. 초록안경을 쓴 말이 마른 건초를 촉촉한 건초라고 생각하고 맛있게 먹을 때 초록안경은 무명과 같고, 마른 건초를 촉촉한 건초라고 잘못 생각하는 것은 사견과 같고, 맛있게 먹는 것은 탐욕과 같습니다.

다른 아비담마 문헌들에서는 탐욕의 가까운 원인을 전도, 즉 마음의 전도, 견해의 전도, 인식의 전도라고 설명하기도 합니다. 혹은 탐욕의 가까운 원인은 힘이 강한 탐욕 그 자체일 뿐이라고 설명하기도 합니다.[268]

탐욕의 다양한 명칭들

부처님께서는 탐욕에 해당하는 성품을 여러 상황, 여러 대중, 여러 가르침에 따라 다양하게 표현하셨습니다. 연기paṭiccasamuppāda 가르침을 설하실 때는 "vedanāpaccayā taṇhā, taṇhāpaccayāupādānaṁ. 느낌을 조건으로 갈애가, 갈애를 조건으로 취착이 생겨난다"라고 '대상을 갈망한다'는 의미로 '갈애taṇhā'라는 명칭으로, 대상을 강하게 집착한다는 뜻에서 '취착upādāna'으로 설하셨습니다. 갈애와 취착은 이렇게 법체로는 탐욕으로 같지만 처음 대상을 접했을 때 갈망하는 정도의 탐욕은 갈애이고, 가지지 않으면 안 될 정도로, 그리고 가졌을 때 떨어지지 못할 정도로 강하게 생겨나는 탐욕은 취착이라고 합니다.

진리sacca 가르침에서도 여러 괴로움을 생겨나게 하는 근본 원인이기 때문에 '고통을 생겨나게 하는 법'이라는 의미에서 '생겨남samudaya의 진리'라고 탐욕을 설하셨습니다. 이어서 구체적으로 생겨남의 진리를 '감각욕망갈애kāmataṇhā, 존재갈애bhavataṇhā, 비존재갈애vibhava-taṇhā'라고 갈애taṇhā로 설하셨습니다.

---

268 『*Buddha abhidhamma cetasikāmya*(붓다 아비담마 마음부수)』 제3권, p.15 참조.

누출āsava 범주나 격류ogha 범주를 설하실 때는 '감각욕망누출kāmāsava, 감각욕망격류kāmogha' 등 '감각욕망kāma'이라는 표현을 사용하셨습니다. 특히 감각욕망대상에 대한 탐욕 외에 존재에 대한 탐욕을 '존재누출bhavāsava, 존재격류bhavogha'라는 표현으로 따로 설하셨습니다. 취착upādāna을 설하실 때도 '감각욕망취착kāmupādāna'이라고 설하셨습니다.

'감각욕망kāma'이라는 표현은 다른 단어와 결합해서 장애nīvaraṇa 범주로 설하실 때는 '감각욕망바람장애kāmacchandanīvaraṇa'라고, 잠재성향anusaya 범주로 설하실 때는 '감각욕망애착잠재성향kāmarāgānusaya'이라고, 족쇄saṁyojana 범주로 설하실 때는 '감각욕망애착족쇄kāmarāgasaṁyojana'라고 설하셨습니다.(Ah.46~47)

탐욕과 열의

탐욕과 열의는 모두 '바라는 성품, 원하는 성품'으로 비슷해 보입니다. 하지만 탐욕lobha이 원할 때는 끈끈함이 있고, 열의chanda가 원할 때는 끈끈함이 없습니다. 그래서 애착하고 들러붙으면서 원하는 성품은 탐욕이고, '단지' 대상을 취하고자 하는 성품은 열의라고 기억해야 합니다. '단지'라고 표현한 것은 탐욕에 있는 끈끈함, 들러붙음이 없다는 것을 뜻합니다. 탐욕만큼 강력하지 않다는 뜻이 아닙니다. 어떤 영역에서는 열의 지배chandādhipati가 탐욕보다 더욱 강하게 생겨날 수도 있습니다.(AhBṬ.123)

탐욕의 종류

탐욕은 대상에 따라 ① 형색 갈애, ② 소리 갈애, ③ 냄새 갈애, ④ 맛 갈애, ⑤ 감촉 갈애, ⑥ 법 갈애라는 여섯 종류로 나뉩니다. 또한 ① 감각욕망대상과 관련된 감각욕망갈애kāmataṇhā, ② 상견과 관련된 존재갈애bhavataṇhā, ③ 단견과 관련된 비존재갈애vibhavataṇhā라는 세 종류로 나뉩니다. 여섯 대상에 각각 세 가지씩 갈애가 있고(6×3=18), 각각 과거와 미래와 현재라는 세 시기로 나뉘지므로(18×3) 54종류가 있습니다. 여기에 각각 자신의 상속과 타인의 상속에서 생겨나는 것을 고려하면(54×2) 갈애는 모두 108가지로 나뉩니다.

또한 탐욕은 ① 지나친 원함atricchatā 탐욕, ② 큰 원함mahicchatā 탐욕, ③ 나쁜 원함pāpicchatā 탐욕이라는 세 종류로도 나뉩니다.(Vbh.363)[269] '지나친 원함'이란 자신이 가진 것에 만족하지 못하고 다른 이가 가진 것을 원하는 탐욕입니다. '큰 원함'이란 많은 것을 원하는 탐욕입니다. 자신에게 없는 덕목으로 많은 칭송을 받고자 하는 것, 많은 물품을 받고자 하는 것 등을 말합니다. 불 무더기, 바다와 함께 세상에서 가득 채울 수 없는 것 세 가지에 '큰 원함을 가진 자'가 포함됩니다.(VbhA.455) '나쁜 원함'이란 바르지 않은 방법으로 다른 이들에게 칭송과 존경, 보시를 받고자 하는 저열한 탐욕을 말합니다.

특별한 탐욕으로 비법애착adhammarāga·非法愛着과 삿된 법micchādhamma이 있습니다. 비법애착이란 부모나 자식 등 행해서는 안 될 대상에 대해 생겨나는 애착을 말합니다. 삿된 법은 동성 간에 생겨나는 애착을 말합니다.(DhsA.ii.398; DA.iii.36)

269 각묵스님 옮김, 『위방가』 제2권, pp.308~309 참조.

관련 내용

탐욕이 야기하는 결과들

탐욕은 적당한 정도보다 훨씬 더 많은 것을 가지게 하는 조건입니다. 분명하게 있는 허물을 덮어버리기도 합니다. 애착이 심한 이는 사랑하는 이와 헤어지는 것을 견디지 못하기 때문에 사랑하는 이와 함께하지 못하는 고통piyavippayogadukkha의 조건이기도 합니다. 갈애가 있어 거듭 태어나기 때문에 태어남의 고통jātidukkha의 조건이기도 합니다.

탐욕으로 죽은 이는 일반적으로 아귀 탄생지에 태어납니다. 탐욕이 심한 이는 적당하지 않은 음식을 먹거나 적당한 양보다 더 많이 먹기 때문에 여러 질병의 조건이기도 합니다. 애착이 커서 무상한 형성법들을 무상하다고 보지 못하기 때문에 무상이 드러나지 않게 하는 조건이기도 합니다.(DhsA.171)

탐욕의 기질

'기질cariya'이란 일반적으로 생겨나는 것보다 더욱 많이, 심하게 생겨나는 성품을 말합니다. 탐욕의 기질은 얌전하게 오갑니다. 다리도 편편하게 딛습니다. 앉거나 설 때도 단정합니다. 잠도 얌전하게 잡니다. 일어날 때도 천천히 일어납니다.

일도 차분하게 합니다. 달콤하고 부드러운 음식을 좋아합니다. 조금만 좋은 것을 접해도 매우 기뻐합니다. 좋아하는 대상과 멀어져야 할 때 매우 아쉬워합니다. 분명한 허물에도 꼬투리를 잡지 않고, 작은 덕목도 칭찬하고 존중합니다.

탐욕의 기질은 조금만 좋아도 애착이 생겨나므로 조금 더럽고 지저분한, 좋지 않은 처소에서 지내는 것이 좋습니다. 옷도 찢어지거나 너

털거리는 옷이 적합니다. 음식도 거칠고 딱딱한 음식이 좋습니다.(Vis. i.97~103)

제일 심한 불길과 채우기 힘든 물길

여러 문헌에서 '애착rāga의 불길, 갈애taṇhā의 물길'이라고 표현합니다. 애착은 불길과 같고 갈애는 물길과 같다는 뜻입니다.

보통의 불은 땔감을 태워 재가 되게 합니다. 하지만 그뿐입니다. 심지어 우주를 초선정 천까지 태우는 불도[270] 가끔씩만 태웁니다. 애착이라는 불은 연기도 없이 중생의 마음에서 타올라 그 중생을 심하게 괴롭힙니다. 이 불은 성스러운 도로 제거되기 전까지는 윤회하는 내내 괴롭힙니다. 그래서 애착은 제일 심한 불입니다. 부처님께서도 "natthi rāgasamo aggi. 애착과 같은 불길은 없다"라고 설하셨습니다.(Dhp.251)

강은 물이 넘칠 때도 있고 모자라거나 마를 때도 있습니다. 하지만 갈애는 넘치거나 마를 때가 없습니다. 항상 모자랍니다. 언제나 대상을 원합니다. 아무리 재산이 많은 사람이라도 '충분하다'라는 것은 없습니다. 더욱 더 많이 원합니다. 그래서 갈애는 제일 심한 물길입니다. 부처님께서도 "natthi taṇhāsamā nadī. 갈애와 같은 강은 없다"라고 설하셨습니다.(Dhp.251)

친구였던 원수

「아시위소빠마숫따Āsīvisopamasutta(독사비유경)」에서는 즐김애착nandirāga이라는 표현으로 친구였던 원수에 비유하셨습니다. 즐김이란

270 우주가 불에 의해 무너질 때 초선정 천까지 불타서 무너진다. 『청정도론』 제2권, p.366 참조.

좋아하고 받아들이는 것입니다. 애착이란 들러붙는 것입니다. 중독성이 있는 마약처럼 즐기는 성품, 집착하는 성품이 즐김애착입니다.

애착은 좋은 것이라고 하면 거부하지 않습니다. 거절하지 않습니다. 보기에 좋은 대상이라면 어떤 형색이든 받아들입니다. 거절하지 않습니다. 듣기에 좋은 대상이라면, 맡기에 좋은, 먹기에 좋은, 닿기에 좋은, 생각하기에 좋은 대상이라면 어떤 것이든 모두 받아들입니다. 이것이 즐김애착입니다. 좋아하고 들러붙는 성품입니다. 즐김애착이 생겨나면 이렇게 좋은 대상을 접해서 즐기기는 합니다.

하지만 즐김애착이 생기자마자 통찰지라는 머리를 떨어뜨립니다. 이전에 수행으로 생겨났던 통찰지라도 더 이상 생겨나지 않는다는 뜻입니다. 혹은 즐김애착 때문에 어떤 행위를 하게 되고, 그 행위 때문에 여러 생에 태어나 태어난 생마다 죽어야 합니다. 그래서 즐김애착은 예전에는 죽마고우였지만 지금은 자신을 죽이려고 하는 원수와 같습니다.(S.ii.382/S35:238)[271] 『이띠웃따까』에서는 "내부의 적antarāamitta, 내부의 원수antarāsapatta, 내부의 살인자antarāvadhaka, 내부의 반대자antarāpaccatthika라고 표현하셨습니다.(It3:39)[272]

내부의 더러움

탐욕은 성냄·어리석음과 더불어[273] 내부의 더러움antarāmala입니다. 마음은 탐욕 등 다른 불선법이 일어나지 않을 때는 깨끗합니다. 허물이 없습니다. 그러다가 탐욕이 대상을 갈망하고 집착하면 즉시 더러워집

271 *Mahāsi Sayadaw*, 『*Āsīvisopamathouk tayato*(독사비유경에 대한 법문)』, pp.236~237 참조.

272 『이띠웃따까』, p.307; 『이띠붓따까-여시어경』, p.404 참조.

273 본서 pp.257~258 참조.

니다. 그래서 탐욕은 마음의 때와 같습니다. 때에는 몸의 때와 마음의 때가 있습니다. 몸의 때는 물로 씻어낼 수 있지만 마음의 때는 물로 씻어낼 수 없습니다. 성스러운 도를 통해서만 씻어낼 수 있습니다. 탐욕은 성냄, 어리석음과 더불어 많은 불이익을 생겨나게 하고, 마음을 뇌란惱亂시킵니다. 하지만 사람들은 내면에서 생겨나는 이러한 위험을 알지 못합니다. 탐하는 자는 이익을 알지 못하고, 법을[274] 보지 못합니다. 탐욕이 사람을 지배하면 칠흑 같은 어둠만이 있을 뿐입니다.(It3:39)[275]

불선의 뿌리

탐욕은 성냄·어리석음과 더불어 불선의 뿌리akusalamūla입니다. 매우 큰 탐욕으로 몸과 말과 마음으로 어떤 의도적인 행위를 한다면 그것은 불선입니다. 예를 들어 탐욕으로 다른 이를 부당하게 죽이거나 옭아매거나 재산을 잃게 만들거나 비방하거나 추방해서 고통을 야기한다면, 혹은 "나는 힘 있다. 나는 능력 있다"라고 말한다면 그것도 불선입니다. 이렇게 탐욕이라는 조건으로 여러 가지 악하고 불선한 법들이 일어납니다.(A.i.201/A3:69)[276]

불이익을 생겨나게 하는 법

탐욕은 성냄·어리석음과 더불어 많은 불이익이 생겨나게 합니다. 탐욕스러운 자는 생명을 죽이고, 주지 않은 것을 가지고, 남의 아

274 공덕행 토대 10가지, 선행 10가지라는 선법을 뜻한다. 선정, 도와 과를 보지 못하는 것은 말할 필요도 없다.

275 『이띠웃따까』, p.307; 『이띠붓따까-여시어경』, p.404 참조.

276 『아비담마 강설 1』, p.176 참조.

내를 범하고, 거짓말을 하고, 심지어 남도 그렇게 하도록 유도합니다. 이것은 그러한 행위를 하는 자에게 불이익이 되고 괴로움이 됩니다.(A3:66)[277]

윤회를 확장시키는 법

갈애로 표현되는 탐욕은 자만·사견과 더불어 중생으로 하여금 거듭 윤회하게 만들기 때문에, 윤회가 길어지게 만들기 때문에 '확산papañca'이라고 불립니다. 사견은 다섯 무더기에 대해 '자아'라고 거머쥡니다. 자만은 그러한 자아를 '나'라고 여기면서 '나는 거룩하다. 나와 그대가 다른 것이 무엇인가?' 등으로 비교합니다. 이러한 사견과 자만을 바탕으로 자신의 물질·정신 법들을 갈애로 강하게 집착합니다. 그렇게 강하게 집착한 대로 원하는 대상은 가지도록, 원하지 않는 대상은 무너뜨리도록 이리저리 선업과 불선업을 행합니다. 그러한 선업과 불선업은 새로운 생에 거듭 태어나게 합니다. 이렇게 윤회는 계속 확장됩니다. 부처님께서는 "중생들은 갈애를 좋은 친구라고 생각하며 동료로 삼아 오랜 세월 윤회하기 때문에 윤회에서 벗어나지 못한다"라고(A4:9)[278] 설하셨습니다.

부처님께서는 깨달음을 얻으셨을 때도 "한량없는 생의 윤회 속에서/ 집을 짓는 자가 누구인지 알려고/ 찾아 헤매다, 헤매다 찾지 못하여/ 계속해서 태어났나니 이는 고통이었네"라고(Dhp.153)[279] 마음속으

277 『앙굿따라 니까야』 제1권, p.470 참조.

278 『앙굿따라 니까야』 제2권, p.68 참조.

279 Anekajātisaṁsāraṁ, sandhāvissaṁ anibbisaṁ;
Gahakāraṁ gavesanto, dukkhā jāti punappunaṁ.

로 감흥어를 읊으셨습니다. 자기의 생과 자기의 무더기를 즐기는 갈애가 남아 있는 한, 한 생에서 죽으면 다시 다음 생, 이렇게 새로 거듭 태어나야 합니다. 그렇게 새로운 생에 무더기라는 집을 계속 생겨나게 하는 근본 뿌리는 바로 갈애입니다. 그래서 갈애를 'gahakāra 집 짓는 자', 무더기라는 집을 만들고 세우고 짓는 자라고 표현하신 것입니다. 새로운 생에 태어나면 그 한 생 전체와 관련된 여러 괴로움을 겪어야 합니다. 그래서 새로운 생에 태어남jāti은 실로 두려워할 만한 괴로움이고 나쁜 법입니다.

근심을 늘리는 갈애라는 덩굴

부처님 당시 말루까뿟따Mālukyaputta 존자는 아라한이 됐을 때 친지들을 연민해서 윤회윤전에서 벗어나도록 법을 설하기 위해 고향으로 갔습니다. 하지만 친지들은 존자가 아라한이 된 줄 모른 채 훌륭한 음식을 대접한 뒤 많은 재물을 쌓아 놓고 "이 재산은 당신의 것입니다. 환속해서 이 재산으로 처자식을 부양하면서 공덕을 쌓으십시오"라고 권했습니다. 존자는 그들의 바람을 물리치고 허공에 서서 다음과 같이 게송을 읊었습니다.

방일하게 지내는 자에게
갈애는 말루와māluvā 덩굴처럼 자란다.
숲속 원숭이가 열매 찾아 옮겨 다니듯
그는 이 생에서 저 생으로 떠돌아다닌다.
세상에서 이리저리 얽어매는 저열한
갈애에 어떤 이가 제압된다면

비를 맞으며 비라나bīraṇa 풀이 자라듯
그에게는 근심이 늘어난다.(Thag.399~400)[280]

말루와 풀이 자신이 의지하고 있는 나무를 뒤덮고 얽어매면서 성장하다가 나중에는 그 나무를 죽이듯이 갈애도 자신이 의지하고 있는 물질·정신 무더기, 여섯 감각장소에 의지해서 계속 성장하다가 그 물질·정신을 괴로움에 빠지게 합니다. 또한 원숭이가 한 나무에서 다른 나무로 자신이 먹고 싶은 열매를 찾아 이리저리 옮겨 다니듯이 갈애의 바람을 따라가는 이는 자신이 좋아하는 대상을 이리저리 구하면서 이 생에서 저 생으로 떠돌아다닙니다. 원숭이에게 붙잡을 나무가 없는 경우가 존재하지 않듯이, 갈애에게도 거머쥘 대상이 없는 경우란 존재하지 않습니다.

갈애는 독이 든 음식, 뿌리, 열매와 같기 때문에, 또한 여섯 대상에 들러붙고 집착하기 때문에 '얽어매는visatthika 갈애'라고 불립니다. 그래서 마치 비라나 풀이 비를 맞으며 자라나듯이 갈애에 제압당한 자에게는 윤회윤전을 조건으로 하는 근심이 늘어납니다.

여기저기서 즐기는 갈애

부처님께서 생겨남의 진리를 설하실 때 '여기저기서 즐기는 것tatra-tatrābhinandinī'이라고 표현하셨습니다. 갈애는 접하게 되는 각각의 생, 각각의 대상을 좋아하고 즐긴다는 뜻입니다. 일례로 보살이 어느 한 생에서 용으로 태어났을 때 처음에는 자신의 모습을 보고서 혐오했지만

280 전재성 역주, 『테라가타-장로게경』, pp.809~900 참조.

천녀들의 모습으로 연주하고 노래하고 춤추는 용녀들을 보고 마치 자신이 제석천왕이 된 것처럼 즐겼다고 합니다.(J506)[281]

부처님 당시 까시Kāsī국의 우빠리Uparī 왕비는 죽어서 소똥구리로 태어났을 때 소똥구리의 생, 소똥구리의 몸을 좋아하고 애착했습니다. 더 나아가 이전 생에 남편이었던 앗사까Assaka 왕보다 소똥구리 남편의 몸 무더기를 더욱 사랑한다고 했습니다.(J207)[282]

새로운 생을 생겨나게 하는 갈애

부처님께서 생겨남의 진리를 설하실 때 '다시 태어나게 하는 것ponobhavika'이라고도 표현하셨습니다. 갈애는 들러붙는 성품이어서 도달한 생에서 자신의 생을 좋아하고 즐깁니다. 얻게 된 대상들도 좋아하고 즐깁니다. 이렇게 좋아하며 즐기기 때문에 자신의 생이 계속해서 그대로 유지되도록, 좋은 것이라고 생각되는 대상도 그대로 유지되도록 노력하고 애씁니다. 이렇게 노력하고 애쓰기 때문에 새로운 생을 생겨나게 할 수 있는 불선업과 선업이 각각 적절하게 생겨납니다. 그러한 불선업과 선업 때문에 또다시 새로운 생에 태어납니다.

갈애 때문에 새로운 생에 거듭 태어나는 모습은 매우 많습니다. 까꾸산다Kakusandha 부처님 당시 여인이었다가 죽어서 공양간 근처의 암탉으로, 다시 웁바리Ubbarī라는 공주로, 이후 범천에까지 이르렀다가 다시 장자의 딸, 암돼지, 여러 사람으로 태어났다는 일화(Dhp.338 일화), 한 비구가 수행하다가 아직 갈애가 제거되지 않아 천신으로 태어

281 『담마짝까 법문』, pp.277~279 참조.
282 『담마짝까 법문』, pp.279~287 참조.

난 일화(S.i.30/S1:46), 아내를 사랑해서 거듭 거듭 아내 근처에 뱀과 개와 소로 태어난 일화(AA.ii.189) 등이 있습니다.[283]

수분과 같은 갈애

『앙굿따라 니까야(세 가지 모음)』「바와숫따Bhavasutta(존재경)」에서 부처님께서는 "kammaṁ khettaṁ, viññāṇaṁ bījaṁ, taṇhā sineho. 업은 밭, 의식은 종자, 갈애는 수분이다"라고(A.i.224/A3:76) 설하셨습니다. 새로운 생에 재생연결 의식이 생겨나는 데 있어 선업과 불선업은 씨앗이 자라는 밭과 같고, 업형성 의식은 재생연결 의식을 생겨나게 하는 종자와 같고, 도달한 생과 얻은 대상에 대해 좋아하고 즐기는 갈애는 젖게 하는 물 요소와 같다는 뜻입니다.

그중 업형성 의식, 즉 새로운 생을 형성하는 의식이란 의도인 업과 함께 생겨나는 마음이라고 주석서에서 설명했습니다. 원래 업이 생겨날 때 마음이 그 업과 함께 생겨나는 것처럼, 뒤의 여러 마음도 의도와 함께 생겨나기 때문에 그것을 '업형성 의식'이라고 표현할 수 있습니다. 특히 여기서는 죽음에 임박해 업이나 업 표상, 거취 표상에 집착해서 그것을 대상으로 생겨나는 죽음 인근 속행 마음을 '업형성 의식'이라고 부릅니다. 죽음 인근 속행 마음에서 재생연결 의식이 생겨나기 때문입니다.

또한 젖게 하는 요소인 물 요소와 닿아야만 종자가 새싹을 틔울 수 있듯이, 갈애가 부추겨야만 업형성 의식이라는 종자도 재생연결 의식을 생겨나게 할 수 있습니다. 업형성 의식과 함께 생겨나든, 앞서서 생

283 자세한 내용은 『담마짝까 법문』, pp.290~323 참조.

겨나든 갈애가 여세를 몰아 부추기기 때문에 업형성 의식이 업이나 업 표상, 거취 표상을 대상으로 재생연결 의식을 생겨나게 할 수 있습니다.[284]

업을 이끄는 갈애

새로운 생에 태어나게 하는 데 주된 역할을 하는 법들은 무명avijjā, 갈애taṇhā, 업kamma입니다. 그 세 가지 법 중, 무명은 죽음에 임박해서 드러나는 대상의 허물을 보지 못하도록 덮어버립니다. 갈애는 마음의 연속을 그 드러난 대상 쪽으로 기울게 합니다. 재생연결을 생겨나게 하는 업은, 갈애가 기울게 한 새로운 생에 도달하도록 보내줍니다. 그중 갈애는 업에게 "어떤 생, 어떤 탄생지에 도달해야 한다"라고 지시하고 보내는 '생의 길잡이'와 같습니다.(DhsA.154)

그래서 여러 문헌에서 "사람의 생, 천신의 생에 도달하게 하는 업의 특별한 조건은 바로 '어느 탄생지, 어느 생에 태어나기를'이라고 기원하는 존재갈애bhavataṇhā다"라고(VbhA.126), "인간 탄생지, 천상 탄생지, 악도 탄생지에서 경험하는 것들을 애착하고 갈망하는 갈애의 힘 때문에 사람, 천신, 악도 중생으로 태어난다"라고(Jinālaṅkāraṭīkā, 282), "선업과 불선업도 갈애의 힘 때문에 어느 생, 어느 탄생지라고 결과를 확실하게 줄 수 있다"라고(Jinālaṅkāraṭīkā, 281) 설명했습니다. 부처님께서도 "갈애는 세상을 인도하고, 세상을 이끈다. 모든 것은 갈애라는 하나의 법에 의해 지배된다"라고 설하셨습니다.(S1:63)

불선업을 이끈 갈애의 대표적인 예로 자신의 재산에 너무 집착해서

284 『담마짝까 법문』, p.288 주247 참조.

자신의 집에 개로 태어난 또데야Todeyya 바라문(MA.iii.175), 보시 받은 좋은 가사에 집착하다 죽어 그 가사에 사는 이로 태어난 띳사 비구 등이 있습니다.(Dhp.240 일화)

선업을 이끈 갈애의 예로는『위두라Vidhura 자따까』에 언급된 네 장자를 들 수 있습니다. 네 장자는 왕의 정원에 머물고 있는 선인 네 명에게 각각 공양을 올렸습니다. 선인들은 공양을 마친 후 한 명은 도리천, 한 명은 용궁, 한 명은 금시조의 처소, 한 명은 꼬라뱌Korabya 왕의 미가지나Migājina 정원으로 가서 지냈습니다. 도리천에 가던 선인은 제석천왕의 영화를, 용궁으로 가던 선인은 용왕의 영화를, 금시조의 처소로 가던 선인은 금시조왕의 영화를, 꼬라뱌 왕의 정원으로 가던 선인은 왕의 영화를 칭송했습니다. 그러자 공양을 올리던 장자들은 각각 제석천왕, 용왕, 금시조왕, 인간 세상의 왕의 영화를 기원하고 갈망했습니다. 선업을 행할 때마다 그곳에 태어나기를 기원했습니다. 결국 목숨을 마친 뒤 갈애가 이끄는 대로 각각 제석천왕, 용왕, 금시조왕, 인간 세상의 왕으로 태어났습니다.(J.vii.151/J545)

라훌라Rāhula 존자도 과거 빠두뭇따라Padumuttara 부처님 당시 한 장자였을 때 자신이 항상 공양을 올리던 선인이 용왕의 영화를 자주 칭송하자 용왕의 생을 갈망하는 갈애가 생겨나 그 갈애 때문에 죽은 뒤 용왕으로 태어났습니다.(AA.i.197)

부처님 당시 이전 생에 천녀였던 빠띠뿌지까Patipūjikā라는 여인은 과거생을 기억하고서 선업을 행할 때마다 이전 생의 남편이었던 말라바리Mālābhārī 천신이 있는 곳에 다시 태어나기를 기원했고, 그러한 갈애가 이끄는 대로 죽은 뒤 말라바리 천신 곁에 천녀로 다시 태어났습니다.(Dhp.i.229)

빔비사라Bimbisāra 왕은 부처님께 웰루와나Veḷuvana 정사도 보시하고 많은 선업을 쌓으며 수다원이 됐습니다. 원하기만 하면 어느 천상에도 태어날 수 있었습니다. 하지만 이전 생에 사대왕천에 많이 태어났기 때문에 그곳에만 다시 태어나고자 하는 '갈망nikanti', 갈애가 이끄는 대로 사대왕천 중 웻사완나Vessavaṇṇa 왕의 부하인 자나와사바Janavasabha로 태어났습니다.(DA.ii.231)

부처님 당시 고삐까Gopikā라는 석가족 공주는 삼보에 귀의하고 오계를 준수하며 선업을 많이 쌓았습니다. 특히 여성의 생을 혐오하고 남성의 생을 기원해서 죽은 뒤 도리천에 제석천왕의 아들 고빠까Gopaka 천자로 태어났습니다. 고빠까 천자가 이전에 고삐까 공주의 생 때 자주 공양을 올리던 세 비구가 있었는데 모두 청정한 계를 갖추고 선정까지 얻은 상태였습니다. 하지만 그 세 비구는 입적한 뒤 모두 천상에서 노래를 부르고 연주하는 간답바Gandhabba로 태어났습니다. 고빠까 천자가 그들을 보고 "보기에 민망합니다"라는 등으로 질책하자 천신 두 명은 즉시 이전 생에 닦았던 초선정을 다시 얻었고, 초선정을 바탕으로 위빳사나 수행을 해서 아나함이 됐습니다. 그리고 그 즉시 범보천에 태어났습니다. 하지만 한 천신은 그대로 감각욕망에 빠져 지냈습니다.

이 일화에서 계도 청정하고 초선정까지 얻은 비구들이 저열한 간답바 천신으로 태어난 것은 이전 생에 간답바 천신으로 태어난 적이 많아서 그 생에 애착하는 갈망, 갈애 때문이라고 주석서에서 설명했습니다.(D.ii.216/D21; DA.ii.298~299)

탐욕과 기원

빠알리어로 'patthanā'라고 표현하는 기원은 갈망하는 성품인 'taṇhā 갈애'와 비슷한 듯 보입니다. 기원에는 갈애로 기원하는 갈애기원 taṇhāpatthanā과 열의chanda 정도로 기원하는 열의기원chandapatthanā이라는 두 종류가 있습니다. '열반에 도달하기를. 도와 과를 얻기를'이라고 기원하는 것은 열의기원입니다. 도와 과, 열반이 아니라 '천상의 영화, 인간 세상의 영화를 얻기를'이라고 기원하는 것은 갈애기원입니다. 갈애로 자신이 태어나고자 하는 탄생지에 마음 기울였을 때, 기원했을 때 믿음, 계, 배움, 베풂, 통찰지라는 다섯 법을 갖춘 이라면 자신이 기원한 대로 태어날 수 있습니다. 그래서 부처님께서는 갈애와 더불어 믿음 등의 다섯 법을 '생을 마련하는 법, 특별한 생으로 보내주는 법'이라고 설하셨습니다.(M120)

현생에서 하나의 도와 과도 아직 얻지 못했다면 기원과 함께 믿음 등의 다섯 법을 갖추는 것이 좋습니다. 그 법들을 갖춰야 자신이 바라는 생에 확실히 도달할 수 있습니다. 믿음 등의 다섯 법을 갖췄더라도 어느 생을 기원하지 않는다면 어느 생에 태어날지 확정되지 않습니다. 마찬가지로 기원만 하고 믿음 등의 다섯 법을 갖추지 못해도 기원대로 태어나지 못합니다. 비유하자면 하늘에 막대기를 던지면 위쪽 부분으로 떨어질지, 중간 부분으로 떨어질지, 밑 부분으로 떨어질지 확실하지 않은 것처럼 기원하지 않고 선업만 행한 이는 어느 생에 태어날지 확실하지 않습니다. 그러므로 선업을 행할 때 자신이 바라는 한 곳을 기원하는 것이 적당합니다.(MA.iv.104)[285]

285 『맛지마 니까야』 제4권, p.222 참조.

갈애를 제거하는 방법

갈애는 제거해야 할pahātabba 법입니다. 제거해야 할 법을 제거하지 않고 '갈애여, 오지 마라. 생겨나지 마라'라거나, '갈애가 없는 마음만 지닐 것이다. 갈애가 없는 마음만 생겨나게 할 것이다'라고 생각하는 것만으로는 갈애가 제거되지 않습니다. 부처님께서 설하신 방법대로 단계단계 제거해야 합니다.

제거해야 할 갈애는 세 종류입니다. ①몸의 업이나 말의 업에 이르러 범하는 갈애가 한 종류, ②마음속으로만 좋아하고 원하고 바라는 갈애가 한 종류, ③실제로는 생겨나지 않았지만 생겨날 기회가 있는 갈애가 한 종류, 이렇게 세 종류입니다.

그 세 종류 중에서 몸의 업이나 말의 업에 이르러 범하는 갈애를 위범번뇌vītikkamakilesa라고 합니다. 위범번뇌는 계를 통해 제거해야 합니다. 계를 정성스럽게 지키고 단속하는 이들은 몸의 업이나 말의 업으로 범하는 위범번뇌가 없습니다. 이것은 계를 통해 제거하는 모습입니다.

마음속 생각만으로 좋아하고 원하고 애착하고 바라는 갈애를 현전번뇌pariyuṭṭhānakilesa라고 합니다. 현전번뇌는 삼매를 통해 제거해야 합니다. 들숨날숨 등 사마타 수행주제 하나에 끊임없이 마음을 기울이고 있으면 그렇게 마음을 기울이고 있을 때에는 감각욕망 대상들을 좋아하고 바라고 생각하는 것이 생겨나지 않습니다. 더 나아가 선정 삼매를 얻으면 그 선정이 무너지지 않는 동안에는 거친 감각욕망의 사유들이 생겨나지 않고 사라집니다. 그것은 삼매가 감각욕망갈애를 억압제거vikkhambhanapahāna를 통해 제거했기 때문입니다. 존재갈애와 비존재갈애는 선정을 얻은 일부 수행자들에게서도 사라지지 않고 그대로 존재할 수 있습니다. 일부 범천들에게서도 사라지지 않고 그대로 존재할 수 있습니다. 그래서 존재갈애와 비존재갈애는 사마타 삼매로 제거할 수 없습니다. 삼매가 없는 일반 사람들에게서 자기 생을 좋아하는 갈애가 사라지지 않는다는 것은 말할 필요도 없습니다.

실제로 아직 생겨나지는 않았지만 조건이 형성됐을 때 생겨날 수 있는 갈애를 잠재번뇌anusayakilesa라고 합니다. 잠재번뇌는 대상에 대해 생겨날 기회가 있는 대상잠재번뇌ārammaṇānusayakilesa가 한 종류, 상속에 생겨날 수 있는 상속잠재번뇌santānānusayakilesa가 한 종류, 이렇게 두 종류가 있습니다. 볼 때나 들을 때 등에 분명한데도 관찰하지 않아서 무상 등으로 알지 못하는 성품법들에 대해 다시 돌이켜 숙고했을 때 생겨날 가능성이 있는 번뇌를 대상잠재번뇌라고 합니다. 그 대상잠재번뇌는 위빳사나 지혜로 제거해야 합니다. 위빳사나 지혜로는 관찰된 대상에 대해 생겨날 번뇌들만 부분제거tadaṅgapahāna를 통해 제거할 수 있습니다. 관찰하지 않은 대상에 대해서는 제거할 수 없습니다. 성스러운 도의 지혜로 아직 제거되지 않아 언제든 조건이 형성됐을 때 생겨날 가능성이 있는 번뇌들을 상속잠재번뇌라고 합니다. 그것은 성스러운 도의 지혜로 번뇌가 아직 제거되지 않은 개인의 상속에 생겨날 수 있는 번뇌입니다. 그 상속잠재번뇌들은 성스러운 도의 지혜로만 뿌리까지 뽑는 근절제거samucchedapahāna를 통해 제거할 수 있습니다. 그래서 그 상속잠재번뇌를 성스러운 도의 지혜로 제거할 수 있도록 위빳사나 수행을 닦아야 합니다.[286]

286 『담마짝까 법문』, pp.404~407 참조.

이렇게 계와 삼매와 통찰지로 갈애를 제거해야 한다는 내용을 부처님께서는 "통찰지를 갖춘 사람, 계에 기반 두고서/ 마음과 통찰지를 수행한다네.// 열심히 노력하고 원숙한 사려 갖춘/ 그러한 비구가 이 엉킴을 푼다네"라고 설하셨습니다.(S1:23)

여기서 '엉킴'이란 갈애라는 그물taṇhā jālinī을 뜻합니다. 왜냐하면 갈애는 형색 등의 대상들에 대해 계속해서 일어나기 때문입니다. 서로 비꼰다saṁsibbana는 의미로 엉킴이라 합니다. 대나무 덤불 등에서 가지들이 그물처럼 얽혀있는 것을 '엉킴'이라 부르듯이 갈애는 자신의 필수품과 다른 사람의 필수품에 대해서, 자신의 존재상속과 다른 이의 존재상속에 대해서, 내부 감각장소와 외부 감각장소에 대해서 일어나기 때문에 안의 엉킴과 밖의 엉킴이라고 합니다.(SA.i.47)

그러한 갈애를 제거하기 위해서는 먼저 재생연결 때부터 어리석음 없음이라는 통찰지를 갖춰야 합니다. 그리고 계를 잘 준수하면서 계에 기반을 두고서, '마음'이라고 표현한 삼매, '통찰지'라고 표현한 위빳사나를 닦아야 합니다. 닦을 때 '열심히 노력하고'라는 표현대로 정진도 갖춰야 하고, '원숙한 사려'라는 표현대로 어떠한 것이 이익이 있고 적당한지 아는 바른 앎도 갖춰야 합니다. 이러한 법들을 갖추면 갈애라는 엉킴을 제거할 수 있습니다.(SA.i.48)[287]

혹은 일곱 가지 깨달음 구성요소야말로 갈애의 멸진taṇhakkhaya으로 인도하는 실천이라고,(S46:26) 여덟 가지 도 구성요소야말로 갈애를 제거하는 법이라고(S45:107), 네 가지 새김확립이야말로 갈애의 멸진으로 인도하는 실천이라고(S52:7) 설하셨습니다. 하지만 일곱 가지 깨달음

287 『상윳따 니까야』 제1권, pp.176~177; 『청정도론』 제1권, pp.121~127 참조.

구성요소, 여덟 가지 도, 네 가지 새김확립을 따로따로 실천해야 하는 것은 아닙니다. 네 가지 새김확립을 실천하면 나머지 법들은 저절로 갖춰집니다.[288]

탐욕은 보시, 지계, 수행, 더 나아가 도와 과가 생겨나지 못하도록 가로막기 때문에 불선 범주에서 장애nīvaraṇa 5가지 중 '감각욕망바람kāmacchanda'이라는 이름으로 포함됩니다. 주석서에서는 이 감각욕망바람을 제거하는 조건을 다음과 같이 6가지로 설명했습니다.(DA.ii.368)

첫째, 더러움 수행주제의 표상을 지니는 것입니다asubhanimittassa uggaho.[289] 더러움의 표상이 드러나도록 '머리털, 몸털' 등으로 마음 기울이는 것을 말합니다.

둘째, 더러움 수행주제에 전념하는 것입니다asubhabhāvanānuyogo. 한 번 마음 기울이는 것으로 그치지 않고 거듭 마음 기울어야 합니다.

셋째, 감관을 잘 단속해야 합니다indriyesu guttadvāratā. 보거나 들을 때 등에 마음이 달아나지 않도록 잘 단속해야 합니다.

넷째, 먹는 데 있어 양을 알아야 합니다bhojane mattaññutā. 적당한 양만 먹어야 합니다.

다섯째, 선우와 함께해야 합니다kalyāṇamittatā.

여섯째, 적당한 대화를 해야 합니다sappāyakathā. 특히 더러움, 괴로움에 관한 말을 해야 합니다.

이렇게 제거해 나가다가 수다원도를 통해 악처에 떨어지게 하는 감

288 탐욕에 관한 여러 내용은 『*Buddha abhidhamma cetasikāmya*(붓다 아비담마 마음부수)』 제3권, pp.6~93을 참조했다.

289 'asubhanimittassa uggaho'라고 주석서 표현 그대로 인용했다. 다른 인용문들도 동일하다.

각욕망애착과 선처에서도 일곱 생보다 넘어서 태어나게 하는 탐욕을 제거합니다. 아나함도를 통해 모든 감각욕망애착을 제거합니다. 아라한도를 통해 남아 있는 색계애착, 무색계애착까지 모두 제거합니다.(Vis.ii.325)

제33강

2009년 3월 10일

먼저 『앙굿따라 니까야』 「아상사숫따Āsaṁsasutta(희망 있음 경)」를[290] 소개하겠습니다.(A3:13)

부처님께서 한때 다음과 같이 사람을 세 부류로 나눠 설하셨습니다.

① 희망 없는nirāsa 사람

② 희망 있는āsaṁsa 사람

③ 희망 떠난vigatāsa 사람

첫 번째로 '희망 없는 사람'이란 다음과 같습니다. 어떤 사람은 천민이나 노예, 사냥꾼, 거지 등 비천한 가문에 태어납니다. 먹을 것, 입을 것, 지낼 곳도 부족합니다. 그런 사람은 '어떤 이를 왕으로 모시는 관정식을 거행했다'라는 소식을 들어도 '나의 관정식은 언제 거행할 것인가?'라는 생각은 전혀 하지 않습니다. 그러한 것을 희망하지 않습니다. 꿈조차 꾸지 않습니다.

마찬가지로 계를 지키지 않고 번뇌를 단속하지 않는 비구는 '어떤 비구가 아라한이 됐다'라는 소식을 들어도 '나는 언제 아라한이 될 것인가?'라는 생각을 전혀 하지 않습니다. 그러한 것을 희망하지 않습니다. 꿈조차 꾸지 않습니다. 비구는 대표적으로 말한 것일 뿐입니다. 수행자도 해당됩니다. 어떤 불자는 '어떤 수행자가 미얀마에 가서 위빳사나 수행을 하고 왔다고 한다. 열심히 해서 위빳사나 지혜가 향상됐다고 한다. 지혜단계 법문[291]을 들었다고 한다'라는 소문을 들어도 평소 수행을

290 PTS본은 「니라사숫따Nirāsasutta(희망 없음 경)」이다. 『앙굿따라 니까야』 제1권, p.315 참조.

291 양곤 마하시 센터에서는 45일이나 3개월 등 장기간 열심히 수행한 현지인들에게 자신의 경지를 스스로 결정할 수 있도록 '지혜단계 법문'을 들려준다.

열심히 하지 않기 때문에 '나는 언제나 지혜가 향상될 것인가'라고 희망하지 않습니다. 더 나아가 '나와는 관계없다. 우리 가족이 건강하고 행복하게 잘 살면 된다. 힘들게 위빳사나 수행을 왜 하는가. 왜 법문을 들으러 가는가' 등으로까지 생각합니다. 이런 분들도 '희망 없는 사람'에 포함된다고 할 수 있습니다.

두 번째로 '희망 있는 사람'은 다음과 같습니다. 태자는 '어떤 이를 왕으로 모시는 관정식을 거행했다'라는 소식을 들었을 때 '나의 관정식은 언제 거행할 것인가?'라는 생각을 합니다. 그러한 것을 희망합니다.

마찬가지로 계를 잘 지키고 번뇌를 단속하며 수행하는 비구는 '어떤 비구가 아라한이 됐다'라는 소식을 들었을 때 '나는 언제 아라한이 될 것인가?'라고 생각합니다. 그러한 것을 희망합니다. 역시 비구는 대표적으로 말한 것입니다. 확장해서 설명하면 위빳사나를 열심히 닦는 수행자라면 "수다원은 사악도에 더 이상 태어나지 않는다. 많아도 일곱 생 내에 모든 윤회에서 벗어난다. 삼보에 대한 믿음이 확고하다" 등의 내용을 법문을 통해 듣거나 경전을 통해 읽으면 '나도 수다원이 되고 싶다. 나도 열심히 수행해서 수다원이 되리라'라는 희망이 생깁니다. '사다함이 되리라. 아나함이 되리라. 아라한이 되리라'라는 희망이 생기는 것도 마찬가지입니다. 다르게 설명하면 범부에는 눈먼 범부와 선한 범부, 두 종류가 있습니다. 눈먼 범부는 경전도 읽지 않고 아비담마도 공부하지 않아서 무더기, 감각장소, 요소, 위빳사나 등을 전혀 모르고 살아가는 이들, 선업을 실천하지 않는 이들, 위빳사나 수행을 실천하지 않는 이들입니다. 이들은 '희망 없는 사람'에 해당합니다. 선한 범부는 경전이나 아비담마도 배우고 선업도 닦고 수행도 실천하는 이들입니다. 이들은 '희망 있는 사람'입니다. 특히 보살의 경우 수기를 받을 때

'바로 내일 정등각자가 될 것이다'라는 강한 희망이 생겨났다고 합니다.

세 번째로 '희망 떠난 사람'은 다음과 같습니다. 이미 관정식을 통해 왕위에 즉위한 왕은 '어떤 이를 왕으로 모시는 관정식을 거행했다'라는 소식을 들었을 때 '나의 관정식은 언제 거행할 것인가?'라는 생각은 더 이상 하지 않습니다. 이미 왕으로 즉위했기 때문입니다. 그러한 희망에서 완전히 떠났습니다.

마찬가지로 이미 아라한이 된 비구는 '어떤 비구가 아라한이 됐다'라는 소식을 들었을 때 '나는 언제 아라한이 될 것인가?'라고 더 이상 생각하지 않습니다. 이미 아라한이 됐기 때문입니다. 그러한 희망에서 완전히 떠났습니다. 확장해서 설명하면 수다원은 '누가 수다원이 됐다'라는 소리를 들어도 이미 자신이 수다원이기 때문에 '언제 수다원이 될 것인가'라는 희망을 갖지 않습니다. 그러한 희망에서 멀리 떠났습니다. 사다함, 아나함도 마찬가지입니다.[292]

사견

탐욕과 관련된 마음부수 3가지 중 두 번째 마음부수는 '사견diṭṭhi'입니다. 사견은 일반적으로 '올바르지 않은 생각이나 의견'이라고 설명하지만[293] 마음부수로서의 사견은 삿되게 보는 성품, 잘못 보는 성품입니다. 앞에서 살펴본 어리석음은 무상하고 괴로움이고 무아인 것들을 원래 알고 있던 대로 항상하고 행복하고 자아인 것으로 잘못 아는 성품입

292 『앙굿따라 니까야』 제1권, pp.315~318 참조.

293 『엣센스 국어사전』, p.1160 참조.

니다. 사견은 자아가 아닌 물질·정신 법들을 자아라고, 그 자아가 무너지지 않고 그대로 유지된다고, 혹은 죽은 뒤에도 완전히 무너지지 않는다고, 업과 업의 결과가 없다고 잘못 생각하고 집착합니다. 이렇게 어리석음과 사견이 알고 보는 모습에 차이가 있습니다.[294]

단어분석

Micchā passanti tāya, sayaṁ vā micchā passati, micchādassanamattameva vā esāti micchādiṭṭhi. (Vis.ii.98)

대 역

Tāya그것에 의해; 그 법에 의해 micchā잘못 passanti본다. vā혹은 sayaṁ스스로가 micchā잘못 passati본다. vā혹은 esa그것은 micchādassanamattameva단지 잘못 보는 것이다. iti그래서 micchādiṭṭhi 사견이다.

원래는 'passatīti diṭṭhi. 본다고 해서 견해다'라고 단어분석을 해야 합니다. 하지만 여기서는 불선 마음부수로서의 사견을 설명하는 차례라서 'micchā 잘못'이라는 수식어를 붙여 의미를 분명하게 분석한 것입니다.

특질

Sā ayoniso abhinivesalakkhaṇā, parāmāsarasā, micchābhinivesapaccupaṭṭhānā, ariyānaṁ adassanakāmatādipadaṭṭhānā; paramaṁ vajjanti daṭṭhabbā. (Vis.ii.98)

294 『*Visuddhimagga Myanmarpyan*(위숫디막가 미얀마어 번역)』 제3권, p.298 참조.

대 역

Sā그것은; 사견은 ayoniso비합리적으로; 올바르지 않게 abhinivesalakkhaṇā고집하는 특성이 있다. parāmāsarasā집착하는 역할이 있다. micchābhinivesapaccupaṭṭhānā잘못 고집하는 것으로 나타난다. ariyānaṁ성자들을 adassanakāmatādipadaṭṭhānā친견하지 않는 것 등이 가까운 원인이다. paramaṁ제일 심한 vajjanti허물이라고 daṭṭhabbā보아야 한다.

'비합리적으로 고집하는abhinivesa 특성'이라고 할 때 '비합리적ayoniso'이란 '올바르지 않게', 즉 무상한 것을 항상하다고, 세상을 창조한 이가 없는데도 있다고 생각하는 것입니다. 사견은 그렇게 생각한 대로 집착하는parāmāsa 역할을 합니다. 마찬가지로 수행자의 지혜에 '잘못 고집하는micchābhinivesa 법이다'라고 나타납니다.

가까운 원인에 대한 설명 중 '성자들을 친견하지 않는 것 등'에서 '~등'이란 참사람법을 듣지 않는 것, 비합리적 마음기울임, 출세간법에 맞게 실천하지 않는 것을 뜻합니다.[295] 특히 비합리적 마음기울임이라는 원인에 대해서는 부처님께서 "이것 이외에 다른 어떤 법에 의해서도 아직 일어나지 않은 사견이 일어나고, 또한 이미 일어난 사견이 늘어나는 것을 나는 보지 못하나니, 그것은 바로 비합리적 마음기울임이다"라고 설하셨습니다.(A1:17:5)

바른 법을 직접 깨달은 성자들, 혹은 참사람법에 정통한 훌륭한 범부들을 자주 친견하면 참사람법을 자주 듣게 돼 악행과 선행이라는 업,

295 『*Visuddhimagga Myanmarpyan*(위숫디막가 미얀마어 번역)』 제3권, p.298 참조.

그 업의 결과라는 과보를 잘 이해할 수 있는 업 자산 지혜kammassakatāñāṇa가 생겨납니다. 성자들을 친견하지 않고 외면하는 것은 사견을 가지는 것의 가까운 원인입니다. 사견을 가진 이들과 함께하는 것은 말할 필요도 없습니다.(AhBṬ.124)

혹은 사견과 결합한diṭṭhigata sampayutta 마음들이 일어나는 원인으로 다음과 같이 5가지가 있습니다.

①윤회하는 동안 계속해서 사견 의향diṭṭhi ajjhāsaya이 포함됨

②사견을 가진 사람들과 함께함

③선한 법과 멀리함

④사견이 포함된 책이나 문헌을 많이 보고 생각하고 숙고함

⑤비합리적 마음기울임ayonisomanasikāra(AhSṬ.24)[296]

종류

「브라흐마잘라숫따Brahmajālasutta(범망경)」에는 62가지 사견을 자세하게 설명하고 있습니다.(D1) 여기서는 대표적인 사견 세 가지에 대해 소개하겠습니다.

첫 번째는 존재더미사견sakkāyadiṭṭhi · 有身見입니다. 존재더미사견이란 실제로 분명하게 존재하는santa 것은 물질과 정신이라는 무더기kāya일 뿐인데, 그것에 대해 '나'라거나 '개인' 등으로 잘못 생각하는 사견diṭṭhi을 말합니다. 즉 물질을 '자아'라거나, 자아가 물질을 가졌다거나, 물질 안에 자아가 있다거나, 자아 안에 물질이 있다는 등으로 생각하는 것입니다. 느낌 등의 다른 정신 무더기에 대해서도 마찬가지입니

296 『아비담마 강설 1』, p.145 참조.

다.(M44)[297] 존재더미사견을 가진 이들이 모두 그 생에서 죽어 사악도에 결정적으로 태어나는 것은 아닙니다. 또한 존재더미사견이 있다고 해서 천상에 태어나지 못하거나 깨달음 등의 출세간법을 얻지 못하는 것도 아닙니다. 하지만 존재더미사견이 있는 한 중생들은 언제든 악행을 범할 수 있고 그로 인해 사악도에서 벗어나지 못합니다. 존재더미사견을 제거하지 못하는 한 '지옥으로의 문이 언제나 열려 있다'라고 말할 수 있습니다. 위빳사나 수행을 실천해서 수다원도의 지혜로 존재더미사견을 모두 제거해야만 사악도의 문을 완전히 닫을 수 있습니다. 그래서 부처님께서는 마치 가슴에 박힌 창을 서둘러 뽑듯이, 머리위에 붙은 불을 서둘러 끄듯이 존재더미사견을 제거하도록 수행을, 특히 위빳사나 수행을 서둘러 실천하라고 법문하셨습니다.(S1:21)

두 번째로는 극단사견antaggāhikāmicchādiṭṭhi입니다. '세상은 영원하다, 세상은 영원하지 않다', '영혼과 신체는 같다, 영혼과 신체는 다르다'라는 등으로 극단적인 견해를 가지는 것을 말합니다. 보통의 상견과 단견이 여기에 해당됩니다. 이러한 극단사견은 도의 장애만 됩니다. 천상의 장애는 되지 않습니다.

세 번째는 결정사견niyatamicchādiṭṭhi입니다. 이 견해를 가진 이들은 죽은 뒤 무간 지옥에 태어나는 것이 결정적이기 때문에niyata 결정사견이라고 합니다. 여기에는 허무견, 무작용견, 무인견으로 세 가지가 있습니다.

먼저 허무견natthikadiṭṭhi은 결과를 거부하는 사견입니다. 즉 보시나 헌공을 해도 좋은 과보가 없고 살생을 해도 나쁜 과보가 없다고 주장하는 것입니다. 하지만 결과를 거부하면 원인도 거부하는 것이 됩니다. 대

297 다섯 무더기 각각에 대해 네 가지씩의 사견이 있기 때문에 스무 가지가 된다. *Mahāsi Sayadaw*, 『*Takkathou Vipassanā* 대학 위빳사나』, p.16; 『맛지마 니까야』 제2권, pp.318~319 참조.

표적인 것이 '열 가지 토대사견dasavatthukāmicchādiṭṭhi'으로 "보시도 없고, 헌공도 없고, 선물도 없고, 선행과 악행의 결실과 과보도 없고, 이 세상도 없고, 저 세상도 없고, 어머니도 없고, 아버지도 없고, 화생하는 중생도 없고,[298] 이 세상과 저 세상을 스스로 최상의 지혜로 알고 실현하여 선언하는 사문과 바라문들도 없다"라고 주장하는 것입니다.(M117)

무작용견akiriyadiṭṭhi은 원인을 거부하는 사견입니다. 즉 선업을 해도 선업을 한 것이 아니고 불선업을 저질러도 불선업을 한 것이 아니라고 주장하는 것입니다. 하지만 원인을 거부하면 결과도 거부하는 것이 됩니다.

무인견ahetukadiṭṭhi은 원인과 결과를 모두 거부하는 것입니다. 선업 자체도 없고 그것의 좋은 과보도 없고, 불선업 자체도 없고 그것의 나쁜 과보도 없다고 주장하는 것입니다.

위에서도 언급했지만 다른 일반적인 사견들과 달리 이렇게 인과를 부정하는 결정사견은 죽은 뒤 바로 다음 생에 무간 지옥에 태어나게 합니다. 심지어 무간 지옥에 태어나게 하는 다른 업보다 더욱 그 과보가 큽니다. 예를 들어 어머니를 죽이거나 아버지를 죽이거나 아라한을 죽이거나 부처님 몸에 피멍이 들게 하면 죽은 뒤 무간 지옥에 태어나지만, 우주가 무너지기 전에 그 업이 다하면 다시 다른 곳에 태어날 수 있습니다. 승단을 분열시킨 경우에는 죽은 뒤 무간 지옥에 태어나는 것은 동일하지만 우주가 무너져야 그곳에서 벗어날 수 있습니다. 그러나 이 결정사견을 가져

298 '보시가 없다'라는 말은 '보시의 좋은 과보가 없다'는 뜻이다. 나머지도 동일하게 알면 된다. 헌공이란 크게 베푸는 보시를 말한다. 선물이란 작게 베푸는 보시를 말한다. '선행과 악행의 결실과 과보도 없다'라는 구절은 '선행의 좋은 결실과 악행의 나쁜 과보가 없다'라고 이해해야 한다. '이 세상'이란 현생, 혹은 인간 탄생지, 혹은 이 우주를 말하며 '저 세상'이란 내생, 혹은 인간세상을 제외한 다른 천상이나 지옥 등의 탄생지, 혹은 이 우주를 제외한 다른 우주를 말한다. '어머니가 없다'란 어머니를 잘 봉양해도 좋은 과보가 없다는 뜻이다. 지옥이나 천상에서는 모든 정신과 신체를 구족한 채 태어나기 때문에 그들을 '화생 중생'이라고 한다.

서 무간 지옥에 태어나면 우주가 무너지더라도 무너지지 않은 다른 우주의 무간지옥에 태어나든지 허공에서 그 업이 다할 때까지 고통을 당해야 합니다.(AA.i.371)[299] 이렇게 '큰 허물mahāsāvajja'이라고 말할 수 있는 오무간업pañcānantariya kamma보다도 결정사견이 더욱 심한 허물이기 때문에 부처님께서는 "이것 이외에 다른 어떤 단 하나의 법도 이렇게 큰 허물을 나는 보지 못하나니, 그것은 바로 삿된 견해이다. 비구들이여, 큰 허물 중에서 삿된 견해가 제일 심하다"라고 설하셨습니다.(A1:18:3)[300]

관련 내용

밀림, 황무지, 잘못된 길

사견은 '밀림gahana'입니다. 숲이 우거진 깊은 밀림은 지나가기가 매우 어렵듯이 사견도 벗어나기가 매우 어렵기 때문입니다.

또한 사견은 '황무지kantāra'입니다. 도둑이나 맹수가 들끓는 황무지, 물도 없고 먹을 것도 없는 황무지가 매우 꺼릴 만하고 위험이 많듯이 사견도 매우 꺼릴 만하고 위험이 많기 때문입니다.

또한 사견은 '잘못된 길micchāpatha'입니다. 길을 잃은 사람이 '이 길이 그 마을로 가는 길이다'라고 고집하더라도 잘못된 길은 결코 그로 하여금 마을에 도착하게 하지 못하는 것처럼, 사견을 가진 자가 아무리 '선처로 가는 길이다'라고 고집하더라도 사견은 결코 그로 하여금 선처에 도달하게 하지 못합니다. 그래서 사견을 잘못된 길이라고 말합니다.(DhsA.294)[301]

299 사견 세 가지에 대해서는 『가르침을 배우다』, pp.218~221 참조.

300 『앙굿따라 니까야』 제1권, p.156 참조.

301 정명스님 옮김, 『쩨따시까』 상권, p.242; 각묵스님 옮김, 『담마상가니』 제1권, pp.467~468 참조.

불선법을 증장시킨다

사견을 가진 자에게서는 아직 일어나지 않은 불선법은 일어나고, 이미 일어난 불선법은 증장하고 강해집니다.(A1:17:1) 또한 아직 일어나지 않은 선법은 일어나지 않고, 이미 일어난 선법은 버려집니다.(A1:17:3)

악처에 태어나게 한다

부처님께서는 "사견을 가진 중생들은 죽은 뒤 악처에 태어난다"라고 설하셨습니다.(A1:17:7) 이때 어떤 사견은 천상의 장애도 되고 도의 장애도 되고, 어떤 사견은 도의 장애만 되고 천상의 장애는 되지 않고, 어떤 사견은 천상의 장애도 되지 않고 도의 장애도 되지 않습니다. 앞에서 설명했듯이 허무견, 무작용견, 무인견은 천상의 장애도 되고 도의 장애도 됩니다. 극단사견은 도의 장애만 될 뿐 천상의 장애는 되지 않습니다. 존재더미사견은 천상의 장애도 되지 않고 도의 장애도 되지 않습니다. 하지만 이 경에서는 그렇게 종류를 나누지 않고 일반적으로 '사견'이라고 설하셨기 때문에 최소한 존재더미사견을 의지해서도 불선업을 행해 악처에 떨어질 수 있다는 내용을 설하신 것입니다. 비유하자면 작은 돌멩이나 큰 바위나 바다에 던지면 모두 가라앉듯이 존재더미사견이 존재로 하여금 천상에 태어나게 하는 경우란 없이 악처에만 태어나게 한다는 뜻입니다.(AA.i.368)

괴로움으로 인도한다

박은 씁니다. 쓴맛이 나는 박의 씨를 촉촉한 땅에 심었다 합시다. 박의 씨는 땅에서 영양소를 섭취하고 물에서 영양소를 섭취합니다. 하지만 그렇게 섭취한 영양소들은 모두 쓰고 달콤하지 않을 것입니다. 왜냐하면 씨앗이 쓰기 때문입니다.

마찬가지로 삿된 견해를 가진 자가 행한 몸의 업, 그 견해에 따라 행한 말의 업, 그 견해에 따라 행한 마음의 업, 삿된 견해와 함께 생겨나는 의도cetanā, 기원patthanā이라는 갈애, 의도와 기원 때문에 확고해진 염원paṇidhi, 의도 등과 함께하는 접촉 등의 형성들과 같은 이 모든 법은 원할 만한 것이 아닌 과보, 사랑스러워할 만하지 않은 과보, 마음에 들지 않는 과보, 불이익, 괴로움을 생겨나게 합니다. 왜냐하면 그의 사견이 나쁘기pāpika 때문입니다.(A1:17:9)[302]

사견의 제거

사견은 불선 범주로 누출āsava, 격류ogha, 속박yoga, 매듭gandha, 취착upādāna, 잠재성향anusaya, 족쇄saṁyojana, 번뇌kilesa에 해당되고 (Ah.46~47) 수다원도에 의해 제거됩니다.(Vis.ii.325)

자만

탐욕과 관련된 마음부수 3가지 중 세 번째 마음부수는 '자만māna'입니다. 자만은 일반적으로 '자신이나 자신과 관련 있는 것을 스스로 자랑하며 뽐내는 것'이라고 설명합니다.[303] 마음부수로서의 자만도 비슷해서 '나'라고 내세우며 우쭐거리는 성품을 뜻합니다. 하지만 '우쭐거린다'라

302 『앙굿따라 니까야』 제1권, p.154 참조.

303 『엣센스 국어사전』, p.1947 참조.

고 할 때 다른 이들보다 우월하다고 우쭐거리는 것만을 뜻하지는 않습니다. 다른 이와 비교하면서 동등하다거나 열등하다고 생각하며 고개를 세우는 성품도 자만입니다. 이렇게 우쭐거리는unnati[304] 성품, 우쭐거리게 하는unnāma 성품, 깃발dhaja과 같은 성품, 마음을 드높이는sampaggāha 성품, 과시하려는ketukamyatā 성품이 자만입니다.(Dhs.224)[305]

단어분석

Ahaṁkāro maññatīti māno. (DhsA.297)

대 역

Ahaṁkāro'나'라고 하면서; '나'라고 우쭐거리면서 maññati생각한다. iti그래서 māno자만이다.

특질

Māno … uṇṇatilakkhaṇo, sampaggaharaso, ketukamyatāpaccupaṭṭhāno, diṭṭhivippayuttalobhapadaṭṭhāno, ummādo viya daṭṭhabbo. (Vis.ii.99)

대 역

Māno자만은 … uṇṇatilakkhaṇo우쭐거리는 특성이 있다. sampaggaharaso《자신을》 드높이는 역할이 있다. ketukamyatāpaccupaṭṭhāno 과시하려는 것으로 나타난다. diṭṭhivippayuttalobhapadaṭṭhāno사견과 결합하지 않은 탐욕이 가까운 원인이다. ummādo viya미친 것과 같다고 daṭṭhabbo보아야 한다.

---

304 『위숫디막가』에서는 'uṇṇati'라고 표현했다.(Vis.ii.99)

305 『담마상가니』 제2권, pp.308~309 참조.

자만은 우쭐거리는uṇṇati 특성이 있습니다. 조금 뻣뻣한 듯, 고개를 세우는 듯한 성품입니다. 뒤에 자세하게 설명하겠지만 동등하다거나 열등하다고 생각하며 생겨나는 자만에도 우쭐거리는 성품이 있습니다.

자만은 자신을 드높이는 것에 따라 결합된 법들도 우쭐거리도록 드높이는sampaggaha 역할을 합니다.

그래서 수행자의 지혜에 '깃발처럼 과시하려는ketukamyatā 성품이다'라고 나타납니다. 'ketukamyatāpaccupaṭṭhāno'라는 구절에서 'ketu'란 제일 높은 곳에서 펄럭이는 깃발을 뜻합니다. 그처럼 다른 이들보다 높아 보이려고 과시하는 것이 'ketukamyatā'입니다.

사견은 세간의 다섯 무더기를 '자아'라고 집착합니다. 자만은 그 다섯 무더기를 'ahaṁ 나'라고 집착합니다. 이렇게 사견과 자만이 집착하는 모습은 다르지만 집착의 대상은 세간의 다섯 무더기로 동일합니다. '다섯 무더기를 집착하는 데 경쟁자다'라고 말할 수 있습니다. '함께한다'는 것에는 성품이 서로 비슷하게 함께하는 경우도 있고, '그가 이기든지 내가 이기든지'라며 서로 경쟁하듯이 함께하는 경우도 있습니다. 사견과 자만은 경쟁하는 법들입니다. '목적이 같으면 원수다'라는 말처럼 자만은 사견과 결합한 마음과 결합하지 않습니다. 마찬가지로 사견은 자만과 결합한 마음과 결합하지 않습니다.[306]

"사견과 결합하지 않는다면 성냄 등과는 결합하는가?"라고 물을 수 있습니다. '집착'이라는 것은[307] 자기를 좋아하는 탐욕만을 기본으로 하기 때문에 탐욕이 포함되지 않으면 자만이 생겨날 여지가 없습니다.[308]

306 본서 pp.587~588 참조.

307 자만이 다섯 무더기를 '나'라고 집착하는 것을 말한다.

308 성냄은 탐욕과 함께 생겨나지 않는다. 그래서 성냄 등과 자만은 결합하지 않는다.

그래서 "사견과 결합하지 않은 탐욕이 가까운 원인이다"라고 설명한 것입니다.(AhBṬ.126)

종류

자만은 마음의 우쭐거림uṇṇati으로는 한 종류입니다.

자신을 높이는 것attukkaṁsana과 남을 낮추는 것paravambhana으로는 두 종류입니다.

'나는 우월하다'라거나 '나는 동등하다'라거나 '나는 열등하다'라는 것으로는 세 종류입니다.

이득lābha과 명성yasa과 칭송pasaṁsā과 행복sukha으로 자만을 일으키는 것으로는 네 종류입니다.

'마음에 드는 형색을 얻었다. 소리를 … 냄새를 … 맛을 … 감촉을 얻었다'라는 것으로는 다섯 종류입니다.

눈·귀·코·혀·몸·맘을 통한 자만으로는 여섯 종류입니다.

거만atimāna, 오만mānātimāna[309], 저열자만omāna, 동등자만sadisamāna, 과대자만adhimāna[310], '나'라는 자만asmimāna, 삿된 자만micchāmāna[311]으로는 일곱 종류입니다.

이득으로 인한 자만, 이득없음으로 인한 저열자만, 명성으로 인한 자만, 명성없음으로 인한 저열자만, 칭송으로 인한 자만, 비난으로 인한 저열자

309 거만한 이들보다 더 심한 자만을 말한다. *Mouthi* 본, 『*Mahāniddesa Pāḷito Nissaya*(마하닛데사 성전 대역)』, 제2권, p.278 참조.

310 얻지 못한 것을 얻었다고, 증득하지 못한 것을 증득했다고, 실현하지 못한 것을 실현했다고 생각하면서 생겨나는 자만을 말한다.(Vbh.369) 『위방가』 제2권, p.320 참조.

311 저열하고 나쁜 행위나 기술, 학문, 배움, 영감 등을 근거로 일으키는 자만을 말한다.(Vbh.370) 『위방가』 제2권, p.321 참조.

만, 행복으로 인한 자만, 괴로움으로 인한 저열자만으로는 여덟 가지입니다.

아홉 가지 자만은 앞에서 언급한 '나는 우월하다'라거나 '나는 동등하다'라거나 '나는 열등하다'라는 것으로 나눈 세 종류에 사실자만과 비사실자만을 결합한 것입니다. 세상에는 자신보다 수승한 이, 동등한 이, 저열한 이라는 세 종류가 있습니다. 각각에 대해 덕목이나 영광, 재산, 통찰지, 용모 등에서 수승하다고 생각하는 수승자만, '내가 그들과 무엇이 다른가? 전혀 다르지 않다'라고 생각하는 동등자만, '나는 그들보다 열등하다. 그러니 마음대로 하겠다'라고 생각하는 저열자만이라는 세 종류로 다시 나뉩니다.

그중 수승한 이가 수승하다는 자만, 동등한 이가 동등하다는 자만, 저열한 이가 저열하다는 자만을 '사실자만yāthāvamāna'이라고 합니다. 사실자만은 아라한도라야 제거할 수 있습니다. 수승한 이가 동등하다는 자만, 저열하다는 자만은 '비사실자만ayāthāvamāna'이라고 합니다. 비사실자만은 수다원도가 제거합니다. 동등한 이, 저열한 이에게도 각각 사실자만이 하나, 비사실자만이 둘이 있어 자만에는 모두 9종류가 있습니다.[312]

태생jāti, 족성gotta, 가문kolaputta, 용모vaṇṇapokkharatā, 재산dhana, 암송ajjhena, 일kammāyatana, 기술sippāyatana, 학문vijjāṭṭhāna, 배움suta, 영감paṭibhāna에 의한 자만으로는 10가지입니다.(Nd1.6; 336)[313]

312 ① 수승한 이가 '나는 수승하다'라고 생각하는 자만, ② 수승한 이가 '나는 동등하다'라고 생각하는 자만, ③ 수승한 이가 '나는 열등하다'라고 생각하는 자만, ④ 동등한 이가 '나는 동등하다'라고 생각하는 자만, ⑤ 동등한 이가 '나는 수승하다'라고 생각하는 자만, ⑥ 동등한 이가 '나는 열등하다'라고 생각하는 자만, ⑦ 열등한 이가 '나는 열등하다'라고 생각하는 자만, ⑧ 열등한 이가 '나는 수승하다'라고 생각하는 자만, ⑨ 열등한 이가 '나는 동등하다'라고 생각하는 자만이라는 9종류이다.

313 태생부터 영감까지 따로 헤아리면 11가지다. 원문에서도 11가지를 따로 설명하면서 10가지라고 표현했다.

『위방가』에서는 교만mada이라는 표현으로 더욱 구체적으로 언급했습니다. 위에서 언급되지 않은 내용 중 중요한 것으로 건강에 대한 교만, 젊음에 대한 교만, 수명에 대한 교만, 성취에 대한 교만, 선정에 대한 교만 등이 있습니다.(Vbh.358)[314]

관련 일화

재산이든, 친척이든, 지혜든, 지위든, 용모든 다른 이들보다 뛰어나면 그것을 연유로 자만하게 됩니다. 자만해서 선업을 행하는 데 방일합니다. 다른 이를 공경하고 존경할 줄도 모르게 됩니다. 이렇게 자만이 큰 이는 저열한 생에 이른다는 사실을 「쭐라깜마위방가숫따Cūḷakammavibhaṅgasutta(업 분석 짧은 경)」에서 부처님께서 설하셨습니다. 자만이 커서 공경해야 할 이를 공경하지 않으면 저열한 가문에 태어나게 됩니다. 스스로를 낮추어 자만하지 않고 공경할 만한 이들을 공경하면 거룩한 가문에 태어납니다.(M135)

앞서 탐욕에 관한 일화에서 우빠리 왕비를 언급했습니다. 우빠리 왕비는 평소 자신의 용모를 매우 좋아하고 애착하며 자만에 취해 지냈습니다. 용모를 더 아름답게 보이려고 항상 몸치장 하는 일에만 관심을 두었습니다. 보시나 지계 등의 선업과 선행들은 잊고 방일하게 지냈습니다. 그렇게 자만에 도취됐기 때문에 우빠리 왕비는 죽은 뒤 소똥구리라는 저열한 생에 태어났습니다.(J207)[315]

과거 카디라와니야Khadiravaniya라는 딱따구리는 딱딱한 나무를 쪼

314 『위방가』 제2권, pp.299~300 참조.

315 『담마짝까 법문』, p.281 참조.

며 먹이를 찾았습니다. 카디라와니야에게는 깐다갈라까Kandagalaka라는 친구가 있었는데 그 딱따구리는 부드러운 나무를 쪼며 먹이를 찾았습니다. 어느 날, 깐다갈라까가 카디라와니야를 찾아왔습니다. 카디라와니야가 단단한 나무를 쪼아서 먹을 것을 주자 깐다갈라까가 자신도 단단한 나무를 쫄 수 있다고 만용을 부렸습니다. 카디라와니야의 만류에도 고집을 부리던 깐다갈라까는 단 한 번 단단한 나무를 쪼자마자 부리가 부러지고 머리가 깨져 죽었습니다. 카디라와니야는 부처님의 과거생, 깐다갈라까는 데와닷따의 과거생이었습니다.(J210)

비슷한 일화가 또 있습니다. 과거 한 사자왕이 들개가 불쌍해서 거두어주었습니다. 사냥한 후 남은 고기도 주었습니다. 먹이를 충분히 먹어 덩치가 커진 들개에게 자만이 일어나 자신도 사냥할 수 있다고 만용을 부렸습니다. 사자왕의 만류에도 코끼리에게 대들던 들개는 코끼리의 두 발에 밟혀 죽었습니다. 사자왕은 부처님의 과거생, 들개는 데와닷따의 과거생이었습니다.(J335)

과거에 한 말똥구리는 대변 냄새를 맡고 그곳으로 가다가 사람들이 마시다 흘린 술을 먹고 취한 채 대변 위로 올라갔습니다. 대변 더미가 조금 기울어지자 '땅이 나를 받치지 못하는구나'라고 자만에 도취됐습니다. 그때 큰 코끼리 한 마리가 그곳을 지나다가 대변 무더기를 보고 살짝 피해 갔습니다. 그러자 말똥구리가 코끼리에게 "왜 나를 피해가는가? 서로 한 번 겨뤄보자"라고 도발했습니다. 코끼리는 "그대를 발로 밟아 죽일 수도 있고, 상아로 찔러 죽일 수도 있지만 그렇게 하지 않겠다. 나의 대변으로도 충분하다"라고 하면서 그 위에 한 무더기의 대변을 쏟아 부었고, 그 즉시 말똥구리는 죽었습니다.(J227)

수행과 관련된 자만

자만은 중생을 윤회윤전의 고통에서 벗어나지 못하도록 결박하기 때문에 '자만족쇄mānasaṁyojana'로 족쇄에도 해당되고, 중생들의 존재상속에 항상 잠재돼 관련된 대상과 접하면 즉시 생겨날 수 있기 때문에 '자만잠재성향mānānusaya'으로 잠재성향에도 해당되고, 중생들을 번민하게 만들기 때문에 번뇌kilesa에도 해당됩니다.(Ah.47)

자만으로부터 자신의 수행을 보호하려면 죽음새김을 닦아야 합니다.[316] 앞에서 언급한 여러 자만 중에 건강에 대한 교만, 젊음에 대한 교만, 수명에 대한 교만을 가라앉히는 데 죽음새김이 매우 필요합니다. 항상 건강하다는 자만, 언제나 젊다는 자만, 수명이 오래 지속될 것이라는 자만 때문에 수행을 하지 않기 때문입니다. '숨을 한 번 내쉬고 들이쉬는 사이에도 죽을 수 있다'는 마음가짐으로(A8:73) 죽음새김을 새긴다면 자만을 잘 가라앉힐 수 있습니다.[317]

더 나아가 '나'라는 자만을 뿌리 뽑기 위해서는 무상인식을 닦아야 합니다.(A9:1) 앞에서 탐욕과 사견을 살펴봤습니다. 'etaṁ mama. 이것은 나의 것이다'라고 생각하는 것은 갈애로 집착하는 것, 'esohamasmi. 이것은 나다'라고 생각하는 것은 자만으로 집착하는 것, 'eso me atta. 이것은 나의 자아다'라고 생각하는 것은 사견으로 집착하는 것입니다. 위빳사나 수행을 통해 'netaṁ mama, nesohamasmi, na meso atta. 이것은 나의 것이 아니다. 이것은 나가 아니다. 이것은 나의 자아가 아

316 "현자는 부처님 새김을 통해 믿음을 확고히 하고 죽음을 통해 자만을 제거하고 더러움을 통해 애착을 제거하고 자애를 통해 성냄을 제거해야 한다."(Caturārakkhadīpanī, 4) 해석은 *Saṅgajā Sayadaw*, 『*Caturārakkhakyan hnin Kāyapaccavekkhaṇākyan*(네 가지 보호명상론과 몸 반조론)』, p.27 참조. 여기서 죽음은 죽음새김 수행을 말한다.

317 『가르침을 배우다』, pp.405~406 참조.

니다'라고 보아야 합니다. 주석서에서는 "netaṁ mama, nesohamasmi, na meso attāti samanupassāmīti aniccaṁ dukkhaṁ anattāti samanupassāmi. '이것은 나의 것이 아니다. 이것은 나가 아니다. 이것은 나의 자아가 아니다'라고 관찰하여 본다는 구절은 '무상하다고, 괴로움이라고, 무아라고 관찰하여 본다'라는 의미를 말한다"라고 설명해 놓았습니다.(S.ii.283/S35:87; SA.iii.17)

여기서 "netaṁ mama 이것은 나의 것이 아니다"라고 알고 보는 것은 순간도 끊임없이 생멸하고 있기 때문에 좋아할 만한 점, 의지할 만한 점이 없는 괴로움일 뿐이라고 알고 보는 것과 동일합니다. "nesohamasmi 이것은 나가 아니다"라고 알고 보는 것은 무상하다고 알고 보는 것과 동일합니다. "na meso atta 이것은 나의 자아가 아니다"라고 알고 보는 것은 무아라고 알고 보는 것과 말 그대로 일치합니다. 이렇게 관찰해 나가다가 아라한도에 이르러 모든 자만이 완전히 제거됩니다.(Vis.ii.325)[318]

탐욕은 탐욕뿌리 마음들 모두와, 사견은 탐욕뿌리 사견과 결합한 마음들과, 자만은 탐욕뿌리 사견과 결합하지 않은 마음들과 각각 결합하기 때문에 결합하는 마음을 우선해서 탐욕·사견·자만을 성냄·질투·인색·후회 앞에 설명했습니다.(AhBṬ.126)

318 『아낫딸락카나숫따 법문』, pp.316~317 참조.

제34강

2009년 3월 17일

미얀마 삼장법사이신 밍군 사야도의 훈계 내용으로 강의를 시작하겠습니다.

Sakiccamanuyuñjeyya moghakālaṁ na khepayya.

대 역

Sakiccaṁ자신의 일에 anuyuñjeyya전념하라. mogha쓸모없이 kālaṁ 시간을 na khepayya낭비하지 마라.

"Sakicca"에서 'sa'는 '자신의', 'kicca'는 '일'을 말합니다. 일에는 자신의 일과 남의 일이라는 두 종류가 있습니다. 자신과 관련된 일, 그리고 자신과 관련되지 않고 남과 관련된 일입니다. 세간의 측면에서 자신의 일이란 자신이 먹고 입고 지내는 것과 관련된 일이라고 할 수 있습니다. 남의 일이란 다른 사람들이 잘 지내는 것과 관련된 일입니다. 세간의 사람들이라면 자신의 일은 물론이고 남의 일도 행해야 합니다.

출세간의 측면에서 자신의 일이란 부처님의 가르침이 존재하는 시기에 무아특성anattalakkhaṇa을 잘 관찰해서 자아사견attadiṭṭhi을 남김없이 제거하고 범부의 생에서 벗어나는 것입니다. 이것이 진짜 자신의 일입니다. 그러한 일에 전념해야 한다는 뜻입니다. 부처님의 가르침이 없는 시기에는 위빳사나 수행을 할 수 없기 때문입니다. 부처님의 시각으로 보면 가족, 친척, 도시, 국가, 재산 등 이런 것은 모두 남의 일에 포함됩니다.

"Mogha 쓸모없이"를 '썩게 하면서'라고도 해석할 수 있습니다. 시간을 썩게 하면서 낭비하지 말라는 뜻입니다. 썩은 음식은 먹을 수 없습니다.

아무런 이익이 없습니다. 그렇다면 시간이 썩는다는 것은 무슨 의미일까요? 어떤 시간에 아무것도 하지 않고 가만히 있으면 그동안 아무런 이익도 생겨나지 않습니다. 그래서 '시간이 썩는다'라고 표현하는 것입니다. 그렇게 썩히는 시간은 어떠한 시간일까요? 출세간의 시각으로는 부처님의 가르침이 생생하게 남아 있는 이 좋은 시기에 자식, 친척, 재산 등을 위해서만 노력하는 것이 바로 시간을 썩히는 것, 낭비하는 것입니다. 이러한 남의 일은 시작을 알 수 없는 과거로부터 헤아릴 수 없이 많이 해왔습니다. 앞으로 계속해도 다 채워지지 않는 일들입니다. 아무리 해도 만족하지 못합니다. 그러니 진정한 자신의 일에 매진해야 합니다.

그렇게 하지 않고 시간을 낭비하는 범부는 네 가지 위험을 만나게 됩니다. 첫 번째는 악도의 위험apāya bhaya입니다. 사람·천상·열반이라는 세 가지 성취를 생겨나게 하는 원인이 '덕aya'이고 그러한 덕에서 멀리 떨어진apagato 곳이어서 악도apāya라고 합니다.(NaT.219) 지옥, 축생, 아귀, 아수라라는 네 곳이 있고 이를 사악도라고 합니다.[319] 범부에게는 사악도의 위험이 항상 도사리고 있습니다. 어떤 집에 문이 네 개 있다면 그 네 개의 문으로 사람들이 항상 드나들 수 있습니다. 마찬가지로 악도에도 네 개의 문이 있는데 그 문은 항상 범부에게 열려 있습니다. 범부들은 지옥의 문, 축생의 문, 아귀의 문, 아수라의 문을 통해 계속해서 그곳을 드나듭니다. 사악도의 문은 언제나 활짝 열려 있다고 할 수 있습니다. 예약할 필요가 없습니다.

두 번째는 악행의 위험duccarita bhaya입니다. 악행에는 열 가지가 있습니다. 몸의 악행에 살생, 도둑질, 삿된 음행으로 세 가지, 말의 악행에

319 『가르침을 배우다』, pp.270~271 참조.

거짓말, 이간하는 말, 거친 말, 쓸데없는 말로 네 가지, 마음의 악행에 탐애, 분노, 사견으로 세 가지, 모두 열 가지입니다. 이전에 행했던 이러한 악행과 지금 행하는 악행, 나중에 행할 새로운 악행을 삼가지 못하는 위험입니다. 과거에 범부들이 행했던 악행들은 매우 많습니다. 미래에도 여전히 범부라면 그런 악행들을 계속 행할 것입니다. 지금도 조금만 마음을 다스리지 않으면 악행들을 많이 행하게 됩니다. 이 악행의 위험은 매우 두려워할 만합니다. 지금 사악도에서 고통 받는 존재들은 다른 것 때문이 아니라 과거에 행했던 악행의 과보 때문에 고통을 받고 있습니다.[320]

세 번째는 타락의 위험vinipāta bhaya입니다. 강한 바람이 불었을 때 낙엽이나 가지가 어느 곳에 떨어질지 모르는 것처럼 중생들이 죽었을 때 어느 생에 태어날지 추측할 수 없는 위험을 말합니다. 범부들이 갈 수 있는 곳은 위에 언급한 사악도의 네 곳, 혹은 인간 세상, 욕계 천상 정도입니다. 혹은 선정을 닦았다면 색계나 무색계 범천 세상에도 태어날 수 있습니다. 그래서 범부들은 지옥, 축생, 아귀, 인간, 천상이라는 다섯 거취gati(M12), 혹은 아수라를 첨가해서 여섯 탄생지, 이 중 어디에 태어날지 모릅니다. '위험'이란 두려움이라고도 표현할 수 있습니다. 하지만 범부라도 태어나고자 하는 곳을 결정할 수 있는 방법이 경전에 소개돼 있습니다. 앞서 제32강에서 소개했듯이 이번 생에 믿음, 계, 배움, 베풂, 통찰지, 이 다섯 가지 법을 갖추면 태어날 곳을 결정할 수 있습니다.(M120)[321]

네 번째는 여러 스승을 바라보는 위험nānāsatta ullokana bhaya입니다. 사람으로 태어나더라도 범부는 잘못된 스승, 잘못된 의지처, 잘못된 견

320 『가르침을 배우다』, pp.221~222 참조.

321 본서 p.309 참조.

해에 빠질 수 있습니다. 여러 스승을 찾아다니다 잘못된 스승을 만나서 사견이 굳어지게 되면 고치기 힘듭니다.[322]

성냄

『아비담맛타상가하』에서는 불선 마음부수 14가지 중 모든 불선 공통들 4가지와 탐욕과 관련된 마음부수 3가지에 이어 성냄과 관련된 마음부수인 성냄, 질투, 인색, 후회를 언급했습니다. 그중 성냄dosa을 먼저 설명하겠습니다. 성냄은 일반적인 의미와 비슷하게 화를 내는 성품, 대상을 거칠게 대하는 성품입니다. 대상이 살아 있는 개인이라면 '죽기를. 파멸하기를. 불이익이 생기기를'이라고, 생명이 없는 물건이라면 '부서지기를' 등으로 거칠게 생겨나는 성품입니다.

단어분석

성내게 하는 성품, 성내는 것의 주체인 성품, 혹은 성내는 성품 그 자체이기 때문에 '성냄'이라고 합니다.

Tattha dussanti tena, sayaṁ vā dussati, dussanamattameva vā tanti doso. (Vis.ii.99)

대역

Tena그것 때문에 dussanti성내고 vā혹은 sayaṁ스스로 dussati성내고, vā혹은 dussanamattameva단지 성냄일 뿐이다. iti그래서 doso성냄이다.

322 이 내용은 실제강의로 제35강의 내용이다.

특질

So caṇḍikkalakkhaṇo pahaṭāsīviso viya, visappanaraso visanipāto viya, attano nissayadahanaraso vā dāvaggi viya. Dūsanapaccupaṭṭhāno laddhokāso viya sapatto, āghātavatthupadaṭṭhāno, visasaṁsaṭṭhapūtimuttaṁ viya daṭṭhabbo. (Vis.ii.99)

대 역

So그것은; 그 성냄은 caṇḍikkalakkhaṇo거친 특성이 있다, pahaṭāsīviso viya마치 얻어맞은 독사처럼. visappanaraso퍼지는 역할이 있다, visanipāto viya마치 독이 떨어진 것처럼. vā혹은 attano자신의 nissayadahanaraso의지처를 태우는 역할이 있다, dāvaggi viya마치 숲에 난 불처럼. dūsanapaccupaṭṭhāno《자신과 남을》 무너뜨리는 것으로 나타난다, laddhokāso viya sapatto마치 기회를 포착한 원수처럼. āghātavatthupadaṭṭhāno원한의 토대가 가까운 원인이다. visasaṁsaṭṭhapūtimuttaṁ viya독을 섞은 썩은 오줌과 같다고 daṭṭhabbo보아야 한다.

성냄은 거친caṇḍikka 특성이 있습니다. 마치 독사를 막대기로 때렸을 때 쉭쉭 하며 거칠게 일어나듯이, 마음에 들지 않는 대상과 접했을 때 씩씩거리며 마음은 물론이고 몸까지 거칠어집니다. 눈동자가 커지고, 귀가 빨개지고, 얼굴이 일그러지고, 주름살이 드러납니다. 마음속에도 상대방이 잘못되기를 바라는 마음, 괴롭히려는 마음, 나중에는 죽이려는 마음까지 일어납니다.(AhBṬ.127)

성냄은 퍼지게 하는visappana 역할을 합니다. 온몸에 원하지 않는 여러 물질을 퍼지게 하는 성냄의 역할은 성냄 때문에 생겨나는 결과를 통해 알 수 있습니다. 어떤 사람이든 성냄이 생겨나면 거친 모습으로 바뀝니다. 특히 얼굴에 두드러지게 나타납니다. 표정이 굳고, 이마에 힘줄이 솟아오르고, 얼굴과 귀가 붉어지고, 땀이 솟아나고, 눈에 핏발이 서고, 입술을 깨무는 등 여러 모습이 드러납니다. 성냄이 더욱 심해지면 온몸을 들썩거리고, 소리를 지르고, 말을 더듬거나 입에 담기조차 험한 말을 함부로 내뱉기도 합니다. 찡그린 눈, 일그러진 얼굴, 더듬고 거친 말, 떠는 몸 등 사람들이 일반적으로 원하지 않는 물질이 온몸에 퍼져 생겨나는 것은 바로 성냄 때문입니다. 그래서 "성냄은 온몸에 원하지 않는 물질을 퍼지게 하는 역할을 한다"라고 말하는 것입니다. 이 역할을 '독화살에 맞거나 독사에 물린 것'에 비유하기도 합니다. 독화살에 맞거나 독사에 물리면 즉시 독이 온몸에 퍼지는 것과 마찬가지로 성냄이 생겨나면 성냄 때문에 온몸에 원하지 않는 물질들이 생겨나 퍼집니다. 마치 독이 몸에 계속 퍼지듯이 성냄은 계속 퍼져서 더욱 심해집니다.[323]

혹은 의지처를 태우는dahana 역할이 있습니다. 마치 산불이 온 숲의 나무를 태우듯이 성냄은 몸과 마음을 불태웁니다. 성냄은 자신과 결합한 마음과 마음부수들을 불태우고, 그 마음과 마음부수들 때문에 생겨나는 마음생성물질도 성냄의 힘 때문에 타오릅니다. 그러면 마음생성물질과 밀접한 업생성물질, 온도생성물질, 음식생성물질에도 불기운이 옮겨져 온몸이 불타오릅니다. 그래서 성냄이 생겨나면 피부가 붉게 변하고, 온몸이 뜨거워집니다.(AhBṬ.127) 성냄이 불태우는 모습은 진노manopadosika·震怒 천신을 통해 알 수 있습니다. 진노 천신은 사대왕천에[324] 속하는 천신입니다. 사대왕천 천신들의 몸은 일반인들이 볼 수 없을 정도로 매우 미묘하고 부드럽습니다. 그런 사대왕천 천신들이 화를 내면

323 비구 일창 담마간다 편역, 『자애』, p.51 참조.

324 부록 p.733; 『가르침을 배우다』, pp.282~285 참조.

그 화가 천신들의 부드럽고 미묘한 몸을 불태워서 즉시 몸이 무너져 죽어버립니다.(DA.i.105)[325]

성냄은 무너뜨리고dūsana 파괴하는 것으로 나타납니다. 기회를 포착한 원수가 상대방을 무너뜨리고 파괴하는 것과 비슷합니다. 성냄이 일어나면 먼저 자신의 마음을 파괴합니다. 이어서 자신의 몸, 더 나아가 다른 사람의 몸과 마음까지 파괴합니다. 심지어 주위 물건들까지 파괴합니다. 부부싸움을 심하게 할 때 그릇을 깨기도 합니다.[326]

성냄의 가까운 원인은 원한의 토대āghātavatthu 10가지입니다. 원한의 토대 9가지는 제7강에서[327] 설명했듯이 '나를 이전에 해롭게 했다. 지금 해롭게 하고 있다. 나중에 해롭게 할 것이다. 내가 좋아하는 사람을 이전에 해롭게 했다. 지금 해롭게 하고 있다. 나중에 해롭게 할 것이다. 내가 싫어하는 사람을 이전에 이롭게 했다. 지금 이롭게 하고 있다. 나중에 이롭게 할 것이다'라고 생각하는 것입니다. 열 번째는 화를 낼 만한 이유가 아닌 것에 화를 내기도 합니다. 비가 많이 온다고, 바람이 많이 분다고, 이렇게 화낼 상황이 아닌데도 화를 냅니다. 이것을 '이유 없는 분노aṭṭhāna kopa'라고 말합니다.

혹은 ①원하지 않는aniṭṭha 대상과 ②비합리적 마음기울임ayonisomanasikāra을 조건으로 생겨납니다.(A2:11:7) '원하지 않는 대상'에는 원래 성품 자체로 원하지 않는 대상이 있고, 원래 성품은 그렇지 않은데 생각을 잘못해서, 조작돼서 원하지 않는 대상이 있습니다. 예를 들면 대소

325 본서 p.371; 『가르침을 배우다』, pp.297~298 참조.

326 ㊙부부싸움을 하다가 남편이 부인은 차마 때리지 못하고 그때마다 옆에 있는 개를 발로 찼다. 그래서 부부싸움이 시작되면 개가 그것을 알고 도망갔다.

327 『아비담마 강설 1』, pp.126~127 참조.

변, 시체, 소음, 악취, 상한 음식, 고통스러운 감촉 등은 일반적으로는 원하지 않는 대상들입니다. 이러한 대상을 '성품 자체로 원하지 않는 대상'이라고 말합니다. 일반적인 사람이라면 부처님을 모두 원합니다. 하지만 외도는 좋아하지 않습니다. 이러한 대상을 '조작돼서 원하지 않는 대상'이라고 합니다. 그리고 원하지 않는 대상과 만났을 때 좋지 않은 부분, 나쁜 측면만 보도록 마음을 기울이는 성품을 비합리적 마음기울임, 즉 올바르지 않은 마음기울임이라고 말합니다. 성냄은 이렇게 원하지 않는 대상과 그것에 올바르지 않게 마음을 기울이는 것 때문에 생겨납니다.

성냄의 기질과 적당한 것

성냄의 기질

앞에서 설명한 바와 같이 성냄은 거칠고, 파괴하고, 불태우는 성품이 있습니다. 마치 독사나 불과 같습니다. 만약 독사나 불을 미리 볼 수 있다면 해를 입지 않거나 피해를 최소한으로 줄일 수 있을 것입니다. 마찬가지로 자신이나 상대방이 성냄의 기질이 있는 사람인지 미리 살피고 대비한다면 화로 인한 여러 괴로움과 나쁜 결과를 줄일 수 있을 것입니다.

탐욕에서 설명했듯이 '기질'이란 일반적으로 생겨나는 것보다 더욱 많이, 심하게 생겨나는 성품을 말합니다. 성냄의 기질을 다음과 같은 방법을 통해 추측해서 알 수도 있습니다.

①자세

②일하는 모습

③좋아하는 음식

④보고 듣는 모습

⑤많이 생겨나는 정신작용

• **자세**　가고 올 때 발끝으로 땅을 파듯이 걷습니다. 발도 급하게 들어 올리고 급하게 내려놓습니다. 발자국을 보면 뒤쪽으로 끌어당긴 듯합니다. 서거나 앉을 때는 뻣뻣하고 꼿꼿하게 서 있거나 앉아 있습니다. 잠자리도 되는대로 대충 서둘러 펴고 마치 짐을 내려놓는 것처럼 몸을 내던져 누운 다음 미간을 찌푸리고 잠을 잡니다. 일어날 때도 급하게 일어나고 깨운 사람에게 마치 화난 것처럼 말합니다.

• **일하는 모습**　일을 할 때 정해진 규칙 없이 서두르며 되는대로 일을 합니다. 청소할 때도 거칠게 빗자루를 꽉 잡고 서두르며 고르지 않게 바닥을 씁니다. 다른 일을 할 때도 마찬가지입니다. 옷을 입을 때도 꽉 조이게, 어설프게 입습니다.

• **좋아하는 음식**　일반적으로 거칠고 시큼한 음식을 좋아합니다. 먹을 때도 입이 가득 차도록 음식을 넣고, 맛도 천천히 음미하지 않은 채 급하게 먹습니다.

• **보고 듣는 모습**　보기에 조금만 좋지 않아도 참지 못합니다. 바로 고개를 돌리고 오래 쳐다보지 않습니다. 소리가 귀에 조금만 거슬려도 그 소리를 참지 못하고 오래 듣지 못합니다. 조그만 허물에도 꼬투리를 잡고, 분명하고 큰 덕목도 칭찬하거나 존중하지 않습니다. 떠날 때도 떠나고 싶은 의사를 분명하게 밝히고 전혀 아쉬워하지 않고 떠납니다.

• **많이 생겨나는 정신작용**　성냄의 기질을 가진 사람에게는 분을 잘 삭이지 못하고서 상대방에게 계속 화를 품고 있는 '원한upanāha', 은

혜를 저버리는 '망은makkha', 다른 사람의 덕을 과소평가해 자신과 같은 수준이라고 생각하는 '건방paḷāsa',[328] 다른 이의 성공을 시기하는 '질투issā', 자신의 번영을 다른 이와 나누어 가지는 것을 참지 못하는 '인색macchariya' 등이 자주 일어납니다.

이와 같은 항목을 통해 어떤 사람이 성냄의 기질을 지녔는지 아닌지 추측해 볼 수 있습니다. 하지만 절대적인 것은 아닙니다. 성냄의 기질을 가졌지만 노력을 통해서 다르게 행동할 수 있기 때문입니다. 자신에 대해서라면 주의 깊게 자신을 살펴보거나 가까운 이들의 조언을 통해 결정할 수 있을 것입니다. 다른 사람에 대해서도 주의 깊게 그 사람을 살펴보거나, 이러한 것들에 대해 대화를 나눈다면 알 수 있을 것입니다.(Vis.i.101~102)

적당한 것

성냄의 기질을 지닌 사람에게는 처소, 음식, 옷 등과 관련해서 다음과 같은 것들이 화를 다스리는 데 도움이 됩니다. 원래 성냄의 기질을 지닌 사람들은 조금만 나쁜 점이 보여도 마음에 들어 하지 않기 때문에 일반적으로 깨끗하고 깔끔한 처소에서 지내는 것이 도움이 됩니다. 추위와 더위에 대비해 따뜻하고 시원하게 지낼 수 있는 곳, 꽃이나 그림으로 아름답게 장식된 곳이면 더욱 좋습니다. 머무는 곳 전체를 은은하고 좋은 향이 스며들게 해 기쁨을 생겨나게 하는 것이 좋습니다. 옷도 가능하다면 부드럽고 촉감이 좋은 천으로 된 고급스러운 옷이 적합합

328 망은과 건방은 『위빳사나 수행방법론』 제2권, p.432 참조.

니다. 음식은 보기에도 좋고 맛도 좋은, 영양분이 많은 음식으로 모자라지 않게 충분한 것이 좋습니다. 자세는 누워 있거나 앉아 있는 것이 적당합니다.

성냄의 기질을 지닌 사람이라도 이러한 적당한 것을 제공해 준다면, 그러한 대상들이 '원하는 대상'이 될 것입니다. 앞에서 성냄의 조건 두 가지 중 하나가 '원하지 않는 대상'이라고 설명했습니다. 따라서 성냄의 기질을 지닌 사람에게 원하지 않는 대상은 줄여주고 원하는 대상만 접하게 하면 화를 다스리게 하는 데 도움이 될 것입니다.

성냄과 관련한 세 종류의 사람

화를 잘 내고 잘 내지 않는 것에도 차이가 있지만, 화를 낸 뒤에도 그 화가 빨리 사라지는 사람이 있고 빨리 사라지지 않는 사람이 있습니다. 이와 관련해 세 종류의 사람이 있습니다.

먼저 바위에 새긴 글씨가 빨리 지워지지 않고 오랜 세월 그대로 유지되듯이 어떤 사람들은 화를 자주, 쉽게 내고, 그렇게 화를 낸 뒤에도 화가 오래도록 지속됩니다. 이러한 사람을 '바위에 새긴 글씨와 같은 pāsāṇalekhūpama 사람'이라고 합니다.

두 번째는 흙에 새긴 글씨가 오래 머물지 못하고 빨리 지워져 버리듯이 어떤 사람들은 화를 자주, 쉽게 내긴 하지만 화가 오래 머물지 않고 쉽게 사라집니다. 이러한 사람을 '흙에 새긴 글씨와 같은pathavīlekhūpama 사람'이라고 합니다.

세 번째는 물에는 글씨를 쓰려고 해도 쓸 수 없고, 설령 쓴다고 해도 즉시 사라져 버리듯이 어떤 사람들은 상대방이 거칠게, 기분 나쁘게 말하더라도 화를 내지 않고 마음과 말과 몸을 잘 다스리며 지냅니다. 이러한 사람을 '물에 새긴 글씨와 같은udakalekhūpama 사람'이라고 합니다. 화를 잘 내지 않는 사람들입니다.(Pug.137)

성냄의 여러 비유

잘 낫지 않는 상처와 같은 성냄

성냄은 잘 낫지 않는 상처와 같습니다. 그 상처는 평소에는 표면이 딱딱하고 거칠고, 그 안에는 고름이 고여 조금씩 새어 나옵니다. 그러다가 어떤 단단한 물체에 닿거나 막대기에 찔리면 바로 터져 많은 양의 고름이 흘러나오면서 큰 고통을 줍니다. 화를 잘 내는 사람도 이런 상처와 같이 평소에는 성품이 거칠고 딱딱하며 뻣뻣하고, 어떤 일이 생기면 그리 화낼 만한 것이 아닌데도 참지 못해서 "나에게 이렇게 말하다니"라고 버럭 화를 내며 거친 말과 행위를 합니다.(PaA.61~62)

맹꽁이와 같은 성냄

성냄은 적을 만나면 몸을 부풀려서 크게 만드는 맹꽁이와 같습니다. 싫어하는 대상과 만나면 만날 때마다 성냄이 커집니다. 좋아하지 않는 대상을 볼 때도 화가 납니다. 듣는 것, 냄새 맡는 것, 닿는 것에도 화가 납니다. 생각하고 숙고하고 반조하는 것에도 화가 납니다. 그중 '귀로 듣는 것, 몸으로 닿는 것'에 더욱 화가 많이 납니다. 좋아하지 않는 말을 들으면 한 번 듣는 것만으로도 화가 납니다. 다음에 다시 들으면 또 다시 화가 납니다. 자주 들을수록 성냄은 더욱 커집니다. 처음에는 마음속으로만 화를 내다가 다음으로 표정이 일그러지고, 계속해서 여러 번 나쁜 말을 들으면 적당하지 않고 거친 말까지 하게 됩니다. 아주 심해지면 상대방을 때리거나 심지어 죽이기까지 합니다. 그렇게 좋아하지 않는 대상과 거듭 만날 때마다 계속 커지기 때문에 성냄을 맹꽁이와 같다고 말합니다.(MA.ii.38)[329]

성냄은 불선의 뿌리다

화가 났을 때 행한 몸의 업, 말의 업, 마음의 업은 모두 악행, 불선업입니다. 성냄 때문에 비방하고, 거짓말을 하고, 다른 이의 불이익을 도모합니다. 성냄이 지나치면 다른 이의 재산을 훔치거나 목숨을 빼앗기까지 합니다. 이렇게 성냄은 여러 불선법, 악행의 뿌리라고 부처님께서 설하셨습니다.(A.i.201/A3:69)[330]

성냄의 나쁜 결과

화를 참지 말아야 건강에 좋다고 주장하는 사람들이 있기는 하지만 성냄은 결코 좋은 결과를 주지 않습니다. 부처님께서는 "성냄에 사로잡혀 생명을 죽이고, 주지 않은 것을 가지고, 남의 아내에게 접근하고, 거짓말을 하고, 다른 사람에게도 그렇게 하도록 유도하면 이것은 오랜 세월 동안 그에게 불이익과 괴로움을 가져온다"라고 설하셨습니다.(A.i.189/A3:65)[331]

또한 「찬나숫따Channasutta(찬나 경)」에서 아난다Ānanda 존자는 "성냄 때문에 자신을 해치도록 꾸미고, 남을 해치도록 꾸미고, 둘 모두를 해치도록 꾸밉니다. 정신적으로 고통과 근심도 겪습니다. 몸과 말과 마

329 이 내용과 관련해 웨데히까Vedehikā라는 부인의 일화는『아리야와사 법문』, pp.172~176 참조.
330『아비담마 강설 1』, p.176 참조.
331『앙굿따라 니까야』제1권, pp.464~465 참조.

음으로 악행을 행합니다. 자신의 이익과 남의 이익, 둘 모두의 이익을 사실대로 분명하게 알지 못합니다. 실로 성냄은 어둠을 만들고, 눈을 없애버리고, 무지를 만들고, 통찰지를 소멸시키고, 곤혹스러움에 빠지게 하고, 열반으로 인도하지 못합니다"라고 말했습니다.(Vis.i.286; A.i.217/A3:71)[332]

부처님께서는 "natthi dosasamo kali. 성냄과도 같은 죄악은 없다"라고 설하셨습니다.(Dhp.202) 세상에 있는 모든 죄악 중 성냄과 비교할 수 있는 것은 없다는 뜻입니다. '성냄보다 더 심하게 몸과 마음, 실천행을 파괴시킨다'라고 말할 수 있는 다른 어떠한 것도 없기 때문입니다. 성냄의 죄악과 바꾸기에 적합한 다른 죄악이 세상에 없기 때문에 성냄의 죄악은 비교할 수 없는 허물입니다.

화kodha와 원한upanāha을 가진 자는 살면서도 고통스럽고, 죽어서는 지옥에 떨어집니다. 이 두 불선법은 수련자인 비구도 망가지게 합니다. 괴로움을 가져오고 괴로움을 무르익게 합니다.(A2:16:1~100)

『이띠웃따까』에서는 화를 내는 중생들이 악처에 태어난다고(It1:4), 지옥에 태어난다고(It:10), 『담마상가니』에서는 성냄은 거친 성품이기 때문에 거친 상태로 동일한 지옥에 태어난다고 설명했습니다.(DhsA.128)[333]

'참지 못함akkhanti'의 형태로 생겨나는 성냄은 많은 사람이 싫어하고, 원수가 많고, 말과 행동에 실수가 많고, 헤매면서 죽고, 죽은 뒤 사악도에 태어나는 다섯 가지 허물을 생겨나게 합니다.(A5:215)[334] 혹

332 『앙굿따라 니까야』 제1권, p.507 참조.

333 탐욕으로 죽으면 아귀로, 어리석음으로 죽으면 축생으로 태어난다.(DhsA.171)

334 『앙굿따라 니까야』 제3권, p.469 참조. 해석에 차이가 있다.

은 많은 사람이 싫어하고, 거칠고, 후회하고, 헤매면서 죽고, 죽은 뒤 사악도에 태어나는 다섯 가지 허물을 생겨나게 합니다.(A5:216)[335]

또한 성냄은 다음과 같은 일곱 가지 나쁜 결과를 가져옵니다. 성냄에 사로잡히면 비록 아름답고 멋지게 단장하더라도 용모가 흉합니다. 아무리 좋은 침상에서 자더라도 잠을 잘 이루지 못합니다. 손해를 보고도 이익을 얻었다고 생각하고 이익을 얻고도 손해를 보았다고 생각하기 때문에 큰 이익을 얻지 못합니다. 힘들게 모은 재산을 몰수당하기 때문에 큰 재산이 모이지 않습니다. 불방일을 통해 얻은 명성조차 사라집니다. 친구와 친척이 따르지 않고 있던 친구도 떠납니다. 죽은 뒤 악처에 태어납니다.(A7:60)[336]

성냄에 사로잡히면 이익을 알지 못하고 사마타와 위빳사나라는 법도 보지 못합니다. 칠흑 같은 어둠에 휩싸여 하기 쉬운 것이든 하기 어려운 것이든 이익을 주는 것들을 모두 부숴버립니다. 그러다가 성냄이 사라지면 마치 불에 덴 사람처럼 괴로워하면서 불이 연기를 드러내듯이 추한 모습을 드러냅니다.

성난 자는 부모를 비롯해 아라한 등 많은 이를 죽이기도 합니다. 세상에서 제일 사랑하는 존재라는 자신까지 칼로 찌르고 독약을 먹거나 목을 매달거나 높은 곳에서 떨어져 죽게 합니다.

『짜리야삐따까』 주석서에서 보살이었던 쭐라보디Cūḷabodhi 바라문이 바라나시Bārāṇasī 왕에게 다음과 같이 설한 내용을 볼 수 있습니다.

335 『앙굿따라 니까야』 제3권, p.470 참조. 해석에 차이가 있다.

336 이 나쁜 결과들은 적을 기쁘게 하고 적에게 도움이 되는 일곱 가지 법으로 적이 원하는 불이익들이다. 『앙굿따라 니까야』 제4권, pp.479~485 참조.

"성냄이 일어나지 않았을 때는 자신과 남 둘 모두의 이익을 잘 알지라도, 성냄이 일어났을 때는 남의 이익은 제쳐두고 자신의 이익조차 보지 못합니다. 성냄은 적이 좋아하는 법입니다. 왜냐하면 성냄이 일어나면 잘못 생각해서 곤경에 처할 것을 적이 알기 때문입니다. 그래서 상대편의 고통을 바라는 적이라면 상대에게 성냄이 일어나는 것을 좋아합니다. 성냄이란 지혜가 없는 자들이 즐기는 영역입니다. 성냄은 바른 행위를 모두 없애버립니다. 자신의 번영과 관련된 모든 것을 무너뜨립니다. 불쏘시개를 넣으면 불이 일어나 장작을 태우듯이, 지혜 없는 어리석은 자는 상대방을 해치려는 성냄 때문에 마음에서 불이 타올라 스스로를 불태웁니다."(CpA.135)

부처님 당시 웨살리Vesālī에 성냄과 자만이 매우 큰 듯탈릿차위Duṭṭhalicchavi라는 릿차위 왕자에게 부처님께서 다음과 같이 훈계하셨습니다.

"왕자여, 중생들을 거칠게 대하거나 괴롭히지 마라. 거칠게 대하는 이를 형제나 친구, 친척은 물론이고 부모조차 좋아하지 않고 혐오한다. 마치 자신을 문 뱀이나 약탈하러 오는 도적, 자신을 잡아먹으러 오는 야차처럼 여긴다. 다음 생에 지옥 등 사악도에 태어난다.
성냄이 큰 이는 현생에서조차 아무리 잘 단장하더라도 용모가 아름답지 않다. 원래 보름달처럼 훌륭한 용모라도 성냄이 일어나는 것과 동시에 불붙은 황금 연꽃 장식이나 더럽혀진 황금 연꽃 쟁반처럼 보기에 좋지 않게 된다. 용모가 흉해진다.

성냄 때문에 흉기로 스스로를 죽이기까지 한다. 독을 마시거나 목을 매달거나 높은 곳에서 뛰어내리기도 한다. 이렇게 성냄으로 자신의 생을 끝낸 뒤 지옥에 태어난다.

성냄으로 남을 괴롭히는 자는 현생에서도 현자들에게 비난을 받는다. 내생에서도 지옥 등 사악도에 떨어져 고통을 받는다. 다시 사람으로 태어나더라도 태어날 때부터 병이 많다. 건강하게 지낼 때가 거의 없다. 계속되는 병치레로 마음도 언제나 괴롭다. 그러니 중생들에 대한 자애의 마음, 중생들의 이익을 바라는 마음, 부드러운 마음을 두어야 한다. 성냄이 큰 자는 지옥 등의 괴로움에서 벗어나지 못한다."(J149)

성냄을 다스리는 방법

제7강에서도[337] 간략하게 언급했듯이 성냄이 일어났을 때 부처님께서 설하신 성냄을 다스리는 방법들을 실천해 보면 좋을 것입니다.

만약 평소 사마타 수행을 하고 있다면 성냄이 일어났을 때 즉시 자신이 닦고 있는 수행주제를 떠올리면 됩니다.[338] 위빳사나 수행을 하고 있다면 즉시 심장 부근에 마음을 두고 〈불편함, 불편함〉 등으로 관찰하면 됩니다.[339] 이렇게 해도 성냄이 가라앉지 않으면 『위숫디막가』에서 제시한 아래의 방법을 사용해서 성냄을 가라앉혀야 합니다.

337 『아비담마 강설 1』, pp.128~129 참조.
338 『부처님을 만나다』, pp.323~324 참조.
339 『부처님을 만나다』, pp.324~325 참조.

자애를 닦아라

불이 붙은 다음 끄는 것보다 불이 나지 않도록 예방하는 것이 중요합니다. 자애는 성냄과 정반대인 법입니다. 그래서 성냄이 자주 일어나지 않도록 평소에 자애를 닦는 것이 좋습니다.[340]

자애를 수행주제로 닦고 있는 수행자라면 존경하는 사람, 좋아하는 사람, 무관한 사람에게 자애를 보낸 다음 원수에게 자애를 보내면 됩니다. 원수에게 자애를 보내다가 성냄이 일어나면 앞서 자애를 보낸 세 종류의 사람을 대상으로 다시 자애를 보낸 뒤 원수를 대상으로 자애를 보내면 됩니다.

스스로 경책하라

자애를 닦는 것으로도 성냄이 사라지지 않으면 다음과 같은 부처님의 훈계를 숙고해서 성냄을 가라앉혀야 합니다.

> "화를 내고 있는 그대여, 부처님께서 '비구들이여, 도적이나 강도나 악한들이 손과 발 등 신체부분을 양쪽에 손잡이가 달린 톱으로 자르더라도 그렇게 자르면서 괴롭히는 이에 대해서 화를 내면 안 된다. 화를 낸다면 나 여래의 훈계를 따르는 이라고 할 수 없다'라고 훈계하시지 않았는가?"(M.i.232/M21)[341]

좋은 점을 생각하라

이렇게 숙고해도 성냄이 사라지지 않으면 원수의 나쁜 행위에 마음

340 자애를 닦는 자세한 방법은『자애』, pp.107~146 참조.
341 다른 훈계들은『자애』, pp.81~83 참조.

기울이지 말고 원수가 지닌 몸의 좋은 행위, 말의 좋은 행위, 마음의 좋은 행위에 마음 기울여서 성냄을 사라지게 해야 합니다.

사과가 조금 썩었다고 버리지는 않습니다. 썩은 부분은 도려내고 나머지 좋은 부분만 먹습니다. 그처럼 그 사람의 좋은 점을 생각하면서 성냄을 다스려야 합니다. 좋은 점을 찾을 수 없더라도 '안타깝구나. 내가 어찌할 수 없구나. 내 영역 밖이구나'라고 평온하게 바라보아야 합니다.[342]

스스로를 훈계하라

그렇게 숙고해도 성냄이 사라지지 않으면 아래의 내용들을 숙고해서 사라지게 해야 합니다. 이 내용들은 다른 성전이나 주석서에는 없고 『위숫디막가』에만 10가지 게송으로 소개돼 있습니다. 그중 몇 가지를 소개하겠습니다.(Vis.i.292~293)

그대가 화를 냄으로써 그에게 고통을
줄 수도 있고 주지 않을 수도 있다.
하지만 그 화가 초래한 고통으로
그대 자신은 즉시 힘들어질 것이다.

번영 없는 화라는 길을 향해
원수들이 나아간다 하더라도
무슨 이유로 그대까지 화를 내어
그들의 뒤를 따라가려 하는가?

342 『부처님을 만나다』, p.326 인용.

법들은 찰나만 존재할 뿐이라
그대에게 불이익을 준 그것,
그 무더기는 이미 소멸해 버렸으니
지금 그대는 누구에게 화를 내는가?

누가 다른 이에게 고통을 주려할 때
받는 이가 없다면 누구에게 줄 것인가?
자신도 괴로움의 원인이 되거늘
그대는 왜 그에게 화를 내는가?

업만이 자신의 재산임을 숙고하라

이러한 여러 게송으로 숙고해도 성냄이 가라앉지 않는다면 업만이 자신이 소유한 진정한 재산이라는 사실을 다음과 같이 숙고해서 가라앉혀야 합니다.

'자애를 닦는 그대 수행자여, 그에게 화를 내서 무엇 하겠는가? 성냄을 뿌리로 한 업은 그대의 불이익일 뿐이다. 그렇다. 업만이 그대의 재산이다. 그대는 자신이 행한 업의 좋고 나쁜 상속을 스스로 받아야 한다. 행복을 주기 위해 혹은 괴롭히기 위해 그대가 행한 업만이 그대의 친척이자 의지처이다. 스스로 행한 업의 좋은 결과와 나쁜 결과라는 상속은 그대가 받아야 한다. 성냄을 의지해서 생겨나는 업은 도와 과를 얻게 하는 것이 아니다. 천상의 행복과 인간의 행복을 얻게 하는 것도 아니다. 지옥의 고통 등만 겪게 할 뿐이다. 그대가 화를 내는 것은 다른 이를 해치고 괴롭히기 위해 숯불 덩어리나 대변을 잡는 것과 같다. 자신을 먼저 태우고 더럽힐 것이다. … 바람이 불어오는 방향에 있는 사람에게 먼지를 뿌리면 먼지가 자신에게 다시 돌아오듯이, 누군가에게 화를 낸다면 그 나쁜 결과는 자신에게만 돌아올 것이다. 이렇게 부처님께서 설하지 않으셨는가?'

보살의 실천 덕목을 숙고하라

이렇게 숙고해도 성냄이 가라앉지 않는다면 정등각자 부처님이 되기 위해서 바라밀을 행할 때 보살이 실천한 덕목을 숙고해서 가라앉혀야 합니다.

'부처님의 제자인 그대 수행자여, 그대의 스승이신 거룩하신 부처님께서는 보살이었을 때도, 4아승기 10만 대겁 내내 바라밀을 쌓고 실천하셨으니 그때도, 여러 종류의 살인자나 원수들과 맞닥뜨렸지만 성냄으로 마음을 무너뜨리지 않고 참으시지 않았던가! 일체지자이시며, 천신을 포함한 세상에서 어느 누구와도 견줄 수 없는 인욕의 덕목을 갖추신 그 거룩하신 세존을 그대는 스승으로 모시고 귀의했다. 그러한 그대가 성내는 것은 적당하지 않다.'[343]

343 실라와Sīlava 왕, 칸띠와디Khantivādī 선인, 담마빨라Dhammapāla 왕자, 찻단따Chaddanta 코끼리 왕, 마하까삐Mahākapi 큰 원숭이, 부리닷따Bhūridatta 용왕과 짬뻬야Campeyya 용왕, 그리고 뿐나Puṇṇa 존자의 일화는『자애』, pp.91~100 참조.

무시윤회를 반조하라

시작을 알 수 없는 윤회를 반조하는 것을 통해서도 성냄을 가라앉힐 수 있습니다. 『상윳따 니까야』 「마뚜숫따Mātusutta(어머니 경)」 등에서 부처님께서는 이 세상의 모든 중생이 과거 여러 생에 나의 어머니가 아니었던 적이 없고, 아버지가 아니었던 적이 없고, 아들이 아니었던 적이 없고, 딸이 아니었던 적이 없고, 일가친척이 아니었던 적이 없다고 설하셨습니다.(S15:14~19)[344] 그래서 '지금 나를 화나게 하는 저 사람이 전생에 나의 어머니로서 출산의 고통을 겪으며 낳아 주고 길러 주었는데 어떻게 내가 화를 낼 수 있겠는가. 전생에 나의 아버지로서 먹을 것을 구해 주고 보호해 주었는데 어떻게 내가 화를 낼 수 있겠는가' 등으로 반조하면 성냄을 다스릴 수 있을 것입니다.

자애의 이익을 숙고하라

무시윤회를 반조해도 성냄이 가라앉지 않는다면 자애의 이익 열한 가지를 숙고해야 합니다.

'자애를 닦는 그대 수행자여, 자애를 닦으면 ① 편안하게 잠들고, ② 편안하게 깨어나고, ③ 악몽을 꾸지 않고, ④ 사람들이 좋아하고, ⑤ 천신들이 좋아하고, ⑥ 천신들이 보호하고, ⑦ 불·독·무기가 해치지 못하고, ⑧ 마음이 쉽게 삼매에 들고, ⑨ 안색이 맑고, ⑩ 죽을 때 혼미하지 않고, ⑪ 더 높은 경지를 통찰하지 못하더라도 선정을 닦았다면

344 『상윳따 니까야』 제2권, pp.459~462 참조.

죽은 뒤 범천 세상에 태어난다.[345] 성냄을 가라앉히지 못하면 그 자애의 이익들을 얻지 못하고 놓쳐 버릴 것이다.'

이렇게 자애의 이익을 숙고해서 성냄을 가라앉혀야 합니다.

요소로 분석하라

자애의 이익을 숙고해도 성냄이 가라앉지 않으면 요소로 나누어 숙고해야 합니다.

'자애를 닦는 그대 수행자여, 그대가 그에게 화를 내고 있는데, 그의 무엇에 대해 화를 내고 있는가? 그의 상속에서 머리털에 화를 내는가? … 오줌[346]에 화를 내는가?'

'머리털 등에 있는 땅 요소에 화를 내는가? 물 요소에 화를 내는가? 불 요소에 화를 내는가? 바람 요소에 화를 내는가?'

이렇게 요소로 나누어 보아야 합니다. 이렇게 요소로 나누어 보면 바늘 끝에 겨자씨가 그대로 머물 자리가 없는 것처럼, 하늘에 화가가 그림을 그릴 자리가 없는 것처럼 성냄이 깃들 자리가 없어집니다.

---

345 자세한 설명은『자애』, pp.156~174 참조.

346 머리털·몸털·손발톱·이빨·피부, 살·힘줄·뼈·골수·콩팥, 심장·간·막·지라·허파, 창자·장간막·위속 음식물·똥·뇌수, 쓸개즙·가래·고름·피·땀·비계, 눈물·기름·침·콧물·관절액·오줌이라는 32신체부분을 말한다.

베풀어라

요소로 나누어서 숙고해도 성냄이 가라앉지 않으면 베풀어야 합니다. 보시해야 합니다. 자신의 물건을, 자신이 싫어하는 이에게 주어야 하고, 그에게서 물건을 받아야 합니다. 싫어하는 이의 생계 계가 청정하지 못하다면 자신의 물건만 주어야 합니다. 그렇게 주고 베풀면 그에 대한 원한이 즉시 사라집니다. 과거 생에서부터 계속된 원수지간일지라도 성냄이 가라앉습니다.[347]

Adantadamanaṁ dānaṁ,
Dānaṁ sabbatthasādhakaṁ;
Dānena piyavācāya,
Unnamanti namanti ca. (Vis.i.299)

해 석

보시는 조어調御되지 않은 이를 조어하고
보시는 모든 이익을 이루게 한다.
보시와 그리고 사랑스런 말씨로
또한 높아지고 또한 숙인다.

대 역

Dānaṁ보시는; 베푸는 보시는 adantadamanaṁ조어調御되지 않은 이, 거친 이들도 조어한다. dānaṁ보시는 sabbatthasādhakaṁ모든 이익을 이루게 한다.[348] dānena보시와

347 이와 관련해서 삔다빠띠까Piṇḍapātika 장로 일화는『자애』, p.103 참조.

348 ⓜ『디가 니까야 주석서』에는 "adānaṁ dantadūsakaṁ"이라고 표현돼 있다.(DA.iii.227) 이 표현에 따르면 "보시하기에 적당한 이에게 보시하지 않으면 잘 조어되고 존경하는 이를 무너지게 한다"라고 해석해야 한다.

piyavācāya사랑스런 말씨로 unnamanti ca높아지고; 보시하는 이나 사랑스럽게 말하는 이는 높고 거룩하게 되고 namanti ca숙인다; 보시를 받는 이와 사랑스런 말을 듣는 이는 보시하는 이와 사랑스런 말을 하는 이를 좋아하고 존경한다.

성냄의 제거

성냄은 불선 범주 중 '분노 몸 매듭byāpādakāyagantha'으로 매듭gantha 4가지에, '분노 장애byāpādanīvaraṇa'로 장애nīvaraṇa 5가지(6가지)에, '적의 잠재성향paṭighānusaya'으로 잠재성향anusaya 7가지에, '적의 족쇄 paṭighasaṃyojana'로 족쇄saṃyojana 10가지에, '성냄dosa'으로 번뇌kilesa 10가지에 포함됩니다.(Ah.46~47)

주석서에서는 분노 장애를 제거하는 조건을 다음과 같이 6가지로 설명합니다.(DA.ii.368)

첫째, 자애의 표상을 지니는 것입니다mettānimittassa uggaho. '행복하기를, 행복하기를' 등으로 마음 기울이는 것을 말합니다.

둘째, 자애 수행주제에 전념하는 것입니다mettābhāvanānuyogo. 거듭 마음 기울여야 합니다.

셋째, 업 자산을 반조해야 합니다kammassakatāpaccavekkhaṇā. 업만이 자신의 진정한 재산임을 반조해야 합니다.

넷째, 많이 성찰해야 합니다paṭisaṅkhānabahulatā. 업이 자신의 진정한 재산임을 반조한 뒤 많이 숙고하고 성찰해야 합니다.

다섯째, 선우와 함께해야 합니다kalyāṇamittatā.

여섯째, 적당한 대화를 해야 합니다sappāyakathā. 서거나 앉아 있는 중에도 자애와 관련된 대화를 해야 합니다.

이렇게 제거해 나가다가 수다원도로 사악도에 태어나게 하는 매우 거친 성냄을 제거하고 아나함도로 모든 성냄을 제거합니다.(Vis.ii.325)

탐욕·성냄·어리석음

지금까지 탐욕·성냄·어리석음이라는 마음부수를 다 설명했습니다. 이 세 가지 법은 불선의 뿌리로(A3:69), 불이익을 생겨나게 하는 법으로(A3:66), 내부의 더러움으로(It3:39) 동일하지만 각각 다음과 같은 점에서 서로 다릅니다.(A3:68)

먼저 탐욕은 허물은 작지만 천천히 사라집니다. 성냄은 허물은 크지만 빨리 사라집니다. 어리석음은 허물도 크고 천천히 사라집니다.

탐욕을 일으키고 크게 하는 원인은 아름다운subha 표상이고, 성냄을 일으키고 크게 하는 원인은 적의paṭigha의 표상이고, 어리석음을 일으키고 크게 하는 원인은 비합리적 마음기울임ayoniso manasikāra입니다.

탐욕을 일으키지 않고 사라지게 하는 원인은 더러움asubha의 표상이고, 성냄을 일으키지 않고 사라지게 하는 원인은 자애 마음해탈mettā cetovimutti이고, 어리석음을 일으키지 않고 사라지게 하는 원인은 합리적 마음기울임yoniso manasikāra입니다.

탐욕으로 죽으면 일반적으로 아귀 탄생지에 태어납니다. 성냄으로 죽으면 일반적으로 지옥 탄생지에 태어납니다. 거친 성품으로 동일하기 때문입니다. 어리석음으로 죽으면 일반적으로 축생 탄생지에 태어납니다. 언제나 미혹하기 때문입니다.(DhsA.171)

제35강

2009년 3월 24일

『자따까』 일화 하나를 소개하겠습니다.

세상에는 잡아먹히는 중생이 있고 잡아먹고 사는 중생이 있습니다. 잡아먹는 중생도 더 힘이 센 다른 중생에게 잡아먹힙니다. 그렇다면 최종적으로 모든 중생을 잡아먹는 것은 무엇일까요?

부처님께서 과거 어느 생에 보살로서 바라밀을 행하실 때 바라문 가문에 태어났습니다. 딱까실라Takkasilā라는 학문의 도시로 가서 바라문들이 배우는 성전인 삼베다에 능통한 뒤 500명의 제자를 거느리는 대스승이 되어 베다를 가르치고 있었습니다. 제자 500명도 삼베다에 능통했습니다. 그러자 제자들이 '스승이 아는 만큼 나도 베다를 잘 안다. 나도 삼베다에 능통하다. 스승과 내가 다를 것이 무엇이 있는가'라고 생각하고는 스승에게 가서 배우지도 않고 시봉하지도 않으면서 지냈습니다.

어느 날 스승이 약으로 쓰이는 열매가 열리는 나무 밑에 앉아 있었는데 제자들이 와서 "이 나무는 아무런 쓸모가 없습니다. 왜 여기에 앉아 있습니까"라고 투덜거리며 스승을 비난했습니다. 그러자 스승은 다음과 같이 말했습니다.

"잠시 여기에 앉아라. 내가 문제 하나를 낼 테니 맞추어 보거라."

"좋습니다. 저희도 삼베다에 능통합니다. 어떤 문제든지 내십시오. 저희는 다 대답할 수 있습니다."

스승은 다음과 같은 문제를 냈습니다.

> Kālo ghasati bhūtāni, sabbāneva sahattanā;
> Yo ca kālaghaso bhūto, sa bhūtapacaniṁ paci. (J245/게송190)

해 석

시간은 존재들을 먹어 치우네,

자신과 함께 모든 존재들을.

어떤 존재는 시간을 먹어 치우네,

존재를 익히는 것을 익혀버렸네.

대 역

Kālo시간은 sahattanā자신과 함께 sabbāneva모든 bhūtāni 존재들을; 중생들을 ghasati먹어치운다. yo ca bhūto어떤 존재는 kālaghaso시간을 먹어치우는데 sa=so bhūto그는 bhūtapacaniṁ존재를 익히는 것을 paci익혀버렸다.

"이 게송에서 시간을 먹어 치우는 자, 존재를 익히는 것을 익혀버린 자란 누구인가?"라고 질문했습니다.

제자들은 자신들이 배운 삼베다를 처음부터 끝까지 모두 되새겨 봤지만 답을 찾을 수 없었습니다. 스승은 "칠일 동안 시간을 줄 테니 그대들이 배운 삼베다에서 찾지 말고 직접 경험한 것, 지혜를 동원해서 답을 구해 보거라"라고 말했습니다. 칠일이 지나도 제자들은 답을 구하지 못했고, 스승께 다시 찾아갔습니다. 게송의 뜻은 다음과 같습니다.

이 게송에서 '먹어 치운다'라는 것은 하루에 세 끼 음식을 먹거나 중간에 간식을 먹는 것을 말하지 않습니다. 혹은 사람의 살이나 뼈를 먹어 치우는 것이 아닙니다. 존재들의 수명을 점점 줄어들게 하고, 용모도 늙게 하고, 지혜의 힘과 몸의 힘도 약하게 하고, 결국 죽게 하는 것을 말합니다. 더 나아가 우주가 무너질 때 무너지지 않은 부분을 제외한 모든 것이 완전히 소멸하는 것도 시간이 먹어 치우는 것이라고 말할 수 있습니다.

그런데 "어떤 존재는 시간을 먹어 치우네", 그렇게 모든 것을 먹어 치우는 시간을 오히려 먹어 치우는 존재가[349] 있다는 뜻입니다. 아라한은 다음 생에 다시 태어나지 않습니다. 아라한이 되지 않았다면 태어날 그 모든 시간이 아라한도의 순간에 다 없어지는 것입니다. 그것을 "시간을 다 먹어 치운 존재"라고 표현한 것입니다.

마지막 구절에서 "존재를 익히는 것"이란 중생들을 요리해서 먹어 치우는 불, 즉 갈애를 말합니다. "존재를 익히는 것을 익혀버렸네'란 그러한 갈애라는 불을 지혜라는 불로 다시 익혀서 먹어 버렸다, 없앴다는 뜻입니다. 그러한 존재가 바로 아라한입니다. 이것은 제일 수승한 존재를 언급한 것입니다. 아라한은 완전열반에 든 뒤에는 단 한 번도 새로운 생에 태어나지 않습니다. 모든 시간을 다 먹어 치웠다고 할 수 있습니다. 아나함은 욕계 세상에는 태어나지 않고, 색계나 무색계에도 한 생 넘게 태어나지 않습니다. 그래서 그 한 생을 제외한 모든 시간을 먹어치웠다고 말할 수 있습니다. 사다함은 두 생 넘게 태어나지 않고 수다원은 사악도에 태어나지 않을 뿐만 아니라 선처에도 일곱 생 넘게 태어나지 않습니다. 그래서 사다함과 수다원은 그 만큼을 제외한 나머지 시간을 모두 먹어치웠다고 말할 수 있습니다.[350]

---

349 ㉯존재bhūta를 중생satta이라고도 표현한다. 다섯 가지 감각욕망대상을 애착하고 갈구하는 이들을 모두 중생이라 한다. 그런데 이 게송에서 의미하는 존재는 아라한이다. 아라한은 감각욕망을 다 제거했는데 왜 중생이라고 하는가? 아라한이 되기 전 과거생이나 이번 생에 애착이 있었기 때문에 그것을 의지해서 중생이라고 부를 수 있다. 『마하사띠빳타나숫따 대역』, pp.40~41 참조.

350 이 내용은 실제강의로 제36강의 내용이다.

질투

성냄과 관련된 마음부수 4가지 중 두 번째 마음부수는 '질투issā'입니다. 질투는 일반적으로 '다른 사람이 잘되거나 좋은 처지에 있는 것 따위를 공연히 미워하고 깎아내리려 하는 것'이라는 설명과[351] 비슷하게 자신보다 나은 것을 시기하는 성품입니다.

단어분석

Issāyanā issā. (Vis.ii.99)

대 역

Issāyanā질투하는 것이 issā질투다.

질투하는 것issāyanā이 질투입니다. 혹은 질투한다고issati 해서 질투입니다.

특질

Sā parasampattīnaṁ usūyanalakkhaṇā. Tattheva anabhiratirasā, tato vimukhabhāvapaccupaṭṭhānā, parasampattipadaṭṭhānā, saṁyojananti daṭṭhabbā. (Vis.ii.99)

대 역

Sā그것은; 그 질투는 parasampattīnaṁ다른 이의 성취를 usūyanalakkhaṇā시기하는 특성이 있다. tattheva바로 그것에 대해; 바로 그 다

351 『엣센스 국어사전』, p.2224 참조.

른 이의 성취에 대해 anabhiratirasā좋아하지 않는 역할이 있다. tato 그것으로부터 vimukhabhāvapaccupaṭṭhānā고개를 돌리는 것으로 나타난다. parasampattipadaṭṭhānā다른 이의 성취가 가까운 원인이다. saṁyojananti족쇄라고 daṭṭhabbā보아야 한다.

질투는 다른 이의 성취를 시기하는usūyana 특성이 있습니다. 이전 여러 생의 좋은 업이 받쳐주고 현생의 지혜와 정진을 통해 여러 재산과 영화, 덕목을 갖춘 이를 보거나 그에 관한 소식을 들었을 때 기뻐하지 않고 얼굴을 찡그리거나 입을 삐죽거리고 눈을 흘기면서 시기하고 불편해하는 성품이 질투입니다.

질투는 다른 이의 성취를 좋아하지 않는anabhirati 역할을 합니다. 심지어 자신이 보시하는 것도 아닌데 다른 사람이 보시하는 것에 대해 기뻐하지 않는 경우도 있습니다. 다른 이의 성취로부터 고개를 돌리는 것vimukhabhāva으로 나타납니다. 다른 이의 성취가 가까운 원인입니다.

다양한 모습의 질투

질투는 이렇게 다른 이가 자신보다 행복한 것, 여러 가지를 갖춘 것을 원하지 않는 성품입니다. 재산의 측면에서든, 주위 사람들이나 대중의 측면에서든, 용모의 측면에서든, 지식의 측면에서든, 기술이나 학술의 측면에서든 자신보다 나은 것을 원하지 않습니다. 보려 하지 않고 들으려 하지 않습니다. 특히 자신과 태생이나 하는 일, 능력이 비슷한데 자신이 좋아하지 않는 이가 번영하고 잘되는 것은 더욱 시기하고 질투합니다. 젊은이는 젊은이끼리, 어른은 어른끼리, 남자는 남자끼리, 여자는 여자끼리, 학생은 학생끼리, 교사는 교사끼리, 노동자는 노동자끼리, 비구는 비구끼리 자신보다 상대가 더 나으면 질투가 생겨납니다.

재산이 많은 부호들에 대해 재산이 적은 일부 사람들이 질투합니다. 농사가 잘되는 사람을 농사가 잘되지 않는 이가 질투하기도 합니다. 승진한 이를 승진하지 못한 일부가 질투하기도 합니다. 복덕이 많은 이를 복덕이 적은 일부가 질투하기도 합니다. 설법을 잘하는 이를 설법을 잘하지 못하는 일부가 질투하기도 합니다. 이러한 모습, 이러한 방법으로 질투가 생겨나는 모습은 매우 다양합니다.

질투의 반대법

자세하게 조사해 보면 다른 이를 질투하면 아무런 이익도 얻지 못한 채 단지 불선업만 늘어납니다. 살생이나 도둑질을 해서 돈을 벌면 악처로 태어나게 하는 불선업이기는 하지만 그것으로 맛있는 것을 먹을 수도 있고 좋은 곳에서 지낼 수도 있습니다. 질투는 그런 이익이 전혀 없습니다. 또한 질투가 생겨나면 마음도 불편합니다. 그래서 질투라는 성품은 스스로 괴롭게 만드는 것과 같습니다. 또한 "질투라는 불선업 때문에 악처, 지옥에도 떨어질 수 있다. 사람의 생에 다시 도달해도 대중이 적은 이가 된다"라고 「쫄라깜마위방가숫따Cūḷakammavibhaṅgasutta(업 분석 짧은 경)」에서 부처님께서 설하셨습니다.(M135)

질투의 반대법은 자애mettā, 연민karuṇā, 같이 기뻐함muditā, 평온upekkhā이라는 거룩한 마음가짐brahmacariya 네 가지 중에서 같이 기뻐함이라는 법입니다. 뒤에 제41강에서도 설명하겠지만[352] 같이 기뻐함이란 다른 이의 행복과 번영을 바라는 것입니다. 다른 이가 번창하고 행

352 본서 pp.541~542 참조.

복한 것을 보거나 듣거나 알게 되면 '번영하는 그대로 계속 번영하기를. 행복한 그대로 계속 행복하기를'이라고 마음 기울이면서 기뻐하는 것입니다. 같이 기뻐함은 매우 좋은 법입니다. 다른 이의 번영과 행복을 접하면 즉시 행복해하며 희열이 생겨납니다. 그래서 같이 기뻐함이 생겨난 그 사람도 몸과 마음이 함께 행복합니다. 매우 깨끗하고 서늘한 법입니다. 또한 "다른 이의 번영과 행복에 대해 기뻐하는 선업으로 천상에도 태어날 수 있다. 사람의 생에 다시 태어나서도 대중이 많고 위력이 큰 이가mahesakkha 된다"라고 「쭐라깜마위방가숫따」에서 부처님께서 설하셨습니다.(M135)

거룩한 마음가짐을 닦는 모습 중에 "sabbe sattā모든 중생이 averā hontu원한이 없기를. abyāpajjhā hontu마음의 고통이 없기를. anīghā hontu몸의 고통이 없기를. sukhī attānaṁ pariharantu몸과 마음 행복하게 자신의 무더기 짐을 잘 이끌고 나가기를"이라고 마음 기울이는 것은 자애를 닦는 모습입니다. "dukkhā muccantu겪고 있는 고통에서 벗어나기를"이라고 마음 기울이는 것은 연민을 닦는 모습입니다. "yathāladdhasampattito여법하게 얻은 번영에서 māvigacchantu떨어지지 않고 행복한 그대로 행복하기를"이라고 마음 기울이는 것이 바로 같이 기뻐함을 닦는 모습입니다.

같이 기뻐함을 일으키면 돈 한 푼 들이지 않고 선업들이 늘어납니다. 매우 바람직합니다. 이 선업으로 천상 등의 선처에도 태어날 수 있습니다. 뒤따르는 대중이 많은 선구자나 지도자도 될 수 있습니다. 다른 이의 번영을 시기하는 질투는 스스로 아무런 이익도 얻지 못한 채 단지 불선업만 늘어납니다. 그 불선업 때문에 지옥에도 떨어질 수 있습니다. 뒤따르는 대중이 없는 불쌍한 자가 되기도 합니다.

특별히 주의해야 할 점은 선업을 행하는 것에, 법을 설하고 실천하는 것에 질투라는 나쁜 법이 생겨나지 않도록 해야 한다는 사실입니다. 이것은 매우 중요합니다. 다른 이들이 선업을 행하는 것, 선업을 이끌어 나갈 수 있는 것, 법을 잘 설하는 것, 법을 실천하는 것, 향상되는 것, 이러한 것들에 대해 질투가 생겨나면 "선업한번 지옥백번"이라는 말처럼 될 수도 있습니다. 따라서 선업과 관련된 것에 질투가 생겨나지 않도록 하는 것이 매우 중요합니다.[353]

질투하는 천신

질투는 사람이나 축생은 물론 욕계 천신들에게도 일어날 수 있습니다. 앞서 성냄을 설명할 때 진노 천신을 언급했습니다. 한때 사대왕천의 한 천신이 축제를 즐기러 천녀들을 거느리고 마차를 타고 나갔습니다. 동시에 다른 천신도 즐기러 나갔습니다. 상대편 천신을 보자마자 "오, 천신들이여, 저 천신을 보시오. 이전에 한 번도 보지 못하고 경험하지 못한 영화를 마치 이제야 보고 경험하게 된 가난한 사람 같지 않소. 이전에 한 번도 못 누려본 모양인지 우쭐거리는 것 좀 보시오"라고 비아냥댔습니다. 반대편 천신은 그 말을 듣고 "그렇게 말해서 어쩌겠다는 것이오. 이 영화는 나의 보시, 나의 지계 덕분에 얻은 영화요. 그대 때문에 얻은 것이 아니오. 그대와 무슨 상관이오?"라고 화내며 반박했습니다. 서로 성냄이 지나쳐 두 천신의 대중이 울고 있는 사이에 모두 죽어버렸습니다. 이러한 천신을 진노manopadosika 천신이라고 합니다.(DA.i.105)[354]

다른 사람이 자기보다 부자인 것, 지위가 높은 것, 심지어 얼굴이 잘

353 *Mahāsi Sayadaw*, 『*Sallekha thouk tayatogyi*(지워없앰 경에 대한 법문)』, 제2권, p.163 참조.
354 『가르침을 배우다』, pp.297~298 인용.

생긴 것 등을 보려고 하지 않는 성품, 보더라도 얼굴을 찌푸리고 안색이 굳는 성품, 이것이 모두 질투입니다. 질투는 특히 대중과 관련됩니다. 앞에서도 언급했듯이 질투하면 다음 생에 악처에 태어나고, 선처에 태어나더라도 주위에 따르는 사람이 적습니다.(M135)

질투의 제거

질투는 인색과 함께 아비담마 방법에 따른 열 가지 족쇄에 포함되며(Ah.46) 수다원도에 의해 제거됩니다.(DhsA.407)

인색

성냄과 관련된 마음부수 4가지 중 세 번째 마음부수는 '인색macchariya'입니다. 인색은 일반적으로 '재물을 아끼는 태도가 몹시 지나친 것이나 어떤 일을 하는 데 있어서 지나치게 박한 것'이라고 설명하는데[355] 마음부수로서의 인색은 자신이 소유한 재산 등을 다른 이와 관련되길 바라지 않아서 감추고 숨겨 놓는 성품입니다.

단어분석

Maccharabhāvo macchariyaṁ.. (Vis.ii.99)

대 역

Maccharabhāvo인색한 상태가; 인색한 이가 되게 하는 성품이 macchariyaṁ인색이다.

355 『엣센스 국어사전』, p.1903 참조.

혹은 다음과 같이 분석하기도 합니다.

Mā acchariyanti macchariyaṁ.

대 역

'Acchariyaṁ환호할 만한 것이; 앞으로 얻게 될 환호할 만한 것, 이미 얻은 환호할 만한 것, 이미 얻은 것과 비슷한 환호할 만한 것이 mā hotu다른 이에게는 생기지 않기를. 나에게만 생기기를'이라고 iti이렇게 생겨나는 성품이어서 macchariyaṁ인색이라고 한다.

얻을 것으로 확실히 기대되는 영화나 재산, 이미 얻은 영화나 재산, 혹은 이미 얻은 영화나 재산과 비슷한 것들이 다른 이에게 생겨나는 것을 참지 못하는 성품을 인색이라고 합니다.

특질

Taṁ laddhānaṁ vā labhitabbānaṁ vā attano sampattīnaṁ nigūhanalakkhaṇaṁ, tāsaṁyeva parehi sādhāraṇabhāvaakkhamanarasaṁ, saṅkocanapaccupaṭṭhānaṁ, kaṭukañcukatāpaccupaṭṭhānaṁ vā, attasampattipadaṭṭhānaṁ, cetaso virūpabhāvoti daṭṭhabbaṁ. (Vis.ii.99)

대 역

Taṁ그것은; 그 인색은 laddhānaṁ vā얻었거나 labhitabbānaṁ vā얻게 될 attano자신의 sampattīnaṁ성취를; 재산을 nigūhanalakkhaṇaṁ숨기는 특성이 있다. tāsaṁyeva바로 그것을; 그 성취를 parehi다른 사람과 sādhāraṇabhāvaakkhamanarasaṁ공유하는 상태를 견디지 못하는 역할이 있다. saṅkocanapaccupaṭṭhānaṁ《자신의 성취를 다른

사람과 공유하는 것을 좋아하지 않는 것으로》 움츠리는 것으로 나타난다. vā혹은 kaṭukañcukatāpaccupaṭṭhānaṁ쓰디쓴 것으로 나타난다. attasampattipadaṭṭhānaṁ자신의 성취가 가까운 원인이다. cetaso마음의 virūpabhāvoti추한 성품이라고 daṭṭhabbaṁ보아야 한다.

인색은 자신의 성취를 숨기는nigūhana 특성이 있습니다. 『자따까』에서는 인색한 남편을 소개하고 있습니다. 부부가 여행을 하다가 지쳐 있을 때 사냥꾼이 그들에게 도마뱀 한 마리를 구워 먹으라고 주었습니다. 도중에 연못을 만났고 남편은 아내에게 "마실 물이 필요하니 저기 개울에서 물을 좀 떠오시오"라고 보냈습니다. 그런 뒤 남편은 혼자서 도마뱀을 불에 구워 먹고 나서 꼬리만 남겨놓았습니다. 아내가 돌아오자 "당신이 간 직후에 그 도마뱀이 개미탑으로 들어가서 내가 잡으려다가 꼬리만 남았으니 그것을 당신이 드시오"라며 꼬리를 주었다고 합니다.(JA.iii.98/J333) 이렇게 아내에게조차 인색이 일어날 수 있습니다. 인색은 자신의 물건을 주지도 못하고, 자신이 가진 것과 비슷한 것을 다른 이가 얻는 것에도 인색한 성품입니다.

인색은 자신의 성취를 남과 공유하는 것sādhāraṇabhāva을 견디지 못하는akkhamana 역할을 합니다. 자신의 물건이나 영화를 감추거나 덮어놓지 못해 다른 이와 함께 공유하게 됐을 때도 참지 못하는 것을 말합니다.

인색은 움츠리는 것saṅkocana으로 나타납니다. 자신의 물건을 남에게 베푸는 것이나 남과 함께 공유하는 것에 움츠리는 것으로 나타납니다. 혹은 쓴 음식을 먹었을 때 움츠리듯이 무엇을 청하는 사람을 보면 마음은 물론이고 몸까지 움츠리는 법으로 수행자의 지혜에 나타납니다. 예를 들어 "보시를 하면 이러한 좋은 이익이 있습니다"라고 말하면 인색한 이들은 마치 소금에 닿은 지렁이가 움츠리듯이 마음이 움츠러듭니다.

인색의 가까운 원인은 자신의 성취입니다. 여기서 '자신의 성취'란 대표적으로 거주지, 가문, 이득, 칭찬, 법이라는 다섯 가지를 말합니다.

인색의 종류

인색에는 다섯 가지가 있습니다.

첫째는 거주지 인색āvāsa macchariya입니다. 사찰이나 집 등 거주지와 관련된 인색입니다. 특히 출가자의 경우 '이 절은 내 절이다'라고 하면서 다른 출가자와 같이 지내지 않으려고 하는 것입니다. 계를 잘 지키지 않거나 행실이 바르지 않은 출가자와 같이 지내지 않으려 하는 것은 해당되지 않습니다. 재가자의 경우에도 행실이 나쁜 사람들이 집에 잠시 머무는 것을 꺼리는 것은 인색이 아닙니다. 거주지 인색으로 죽으면 쇳물 지옥에 태어납니다.

둘째는 가문 인색kula macchariya입니다. 출가자의 경우 자신의 신도들이나 자신을 의지하는 대중들에 관한 인색입니다. 재가자의 경우라면 자신의 친구나 주위 사람이 다른 사람과 사귀는 것을 참지 못하는 것이 여기에 해당합니다. 가문 인색으로 죽으면 배설물 지옥에 태어납니다. 배설물 지옥의 냄새는 매우 독해서 100요자나[356] 밖에서 그 냄새를 맡은 사람의 심장을 터지게 한다고 합니다. 또한 그곳에는 코끼리 코 크기만 하고 입에서는 아주 날카로운 창이나 칼이 뿜어져 나오는 지

356 1요자나는 약 12km이다.

옥 구더기가 있습니다. 그래서 가문 인색으로 배설물 지옥에 떨어지면 고약한 냄새로 고통 받고, 또한 지옥 구더기들에게 살을 뜯어 먹히고 피를 빨아 먹히고 골수를 뽑아 먹히며 고통을 당합니다.

셋째로 이득 인색lābha macchariya입니다. 가진 재산과 관련된 인색입니다. '나만 좋은 차를 가져야 한다. 다른 사람은 가지면 안 된다'라고 생각하며 인색한 것입니다. 이득 인색의 결과로는 태어나는 생마다 재산이 적고 먹을 것 등이 부족합니다.

넷째로 칭찬 인색vaṇṇa macchariya입니다. 칭찬 인색에는 용모와 관련된 칭찬 인색과 덕목과 관련된 칭찬 인색이 있습니다. 용모와 관련된 칭찬 인색이란 '어떤 이가 깨끗한 용모를 가졌다'라고 들었을 때 그것을 말하려고 하지 않는 성품입니다. 덕목과 관련된 칭찬 인색은 다른 이의 지계, 두타행, 실천 등의 덕목을 말하려고 하지 않는 성품입니다. 칭찬 인색 결과로는 용모가 추하거나 공덕이 적습니다.

다섯째로 법 인색dhamma macchariya입니다. 여기서 '법dhamma'에는 교학법pariyattidhamma과 통찰법paṭivedhadhamma이 있습니다. 교학법에 인색하다는 것은 자신이 알고 있는 가르침을 다른 이에게 전하지 않는 것, 다른 사람이 교학에 능숙한 것을 참지 못하는 것입니다. 하지만 삿된 법을 전하지 않으려고 하는 것은 법 인색에 포함되지 않습니다. 또한 '이 자가 법을 배우면 선법이 무너질 것이다'라고 법을 섭수하려는 dhammānuggaha 목적이나 '이 자가 법을 배우면 스스로 아라한이라고 자랑할 것이다'라고 개인을 섭수하려는puggalānuggaha 목적으로 법을 설하지 않는 것도 법 인색에 포함되지 않습니다. 통찰법은 성자들이 깨달은 도와 과, 열반이라는 법을 말합니다. 성자들은 이러한 통찰법에 인색함이 없습니다. 많은 이가 이러한 도와 과, 열반을 깨닫기를 바랍니다. 하지만 자신이 이러한 법을 갖췄다는 사실은 감추려고 합니다. 법 인색의 과보로는 불이 갓 꺼져서 매우 뜨거운 잿더미 지옥에 태어납니다. 특히 칭찬과 법에 인색한 자는 용모가 흉하고 침을 흘리는 입을 가지게 됩니다.(DhsA.405)

인색의 반대법

보시하려는 의도가 한 번 일어나면 그것을 방해하는 인색이 천 번 생겨납니다. 예를 들어 보시하려고 할 때 마음에서 '저 사람이 그대에게 무엇을 해 주었는가? 자신을 위해, 가족을 위해 사용해야 하지 않겠는가?' 등으로 인색이 천 번 일어나며 방해합니다. 그 인색을 이겨내야 보시할 수 있습니다. 그래서 부처님께서 보시하는 것은 전쟁하는 것과 같다고 설하셨습니다.(S1:33) 인색이라는 적과 믿음이라는 아군이 서로 싸우는 전쟁입니다. 인색이라는 적과의 전쟁에서 이겨야만 보시를 할 수 있습니다. 부처님 당시에 겉옷이 한 벌뿐인 한 바라문이 중간중간 생겨나는 인색한 마음을 물리치고 부처님께 겉옷을 보시한 뒤 "나는 이겼다"라고 세 번 외쳤다고 합니다.(Dhp.116 일화)[357]

인색을 길들이고 베풀어야 한다

부처님 당시 사뚤라빠Satullapa 무리의 천신들이 부처님께 와서 인색과 보시에 대해 각자 게송을 읊었습니다. 그중 한 천신의 게송을 소개하겠습니다.

357 『가르침을 배우다』, p.114 참조.

인색한 자 두려워서 베풀지 않으니
그 위험은 바로 자신의 것이라네.
또한 배고픔과 또한 목마름을
인색한 자 그 위험을 두려워하네.
어리석은 자, 바로 그 위험을 겪나니
이 세상과 또한 저 세상에서.(S1:32)

그러니 인색을 길들여야 한다네.
인색의 때 제압하여 베풀어야 한다네.
공덕들은 저 세상에 태어나서도
생명들의 든든한 기반이 된다네.(S1:32)[358]

인색은 외부법도 대상으로 한다

인색이 생겨날 때는 내부법인 용모 등은 물론이고 외부법인 거주지 등도 대상으로 한다고 알아야 합니다. 어떤 스승들은 "인색은 외부법들을 대상으로 하지 않는다"라고 말하면서 「논모Mātika」[359]의 "외부대상 법들bahiddhārammaṇā dhammā"(Dhs.3),[360] 즉 외부를 대상으로 하는 법들에 인색을 포함시키지 않고 헤아립니다. 이러한 견해를 가진 스승들은 자신의 것이라면 모두 '내부법'이라고 취하는 듯합니다. 아비

358 『쩨따시까』 상권, pp.285~286; 『상윳따 니까야』 제1권, pp.190~191; *Byidounsu Myanmarnaingan Asouya Sāsanāwangyiṭhāna*, 『*Sagāthāvagga Saṁyutta Pāḷito Nissaya*(게송 상윳따 대역)』 제1권, p.23 참조.

359 「논모Mātika」란 논장이나 율장에서 다룰 논의의 주제나 목록을 뜻한다. 『담마상가니』 제1권, pp.92~101 참조.

360 『담마상가니』 제1권, p.177 참조.

담마에서는 자신의 무더기 내부에 포함된 것만 내부법이라고 말합니다. 자신의 것이라도 무더기 외부에 머무는 물건 등은 외부법일 뿐입니다.(AhBṬ.129~130)

관련 일화

깟사빠Kassapa 부처님 당시 계도 갖췄고 위빳사나 수행도 했던 한 비구가 있었습니다. 어느 날, 그가 머무는 정사에 아라한 존자 한 분이 왔습니다. 자신과 함께 공양청을 하는 등 신도가 믿음을 내는 모습에 질투가 난 비구는 다음날 탁발시간을 알리는 종을 손톱 끝으로 살짝 두드린 뒤 혼자서 공양청을 나갔습니다. 또한 신도가 아라한 존자에게 보시한 공양도 소각장의 숯더미에 버렸습니다. 그 불선업으로 인해 오랫동안 지옥에 태어났고, 각각 500생 동안 야차나 개로 태어났을 때도 단 하루조차 배불리 먹은 적이 없었습니다. 그러다가 부처님 당시, 꼬살라국의 한 어촌에 사는 여인에게 입태했는데 그때부터 마을 전체가 물고기를 잡지 못했습니다. 이를 이상히 여긴 마을 사람들이 조사해 본 결과 입태한 아이가 그 원인임이 밝혀져 마을에서 여인을 내쫓았습니다. 여인은 힘들게 생계를 유지해야 했습니다. 아이의 이름은 로사까띳사Losakatissa로 불렸습니다. 로사까띳사는 일곱 살이 됐을 때 결국 혼자서 집을 떠나 구걸하며 다녀야 했습니다. 어느 날, 로사까띳사가 밥솥 씻은 물을 버린 곳에서 마치 까마귀처럼 밥알을 하나씩 주워 먹고 있을 때 사리뿟따 존자가 그 모습을 보고 사미로 출가를 시켜 주었습니다. 나중에 비구계도 받아 로사까띳사 존자라고 불렸습니다. 하지만 로사까띳사 존자는 배부르게 공양하지 못했습니다. 수명이 유지되게 하는 정도로만 먹을 수 있었습니다. 존자의 발우에 유미죽을 한 국자 정도만 넣어도 발우가 가득 찬 것처럼 보였습니다. 나중에 위빳사나 수행을 통해 아라한이 된 후에도 보시 받는 것이 적었습니다. 그러다가 완전열반에 드는 날, 사리뿟따 존자의 도움으로 로사까띳사 존자는 네 가지 단것catumadhura[361]을 원하는 만큼 배부르게 공양했고, 그 자리에서 완전열반에 들었습니다. 로사까띳사 존자가 인색 때문에 고통 받은 모습을 생각해 보면 인색이라는 것이 매우 두려운 것임을 알 수 있습니다.(J41; JA.i.256)

아딘나뿝바까Adinnapubbaka 바라문은 사랑하는 아들이 병에 걸렸는데도 재산이 줄어들까 봐 의사에게 데려가지 않았습니다.(Dhp.2 일화)

꼬시야Kosiya 장자는 자신의 집에서 일하는 하인은 물론이고 아내나 자식들에게까지 인색해서 부자였음에도 그리 비싸지 않은 짜빠띠를 칠층 꼭대기에 숨어서 혼자 먹었습니다.(Dhp.49 일화) 사실 꼬시야 장자는 과거 생에 일리사Illisa라는 부자였을 때도 인색했습니다. 재산이 많았지만 강가 덤불숲에 숨어서 혼자 몰래 삭힌 생선을 안주 삼아 술을 마셨습니다.(J78)

비슷한 예가 하나 더 있습니다. 과거 맛차리야꼬시야Macchariyakosiya[362]라는 장자는 집안 대대로 전해지던 보시의 전통을 따르지 않고 인색했습니다. 다른 사람이 우유죽을 먹는 것을 보고 먹고 싶었지만 혼자만 먹기 위해 몰래 숲으로 갔습니다. 그때 이전 생의 현조 할아버지, 고조할아버지, 증조할아버지, 할아버지, 아버지였던 제석천왕Sakka, 달Canda 천신月神, 해Sūriya 천신日神, 마딸리Mātali 천신, 빤짜시카Pañcasikha 천신이 각각 바라문의 모습으로 와서 "적으면 적은 대로, 많

361 기름, 당밀, 꿀, 버터.

362 '구두쇠macchariya 꼬시야kosiya'라는 뜻이다.

으면 많은 대로 보시하라. 성스러운 길ariyamagga에 올라 보시도 하고 스스로도 먹어라. 혼자 먹으면 행복을 얻지 못한다"(J.v.411) 등으로 훈계했습니다. 장자는 마지못해 그들에게 우유죽을 베풀었습니다. 그때 빤짜시카 천신이 개로 변신해 소변을 흘렸는데, 장자의 손등에 소변 한 방울이 떨어졌습니다. 소변을 씻기 위해 장자가 강으로 간 사이 개는 우유죽을 담은 냄비에 가득 소변을 보았습니다. 장자가 그 모습을 보고 달려오자 개는 갑자기 말만큼 몸이 커져 여러 색깔로 변하면서 장자에게 달려들었습니다. 겁에 질린 장자는 바라문들에게 갔고, 바라문들은 자신들의 모습을 보이며 공중에 서서 "인색한 자는 죽은 뒤 지옥에 떨어진다"라는 등으로 장자를 훈계했습니다. 장자는 재산을 모두 보시한 뒤 선인으로 출가했습니다.(J535)[363]

인색의 제거

인색은 질투와 함께 아비담마 방법에 따른 열 가지 족쇄에 포함되며 (Ah.46) 수다원도에 의해 제거됩니다.(DhsA.407)

후회

성냄과 관련된 마음부수 4가지 중 네 번째 마음부수는 '후회kukkucca'입니다. 후회는 일반적으로 '이전의 잘못을 깨치고 뉘우치는 것'이라고 설명하는데[364] 마음부수로서의 후회는 이전에 행한 잘못된 행위에

363 역경위원회, 『한글대장경 본생경』 제4권, pp.401~411; 『자타카 전서』, pp.2232~2250; *Ñaunkan Sayadaw*, 『*Ngayangashe Jātaka Vatthu*(550 자따까 일화)』, 제5권, pp.548~568 참조.

364 『엣센스 국어사전』, p.2688 참조.

대해 '그 행위를 하지 말았어야 했다'라거나 행하지 못한 좋은 행위에 대해 '그 행위를 했어야 했다'라고 생각하면서 생겨나는 성품입니다.

단어분석

Kucchitaṁ kataṁ kukataṁ. Tassa bhāvo kukkuccaṁ. (Vis.ii.99)

대 역

Kucchitaṁ꺼릴 만한 것을 kataṁ행한 것이 kukataṁ잘못 행한 것이다. tassa그것의 bhāvo상태가; 그것을 생겨나게 하는 원인이[365] kukkuccaṁ후회이다.

부처님 등의 성자들이 혐오할 만한, 비난할 만한 것을 '꺼릴 만한 것kucchita'이라고 하고, 그러한 행위가 '잘못 행한 것kukata'입니다. 그 잘못 행한 것을 대상으로 생겨나는 정신적 불편함을 '후회kukkucca'라고 한다고 분석했습니다.(Vis.ii.99)

불선업을 행한 뒤에 받아야 할 허물들을 생각했을 때, 또는 불선업의 결과들을 받을 때 '그러한 불선업을 행했다. 그것은 잘못이었다'라

365 후회를 '잘못 행한 것kukata'이 생겨나게 하는 원인이라고 말했지만, 이것은 '꺼릴 만한 행위를 행했다'라고 마음 기울이고 걱정하는 마음이 생겨나게 하는 원인을 뜻한다. 『위숫디막가 대복주서』에서는 다음과 같이 설명했다.

> "행해야 하는 것인데 행하지 않은 선행도 '잘못 행한 것kukata'이라고 한다. '내가 어떤 선행을 하지 않았다. 이처럼 행하지 않은 것은 잘못 행한 것kukata이다'라고 말한다. 그래서 뒤에 '행한 악행과 행하지 않은 선행을 돌이켜 슬퍼하는 역할이 있다'라고 설명했다. 이렇게 행한 악행과 행하지 않은 선행을 'kukata'라고 한다. 'kukata'라는 선행과 악행을 조건으로 불편한 모습으로 생겨나는 마음도 'kukata'와 함께 생겨나므로, 혹은 'kukata'를 대상으로 생겨나므로 'kukata'라고 한다. 이러한 의미에서 'kukata'의 상태를 후회라고 말한 것이다." (Pm.ii.151)

그렇기 때문에 "'kukata'가 생겨나게 하는 원인"이라는 구절은 "'꺼릴 만한 것을 행했다'라고 마음 기울이며 슬퍼하는 마음이 생겨나게 하는 원인"이라고 알아야 한다. 『*Visuddhimagga Myanmarpyan*(위숫디막가 미얀마어 번역)』 제3권, p.305 참조.

는 정신적 불편함, 즉 후회가 생겨납니다. 또는 재산이 많을 때, 젊을 때, 건강할 때 선업을 행하지 않다가 나중에 재산이 없어졌을 때, 혹은 늙었을 때, 건강하지 못할 때 '선업을 행하지 않았구나'라는 정신적 불편함이 생겨납니다. 하지만 그렇게 정신적으로 불편해하더라도 행한 불선업이 없어지도록, 행하지 않은 선업이 생겨나도록 돌이킬 수 없습니다. 지혜 있는 사람들에게는 그 상태가 매우 참을 수 없을 것입니다. 그것을 '잘못 행한 것kukata'이라고 합니다. 그 잘못 행한 것에 대해 마음속에 걱정, 근심, 불편함이 생겨나는데 그것을 '후회kukkucca'라고 말한다는 뜻입니다.

『바사띠까』에서는 '잘못 행한 것kukata'을 두 가지로 설명했습니다. 첫째, 이전에 범한 악행도 잘못 행한 것입니다. 둘째, 방일해서 시간을 낭비한 것도 잘못 행한 것입니다.(AhBṬ.130)

레디 사야도는 과거에 행했던 이러한 두 가지 잘못 행한 것kukata에 따라 금생에 악처에 태어나 고통을 받으면서, 또한 다음 생에도 고통받을 것을 내다보면서 '내가 어리석었구나. 내가 잘못했구나. 내가 방일하게 지냈구나'라고 마음으로 비탄하고 슬퍼하는 것을 후회라고 한다고 설명했습니다.(AhSṬ.i.140)

특질

Taṁ pacchānutāpalakkhaṇaṁ, katākatānusocanarasaṁ, vippaṭisārapaccupaṭṭhānaṁ, katākatapadaṭṭhānaṁ, dāsabyamiva daṭṭhabbaṁ. (Vis.ii.99)

대역

Taṁ그것은; 그 후회는 pacchānutāpalakkhaṇaṁ나중에 다시 태우는 특성이 있다. katākatānusocanarasaṁ《악행을》 행한 것과 《선행을》 행하지 않은 것을 돌이켜 슬퍼하는 역할이 있다. vippaṭisārapaccupaṭṭhānaṁ뉘우치는 것으로; 마음의 불편함으로 나타난다. katākatapadaṭṭhānaṁ행하고 행하지 않은 것이 가까운 원인이다. dāsabyamiva 노예의 근성과[366] 같다고 daṭṭhabbaṁ보아야 한다.

후회는 나중에 다시 태우는pacchānutāpa 특성이 있습니다. 여기서 '태운다'는 것은 후회하면서 거듭 걱정하고 근심하는 것을 말합니다. 그리고 후회는 행한 것과 행하지 않은 것을 돌이켜 슬퍼하는anusocana 역할을 합니다. '행한 것'은 이전에 행했던 악행을 말하고, '행하지 않은 것'은 이전에 행하지 않은 선행을 말합니다.(DhsA.414) 후회는 뉘우치는 것vippaṭisāra, 마음이 편하지 못한 것으로 나타납니다. 가까운 원인은 이미 행한 악행, 이전에 행하지 못한 선행입니다.

비교할 내용으로 재산이 많을 때 보시를 많이 했지만 어떤 이유로 가난해지면 '그때 괜히 보시했다'라고 돌이키며 마음의 불편함이 생겨납니다. 이 경우 행했던 선행에 대해 생겨나는 마음의 불편함은 후회 마음부수가 아닙니다. 보시한 것에 대한 인색함, 마음의 불편함인 근심 domanassa일 뿐입니다. 또한 이전에 만났을 때 죽이지 않은 뱀이 자신의 가족을 물어 죽였을 때 '그때 죽이지 않은 것은 잘못이었다'라고 돌이키며 마음의 불편함이 생겨납니다. 이 경우 행하지 않았던 악행에 대해 생겨나는 마음의 불편함은 성냄일 뿐입니다.(AhBṬ.131~132)

366 『아비담마 길라잡이』 제1권, p.252 참조.

후회 10가지

행한 악행과 행하지 않은 선행 때문에 후회가 생겨나는 모습을 『쭐라닛데사』에서는 구체적으로 다음과 같이 소개했습니다.(Nd2.157)[367]

행한 악행과 행하지 않은 선행, 이러한 두 가지 모습으로 어떻게 후회가 일어나는가?

❖ '나는 몸으로 악행을 행했다. 나는 몸으로 선행을 행하지 않았다'라고[368] 후회가 일어난다.

❖ '나는 말로 악행을 행했다. 나는 말로 선행을 행하지 않았다'라고 후회가 일어난다.

❖ '나는 마음으로 악행을 행했다. 나는 마음으로 선행을 행하지 않았다'라고 후회가 일어난다.

① '나는 살생을 행했다. 나는 살생을 삼가는 것을 행하지 않았다'라고 후회가 일어난다.

② '나는 도둑질을 행했다. 나는 도둑질을 삼가는 것을 행하지 않았다'라고 후회가 일어난다.

③ '나는 삿된 음행을 행했다. 나는 삿된 음행을 삼가는 것을 행하지 않았다'라고 후회가 일어난다.

④ '나는 거짓말을 행했다. 나는 거짓말을 삼가는 것을 행하지 않았다'라고 후회가 일어난다.

⑤ '나는 이간하는 말을 행했다. 나는 이간하는 말을 삼가는 것을 행하지 않았다'라고 후회가 일어난다.

367 ㉯『쭐라닛데사』는 사리뿟따 존자가 설명한 내용이지만 부처님의 가르침을 의지해서 설한 것이기 때문에 부처님의 설법이라고 알아야 한다.

368 "Kato me pāṇātipāto, akatā me pāṇātipātā veramaṇi"라는 원본의 표현을 따랐다.

⑥'나는 거친 말을 행했다. 나는 거친 말을 삼가는 것을 행하지 않았다'라고 후회가 일어난다.

⑦'나는 쓸데없는 말을 행했다. 나는 쓸데없는 말을 삼가는 것을 행하지 않았다'라고 후회가 일어난다.

⑧'나는 탐애를 행했다. 나는 탐애없음을 행하지 않았다'[369]라고 후회가 일어난다.

⑨'나는 분노를 행했다. 나는 분노없음을 행하지 않았다'라고 후회가 일어난다.

⑩'나는 사견을 행했다. 나는 정견을 행하지 않았다'라고 후회가 일어난다.

이렇게 행한 악행과 행하지 않은 선행이라는 두 가지 모습으로 후회가 일어난다.

『자따까』에서는 다음과 같이 후회 10가지를 언급하고 있습니다.(J468)

첫째, 젊을 때 재산을 구하지 않아서 나이가 들어 가난해지면 후회합니다.

둘째, 젊을 때 학문이나 기술을 배우지 않아서 나이가 들어 힘들게 생계를 유지하게 되면 후회합니다.

셋째, 속이는 말, 이간하는 말, 싸움을 많이 하면 죽음의 침상에서 후회합니다.

넷째, 다른 생명을 해치거나 괴롭히는 행위, 저열하고 비열한 행위, 중생들을 연민하지 않고 잔인하게 대하는 행위를 많이 하면 나중에 후

369 "Katā me abhijjhā, akatā me anabhijjhā"라는 원본의 표현을 따랐다.

회합니다.

다섯째, 교제하면 안 될agamanīya 대상과 교제하면, 예를 들어 다른 사람의 배우자와 교제하면 나중에 후회합니다.[370]

여섯째, 많은 재산과 음식이 있음에도 불구하고 인색 때문에 보시를 행하지 않으면 나중에 후회합니다.[371]

일곱째, 재산과 힘, 지식을 갖췄음에도 불구하고 나이 드신 부모가 살아있을 때 잘 봉양하지 않고 시중들지 않으면 나중에 후회합니다.

여덟째, 누구보다 먼저 거듭거듭 훈계하면서pubbācariya 입을 것, 먹을 것, 마실 것들을 모두 마련해 주고 길러준 부모에게 불경하게 행동하면 나중에 후회합니다.

아홉째, 계·삼매·통찰지를 갖춘 스승, 견문이 많은 스승 등 의지할 만한 참사람이 곁에 있음에도 불구하고 가까이하지 않고, 의지하지 않고, 보시하지 않으면 나중에 후회합니다.[372]

열 번째, 자애, 연민, 같이 기뻐함, 평온 등 청정범행을 실천하지 않으면 나중에 후회합니다.

---

370 『가르침을 배우다』, pp.152~153; 본서 pp.390~391 참조

371 ㉯가난해서 보시할 것이 없다는 핑계로 보시하지 않으면, 보시하지 않았기 때문에 가난해지고, 가난해져서 다시 보시하지 않게 되고, 보시하지 않아서 또다시 가난해진다. 이러한 악순환의 반복을 끊기 위해서는 가난할 때도 할 수 있는 만큼 보시해야 한다. 부유할 때는 보시할 것이 많아서 보시하게 되고 그러면 다시 부유해진다. 이런 선순환이 반복돼야 한다. 구멍이 전혀 없는 큰 자루에 계속 물건을 넣기만 하면 나중에는 자루가 터져버릴 것이다. 이와 같이 재산이 계속 들어오기만 하고 베풀거나 적당한 곳에 사용하지 않아서 밖으로 빠져나가지 않으면 나중에 병 치료에 지출되거나 물, 불, 도적, 왕, 나쁜 상속자라는 다섯 원수에 의해 무너질 수 있다. 보시를 해서 조금씩 밖으로 빼내 주어야 터지지 않고 다시 들어온다. 더 거친 비유로 말하면 하루 세끼 계속 음식을 먹기만 하고 내보내지 않으면 매우 곤란해질 것이다.

372 본서 pp.390~391에 언급된 두사나소 일화 중 마지막 게송에서 분명히 나타난다.

Sohaṁ nūna ito gantvā, yoniṁ laddhāna mānusiṁ;
Vadaññū sīlasampanno, kāhāmi kusalaṁ bahuṁ. (J.iii.44/J314)

해석

그 나는 실로 여기서 죽어/ 사람의 생에 다시 태어난다면
바른 말 하고 계를 구족해/ 많은 선업을 행할 것이네.

후회 3가지

『마하닛데사』에서는 kukkucca를 다음과 같이 세 가지로 나눕니다. (Nd1.292)

첫째, 나중에 후회하고 걱정하는 성품인 '마음부수 후회cetasika kukkucca'입니다. 이것은 지금까지 설명하고 있는 행했던 악행이나 행하지 못했던 선행에 관해 근심하고 걱정하는 성품입니다. 이것은 다섯 장애에 포함되기 때문에 '장애 후회nīvaraṇa kukkucca'라고도 말하고, 걱정하고 고민하는 성품이기 때문에 '걱정 후회vippaṭisāra kukkucca'라고도 말합니다.

둘째, 율장 계목과 관련해서 의심하는 성품인 '율vinaya 비행kukkucca·非行'입니다. 이 경우는 지금까지 설명한 후회가 아니기 때문에 'kukkucca'가 지닌 본래 의미인 '잘못된 행위'를 살려 '비행非行'이라고 표현했습니다. 이것은 '내가 범계를 했는가? 하지 않았는가?' 등으로 의심하면서 근심하는 성품입니다. 이것은 보통 출가자들에게 많이 일어납니다. 예를 들어 율장에 따르면 비구들은 고기를 먹을 수 있습니다. 하지만 사람고기, 뱀고기, 코끼리고기 등 열 종류의 고기는 먹을 수 없습니다. 그리고 허용되는 고기라도 자신을 위해 죽이는 것을 봤거나 죽이는 소리를 들었거나 의심이 되는 고기는 먹을 수 없습니다. 그래서 받은 고기가 무슨 고기인지 알아야 하는데 그러지 못하면 '공양했던 고기가 어떤 고기였는가? 적당한 고기였는가?' 등으로 근심할 수 있습니다. 이것이 율 비행입니다.

셋째, 손이나 발이 안정되지 않고 움직이며 동요하는 성품인 '단속없음asaṁyata 비행kukkucca'입니다. 비구의 경우 갈마행사 등 승가가 모여 있을 때 다리나 손을 떤다든지 장난을 치는 것 등이 여기에 해당합니다. 팔을 흔드는 것을 '팔hattha 비행kukkucca·非行', 다리를 흔드는 것을 '다리pāda 비행kukkucca·非行'이라고 합니다. 이것은 어리석음을 바탕으로 한 불선업입니다.[373]

관련 내용

현재는 과거의 어머니다

후회는 과거를 대상으로 합니다. 현재가 좋으면 과거도 좋습니다. 이것을 '현재는 과거의 어머니다'라고 말합니다. 현재라는 어머니가 과거라는 자식을 낳는다는 뜻입니다. 언뜻 생각하기에는 과거가 현재의 어머니인 듯 여겨질 것입니다. 오전이 되면 새벽은 과거가 되고 내일이 되면 오늘은 과거가 됩니다. 오늘 몸과 말과 마음으로 계속 선행을 행하면 내일이 됐을 때 오늘 행한 선행은 과거가 될 것입니다. 따라서 현재 선행을 계속 행하는 것은 착한 자식을 계속 낳는 것과 같습니다. 현재에 잘 행한 것들이 과거가 됐을 때 좋은 것들로 남기 때문입니다. 과거·현재·미래는 서로 연결돼 있습니다. 다른 말로는 '과거가 좋으면 현재가 좋고 현재가 좋으면 미래가 좋다'라고도 표현할 수 있습니다.

그림자가 뒤덮듯

후회는 과거에 행했던 악행, 행하지 않은 선행을 대상으로 일어나기 때문에 어릴 때는 비교적 후회가 많이 생겨나지 않다가 나이가 들면서 많이 생겨납니다. 마치 해거름에 큰 산봉우리의 그림자가 땅을 뒤덮듯이 임종의 침상 위에서 예전에 행했던 악행들과 행하지 않았던 선행의 그림자가 마음을 뒤덮어버립니다. 부처님께서는 『발라빤디따숫따

373 *Mahāsi Sayadaw*, 『*Purabheda thouk tayataw*(죽기 전에 경에 대한 법문)』, pp.82~92 참조.

Bālapaṇḍitasutta(어리석은 자와 현명한 자 경)』에서 다음과 같이 말씀하셨습니다.(M.iii.202/M129)

비구들이여, 더 나아가 어리석은 자가 의자에 앉아 있거나 침상에 누워 있거나 바닥에 누워 있을 때[374] 마치 해거름에 큰 산봉우리의 그림자가 땅에 깔리고 드리우고 드리워지듯이 과거에 그가 몸과 말과 마음으로 저지른 악행이 깔리고 드리우고 드리워질 것이다.[375] … 그때 어리석은 자는 이렇게 생각할 것이다. '나는 훌륭한 행위를 하지 않았다. 나는 선행을 하지 않았다. 나는 두려움으로부터 피난처bhīruttāṇa를 만들지 않았다. 나는 악행을 저질렀다. 나는 잔인한 행동을 했다. 나는 포악한 행동을 했다. 그리하여 내가 죽으면 악행을 행한 자들의 거처gati로 떨어질 것이다'라고. 그리하여 그는 슬퍼하고 힘겨워하고[376] 비탄하고 가슴을 치면서 울부짖고 광란한다.[377]

두사나소 일화

후회의 대표적인 일화가 '두사나소'입니다. 네 명의 부호가 '무엇을 하며 노는 것이 제일 좋겠는가'에 대해 상의한 끝에 삿된 음행을 일삼

374 "maraṇassa āsannakāle 죽음에 가까워졌을 때"라는(MAṬ.ii.353) 설명에 따라 죽음을 앞둔 상황을 말한다.

375 '그림자가 깔리고 드리우고 드리워진다'란 불선업의 결과로 업, 업표상, 거취표상이 나타나고, 뒤덮으며 나타나고, 분명하게 나타나는 것을 말한다. *Myanmarnaingan Buddhasāsanāphwe*, 『*Majjhima Nikāya Uparipaṇṇāsa Nissaya*(맛지마 니까야 우빠리빤나사 대역)』, p.195 참조.

376 슬퍼하는 것socati은 마음으로 힘들어하는 것이고 힘겨워하는 것kilamati은 몸으로까지 힘들어하는 것이다.(AAṬ.ii.357)

377 『맛지마 니까야』 제4권, pp.343~344; 『쩨따시까』 제2권, pp.294~295 참조.

았고 그 과보로 화탕 지옥에 태어났습니다. 지옥 바닥까지 내려가는 데 3만 년, 올라오는 데 3만 년이나 걸리고 중간에 큰 벌레에게 잡아먹히는 등 너무나 괴로웠습니다. 그래서 수면에 떠오른 그 찰나에 "오, 잘못했구나. 다시는 그러지 말아야지" 등으로 각각 말을 하려 했으나 다 말하지 못하고 "두du", "사sa", "나na", "소so"라는 처음 한 음절만 말한 뒤 바로 가라앉았다는 일화입니다.(Dhp.60 일화)[378]

특히 지옥이나 아귀 세상에 태어난 중생들은 먼저 지옥의 불이나 배고픔의 불에 태워지고 이어서 후회라는 불에 태워집니다. 그러니 후회를 일으키지 않도록 조심해야 합니다.

후회의 제거

후회는 불선 범주 중 보시·지계·수행, 더 나아가 도와 과가 생겨나지 못하도록 가로막기 때문에 장애 5(6)가지 중 들뜸과 함께 결합돼 있습니다.(Ah.47) 이러한 후회는 어떻게 제거해야 할까요?[379]

후회를 하지 않게 하는, 후회로부터 벗어나게 하는 것 중 하나가 생계 제8계ājīvaṭṭhamakasīla를 잘 지키는 것입니다. 생계 제8계란 바른 생계를 여덟 번째로 하는 계라는 뜻입니다. 살생을 삼가는 계, 도둑질을 삼가는 계, 삿된 음행을 삼가는 계, 거짓말을 삼가는 계, 이간하는 말을 삼가는 계, 거친 말을 삼가는 계, 쓸데없는 말을 삼가는 계, 여기까지 일곱 가지이고 여덟 번째로 삿된 생계를 삼가는 계입니다.[380] 여법한 생계로 살아가기 때문에 나중에 후회하는 일이 없습니다.

378 『통나무 비유경』, pp.85~90 참조.

379 장애로서 후회를 제거하는 방법은 들뜸을 제거하는 방법과 동일하다. 본서 pp.285~286 참조.

380 『가르침을 배우다』, pp.176~179 참조.

수행과 관련해서는 후회가 생겨나면 즉시 〈불편함, 후회함〉 등으로 관찰해서 제거해야 합니다. 혹은 '이미 행한 악행과 행하지 못한 선행은 내가 어찌할 수 없다. 조금이라도 젊을 때, 건강할 때, 재산이 있을 때 앞으로 악행을 행하지 않고 선행을 행하리라'라고 결의하고서 그 결의대로 잘 실천해야 합니다. 거듭 후회하면 거듭 불선 마음만 일으키는 것입니다. 상처를 거듭 건드는 것처럼 아무런 이익이 없습니다.

아나함이 되면 후회는 완전히 제거됩니다.(Vis.ii.325) 하지만 레디 사야도는 수다원도로 후회를 남김없이 제거한다고 설명합니다. 경전에 따르면 수다원도로 사견·의심·행실의례집착이라는 세 가지 족쇄가 제거되고, 아비담마에 따르면 질투와 인색도 수다원도로 남김없이 제거됩니다. 『아비담맛타상가하』에서는 "수다원도를 닦고서bhāvetvā 사견과 의심을 제거하면 악도에 가는 것이 제거돼pahīnāpāyagamano 일곱 번이 한계인[381] 수다원이 된다"라고 설명하고 있습니다.(Ah.66) 여기서 '악도에 가는 것이 제거된다'라는 것은 악도에 태어나게 할 정도로 매우 거친 탐욕, 성냄, 어리석음 등이 제거된다는 뜻입니다. 그래서 '사악도의 불이 다 꺼진다. 악도에 태어나게 하는, 과거에 행했거나 미래에 행할 악행이 모두 없어진다'라고 말할 수 있습니다. 잘못은 크게 두 종류로 나눌 수 있습니다. 악행을 행한 것과 선행을 행하지 않은 것입니다. 여기서 선행을 행하지 않은 것이 왜 잘못에 해당할까요? 범부들은 잠든 때를 제외하면 선행을 행하지 않을 때 악행을 행하기 때문입니다. 선행을 행하지 않는 것도 '방일'에 포함됩니다. 형색 등 다섯 가지 감각욕망대상을 좋아하고 즐기면서 지내는 것도 방일입니다. 그러한 방일 때문에 보시, 지계, 수행이라는 선업을

381 아무리 많이 태어나도 일곱 번까지만 태어난다는 뜻이다.

행하지 않게 됩니다. 방일 때문에 첫 번째, 악행을 악행인 줄 모르고 행하는 잘못이 생겨납니다. 두 번째, 선행을 행하지 않는 잘못도 생겨납니다. 수다원이 되면 악도에 떨어지게 할 정도의 매우 거친 악행을 행하지 않기 때문에, 그래서 잘못한 행위에 대한 후회가 거의 일어나지 않기 때문에 레디 사야도는 후회가 수다원도로 완전히 제거된다고 말한 것입니다.[382]

이 설명 다음에 『아비담맛타상가하』에서는 "아나함도를 닦고서 감각욕망애착과 분노를 남김없이 제거하면 이곳으로 돌아오지 않고 아나함이 된다"라고 설명합니다.(Ah.66) 이 설명에 '후회'는 포함되지 않습니다. 하지만 다른 여러 아비담마 주석서에서는 후회가 아나함도로 완전히 제거된다고 설명합니다.

그렇다면 후회가 생겨나지 않게 하려면 어떻게 해야 할까요? 보시, 지계, 수행이라는 선업을 미리 실천해야 합니다. 보시를 하는 사람, 계를 지키는 사람은 더러 있습니다. 하지만 수행, 특히 위빳사나 수행을 하는 사람은 적습니다. 왜 그럴까요? 앞서 설명한 방일 때문에 다섯 가지 감각욕망대상을 좋아하고 즐기기 때문입니다. 혹은 다섯 가지 장애 중 감각욕망애착장애 때문이라고 할 수 있습니다. 재산이나 자식, 친구, 회사와 관련된 여러 일 때문에 위빳사나 수행을 할 기회가 없습니다. 자고 싶으면 자고, 먹고 싶으면 먹고, 말하고 싶으면 말하고, TV를 보고 싶으면 보고, 그렇게 마음을 내버려두기 때문에 수행할 시간이 없는 것입니다. 그러한 여러 일이 수행하려는 마음을 방해하기 때문에 위

382 『담마상가니』에서도 "후회와 의심은 수다원도로 제거된다"라고 설명했다.(DhsA.414) 참고로 『쩨따시까』 제2권, p.365 주142에서는 "수다원이 되면 거친 오염원들과 관련된 후회가 제거되고 아나함이 되면 미세한 오염원들과 관련된 후회가 제거된다고 나온다"라고 설명했으나 원문에는 수다원도로 제거된다는 내용만 나온다. 성냄과 관련된 질투와 인색도 수다원도로 완전히 제거된다.(MA.i.175) 『위빳사나 수행방법론』 제2권, p.433 참조.

빳사나 수행을 할 수 없는 것입니다. 그래서 모든 부처님께서 다음과 같이 훈계하셨습니다.

> Jhāyatha, bhikkhave, mā pamādattha;
> Mā pacchā vippaṭisārino ahuvattha.
> Ayaṁ vo amhākaṁ anusāsanī. (M.i.167/M19)

해 석

비구들이여, 선정에 들어라. 방일하지 마라.
나중에 후회하는 이가 되지 마라.
이것이 그대들을 위한 우리들의 거듭된 가르침이다.

대 역

Bhikkhave비구들이여, jhāyatha선정에 들어라; 대상선정을 생겨나게 하는 사마타 수행과 특성선정을 생겨나게 하는 위빳사나 수행에 힘써라. mā pamādattha방일하지 마라; 관찰하지 않고서 지내지 마라. pacchā나중에; 좋은 기회가 다 지난 후에 병에 걸렸거나 임종의 침상에 누웠거나 죽은 뒤 사악도에 떨어졌을 때 '관찰하지 않았구나! 잘못했구나!'라고 vippaṭisārino후회하는 이가; 걱정하는 이가 mā ahuvattha되지 마라. ayaṁ이것이 vo그대들을 위한 amhākaṁ우리들의; 우리 모든 붓다의 anusāsanī거듭된 가르침이다.

과거에 행한 불선업 때문에, 혹은 행하지 않은 선업 때문에 후회하지 않도록, 후회를 생겨나게 하지 않는 위빳사나 수행을 실천하시기 바랍니다.

제36강

2009년 3월 31일

아비담마를 배우는 것이 좋습니까, 위빳사나 수행을 하는 것이 좋습니까? 문헌을 통해 아는 것과 위빳사나 수행을 통해 직접 아는 것은 많은 차이가 있습니다. 예를 들어 '새김은 밀착하는 특성이 있다'라는 것에 대해 문헌을 통해 읽고 배우는 것은 그 내용을 들어서 아는 것, 숙고해서 아는 것 정도일 뿐입니다. 직접 위빳사나 관찰을 해서 수행이 향상돼 새김이 분명하게 드러날 때는 '아, 새김에 밀착하는 특성이 있다는 것이 이 말이구나'라고 직접 알게 됩니다. "이러한 것입니다"라는 설명을 듣고 알게 되더라도 직접 경험해서 아는 것과는 차이가 납니다. 소금의 짠맛을 아무리 설명해도 직접 짠맛을 보는 것과는 확연히 다르기 때문입니다. 물론 문헌을 통해 알고 있으면 '이러한 성품을 새김이라고 하는구나'라고 정확하게 결정할 수 있는 이익은 있습니다. 그래서 문헌을 통한 공부에만 치중하지 말고 직접 관찰을 통한 공부도 열심히 해야 합니다.

해태·혼침

불선 마음부수 14가지 중 모든 불선 공통들 4가지와 탐욕과 관련된 마음부수 3가지, 성냄과 관련된 마음부수 4가지를 설명했습니다. 이제 열두 번째인 해태thina, 열세 번째인 혼침middha을 설명하겠습니다. 해태는 일반적으로 '행동이 느리고 움직이거나 일하기를 싫어하는 태도나 버릇'이라고 설명하는데[383] 마음부수로서의 해태는 나태하며 분발하

383 국립국어원, 표준국어대사전(https://stdict.korean.go.kr), '해태'에 대한 세 번째 설명.

려 하지 않고 물러나는 성품입니다. 혼침은 일반적으로 '정신이 매우 혼미한 상태'라고 설명하는데[384] 마음부수로서의 혼침은 무기력하고 흐리멍덩하며 졸리는 성품입니다.

단어분석

Thinanatā thinaṁ. Middhanatā middhaṁ. Anussāhasaṁhananatā asattivighāto cāti attho. Thinañca middhañca thinamiddhaṁ.

(Vis.ii.99)

대 역

Thinanatā나태함이 thinaṁ해태이고, middhanatā무기력함이 middhaṁ혼침이다. anussāhasaṁhananatā ca분발함이 없고 물러나는 성품과 asattivighāto cāti활기가 없어 피곤한 성품이라는 attho뜻이다.

마음이 강하지 않고 저열하도록 짓누른다고thiyati 해서 '해태thina'라고 합니다.(AhBṬ.132) 나태한 성품, 분발함이 없고 물러나는 성품, 게으른 성품을 말합니다. 아비담마 문헌들에서는 마음의 내키지 않음akalyatā, 행위에 적합하지 않음akammaññatā, 굼뜸olīyanā, 축 처짐sallīyanā 등으로도 표현합니다.(Dhs.233; Vbh.263)[385]

마음부수들을 활기차지 않게 가로막는다고medheti 해서 '혼침middha'이라고 합니다.(AhBṬ.132) 따분한 성품, 지겨워하는 성품, 무기력한 성품, 활기가 없거나 피곤해서 흐리멍덩하고 졸리는 성품을 말합니

384 『엣센스 국어사전』, p.2639 참조.

385 『위방가』 제2권, p.102 참조.

다. 아비담마 문헌들에서는 몸의 지둔함akallatā, 행위에 적합하지 않음akammaññatā, 덮임onāha, 완전히 덮임pariyonāha, 안이 가로막힘antosamorodha, 잠soppa, 졸음pacalāyikā, 잠든 상태supitatta 등으로도 표현합니다.(Dhs.233; Vbh.263)[386] 여기서 '몸'이란 마음부수를 말합니다.

『위방가 주석서』에서 해태는 마음의 병cittagelañña, 혼침은 마음부수의 병cetasikagelañña이라고 설명합니다.(VbhA.353) 해태와 혼침이 있으면 그것들과 결합한 법들이 각각의 역할을 하는 데 내켜하지 않기 때문입니다.(DAṬ.ii.126) 해태는 마음을 짓누르는 것, 혼침은 마음부수를 짓누르는 것이라고 하지만 사실 이 둘을 구분하기는 힘듭니다. 항상 결합해서 함께 생겨나기 때문입니다. 일반적으로 마음의 힘이 줄어들면 마음부수의 힘도 줄어듭니다. 마음부수의 힘이 줄어들면 마음의 힘도 줄어듭니다. "이것은 마음의 힘이 줄어든 것이다. 이것은 마음부수의 힘이 줄어든 것이다"라고 구분하기란 매우 어렵습니다. 이것은 부처님께서 일체지로 설하신 것입니다. 어떤 이들은 혼침은 정신법이 아니고 물질법이라고 주장하는데 그것은 사실이 아닙니다.(DhsA.409)

특질

Tattha thinaṁ anussāhalakkhaṇaṁ, vīriyavinodanarasaṁ, saṁsīdanapaccupaṭṭhānaṁ. Middhaṁ akammaññatālakkhaṇaṁ, onahanarasaṁ, līnatāpaccupaṭṭhānaṁ, pacalāyikāniddāpaccupaṭṭhānaṁ vā. Ubhayampi arativijambhikādīsu ayonisomanasikārapadaṭṭhānaṁ.

(Vis.ii.99)

386 『위방가』 제2권, p.102 참조.

대역

Tattha그중 thinaṁ해태는 anussāhalakkhaṇaṁ분발함이 없는 특성이 있다. vīriyavinodanarasaṁ정진을 없애는 역할이 있다. saṁsīdanappaccupaṭṭhānaṁ물러나는 성품으로 나타난다. middhaṁ혼침은 akammaññatālakkhaṇaṁ행위에 적합하지 않은 특성이 있다. onahanarasaṁ덮어버리는 역할이 있다. līnatāpaccupaṭṭhānaṁ활력이 없는 것으로 나타난다. vā혹은 pacalāyikāniddāpaccupaṭṭhānaṁ조는 것과 자는 것으로 나타난다. ubhayampi둘 모두도 arativijambhikādīsu희락없음과 늘어짐 등에 ayonisomanasikārapadaṭṭhānaṁ비합리적으로 마음 기울이는 것이 가까운 원인이다.

정진이 '분발함이 늘어나는 성품'이라면 해태는 '분발함이 줄어드는 성품'입니다. 분발함이 없는 것anussāha이 해태의 특성입니다. 그래서 해태와 함께 결합한 마음도 힘이 줄어듭니다. 해태는 정진을 없애는vīriyavinodana 역할을 합니다. 물러나는 성품saṁsīdana으로 수행자의 지혜에 나타납니다.

해태가 마음을 짓누르는 것처럼 생겨나듯이 혼침은 함께 결합한 마음부수로 하여금 각각의 역할에 활기가 없도록 짓누르는 것처럼 생겨납니다. 그래서 "혼침은 행위에 적합하지 않은akammaññatā 특성이 있다"라고 말했습니다.

혼침의 '덮어버리는onahana 역할'이란 의식의 문을 덮어버리는 것입니다. 이것은 눈문 인식과정 등이 생겨나지 못하도록 마음의 힘을 약화시키는 것을 말합니다.[387] 혼침이 생겨날 때는 졸리는 것과 같은 상태여

387 『*Visuddhimagga Myanmarpyan*(위숫디막가 미얀마어 번역)』 제3권, p.200 참조.

서 어떠한 대상도 빠르게 취하지 못하고 존재요인에 자주 빠집니다.

혼침이 활력이 없는 것līnatā으로 나타난다는 것은 분명합니다. 조는 것과 자는 것은 혼침의 결과로서의 나타남을 설명했습니다. 혼침이 조는 것과 자는 것을 생겨나게 한다는 뜻입니다.[388] 혼침이 생겨날 때는 눈을 껌벅거리거나 고개를 꾸벅입니다.

해태·혼침의 가까운 원인은 모두 희락없음arati과 늘어짐vijambhikā 등에 비합리적으로 마음 기울이는 것입니다. 여기서 '희락없음'은 선업을 행하는 것에 즐거워하지 않는 것이고, '늘어짐'은 몸이나 손을 축 처지게 늘어뜨리는 것을 말합니다. 또한 "성취하게 하는 결과를 나타내는 처소격이다"라는(Pm.ii.150) 설명에 따라 "희락없음이나 늘어짐을 생겨나게 하는 비합리적 마음기울임"이라고 말할 수도 있습니다.[389] 마음의 움츠러듦 līnatā 때문에도 해태·혼침이 생겨납니다. 집중해서 수행하면 마음이 한가할 틈, 편안할 틈을 얻지 못합니다. 〈부푼다, 꺼진다; 앉음, 닿음〉이라고 대상과 마음이 밀착하도록 집중해서 새기면 쉴 수가 없습니다. 그러다가 어느 때 쉬려는 마음이 생겨납니다. 줄곧, 계속해서, 낮 내내, 밤 내내 수행하다가 '조금 쉬리라'라고 편안해지려는 마음이 생겨납니다. 마음이 느슨해지는 성품이 생겨납니다. 이것이 '마음의 움츠러듦'입니다. 이러한 쪽으로 마음 기울이면 해태와 혼침이 생겨납니다.

해태·혼침과 형성 있는 마음

해태·혼침이 각각 짓누르기 때문에 마음과 마음부수들은 각각의 역할을 행하는 데 활기가 없습니다. 그런 해태·혼침이 스며든 중생도 게

388 『*Visuddhimagga Myanmarpyan*(위숫디막가 미얀마어 번역)』 제3권, p.300 참조.
389 『*Visuddhimagga Myanmarpyan*(위숫디막가 미얀마어 번역)』 제3권, p.300 참조.

으르고 무기력합니다. 그래서 해태·혼침은 활기가 없는 마음인 형성 있는sasaṅkhārika 마음과만 결합합니다.(AhBṬ.133)

'형성 있는 마음'이란 느슨한 마음입니다. 해태·혼침은 느슨한 탐욕 마음, 느슨한 성냄 마음과 결합합니다. 격려하고 북돋아야 생겨난다는 뜻입니다. 다른 이나 스스로의 자극을 받아야 생겨납니다. 가끔 자신은 화가 그리 나지 않는데도 주위 사람이 부추겨서 화가 날 때가 있습니다. 그러한 마음을 '형성 있는 마음'이라고 합니다. 저절로 생겨나는 성냄만큼은 강하지 않습니다. 그래서 '느슨한 마음'이라고 부릅니다. 하지만 그 느슨한 마음도 미약하지 않습니다. 심하게 생겨날 수도 있습니다. 다른 이의 목숨까지도 빼앗게 할 수 있습니다. 도둑질도 생겨나게 할 수 있습니다.

해태·혼침은 느슨한 마음, 즉 형성 있는 마음과 결합하지만 모든 형성 있는 마음과 결합하는 것은 아닙니다. 마음이 느슨해져서 우물쭈물할 때만 생겨납니다.

탐욕과 결합할 때도 마찬가지입니다. 처음에는 그리 좋아하지 않았는데 다른 이들이 부추겨서 좋아하는 마음이 생겨나기도 합니다. 이러한 마음을 형성 있는 마음이라고 합니다. 저절로 확 하고 생겨나는 탐욕 마음 정도로 강하지는 않습니다. 하지만 도둑질, 거짓말 등 모든 불선업을 생겨나게 할 수 있습니다. 해태·혼침은 이렇게 느슨한 탐욕 마음과도 결합합니다. 지겨워하면서 하고 싶지 않지만 어쩔 수 없어 마지못해 행할 때 해태·혼침이 포함됩니다.[390]

---

390 『*Cittānupassanā tayatogyi hnin Dhammānupassanā tayatogyi(Nīvaraṇapain/Khandhāpain/Āyatanapain*(마음 거듭관찰 법문과 법 거듭관찰 법문(장애의 장/ 무더기의 장/ 감각장소의 장)』, p.395 참조.

해태·혼침과 잠

해태·혼침은 범부와 수련자들의 경우 잠들기 직전이나 잠에서 깨어난 직후에 많이 생겨납니다. 깊이 잠들었을 때는 해태·혼침이 더 이상 생겨나지 않고 존재요인 마음만 진행됩니다.

아라한들도 잠들었을 때는 몸이 경쾌하지 않고, 피곤하고, 힘이 없어서 여러 대상에서 물러나 존재요인 마음만 연속적으로 생겨납니다. 하지만 존재요인 마음의 앞뒤에 해태·혼침이 포함되지는 않습니다. '밤이 되면 피곤하다'라는 말은 중생의 몸에만 해당되는 것이 아닙니다. 식물도 저녁이 되면 마치 시든 것처럼 상태가 바뀝니다. 그래서 잠을 자는 것은 가거나 오거나 일을 해서 생겨난 몸의 피곤함 때문일 수도 있고 해태·혼침 때문일 수도 있습니다. 아라한들은 몸의 피곤함 때문에만, 범부와 수련자들은 두 가지 모두 때문에 졸거나 잠을 잡니다.

일반적으로 졸음을 해태·혼침이라고 알고 있습니다. 하지만 졸리는 것이 모두 해태·혼침은 아닙니다. 졸리는 것을 모두 해태·혼침이라고 말해서는 안 됩니다. 부처님 당시 삿짜까Saccaka 유행자가 부처님께서 낮잠을 주무신다는 대답을 듣고 "고따마 존자여, 그렇게 낮잠을 자는 것을 일부에서는 'sammoha vihāra 미혹하게 머무는 것'이라고 말합니다"라고 말했습니다. 그러자 부처님께서는 "그것은 미혹하게 머무는 것이 아니다. … 미혹하게 머무는 것이란 무명avijjā으로 혼미하게 머무는 것을 말한다. 애착rāga, 성냄dosa, 어리석음moha이 아직 없어지지 않은 이들에게 혼미하게 머묾이 생겨난다"라고 설하셨습니다.[391] 볼 때, 들을

391 원문에는 "번민하게 하고 다시 태어남을 가져오고 두렵고 괴로운 과보를 가져오고 미래의 태어남과 늙음과 죽음을 초래하는 누출āsava을 제거하지 못했다면 그를 미혹한 자라고 부른다. 누출을 제거하지 못했기 때문에 미혹한 자이다"라고 설하셨다. 『맛지마 니까야』 제2권, p.188 참조.

때, 맡을 때, 먹을 때, 닿을 때, 갈 때, 움직일 때 애착·성냄·어리석음으로 행하고 생각하면 그것이 미혹하게 머무는 것이라는 뜻입니다. 이어서 "그렇게 미혹하게 머무는 것을 생겨나게 하는 애착·성냄·어리석음이 나에게는 없다. 뿌리부터 완전히 제거됐다. 어떠한 대상과 관련해서도 애착이 생겨나지 않는다. 성냄이 생겨나지 않는다. 어리석음이 생겨나지 않는다. 모두 없어졌다. 그래서 나에게는 미혹하게 머무는 것이 없다"라고 설하셨습니다.(M36) 이것은 몸이 피곤해서 졸거나 잠을 자는 것은 미혹하게 머무는 것이 아니라는 뜻입니다. 몸이 피곤해서 힘이 없을 때는 졸음이 생겨나기 마련입니다.

애착과 성냄과 어리석음으로 인해 졸고 잠자는 경우도 있습니다. 그것이 미혹하게 머무는 것입니다. 단지 졸고 잠자는 것만으로 모두 미혹하게 머무는 것이라고 해서는 안 된다고 부처님께서 설하셨습니다. 그러자 삿짜까 유행승은 잘 이해했습니다.

이렇게 일반적으로 졸고 잠자는 것을 해태·혼침이라고 말해서는 안 됩니다. 게을러서 졸고 잠자는 것이 해태·혼침입니다. '흐리멍덩하다. 게으르다'라는 것은 선행을 하려고 하지 않고 게으른 것을 말합니다. 마음이 위축돼 선행을 하려고 하지 않는 것입니다. 보시를 하는 데 게으른 것, 계를 지키는 데 게으른 것, 부처님께 예경을 올리는 데 게으른 것, 문헌을 독송하고 마음 기울이는 것에 게으른 것, 수행하는 것에 게으른 것, 이러한 성품들이 해태·혼침입니다.[392]

392 『*Cittānupassanā tayatogyi hnin Dhammānupassanā tayatogyi(Nīvaraṇapain/Khandhāpain/Āyatanapain*(마음 거듭관찰 법문과 법 거듭관찰 법문(장애의 장/ 무더기의 장/ 감각장소의 장)』, p.113 참조.

해태·혼침의 제거

해태·혼침은 불선 범주 중 장애 범주에 포함됩니다.(Ah.47) 해태·혼침이 사라지게 하는 조건은 정진 요소 등에 합리적으로 마음을 기울이는 것입니다. 정진에는 시도 요소ārambha dhātu와 탈피 요소nikkama dhātu와 분투 요소parakkama dhātu라는 세 요소가 있습니다. '시도 요소'란 처음 시작하는 정진을 말합니다. '탈피 요소'란 게으름에서 벗어날 정도로 노력하는 것을 말합니다.[393] '분투 요소'란 단계적으로 삼매와 지혜가 향상돼 목표에 도달할 때까지 쉬지 않고 계속해서 노력하는 것을 말합니다. 이러한 정진의 세 요소가 생겨나도록 마음 기울이면 해태·혼침을 제거할 수 있습니다. 정진과 관련해서 시키Sikhī 부처님 당시, 지혜제일 상수제자였던 아비부Abhibhū 존자가 범천세상에서 일만의 세상에 퍼지도록 독송한 게송을 소개하겠습니다.

Ārambhatha nikkamatha,
Yuñjatha buddhasāsane.
Dhunātha maccuno senaṁ,
Nalāgāraṁ va kuñjaro.(S.i.158/S6:14)

해 석

노력을 시작하라, 벗어나려 노력하라.
부처님의 교법에서 끝까지 분투하라.
죽음의 군대를 부숴 버려라.
코끼리가 초막을 부숴 버리듯.

393 'nikkama'를 일정한 상태나 처지에서 완전히 벗어남을 뜻하는 '탈피脫皮'로 표현했다.

대 역

Buddhasāsane부처님의 교법에서; 부처님의 가르침이 분명히 존재하는 이때에 ārambhatha시도하라; 사마타와 위빳사나 수행을 시작하는 노력을 하라. nikkamatha벗어나라; 지겨운 마음이나 그만두고 싶은 마음을 극복하고 계속해서 탐진치에서 벗어나도록 노력하라. yuñjatha분투하라; 중간 단계에 만족하지 말고 끝까지 도달하도록 노력하라. maccuno죽음의; 31천의 모든 것을 지배하는 죽음이라는 왕의 senaṁ군대를; 탐욕·성냄·어리석음 등 모든 번뇌를 dhunātha부숴 버려라; 완전히 남김없이 부숴 버려라. kuñjaro코끼리가; 숲에 사는 힘 있는 코끼리가 nalāgāraṁ초막을; 갈대로 만든 집을 (dhunāti) iva부숴 버리듯; 남김없이 부숴 버리듯이.

Yo imasmiṁ dhammavinaye,
Appamatto vihassati.
Pahāya jātisaṁsāraṁ,
Dukkhassantaṁ karissati.(S.i.158/S6:14)

해 석

이러한 부처님의 법과 율에서
방일 않고 머무는 그러한 이는
태어남의 윤회를 제거하고서
괴로움의 끝을 성취하리라.

대 역

Yo어떤 이가 imasmiṁ dhammavinaye이 법과 율에서; 이 부처님의 가르침에서 appamatto방일 않고; 방일하지 않으면서 vihassati머문다면 so그는 jātisaṁsāraṁ태어남의 윤회를; 무더기의 거듭된 생겨남인 윤회를; 생이라는 윤회를 pahāya제거하고서 dukkhassa괴로움의; 윤전 괴로움의 antaṁ끝을; 종식을 karissati행할 것이다; 고통을 종식시킬 것이다.

게송에서 "노력을 시작하라"는 처음 노력을 시작하는 시도 요소입니다. "벗어나려 노력하라"는 나태함에서 벗어나도록 노력하는 탈피 요소입니다. "끝까지 분투하라"는 중간에 멈추지 않고 마지막에 도달할 때까지 노력하는 분투 요소입니다.

주석서에서는 해태·혼침을 제거하는 여섯 가지 조건을 설명했습니다.

첫째, 과식하는 것이 해태·혼침의 원인이라고 알아야 합니다atibhojane nimittaggāha. 많이 먹으면 수행하기 힘들 것입니다.

둘째, 자세를 바꿔줘야 합니다iriyāpathasamparivattanatā. 이것은 특별하지 않습니다. 마음의 힘이 줄어들어 졸리거나 꾸벅일 때는 자세를 바꿔주면 됩니다. 앉은 자세에서 일어나 경행을 해도 됩니다.

셋째, 광명인식에 마음을 기울여야 합니다ālokasaññāmanasikāra. 흐리멍덩하면 빛을 대상으로 삼아야 합니다. 저녁이면 달빛 등에 마음 기울이면 됩니다. 달빛을 눈으로도 보고, 그 빛에 마음을 둡니다. 낮이면 햇빛에 마음 기울입니다. 삼매표상의 빛이 있으면 그 빛에 마음 기울이면 됩니다. 이것은 보통의 지겨움 정도가 아니라 졸림이 사라지도록 해결하는 성품으로 설명한 것입니다.

넷째, 어둡고 조용한 방안에서 지내면 졸림 등 해태·혼침이 생겨나기 때문에 한데에서[394] 지내야 합니다abbhokāsavāsa. 밖으로 나가서 앉거나 경행하면서 수행해야 한다는 뜻입니다.

다섯째, 선우가 있어야 합니다kalyāṇamittatā. 선우kalyāṇamitta, 즉 좋은 친구란 마하깟사빠Mahākassapa 존자처럼 정진이 좋은 스승을 말합니다. 그러한 스승을 의지해야 합니다. 마하깟사빠 존자는 교단에 입문했을 때부터 두타행을 수지하고 실천했습니다. 7일 정도만 범부로 지냈고 7일째 아라한이 됐습니다. 아라한이 되고 나서도 정진을 줄이지 않았습니다. 두타행도 계속 수지했습니다. 특히 눕지 않는nesajjika 두타행을 수지했습니다. 완전열반에 들기 전까지 평생 수지했습니다. 그렇게 정진이 좋은 이를 의지해서 수행하는 것도 해태·혼침을 제거할 수 있는 방법입니다. 선우를 본받아서 자신의 정진도 좋아집니다.

여섯 째, 적당한 대화를 해야 합니다sappāyakathā. 여기서 적당한 대화란 정진이 생겨나게 하는 주제, 예를 들어 두타행에 관한 말, 노력과 관련된 말을 하는 것입니다. 정진을 줄이는 말을 해서는 안 됩니다. 격려하는 말을 해야 합니다. 다른 이의 말을 들어야 할 때도 정진을 격려하는 말을 들어야 합니다.[395]

해태·혼침은 아라한도에 의해 완전히 제거됩니다.(Vis.ii.326)

394 '한데'란 사방, 상하를 덮거나 가리지 아니한 곳을 말한다.

395 『*Cittānupassanā tayatogyi hnin Dhammānupassanā tayatogyi(Nīvaraṇapain/Khandhāpain/Āyatanapain*(마음 거듭관찰 법문과 법 거듭관찰 법문(장애의 장/ 무더기의 장/ 감각장소의 장)』, pp.127~130 참조.

의심

불선 마음부수 14가지 중 열네 번째 마음부수는 '의심vicikicchā'입니다. 『아비담맛타상가하』에서 해태·혼침은 탐욕뿌리·성냄뿌리 마음들과만 관련되기 때문에 의심 앞에 언급했고, 의심은 어리석음뿌리 마음과만 관련되기 때문에 제일 마지막으로 언급했습니다.

의심은 일반적으로 '확실히 알 수 없거나 믿지 못해 이상히 여기는 마음'이라고 설명하지만[396] 마음부수로서의 의심은 삼보나 연기 등에 대해 '의혹kaṅkhā·疑惑하는 성품'입니다. 의혹을 생겨나게 하기 때문에 '의혹을 품는 것kaṅkhāyanā', 제대로 알지 못하기 때문에 '혼란한 것vimati', 마음을 동요하게 하기 때문에 '갈피를 잡지 못하는 것dveḷhaka', 지혜로 꿰뚫지 못하기 때문에 '망설이는 것apariyogāhanā'입니다. 의심은 대상에 대해 결정하지 못하기 때문에 '딱딱한 것thambhitatta'이라고도 하고, 마음을 긁는 것처럼 생겨나기 때문에 '마음의 상처manovilekha'라고도 합니다.(Dhs.102; DhsA.301; Vbh.265)[397]

단어분석

Cikicchanaṁ cikicchā.(AhPdṬ.103) vigatā cikicchā vicikicchā.

(Nd1.378)

대 역

Cikicchanaṁ치료하는 것을; 지혜라는 약으로 치료하는 것을 cikic-

396 『엣센스 국어사전』, p.1866 참조.

397 『위방가』 제2권, p.105; *Ashin Janakābhivaṁsa*, 『*Aṭṭhasālinī Bhāsāṭīkā*(앗타살리니 바사띠까)』 제3권, p.267 참조.

chā치료라고 한다. cikicchā치료로부터 vigatā떠났다. iti그래서 vicikicchā의심이다.

부처님과 가르침 등에 대해 의심이 생겨나면 의심이라는 병이 사라지도록 지혜라는 약으로 치료하기 어렵기 때문에 '의심'이라고 한다는 뜻입니다. 혹은 다음과 같이 단어분석을 할 수도 있습니다.

Sabhāvaṁ vā vicinanto kicchati kilamati etāyāti vicikicchā. (Nd1.378)

대 역

Etāya그것 때문에; 의심이라는 법 때문에 sabhāvaṁ고유성품을 vicinanto고찰하는 이는 kicchati힘들어진다. kilamati피곤해진다. iti그래서 vicikicchā의심이다.

의심을 통해 부처님과 가르침 등의 고유성품, 바른 성품을 조사하고 반조하면 결정하지 못한 채 피곤함만 생깁니다. 그래서 그 법을 의심이라고 한다는 뜻입니다.

특질

Sā saṁsayalakkhaṇā, kampanarasā, anicchayapaccupaṭṭhānā, anekaṁsagāhapaccupaṭṭhānā vā, vicikicchāyaṁ ayonisomanasikārapadaṭṭhānā, paṭipattiantarāyakarāti daṭṭhabbā. (Vis.ii.100)

대 역

Sā그것은; 그 의심은 saṁsayalakkhaṇā《믿기에 적당한 부처님 등에 대해》 의구하는 특성이 있다. kampanarasā동요하는 역할이 있다.

anicchayapaccupaṭṭhānā결정하지 못하는 것으로; 두 가지로 갈리는 것으로 나타난다; 결정하지 못함을 생겨나게 한다[398]. vā혹은 anekaṁsagāhapaccupaṭṭhānā《대상에 대해》 단 하나가 아니라 여러 가지 특별한 성품을 취하는 것으로 나타난다. vicikicchāyaṁ의심을 일으키는 ayonisomanasikārapadaṭṭhānā비합리적 마음기울임이 가까운 원인이다. paṭipattiantarāyakarāti실천을 방해하는 것이라고 daṭṭhabbā보아야 한다.

의심은 의구하는saṁsaya 특성이 있습니다. 여기서 '의구'란 어떤 대상에 대해 이리저리 헤매는 성품을 말합니다. 예를 들어 믿기에 적당한 부처님과 가르침 등의 대상에 대해 의구하는 성품입니다.

의심은 어떤 대상에 대해 확고하게 유지되지 못하고 '이럴까 저럴까? 맞을까 틀릴까?'라고 이리저리 동요하는kampana 역할을 합니다.

의심은 대상에서 확실하지 않게, 여러 가지 성품을 취하는 것anekaṁsagāha으로 나타납니다. 또는 결정하지 못하는 것anicchaya으로 나타납니다.

의심의 가까운 원인은 비합리적 마음기울임입니다. 부처님께서는 "이것 이외에 다른 어떤 법에 의해서도 아직 일어나지 않은 의심이 일어나고, 또 이미 일어난 의심이 증장하고 드세어지는 것을 나는 보지 못하나니, 그것은 바로 비합리적 마음기울임이다"라고 설하셨습니다.(A1:2:5) 예를 들어 〈부푼다, 꺼진다〉라고 새기고 있다가 '법을 얻은 것은 아닐까?'라고 숙고하면서 마음이 달아납니다. 숙고해서 의심이 자주자주 생겨납니다. 의심이 일어나도록 길을 열어주는 마음 기울임이 일어나서 의심이

398 '결정하지 못함을 생겨나게 한다'는 설명은 『*Visuddhimagga Myanmarpyan*(위숫디막가 미얀마어 번역)』 제3권, p.305 참조.

일어납니다. 이것을 '비합리적 마음기울임'이라고 부릅니다. '사실일까 아닐까'라고 생각한 뒤 옆에서 지지해 주는 것과 비슷합니다. 이것을 즉시 관찰해야 합니다. 관찰해서 사라지면 의심이 생겨나지 않습니다. 그것을 관찰하지 못하면 의심이 생겨납니다. 이럴까 저럴까 하면서 이리저리 생겨납니다. 수행이 무너집니다. 삼매가 생겨나지 않습니다. 이어서 지혜가 생겨나지 않습니다. 그래서 의심을 제거하는 것이 매우 중요합니다.

의심의 종류 8가지

『담마상가니』나 『위방가』에서는 여덟 가지로 의심을 설명했습니다.(Dhs.208; Vbh.379)[399]

첫째는 부처님에 대한 의심입니다. '부처님께서는 나쁜 습관과 함께 모든 번뇌로부터 멀리 떠나신 분이라고 하는데 사실일까? 알아야 할 모든 법을 아는 분이라고 하는데 사실일까?'라고 의심하는 것입니다.

둘째는 가르침에 대한 의심입니다. '도의 지혜로 번뇌를 남김없이 제거한다고 하는데 사실일까? 열반이라는 것이 진짜 존재할까?' 등으로 의심하는 것입니다. '위빳사나 수행을 통해 성자가 될 수 있을까?', '배의 부풂과 꺼짐을 대상으로 〈부푼다, 꺼진다〉라고 관찰하면 위빳사나 지혜가 생겨날까?'라고 의심하는 것도 포함됩니다.

셋째는 승가에 대한 의심입니다. '열심히 위빳사나 수행을 해서 존재더미사견과 행실의례집착, 의심을 뿌리까지 제거한 수다원 승가가 진짜 존재할까? 수다원이 되면 사악도에서 벗어난다는데 사실일까?' 등으로 의심하는

399 Satthari kaṅkhati vicikicchati, dhamme kaṅkhati vicikicchati, saṅghe kaṅkhati vicikicchati, sikkhāya kaṅkhati vicikicchati, pubbante kaṅkhati vicikicchati, aparante kaṅkhati vicikicchati, pubbantāparante kaṅkhati vicikicchati, idappaccayatā paṭiccasamuppannesu dhammesu kaṅkhati vicikicchati.(Dhs.208; Vbh.379)

것입니다. 마찬가지로 '거친 탐욕과 성냄을 덜어낸 사다함 승가가 진짜 존재할까? 모든 감각욕망애착과 성냄을 제거한 아나함 승가가 진짜 존재할까? 모든 번뇌를 제거한 아라한 승가가 진짜 존재할까?' 등으로 의심하는 것입니다.

넷째는 수련에 대한 의심입니다. '계·삼매·통찰지라는 세 가지 수련이 올바른 실천행일까? 이러한 실천을 통해 선정이나 특별한 지혜가 생겨난다는 것이 사실일까?' 등으로 의심하는 것입니다.

다섯째는 과거에 대해 의심하는 것입니다. 과거에 대한 의심에 다시 다섯 가지가 있습니다.

① 나는 과거에 존재했는가?

② 나는 과거에 존재하지 않았는가? 이것은 '과거에 없었다가 지금에서야 생겨났는가?'라는 의심입니다.

③ 나는 과거에 무엇이었는가? 이것은 과거에 어떠한 신분, 어떠한 사람이었는가에 대해 의심하는 것입니다.

④ 나는 과거에 어떠했는가? 이것은 과거에 어떤 모습이었는가에 대해 의심하는 것입니다. 혹은 창조주에 의해 생겨났는지, 저절로 생겨났는지 등에 대해 의심하는 것을 뜻하기도 합니다.[400]

⑤ 나는 과거에 무엇이었다가 무엇이 됐는가?

여섯째는 미래에 대해 의심하는 것입니다. 미래에 대한 의심에도 마찬가지로 다섯 가지가 있습니다.

① 나는 미래에 존재할 것인가?[401]

② 나는 미래에 존재하지 않을 것인가?[402]

---

400 ㉯'창조주가 창조했을까? 저절로 생겨났을까?'라고 의심하는 정도에서 더 나아가 '창조주가 창조했다. 저절로 생겨났다'라고 견지하면 사견이 된다.

401 ㉯'존재한다'라고 견지하면 상견이 된다.

402 ㉯'존재하지 않고 끊어진다'라고 견지하면 단견이 된다.

③ 나는 미래에 무엇일까?

④ 나는 미래에 어떠할까?

⑤ 나는 미래에 무엇이었다가 무엇이 될까?

일곱째는 이전과 나중, 즉 과거와 미래에 대해 의심하는 것입니다. 그대로 해석하면 과거와 미래 모두에 대해 의심하는 것을 뜻합니다. 복주서에서는 현재에 대해 의심하는 것으로 설명합니다. 현재에 대한 의심에는 여섯 가지가 있습니다.

① 나는 존재하는가?

② 나는 존재하지 않는가?

③ 나는 무엇인가?

④ 나는 어떠한가?

⑤ 이 중생은 어디서 왔는가?

⑥ 이 중생은 어디로 갈 것인가?(M.i.10/M2)

여덟째는 연기에 대해 의심하는 것입니다. '무명을 조건으로 형성이 생겨난다고 하는데 사실일까? 업 때문에 새로운 세상에 태어난다는데 사실일까? 불선업 때문에 지옥 탄생지나 축생 탄생지, 아귀 탄생지에 태어나는 것이 사실일까? 선업 때문에 인간 탄생지나 천상 탄생지에 태어날 수 있다는 것이 사실일까? 불선업은 좋지 않은 결과를 주고 선업은 좋은 결과를 준다는 것이 사실일까? 조건법 때문에 결과법이 생겨난다는 것이 사실일까? 창조주가 창조해서 생겨나고 있는 것일까? 원인 없이 저절로 생겨나고 있는 것 아닐까?' 등으로 의심하는 것입니다.[403]

403 『아비담마 강설 1』, pp.137~140; *Mahāsi Sayadaw*, 『*Paṭiccasamuppāda tayatogyi*(연기에 대한 법문)』 제1권, pp.313~317 참조.

의심의 종류 2가지

혹은 다음과 같이 두 종류로 나눌 수도 있습니다.(AhBṬ.135)

① 장애 의심nīvaraṇa vicikicchā

② 모조 의심paṭirūpaka vicikicchā

장애 의심은 선정이나 도와 과 등을 증득하지 못하도록 방해하는 장애의 역할을 하는 의심입니다. 여기에는 앞서 언급한 삼보와 수련, 연기 등에 대해 의심하는 것이 해당합니다.

모조 의심은 그러한 장애의 역할을 하지 않는 의심입니다. 어떤 일을 하거나 책을 보거나 생각할 때 바르게 결정하지 못하면서 의심하는 것입니다. 지혜의 힘이 부족해서 이럴까 저럴까 결정하지 못하는 것이어서 불선 마음부수인 의심이라고까지는 말하지 못합니다.

마음부수 장에서 언급한 의심은 선·불선·비확정 중 불선으로 확실하게 결정되는 법이기 때문에 장애 의심을 말한다고 알아야 합니다.

의심과 갈림길

부처님께서는 「왐미까숫따Vammikasutta(개미탑 경)」에서 의심을 두 갈래로 갈라진 갈림길에 비유하셨습니다. 어떤 상인이 많은 물건과 돈을 가지고 길을 떠났습니다. 그 소식을 들은 도적들이 적당한 곳에서 약탈하려고 그를 따라갔습니다. 상인은 도중에 숲속에서 갈림길을 만났습니다. 뒤에서는 도적이 쫓아온다는 소식도 들었습니다. 하지만 상인은 두 길 중 어느 쪽이 빨리 벗어날 수 있는 길인지 결정하지 못해 망설이고 있었습니다. 그렇게 지체하고 있는 사이에 도적들이 쫓아와 상인을 죽이고 돈도 빼앗고 물건도 약탈해 갔습니다. 아무런 이익이 없는 여행이었을 뿐만 아니라 상인은 죽임까지 당했습니다.(M23)

마찬가지로 수행자가 수행 중에 '이것이 부처님의 가르침이 맞는가? 이렇게 수행하는 것이 맞는가?' 등으로 의심하면 그 의심으로 마음이 주저하게 되고 수행이 계속 진전되지 않습니다. 위빳사나 수행을 예로 들면 '배의 부풂과 꺼짐은 누구에게나 다 있는 것이다, 아이들도 배가 부풀고 꺼지는 것을 안다. 이것을 관찰해서 위빳사나 지혜가 향상될 수 있을까? 〈오른발, 왼발〉은 군인들도 모두 하는 것이다. 이것을 관찰해서 위빳사나 수행이 진전될 수 있을까?'라고 의심하면 수행이 나아가지 않습니다. 그 자리에 계속 멈춰 있습니다. 수행이 계속 나아가지 않기 때문에 번뇌라는 도적들이 그 수행자의 마음에 있는 선법을 모두 약탈하고 수행자를 죽여 버립니다. 물론 목숨을 빼앗는다는 것은 아닙니다. 삼매라는 선법, 위빳사나 지혜라는 선법을 죽인다는 뜻입니다. 상인이 갈림길에서 의심하며 계속 나아가지 못했기 때문에 도적의 위험에서 완전히 벗어나 안전한 곳에 도착하지 못하고 목숨을 잃었듯이, 수행자가 수행방법 등에 대해 의심하면 위빳사나 지혜가 멈추고 앞으로 나아가지 않기 때문에 모든 번뇌가 사라진 열반에 도달할 수 없습니다.

의심은 지혜로 가장한다

의심은 "나는 의심이다"라고 분명히 알리면서 나타나지 않습니다. "나는 지혜다"라고 지혜로 가장해서 마음에 찾아옵니다. 수행하다가 '이것이 원인일까? 이것이 결과일까? 이것이 물질일까? 이것이 정신일까? 이것이 맞을까? 저것이 맞을까?'라고 생각하는 것을 지혜라고 생각하지만 실제로는 지혜를 가장한 의심이라고 결정해야 합니다.

두 사람이 싸우는 것에 비유할 수 있습니다. 두 가지에 같은 비중을 두기 때문에 이 생각을 틀리다고 할 수도 없고, 맞다고 할 수도 없는 상황에서,

맞는 것 같기도 하고 틀린 것 같기도 하고, 이렇게 두 개 중 하나를 결정하지 못하고 같은 것으로 생각하는 것을 '지혜를 가장한 의심'이라고 말합니다.

일화를 하나 소개하겠습니다. 옛날 어떤 왕이 당시에 매우 유명한 사기꾼을 불렀습니다.

"그대가 그렇게 잘 속인다니, 한번 나를 속여 보거라."

"감히 소인이 어떻게 왕을 속일 수 있겠습니까? 진정 원하신다면 왕 같은 분은 보통 옷을 입은 채로는 속이기 힘드니 왕들이 입는 옷을 입게 해주십시오. 그러면 속여 보겠습니다."

왕은 사기꾼에게 자신의 옷을 한 벌 주도록 명령했습니다. 그러자 사기꾼이 "왕이시여, 지금은 제가 속이지 못하겠습니다. 시간이 필요한 속임수이오니 모레 다시 와서 속이겠습니다"라고 말했습니다. 모레가 됐지만 사기꾼은 오지 않았습니다. 왕은 그 다음날 사기꾼을 불러 "어제 와서 속이기로 해놓고 왜 오지 않았는가?"라고 물었습니다.

"왕이시여, 벌써 속였습니다."

"그대가 언제 나를 속였는가? 어제 그대는 오지도 않았지 않느냐?"

"제가 첫째 날 왕들이 입는 옷을 받아내지 않았습니까, 그것이 속인 것입니다."

이렇게 의심이란 것은 '나는 의심이다'라고 팻말을 세우고 나타나지 않습니다. '나는 지혜입니다'라고 지혜로 가장해서 마음속에 나타납니다. 이렇게 의심을 가장한 지혜 정도로 '나는 성자가 됐다. 나는 아라한이다'라고 잘못 생각하는 이들도 있습니다. 하지만 실제로는 의심을 가장한 지혜일뿐 진짜 지혜가 아닙니다.[404]

---

404 Ubhayapakkhasantīraṇamukhena vicikicchā vañcetīti yujjati.(NettiA.90)
해 석
양쪽 부분을 조사한다는 얼굴로 의심이 속인다.

중요한 것은 의심이 지혜로 가장하고서 계속 이리저리 맞을까 틀릴까 분별하기 때문에 마음속에서 특히 믿음이 무너진다는 사실입니다. 믿음이 없으면 수행에 추진력이 생겨나지 않습니다.

의심의 제거

의심은 장애, 잠재성향, 족쇄, 번뇌라는 불선 범주에 해당합니다.(Ah.47) 의심이 생겨날 때마다 먼저 관찰해서 제거해야 합니다. 혹은 다음과 같은 방법들을 통해 의심을 제거해야 합니다.(DA.ii.371)

첫째, 경전이나 아비담마 등 부처님의 가르침을 많이 들어야 합니다bahussutatā.

둘째, 배운 것 중 모르는 것이나 불분명한 것이 있으면 잘 아는 이에게 물어야 합니다paripucchakatā.

셋째, 특히 계율에 대해 의심이 많이 생겨날 수 있기 때문에 계율에 대해 숙지해야 합니다vinaye pakataññutā.

넷째, 불·법·승 삼보에 대해 확고한 믿음을 가져야 합니다adhimokkhabahulatā.

다섯째, 의심을 잘 해결할 수 있는 좋은 도반과 함께해야 합니다kalyāṇamittatā.

여섯째, 의심을 해결하는 데 도움이 되는 적절한 대화를 해야 합니다sappāyakathā.[405]

관찰이나 이러한 여섯 가지 방법으로 잠시 의심을 제거하는 것은 부분제거로 제거하는 것입니다. 위빳사나 수행을 통해 새김과 삼매, 지혜

405 각묵스님, 『네 가지 마음챙기는 공부』, p.226 참조.

의 힘이 좋아졌을 때 한 시간, 두 시간 의심을 제거하는 것은 억압제거로 제거하는 것입니다. 마지막으로 수다원도의 지혜로 의심을 남김없이 제거하는 것은 근절제거로 제거하는 것입니다.(Vis.ii.325)

수다원도의 지혜는 의심뿐만 아니라 모든 사견을 제거합니다. 사견 중에는 특히 존재더미사견, 행실의례집착사견이 포함됩니다. 또한 사악도에 태어나게 하는 과거 불선업도 모두 제거합니다. 오무간업도 더 이상 범하지 않습니다. 그래서 수다원의 마음은 매우 가볍고 편안합니다.

범부들은 언제든 오무간업를 범할 수 있습니다. 범부들은 항상 오무간업을 범할 가능성을 짊어지고 있습니다. 사악도에 태어나게 하는 과거 불선업도 짊어지고 있습니다. 사악도에 태어나게 할 미래 불선업도 언제든 범할 수 있기 때문에 항상 마음속에 짊어지고 있다고 말할 수 있습니다. 이러한 불선업을 언제든 범하게 하는 사견도 짊어지고 있습니다. 이럴까 저럴까 망설이면서 수행을 계속 나아가지 못하게 하는 8가지, 혹은 16가지 의심도 짊어지고 있습니다. 팔정도의 바른 실천이 아닌 다른 잘못된 실천을 바른 실천이라고 생각하는 행실의례집착사견도 짊어지고 있습니다. 그래서 범부의 마음은 항상 무거울 수밖에 없습니다.

이렇게 범부들로 하여금 오무간업, 사악도에 태어나게 하는 과거 불선업과 미래 불선업, 사견, 의심, 행실의례집착을 제거하도록 부처님의 가르침을 만났을 때 열심히 위빳사나 수행을 실천해서 수다원 도와 과의 지혜로 모든 짐이 사라진 열반의 행복을 실현하길 기원합니다.

제37강

2009년 4월 7일

먼저 수행자에게 적당함sappāya 네 가지를 설명하겠습니다.(MA. i.281) 첫째는 날씨의 적당함utusappāya입니다. 너무 추워도 좋지 않고 너무 더워도 좋지 않습니다. 혹은 수행자마다 적당한 날씨가 있습니다. 이러한 조건을 갖추면 수행에 도움이 될 것입니다.

둘째로 개인의 적당함puggalasappāya입니다. 이것은 같이 수행하는 수행자가 중요하다는 뜻입니다. 동료 수행자가 졸거나, 수행시간을 지키지 않고 게으르거나, 말을 많이 하면 수행에 방해가 됩니다. 열심히 정진하는 수행자 곁에서 수행하면 수행에 도움이 됩니다.

셋째는 음식의 적당함bhojanasappāya입니다. 너무 많이 먹으면 배가 불러 수행할 때 졸립니다. 너무 적게 먹으면 힘이 없어 수행을 할 수 없습니다. 또 각자에게 적당한 음식들이 따로 있습니다. 그러한 것을 잘 알고서 수행하면 좋습니다.

넷째는 청법의 적당함dhammassavanasappāya입니다. 각각의 지혜 단계에 맞는 적당한 법문을 들어야 합니다. 혹은 게을러졌을 때는 정진을 북돋는 법문, 격앙됐을 때는 가라앉히는 법문 등을 들어야 합니다.

이러한 네 가지 조건을 잘 갖추면 쉽게 위빳사나 지혜가 향상돼 도와 과, 열반을 증득할 수 있습니다.[406]

406 이 내용은 실제강의로 제46강의 내용이다.

3) 아름다움 마음부수 25가지

불선 마음부수 14가지에 이어 아름다움 마음부수 25가지를 설명할 차례입니다. '아름다움, 아름답다sobhana'란 '빛나다sobhati'라는 단어에서 유래했으며 '좋다. 거룩하다. 훌륭하다' 등의 뜻이 있습니다.[407] 믿음이나 새김 등 25가지 마음부수는 깨끗하고 훌륭하고 칭송받을 만하기 때문에 진실로 아름답다고 말할 수 있습니다. 그 아름다운 법들과 결합한 마음도 마음부수와 더불어 아름답다고 말할 수 있습니다.(AhSṬ.55)[408]

아름다움 마음부수에는 모든 아름다운 마음에 공통적으로 포함된 아름다움 공통들 19가지, 때때로 결합하는 절제 3가지, 무량 2가지, 어리석음없음 1가지, 모두 25가지가 있습니다.

(1) 아름다움 공통 마음부수 19가지

모든 아름다운 마음에 공통적으로 포함된 19가지 마음부수를 '아름다움 공통들sobhanasādhāraṇā'이라고 합니다.

6 Saddhā sati hirī ottappaṁ alobho adoso tatramajjhattatā kāyapassaddhi cittapassaddhi kāyalahutā cittalahutā kāyamudutā cittamudutā kāyakammaññatā cittakammaññatā kāyapāguññatā cittapāguññatā kāyujukatā cittujukatā ceti ekūnavīsatime cetasikā sobhanasādhāraṇā nāma.

---

407 *Sayadaw U Paññissarābhivaṁsa* 등, 『*Pāḷi-Myanmar Abhidhān*(빠알리어-미얀마 삼장 사전)』 제1권, p.723 참조.

408 『아비담마 강설 1』, p.220 참조.

해석

믿음, 새김, 부끄러움, 두려움, 탐욕없음, 성냄없음, 중립, 몸의 경안, 마음의 경안, 몸의 가벼움, 마음의 가벼움, 몸의 부드러움, 마음의 부드러움, 몸의 적합함, 마음의 적합함, 몸의 능숙함, 마음의 능숙함, 몸의 올곧음, 마음의 올곧음, 이렇게 19가지인 이 마음부수들은 아름다움 공통들이라고 한다.

대역

Saddhā ca믿음과; 결합된 법들을 부처님 등 훌륭한 대상에 대해 믿게 하는 특성이 있는 믿음 마음부수와 sati ca 새김과; 결합된 법들을 부처님 등 훌륭한 대상에 대해 새기게 하는 특성이 있는 새김 마음부수와 hirī ca부끄러움과; 몸의 악행 등을 부끄러워하는 특성이 있는 부끄러움 마음부수와 ottappañca두려움과; 몸의 악행 등을 두려워하는 특성이 있는 두려움 마음부수와 alobho ca탐욕없음과; 대상에 들러붙어 애착하지 않는 특성이 있는 탐욕없음 마음부수와 adoso ca성냄없음과; 거칠게 허물을 범하지 않는 특성이 있는 성냄없음 마음부수와 tatramajjhattatā ca중립과; 각각의 대상에 대해 결합된 법들을 평온하게 바라보게 하는 특성이 있는 중립 마음부수와 kāyapassaddhi ca몸의 경안과; 마음부수의 편안함이라는 특성이 있는 몸의 경안 마음부수와 cittapassaddhi ca마음의 경안과; 마음의 편안함이라는 특성이 있는 마음의 경안 마음부수와 kāyalahutā ca몸의 가벼움과; 마음부수의 가벼움이라는 특성이 있는 몸의 가벼움 마음부수와 cittalahutā ca마음의 가벼움과; 마음의 가벼움이라는 특성이 있는 마음의 가벼움 마음부수와 kāyamudutā ca몸의 부드러움과; 마음부수의 부드러움이라는 특성이 있는 몸의 부드러움 마음부수와 cittamudutā ca마음의 부드러움과; 마음의 부드러움이라는 특성이 있는 마음의 부드러움 마음부수와 kāyakammaññatā ca몸의 적합함과; 마음부수가 대상에 대해 적합함이라는 특성이 있는 몸의 적합함 마음부수와 cittakammaññatā ca마음의 적합함과; 마음이 대상에 대해 적합함이라는 특성이 있는 마음의 적합함 마음부수와 kāyapāguññatā ca몸의 능숙함과; 마음부수의 능숙함이라는 특성이 있는 몸의 능숙함 마음부수와; 마음부수의 아픔이 없는 특성이 있는 몸의 능숙함과 cittapāguññatā ca마음의 능숙함과; 마음의 능숙함이라는 특성이 있는 마음의 능숙함과; 마음의 아픔이 없는 특성이 있는 마음의 능숙함과 kāyujukatā ca몸의 올곧음과; 마음부수가 올곧게 생겨남이라는 특성이 있는 몸의 올곧음 마음부수와 cittujukatā ca마음의 올곧음; 마음이 올곧게 생겨남이라는 특성이 있는 마음의 올곧음, iti=iminā pabhedena이렇게; 이렇게 종류로 구분하면 ekūnavīsati19가지인 ime cetasikā이 마음부수들은 sobhanasādhāraṇā nāma honti아름다움 공통들이라고 한다; 모든 아름다운 마음과 결합하기 때문에 '아름다움 공통 마음부수'라고 한다.

믿음

아름다움 공통들 19가지 중 첫 번째 마음부수는 '믿음saddhā'입니다. 믿음은 일반적으로 믿고 존경하는 성품입니다. 하지만 '나는 너를 믿는다. 나는 선생님을 믿는다'라고 할 때의 그 믿는 성품은 아닙니다. 부처님·가르침·승가라는 삼보와 업과 업의 결과 등을 믿는 성품입니다. 믿음의 반대법은 믿지 않고 존경하지 않는 성품입니다. 이것을 '믿지않음asaddhiya'이라고 부릅니다. 믿음의 반대인 불선 마음일어남으로 대부분 성냄을 뿌리로 한 마음입니다.

단어분석

Saddahanti etāya, sayaṁ vā saddahati, saddahanamattameva vā esāti saddhā. (Vis.ii.93)

대 역

Etāya그것 때문에 saddahanti《결합된 법들이》 깨끗하다; 믿는다, vā혹은 sayaṁ스스로 saddahati깨끗하다; 믿는다, vā혹은 esa그것은 saddahanamattameva단지 깨끗함일 뿐이다; 믿는 것일 뿐이다. iti그래서 saddhā믿음이다.

'그것 때문에 다른 법들이 믿는다', 혹은 '스스로 믿는다saddahati', 혹은 '단지 믿는 것일 뿐이다'라고 해서 '믿음saddhā'이라고 말합니다.

특질

Sā saddahanalakkhaṇā, okappanalakkhaṇā vā, pasādanarasā udakappasādakamaṇi viya, pakkhandanarasā vā oghuttaraṇo viya. Akālussiyapaccupaṭṭhānā, adhimuttipaccupaṭṭhānā vā, saddheyyavatthupadaṭṭhānā, saddhammassavanādisotāpattiyaṅga(D.iii.189/D33 등) padaṭṭhānā vā, hatthavittabījāni viya daṭṭhabbā. (Vis.ii.93)

대역

Sā그것은; 믿음은 saddahanalakkhaṇā《삼보, 업과 업의 결과를》 믿는 특성이 있다. vā혹은 okappanalakkhaṇā확신하는 특성이 있다; 파고들어 생각하는 특성이 있다. pasādanarasā《결합된 법들을》 깨끗하게 하는 역할이 있다, udakappasādakamaṇi viya마치 물을 깨끗하게 하는 보석처럼. vā혹은 pakkhandanarasā《믿을 만한 대상에 대해》 뛰어드는 역할이 있다, oghuttaraṇo viya마치 거센 물살을 건너는 사람처럼. akālussiyapaccupaṭṭhānā혼탁하지 않은 것으로, vā혹은 adhimuttipaccupaṭṭhānā결심으로 나타난다. saddheyyavatthupadaṭṭhānā믿을 만한 대상이 가까운 원인이다. vā혹은 saddhammassavanādisotāpattiyaṅga padaṭṭhānā정법을 듣는 것 등 수다원 구성요소가 가까운 원인이다. hatthavittabījāni viya손·재산·씨앗과 같다고 daṭṭhabbā보아야 한다.

믿음은 믿는saddahana 특성이 있습니다. 부처님·가르침·승가라는 삼보, 업과 업의 결과를 믿는 성품이 믿음입니다. 혹은 확신하는okappana 특성이 있습니다. '이러한 법은 이러한 성품이 있다'라고 믿을 만한 대상에 파고들어 깊이 생각하고 믿는 특성이 있습니다.

『담마상가니 주석서』에서는 "아주 잘 깨끗하게 하는sampasādana 특성", 혹은 "아주 잘 뛰어드는sampakkhandana 특성"이라고도 설명했습니다.(DhsA.162)

'깨끗하게 하는 특성'이란 마치 전륜성왕의 마니보배maṇi를 흙탕물에 넣으면 불순물이 가라앉아 물이 깨끗해지고 뜨거운 물이면 시원해지듯이 믿음이 생겨나면 장애나 번뇌라는 불순물이 가라앉아 마음이 티 없이 깨끗해지고 탐욕과 성냄 등의 뜨거움이 없어져 시원해지는 것을 말합니다. 그래서 깨끗한 마음으로 보시를 하고, 계를 수지하고, 포살을 준수하고, 수행에 힘씁니다.(DhsA.162; Mil.33) 특히 수행할 때 깨끗한 특성이 더욱 분명합니다. 새김이 선명하고 깨끗하게 진행되는 생멸의 지혜에서 분명합니다. 형성이 소멸된 성품에서 일어났을 때도 마음이 깨끗합니다. 어떤 경우는 힘이 매우 좋아 한 시간, 두 시간도 깨끗하게 유지됩니다. 이것은 믿음의 힘이 좋은 것입니다.[409]

'뛰어드는 특성'이란 결합된 법들의 앞에 서서 뒤로 물러서지 않고 대상에 뛰어드는 성품이라는 뜻입니다. 비유하면 용사와 같습니다. 사람들이 악어나 상어가 득실거리는 강 앞에 서서 무서워서 건너가지 못할 때 한 용사가 "나의 뒤를 따르시오"라고 말하며 강물 속으로 뛰어들어 그들을 이끌고 갑니다. 악어나 상어가 다가올 때마다 물리치면서 이 언덕에서 저 언덕으로, 저 언덕에서 이 언덕으로 사람들을 안전하게 건너가게 해줍니다. 마찬가지로 믿음도 결합된 법들의 앞에 가면서 윤회라는 이 언덕에서 열반이라는 저 언덕으로 이르도록 보내줍니

409 『*Cittānupassanā tayatogyi hnin Dhammānupassanā tayatogyi(Nīvaraṇapain/Khandhāpain/Āyatanapain*(마음 거듭관찰 법문과 법 거듭관찰 법문(장애의 장/ 무더기의 장/ 감각장소의 장)』, p.400 참조.

다. (DhsA.163) 같은 의미로 『밀린다빤하』에는 "다른 이가 깨달음을 얻는 것을 보고 믿음을 내어 수다원과 등에 뛰어드는 것, 수행하는 것"으로도 설명했습니다.(Mil.34) 『상윳따 니까야』에서는 "믿음을 통해 거센 물살 건너고"라고도 부처님께서 설하셨습니다.(S10:12; Sn.186)[410]

『위숫디막가』에서는 믿음이 결합된 법들을 깨끗하게 하는pasādana 역할, 믿을 만한 대상에 뛰어드는pakkhandana 역할을 한다고 설명했습니다. 깨끗하게 하는 성품과 뛰어드는 성품을 『담마상가니 주석서』에서는 믿음의 특성으로 설명했습니다. 이 내용은 앞에서 자세하게 설명했습니다.

믿음은 혼탁하지 않은 것으로akālussiya 나타납니다. 혹은 결심adhimutti으로 나타납니다.

믿음의 가까운 원인은 믿을 만한 대상, 혹은 정법을 듣는 것 등 수다원 구성요소입니다. '믿을 만한 대상saddheyyavatthu'이란 부처님과 가르침과 승가라는 삼보, 그리고 업과 업의 결과를 말합니다.(ThagA.248) '수다원 구성요소sotāpattiyaṅga'란 수다원 도와 과에 도달하는 데 필수적인 요소 네 가지인 참사람과 함께하는 것, 정법을 듣는 것, 합리적 마음 기울임, 출세간법에 적합하게 실천하는 것을 말합니다.(D.iii.190/D33)

『뿍갈라빤냣띠』에서는 믿음의 근거 4가지를 다음과 같이 밝혔습니다.

①용모를 보고 믿음을 내는 중생

②음성을 듣고 믿음을 내는 중생

③검소한 실천을 보고 믿음을 내는 중생

④갖춘 법을 보고 믿음을 내는 중생

410 우 소다나 사야도 법문, 비구 일창 담마간다 옮김, 『알라와까숫따』, pp.77~78 참조.

그중 용모가 훌륭하다면 2/3는 믿음을 내고 1/3은 믿음을 내지 않습니다. 음성이 훌륭하다면 4/5는 믿음을 내고 1/5은 믿음을 내지 않습니다. 검소하게 실천하는 것을 본다면 9/10는 믿음을 내고 1/10은 믿음을 내지 않습니다. 법을 보고 믿음을 내는 경우는 1/100만뿐입니다.(Pug.161; PugA.iii.80) 법은 눈에 보이지 않기 때문에 스스로 법을 갖추지 못했다면 법을 통해 믿음을 내기란 어렵습니다.

믿음의 4종류

믿음에는 4종류가 있습니다. 첫 번째 전승믿음āgama saddhā은 보살들의 믿음입니다. 바라밀을 행하는 여러 생 동안 계속 유지되는 믿음을 말합니다. 업과 업의 결과와 관련해서 생겨나는 믿음, 수행해서 열가지 바라밀을 구족하면 붓다가 될 수 있다는 믿음, 선업을 행하면 좋은 결과를 얻을 수 있다는 믿음입니다. 이러한 보살의 믿음은 무너지지 않습니다.

두 번째 증득믿음adhigama saddhā은 성자들의 믿음입니다. 열반을 증득해서 무너지지 않는 믿음을 말합니다. 모든 괴로움이 다한 열반을 도의 지혜와 과의 지혜로 직접 경험하고 깨달으면 믿음이 절대로 무너지지 않습니다. 부처님, 가르침, 승가, 업과 업의 결과와 관련해서 생겨나는 믿음은 절대로 무너지지 않습니다. 의심이 전혀 없습니다. 예를 들어 "buddhe aveccappasādena samannāgato. buddhe 부처님에 대해 aveccappasādena흔들리지 않는 신뢰를; 지혜로 꿰뚫어서 동요하지 않는 믿음을 samannāgato갖췄다"라고 설명합니다.(D.ii.79/D16) 부처님을 직접 만난 것입니다. 직접 만났기 때문에 '진짜 부처님, 바른 부처님이다'라고 스스로의 지혜로 아는 것입니

다.(It.256)[411]

법을 본 것은 부처님을 본 것입니다. 병에 걸린 환자가 의사가 처방해 준 약을 복용해서 병이 사라지면 그것은 의사를 본 것, 의사를 만난 것입니다. 의사가 처방해 준 약을 복용하지 않아서 병이 사라지지 않으면 그것은 의사를 만나지 못한 것입니다. 그와 마찬가지입니다. 부처님께서 설하신 가르침을 실천해서, 부처님께서 설하신 대로 물질법과 정신법, 무상·고·무아를 직접 경험해서 알게 됩니다. 아직 생겨나지 않은 삼매도 생겨납니다. 아직 생겨나지 않은 지혜도 생겨납니다. 위빳사나 지혜가 차례대로 향상될 때마다 수행자는 직접 경험합니다. 그러다가 나중에는 모든 고통이 사라진 열반을 직접 경험합니다. 번뇌가 적멸합니다. 마음도 다르게 바뀝니다. 이전과는 다릅니다. 이러한 성품을 직접 경험해서 '부처님께서 설하신 가르침은 진짜 가르침, 바른 가르침이구나. 부처님께서 설하신 그대로 물질과 정신도 경험했다. 무상·고·무아도 직접 경험했다. 이전에 생겨난 적이 없던 삼매와 지혜도 차례대로, 부처님께서 설하신 그대로 직접 경험해서 갖췄다. 그렇게 법을 경험한 나의 상속에 번뇌도 적당한 만큼 적멸했다. 탐욕이나 성냄, 어리석음도 이전과 같지 않다. 마음도 이전과 같지 않다'라고 마음이 바뀐 것을 직접 경험합니다. 그래서 그렇게 법을 설하신 부처님이 진짜 부처님, 바른 부처님이라는 사실을 지혜로 꿰뚫어서 믿게 됩니다. 이것을 증득믿음이라고 합니다.

증득믿음은 절대로 무너지지 않습니다. 다른 이들이 "아니다"라고 아무리 말해도 무너지지 않습니다. 그렇게 수행해서 법을 직접 경험했

---

411 Ddhammaṁ passanto maṁ passati. (It.256)
대역
Dhammaṁ법을 passanto보는 그 비구가 maṁ나를 passati보는 것이다.

을 때 '가르침도 진짜 가르침, 올바른 가르침이다. 그 가르침을 설하신 부처님도 진짜 부처님, 올바른 부처님이다. 그 가르침에 따라 실천하는 승가도 진짜 승가, 올바른 승가다. 업과 업의 결과도 있다'라는 믿음이 생겨나는데, 이것이 증득믿음입니다. 직접 증득해서 생겨나는 믿음이라는 뜻입니다. 증득믿음은 확고합니다. 다른 이가 유혹해도, 위협해도, 속여도 무너지지 않습니다. 절대로 무너지지 않고 차례대로 성숙됩니다.[412] 믿음기능이 생겨나면 정진, 새김, 삼매, 통찰지라는 나머지 기능들도 결합해서 다섯 기능이 모두 생겨납니다. 기능이 무르익고 완전히 구족되면 아라한도와 아라한과에 도달해서 완전열반에 들어갈 일만 남게 됩니다.

혹은 선정 등을 직접 증득해서 생겨나는 믿음도 증득믿음이라고 말합니다. 니간타 나따뿟따Nigaṇṭha Nāṭaputta가 사유와 고찰이 없는 삼매가 있다는 것을 믿느냐고 물었을 때 찟따Citta 장자가 "믿음으로 다가가지는 않습니다"라고 대답한 것과 같은 믿음입니다. 단지 믿음으로 받아들이는 것이 아니라 직접 증득해서 알고 본다는 의미입니다.(S.ii.487/S41:8)

세 번째 확신믿음okappana saddhā은 지혜와 결합한 믿음입니다. 한 생 정도 유지되는 믿음을 말합니다.

네 번째 신뢰믿음pasāda(pasanna) saddhā은 지혜와 결합하지 않은 믿음입니다. 확고하지 않아 쉽게 무너질 수 있는 믿음을 말합니다.

외도들의 제자들이 자신의 외도 스승들을 존경하고 믿는 것은 믿음이 아닙니다. 그것은 맹목적 믿음muddhapasanna saddhā이라고 말합니다. 법체로는 어리석음moha일 뿐입니다. 혹은 삿된 결심micchādhim-

412 『위빳사나 수행방법론』 제2권, pp.443~451 참조.

okkha이라고 말합니다. 가짜 믿음입니다. 법체로는 어리석음과 사견을 바탕으로 한 불선 마음일어남에만 해당합니다.[413]

믿음의 범주

믿음은 부처님 등 좋은 대상과 결합한 법들을 깨끗하게 하는 영역을 관장하기 때문에 혼합 범주에서 기능 22가지 중 '믿음 기능saddhindriya'으로 포함됩니다. 깨달음 동반법 범주에서도 기능 5가지 중 '믿음 기능'으로 포함됩니다.

또한 반대되는 법인 믿지않음asaddhiya에 흔들림이 없이 확고하기 때문에 혼합 범주에서 힘 9가지 중 '믿음 힘saddhābala', 깨달음 동반법 범주에서 힘 5가지 중 '믿음 힘'으로 포함됩니다.

관련 내용

믿음은 손과 같다고 보아야 합니다. 손이 있어야 자신이 원하는 보석이나 물건을 잡아서 가질 수 있듯이 믿음이라는 손을 가진 사람만이 여러 선법, 보시·지계·수행 등 공덕행토대puññakiriyavatthu 10가지[414], 혹은 믿음·부끄러움·두려움·많이 배움·정진·새김·통찰지라는 참사람법saddhamma 7가지[415], 제자로서의 깨달음, 벽지불로서의 깨달음, 정등각자로서의 깨달음 등 여러 깨달음을 얻을 수 있습니다.

413 본서 pp.239~242 참조.

414 보시dāna, 계sīla, 수행bhāvanā, 공경apacāyana, 소임veyyāvacca, 회향pattidāna, 회향기뻐함pattānumodanā, 청법dhammassavana, 설법dhammadesanā, 정견diṭṭhijukamma.

415 'saddhamma'의 'sa'가 'sappurisa'라는 뜻이어서 미얀마에서는 '참사람법'이라고 표현한다. 빠알리어로는 믿음saddhā, 부끄러움hirī, 두려움ottappa, 많이 배움bahussuta, 정진vīriya, 새김sati, 통찰지paññā이다.(D.iii.208/D33) 참고로 성자재산ariyadhana(미얀마에서는 '참사람재산'이라고도 표현한다) 7가지는 믿음saddhā, 계sīla, 부끄러움hirī, 두려움ottappa, 배움suta, 베풂cāga, 통찰지paññā이다.(D.iii.208/D33)

또한 믿음은 재산과 같다고 보아야 합니다. 재산이 있어야 자신이 원하는 필수품, 집 등을 얻을 수 있는 것과 마찬가지로 믿음이 있어야 사람의 행복, 천신의 행복, 범천의 행복, 더 나아가 열반의 행복을 성취할 수 있습니다. 그래서 부처님께서는 "믿음이 중생에게 거룩한 재산이다"라고 설하셨습니다.(S1:73) 금이나 은, 돈 등 세간적인 재산은 필수품이나 집 등 세간적인 것만 얻게 하지만 믿음이라는 재산은 세간적인 영화뿐만 아니라 천상과 범천의 행복, 나아가 열반의 행복까지 얻게 하기 때문입니다.

> 병 등으로 고생하는 중생들을 보고서
> 불사不死의 시장을 열어 놓으셨다네.
> 그것을 선업이란 돈으로 구입하여
> 불사不死를 마시기를, 비구들이여.(Mil.319)

> 장수와 건강, 또한 용모
> 천상과 또한 고귀한 가문
> 형성없음인 불사不死까지
> 승리자의 백화점엔 구비되어 있다네.(Mil.324)

> 적은 값이든 많은 값이든
> 선업이라는 값을 지불하고서
> 또는 믿음이란 값을 주고서
> 부자가 되기를, 비구들이여.(Mil.324)

혹은 믿음은 씨앗과 같다고 보아야 합니다. 씨앗은 땅, 물, 바람, 빛을 받아 싹이 트는데 먼저 뿌리와 동시에 싹 두 개가 생깁니다. 뿌리는 땅에 뿌리박고, 싹 두 개는 위로 자랍니다. 뿌리가 땅에 뿌리박는 일과 싹 두 개가 위로 자라는 일이 동시에 진행됩니다. 자라는 일이 끝나면 줄기 하나가 생겨나 계속해서 무성하게 뻗어나갑니다. 이와 마찬가지로 믿음이라는 씨앗을 부처님 교단이라는 대지에 심으면, 감각기관 단속이라는 비가 내리고, 몸의 정진과 마음의 정진이라는 노력으로 믿음이라는 씨앗을 심으면 계라는 뿌리가 대지에 뿌리박고 사마타와 위빳사나라는 싹 두 개를 틔워 도의 지혜라는 줄기 끝에 과와 열반이라는 꽃과 열매가 무성하게 생겨납니다.(SA.iii.230) 부처님을 만난 이 좋은 기회에 믿음이라는 씨앗을 부처님 교단이라는 옥토에 심고 정진이라는 노력으로 열심히 키워 보십시오.

또한 믿음은 절친dutiya purisa과 같습니다. 믿음은 진정한 친구입니다. 믿음이 굳건하다면 그로 인해 명성과 대중이 생길 것이고 죽은 뒤에도 천상에 태어납니다.(S1:36)

『빳타나』에서도 "자연적으로 강한 의지 조건인 믿음을 의지해서 보시를 하고, 계를 수지하고, 포살을 준수하고, 선정과 위빳사나와 도와 신통과 증득을 일으킨다"라고 부처님께서 설하셨습니다.(Pṭn.i.145)

믿음은 스스로 보호해야 합니다. 믿음이 무너지지 않도록 다른 이가 어떻게 해 줄 수 없습니다. 이것은 마하목갈라나Mahāmoggallāna 존자의 일화를 통해 알 수 있습니다. 부처님의 도움으로 시왈리Sīvali 왕자를 순산한 숩빠와사Suppavāsā 공주가 부처님을 비롯한 장로들에게 공양청을 올리려 했습니다. 마침 마하목갈라나 존자는 그날 다른 장자로부터 공양청을 이미 받은 상태였습니다. 부처님께서는 시왈리 왕자가 교단에 중요한 이가 될 것이니 공양청을 미루도록 말씀하셨습니다. 마하목갈라나 존자가 장자에게 공양청을 미뤄달라고 말하자 장자는 목숨과 재산과 믿음, 이 세 가지가 무너지지 않는다고 보장한다면 미루겠다고 말했습니다. 마하목갈라나 존자는 목숨과 재산은 그때까지 무너지지 않는다고 보장할 수 있으나 믿음은 스스로 보호해야 한다고 대답했습니다.(AA.i.131)

믿음을 가진 선남자에게는 5가지 이익이 있습니다.

①참사람들은 믿음을 가진 이를 먼저 연민합니다.

②참사람들은 믿음을 가진 이에게 먼저 다가갑니다.

③참사람들은 믿음을 가진 이를 먼저 섭수합니다. 여기서 '섭수한다'는 것은 믿음을 가진 이에게 먼저 보시를 받는 것을 말합니다.

④참사람들은 믿음을 가진 이에게 먼저 법을 설합니다.

⑤믿음을 가진 이는 죽은 뒤 천상 등 선처에 태어납니다.(A5:38)

새김

아름다움 공통들 19가지 중 두 번째 마음부수는 '새김sati'입니다. 빠알리어 'sati'는 '마음챙김, 알아차림, 기억' 등 여러 표현으로 번역되고 있습니다. 본서에서는 '대상에 밀착시켜 주는 성품'에 주목해서 '나무나 돌 등 물건의 바탕에 글씨나 형상을 파는 일'이라는 뜻을 가진 '새김'으로 표현했습니다. 하지만 새김이 어떠한 법인지 알기가 쉽지 않습니다. 그래서 다른 법들과 마찬가지로 특성과 역할, 나타남 등으로 살펴봐야 합니다. 더 나아가 위빳사나 수행을 통해 스스로 경험해 보아야 확실하게 알 수 있습니다.

단어분석

Saranti tāya, sayaṁ vā sarati saraṇamattameva vā esāti sati.

(Vis.ii.93)

대 역

Tāya그것 때문에《결합된 법들이》saranti새긴다, vā혹은 sayaṁ스스로 sarati새긴다, vā혹은 esa그것은 saraṇamattameva단지 새기는 것일 뿐이다. iti그래서 sati새김이다.

'그것 때문에 새긴다', 혹은 '스스로 새긴다', 혹은 '단지 새기는 것일 뿐이다'라고 해서 '새김sati'이라고 말합니다. '그것 때문에 새긴다'는 분석은 대상을 새기는 것의 조건이 새김이라는 뜻이고, '스스로 새긴다'라는 분석은 '새기는 것의 주체'를 의미하고, '단지 새기는 것일 뿐이다'라는 분석은 새김의 법체를 직접 밝히는 내용입니다.

특질

Sā apilāpanalakkhaṇā, asammosarasā, ārakkhapaccupaṭṭhānā, visayābhimukhabhāvapaccupaṭṭhānā vā, thirasaññāpadaṭṭhānā, kāyādisatipaṭṭhānapadaṭṭhānā vā. Ārammaṇe daḷhapatiṭṭhitattā pana esikā viya, cakkhudvārādirakkhaṇato dovāriko viya ca daṭṭhabbā. (Vis.ii.93)

대 역

Sā그것은; 그 새김은 apilāpanalakkhaṇā《자신의 대상인 상태에서》떠다니지 않게 하는 특성이 있다. asammosarasā미혹을 제거하는 역할이 있다; 잊지 않게 하는 역할이 있다. ārakkhapaccupaṭṭhānā 보호하는 것으로 나타난다. vā혹은 visayābhimukhabhāvapaccupaṭṭhānā경계 쪽으로; 대상 쪽으로 지향하는 것으로 나타난다. thira-saññāpadaṭṭhānā확고한 인식이 가까운 원인이다. vā혹은 kāyādisati-paṭṭhānapadaṭṭhānā몸 등의 새김확립이 가까운 원인이다. ārammaṇe 대상에 daḷhapatiṭṭhitattā pana집요하게 확립하기 때문에 esikā viya 《성문 근처에 세워 놓은》 기둥과 같다고, cakkhudvārādirakkhaṇato 눈문 등을 보호하기 때문에 dovāriko viya ca문지기와 같다고 daṭṭhabbā 보아야 한다.

특성

새김은 떠다니지 않게 하는apilāpana 특성이 있습니다. 가벼운 표주박이나 공을 물에 던지면 가라앉지 않고 떠다닙니다. 대상이 그렇게 떠다니지 않도록, 외부로 달아나지 않도록, 잊어버리지 않도록, 자신의 대상인 상태로 내부에 머물도록 하는 성품을 '떠다니지 않게 하는 것 apilāpana'이라고 합니다. 무거운 돌을 물에 던지면 완전히 바닥에 가라앉듯이 자신의 대상인 상태로 가라앉게 한다는 뜻입니다. 비유하면 왕의 재무대신이 열 가지 보배를 간수할 때 아침과 저녁마다 왕에게 보고하면서 왕이 잊지 않도록 기억하게 하는 것과 같습니다. 마찬가지로 새김은 선법을 주시하게 하고 기억하게 하면서 떠다니지 않게 합니다.(DhsA.165; Mil.36)

『담마상가니 주석서』에서는 북돋는upaggaṇhana 특성이 있다고도 설명했습니다. 불이익을 낳게 하는 악행들을 제거하고 이익을 가져다주는 선행들을 북돋는 특성이 있다는 뜻입니다. 비유하면 전륜성왕의 장자보가 전륜성왕에게 이익을 가져다주는 이와 불이익을 가져다주는 이를 잘 알고서 불이익을 가져다주는 이는 물리치고 이익을 가져다주는 이는 친근하게 대하는 것과 같습니다. 마찬가지로 새김은 이익과 불이익을 가져다주는 법들의 결과를 잘 알고서 '이러한 몸의 악행 등은 불이익을 가져다주는 법이다'라고 불이익을 가져다주는 법들은 물리치고 '이러한 몸의 선행 등은 이익을 가져다주는 법이다'라고 이익을 가져다주는 법들은 북돋습니다.(DhsA.165; Mil.36)

특히 바른 새김sammāsati에 대해서는 확립하는upaṭṭhāna 특성이 있다고 설명했습니다.(Vis.ii.141) 대상에 잘 밀착해서 머무는 성품, 대상을 버리지 않는 성품이 있다는 뜻입니다.

역할

새김은 미혹을 제거하는asammosana 역할을 합니다. 'asammoha'는 '미혹없음'이고 'asammosana'는 '미혹하지 않게 하는 것'입니다. 여기서 '미혹하지 않게 하는 것'이란 방일하지 않게 하는 것입니다.

'방일pamāda'이란 악행을 하며 시간을 보내는 것, 보시·지계·수행이라는 선행을 하는 데 게으른 것을 말합니다. 보고 듣고 맡는 등 감각욕망 대상을 즐기는 것도 방일에 해당합니다. 어떤 대상을 싫어하고 화를 내면서 지내는 것도 방일하게 지내는 것입니다.

또한 감각욕망애착, 분노, 해태·혼침, 들뜸·후회, 의심이라는 다섯 장애로 시간을 보내는 것도 방일하게 지내는 것입니다. 예를 들어 '이 수행방법이 맞는가 맞지 않는가? 스승님이 제대로 가르치는가? 부풂과 꺼짐이 경전에는 없던데 부처님의 가르침이 맞는가?'라고 의심하는 것도 방일하게 지내는 것입니다.

새김은 이러한 여러 방일을 제거해 줍니다. 새김의 힘이 좋으면 그러한 장애 등 방일이 들어오지 못합니다.

혹은 '잊지 않게 하는 역할'이라고도 해석합니다. 새김은 대상이 사라지지 않도록, 대상을 잊지 않게 합니다.

나타남

새김은 보호하는 것ārakkha으로 나타납니다. 마음을 보호하는 법으로 수행자의 지혜에 나타난다는 뜻입니다. 보호되지 않은 마음은 다른 대상으로 이리저리 달아납니다. 위빳사나 수행이 무르익어 새김의 힘이 좋아지면 마음은 분명한 대상에만 잘 머물고 다른 대상으로 달아나지 않습니다. 그러면 수행자의 지혜에 '마음이 다른 대상으로 달아나지 않도록 새김이 잘 보호해 주는구나'라고 나타납니다. 그렇게 드러나는 대로 새김을 잘 알 수 있습니다.

혹은 경계 쪽으로 지향하는 성품visayābhimukhabhāva으로 나타납니다. 다른 대상으로 달아나지 않고 현재 대상에 얼굴을 맞대듯이 생겨나는 법으로 수행자의 지혜에 나타난다는 뜻입니다. 새김의 힘이 강하면 마치 대상을 손 위에 올려놓고 직접 눈앞에서 보며 관찰하는 것처럼 느껴집니다. 그러면 수행자의 지혜에 '새김이 있어서 대상을 직접 보는 것처럼 관찰하는구나'라고 드러납니다. 반대로 새김의 힘이 약해지면 대상이 분명하지 않고 흐리멍덩하게 됩니다. 그러면 새기는 마음도 있는 듯 없는 듯 희미해져 버립니다.

대상이 분명하지 않을 때 관찰법 (우 소다나 사야도)

배의 부풂과 꺼짐을 〈부푼다, 꺼진다〉라고 관찰하다가 새김의 힘이나 정진의 힘이 약해져 대상이 있는 듯 없는 듯, 관찰하는 마음도 있는 듯 없는 듯 희미해지면, 이때는 어떻게 관찰해야 할까요?

제일 먼저 취해야 할 방법은 더 분명한 대상을 관찰하는 것입니다. 일반적으로는 〈앉음, 닿음〉으로 대상을 바꿔서 관찰해 보아야 합니다. 닿음도 여러 곳으로 펼쳐서 관찰해야 합니다.

그런데 어떤 이유로 앉음·닿음도 분명하지 않을 수 있습니다. 이때 수행한 지 얼마 되지 않는 수행자라면 손을 배에 살짝 얹고 관찰하거나 의도적으로 배를 "약간만" 부풀게 하고 꺼지게 하면서 관찰해야 합니다.

그래도 분명하지 않고 시간도 어느 정도(40분 정도) 경과했다면 일어나서 경행을 하는 것이 좋습니다. 위빳사나 수행에 어느 정도 익숙한 수행자라면 앉음·닿음조차 분명하지 않을 때는 심장이 있는 곳에 마음을 두고 기다리는 방법도 좋습니다. 명칭조차 붙이지 않고 가만히 심장을 보면서 기다리고 있으면 부풂·꺼짐이나 앉음·닿음 등 분명한 대상이 드러납니다. 그러면 그 대상을 시작으로 다시 관찰해 나가면 됩니다.

이것은 마치 농부가 밭을 갈고 나서 황소들을 풀어준 뒤 다시 멍에를 메우고자 할 때 일일이 찾아다니지 않고 황소들이 물을 마시는 곳으로 가서 기다리기만 하면 되는 것처럼 들숨날숨 새김 수행에서 들숨날숨이 미세해져 없는 듯 드러나면 다른 곳에서 찾지 말고 원래 드러나던 곳인 코끝이나 윗입술에 마음을 두고 기다리고 있어야 한다는 『위숫디막가』 가르침과 비슷합니다.(Vis.i.276)

가까운 원인

새김의 가까운 원인은 확고한 인식thirasaññā입니다. 새김이 생겨나는 데 강한 인식이 제일 가까운 원인이라는 뜻입니다. 예를 들면 자주 독송하지 않아서 숙달되지 않은 게송은 돌이켜 떠올렸을 때 분명하게 드러나지 않습니다. 한두 글자나 한두 구절만 떠오릅니다. 이것은 인식의 힘이 크지 않아 새김이 좋지 않기 때문입니다. 많이 읽고 자주 독송해서 숙달된 게송은 돌이켜 떠올렸을 때 즉시 전체가 분명하게 드러납니다. 인식의 힘이 커 새김에 도움을 주기 때문입니다.[416]

또한 몸 거듭관찰 등 새김확립이 가까운 원인이라고도 설명했습니다. 부처님께서는 「마하사띠빳타나숫따Mahāsatipaṭṭhānasutta(새김확립 긴 경)」에서 몸 거듭관찰, 느낌 거듭관찰, 마음 거듭관찰, 법 거듭관찰이라는 네 가지 새김확립을 설하셨습니다. 몸 등의 4가지는 새김의 대상들입니다. 새김을 확립하려면 그 대상들을 관찰해야 합니다. 네 가지 새김확립에 따라 관찰하는 것이 새김을 생겨나게 하는 가까운 원인입니다.

『담마상가니 근본복주서』에서는 "satiyoyeva purimā pacchimānaṁ padaṭṭhānaṁ. 앞의 새김 자체가 뒤의 새김의 가까운 원인이다"라고도 설명했습니다.(DhsMṬ.89) 앞의 여러 새김이 뒤의 여러 새김에게 가까운 원인이 된다는 뜻입니다. 수다원의 새김이 좋다는 것도 갑자기 좋아진 것이 아닙니다. 범부일 때 위빳사나 수행을 하면서 앞의 여러 새김이 끊어지지 않고 계속 도움을 주었기 때문에 뒤의 여러 새김의 힘이 좋아졌고, 충분히 구족됐을 때 수다원이 된 것입니다. 마찬가지로 수다원의 새김보다 사다함의 새김이 더욱 좋고, 사다함의 새김보다는 아나함의 새

416 ㉯그래서 새김의 가까운 원인인 인식의 힘을 좋게 하기 위해 처음 수행을 할 때는 명칭을 붙인다. 명칭은 인식의 힘을 북돋는다.

김이, 아나함의 새김보다는 아라한의 새김이 더욱 좋습니다. 아라한은 'sadāsato 항상 새기는 이'라고 말할 정도로 새김이 좋습니다. 새김을 완벽하게 구족했다고 말할 수 있습니다. 이렇게 앞의 여러 새김이 뒤의 여러 새김이 일어나는 데 가까운 원인이라고 알아야 합니다.

이 내용은 『빳타나』의[417] 24조건 중 강한 의지 조건upanissaya paccaya과도 관련됩니다. '강한 의지 조건'이란 조건법이 조건생성된 법에게 강한 의지처로서 도움을 주는 관계를 말합니다.[418] 앞의 여러 절대성품 법들은 그 성품에 따라 생겨난 뒤 사라져 버리지만 아무런 역할을 하지 않고 사라지는 것이 아닙니다. 자신의 뒤에 생겨날 법들에게 도움을 주면서 사라집니다. 특히 새김은 모든 아름다운 마음에 반드시 결합되기 때문에 선 속행마다 포함돼 있습니다. 그 새김은 뒤의 여러 새김이 생겨나는 데 강한 의지 조건으로서 도움을 줍니다. 그 새김을 조건으로 뒤의 여러 새김의 힘이 좋아진다는 뜻입니다.

이 내용은 위빳사나 수행자에게 분명하게 나타납니다. 처음 수행할 때는 새김의 힘이 약하기 때문에 대상을 잘 관찰하지 못합니다. 〈부푼다, 꺼진다〉라고 관찰하더라도 몇 번 지속되지 못하고 다른 대상으로 달아납니다. 망상이 많아집니다. 몸은 수행처에 있지만 마음은 집으로, 회사로, 친구에게로 달아납니다. 수행을 처음 시작했기 때문에 앞의 여러 새김의 힘을 받지 못해 뒤따라오는 새김의 힘이 약하기 때문입니다. 그러나 열심히 4, 5일 정도 수행하면 대상을 잘 관찰할 수 있게 됩니다. 새김도 좋아집니다. 앞의 여러 새김이 뒤의 여러 새김에게 도

417 『아비담마 강설 1』, p.37 참조.

418 『빳타나-조건의 개요와 상설』, pp.88~99 참조.

움을 주어 새김의 힘이 좋아지기 때문입니다. 수행이 더욱 향상되면 마음이 다른 곳으로 달아나지도 않고, 다른 대상을 생각하려고 하지도 않고, 생각하더라도 즉시 원래 대상으로 돌아옵니다.

새김의 2종류

새김에는 아비담마에서의 새김, 숫딴따에서의 새김이라는 2종류가 있습니다. 그중 부처님 등 선법과 관련된 대상만을 기억하고 새기는 성품이 아비담마에서의 새김입니다. 대표적인 예로 부처님 덕목을 거듭 새기는 '부처님 거듭새김buddhānussati', 가르침 덕목을 거듭 새기는 '가르침 거듭새김dhammānussati', 승가 덕목을 거듭 새기는 '승가 거듭새김saṅghānussati', 자신이 베푼 보시를 거듭 새기는 '베풂 거듭새김cāgānussati', 자신의 청정한 계를 거듭 새기는 '계 거듭새김sīlānussati' 등이 있습니다. 하지만 물질·정신이 생겨날 때마다 그 분명한 물질·정신을 거듭 새기는 새김이 제일 중요합니다. 부처님 거듭새김 등은 조금 멀리 떨어진 대상을 새기는 것입니다. 새김확립에서는 물질·정신이 생겨나자마자 바로 새깁니다.

선법뿐만 아니라 아들이나 딸, 부인, 남편 등 어떠한 대상이든 그러한 대상을 기억하고 새기는 성품을 숫딴따에서의 새김이라고 합니다.[419]

숫딴따에서의 새김이 생겨나게 하는 이유를 『밀린다빤하』에서 다음과 같이 17가지로 설명했습니다.(Mil.83~85)

①특별한 앎 때문에abhijānato 새김이 생겨납니다. 예를 들어 아난다Ānanda 존자나 쿳줏따라Khujjuttarā가 삼장을 기억하는 것, 전생 기억지

---

419 *Bhaddanta Kumārābhivaṁsa* 등, 『*Pāḷi-Myanmar Abhidhān*(빠알리어-미얀마 삼장 사전)』 제21권, p.549에서는 숫딴다(경전)에 나오는 새김의 용례로 "대상을 파악하는 성품"(S35:117), "오래전에 했던 행위를 기억하는 성품"(Ap.i.14), "더러운 성품이 있는 몸에 대해 더럽다고 하면서 생겨나는 새김"(Thag.241) 등을 소개했다.

jātissara ñāṇa · 前生 記憶智를 갖춘 이들이 이전의 여러 생을 기억하는 것은 특별한 앎 때문에 생겨나는 새김입니다.

전생기억에 관한 레디 사야도와의 문답

질문 '환생한 사람'이라고 세상에서 말합니다. 환생하는 것은 불교 가르침과 일치합니까?

대답 '환생한 사람'이라고 특별한 존재가 따로 있는 것이 아닙니다. 사람들 중에는 전생을 돌이켜 기억할 수 있는 이들이 있는데 그들을 '환생한 사람'이라고 표현하는 것일 뿐입니다. 불교 가르침에서는 그러한 이들을 'jātissara 생을 기억하는' 사람이라고 부릅니다. 전생을 돌이켜 기억할 수 있는 사람이라는 뜻입니다. 전생을 기억하거나 기억하지 못하는 이유는 다음과 같습니다.

전생을 모르는 이유들

전생을 모르는 이유에는 두 가지가 있습니다. 이전 사람의 생에서 오랫동안 병에 시달려 마음의 힘을 완전히 소진하고 죽으면 전생을 기억하지 못합니다. 두 번째, 현생에 사람의 생에 입태했을 때 매우 작은 깔랄라kalala로부터[420] 긴 시간 동안 힘들게 성장하면 마음의 힘이 소진되기 때문에 일반적으로 전생을 기억하지 못합니다.

혹은 다음과 같이 7가지 이유로 설명하기도 합니다.

420 『상윳따 니까야』 제1권, pp.662~663 참조.

❶아주 어릴 때 죽은 경우
❷너무 늙어 완전히 혼미한 채로 죽은 경우
❸술을 너무 많이 마신 경우
❹입태했을 때 모친에게 병이 있는 경우
❺거칠거나 힘든 일을 오랫동안 한 경우
❻입태했을 때 모친이 지혜가 없어 모친의 보호를 받지 못한 경우
❼모태 안에서 태아는 보통 두려움이 많기 때문에
이러한 이유로 전생을 기억하지 못합니다.

전생을 기억하는 이유들

❶사람의 생에서 죽은 뒤 화생하는 욕계 천신이나 범천의 생에 태어난 이, 혹은 지옥이나 아귀의 생에 태어난 이는 전생을 기억할 수 있습니다.

❷사람의 생에서 신체적·정신적 힘이 좋을 때 무기나 사고에 의해 갑자기 죽은 후 다음 생에 병이 없는 모친의 깨끗한 태에 들어가서 태어난 이는 전생을 기억할 수 있습니다.

❸선업을 행하면서 '과거생을 기억할 수 있기를'이라고 서원을 세운 이들은 전생을 기억할 수 있습니다.

❹숙명통을 증득한 수행자들은 전생을 기억할 수 있습니다.

❺정등각자 부처님들은 전생을 기억할 수 있습니다.

❻벽지불들은 전생을 기억할 수 있습니다.

❼신통을 갖춘 아라한들은 전생을 기억할 수 있습니다.

(1925, *CMA puññakusala magazine*, 2.2)

②다른 이의 자극 때문에kaṭumikāya 새김이 생겨납니다. 예를 들어 잘 잊어버리는 이라도 다른 이가 잘 기억하도록 끊임없이 상기시켜 주면 새김이 생겨나서 잘 기억합니다.

③분명한 대상의 식별 때문에oḷārika viññāṇato 새김이 생겨납니다. 예를 들어 관정식을 했던 왕이 그것을 기억하는 것, 수다원 성자가 수다원 도와 과를 얻었을 때를 기억하는 것은 그때 대상이 매우 분명했기 때문입니다.

④이익의 식별 때문에hita viññāṇato 새김이 생겨납니다. 어떤 장소에서 큰 이익을 얻었다면 '그곳에서 이러한 이익을 얻었다'라고 잘 기억합니다.

⑤불이익의 식별 때문에ahita viññāṇato 새김이 생겨납니다. 어떤 장소에서 큰 불이익을 겪었다면 '그곳에서 이러한 불이익을 겪었다'라고 잘 기억합니다.

⑥닮은 표상 때문에sabhāganimittato 새김이 생겨납니다. 부모나 형제자매와 비슷하게 생긴 사람을 보았을 때 자신의 부모 등을 기억하는 것, 혹은 소나 말 등을 보고 다른 소나 말 등을 기억하는 것 등 성품이 비슷한 대상을 통해 새김이 생겨나기도 합니다.

⑦다른 표상 때문에visabhāganimittato 새김이 생겨납니다. '지금 경험하는 형색·소리·냄새·맛·감촉은 이전에 보았던 그것과 다르구나'라고 성품이 다른 대상을 통해 새김이 생겨나기도 합니다.

⑧이야기를 듣고kathābhiññāṇato 새김이 생겨납니다. 잘 잊어버리는 이라도 다른 이가 말해 준 이야기를 듣고 기억하기도 합니다.

⑨특성을 통해lakkhaṇato 새김이 생겨납니다. 어떤 특성이나 요소, 낙인 등을 통해 자신이 소유한 소를 기억하는 것이 여기에 해당합니다.

⑩상기를 통해sāraṇato 새김이 생겨납니다. '명심해. 잘 기억해'라는 등으로 거듭 상기시켜 주어서 기억하기도 합니다.

⑪기호를 통해muddāto 새김이 생겨납니다. 문자를 배웠다면 '이 글자 다음에는 이 글자를 써야 한다'라고 기억합니다.

⑫셈을 통해gaṇanato 새김이 생겨납니다. 숫자를 헤아릴 수 있는 이는 큰 수를 헤아리며 기억할 수 있습니다.

⑬수지를 통해dhāraṇato 새김이 생겨납니다. 많은 경전을 암송해서 지니는 것을 통해 기억할 수 있습니다.

⑭수행을 통해bhāvanāto 새김이 생겨납니다. 수행자들은 많은 수행을 통해 그 힘으로 여러 과거생을 기억합니다.

⑮서적을 참조해서patthakanibandhanato 새김이 생겨납니다. 왕이 법전을 보고 법률을 기억하는 것이 여기에 해당합니다.

⑯가까이 두었기 때문에upanikkhepato 새김이 생겨납니다. 자신의 근처에 둔 물건을 기억하는 것이 여기에 해당합니다.

⑰경험을 통해anubhūtato 새김이 생겨납니다. 보았던 형색, 들었던 소리, 맡아 보았던 냄새, 맛보았던 맛, 닿아 보았던 감촉, 알았던 법성품 등은 경험해 본 적이 있기 때문에 기억하는 것입니다.

이렇게 17가지에 의해 기억하는 성품인 새김이 생겨납니다.[421]

새김의 범주

깨달음 동반법과 관련해 새김은 네 가지 새김확립에 해당합니다. 선법과 관련된 것을 기억하고 새기는 영역을 다스리기 때문에 기능 5가

421 『밀린다왕문경』①, pp.178~183 참조.

지 중 새김 기능satindriya이기도 합니다. 새김의 반대법인 잊어버림이라는 망각muṭṭhassacca에 대해 흔들림 없이 확고하기 때문에 힘 5가지 중 새김 힘satibala이기도 합니다. 네 가지 진리를 깨닫는 도의 지혜가 생겨나게 하고 뒷받침이 되기 때문에 깨달음 구성요소 7가지 중 새김 깨달음 구성요소satisambojjhaṅga이기도 합니다. 열반에 도달하게 하는 길과 같기 때문에 도 구성요소 8가지 중 바른 새김sammāsati이기도 합니다.[422]

부끄러움과 두려움

아름다움 공통들 19가지 중 세 번째와 네 번째 마음부수는 '부끄러움hirī'과 '두려움ottappa'입니다. 마음부수로서의 부끄러움은 악행을 부끄러워하는 성품입니다. 대중 앞에 서는 것이나 가난 등을 부끄러워하는 것이 아닙니다. 마음부수로서의 두려움은 악행을 두려워하는 성품입니다. 맹수나 적을 두려워하는 것이 아닙니다. 부끄러움과 두려움은 서로 짝을 이룹니다. 일반적으로 부끄러워하면 두려워하고, 두려워하면 부끄러워합니다.

단어분석

Kāyaduccaritādīhi hiriyatīti hirī. Lajjāyetaṁ adhivacanaṁ. Tehiyeva ottappatīti ottappaṁ. Pāpato ubbegassetaṁ adhivacanaṁ. (Vis.ii.93)

422 『*Cittānupassanā tayatogyi hnin Dhammānupassanā tayatogyi(Nīvaraṇapain/Khandhāpain/Āyatanapain*(마음 거듭관찰 법문과 법 거듭관찰 법문(장애의 장/ 무더기의 장/ 감각장소의 장)』, p.415 참조.

대역

Kāyaduccaritādīhi몸의 악행 등에 대해 hiriyatīti부끄러워한다고 해서 hirī부끄러움이다. etaṁ이것은 lajjāya창피함의 adhivacanaṁ동의어이다. tehiyeva바로 그것들에 대해서; 그 몸의 악행 등에 대해서 ottappatīti두려워한다고 해서 ottappaṁ두려움이다. etaṁ이것은 pāpato악에 대해 ubbegassa놀람의 adhivacanaṁ동의어이다.

부끄러움은 악행이나 불선업이 자신의 상속에 생겨나지 않게 하려는 성품입니다. 혐오하는 양상으로 부끄러워하는 것입니다. 자신과 어울리지 않는, 자신에게 적절하지 않은 나쁜 법들이 자신의 상속에 생겨나는 것을 염오하고 꺼리는 것으로 부끄러워하는 것입니다. 두려움은 악행이나 불선법을 위험한 것으로 여기고 두려워하는 것입니다. 괴로운 것으로, 좋지 않은 것으로 여기고 두려워하는 성품입니다.[423]

특질

Tattha pāpato jigucchanalakkhaṇā hirī. Uttāsanalakkhaṇaṁ ottappaṁ. Lajjākārena pāpānaṁ akaraṇarasā hirī. Uttāsākārena ottappaṁ. Vuttappakāreneva ca pāpato saṅkocanapaccupaṭṭhānā etā, attagāravaparagāravapadaṭṭhānā. Attānaṁ garuṁ katvā hiriyā pāpaṁ jahāti kulavadhū viya. Paraṁ garuṁ katvā ottappena pāpaṁ jahāti vesiyā viya. Ime ca pana dve dhammā lokapālakāti daṭṭhabbā. (Vis.ii.93)

423 『*Cittānupassanā tayatogyi hnin Dhammānupassanā tayatogyi(Nīvaraṇapain/Khandhāpain/Āyatanapain*(마음 거듭관찰 법문과 법 거듭관찰 법문(장애의 장/ 무더기의 장/ 감각장소의 장)』, p.415 참조.

대역

Tattha그중; 부끄러움과 두려움 중에서 hirī부끄러움은 pāpato악을 jigucchanalakkhaṇā혐오하는 특성이 있다. ottappaṁ두려움은 uttāsanalakkhaṇaṁ무서워하는 특성이 있다. hirī부끄러움은 lajjākārena창피해하는 모습으로, ottappaṁ두려움은 uttāsākārena무서워하는 모습으로 pāpānaṁ악을 akaraṇarasā행하지 않는 역할이 있다. etā이것들은; 부끄러움과 두려움은 vuttappakāreneva ca또한 앞에서 말한 모습을 통해서만; 창피해하고 무서워하는 모습을 통해서만 pāpato악에서 saṅkocanapaccupaṭṭhānā물러나는 것으로 나타난다. attagāravaparagāravapadaṭṭhānā자신을 중시하는 것과 타인을 중시하는 것이 가까운 원인이다. attānaṁ자신을 garuṁ katvā중시하고서 hiriyā부끄러움을 통해 pāpaṁ악을 jahāti버린다. kulavadhū viya마치 좋은 가문의 며느리처럼. paraṁ타인을 garuṁ katvā중시하고서 ottappena두려움을 통해 pāpaṁ악을 jahāti버린다. vesiyā viya마치 기생처럼. ca pana특히 ime이 dve dhammā두 가지 법은 lokapālakāti세상을 보호하는 것이라고 daṭṭhabbā보아야 한다.

부끄러움은 혐오하는jigucchana 특성이 있습니다. 혐오할 만한 악행을 꺼리는 성품이라는 뜻입니다. 두려움은 무서워하는uttāsana 특성이 있습니다. 마찬가지로 두려워할 만한 악행을 무서워하는 성품이라는 뜻입니다.

부끄러움은 창피해하는 모습으로, 두려움은 무서워하는 모습으로, 둘 다 악행을 행하지 않도록akaraṇa 삼가는 역할을 합니다.

부끄러움은 창피해하는 모습을 통해, 두려움은 무서워하는 모습을 통해 악행에서 물러나는saṅkocana 성품으로 수행자의 지혜에 나타납니다.

부끄러움은 자신을 중시하는 것이, 두려움은 타인을 중시하는 것이 가까운 원인입니다. 그래서 부끄러움은 안을 연유로, 두려움은 밖을 연유로 생겨난다고 말합니다. 비유하면 부끄러움은 좋은 가문의 며느리와 같고, 두려움은 기생과 같습니다.

좋은 가문의 며느리는 자신의 높고 훌륭한 태생을 중시하기 때문에 남편 아닌 다른 남자와의 삿된 음행을 혐오합니다. 마찬가지로 부끄러움이 있는 이는 자신의 태생 등을 근거로 '나와 같은 이가 이러한 악행을 행하는 것은 적당하지 않다'라고 자신을 중시해서 악행을 혐오하며 삼갑니다.

기생이 임신을 하면 남자들이 꺼립니다. 그래서 남자들을 중시하기 때문에 기생은 임신하는 것을 두려워합니다. 마찬가지로 두려움은 '자신을 보호하는 천신을 비롯한 여러 천신, 신통을 가진 이들은 어떤 이가 아무리 몰래 악행을 행하더라도 모두 알고 본다. 아무도 모른다고 생각하면서 악행을 행하더라도 그러한 이들 사이에서는 크게 비난받을 것이다'라고 다른 이를 중시해서 악행을 무서워하며 삼갑니다.

부끄러움을 생겨나게 하는 근거로는 태생, 나이, 용기, 견문이 있습니다. 태생을 연유로도 악행을 하는 것을 부끄러워합니다. 태생이나 가문이 좋으면 적당하지 않은 행위나 말을 감히 하지 못합니다. 인도에서는 아직까지도 태생이 중요합니다.

나이를 고려해서도 악행을 하는 것을 부끄러워합니다. 나이가 많은 이들은 축제나 공연을 보러 가고 싶어도 자신의 나이를 고려해 '적당하지 않다'라며 가지 않습니다. '나처럼 나이가 많은 이에게는 적당하지 않다'라고 마음 기울여서 부끄러워하는 것입니다.

용기 때문에도 부끄러움이 생겨납니다. 용기가 있는 사람이면 악행을 하는 것을 부끄러워합니다. 이것은 재산을 구하는 것과 더욱 가깝습니다. 재산을 구할 때 용기가 적은 이들은 적당하지 않은 방법으로 구하기도 합니다. 쉬운 방법으로, 편리한 방법으로 적당하지 않은 행위, 속이는 행위를 합니다. 용기가 있는 이들, 정진이 좋은 이들은 그렇게 적당하지 않은 행위를 생각하지 않습니다. 자신의 용기를 의지합니다. '내가 구하고 노력하면 이러한 것은 얻을 수 있다'라고 하면서 여법하고 깨끗한 방법으로 구합니다. 출가자의 경우에도 용기가 좋은 이들은 여법하지 않은 방법으로 재산을 구하는 행위, 이익을 많이 얻는 행위, 복덕을 크게 하는 행위를 하지 않습니다. 보시하는 이가 없다면 탁발합니다. 과감하기 때문입니다. 그렇게 과감한 덕목을 조건으로 해서도 악행을 삼가는 것입니다.

들음·봄이 많은bahussuta, 견문이 넓은 현자도 악행을 하는 것을 부끄러워합니다. 견문이 많은 이라면 적당하지 않은 것을 행하지 않습니다. 악행을 하지 않도록 매우 주의합니다. '나는 견문을 갖췄다. 경전지식이 많다. 그런 내가 악행을 행하는 것은 적당하지 않다'라고 생각하면서 어떠한 악행도 하지 않고 삼가면서 지냅니다. 이러한 모든 것은 자신을 연유로 생겨나는 것입니다. 그래서 부끄러움을 '안에서 생겨난 것ajjhattasamuṭṭhāna'이라고 말합니다.

두려움은 외부, 바깥세상을 고려해서 생겨납니다. 다른 이들에게 비난받을까 두려워합니다. '내가 이러한 행위를 하면 다른 이들이 비난할 것이다. 어떤 위험이나 괴로움이 생겨날 것이다'라고 생각하면서 적당하지 않은 것을 행하지 않고 삼가면서 지냅니다. 이것은 외부를 연유로 생겨나는 것입니다. 그래서 두려움을 '밖에서 생겨난 것bahiddhasamuṭṭhāna'이라고 말합니다.

세상을 보호하는 두 가지

부끄러움과 두려움 두 가지는 '세상보호lokapāla 법'이라고도 말합니다.(A2:9) 세상을 지키는 것은 바로 이 두 가지 법이라는 뜻입니다. 부끄러움과 두려움이 있는 동안은 서로 공경해야 할 이를 공경하고 존중할 것입니다. 서로 화목하게 지낼 것입니다. 부끄러움과 두려움을 갖춘다면 세상에서 모두가 '정중함'을 갖추게 됩니다. '정중하다. 차분하다'는 것은 이 두 법을 갖췄기 때문입니다. 부끄러움과 두려움이 없다면 누구도 누구를 공경하지 않습니다. 부끄러워할 줄도 모르고 두려워할 줄도 모릅니다. 행하고 싶은 대로 행합니다. 축생들에게는 부끄러움과 두려움이 없습니다. 그래서 축생들에게는 '무엇을 하면 안 된다. 무엇을 하면 된다'라는 것이 없습니다.

수행과 관련된 부끄러움·두려움

선법들이 생겨날 때마다 부끄러움과 두려움이 포함됩니다. 특히 계선업이 생겨날 때 더욱 분명합니다.

수행할 때도 부끄러움과 두려움이 포함됩니다. 하지만 수행할 때 부끄러움과 두려움이 포함되는 것은 그리 잘 알지 못합니다. 대부분 미세하기 때문입니다. 수행하다가 관찰하지 못할 때마다 번뇌가 들어옵니다. 보는 것을 관찰하지 못하면 보는 것에서 탐욕·성냄·어리석음이 생겨날 수 있습니다. 듣는 것, 맡는 것, 닿는 것, 부푸는 것, 꺼지는 것, 굽히는 것, 펴는 것, 가는 것, 오는 것, 앉는 것, 서는 것, 생각하는 것,

숙고하는 것, 어디에서든 관찰하지 못한 대상에서 탐욕·성냄·어리석음이 상황에 따라 생겨날 수 있습니다. 관찰하지 못할 때를 시작으로 들어오는 번뇌를 '대상잠재번뇌ārammaṇānusayakilesa'라고 합니다. 한 번 관찰하지 못하면 그때 탐욕·성냄·어리석음 번뇌들이 잠재합니다. 그렇게 보게 된 대상을 나중에 돌이켜 생각하며 탐욕도 생겨날 것입니다. 성냄도 생겨날 것입니다. 어리석음과 자만도 생겨날 것입니다. 조건이 형성될 때마다 번뇌들이 생겨날 것입니다.

따라서 관찰하지 못한 대상마다 탐욕·성냄·어리석음이 잠재합니다. 탐욕·성냄·어리석음이 잠재하지 않도록 여섯 문에서 대상이 드러날 때마다 관찰해야 합니다. 그렇게 관찰해서 부끄러움과 두려움의 힘이 좋아진 수행자는 한 번 관찰하지 못했을 때 '나의 상속에 탐욕·성냄·어리석음이라는 불선 번뇌들이 생겨나는 것은 적당하지 않다'라고 탐욕·성냄·어리석음이 생겨나는 것을 염오하고 혐오해서 생겨나지 않도록 애써 관찰합니다. 그래서 새길 때마다 부끄러움이 생겨납니다.

'탐욕·성냄·어리석음이 생겨나면 그러한 번뇌를 조건으로 해서 다른 이에게 비난받을 거리도 생겨날 것이다. 이것을 연유로 해서 스승이 나를 꾸짖을 것이다. 또한 그 관찰하지 못한 대상을 조건으로 해서 번뇌가 생겨나고, 번뇌에서 업이 생겨난다면 그 업이 과보를 줄 때 사악도 탄생지에도 떨어질 수 있다. 또한 관찰하지 않아 얻을 만하고 얻기에 적당한 법을 이번 생에 얻지 못한다면 윤회하는 여러 생에서 사악도에 떨어질 것이다. 이러한 것들은 매우 두려워할 만한 것이다'라고 알고서 접하는 대상마다 달아나지 않도록 애써 관찰합니다. 이것은 두려움이 생겨나는 것입니다.

수행자에게 부끄러움과 두려움은 매우 중요합니다. '번뇌가 생겨날 테면 생겨나라지. 나와는 상관없다'라고 함부로 생각하는 수행자에게는 부끄러움과 두려움이 무너집니다. '처음에 생겨나는 번뇌, 미세한 번뇌라는 잠재번뇌조차 생겨나지 않도록 관찰하리라'라고 결의하고 관찰하면 관찰할 때마다 부끄러움과 두려움이 포함됩니다. 이것이 매우 중요합니다. 그렇게 확고한 마음으로 부끄러움과 두려움을 잘 갖춰 관찰하는 수행자는 삼매와 지혜가 빨리 향상돼 특별한 법을 얻게 됩니다.[424]

---

424 『*Cittānupassanā tayatogyi hnin Dhammānupassanā tayatogyi(Nīvaraṇapain/Khandhāpain/Āyatanapain*(마음 거듭관찰 법문과 법 거듭관찰 법문(장애의 장/ 무더기의 장/ 감각장소의 장)』, pp.417~418 참조.

제38강

2009년 4월 14일

아비담마를 공부하다 보면 조금 지겨워지기도 합니다. 부처님께서는 이러한 지겨움이나 게으름을 '구멍'이라고 표현하시면서 그 구멍을 막아야 한다고 설하셨습니다.

Cha lokasmiṁ chiddāni, yattha vittaṁ na tiṭṭhati;
Ālasyañca pamādo ca, anuṭṭhānaṁ asaṁyamo;
Niddā tandī ca te chidde, sabbaso taṁ vivajjaye.

(S.i.40/S1:76)

해 석

세상에 여섯 구멍이 있으니
그 때문에 재산이 머물지 못한다네.
또한 게으름과 또한 방일함과
노력없음, 그리고 단속없음과
졸음과 나태, 이러한 여섯 가지
그 모든 구멍을 삼가야 한다네.[425]

대 역

Lokasmiṁ세상에 yattha어떤 것 때문에; 어떤 구멍 때문에 vittaṁ재산이 na tiṭṭhati머물지 못한다. (tāni) chiddāni그 구멍들은 cha여섯 가지이다. ālasyañca게으름과 pamādo ca방일함과; 마음을 그대로 내버려 두는 것과

425 「상윳따 니까야」 제1권, p.258 참조.

anuṭṭhānaṁ노력없음과; 노력하지 않음과 asaṁyamo단속없음과; 단속하지 않음과 niddā졸음과; 잠을 많이 자는 것과 tandī ca나태; 몸과 손이 노곤하고 나른하도록 밥을 많이 먹는 것, te chidde이러한 여섯 구멍을 sabbaso모두; 한 구멍도 남기지 않고 taṁ vivajjaye삼가야 한다; 막아야 한다.

가방이나 상자에 구멍이 나 있으면 그곳에 보관한 물건이 그대로 잘 머물지 못합니다. 이처럼 어떤 이에게 앞으로 언급할 구멍 여섯 개가 있으면 그에게는 세간적인 재산이나 출세간적인 재산이 머물지 못합니다. 공덕이 적고 쓸모없는 사람이 되고 맙니다. '구멍 뚫린 가방에 개구리 넣기'라는 미얀마 속담처럼 여섯 가지 구멍이 있으면 그 구멍으로 각자가 갖춘 좋은 마음부수들인 통찰지나 믿음, 또한 그런 마음부수들로부터 얻을 수 있는 금은 등의 재산, 명성 등이 다 빠져나가서 아무것도 남지 않을 것이라는 의미입니다.

부처님께서 말씀하신 여섯 구멍에 대해 알아보겠습니다. 첫째, 게으름이라는 구멍입니다. 게으른 자는 일하기 전에는 피곤할 것이라고 쉬고 일을 한 뒤에는 피곤하다고 쉬고, 마찬가지로 여행하기 전에는 피곤할 것이라고, 여행한 뒤에는 피곤하다고, 음식을 적게 먹으면 힘이 없다고, 많이 먹으면 노곤하다고, 병이 생기면 아프다고, 회복되면 힘들다고 쉽니다.(A8:80)

둘째, 방일함이라는 구멍입니다. 방일은 원래 잊어버림이라는 뜻입니다. 보시·지계·수행이라는 선업을 잊어버리고 행하지 않습니다. 선업을 행하지 않기 때문에 몸과 말과 마음으로 악행을 행합니다. 이것도 방일함입니다. 마음을 다스리지 않고 감각욕망대상에 내버려두는 것도 방일함입니다. 혹은 새김을 통해 마음을 보호하지 않는 것도 방일함입니다.

셋째, 노력없음이라는 구멍입니다. 노력하지 않는 것을 말합니다. 「마하사띠빳타나숫따」에서 부처님께서는 "ātāpī", 번뇌라는 끈적임, 마음의 때를 뜨겁게 말려버려 없애버리는 바른 정근sammappadhāna, 정진vīriya, 노력vāyāma을 갖추라고 설하셨습니다.(D.ii.231/D22), 또는 아직 생겨나지 않은 불선법은 생겨나지 않도록, 이미 생겨난 불선법은 제거하도록, 아직 생겨나지 않은 선법은 생겨나도록, 이미 생겨난 선법은 더욱 증장되도록 노력하라는 네 가지 정진도 설하셨습니다.(D.ii.250/D22) 이러한 정진이 없는 것이 노력없음입니다.

넷째, 단속없음이라는 구멍입니다. 특히 몸과 말을 잘 간수하지 않는 것을 말합니다. 몸을 잘 간수하지 않는다는 것은 몸으로 행하는 악행인 살생, 도둑질, 삿된 음행을 삼가지 않는 것, 말을 잘 간수하지 않는다는 것은 말로 행하는 악행인 거짓말, 이간하는 말, 거친 말, 쓸데없는 말을 삼가지 않는 것을 말합니다. 이렇게 몸과 말을 잘 간수하지 않으면 그 구멍으로도 여러 가지 선법이 다 빠져나갑니다.

다섯째, 졸음입니다. 잠자는 것을 중요시하는 것입니다. '잠을 이렇게 적게 자면 몸이 상할 것이다. 병이 날 것이다'라고 걱정하며 노력하지 않는 것을 말합니다. 수행자들이 많이 하는 핑계입니다.

여섯째, 나태입니다. 모든 일에 의욕이 없이 느릿느릿 시간을 지체하는 것을 말합니다. 몸이 나른할 정도로 밥을 많이 먹는 것도 포함됩니다. 수행 중에 자주 자세를 바꾸는 것도 해당됩니다.

이러한 여섯 구멍 중 하나만 있어도 그 구멍으로 수행자가 모아 놓은 새김, 통찰지가 빠져나갑니다. 여섯 구멍이 다 있으면 말할 것도 없습니다. 다 새어나가서 하나도 남지 않게 됩니다. 가방에 뚫린 구멍으로 여러 가지 귀중품 등 세간적인 재산이 빠져나가듯이 이러한 여섯 구멍으로 믿음, 계, 부끄러움, 두려움, 배움, 베풂, 통찰지라는 참사람재산[426] 7가지가 빠져나갑니다. 참사람재산이야말로 헤아릴 수 없는 과거로부터 윤회해 오면서, 혹은 나중에 윤회를 할 때 수행자들이 가질 수 있는 진정한 재산, 노잣돈이라고 할 수 있습니다. 혹은 37가지 깨달음 동반법도 진정한 재산이라고 할 수 있습니다. 만약 여섯 대상을 접했을 때 관찰하지 않으면 이러한 여섯 구멍이 뚫릴 것이고, 그 구멍으로 진정한 재산들이 다 빠져나갈 것입니다.

「아시위소빠마숫따Āsīvisopamasutta(독사비유경)」에서는 부처님께서 여섯 대상을 마을을 약탈하는 도적 여섯 명과 같다고 비유하셨습니다.(S.ii.383/S35:238) 여섯 대상을 관찰하지 않으면 여섯 구멍이 뚫리고, 그러면 여섯 대상이라는 도적이 진정한 재산을 모두 약탈해 갈 것입니다.

조금 더 분명하게 설명해 보겠습니다. 울타리 등 보호하는 것이 하나도 없는 한 마을이 있고, 근처 숲에는 500명의 도적이 살고 있습니다. 이 마을에는 보호하는 것이 없기 때문에 어느 정도 곡식을 수확하고 옷을 만들고 열매를 모아 놓았다 싶으면 도적이 와서 모두 약탈해 갑니다. 심지어 그 약탈한 것들을 마을 사람들이 짊어지고 도적의 숲으로 가져다주기까지 해야 합니다. 그 뒤 다시 먹을 것, 입을 것 등의 재산을 모아놓으면 또 도적이 와서 다 가져갑니다. 이 마을 사람들은 도적으로부터 보호하는 것이 전혀 없기 때문에 항상 가난하고 배고프

---

426 본서 p.431에서는 '성자재산'이라고 표현했다.

게 지내야 합니다.[427] 이와 마찬가지입니다. 그런 도적을 본 적이 있습니까? 실로 각자의 집에, 회사에, 다니는 곳마다 가득 들어차 있습니다. 하지만 두려워하지는 않는 듯합니다. 이러한 사실을 잘 알고 여섯 대상과 만날 때마다 이러한 여섯 구멍이 뚫리지 않도록 잘 관찰해야 합니다.[428]

탐욕없음

아름다움 공통들 19가지 중 다섯 번째 마음부수는 '탐욕없음alobha'입니다. 탐욕없음은 탐하지 않고 애착하지 않는 성품입니다. 애착하고 탐하는 성품이 탐욕lobha이고, 탐욕없음은 탐욕과 반대입니다.

단어분석

Na lubbhanti tena, sayaṁ vā na lubbhati, alubbhanamattameva vā tanti alobho. Adosāmohesupi eseva nayo. (Vis.ii.93)

대 역

Tena그것 때문에 na lubbhanti탐하지 않는다, vā혹은 sayaṁ스스로 na lubbhati탐하지 않는다, vā혹은 taṁ그것은 alubbhanamattameva단지 탐하지 않는 것일 뿐이다. iti그래서 alobho탐욕없음이다. adosāmohesupi성냄없음과 어리석음없음에 대해서도 eseva nayo바로 이 방법이 적용된다.

427 『*Kammaṭṭhānadīpanī*(수행주제 해설서)』, p.116 참조.

428 이 내용은 실제강의로 제47강의 내용이다.

빠알리어 'alobha'의 'a'는 'paṭisedha 가로막다'라는 뜻입니다. 부정하는 것입니다. '아니다'라고 부정하는 것은 제거하는 것이라고도 할 수 있습니다. 그래서 탐욕없음은 탐욕을 제거합니다. 탐욕의 반대가 탐욕없음입니다. 여기에는 두 가지 의미가 포함됩니다. 아직 얻지 못한 것을 얻으려고 하는 '탐욕'이 없는 것, 이미 얻은 것을 집착하는 '애착'이 없는 것, 이러한 성품이 탐욕없음입니다.

선법이 생겨나는 데 탐욕없음은 그 바탕이 됩니다. 선법뿐만 아닙니다. 과보나 작용이라는 비확정법이 생겨나는 데도 바탕이 됩니다. 하지만 지금 분명한 것은 선법입니다. 선법이 중요합니다. 과보는 저절로 생겨나는 것으로 자신이 어떻게 할 수 있는 법이 아닙니다. 작용도 아라한의 상속에 저절로 생겨납니다.[429]

특질

Tesu alobho ārammaṇe cittassa agedhalakkhaṇo, alaggabhāvalakkhaṇo vā kamaladale jalabindu viya. Apariggaharaso muttabhikkhu viya, anallīnabhāvapaccupaṭṭhāno asucimhi patitapuriso viya. (Viññāṇapadaṭṭhāno, āpāthagatavisayapadaṭṭhāno vā.) (Vis.ii.93)

대역

Tesu그중에서 alobho탐욕없음은 ārammaṇe대상에 cittassa마음이 agedhalakkhaṇo빠지지 않는 특성, vā혹은 alaggabhāvalakkhaṇo들러붙지 않는 특성이 있다, kamaladale jalabindu viya마치 연잎에 떨

429 『*Cittānupassanā tayatogyi hnin Dhammānupassanā tayatogyi(Nīvaraṇapain/Khandhāpain/Āyatanapain*(마음 거듭관찰 법문과 법 거듭관찰 법문(장애의 장/ 무더기의 장/ 감각장소의 장)』, p.419 참조.

어진 물방울처럼. apariggaharaso움켜쥐지 않는 역할이 있다, muttabhikkhu viya마치 해탈한 비구처럼; 번뇌에서 벗어난 아라한처럼. anallīnabhāvapaccupaṭṭhāno집착하지 않는 것으로 나타난다, asucimhi patitapuriso viya마치 오물통에 빠진 사람처럼. (viññāṇapadaṭṭhāno의식이 가까운 원인이다. vā혹은 āpāthagatavisayapadaṭṭhāno도달한 경계가; 도달한 대상이 가까운 원인이다.)[430]

특성

탐욕없음은 빠지지 않는agedha 성품, 들러붙지 않는 성품alaggabhāva이라는 특성이 있습니다. 대상에 애착하지 않는 특성을 말합니다. 연잎에 물방울이 떨어지면 그대로 붙어있지 않고 굴러 떨어지듯이 탐욕없음은 감각욕망대상에 들러붙지 않습니다. 반대로 탐욕은 애착하고 들러붙는 성품이 있습니다. 형색이나 소리 등 감각욕망대상을 탐하고 즐기고 애착합니다. 탐욕을 설명할 때 원숭이와 끈끈이의 비유를 소개했습니다. 원숭이가 나무에 붙어있는 것이 무엇인지 살펴보기 위해 손을 댑니다. 그것은 사실 끈끈이입니다. 나무 기둥에 붙여 두면 원숭이들이 손과 발을 대어 보다가 들러붙습니다. 한번 들러붙으면 원숭이들이 도망치지 못합니다. 끈끈이에 닿으면 들러붙습니다. 그와 마찬가지로 탐욕이란 것은 부딪힌 대상에 들러붙고 달라붙습니다. 부딪힌 대상에 들러붙는 성품이 있습니다.[431]

탐욕과 탐욕없음은 정반대입니다. 탐욕없음은 그러한 감각욕망대상

430 가까운 원인은 본문에 생략돼 다른 법들을 참조해서 보충했다.

431 본서 p.291 참조.

을 탐하지 않고 즐기지 않고 애착하지 않습니다. 자석에는 인력과 척력이 있습니다. 인력이 작용하면 들러붙습니다. 척력이 작용하면 밀어냅니다. 탐욕은 인력과 비슷하고 탐욕없음은 척력과 비슷합니다.

탐욕의 힘이 크면 아직 얻지 못한 것도 탐하고, 이미 가진 것도 즐기고 애착합니다. 버리지 못합니다. 탐욕의 힘이 작으면 아직 얻지 못한 것도 기대하지 않고 이미 가진 것도 애착하지 않습니다. 주기에 적당한 것이면 줍니다. 보시하기에 적당한 것이면 보시합니다. 사용하기에 적당한 것이면 사용합니다. 들러붙지 않습니다.[432]

그렇다고 경험하는 모든 것을 원하지 않는 것이 탐욕없음이라고 알아서는 안 됩니다. 선법과 관련해서 훌륭하고 거룩한 대상에 대해 원하지 않는 것은 바른 열의sammāchanda와 정진vīriya이 적어 게으름이 많기 때문입니다.(AhBṬ.140)

역할

탐욕없음은 움켜쥐지 않는apariggaha 역할을 합니다. 아라한들이 어떠한 것도 '나의 것'이라고 거머쥐지 않는 것처럼 탐욕없음도 어떤 감각욕망 대상도 '나의 것'이라고 움켜쥐지 않는 역할을 합니다. 그렇다 하더라도 거머쥐지 않고 마음대로 내버리는 것을 탐욕없음의 역할이라고 알면 안 됩니다. 그냥 내버리는 것은 앞뒤 여러 상황과 조건을 잘 아는 바른 앎sampajañña이 없어서 어리석음 때문에 행하는 잘못된 행위입니다. 앞뒤 여러 상황과 조건을 살펴 잘 간수하고 보관하는 것은 새김과

432 『*Cittānupassanā tayatogyi hnin Dhammānupassanā tayatogyi(Nīvaraṇapain/Khandhāpain/Āyatanapain*(마음 거듭관찰 법문과 법 거듭관찰 법문(장애의 장/ 무더기의 장/ 감각장소의 장)』, p.420 참조.

바른 앎의 작용입니다. 적당한데도 보시하거나 사용하지 않고 움켜쥐는 것은 탐욕의 작용입니다.(AhBṬ.140)

❙ 나타남

탐욕없음은 집착하지 않는 성품analllīnabhāva으로 수행자의 지혜에 나타납니다. 마치 오물통에 빠진 사람이 오물로 온몸이 뒤범벅이 되어 있어도 마음으로 그것을 집착하지 않는 것처럼, 탐욕없음이 깃든 사람은 탐욕의 대상인 감각욕망대상과 어쩔 수 없어 섞여 지내더라도 마음으로 집착하지 않고 깨끗하게 지냅니다.(AhBṬ.140)[433]

성냄없음

아름다움 공통들 19가지 중 여섯 번째 마음부수는 '성냄없음adosa'입니다. 성냄없음은 말 그대로 성내지 않는 성품입니다. 화내고 성내는 성품이 성냄dosa이고 성냄없음은 성냄과 반대입니다.

단어분석

Na dussatīti adosa. (AhBṬ.140)

대 역

Na dussati파괴하지 않는다. iti그래서 adoso성냄없음이다.

433 탐욕없음의 가까운 원인은 참조한 문헌에서 언급되지 않아 다른 법들을 참조해서 보충했다.

성냄없음도 '파괴하지 않게 하기 때문에, 파괴하지 않는 주체이기 때문에, 파괴하지 않는 성품 자체이기 때문에 성냄없음이라고 한다'라고 알아야 합니다.

성냄은 결합된 법들과 싫어하는 중생을 파괴합니다. 성냄없음은 그렇게 파괴하지 않습니다. 파괴하는 대신 따라줍니다. 인욕합니다. 모든 중생이 잘되기를 바랍니다. 그러한 성품이 성냄없음입니다.

특질

Adoso acaṇḍikkalakkhaṇo, avirodhalakkhaṇo vā anukūlamitto viya, āghātavinayaraso, pariḷāhavinayaraso vā candanaṁ viya, sommabhāvapaccupaṭṭhāno puṇṇacando viya. (Viññāṇapadaṭṭhāno, āpāthagatavisayapadaṭṭhāno vā.) (Vis.ii.94)

대 역

Adoso성냄없음은 acaṇḍikkalakkhaṇo거칠지 않음이라는 특성, avirodhalakkhaṇo vā혹은 반대하지 않는 특성이 있다, anukūlamitto viya마치 《자신이 바라는 바를》 잘 따라주는 친구처럼. āghātavinayaraso원한을 없애는 역할, pariḷāhavinayaraso vā혹은 《성냄이라는》 열뇌를 없애는 역할이 있다, candanaṁ viya마치 전단 나무처럼. sommabhāvapaccupaṭṭhāno서늘한 것으로 나타난다, puṇṇacando viya마치 보름달처럼. (viññāṇapadaṭṭhāno의식이 가까운 원인이다. vā혹은 āpāthagatavisayapadaṭṭhāno도달한 경계가; 도달한 대상이 가까운 원인이다.)[434]

434 가까운 원인은 본문에 생략돼 다른 법들을 참조해서 보충했다.

특성

성냄은 제34강에서 설명했듯이 거친caṇḍikka 특성을 가지고 있습니다.[435] 특별히 화가 난 상태가 아니더라도 대상과 충돌하듯이, 반대하듯이 잘못을 저지를 때도 성냄은 포함됩니다. '화를 내면서 거친 것, 대상을 반대하면서 잘못을 저지르는 것'이 성냄의 두 측면입니다. 성냄의 반대인 성냄없음은 거칠지 않습니다acaṇḍikka. 또한 자신이 바라는 바를 잘 따라주는 친구처럼 반대하지 않습니다avirodha. 이러한 성품이 성냄없음의 특성입니다. 성냄없음은 도달한 대상과 충돌하지 않습니다. 거침이나 잘못을 범함이 없습니다. 미세합니다. 대상에 따라주면서 반대하지 않습니다.[436]

역할

성냄없음은 원한을 없애는āghātavinaya 역할을 합니다. 원한을 품지 않습니다. '원한'은 마음에 들지 않는 것을 쌓아 두는 것입니다. 원한을 품고 있으면 마음에서 '성냄'이라는 불이 계속 타오르기 때문에 몸이 쉽게 늙어버립니다. 불이 땔감을 태우듯이 성냄은 피부를 주름지게 하고, 머리카락을 희게 하고, 치아를 빠지게 하는 등 용모를 상하게 합니다. 그래서 제34강에서 설명했듯이 성냄은 불과 같다고 비유합니다.[437]

반대로 성냄없음은 성냄이나 분노 등 뜨거움을 제거해서 마음에 시원함을 생겨나게 합니다. 그래서 『위숫디막가』에서 성냄없음은 마치 전

435 본서 p.340 참조.

436 『*Cittānupassanā tayatogyi hnin Dhammānupassanā tayatogyi(Nīvaraṇapain/Khandhāpain/Āyatanapain*(마음 거듭관찰 법문과 법 거듭관찰 법문(장애의 장/ 무더기의 장/ 감각장소의 장)』, p.421 참조.

437 본서 pp.340~341 참조.

단 나무가 뜨거움을 없애는 것처럼 성냄이라는 열뇌pariḷāha를 없애는 역할을 한다고 설명했습니다.(Vis.ii.94)[438] 『담마상가니 주석서』에서는 자애의 법체인 성냄없음을 통해 늙음의 고통이 생겨나지 않는다고 설명했습니다.(DhsA.171) 성냄없음은 다른 이가 자신에게 불이익을 행할 것이라고 알아도 그의 허물을 취하지 않습니다. 아들과 어머니의 경우 더욱 분명합니다. 어머니는 아들이 공손하지 않게 대해도 '아들이지'라고 생각하며 화를 내지 않고 참습니다. 성냄없음입니다. 이렇게 성냄없음에는 원한을 없애는 역할이 있습니다.

나타남

성냄없음은 보름달이 서늘함을 제공해 주는 것처럼 서늘한 성품sommabhāva으로 수행자의 지혜에 나타납니다. 편안하고 고요한 성품으로 나타납니다.[439]

자애

성냄없음이 중생이라는 개념을 대상으로 '건강하고 행복하기를'이라고 깨끗하게 생겨날 때, 이것을 '무량', 혹은 '거룩한 머묾'에 포함된 '자애mettā'라고 말합니다. 그래서 자애는 법체로는 성냄없음입니다. 특히 성냄없음은 자애를 보낼 때 더욱 분명하게 생겨납니다. 다른 이가 행복하기를 바라면서 마음 기울일 때 성냄없음이 분명하게 생겨납니다.

자애mettā는 '친애하다mijjati'라는 단어에서 유래했습니다. '애정

438 『자애』, p.20 참조.

439 성냄없음의 가까운 원인은 참조한 문헌에서 언급되지 않아 다른 법들을 참조해서 보충했다.

을 가지다siniyhati'라는 뜻입니다. 하지만 남녀 간의 애정인 '갈애애정 taṇhāpema', 부모와 자식, 형제자매 간의 애정인 '가족애정gehasitapema' 을 뜻하지는 않습니다. 이 둘은 모두 탐욕lobha일 뿐입니다. '자애애정' 은 다른 이의 이익과 번영을 진정으로 바라는 것으로 피부색이나 출신, 재산, 지위 등을 가리지 않고 모든 이의 이익과 번영을 바라는 성품입니다.

자애에는 다른 이의 이익을 위해 몸으로 행동하는 것인 '몸의 자애', 다른 이의 이익을 위해 말하는 것인 '말의 자애', 다른 이의 이익을 진정으로 생각하는 것인 '마음의 자애', 세 종류가 있습니다.

Mettā hitākārappavattilakkhaṇā, hitūpasaṁhārarasā, āghātavinayapaccupaṭṭhānā, sattānaṁ manāpabhāvadassanapadaṭṭhānā.

(Vis.i.311)

대 역

Mettā자애는 hitākārapavattilakkhaṇā번영을 행하는 것으로 생겨남이라는 특성이 있다. hitūpasaṁhārarasā번영을 가져다주는 역할을 한다. āghātavinayapaccupaṭṭhānā원한을 제거하는 것으로 나타난다; 원한을 제거하는 이익이 생겨나게 한다. sattānaṁ중생들의 manāpabhāvadassanapadaṭṭhānā마음에 드는 상태를 보는 것이 가까운 원인이다.

자애는 번영을 행하는 것으로 생겨나는hitākārapavatti 특성이 있습니다. 자애를 갖춘 이는 다른 이에게 불이익이 생겨나게 하는 행위나 말, 생각을 하지 않습니다. 다른 이에게 세간과 출세간의 이익이 생겨나게 하는 행위나 말, 생각만을 합니다. 중생들에게 번영과 이익을 가져다주는hitūpasaṁhāra 역할을 합니다. 자애를 잘 갖춘 이는 '이 자가 나를 예전에 괴롭혔다. 나를 교활하게 속였다' 등의 이유로 원한āghāta을 품지 않는 것으로 수행자의 지혜에 나타납니다. 자애의 가까운 원인은 중생들을 마음에 드는 상태로 보는 것입니다. 혹은 모든 선법의 원인이 합리적 마음기울임yonisomanasikāra이듯이(A1:7:7) 자애의 가까운 원인도 중생들에게 있는 좋은 점과 나쁜 점 중 좋은 점을 보는 것이라는 합리적 마음기울임입니다. 이것은 성냄을 다스리는 방법 중 하나로도 소개돼 있습니다.[440]

자애는 성냄이라는 분노byāpāda를 가라앉힐 때 성취되고, 갈애라는 애정sineha을 일으킬 때 무너집니다.

자애가 아닌데도 자애라고 오인되는 성품이나 자애와 반대되는 성품을 '자애의 적paccatthika'이라고 합니다. 자애의 적에는 가까운 적과 먼 적 두 가지가 있습니다. 자애의 가까운 적은 자애인 척 가장하는 애착이고 먼 적은 분노·성냄입니다.

먼 적인 분노는 쉽게 알아볼 수 있지만 가까운 적인 애착은 그것이 적인지 사실대로 알기 어렵습니다. 진짜 자애와 가짜 자애인 애착은 둘 다 중생들의 좋은 덕목을 보는 성품으로는 같기 때문입니다. 자애를 닦을 때는 중생이라는 개념을 대상으로 합니다. 어떤 남성과 여성이 이성을 대상으로 자애를 닦을 때 '아름답다subha'는 표상이 드러나면 가짜 자애인 애착이 슬그머니 들어옵니다. 따라서 자애를 닦는 이는 애착이 자애로 가장해서 끼어들지 못하도록 잘 보호해야 합니다. 자애의 먼 적

440 본서 pp.353~354 참조.

은 분노입니다. 자애와 다른 성품이기 때문입니다. 그래서 먼 적인 분노를 가라앉히고 자애를 닦아야 합니다. 왜냐하면 '자애도 생겨나게 하리라. 분노도 생겨나게 하리라'라고 마음이 일어나는 경우란 없기 때문입니다.(Vis.i.312)[441]

현자들은 자애를 항상 깨끗하고 향기롭고 널리 퍼지기 때문에 만주사까 천상꽃에 비유합니다. 만주사까 꽃은 벽지불들께서 머무시는 간다마다나Gandhamādana 산의 동굴에 피는 꽃입니다. 이 꽃은 모양도 아름답고 향기도 좋은 데다 일 년 내내 항상 피어있다고 합니다. 마찬가지로 자애를 닦는 이들도 자애라는 꽃으로 장식해서 그 향기가 끊임없이 퍼지게 해야 합니다.

자애를 달빛에 비유하기도 합니다. 달빛은 나쁜 사람과 좋은 사람, 가난한 사람과 부유한 사람, 지위가 낮은 사람과 높은 사람을 구별하지 않고 누구나 비추기 때문입니다. 혹은 서늘하기 때문에 보름달에 비유하기도 합니다.

자애를 전단 나무의 향기에 비유하기도 합니다. 전단 나무는 자신을 자른 사람에게도 향기를 내뿜습니다. 마찬가지로 자애를 닦는 이라면 자신을 좋아하는 이뿐만 아니라 자신을 괴롭히는 이에게도 화내지 말고 동등하게 자애를 보내야 합니다. 누구에게나 자애의 향기가 스며들게 해야 합니다.[442]

---

441 『*Visuddhimagga Myanmarpyan*(위숫디막가 미얀마어 번역)』 제2권, p.528.

442 자애를 닦는 방법 등은 『자애』, pp.106~146 참조.

인욕

다른 이에게 화를 내거나 허물을 범하지 않고 참을 때 생겨나는 성냄없음을 인욕khanti이라고 합니다.

부처님께서는 "인내titikkhā라는 인욕khanti이 제일 수승한 난행tapo·難行이다"라고 인욕을 칭송하셨습니다.(Dhp.184) 또한 "인욕의 힘이라는 강력한 군대를 가진 이를 바라문이라고 말한다"라고도 설하셨습니다.(Dhp.399) 성냄으로부터 보호해 줄 수 있는 인욕은 적군으로부터 보호해 줄 수 있는 군대와 같다는 뜻입니다.

부처님께서는 인욕의 이익에 대해 『앙굿따라 니까야』「악칸띠숫따Akkhantisutta(참지못함 경)」에서 많은 사람이 좋아하고, 원수가 적고, 말과 행동에서 실수가 적고, 헤매지 않으면서 죽고, 죽은 뒤 선처나 천상에 태어나는 등 다섯 가지 이익을 생겨나게 한다고 설하셨습니다.(A5:215) 혹은 많은 사람이 좋아하고, 거칠지 않고, 후회하지 않고, 헤매지 않으면서 죽고, 죽은 뒤 선처나 천상에 태어나는 등 다섯 가지 이익을 생겨나게 한다고 설하셨습니다.(A5:216)[443] 제석천왕은 "이익들 중 자신의 이익이 최상인데, 그중에서도 인욕보다 더 뛰어난 것은 없다"라고 말했습니다.(S.i.223/S11:4)

인욕은 수행에 있어서도 중요합니다. 추위나 더위, 배고픔과 목마름, 날파리나 모기 등과 닿는 것, 고약하고 언짢은 말들, 몸에 생겨난 불쾌한 느낌들을 감내하지 않으면 여러 번뇌가 생겨납니다. 그러한 것들을 감내하면 번뇌가 생겨나지 않습니다. 이러한 것들을 '감내함adhivāsanā으로써 없애야 하는 번뇌들'이라고 합니다.(M2) 여기서 '감내함'

443 본서 p.350 참조.

이란 인욕과 동의어입니다.[444]

자애를 계발하는 데 있어서도 인욕의 실천은 중요합니다. 다른 이에게 화를 내지 않고 참을 수 있어야 자애가 계발됩니다. 화를 내면 자애가 계발되지 않습니다. 그래서 부처님께서는 자애를 닦기 전에 미리 인욕의 이익을 숙고하라고 지도하셨습니다.(Vis.i.282)

주의할 점은 모든 성냄없음이 자애나 인욕인 것은 아니라는 사실입니다. 중생 개념이나 화를 낼 만한 것을 대상으로 하지 않고 부처님께 예경을 올리거나 법문을 들을 때 등에 생겨나는 일반적인 아름다운 마음, 특히 선 마음이 생겨날 때 포함되는 것은 자애나 인욕이 아닙니다. 성냄없음입니다.

중립

아름다움 공통들 19가지 중 일곱 번째 마음부수는 '중립tatramajjhattatā' 입니다. 중립은 일반적으로 '어느 편에도 치우치지 아니하고 중간에 서는 것'이라고 설명하지만[445] 마음부수로서의 중립은 중간인 성품, 균형을 맞춰주는 성품입니다.

단어분석과 특질

Tesu dhammesu majjhattatā tatramajjhattatā. (Vis.ii.96)

444 『맛지마 니까야』 제1권, p.186 참조.
445 『엣센스 국어사전』, p.2164 참조.

대 역

Tesu dhammesu그 법들에 대해; 결합된 법들에 대해 majjhattatā중간인 상태가 tatramajjhattatā중립이다.

'중립tatramajjhattatā'이란 단어는 조금 복잡합니다. 먼저 'tatramajjhattatā'를 'tatra'와 'majjhatta'와 'tā'로 나눕니다. 'majjhatta'는 다시 'majjhe + ṭhito + attā'로 나눕니다. 여기서 'attā'는 '성품'이라는 뜻입니다.

Majjhe ṭhito attā yassāti majjhatto. majjhattassa bhavo majjhattatā. tatra majjhattatā tatramajjhattatā. (AhBṬ.144)

대 역

Yassa어떤 것의; 어떤 결합한 법 모둠의 majjhe중간에 ṭhito머무는 attā성품이 (atthi)있다. iti그래서 majjhatto'중간'이라고 한다. majjhattassa중간의 bhavo존재가; 생겨나게 하는 것이 majjhattatā중간인 상태이다. tatra각각의 법들에 대해 majjhattatā중간인 상태가 tatramajjhattatā중립이다.

각각 자신의 역할에 지나치지도 않고 모자라지도 않게 중간인 성품이 '중간majjhatta'이고, 그러한 성품을 생겨나게 하는 것이 '중간인 상태majjhattatā'입니다. 접촉의 '접촉하는phusana 역할', 느낌의 '감수感受하는 anubhavana 역할' 등 각각의 역할을 할 때 모자라지도 않고, 지나치지도 않게, 결합된 법들을 고르게 생겨나게 하는 것은 중립 마음부수 때문입니다.(AhBṬ.141)

Sā cittacetasikānaṁ samavāhitalakkhaṇā, ūnādhikatānivāraṇarasā, pakkhapātupacchedanarasā vā, majjhattabhāvapaccupaṭṭhānā, cittacetasikānaṁ ajjhupekkhanabhāvena samappavattānaṁ ājānīyānaṁ ajjhupekkhakasārathi viya daṭṭhabbā. (Vis.ii.96)

대 역

Sā그것은; 중립은 cittacetasikānaṁ마음과 마음부수들을 samavāhitalakkhaṇā고르게 나르는; 생겨나게 하는 특성이 있다. ūnādhikatānivāraṇarasā모자람과 지나침을 가로막는 역할, pakkhapātupacchedanarasā vā혹은 편드는 것을 근절하는 역할이 있다. majjhattabhāvapaccupaṭṭhānā중간인 상태로 나타난다. cittacetasikānaṁ마음과 마음부수들을 ajjhupekkhanabhāvena평온하게 보는 것이어서 samappavattānaṁ고르게 나아가는 ājānīyānaṁ준마駿馬 두 마리를 ajjhupekkhakasārathi viya평온하게 보는 마부와 같다고 daṭṭhabbā보아야 한다.

'고르게 나르는samavāhita 특성'이란 결합된 법들이 각각 자신의 역할을 고르게 할 수 있도록 해 주는 성품을 말합니다. 그렇게 되도록, 어느 한 법이 자신의 역할을 모자라거나 지나치게 하지 않도록 가로막는 것ūnādhikatānivāra이 중립의 역할입니다.

'중간인 상태로 나타난다'라는 구절에서 '중간인 상태majjhattabhāva'는 문법적 분석에 따르면 '중간인 상태를 생겨나게 하는 것'이라는 의미입니다. 하지만 일반적으로는 '무덤덤하게 두고 보는 것'이라는 의미가 더 분명합니다. 그렇더라도 '신경 쓰지 않고 내버려두는 것'이라고 알아서는 안 됩니다. 이어서 나오는 '준마 두 마리를 평온하게 보는 마부와 같다'라는 비유처럼 알아야 합니다. 마부가 준마 두 마리를 함께 묶어 마차를 몰고 갈 때 두 마리가 서로 지나치거나 모자라지 않게 균형 맞춰 달려간다면 일부러 당기거나 때리지 않고 평온하게 바라보기만 하면 됩니다. 마찬가지로 중립이란 결합된 법들이 각각 자신의 역할을 균형 맞춰 해나갈 때 북돋거나 제압하지 않고 평온하게 바라보는 성품을 뜻합니다.(AhBṬ.142)

그렇다면 "특성에서 말한 '고르게 나른다'라는 성품과 나타남에서 말한 '중간인 상태, 즉 무덤덤하게 두고 본다'라는 성품은 서로 모순이 아닌가?"라고 질문할 수 있습니다. 비유에서 준마 두 마리가 균형 맞춰 달려가는 것은 마부 때문입니다. 마부가 이전에 균형을 잘 맞추었기 때문에 무덤덤하게 보고 있는 것이고, 그것에 따라 준마 두 마리가 고르게 달려가는 것입니다. 그래서 서로 모순이 되지 않습니다. (AhBṬ.142)

평온 10가지

중립은 간혹 평온upekkhā이라고도 표현합니다. 평온에는 10가지가 있습니다.

①여섯 구성요소 평온chaḷaṅgupekkhā은 여섯 문으로 원하고 싫어하는 여섯 대상이 나타날 때 기뻐하지도 않고 슬퍼하지도 않는 것을 말합니다.

②거룩한 머묾 평온brahmavihārupekkhā은 중생들에 대해 고르게 마음을 두는 것을 말합니다.

③깨달음 구성요소 평온bojjhaṅgupekkhā은 함께 생긴 법들에 대해 중립적인 것을 말합니다.

④정진 평온vīriyupekkhā은 과도하지도 않고 너무 느슨하지도 않은

정진을 말합니다.

⑤ 형성 평온saṅkhārupekkhā은 무상·고·무아라는 세 가지 특성을 보았기 때문에 삼계가 마치 불타는 것과 같이 보여 형성들에 대해 중립적인 것을 말합니다.

⑥ 느낌 평온vedanupekkhā은 즐겁지도 괴롭지도 않은 느낌을 말합니다.

⑦ 위빳사나 평온vipassanupekkhā은 무상·고·무아라는 세 가지 특성을 보았기 때문에 형성들을 무상 등으로 조사하는 것에 중립적인 것을 말합니다.

⑧ 중립 평온tatramajjhattupekkhā은 함께 생긴 법들을 고르게 나르는 성품, 지금 설명하고 있는 마음부수로서의 중립을 말합니다.

⑨ 선정 평온jhānupekkhā은 부처님께서 제3선정에 대해 "평온하게 머문다"라고(D.i.34/D1) 설하신, 최상의 행복에 대해서도 한쪽으로 기울어지지 않는 성품을 말합니다.[446]

⑩ 청정 평온pārisuddhupekkhā은 부처님께서 제4선정에 대해 "평온으로 인해 새김이 청정한 제4선정"이라고 설하신, 장애나 사유, 고찰 등 모든 반대되는 법에서 벗어나 완전히 청정한 성품, 반대법들을 가라앉히는 것에 대해서도 신경 쓰지 않는 성품을 말합니다.[447]

그중 여섯 구성요소 평온, 거룩한 머묾 평온, 깨달음 구성요소 평온, 중립 평온, 선정 평온, 청정 평온은 중립 평온, 중립 마음부수입니다.

형성 평온과 위빳사나 평온은 통찰지, 어리석음없음 마음부수입

446 『*Visuddhimagga Myanmarpyan*(위숫디막가 미얀마어 번역)』 제1권, p.500 참조.

447 『*Visuddhimagga Myanmarpyan*(위숫디막가 미얀마어 번역)』 제1권, p.501 참조.

니다.

정진 평온은 정진 마음부수, 느낌 평온은 느낌 마음부수입니다.

거룩한 머묾으로서의 평온

『아비담맛타상가하』「제9장 수행주제의 장」에 나올 거룩한 머묾brahmavihāra 네 가지 중 평온upekkhā의 법체도 이 중립입니다. 하지만 이때는 중생을 대상으로 하는 것만 뜻합니다. '중생이라는 개념을 대상으로 하는 거룩한 머묾 평온'이라고 할 때의 법체가 바로 중립입니다. 모든 중립이 거룩한 머묾 평온이라고 알면 안 됩니다. 부처님께 예경을 올리거나 법문을 들을 때 등에 포함된 중립은 거룩한 머묾 평온이 아닙니다.(AhBṬ.142)

'평온upekkhā'은 "upapattito일어나는 대로 yuttito적합하게 ikkhati바라본다. iti그래서 upekkhā평온이다"라는(Pm.ii.116)[448] 단어분석에 따라 이쪽이나 저쪽, 어느 한쪽을 따르지 않고 일어나는 대로upapattito 균형을 맞춰 적합하게yuttito '바라본다ikkhati'라는 단어에서 유래했습니다. 거룩한 머묾에서는 '행복하기를'이라고 자애로 애쓰는 성품, '괴로움에서 벗어나기를'이라고 연민으로 애쓰는 성품, '줄어들지 않고 행복한 그대로 계속 행복하기를'이라고 같이 기뻐함으로 애쓰는 성품이 아닌, 'sabbe sattā kammassakā 모든 중생은 업만이 스스로를 행복하게 하거나 괴롭게 하는 자신의 재산이다'라고 가만히 지켜보는 성품을 말합니다.

448 Upapattito yuttito ikkhati anubhavatīti upekkhā.(Pm.ii.116)

Sattesu majjhattākārappavattilakkhaṇā upekkhā, sattesu samabhāvadassanarasā, paṭighānunayavūpasamapaccupaṭṭhānā, "kammassakā sattā, te kassa ruciyā sukhitā vā bhavissanti, dukkhato vā muccissanti, pattasampattito vā na parihāyissantī"ti evaṁ pavattakammassakatādassanapadaṭṭhānā. (Vis.i.311)

대 역

Upekkhā평온은 majjhattākārappavattilakkhaṇā중간인 상태라는 양상으로[449] 생겨나는 특성이 있다. sattesu중생들에 대해 samabhāvadassanarasā고른 상태를 보는 것이라는 역할이 있다. paṭighānunayavūpasamapaccupaṭṭhānā적의와 선호가 가라앉은 것으로 나타난다. 'sattā중생들은 kammassakā업만을 자신의 재산으로 한다. te그들이; 그 중생들이 kassa누구의 ruciyā바람에 따라 sukhitā vā bhavissanti 행복하게 되겠는가? dukkhato vā muccissanti괴로움에서 벗어나겠는가? pattasampattito vā na parihāyissanti이미 얻은 영화도 줄어들지 않겠는가?'라고[450] iti evaṁ이렇게 pavatta생겨나는; 숙고하며 생겨나는 kammassakatādassanapadaṭṭhānā업만이 자신의 재산임을 보는 것이 가까운 원인이다.

449 'majjhaṭṭhākāra 중간에 위치한 양상으로'라고 표현됐다면 더욱 적당하다. 『*Visuddhimagga Myanmarpyan*(위숫디막가 미얀마어 번역)』 제2권, p.522.

450 같이 기뻐함을 닦는 모습을 보일 때 "aho sādhu, aho suṭṭhu 오, 훌륭하구나. 오, 좋구나"라고 기뻐하는 모습만 보였다. 지금 많은 이가 알고 있는 것처럼 'yathāladdhasampattito māvigacchantu 이미 얻은 번영이 줄어들지 않기를'이라고 기뻐하며 바라는 것으로 같이 기뻐함을 닦는 모습을 보이지 않았다. 하지만 여기서 보여 놓은 위의 구절을 통해 '얻은 번영에서 줄어들지 않기를'이라고 같이 기뻐함을 닦는 모습도 적당하다고 생각할 수 있다. 『*Visuddhimagga Myanmarpyan*(위숫디막가 미얀마어 번역)』 제2권, p.523.

평온은 중생들을 좋아하거나 싫어하는 상태가 아닌 중간의 상태라는 양상으로 생겨나는 특성이 있습니다. 마음에 들거나 마음에 들지 않는 등으로 나눠지는 중생들에 대해 고르게 보는 역할을 합니다. 평온은 혐오할 만하거나 좋아할 만한 것을 취하지 않기 때문에 중생들에 대한 적의와 선호를 가라앉히는 것으로 나타납니다. 가까운 원인에 대해서는 위에서 인용한 구절이 거룩한 머묾 평온을 닦는 것에 대한 설명이기 때문에 자애, 연민, 같이 기뻐함을 생겨나게 하는 모습을 배제하면서 마음 기울이는 '업만이 자기 재산임을 보는 것'이 평온의 가까운 원인이라고 설명했습니다. '업만이 자기 재산임을 보는 것' 모두가 거룩한 머묾 수행에 포함되는 평온의 가까운 원인은 아닙니다.(Pm.i.379)[451]

평온은 적의와 애착을 가라앉힐 때 성취되고, 무지aññāṇa의 평온, 즉 지혜 없이 어리석음과 결합한 평온이 생겨날 때 무너집니다.

평온에도 가까운 적과 먼 적이 있습니다. 재가에 의지한 무지의 평온gehasitā aññāṇupekkhā이 평온의 가까운 적입니다. 허물과 덕목을 고려하지 않는 것이 평온과 비슷하기 때문입니다. 애착rāga과 적의paṭigha가 평온의 먼 적입니다. 평온과 다른 성품이기 때문입니다. 그래서 먼 적인 애착과 적의를 가라앉히고 평온을 닦아야 합니다. 왜냐하면 '평온도 생겨나게 하리라. 애착이나 적의도 생겨나게 하리라'라고 마음이 일어나는 경우란 없기 때문입니다.(Vis.i.312)[452]

451 *Mahāsi Sayadaw,*『*Visuddhimagga Mahāṭikā Nissaya*(위숫디막가 대복주서 대역)』, 제2권, p.363 참조.

452 *Mahāsi Sayadaw,*『*Visuddhimagga Myanmarpyan*(위숫디막가 미얀마어 번역)』 제2권, p.528. 평온을 닦는 자세한 방법은『청정도론』제2권, pp.175~176 참조.

깨달음 구성요소로서의 중립

중립tatramajjhattatā은 네 가지 진리를 깨닫는 도의 지혜가 생겨나게 하고 뒷받침이 되기 때문에 깨달음 구성요소 7가지 중 '평온 깨달음 구성요소upekkhāsambojjhaṅga'로 포함됩니다. 평온 깨달음 구성요소, 즉 중립은 다섯 기능 중 어느 한 법이 지나치지 않도록 균형을 잡아 주는 성품입니다.

믿음이 지나치면 숙고하지 않습니다. 믿음이 지나쳐서 무엇이든 믿어버립니다. 숙고하거나 견주어보지 않습니다. 반면에 통찰지가 지나치면 웬만해서는 믿지 않습니다. 숙고나 반조를 지나치게 많이 합니다. 이러한 믿음과 통찰지가 균형을 이루도록 중립이 맞춰줍니다. 믿음도 지나치지 않도록, 통찰지도 지나치지 않도록 균형을 맞춰주는 성품입니다. 중립의 힘이 좋으면 균형을 이룹니다. 힘이 좋지 않을 때는 균형을 이루지 못합니다.

삼매와 정진도 균형을 이뤄야 합니다. 삼매가 하나의 대상에 집중해서 마음 기울이면 정진이 더 이상 애를 쓰지 않습니다. 정진이 포함되지 않는 것처럼 됩니다. 예를 들어 몸에서 한 곳의 닿음만 관찰한다면, 여러 곳으로 바꾸지 않고 한 장소만 지정해서 관찰한다면 그리 많이 애쓰지 않아도 됩니다. 그래서 정진이 줄어듭니다. 혹은 앉음 하나만 오랫동안 관찰할 때도 정진이 줄어듭니다. 삼매가 지나칩니다. 삼매가 지나치면 해태·혼침이 생겨납니다. 지겨움과 나른함이 들어옵니다. 대상 하나에만 집중하기 때문에 마음에 활력이 없습니다.

가끔 정진이 지나칠 때도 있습니다. 그럴 때는 삼매의 힘이 약합니다. 관찰대상이 너무 많아 이것도 신경 쓰고, 저것도 신경 쓰고, 이리저리 관찰할 때는 정진이 지나칩니다. 삼매가 잘 생겨나지 않습니다. 그래서 들뜸이 생겨납니다.

정진과 삼매가 균형을 이루도록 중립이 맞춰줍니다. 이것도 중립의 힘이 좋을 때라야 가능합니다. 중립의 힘이 약하면 균형을 맞추지 못합니다. 삼매가 지나칠 때도 있고 정진이 지나칠 때도 있습니다. 수행할 때 가끔 자신을 살펴보면 알 수 있습니다. 하나의 대상에 집중해서 많이 관찰하면 너무 쉬워서 애쓰지 않습니다. 그러면 정진이 약해져 조금 흐리멍덩한 듯 됩니다. 법의 맛이 드러나지 않습니다. 가끔은 너무 지나치게 애를 써서 마음의 고요함을 얻지 못합니다. 마음이 안정되지 않습니다. 이때 중립이 균형을 맞춰줍니다.

수행과 관련된 중립

앞에서 언급한 '고르게 나르는 특성'이란 바로 균형을 이루게 하는 성품입니다. 수행하지 않는 이들은 이 성품을 알기 어렵습니다. 문헌에 해박하다 해도 자신의 상속에 균형을 이루는 성품이 분명히 드러나야 알 수 있습니다. 중립을 알기란 쉽지 않습니다. 수행해야 분명하게 드러납니다. 새김이 좋을 때 균형을 맞춰주는 성품이 드러납니다. 그리 지나치게 애쓰지도 않고, 그렇다고 전혀 애를 쓰지 않고 내버려두는 것도 아닙니다. 믿음이 지나친 것도 아니고 숙고나 반조가 많은 것도 아닙니다. 균형을 이루며 새김이 이어집니다. 특히 생멸의 지혜 때 중립이 드러납니다. 형성평온의 지혜에서는 제일 분명합니다. 형성평온saṅkhārupekkhā이란 것 자체가 중립을 나타냅니다. 중립이 바로 평온upekkhā입니다. 균형을 이뤄주는 성품입니다. 너무 애쓰지 않아도 관찰대상이 마치 준비라도 된 것처럼 드러납니다. 드러나 주는 것처럼 여겨집니다. 대상이 마음에, 새김에 저절로 다가와 줍니다. 하나 다음에 하나, 계속 대상이 드러납니다.

균형을 이루기 전에는 관찰대상이 드러나도록 매우 애를 써야 합니다. 관찰대상 하나가 사라지면 다른 관찰대상 하나가 드러나도록 매우 애를 써야 합니다. 관찰대상을 계속 찾아서 취해야 하는 것과 같습니다. 사유, 즉 생각하는 성품도 있습니다. 관찰대상을 따라서 고찰하는 고찰도 있습니다.

중립이 균형을 맞춰줄 때는 대상을 일부러 찾지 않아도 됩니다. 대상이 저절로 드러나 주는 것처럼 드러납니다. 드러난 대상을 일부러 숙고할 필요도 없습니다. 단지 관찰해서 아는 정도로 알아 나갑니다. 특별히 애를 쓰지 않아도 됩니다. 관찰대상이 드러나고 그것을 알고, 서로 약속이나 한 듯 저절로 일치하면서 알아 나갑니다. 이때 특별히 애를 쓰지 않아도 각각 적절하게 생겨나는 성품이 드러나는데 그것이 중립입니다. 이것은 법을 닦는 수행자라야 알 수 있습니다. 수행하지 않으면 알 수 없습니다.

수행할 때도 어느 정도의 단계에 도달해야 중립을 압니다. 앞에서 언급했듯이 최소한 생멸의 지혜에 도달해야 압니다. 그 단계에 도달하지 않으면 알지 못합니다. 형성평온의 지혜에 도달하면 매우 분명합니다. 그때는 중립의 힘이 매우 좋아서 균형을 이룹니다.

보시할 때는 중립이 그리 분명하게 드러나지 않습니다. 계를 지킬 때도 중립이 그리 분명하게 드러나지 않습니다. 포함돼 있기는 합니다. 아름다운 마음이라면 모두 중립이 포함됩니다. 하지만 분명하지는 않습니다. 부처님 덕목을 대상으로 할 때도 중립, 균형을 맞춰주는 성품이 포함됩니다. 하지만 분명하지는 않습니다. 경전을 독송할 때, 마음 기울일 때도 선 마음이 생겨나므로 중립이 포함됩니다. 하지만 분명하지는 않습니다. 설법할 때도 분명하지는 않습니다. 법문을 들을 때도 분명하지는 않습니다. 중립은 위빳사나 수행을 통해 생멸의 지혜에 도달했을 때, 애쓰지 않아도 저절로 새김이 생겨나며 계속 알아 나갈 때 비로소 분명하게 드러납니다.[453]

---

453 『*Cittānupassanā tayatogyi hnin Dhammānupassanā tayatogyi(Nīvaraṇapain/Khandhāpain/Āyatanapain*(마음 거듭관찰 법문과 법 거듭관찰 법문(장애의 장/ 무더기의 장/ 감각장소의 장)』, pp.430~431 참조.

제39강

2009년 4월 21일

부처님께서 갖추신 '일체지'에 대해 설명하겠습니다. 빠알리어로는 'sabbaññū'라고 합니다. 알아야 할 모든 것을 아는 것, 혹은 알아야 할 모든 것을 아는 부처님을 뜻합니다. 이러한 일체지의 위력에는 세 가지가 있습니다.

첫 번째, 알아야 할 모든 법을 남김없이 아는 것입니다. 알아야 할 법ñeyyadhamma에는 형성saṅkhāra(조건 때문에 생겨나는 구체적 물질 18가지, 마음 1가지, 마음부수 52가지), 변화vikāra(구체적 물질의 특별한 모습으로 몸 암시, 말 암시, 가벼움, 부드러움, 적합함이라는 추상적 물질 5가지), 특성lakkhaṇa(물질·정신 법들의 무상·고·무아 특성과 생성·지속·머묾·소멸이라는 형성된 특성), 열반nibbāna(형성되지 않는 성품), 개념paññatti이라는 다섯 가지가 있습니다.(Nd2.339)[454] 하지만 한 번에 모든 것을 알고 모든 것을 보는 것은 아닙니다. 마음 기울이는 대상에 대해서만 알 수 있습니다.(M90)

두 번째, 아는 것에 따라, 그리고 설하기에 적당한 것에 따라 여러 방법으로 설하실 수 있는 것도 일체지의 능력입니다. 삼장에 있는 가르침이 모두 각각의 대상에 맞게 법을 여러 방법으로 설하신 내용입니다.

세 번째, 제도 가능한veneyya 중생들의 습성āsaya과 잠재성향번뇌anusayakilesa 등을 알고 보는 것입니다.

이러한 일체지로 설법하신 아비담마를 지금 배우고 있는 것입니다.

454 『가르침을 배우다』, p.45 주24 참조.

몸의 경안과 마음의 경안

아름다움 공통들 19가지 중 여덟 번째와 아홉 번째 마음부수는 '몸의 경안kāyapassaddhi'과 '마음의 경안cittapassaddhi'입니다. '경안passaddhi·輕安'은 불교에서 사용하는 용어로 편안한 성품, 안정된 성품을 말합니다. '편안함'이라고 번역하기도 합니다. 경안에는 몸의 경안과 마음의 경안이 있습니다. 몸의 경안은 몸의 편안함인데, 여기서 '몸kāya'은 마음부수들의 모둠을 말합니다. 그래서 몸의 경안은 마음부수 모둠의 편안함입니다. 마음의 경안은 마음의 편안함입니다. 애씀이나 걱정 없이 마음이 편안한 성품입니다.

단어분석과 특질

Kāyassa passambhanaṁ kāyapassaddhi. Cittassa passambhanaṁ cittapassaddhi. Kāyoti cettha vedanādayo tayo khandhā. Ubhopi panetā ekato katvā kāyacittadarathavūpasamalakkhaṇā kāyacittapassaddhiyo, kāyacittadarathanimaddanarasā, kāyacittānaṁ aparipphandanasītibhāvapaccupaṭṭhānā, kāyacittapadaṭṭhānā. Kāyacittānaṁ avūpasamakarauddhaccādikilesapaṭipakkhabhūtāti daṭṭhabbā.

(Vis.ii.94)

대 역

Kāyassa몸의 passambhanaṁ편안함이 kāyapassaddhi몸의 경안이다. cittassa마음의 passambhanaṁ편안함이 cittapassaddhi마음의 경안이다. ca그리고 ettha여기서 kāyoti몸이란 vedanādayo느낌 등의 tayo 세 khandhā무더기이다. pana또한 kāyacittapassaddhiyo몸과 마음의 경안 etā이 ubhopi두 가지도 ekato katvā하나로 작용해서; 같이 생겨

나면서 kāyacittadarathavūpasamalakkhaṇā몸과 마음의 걱정을 가라앉히는 특성이 있다. kāyacittadarathanimaddanarasā몸과 마음의 걱정을 물리치는 역할이 있다. kāyacittānaṁ몸과 마음이 aparipphandanasītibhāvapaccupaṭṭhānā동요하지 않고 청량한 상태로 나타난다. kāyacittapadaṭṭhānā몸과 마음이 가까운 원인이다. kāyacittānaṁ몸과 마음을 avūpasamakarauddhaccādikilesapaṭipakkhabhūtāti가라앉지 못하게 하는 들뜸 등의 번뇌들과 반대인 것이라고 daṭṭhabbā보아야 한다.

'몸과 마음의 걱정daratha을 가라앉히는vūpasama 특성'에서 '걱정'이란 들뜸을 기본으로 하는 번뇌들을 말합니다. 지나치게 노력하는 것, 혹은 고통이나 근심 때문에 들뜨고 걱정하는 모습으로 생겨나는 정신 무더기 네 가지를 말합니다.(Pm.ii.144) 운동이나 일로 피곤할 때 휴식을 취하면 몸과 마음이 편안해지는 것과 마찬가지로 경안이 생겨나면 마치 휴식을 취한 것처럼 피곤이나 애씀 등이 사라져 편안해집니다.

아름다운 법들이 생겨날 때 포함되는 '경안'은 그렇게 들뜸을 기본으로 하는 번뇌들, 뜨거움들을 가라앉힙니다. 그래서 '걱정을 물리치는nimaddana 역할'이라고 말한 것입니다. 특히 수행과 관련해서 경안의 역할을 두드러지게 알 수 있습니다. 처음 수행을 시작할 때는 매우 애쓰기 때문에 몸과 마음이 모두 피곤합니다. 하지만 경안이 생겨나면 경안이 모든 피곤함을 없애주고 제거해 주기 때문에 즉시 편안해집니다.

걱정을 물리쳐서 동요가 없이 청량한 상태로 수행자의 지혜에 나타나기 때문에 '동요하지 않고aparipphandana 청량한 상태sītibhāva로 나타난다'라고 설명한 것입니다.

"몸과 마음이 가까운 원인이다"라는 구절에서 몸과 마음은 건강한 몸과 마음을 말합니다.[455] 즉 아름다운 마음과 마음부수를 말합니다.

'들뜸 등의 번뇌들과 반대인 것'에서 '들뜸 등의 번뇌들'이란 들뜸을 기본으로 한 번뇌들, 혹은 들뜸을 비롯한 모든 번뇌를 포함합니다.(Pm. ii.144)

수행과 관련된 경안

정신적 몸이라는 마음부수가 안정되면 신체적 몸도 안정됩니다. 정신적 몸의 경안과 마음의 경안이 생겨나면 신체적 몸의 경안도 생겨납니다. 하지만 다른 아름다운 법들이 생겨날 때보다 위빳사나 수행을 통해 생멸의 지혜에 도달했을 때 더욱 분명합니다. 처음 수행을 시작할 때는 애도 쓰고 신경도 많이 써야 합니다. 너무 애를 많이 쓰고 지나치게 신경을 써서 들뜸이 생겨나기도 합니다. 생멸의 지혜에 도달해서야 특별히 신경 쓰지 않아도 관찰대상을, 관찰하는 앎이 저절로 알아 나갑니다. 애씀도 없어집니다. 들뜸도 없어집니다. 이렇게 애씀과 들뜸이 없어진 성품이 경안입니다.[456]

경안은 네 가지 진리를 깨닫는 도의 지혜가 생겨나게 하고 뒷받침이 되기 때문에 깨달음 구성요소 7가지 중 경안 깨달음 구성요소passaddhisambojjhaṅga로 포함됩니다.

---

455 『*Visuddhimagga Myanmarpyan*(위숫디막가 미얀마어 번역)』 제3권, p.289 참조.

456 『*Cittānupassanā tayatogyi hnin Dhammānupassanā tayatogyi(Nīvaraṇapain/Khandhāpain/Āyatanapain*(마음 거듭관찰 법문과 법 거듭관찰 법문(장애의 장/ 무더기의 장/ 감각장소의 장)』, p.433 참조.

경안 등을 두 종류로 나눈 이유

부처님께서 믿음 등 다른 마음부수들은 두 종류로 나눠 설하지 않으시고 경안 등의 마음부수들만 두 종류로 나눠 설하신 것은 무엇 때문인지 질문할 수 있습니다.

『마하띠까』에서는 다음과 같이 설명했습니다.

Ettha ca cittapassaddhiādīhi cittameva passaddhaṁ, lahu, mudu, kammaññaṁ, paguṇaṁ, uju ca hoti. Kāyapassaddhiādīhi pana rūpakāyopi. Tenevettha bhagavatā dhammānaṁ duvidhatā vuttā, na sabbattha.

(Pm.ii.145)

해 석

이 마음의 경안 등에 의해서는 마음의 경안, 가벼움, 부드러움, 적합함, 능숙함, 올곧음만 생겨난다. 몸의 경안 등에 의해서는 물질적 몸의 경안[457] 등도 생겨난다. 그래서 여기서 세존께서는 법들을 두 종류로 설하셨다. 모든 곳에서 두 종류로 설하신 것은 아니다.[458]

즉 마음의 경안, 마음의 가벼움 등에 연유해서는 마음의 경안, 마음의 가벼움 등만 생겨나지만 몸의 경안 등에 연유해서는 마음부수의 모듬이라는 정신적 몸[459]의 경안, 가벼움 등도 생겨날 수 있고, 더 나아가

457 '몸의 경안kāyapassaddhi'에서 몸은 마음부수를 뜻하고, '물질적 몸rūpakāya'에서 물질적 몸은 말 그대로 신체적 몸을 말한다.

458 해석은 『*Visuddhimagga Mahāṭikā Nissaya*(위숫디막가 대복주서 대역)』 제4권, p.334 참조.

459 '몸의 경안' 등의 '몸'은 정신적 몸을 말하고 구체적으로는 마음부수들의 모임이다. 그것을 '마음부수의 모둠'이라고 표현했다.

물질적 몸의 경안, 가벼움 등도 생겨날 수 있습니다. 그래서 다른 마음부수들과 달리 경안 등의 마음부수만 두 종류로 나눠 설하셨다고 『마하띠까』에서는 설명합니다.

『바사띠까』에서는 이 설명을 반박하며 다음과 같이 설명했습니다.

> 본서는 그렇게 생각하지 않습니다. 경안 등의 성품은 접촉이나 느낌 등 다른 마음부수들처럼 한 종류일 뿐입니다. 두 종류가 아닙니다.[460] 그러면 접촉이나 느낌 등과 다른 점은 무엇일까요? 경안 등의 성품은 마음과 마음부수뿐만 아니라, 그 마음과 마음부수 때문에 생겨나는 마음생성물질도 경안해지고 가벼워지게 합니다. 마음생성물질의 경안함 등이 퍼져 온몸 전체도 경안해집니다. 이러한 사실을 알게 하려고 마음의 경안과 몸의 경안이라는 두 종류로 부처님께서 설하신 것입니다. 그래서 『아비담맛타상가하(범주의 집론)』「깨달음 동반법 집론」에서 "saṅkappapassaddhi ca pītupekkhā 생각과 경안, 그리고 희열과 평온"이라고 몸의 경안과 마음의 경안이라고 두 종류로 나누지 않고 경안 마음부수 하나로만 법체로 보인 것입니다. 가벼움, 부드러움 등에 대해서도 같은 방법으로 알아야 합니다.(AhBṬ.144)

460 『마하띠까』의 설명에서는 "몸의 경안만 물질적 몸의 경안을 생겨나게 한다"라고 마음의 경안과 몸의 경안의 차이점을 강조했다면 『바사띠까』의 설명에서는 마음의 경안과 몸의 경안 모두 물질적 몸의 경안을 생겨나게 한다고 설명했다. 가벼움 등도 마찬가지다.

마하시 사야도는 다음과 같이 설명했습니다.

마음이 안정되면 마음부수도 안정됩니다. 마음부수가 안정되면 마음도 안정됩니다. 동일합니다. 안정됨 자체는 한 가지 성품입니다. 하지만 이렇게 마음부수의 법체를 구체적으로 설하실 때 부처님께서는 마음의 경안과 몸의 경안이라고 두 종류로 나누셨습니다. 깨달음 구성요소 일곱 가지를 설하실 때는 경안 깨달음 구성요소라고 한 종류로 설하셨습니다. 두 종류로 나누지 않았습니다.[461]

레디 빤디따 우마웅 지는 다음과 같이 설명했습니다.

마음의 경안cittapassaddhi 등으로 말하면 충분함에도 불구하고 일반적으로 몸에 대해서만 사용하는 'kāya'라는 단어로 특별히 수식해서 'kāyapassaddhi' 등으로 언급한 것은 '특별한 의미를 보이기 위해서이다'라고 기억해야 합니다. 그래서 몸의 경안 등의 단어를 통해 신체적인 경안, 가벼움, 부드러움, 적합함, 능숙함, 올곧음도 알 수 있습니다.
좀 더 분명하게 설명해 보겠습니다. ①「깨달음 구성요소 경」 등 여러 경의 가르침들을 듣고 병에서 회복한 사실 등에서 신체의 경안이 매우 분명합니다. ② 신족통iddhividha abhiññā을 통해 하늘을 날아가는 사실 등에서 신체의 가벼움이 분명합니다. ③자신

461 『*Cittānupassanā tayatogyi hnin Dhammānupassanā tayatogyi(Nīvaraṇapain/Khandhāpain/Āyatanapain*(마음 거듭관찰 법문과 법 거듭관찰 법문(장애의 장/ 무더기의 장/ 감각장소의 장)』, p.433 참조.

의 신체 무더기를 크게 하려면 크게 되도록, 작게 하려면 작게 되도록 만들어 낼 수 있는 사실 등에서 신체의 부드러움이 분명합니다. ④땅속으로 뚫고 갈 때, 산을 통과해서 갈 때, 물 안으로 들어갈 때 닿지 않고 접촉하지 않고 갈 수 있는 사실 등에서 신체의 적합함이 분명합니다. ⑤용의 모습이나 금시조의 모습이나 군인의 모습이 되도록 만들어내는 사실 등에서 신체의 능숙함이 분명합니다. ⑥앞에서 말한 여러 창조한 몸이 그대로 오랫동안 유지되는 사실에서 신체의 올곧음이 분명합니다. 몸의 경안 등을 통해 이러한 의미를 알게 합니다.(AhSṬ.i.161)

몸의 가벼움과 마음의 가벼움

아름다움 공통들 19가지 중 열 번째와 열한 번째 마음부수는 '몸의 가벼움kāyalahutā'과 '마음의 가벼움cittalahutā'입니다.

단어분석과 특질

Kāyassa lahubhāvo kāyalahutā. Cittassa lahubhāvo cittalahutā. Tā kāyacittagarubhāvavūpasamalakkhaṇā, kāyacittagarubhāvanimaddanarasā, kāyacittānaṁ adandhatāpaccupaṭṭhānā, kāyacittapadaṭṭhānā. Kāyacittānaṁ garubhāvakarathinamiddhādikilesapaṭipakkhabhūtāti daṭṭhabbā. (Vis.ii.94)

대 역

Kāyassa몸의 lahubhāvo가벼운 상태가 kāyalahutā몸의 가벼움이다. cittassa마음의 lahubhāvo가벼운 상태가 cittalahutā마음의 가벼움이

다. tā그것들은; 그 두 가지 가벼움은 kāyacittagarubhāvavūpasamalakkhaṇā몸과 마음의 무거운 상태를 가라앉히는 특성이 있다. kāyacittagarubhāvanimaddanarasā몸과 마음의 무거운 상태를 물리치는 역할이 있다. kāyacittānaṁ몸과 마음이 adandhatāpaccupaṭṭhānā둔하지 않은 것으로 나타난다. kāyacittapadaṭṭhānā몸과 마음이 가까운 원인이다. Kāyacittānaṁ몸과 마음의 garubhāvakarathinamiddhādikilesapaṭipakkhabhūtāti무거운 상태를 행하는 해태·혼침 등의 번뇌들과 반대인 것이라고 daṭṭhabbā보아야 한다.

'가벼움lahutā'은 말 그대로 가벼운 성품, 무겁지 않은 성품입니다. '무거운 상태garubhāva를 가라앉히는vūpasama 특성'이라는 구절에서 '무거운 상태'란 해태·혼침이 지나친, 혹은 그러한 모습으로 생겨나는 정신 무더기 네 가지를 말합니다.(Pm.ii.144)

불선법들은 해태·혼침에 짓눌려 무겁고 흐리멍덩합니다. 존재요인 마음들이 계속 가로막기 때문에 인식과정들이 다시 일어나는 데 시간이 많이 걸립니다. 느릿느릿 둔합니다. 반대로 아름다운 법들은 해태·혼침을 기본으로 하는 번뇌들과 결합하지 않기 때문에 빠르고 경쾌합니다.(AhBṬ.145)

수행과 관련된 가벼움

보시나 수행 등 선업을 행할 때는 선 속행이나 작용 속행의 사이사이에 존재요인 마음들이 많이 생겨나지 않습니다. 이렇게 존재요인 마음의 연속에서 신속하게 벗어나서 거듭거듭 속행 인식과정을 빠르게 생겨나게 하는 성품을 '가벼움', 정확하게 말하면 '빠르고 가벼운 성품'

이라고 합니다. 그렇다고 '빠르고 가볍다'는 말처럼 '아름다운 법들은 아름답지 않은 법들보다 생멸이 빠르다'라고 생각해서는 안 됩니다. 생멸하는 시간은 찰나로 동일합니다. 인식과정과 인식과정 사이에 존재요인이 많이 생겨나는가, 적게 생겨나는가에 따라 '빠르다, 느리다'라고 말하는 것입니다.

Thinamiddhādipaṭipakkhabhāvena kusaladhamme aniccādimanasikāre ca sīghaṁ sīghaṁ parivattanasamatthatā lahupariṇāmatā, … Sā hi pavattamānā sīghaṁ bhavaṅgavuṭṭhānassa paccayo hoti.

(VbhMṬ.96)

해 석

해태·혼침과 반대되는 성품으로 선법들에 대해 무상 등으로 마음 기울일 때 빠르게, 빠르게 생겨날 수 있는 성품이 '가볍게 향하는 것'이다. … 그것이 생겨나는 것은 빠르게 존재요인에서 벗어나는 것의 조건이 된다.

가벼움도 특히 위빳사나 수행을 통해 생멸의 지혜에 도달했을 때 분명합니다. 보시 등의 선행을 할 때도 드러나지만 이때는 분명하지 않습니다. 다른 선업을 행하면서 마음이 경쾌하게, 강력하게 생겨날 때 분명합니다. 이때는 경안은 분명하지 않고 가벼움만 분명합니다. 몸과 마음을 다해 행할 때 마음도 몸도 가볍습니다. 그때 분명합니다.

하지만 수행해서 생멸의 지혜에 도달했을 때는 더욱 분명합니다. 마음도 몸도 가볍습니다. 생멸의 지혜, 더 나아가 형성평온의 지혜에 도달하면 애씀과 신경 씀이 없어지기 때문입니다. 그때는 새김과 앎이 저절로 가벼워집니다. 마음도 즉시 가볍게, 경쾌하게 생겨납니다. 앎도 빨라집니다. 가볍습니다. 무겁고 흐리멍덩함이 없습니다. 어떠한 것이든 마음을 기울이면 빠르게 알아 나갑니다. 매우 가볍게 지냅니다. 마음이 가볍듯이 몸도 가볍습니다. 가거나 오거나 앉거나 서거나 가볍습니다. 이것은 희열과도 관련됩니다. 희열이 생겨나면 몸까지 격앙됩니다. 들썩입니다. 몸도 가볍습니다. 경행을 할 때라면 다리가 매우 가벼워 저절로 가듯이 느껴집니다.[462]

마음의 가벼움과 정신적 몸의 가벼움의 힘 때문에 물질적 몸도 가벼워집니다. 선 마음이 생겨날 때 물질적 몸도 가벼운 모습, 용약 희열이 생겨날 때 하늘로까지 날아갈 수 있는 모습을 통해 가벼움 마음부수의 능력을 알 수 있습니다.(AhBṬ.145)

몸의 부드러움과 마음의 부드러움

아름다움 공통들 19가지 중 열두 번째와 열세 번째 마음부수는 '몸의 부드러움kāyamudutā'과 '마음의 부드러움cittamudutā'입니다.

단어분석과 특질

Kāyassa mudubhāvo kāyamudutā. Cittassa mudubhāvo cittamudutā. Tā kāyacittatthambhavūpasamalakkhaṇā, kāyacittathaddhabhāvanimaddanarasā, appaṭighātapaccupaṭṭhānā, kāyacittapadaṭṭhānā.

462 『*Cittānupassanā tayatogyi hnin Dhammānupassanā tayatogyi(Nīvaraṇapain/Khandhāpain/Āyatanapain*(마음 거듭관찰 법문과 법 거듭관찰 법문(장애의 장/ 무더기의 장/ 감각장소의 장)』, pp.433~434 참조.

Kāyacittānaṁ thaddhabhāvakaradiṭṭhimānādikilesapaṭipakkhabhūtāti daṭṭhabbā. (Vis.ii.94)

대 역

Kāyassa몸의 mudubhāvo부드러운 상태가 kāyamudutā몸의 부드러움이다. cittassa마음의 mudubhāvo부드러운 상태가 cittamudutā마음의 부드러움이다. tā그것들은; 그 몸의 부드러움과 마음의 부드러움은 kāyacittatthambhavūpasamalakkhaṇā몸과 마음의 뻣뻣함을 가라앉히는 특성이 있다. kāyacittathaddhabhāvanimaddanarasā몸과 마음의 경직된 상태를 물리치는 역할이 있다. appaṭighātapaccupaṭṭhānā부딪히지 않는 것으로 나타난다. kāyacittapadaṭṭhānā《부드러운》 몸과 마음이 가까운 원인이다. kāyacittānaṁ몸과 마음의 thaddhabhāvakaradiṭṭhimānādikilesapaṭipakkhabhūtāti경직된 상태를 행하는 사견과 자만 등의 번뇌들과 반대인 것이라고 daṭṭhabbā보아야 한다.

'부드러움mudutā'은 말 그대로 부드러운 성품, 거칠지 않은 성품입니다. 부드러움이 있으면 원하는 대상에 마음 기울일 수 있습니다. 원하는 대상을 잡아당길 수 있습니다. 수행으로 닦지 않은 마음은 거칩니다. 매우 사납습니다. 법문을 들으러 가자고 권유해도 따라가려고 하지 않습니다. 이것은 마음이 거친 것입니다. 법문을 들으려고 하지 않습니다. 선행을 행하려고도 하지 않습니다. 권유했을 때 법문을 들으러 오는 사람은 그나마 낫습니다. 권장하고 권유해도 어떤 이들은 들으러 오지 않습니다. 마음이 매우 거친 것입니다.

'뻣뻣함thambha을 가라앉히는vūpasama 특성'에서 '뻣뻣함'이란 공손하지 않고 고개를 숙이지 못할 정도로 경직된 상태를 말합니다. 이것은 사견과 자만이 뒤덮은 정신 무더기 네 가지, 혹은 그 사견과 자만을 기본으로 하는 정신 무더기 네 가지를 말합니다.(Pm.ii.144) 사견이나 자만을 우두머리로 하는 번뇌들의 힘이 센 이들은 'thaddha', 경직됐습니다. 완고합니다. 거칩니다. '자아'라는 강한 집착으로, '나야말로 최고다'라는 자만으로 우쭐거리며 누구도 신경 쓰지 않습니다. 이때는 부드럽지 않습니다. 말투나 행동에 부드러움이 전혀 없습니다. 매우 뻣뻣합니다. 매우 거칩니다.

아름다운 법들이 생겨날 때, 그래서 부드러움이 생겨날 때는 사견과 자만의 힘이 약해집니다. 사견과 자만이 거의 없어진 상태가 됩니다. 매우 부드럽습니다. 비유하면 금세공사가 아름답고 깨끗한 금에서 황금실을 원하는 대로 뽑아내는 것과 같습니다. 마음을 닦으면 부드러워집니다. 자신이 원하는 대로 둘 수 있습니다. 마음 기울이는 곳으로 마음이 향합니다.

수행과 관련된 부드러움

처음 수행을 시작한 수행자는 마음이 부드럽지 않습니다. 딱딱합니다. 부풂과 꺼짐을 관찰하더라도 마음이 이리저리 달아납니다. 그것을 관찰하면 다시 달아납니다. 계속 놓칩니다. 가끔씩 마음이 산란할 때도 있습니다. 수행 초기에는 모두 비슷하게 마음이 매우 거칩니다. 부드럽지 않습니다. 하지만 나중에 수행을 통해 마음이 부드러워지면 마음을 두고 싶은 곳에 둘 수 있습니다. '이것을 관찰해'라고 하면 그 곳에 머뭅니다. 다른 곳으로 달아나지 않습니다. 자신이 둔 곳에 마음이 머뭅니다.

특히 생멸의 지혜에 도달했을 때 부드러워집니다. 마음이 부드럽고

유연합니다. 공경해야 할 사람을 공경하고 존중하는 성품이 이때 분명하게 생겨납니다. 이전에 공손하지 못했던 것까지 잘못이라고 드러냅니다. 마음이 다시 부드러워집니다. 저절로 바뀝니다. 마음이 매우 훌륭해집니다. 형성평온의 지혜에 도달하면 더욱 좋아집니다. 그때는 마음을 잘 둘 수 있습니다. 5분 동안 마음을 다른 곳에 달아나지 않도록 붙잡아둘 수 있습니다. 10분도 가능합니다. 다른 곳으로 달아나지 않습니다. 자신이 바라는 곳에 둘 수 있습니다. 이것이 부드러움입니다. 마음이 부드러운 성품입니다.

부드러움은 수행에서 더욱 분명합니다. 참사람법을 들어서 마음이 부드러울 때도 있습니다. 자신을 돌이켜 숙고해서 마음이 부드러울 때도 있습니다. 선행을 하고 나서 마음이 부드러울 때도 있습니다. 하지만 수행할 때 저절로 부드러움이 생겨나는 것은 매우 특별합니다. 처음에는 훈계할 수 없을 정도로 거칠었던 마음이 수행을 통해 부드러워집니다. 누구의 훈계도 듣지 않고 저절로 마음이 부드러워지고 유연해지는 것입니다.[463]

마음의 부드러움과 정신적 몸의 부드러움의 힘 때문에 물질적 몸도 부드러워집니다. 매우 겸손한 이들의 몸 모습이 부드러운 것을 통해 알 수 있습니다.(AhBṬ.146)

463 『*Cittānupassanā tayatogyi hnin Dhammānupassanā tayatogyi(Nīvaraṇapain/Khandhāpain/Āyatanapain*(마음 거듭관찰 법문과 법 거듭관찰 법문(장애의 장/ 무더기의 장/ 감각장소의 장)』, pp.435~436 참조.

몸의 적합함과 마음의 적합함

아름다움 공통들 19가지 중 열네 번째와 열다섯 번째 마음부수는 '몸의 적합함kāyakammaññatā'과 '마음의 적합함cittakammaññatā'입니다.

단어분석과 특질

Kāyassa kammaññabhāvo kāyakammaññatā. Cittassa kammaññabhāvo cittakammaññatā. Tā kāyacittākammaññabhāvavūpasamalakkhaṇā, kāyacittākammaññabhāvanimaddanarasā, kāyacittānaṁ ārammaṇakaraṇasampattipaccupaṭṭhānā, kāyacittapadaṭṭhānā. Kāyacittānaṁ akammaññabhāvakarāvasesanīvaraṇādipaṭipakkhabhūtā, pasādanīyavatthūsu pasādāvahā, hitakiriyāsu viniyogakkhamabhāvāvahā suvaṇṇavisuddhi viyāti daṭṭhabbā. (Vis.ii.94)

대 역

Kāyassa몸이 kammaññabhāvo행위에 적합한 상태가 kāyakammaññatā몸의 적합함이다. cittassa마음이 kammaññabhāvo행위에 적합한 상태가 cittakammaññatā마음의 적합함이다. tā그것들은; 몸의 적합함과 마음의 적합함은 kāyacittākammaññabhāvavūpasamalakkhaṇā몸과 마음이 적합하지 않은 상태를 가라앉히는 특성이 있다. kāyacittākammaññabhāvanimaddanarasā몸과 마음이 적합하지 않은 상태를 물리치는 역할이 있다. kāyacittānaṁ몸과 마음이 ārammaṇakaraṇasampattipaccupaṭṭhānā대상으로 하는 작용을 성취하는 것으로 나타난다. kāyacittapadaṭṭhānā《행위에 적합한》 몸과 마음이 가까운 원인이다. kāyacittānaṁ몸과 마음이 akammaññabhāvakarāvasesanīvaraṇādipaṭipakkhabhūtā적합하지 않은 상태를 행하는 나머지 장애 등과 반대라고, pasādanīyavatthūsu신뢰할 만한 대상을 pasādāvahā신뢰하도록 이끄는 것이라고, suvaṇṇavisuddhi viya마치 진짜 황금처럼 hitakiriyāsu번영을 행하는 데 viniyogakkhamabhāv-āvahāti결합하고 적절한 상태를 이끄는 것이라고 daṭṭhabbā보아야 한다.

적합함kammaññatā은 다음과 같이 분석할 수 있습니다.

Kammani sādhu kammaññaṁ, tassa bhāvo kammaññatā. (Pm.ii.88)

대 역

Kammani행위에 sādhu훌륭하다. kammaññaṁ그래서 적합한 것이다. tassa그것의; 적합한 것의 bhāvo성품이 kammaññatā적합함이다.

여기서 '행위'란 보시 등의 선행을 말합니다. '적합함'이란 그러한 행위를 감당할 수 있다는 뜻입니다. 선행을 하는 데 훌륭한 것, 감당할 수 있는 것이 적합함입니다. 선행을 하는 데 적당하도록 미리 준비된 상태를 말합니다. 비유하자면 삭발하기 전에 삭발도를 미리 갈아 놓아서 예리해진 상태를 말합니다. 이것을 '행위에 적합하다'라고 말합니다. '삭발도'라고 하지만 날카롭지 않으면 삭발하기에 적합하지 않습니다. 삭발하는 행위를 감당할 수 있다고 말하지 못합니다. 어떠한 행위든 그 행위를 하는 데 미리 준비된 상태라면 그것을 적합함이라고 부릅니다.

보시를 행할 때라면 보시하는 것을 감당할 수 있어야 합니다. 먼저 보시하려는 마음이 강하게 생겨나야 합니다. 법문을 듣는 것도 마음이 강렬해야 가능합니다. 계를 지키는 것도 마음이 강렬해야 합니다. 마음이 없으면 행하지 못합니다. 어떤 하나의 선행을 할 때 감당할 수 있는 성품, 적당한 성품, 그것이 적합함입니다.

적합함은 불선 마음과 결합하지 않습니다. 선 마음이 일어날 때 탐욕없음과 성냄없음과 어리석음없음[464] 외에 이러한 행위를 감당할 수 있는 성품이 있는데, 그것이 적합함입니다.

'적합하지 않은 상태akammaññabhāva를 가라앉히는vūpasama 특성'에서 '적합하지 않은 상태'란 일을 행하는 데 적합하지 않은 상태를 말합니다. 보시와 지계 등 선행을 행하는 데 적합하지 않은 상태입니다. 법체로는 감각욕망바람 등의 번뇌법들입니다. 혹은 감각욕망바람을 기본으로 한 불선 정신 무더기 네 가지입니다.(Pm.ii.144) 혹은 '적합하지 않은 상태를 행하는 나머지 장애 등과 반대라고'에서 '나머지 장애'란 해태·혼침과 들뜸을 제외한 나머지 장애를 말합니다. 그러한 장애들과 결합한 불선 마음일어남들도 보시와 지계 등 선행을 감당하지 못하게 하므로 '적합하지 않은 상태'라고 말합니다.(AhBṬ.147)

좀 더 자세하게 설명해 보겠습니다. 현악기의 줄이 너무 느슨하면 감겨서 좋은 소리가 나지 않듯이 감각욕망바람을 기본으로 하는 불선법들은 대상에 지나치게 들러붙어 마음이 너무 무릅니다. 반대로 줄이 너무 팽팽하면 끊어지듯이 자만 등을 기본으로 하는 불선법들은 대상을 취할 때 너무 거칩니다. 그래서 두 종류 모두 대상을 취할 때 적합함이 없습니다. 비유하면 황금 덩어리가 지나치게 무르거나 지나치게 단단하면 목걸이나 반지 등을 만드는 데 적당하지 않은 것과 같습니다. 알맞게 제

464 어리석음없음은 선 마음이 일어날 때 항상 포함되지는 않는다.

련된 황금은 여러 장신구를 만드는 데 매우 적당합니다. 마찬가지로 아름다운 법들도 감각욕망바람 등 장애와 섞이지 않기 때문에 지나치게 무르지도 않고, 지나치게 단단하지도 않아 각각의 선행을 할 때 잘 감당할 수 있습니다. 보시와 지계 등의 선행을 할 때 마음과 마음부수의 적합하지 않음을 물리칩니다. 이렇게 물리치는 역할을 하는 것이 '적합함'입니다.

'대상으로 하는 작용을 성취하는 것으로 나타난다'란 대상을 취할 때 남김없이 완전하게 대상을 취할 수 있는 성품으로 수행자의 지혜에 나타난다는 뜻입니다.

마음의 적합함과 정신적 몸의 적합함의 힘 때문에 물질적 몸도 각각의 선행을 감당할 수 있게 됩니다. 적합하게 됩니다.(AhBṬ.147)

수행과 관련된 적합함

수행할 때도 적합함이 있어서 각각의 대상을 관찰하는 것을 감당할 수 있습니다. 피곤하거나 피로하지 않습니다. 처음에 관찰할 때는 마음이 피곤합니다. 몸도 피로합니다. 하지만 새김이 좋아지면 피곤하지 않습니다. 오랫동안 관찰하는 것도 가능해집니다. 한 시간 정도 관찰하는 것은 전혀 문제가 없습니다. 그보다 더 길게도 관찰할 수 있습니다. 마음이 감당할 수 있습니다. '행하는 것을 감당할 수 있다'라는 것은 위빳사나의 경우라면 '관찰할 수 있다'라는 뜻입니다. 다른 영역, 다른 경우도 마찬가지입니다. 예를 들어 예경 올리는 것을 감당할 수 있다면 예경을 올립니다. 예경 올리는 것을 감당하지 못한다면 예경을 올리려 시도하지도 않고, 그래서 예경을 올리지 않습니다. 보시하는 것을 감당하지 못한다면 보시를 할 수 없습니다. 계를 지키는 것을 감당하지 못한다면 당연히 계를 지킬 수 없습니다. 보시, 지계, 수행 등 선행을 하는 데 적당한 것, 감당할 수 있는 것, 그러한 성품을 적합함이라고 말합니다.[465]

몸의 능숙함과 마음의 능숙함

아름다운 공통들 19가지 중 열여섯 번째와 열일곱 번째 마음부수는 '몸의 능숙함kāyapāguññatā'과 '마음의 능숙함cittapāguññatā'입니다.

단어분석과 특질

Kāyassa pāguññabhāvo kāyapāguññatā. Cittassa pāguññabhāvo cittapāguññatā. Tā kāyacittānaṁ agelaññabhāvalakkhaṇā, kāyacittagelaññanimaddanarasā, nirādīnavapaccupaṭṭhānā, kāyacittapadaṭṭhānā. Kāyacittānaṁ gelaññakaraasaddhiyādipaṭipakkhabhūtāti daṭṭhabbā.

(Vis.ii.95)

대 역

Kāyassa몸의 pāguññabhāvo능숙한 상태가 kāyapāguññatā몸의 능숙함이다. cittassa마음의 pāguññabhāvo능숙한 상태가 cittapāguññatā 마음의 능숙함이다. tā그것들은; 몸의 능숙함과 마음의 능숙함은 kāyacittānaṁ몸과 마음의 agelaññabhāvalakkhaṇā건강한 상태라는 특성이 있다. kāyacittagelaññanimaddanarasā몸과 마음의 건강하지 않음을 물리치는 역할이 있다. nirādīnavapaccupaṭṭhānā허물이 없

465 『*Cittānupassanā tayatogyi hnin Dhammānupassanā tayatogyi(Nīvaraṇapain/Khandhāpain/Āyatanapain*(마음 거듭관찰 법문과 법 거듭관찰 법문(장애의 장/ 무더기의 장/ 감각장소의 장)』, pp.436~437 참조.

는 것으로 나타난다. kāyacittapadaṭṭhānā몸과 마음이 가까운 원인이다. kāyacittānaṁ몸과 마음들의 gelaññakaraasaddhiyādipaṭipakkhabhūtāti건강하지 않음을 행하는 믿지않음 등과 반대인 것이라고 daṭṭhabbā보아야 한다.

능숙함pāguññatā은 다음과 같이 분석할 수 있습니다.

Pakaṭṭhoguṇo yassāti paguṇo. paguṇassa bhāvo pāguññaṁ. pāguññameva pāguññatā. (AhBṬ.147)

대 역

Yassa어떤 이에게 pakaṭṭhoguṇo훌륭한 덕목이 (atthi)있다. iti그래서 paguṇo능숙한 이다. paguṇassa능숙한 이의 bhāvo상태가 pāguññaṁ능숙한 것이다. pāguññameva능숙한 것이 바로 pāguññatā능숙함이다.

믿지않음asaddhiya을 기본으로 하는 불선 마음일어남들은 대상을 취할 때 건강하지 않은 듯, 불편한 듯 일어납니다. 반면에 아름다운 마음일어남들은 믿지않음을 기본으로 하는 번뇌들과 섞이지 않기 때문에 여러 선행에 능숙합니다. 건강합니다. 이것이 '건강한 상태agelaññabhāva라는 특성'입니다. '믿지않음'이란 믿음이 없는 이가 되게 하는 삿된 결정micchādhimokkha을 말합니다.(AhBṬ.148)

'건강하지 않음gelañña을 물리치는nimaddana 역할'에서 '건강하지 않음'이란 믿지않음 등의 불선법들, 그리고 그 불선법들과 토대가 동일한 불선법들을 말합니다.(Pm.ii.144)

'허물이 없는 것nirādīnava으로 나타난다'라고 할 때 '허물ādīnava'도 마찬가지로 믿지않음 등의 건강하지 않음을 말합니다.[466] 혹은 번뇌를 말합니다.(AhBṬ.148)

"몸과 마음이 가까운 원인이다"라는 구절에서 몸과 마음은 건강한 몸과 마음을 말합니다.[467] 즉 아름다운 마음과 마음부수를 말합니다.

이 마음의 능숙함과 정신적 몸의 능숙함이란 힘 때문에 물질적 몸도 각각의 선행에 능숙하게 됩니다.(AhBṬ.148)

수행과 관련된 능숙함

능숙함이란 숙련된 성품, 익숙한 성품입니다. 이미 익혀서 수월하게 된 것입니다. 능수능란한 성품입니다. 알아서 척척 진행될 때 '능숙하다'라고 말합니다. 여세에 따라 그대로 진행됩니다. 능숙함도 생멸의 지혜에 도달해야 특별히 분명합니다. 형성평온의 지혜에 도달하면 더욱 분명합니다. 가끔 '수행을 멈춰야지'라고 생각해도 멈추지 못하는 경우가 있습니다. 계속 수행이 진행됩니다. 이것이 능숙함의 성품입니다.[468]

몸의 올곧음과 마음의 올곧음

아름다움 공통들 19가지 중 열여덟 번째와 열아홉 번째 마음부수는 '몸의 올곧음kāyujukatā'과 '마음의 올곧음cittujukatā'입니다.

---

466 『*Visuddhimagga Myanmarpyan*(위숫디막가 미얀마어 번역)』 제3권, p.289 참조.

467 『*Visuddhimagga Myanmarpyan*(위숫디막가 미얀마어 번역)』 제3권, p.289 참조.

468 『*Cittānupassanā tayatogyi hnin Dhammānupassanā tayatogyi(Nīvaraṇapain/Khandhāpain/Āyatanapain*(마음 거듭관찰 법문과 법 거듭관찰 법문(장애의 장/ 무더기의 장/ 감각장소의 장)』, pp.437~438 참조.

단어분석과 특질

Kāyassa ujukabhāvo kāyujukatā. Cittassa ujukabhāvo cittujukatā. Tā kāyacittaajjavalakkhaṇā, kāyacittakuṭilabhāvanimaddanarasā, ajimhatāpaccupaṭṭhānā, kāyacittapadaṭṭhānā. Kāyacittānaṁ kuṭila-bhāvakaramāyāsāṭheyyādipaṭipakkhabhūtāti daṭṭhabbā. (Vis.ii.95)

대역

Kāyassa몸의 ujukabhāvo곧은 상태가 kāyujukatā몸의 올곧음이다. cittassa마음의 ujukabhāvo곧은 상태가 cittujukatā마음의 올곧음이다. tā그것들은; 몸의 올곧음과 마음의 올곧음은 kāyacittaajjav-alakkhaṇā몸과 마음의 곧음이라는 특성이 있다. kāyacittakuṭilab-hāvanimaddanarasā몸과 마음의 굽은 상태를 물리치는 역할이 있다. ajimhatāpaccupaṭṭhānā휘어짐이 없는 것으로 나타난다. kāyac-ittapadaṭṭhānā《올곧은》 몸과 마음이 가까운 원인이다. kāyacittānaṁ 몸과 마음들의 kuṭilabhāvakaramāyāsāṭheyyādipaṭipakkhabhūtāti굽은 상태를 행하는 속임· 허풍 등과 반대인 것이라고 daṭṭhabbā보아야 한다.

마음의 올곧음cittujukatā은 말 그대로 마음의 올곧음이고 몸의 올곧음kāyujukatā은 마음부수의 올곧음입니다. 마음이 올곧으면 마음부수도 올곧고, 마음부수가 올곧으면 마음도 올곧습니다. 한 쌍입니다. 서로 결합돼 있습니다.[469]

469 『*Cittānupassanā tayatogyi hnin Dhammānupassanā tayatogyi(Nīvaraṇapain/Khandhāpain/Āyatanapain*(마음 거듭관찰 법문과 법 거듭관찰 법문(장애의 장/ 무더기의 장/ 감각장소의 장)』, p.438 참조.

역할에서 언급한 '굽은 상태kuṭilabhāva'와 나타남에서 언급한 '휘어짐jimhatā'의 대표적인 예는 가까운 원인에서 언급한 속임māyā과 허풍sāṭheyya입니다. '속임'은 자신에게 있는 허물을 감추는 성품입니다. '허풍'은 자신에게 없는 덕목을 드러내는 성품입니다. 이렇게 속이고 허풍을 떠는 모습으로 생겨나는 불선 정신 무더기, 그리고 그 법들과 토대가 동일한 번뇌들이 속임과 허풍 등입니다.(Pm.ii.145)

수행과 관련된 올곧음

'Ujuka'는 '올곧은 것, 올곧은 이'이고 'ujukatā'는 '올곧은 성품, 올곧은 이의 성품'입니다. 훌륭한 마음이 깃들지 않았을 때는 마음에 교활함이나 굽은 성품이 생겨납니다. 어떤 이는 수행하기 전에 마음이 정직하지 않습니다. 그런 사람도 수행을 시작하면 저절로 올곧아집니다. 이전에 잘못했던 것들, 잘못 말했던 것들에 대해 '다시는 그러한 행위를 하지 않으리라'라고 다짐하면서 자연스럽게 마음으로 결정합니다. 마음이 올곧아집니다. 이것이 올곧음입니다. 수행하기 전에는 아무리 교활하고 정직하지 않더라도 생멸의 지혜에 도달하면 올곧아집니다. 마음이 똑발라집니다. 평소 마음가짐이 정직한 이라면 수행하기 전부터 마음이 올곧습니다. 수행하기 전에도 올곧음이 분명합니다.

몸과 마음의 경안 등에 대한 요약

마음의 경안 등을 통해 마음만의 편안함, 가벼움, 부드러움, 적합함, 능숙함, 올곧음을 나타냈습니다. 몸의 경안 등을 통해서는《정신 무더기만이 아니라》물질인 몸의 편안함 등도 나타냈습니다. 그래서 부처님께서 이 경안 등에 대해 성품으로 두 종류를 설하셨습니다.(Pm.ii.145)

경안과 가벼움, 부드러움, 적합함, 능숙함, 올곧음은 선 마음에 모두 포함되지만 그 법들을 직접 아는 것은 어렵습니다. 사마타 수행을 통해 근접 삼매나 몰입 삼매에 도달해서야, 혹은 위빳사나 수행을 통해 생멸의 지혜 등에 도달해서야 분명하게 알 수 있습니다. 이러한 법들을 직접 알고자 한다면 정확하게 수행해야 합니다.[470]

470 『*Visuddhimagga Myanmarpyan*(위숫디막가 미얀마어 번역)』 제3권, p.290.

제40강

2009년 4월 28일

| 들어가며 |

제1강에서 언급했듯이 아비담마abhidhamma의 '아비abhi'는 'atireko, visiṭṭho 높고 거룩한', '담마dhamma'는 법, 특히 숫딴따담마를 뜻합니다. 숫딴따담마인 경장보다 가르치는 방법으로나 법 무더기로나 높고 거룩하기 때문에 아비담마라고 부릅니다.[471] 그러한 아비담마의 가르침을 부처님께서 설법하시게 된 인연nidāna에는 두 가지가 있습니다.

첫 번째는 증득 인연adhigama nidāna입니다. 증득 인연이란 아비담마를 꿰뚫어 아는 일체지의 근본원인을 말합니다. 이것은 디빵까라Dīpaṅkara 부처님께 수기를 받으신 때부터 일체지의 증득과 함께 정등각자가 되신 대보리좌까지의 바라밀pāramī, 베풂cāga, 실천행cariya 등을 말합니다. 바라밀은 보살들이 닦는 열 가지 바라밀을 뜻합니다.[472] 그중 특별히 신체 부분이나 가족, 목숨 등을 버리는 모습을 드러내기 위해 베풂을 따로 언급했습니다. 실천행에는 세상을 위한 실천, 친척을 위한 실천, 정등각자 붓다가 되기 위한 실천이 있습니다.[473] 이렇게 바라밀, 베풂, 실천행이 있어야 일체지를 증득할 수 있고, 일체지를 증득해야 아비담마를 설할 수 있기 때문에 '증득 인연'이라고 말합니다.

두 번째는 설법 인연desanā nidāna입니다. 설법을 할 때 필요한 적당한 장소, 시기, 설법자, 대중을 말합니다. 각각의 법문을 설하기에 적당한 장소, 적당한 시기, 적당한 설법자, 적당한 대중, 이 네 가지가 갖춰져야 한다는 것입니다. 이러한 설법 인연도 디빵까라Dīpaṅkara 부처

---

471 『아비담마 강설 1』, pp.27~28 참조.
472 『부처님을 만나다』, pp.76~77 참조.
473 비구 일창 담마간다 편역, 『보배경 강설』, pp.46~47 참조.

님 당시부터 「담마짝깝빠왓따나숫따Dhammacakkappavattanasutta(초전법륜경)」를 설하실 때까지 구족하게 갖춰 오셨습니다. 그래서 아비담마를 설하기에 적당한 장소, 시기, 대중 등을 잘 아시고 설법하신 것입니다.(DhsA.31)[474]

이러한 두 가지 인연을 바탕으로 부처님께서 아비담마를 설하셨기 때문에 이 두 인연을 모아서 『담마상가니 주석서』에서 17가지 문답으로 설명했습니다.(DhsA.31) 다음의 17가지 문답을 통해 아비담마의 인연을 잘 알 수 있습니다.

① 아비담마는 무엇에 의해 시작됐는가?

아라한도의 지혜와 일체지로 마음을 이끄는 믿음에 의해 시작됐습니다. 디빵까라 부처님 앞에서 수기를 받을 때 정등각으로 마음을 기울이며 서원했습니다.

② 어디에서 성숙됐는가?

『자따까』에서 성숙됐습니다. 『자따까』에서는 여러 일화를 통해 550생만 언급했지만 고따마 부처님의 경우라면 4아승기 10만 대겁 동안 헤아릴 수 없는 많은 생에서 실천하고 모으며 성숙됐다고 알아야 합니다.

③ 어디에서 증득됐는가?

보리수 아래에서 증득됐습니다.

④ 언제 증득됐는가?

위사카 달의[475] 보름에 증득됐습니다.

⑤ 누구에 의해 증득됐는가?

일체지를 갖추신 부처님에 의해 증득됐습니다.

474 『담마상가니』 제2권, pp.540~541 참조.

475 한국의 경우 음력 4월에 해당한다.

⑥ 어디에서 숙고됐는가?

깨달음을 얻으신 장소에서 숙고됐습니다.

⑦ 언제 숙고됐는가?

보배궁전의 일주일ratanāghara sattāha[476] 동안 숙고됐습니다.

⑧ 누구에 의해 숙고됐는가?

일체지를 갖추신 부처님에 의해 숙고됐습니다.

⑨ 어디에서 설해졌는가?[477]

도리천의 천신들 사이에서 설해졌습니다.

⑩ 누구를 위해 설해졌는가?

천신들을 위해 설해졌습니다.

⑪ 무엇을 위해 설해졌는가?

네 가지 격류ogha·激流[478]에서 벗어나기 위해 설해졌습니다.

⑫ 누구에 의해 받아들여졌는가?

천신들에 의해 받아들여졌습니다.

⑬ 누가 수련하는가?

수련자들sekkhā·有學과 선한 범부들이 수련합니다.

⑭ 누가 수련을 마쳤는가?

누출āsava이 다한 아라한들이 수련을 마쳤습니다.

⑮ 누가 수지하는가?

적당한 이들이 수지합니다. 여기서 '적당한 이들'이란 아비담마를

---

476 『부처님을 만나다』, pp.201~202 참조.

477 설하시는 모습은 『아비담마 강설 1』, pp.28~35 참조.

478 격류는 중생들을 사악도에 떨어지도록 뒤덮어 버리고 휘감는 법들로 감각욕망격류kāmogha, 존재격류bhavogha, 사견격류diṭṭhogha, 무명격류avijjogha라는 네 가지가 있다.

배우려고 하는 이들, 아비담마를 믿는 이들을 말합니다. 어떤 사람들은 아비담마를 믿지 않습니다. 너무 어렵다고 하면서 배우려고 하지 않습니다. 그러한 사람들은 들뜸이 강합니다. 들뜸이 강하면 심오한 아비담마의 가르침에 집중하지 못합니다. 참고로 경장을 배우려고 하지 않는 사람들은 사견이 많습니다. 율장을 배우려고 하지 않는 사람들은 계를 지키려고 하지 않습니다.

⑯ 누구의 말씀인가?

아라한이며 정등각자이신 세존의 말씀입니다.

⑰ 누구에 의해 전승됐는가?

스승들에 의해 대대로 전승됐습니다. 부처님께서 아비담마를 도리천 천상 세계에서 먼저 설하셨고, 중간중간 사리뿟따 존자에게 간략하게 설하셨으며, 사리뿟따 존자가 자신의 제자들에게 중간 정도로 설하셨습니다. 이후 아비담마의 가르침을 듣고 배우고 수지하려고 하는 스승들이 대대로 계속해서 가르치고 배워서 지금까지 이어져 내려오고 있습니다.[479]

(2) 절제 3가지

아름다움 마음부수에는 모든 아름다운 마음에 공통적으로 포함된 아름다움 공통들 19가지, 때때로 결합하는 절제 3가지, 무량 2가지, 어리석음없음 1가지, 모두 25가지가 있다고 설명했습니다. 지금까지 아름다움 공통들 19가지에 대한 설명을 마쳤고, 이제 때때로 결합하는 마음부수들을 설명할 차례입니다. 먼저 절제 3가지를 설명하겠습니다.

479 이 내용은 실제강의로 제39강의 내용이다. 『담마상가니』 제2권, pp.541~542 참조.

7 Sammāvācā sammākammanto sammāājīvo ceti tisso viratiyo nāma.

해 석

바른 말, 바른 행위, 바른 생계, 이렇게 3가지인 이 마음부수들은 절제들이라고 한다.

대 역

Sammāvācā ca바른 말과; 생계를 고려하지 않고 생계라는 원인이 없는 거짓말·이간하는 말·거친 말·쓸데없는 말이라는 말의 악행 4가지를 삼가는 특성이 있는 바른 말 마음부수와 sammākammanto ca바른 행위와; 생계를 고려하지 않고 생계라는 원인이 없는 살생·도둑질·삿된 음행이라는 몸의 악행 3가지를 삼가는 특성이 있는 바른 행위 마음부수와 sammāājīvo ca바른 생계; 생계를 고려하고 생계라는 원인이 있는 말의 악행 4가지, 몸의 악행 3가지를 삼가는 특성이 있는 바른 생계 마음부수, iti=iminā pabhedena이렇게; 이렇게 종류로 구분하면 tisso3가지인 ime cetasikā이 마음부수들은 viratiyo nāma honti절제들이라고 한다; 절제해야 할 대상에 대해 절제하는 것이기 때문에 '절제 마음부수'라고 한다.

'절제virati'는 '삼가다viramati'라는 단어에서 유래했습니다. 악행을 하지 않는 것, 피하는 것, 삼가는 것을 '절제'라고 말합니다. 절제 마음부수들에는 바른 말, 바른 행위, 바른 생계라는 3가지가 있습니다. 절제 마음부수들은 나쁜 말, 나쁜 행위, 나쁜 생계를 삼가려는 마음이 생겨날 때 함께 생겨납니다. 삼가려는 마음과 결합해서 생겨납니다. 도 마음, 과 마음과도 결합해서 생겨납니다.

삼가려는 마음은 선 마음입니다. 욕계 선 마음입니다. 부처님께 예경을 올릴 때는 삼가려는 마음이 포함되지 않습니다. 그때는 절제가 생겨나지 않습니다. 보시를 할 때도 삼가려는 마음이 포함되지 않습니다. 그때도 절제가 생겨나지 않습니다. 경전이나 게송을 독송할 때도, 법문을 들을 때, 법을 설할 때도 삼가려는 마음이 포함되지 않습니다. 소임을 행할 때도 삼가려는 마음이 포함되지 않습니다. 그렇게 보통의 선 마음이 생겨날 때는 포함되지 않습니다. 말의 악행을 삼가려고 할 때는 바른 말이 생겨나고, 몸의 악행을 삼가려고 할 때는 바른 행위가 생겨나고, 나쁜 생계를 삼가려고 할 때는 바른 생계가 생겨납니다.[480]

그렇다면 나쁜 생계는 나쁜 말이나 나쁜 행위와 어떻게 다를까요? 생계와 관련되지 않은 악행이면 나쁜 말, 나쁜 행위일 뿐입니다. 생계와 관련된 악행이면 나쁜 생계입니다. 예를 들어 모기를 죽였다고 합시다. 그것은 생계와 전혀 관련이 없습니다. 닭이나 새를 요리해서 먹기 위해 죽였다면 그것은 생계와 관련됩니다. 팔기 위해서든, 직접 먹기 위해서든 그것은 생계와 관련됩니다. 재산을 늘리기 위해 거짓말을 했다면 생계와 관련된 것입니다. 어떤 이유로 상대방에게 불이익이 생겨나도록 거짓말을 했다면 삿된 생계는 아닙니다. 말의 악행, 나쁜 말

480 『*Cittānupassanā tayatogyi hnin Dhammānupassanā tayatogyi(Nīvaraṇapain/Khandhāpain/Āyatanapain*(마음 거듭관찰 법문과 법 거듭관찰 법문(장애의 장/ 무더기의 장/ 감각장소의 장)』, p.450 참조.

일 뿐입니다.[481] 비구의 경우에는 네 가지 필수품을 위해 행하는 가문타락kuladūsana, 부당추구anesanā[482], 삿된 생계micchājīva도 나쁜 생계입니다. 그렇게 생계와 관련되지 않고 화가 나서 죽이는 것, 그냥 거짓말을 하는 것은 각각 몸의 악행, 말의 악행일 뿐이지 삿된 생계는 아닙니다.(AhBṬ.149)

바른 말

절제 3가지 중 첫 번째 마음부수는 '바른 말sammāvācā'입니다. 바른 말은 나쁜 말을 삼가는 것입니다. 나쁜 말을 삼가는 것, 제거하는 것, 버리는 것입니다. 'sammā'는 '바른', 'vācā'는 말, 그래서 'sammāvācā'는 '바른 것을 말한다'는 뜻입니다. 이와 반대로 다른 이에게 불이익이 생겨나도록 거짓말을 하는 것musāvāda은 나쁜 말입니다. '삿된 말micchāvācā'이라고도 합니다. 바른 말은 그러한 나쁜 말, 삿된 말을 삼가는 것입니다. 나쁜 말을 할 상황이 생겼을 때 '사실이 아닌 것을 나는 말하지 않겠다'라는 마음이 일어나면 그때 바른 말 마음부수가 포함됩니다. "musāvādā veramaṇī sikkhāpadaṁ samādiyāmi. 거짓말을 삼가는 수련항목을 수지합니다"라고[483] 하면서 계를 수지할 때나 '거짓말을 삼가리라'라고 마음 기울일 때도 바른 말 마음부수가 일어납니다.

이간하는 말pisuṇavācā도 나쁜 말입니다. 원래 사이가 좋았던 두 사

481 『*Cittānupassanā tayatogyi hnin Dhammānupassanā tayatogyi(Nīvaraṇapain/Khandhāpain/Āyatanapain*(마음 거듭관찰 법문과 법 거듭관찰 법문(장애의 장/ 무더기의 장/ 감각장소의 장)』, p.451 참조.

482 가문타락과 부당추구에 대해서는 본서 부록 pp.735~736 참조.

483 『가르침을 배우다』, p.137 참조.

람이나 두 단체 등의 사이가 나빠지도록 한 쪽의 허물을 다른 쪽에 가서 이간하며 말하는 것은 좋지 않습니다. 그러한 나쁜 말을 하려는 상황이 생겼을 때 말하지 않고 삼가려는 마음이 생겨나면 바른 말이 포함됩니다.

거친 말pharusavācā도 나쁜 말입니다. 욕할 만한 상황이 생겼을 때 '욕을 하리라'라고 하면 나쁜 말, 삿된 말이 생겨납니다. 그렇게 욕을 할 만한 상황, 거친 말을 할 상황이 생겼을 때 '욕을 하지 않으리라'라고 삼가는 마음이 일어나면 그때 바른 말이 포함됩니다.

쓸데없는 말samphappalāpa, 즉 이익과 관련 없고 사실이 아닌 지어낸 이야기, 알맹이가 없는 이야기도 나쁜 말입니다. 이러한 말을 할 상황이 생겼을 때 '말하지 않으리라'라고 삼가는 마음이 일어나면 그때 바른 말이 포함됩니다.[484]

바른 말sammāvācā에는 대화kathā, 의도cetanā, 절제virati라는 세 종류가 있습니다. 그중 허물이 없고 나무랄 데 없이 좋은 말소리가 대화로서의 바른 말입니다. 그러한 훌륭한 말소리를 생겨나게 하는 욕계 큰 선이나 작용 마음과 결합하는 의도가 의도로서의 바른 말입니다. 거짓말 등 나쁜 말을 할 수도 있는 상황에서 나쁜 말을 삼갈 때 생겨나는 마음일어남에 포함된 절제 마음부수가 절제로서의 바른 말입니다.(AhBṬ.150) 여기서는 절제 마음부수로서의 바른 말을 뜻합니다.

---

484 『*Cittānupassanā tayatogyi hnin Dhammānupassanā tayatogyi(Nīvaraṇapain/Khandhāpain/Āyatanapain*(마음 거듭관찰 법문과 법 거듭관찰 법문(장애의 장/ 무더기의 장/ 감각장소의 장)』, pp.446~447 참조. 거짓말에 대해서는 『가르침을 배우다』, pp.157~166, 이간하는 말, 거친 말, 쓸데없는 말에 대해서는 『가르침을 배우다』, pp.179~187 참조.

Tathā passato vitakkayato ca taṁsampayuttāva vacīduccaritasamugghātikā micchāvācāya virati sammāvācā nāma. Sā pariggahalakkhaṇā, viramaṇarasā, micchāvācāppahānapaccupaṭṭhānā.(Vis.ii.141)

대 역

Tathā그렇게; 바른 견해를 통해 passato보고 vitakkayato ca사유하는 이의; 바른 생각으로 생각하는 이의 taṁsampayuttāva바로 그것과; 사유와 결합한, vacīduccaritasamugghātikā말의 악행을 뿌리 뽑는, micchāvācāya삿된 말을 virati절제하는 것이 sammāvācā nāma바른 말이다.[485] sā그것은; 바른 말은 pariggahalakkhaṇā《듣는 이, 그리고 결합된 법들을》 보듬는 특성이 있고[486] viramaṇarasā절제하는 역할이 있고, micchāvācāppahānapaccupaṭṭhānā삿된 말을 제거하는 것으로 나타난다.

이 인용구는『위숫디막가』의「진리에 대한 상설」중 도의 진리에 해당하는 바른 말에 대한 설명입니다. 그래서 '바른 견해를 통해 보고 사유하는 이의 그 사유와 결합한'이라고 설명했습니다. 바른 말은 바른 견해를 통해 보고 사유할 때 그 사유와 결합하고, 말의 악행을 뿌리 뽑고, 삿된 말을 절제하는 것이라는 뜻입니다.

---

485 ⓜ"~결합한, ~뿌리 뽑는, 절제하는 것이 바른 말이다"라고 연결하라.

486 ⓜ"듣는 이, 그리고 결합된 법들을"이라는 구절은『삿짜위방가Saccavibhaṅga(진리분석)』의 근본복주서에 따라 첨가한 내용이다.(VbhMṬ.75)『위숫디막가 대복주서』에는 "듣는 이를 보듬는다"라는 내용이 없다. 하지만 듣는 이를 보듬는다는 내용은 확실히 있어야 한다. "janānaṁ 사람을"이라는 단어가 뒤에 필사하면서 누락된 듯하다. 참고로『위숫디막가 대복주서』에서는 "거짓말 등은 속이는 역할을 하기 때문에 거칠어서 함께 생긴 법들을 보듬지 못한다. 그러나 바른 말의 고유성질은 그것과 반대되기 때문에 사랑siniddhabhāva으로 함께 생긴 법들을 보듬는다"라고 설명하고 있다.(Pm.ii.215)『*Visuddhimagga Myanmarpyan*(위숫디막가 미얀마어 번역)』제3권, p.432;『아비담마 길라잡이』제1권, p.269 참조.

바른 행위

절제 3가지 중 두 번째 마음부수는 '바른 행위sammākammanta'입니다. 바른 행위란 나쁜 행위를 삼가는 것입니다. 'sammā'는 '바른', 'kammanta'는 '행위'라는 뜻입니다. 그래서 'sammākammanta'는 '바른 행위를 하는 것'입니다. 하지만 좋은 행위를 하는 것만으로 바른 행위 마음부수라고 말하지 않습니다. 나쁜 행위를 삼가는 것을 말합니다. 예를 들어 정사를 짓는 것, 보시를 행하는 것, 부처님께 예경을 올리는 것, 수행을 하는 것은 모두 좋은 행위를 하는 것입니다. 하지만 그때는 바른 행위가 포함되지 않습니다.

바른 행위는 나쁜 행위를 삼가는 마음이 일어날 때 포함됩니다. 나쁜 행위에는 살생pāṇātipāta, 도둑질adinnādāna, 삿된 음행kāmesu micchācāra이라는 3가지가 있습니다. 다른 이의 목숨을 빼앗는 것, 다른 이의 재산을 훔치는 것, 자신과 관련이 없는 감각욕망대상을 범하는 것, 이 3가지가 나쁜 행위입니다. 그 나쁜 행위를 행할 상황이 생겼을 때 '행하지 않으리라'라고 삼가면 그때 바른 행위가 포함됩니다. 혹은 미리 수지하면서 'pāṇātipātā veramaṇī sikkhāpadaṁ samādiyāmi. 살생을 삼가는 수련항목을 수지합니다', 'adinnādānā veramaṇī sikkhāpadaṁ samādiyāmi. 도둑질을 삼가는 수련항목을 수지합니다', 'kāmesu micchācārā veramaṇī sikkhāpadaṁ samādiyāmi. 삿된 음행을 삼가는 수련항목을 수지합니다'라고[487] 수지할 때도 그때마다 바른 행위가 포함됩니다.[488]

487 빠알리어를 직역한 해석이다. 한국마하시선원, 『법회의식집』에서는 "산목숨을 해치지 않는 계행을 지키겠습니다. 다른 이의 물건을 훔치지 않는 계행을 지키겠습니다. 삿된 음행을 하지 않는 계행을 지키겠습니다"라고 해석했다. 한국마하시선원, 『법회의식집』, p.22 참조.

488 『*Cittānupassanā tayatogyi hnin Dhammānupassanā tayatogyi(Nīvaraṇapain/Khandhāpain/Āyatanapain*(마음 거듭관찰 법문과 법 거듭관찰 법문(장애의 장/ 무더기의 장/ 감각장소의 장)』, p.448 참조.

바른 행위sammākammanta에도 행동kiriyā, 의도cetanā, 절제virati라는 세 종류가 있습니다. 그중 허물이 없고 나무랄 데 없이 좋은 행동이 행동으로서의 바른 행위입니다. 그러한 훌륭한 행동을 생겨나게 하는 욕계 큰 선이나 작용 마음과 결합하는 의도가 의도로서의 바른 행위입니다. 살생 등 나쁜 행위를 할 수도 있는 상황에서 나쁜 행위를 삼갈 때 생겨나는 마음일어남에 포함된 절제 마음부수가 절제로서의 바른 행위입니다.(AhBṬ.150) 여기서는 절제 마음부수로서의 바른 행위를 뜻합니다.

Tathā viramato taṁsampayuttāva micchākammantasamucchedikā pāṇātipātādivirati sammākammanto nāma. So samuṭṭhāpanalakkhaṇo, viramaṇaraso, micchākammantappahānapaccupaṭṭhāno.

(Vis.ii.141)

대역

Tathā그렇게 viramato절제하는 이의 taṁsampayuttāva바로 그것과; 그 절제와 결합하는, micchākammantasamucchedikā삿된 행위를 뿌리 뽑는, pāṇātipātādivirati살생 등을 절제하는 것이 sammākammanto nāma바른 행위이다. so그것은; 바른 행위는 samuṭṭhāpanalakkhaṇo《허물이 없는 행위를》 생겨나게 하는 특성이 있고, viramaṇaraso절제하는 역할이 있고, micchākammantappahānapaccupaṭṭhāno삿된 행위를 제거하는 것으로 나타난다.

바른 생계

절제 3가지 중 세 번째 마음부수는 '바른 생계sammāājīva'입니다. 바른 생계란 나쁜 생계를 삼가는 것입니다. 'sammā'는 '바른', 'ājīva'는 '생계', 그래서 'sammāājīva'는 '바르게 생계를 유지하는 것'을 뜻합니다. 법답게, 올바르게 사고파는 등의 일을 해서 살아가는 것입니다. 바른 생계는 바르지 않은 방법으로 생계를 유지하는 것을 삼가려는 마음이 일어날 때 포함됩니다. 법답게, 올바르게 생계를 유지한다는 것은 여법하지 않게, 올바르지 않게 생계를 유지하는 것을 삼가려는 마음이 있다고 말할 수 있습니다. 성품으로는 동일합니다. 하지만 바른 생계는 나쁜 생계를 삼가려는 성품을 법체로 헤아립니다.

여법하지 않은 생계란 재산을 구할 때 살생으로 유지하는 생계, 도둑질로 유지하는 생계, 거짓말이나 이간질 등으로 유지하는 생계를 뜻합니다. 일부는 거친 말로 생계를 유지합니다. 다른 이가 시켜서 그렇게 하는 경우도 있습니다. 부처님께서 꼬삼비Kosambī 국으로 오실 때 마간디Māgaṇḍī라는 여인은 이전에 부처님에게 원한을 가져서 사람들에게 돈을 주고서 부처님을 욕하도록 시켰습니다.(Dhp.21~23 일화; DhpA.i.135) 그렇게 돈을 받고 그릇된 일을 하는 것은 삿된 생계에 해당합니다. 쓸데없는 말로 생계를 유지하기도 합니다.[489] 그렇게 여법하지 않은 생계의 유지를 삼가려는 마음이 일어날 때마다 바른 생계가 포함됩니다.

특히 기억해야 할 것은 출가자라면 여법하지 않은 생계가 재가자보다 더욱 광범위하다는 사실입니다. 출가자에게 삿된 생계는 살생이나

489 쓸데없는 말에 대한 자세한 설명은『가르침을 배우다』, pp.184~187 참조.

도둑질 등의 정도가 아닙니다. 앞에서도 언급했듯이 가문타락kuladūs-ana, 부당추구anesanā 등도 있습니다. 이익을 얻기 위해 재가자들과 법답지 않게 어울리는 것도 삿된 생계에 해당합니다. 그렇게 얻은 필수품은 사용해서는 안 됩니다. 그러한 필수품을 사용하는 것은 삿된 생계에 해당합니다. 재가자라면 비록 재산을 구할 때는 삿된 생계에 해당하더라도 사용할 때는 삿된 생계에 해당하지 않습니다. 출가자라면 구할 때도 삿된 생계에 해당하고, 사용할 때도 삿된 생계에 해당합니다. 출가자는 여법하지 않은 방법으로 구해서 얻은 필수품을 사용해서는 안 됩니다. 사용하면 사용할 때마다 범계에 해당합니다. 그러면 계가 청정하지 않습니다. 계청정이 생겨나지 않습니다. 이 점이 재가자와 출가자의 차이점입니다.

바른 생계에는 정진과 절제, 두 종류가 있습니다. 그중 일반적인 생계 수단인 농사나 장사 등을 하거나, 출가자라면 가문타락kuladūsana, 부당추구anesanā, 삿된 생계micchājīva에 해당하지 않는 법다운 방법으로만 네 가지 필수품을 구해서 생계를 유지할 때 생겨나는 정진 마음부수가 정진으로서의 바른 생계입니다. 나쁜 말이나 나쁜 행위로 생계를 유지하려고 할 때 '이러한 악행을 하지 않으리라'라고 삼갈 때 생겨나는 절제 마음부수가 절제로서의 바른 생계입니다.(AhBṬ.151) 여기서는 절제로서의 바른 생계를 뜻합니다.

> Yā panassa tesaṁ sammāvācākammantānaṁ visuddhibhūtā taṁsampayuttāva kuhanādiupacchedikā micchājīvavirati, so sammāājīvo nāma. So vodānalakkhaṇo, ñāyājīvapavattiraso, micchājīvappahānapaccupaṭṭhāno. (Vis.ii.141)

대 역

Pana그리고 assa그의; 바른 말과 바른 행위를 갖춘 이의 tesaṁ sammāvācākammantānaṁ그 바른 말과 행위를 visuddhibhūtā더욱 청정하게 하는, taṁsampayuttāva바로 그것과 결합한 kuhanādiupacchedikā계략 등을 단절하는, yā micchājīvavirati삿된 생계를 절제하는 어떤 것, so그것이 sammāājīvo nāma바른 생계이다. so그것은; 그 바른 생계는 vodānalakkhaṇo《몸과 말을》 깨끗하게 하는 특성이 있고, ñāyājīvapavattiraso적합한 생계를 일으키는 역할이 있고, micchājīvappahānapaccupaṭṭhāno삿된 생계를 제거하는 것으로 나타난다.[490]

절제들의 특질

Kāyaduccaritato virati kāyaduccaritavirati. Esa nayo sesāsupi. Lakkhaṇādito panetā tissopi kāyaduccaritādivatthūnaṁ avītikkamalakkhaṇā, amaddanalakkhaṇāti vuttaṁ hoti. Kāyaduccaritādivatthuto saṅkocanarasā, akiriyapaccupaṭṭhānā, saddhāhirottappaappicchatādiguṇapadaṭṭhānā, pāpakiriyato cittassa vimukhabhāvabhūtāti daṭṭhabbā. (Vis.ii.97)

대 역

Kāyaduccaritato몸의 악행을 virati절제하는 것이 kāyaduccaritavirati 몸의 악행 절제이다. sesāsupi나머지에 대해서도 esa nayo이 방법이 적용된다. lakkhaṇādito pana특성 등을 통해서 etā tissopi

490 『*Visuddhimagga Myanmarpyan*(위숫디막가 미얀마어 번역)』 제3권, p.433; 『아비담마 길라잡이』 제1권, p.270 참조.

이 세 가지 모두는 kāyaduccaritādivatthūnaṁ몸의 악행 등의 토대를 avītikkamalakkhaṇā범하지 않는 특성, amaddanalakkhaṇāti어기지 않는 특성이 있다고 vuttaṁ hoti말한다. kāyaduccaritādivatthuto 몸의 악행 등의 토대로부터 saṅkocanarasā움츠리는 역할이 있다. akiriyapaccupaṭṭhānā《그러한 악행들을》 행하지 않는 것으로 나타난다. saddhāhirottappaappicchatādiguṇapadaṭṭhānā믿음과 부끄러움과 두려움과 소욕 등의 덕목이 가까운 원인이다. pāpakiriyato악한 행위로부터 cittassa마음이 vimukhabhāvabhūtāti고개를 돌리는 것이라고 daṭṭhabbā보아야 한다.

절제들은 '악행의 토대duccaritavatthu'를 범하지 않는avītikkama 특성이 있습니다. 여기서 '악행의 토대'란 다른 이의 목숨이나 재산 등 범할 만한 어떤 것을 말합니다. '움츠리는saṅkocana 역할'이란 그러한 악행의 토대로부터 물러나는 것입니다. '믿음과 부끄러움 등이 가까운 원인이다'라는 것은 믿음 등의 덕목을 갖춘 이들만 악행을 삼갈 수 있다는 뜻입니다.(AhBṬ.151)

바른 말, 바른 행위, 바른 생계는 열반에 도달하게 하는 길과 같기 때문에 여덟 가지 도 구성요소 중 바른 말, 바른 행위, 바른 생계라는 같은 표현으로 포함됩니다.

절제 3가지

절제virati에는 ①당면절제sampattavirati·當面節制, ②수지절제samādānavirati·受持節制, ③근절절제samucchedavirati·根絶節制 세 종류가 있습니다. 먼저 ①당면절제란 이전에 계를 수지하지 않은 상태에서 죽이거나 훔치거나 거짓말 등의 악행들을 행할 조건에 당면했을 때 그 악행을 하지 않고 절제하는 것을 말합니다.[491] 이것에 대해 주석서에서는 짝까나Cakkana라는 이가 절제하는 모습을 예로 들었습니다.

과거 스리랑카에 짝까나라는 사람이 살았습니다. 그의 어머니가 병이 나자 약사는 토끼고기를 고아서 먹도록 처방했습니다. 짝까나는 토끼를 잡으러 숲으로 갔습니다. 그때 토끼 한 마리가 어린나무의 싹을 먹기 위해 다가왔습니다. 토끼는 짝까나를 보고 놀라서 도망치다가 덩굴에 걸리고 말았습니다. 짝까나는 그 토끼를 잡아서 어머니를 위해 약을 지어야겠다고 생각했습니다. 하지만 다시 '내 어머니 목숨을 살리자고 다른 생명을 죽이는 것은 적당하지 않다'라는 생각이 들어 토끼를 풀어주었습니다. 그리고 집으로 돌아온 짝까나는 어머니 앞에서 "저는 태어나서 생명을 죽인 적이 없습니다. 이 진실의 서원으로 어머니의 병이 사라지기를"이라고 서원을 말했습니다. 그러자 어머니의 병이 씻은 듯 사라졌습니다.

이 일화에서 짝까나는 이전에 계를 수지한 적이 없었습니다. 토끼를 잡으러 숲에 갔고, 토끼를 잡아서 죽이려고 했습니다. 하지만 그 순간 잘 숙고하고서 토끼를 살려주었습니다. 이렇게 죽일 기회가 생겼지만 죽이지 않고 삼가고 절제하는 것이 당면절제입니다. 마찬가지로 도둑질 등의 기회가 생겼을 때 훔치고자 하는 악행을 행하지 않고 삼가고 절제하는 것도 당면절제입니다.

---

491 Sampatte대상에 당면했을 때 uppannā생겨나는 virati절제가 sampattavirati당면절제이다.(AhBṬ.151)

②수지절제란 수지하고 있거나 수지해 놓았던 계가 무너지지 않도록 절제하는 것을 말합니다.[492] 이것에 대해서는 웃따라왓다마나 빱바따와시Uttaravaḍḍhamāna pabbatavāsī라는[493] 한 청신사를 예로 들어 설명했습니다. 웃따라왓다마나는 붓다락키따Buddharakkhita 장로에게 계를 받고서 밭을 갈러 갔습니다. 그는 밭을 다 간 뒤 소를 잠시 풀어 놓았습니다. 그런데 그 소가 돌아오지 않았습니다. 소가 돌아오지 않자 그는 소를 찾아다니다가 웃따라왓다마나 산에 오르게 됐습니다. 그 산에는 매우 큰 구렁이가 살고 있었는데 그 구렁이는 웃따라왓다마나를 보더니 그의 몸을 휘감았습니다. 그는 손에 들고 있던 칼로 구렁이의 머리를 내리치려고 생각했습니다. 하지만 즉시 '오, 나는 매우 존경하는 붓다락키따 장로에게서 계를 수지했다. 계를 어기는 것은 적당하지 않다. 차라리 목숨을 버리리라. 계를 버리지는 않으리라'라고 숙고하고서 칼을 숲속에 던져 버렸습니다. 그러자 구렁이가 그를 놓아주고 가버렸습니다. 이 일화에서처럼 수지한 계가 무너지지 않도록 지키고 절제하는 것을 수지절제라고 부릅니다.

③근절절제란 성스러운 도에 포함된 바른 말sammāvācā, 바른 행위 sammākammanta, 바른 생계sammāājīva라는 절제 세 가지 법입니다.[494] 이 성스러운 도 절제가 생겨난 이후로는 죽이려는 마음, 훔치려는 마음, 거짓말하려는 마음이 더 이상 생겨나지 않습니다. 악행이나 나쁜 생계라는 불선업을 행하려는 마음, 행하게 할 정도로 강렬한 마음이 더

492 samādānavasena수지를 통해; 계목을 수지하는 것을 통해 uppannā생겨나는 virati절제가 samādānavirati수지절제이다.(AhBṬ.152)

493 '웃따라왓다마나 산에 거주하는 이'라는 뜻이다.

494 Samucchedavasena근절을 통해; 남김없이 제거하는 것을 통해 uppannā생겨나는 virati절제가 samucchedavirati근절절제이다.(AhBṬ.151)

이상 생겨나지 않습니다. 뿌리까지 제거돼 버립니다. 그렇게 뿌리까지 제거해서 사라지게 할 수 있는 도 절제를 근절절제라고 부릅니다. 부처님 당시 쿳줏따라Khujjuttarā라는 하녀는 왕비의 꽃을 사기 위한 8냥 중 4냥을 매일 가로챘습니다. 그러던 어느 날, 쿳줏따라는 부처님의 법문을 들으면서 수다원 도와 과에 도달하여 수다원이 됐습니다. 그리고 그 날부터는 훔치거나 가로채지 않고 8냥 모두 꽃을 사서 자신의 주인인 사마와띠Sāmāvatī 왕비에게 올렸습니다. 사마와띠 왕비가 연유를 물었을 때도 거짓말을 하지 않고 사실대로 시인했습니다.(Dhp.21~23 일화) 이것은 근절절제를 통해 악행을 뿌리까지 제거해 절제하는 모습입니다.(SA.ii.138)[495]

절제와 대상

근절절제는 성스러운 도가 생겨날 때 함께 생겨나므로 열반이라는 출세간법을 대상으로 하는 것이 분명합니다.

당면절제는 악행을 범할 수도 있는 상황과 직접 당면했을 때 생기는 것이므로 현재 대상을 대상으로 하는 것이 분명합니다.

수지절제에 대해서는 일부 스승들이 현재와 미래, 둘 모두를 대상으로 한다고 말합니다. 이 주장의 근거는 다음과 같습니다.

> Samādinnasikkhāpadānaṁ pana sikkhāpadasamādāne ca tatuttariñca attano jīvitampi pariccajitvā vatthuṁ avītikkamantānaṁ uppajjamānā virati 'samādānaviratī'ti veditabbā. (DhsA.146)

495 『*Sallekha thouk tayatogyi*(지워없앰 경에 대한 법문)』, 제1권, pp.185~188.

대 역

Pana한편 sikkhāpadasamādāne ca계목을 수지할 때와 tatuttariñca 그 이후에 attano자신의 jīvitampi목숨조차 pariccajitvā버리면서 vatthuṁ토대를; 악행을 범할 수도 있는 대상을 avītikkamantānaṁ범하지 않는, samādinnasikkhāpadānaṁ계목을 수지한 이에게 uppajjamānā생겨나는 virati절제를 'samādānaviratī'ti수지절제라고 veditabbā알아야 한다.

이 내용에 따르면 계목을 수지할 때 생겨나는 절제도 수지절제라고 해야 합니다. 그런데 수지하는 동안에는 삼가야 할 것이 아직 없습니다. 그래서 그 스승들은 '수지할 때 생겨나는 절제는 나중에 범할 수도 있는 것을 가정해서 미래를 대상으로 해서 생겨난다'라고 설명합니다.

하지만 그 스승들은 "sikkhāpadasamādāne계목을 수지할 때"라는 구절만 보고 그 구절과 연결된 "vatthuṁ토대를; 악행을 범할 수도 있는 대상을 avītikkamantānaṁ범하지 않는, samādinnasikkhāpadānaṁ계목을 수지한 이에게 uppajjamānā생겨나는"이라는 구절에는 주의를 기울이지 않은 듯합니다. 이 두 구절을 연결하면 "계목을 수지할 때 토대를 범하지 않는 이에게 생겨나는"이라는 의미가 됩니다. 즉 죽이려고 소를 근처에 두었지만 '살생하지 않겠다'라는 목적으로 '살생하지 않는 계를 수지합니다'라고 수지할 때 생겨나는 절제가 수지절제입니다. 악행을 범할 대상이 없는 상황에서 그냥 포살계를 수지하는 것은 수지하는 의도로서의 계일 뿐입니다. 절제는 아닙니다. 따라서 수지절제도 수지할 때나 수지한 이후에나 범할 만한 현재 대상을 대상으로 한다고 기억해야 합니다.(AhBṬ.152~153)

소를 앞에 두고서 '내일 죽이리라'라고 생각한 뒤 조금 뒤에 '죽이지 않겠다'라고 삼갈 때도 소의 현재 목숨을 대상으로 합니다. 그렇게 잘못을 범할 대상이 직접 존재하지 않는 경우, 예를 들어 죽이려는 대상을 생각으로 떠올려서 죽이려고 계획하는 것은 마음의 악행에만 해당합니다. 마음의 악행을 삼가는 것은 삼가는 모습이 분명하지 않기 때문에 '마음의 악행이 없어지는 것일 뿐이다'라고 기억해야 합니다. 그것은 절제라고 말하지 못합니다. 이러한 근거를 토대로 당면절제와 수지절제라는 세간 절제 두 가지는 모두 현재를 대상으로 한다는 사실이 분명합니다.

한편 『위방가 주석서』에서는 "yasmā ca sabbānipi etāni sampattavirativaseneva nidditthāni, tasmā … 'paccuppannārammaṇā'ti ca vuttaṁ. 그 모든 계목들은 당면절제를 통해서만 설명한 것이다. 그래서 … '현재를 대상으로 하는 것'이라고 말했다"라고 설명했습니다.(VbhA.369) 『근본복주서』에서는 다시 "sampattavirativasenāti sampatte paccuppanne ārammaṇe yathāviramitabbato virativasenāti attho. '당면절제를 통해서'란 '당면한 현재 대상에 대해 절제할 만한 것으로[496] 절제하는 것을 통해서'라는 뜻이다"라고 설명했습니다.(VbhMṬ.190)

주석서에서 "당면절제를 통해서만"이라고 당면절제만 취했기 때문에 복주서에서 "당면한 현재 대상에"라고 다시 설명한 것입니다. 현재 대상을 만났을 때만 그것을 삼갈 수 있기 때문에 언급한 것입니다. '당면절제를 통해서만'이라는 구절의 '~만'은 '범할 대상이 없을 때는 삼가지 못한다'는 의미를 강조하는 것입니다. '당면절제만 현재 대상을 대

496 현재 대상을 절제해야 하는 것으로 생각하고서.

상으로 하고 수지절제나 근절절제는 현재를 대상으로 하지 않는다'라는 뜻이 아닙니다.

이 결정에 따르면 'anāgatārammaṇā 미래를 대상으로 하는 것들'이라는 논모에서 절제를 제외해야 합니다. 또한 『위방가』에서 계목을 'bahiddhārammaṇā 외부를 대상으로 하는 것들'이라고만 설하셨기 때문에 절제는 외부만을 대상으로 한다고 알아야 합니다. 따라서 성전과 일치하게 결정한다면 '자신을 죽이려고[497] 생각하는 것을 삼가는 것도 절제가 될 수 없다. 악행을 하지 않는 것일 뿐이다'라고 생각할 여지가 있습니다.

'vītikkamitabba 범할 만한 것; 살생, 도둑질 등 범할 만한 대상', 'vītikkama 범하는 것; 범하는 몸의 악행과 말의 악행', 'viramitabba 절제할 만한 것; 절제해야 하는 악행', 'virati 절제; 절제하는 성품'이라는 네 가지에 주의하면서 "sabbāpi hi etā vītikkamitabbavatthuṁ ārammaṇaṁ katvā veracetanāhiyeva viramanti. 그 모든 범할 만한 토대를 대상으로 해서 삼가는 의도로만 삼간다"라는 『위방가 주석서』에 일치하게(VbhA.368) "절제법들은 범할 만한 현재 대상 하나를 대상으로 해서 삼갈 만한 악행을 삼가는 것이다"라고 알아야 합니다. 여기서 '범할 만한 vītikkamitabba'이라는 표현은 『진리 위방가』의 "sammāvācādīnaṁ aṅgānaṁ taṁtaṁviramitabbādiārammaṇattā. 바른 말 등의 요소는 각각의 삼갈 만한 등의 대상을 가진 것이다"라는 구절에(VbhA.74) 나오는 '삼갈 만한'이라는 표현을 대신한 것입니다.(AhBṬ.153~154)

497 자살하는 것을 말한다.

제41강

2009년 5월 5일

| 들어가며 |

아비담마 강의를 통해 물질·정신 법들을 나타내는 명칭이 어디에서 유래했는지, 각각의 법의 특성과 역할 등이 어떤 것인지 알면 많은 도움이 됩니다. 어떤 가르침을 들었을 때 옳은지 그른지, 부처님의 가르침과 일치하는지 일치하지 않는지도 결정할 수 있습니다. 수행으로 경험했을 때 직접 확인할 수도 있습니다. 가끔 다르게 설명하는 책을 읽거나 법문을 들으면 '내가 아는 것이 맞는가? 틀리는가?'라고 혼동할 수도 있습니다. 그것은 결정하는 지혜가 아직 부족하거나 어리석음에 덮여 있기 때문입니다. 매일 향상돼야 할 법 중 제일 중요한 것은 지혜입니다. 지혜는 매일 향상시켜야 합니다. 아비담마를 배우는 것은 그러한 지혜를 향상시키는 것입니다.

아름다운 마음부수 25가지 중 아름다운 공통 마음부수 19가지, 가끔씩 결합하는 마음부수 중 절제 3가지에 대한 설명을 마쳤습니다. 이제 남아 있는 무량 2가지, 통찰지라는 어리석음없음 1가지를 설명하겠습니다.

8 Karuṇā muditā appamaññāyo nāmāti sabbathāpi paññindriyena saddhiṁ pañcavīsatime cetasikā sobhanāti veditabbā.

해 석

연민, 같이 기뻐함, 이 마음부수들은 무량들이라고 한다. 이처럼 모든 곳에서도 통찰지 기능과 함께 25가지인 이 마음부수들은 아름다움들이라고 알아야 한다.

대 역

Karuṇā ca연민과; 고통에 처한 한계 없는 중생개념을 대상으로 연민하는 특성이 있는 연민 마음부수와 muditā ca 같이 기뻐함과; 행복해하는 한계 없는 중생개념을 대상으로 기뻐하는 특성이 있는 같이 기뻐함 마음부수, iti이렇게 ime cetasikā이 마음부수들은 appamaññāyo nāma honti무량들이라고 한다; 한계 없는 중생개념을 대상으로 하기 때문에 '무량 마음부수'라고 한다. iti이처럼 sabbathāpi모든 곳에서도; 모든 양상으로도 paññindriyena통찰지 기능과; 무상 등을 통해서 꿰뚫어 아는 것이어서 그렇게 아는 것을 다스리는 특성이 있는 통찰지 기능이라는 명칭을 가진 어리석음없음 마음부수와 saddhiṁ함께 pañcavīsati25가지인 ime cetasikā이 마음부수들은 sobhanāti아름다움들이라고; '아름다움 마음부수'라는 명칭이 있다고 veditabbā알아야 한다.

(3) 무량 2가지

무량appamaññā이란 'pamāṇaṁ natthi 한계가 없다'라는 뜻에서 유래했습니다. 여기서 '한계가 없다'란 '이 정도의 중생들만 대상으로 하겠다. 이 정도의 중생은 대상으로 하지 않겠다'라는 한계를 두지 않는다는 뜻입니다. 혹은 한 중생을 대상으로 할 때도 '그의 윗부분만 대상으로 하겠다. 아랫부분은 대상으로 하지 않겠다' 등으로 신체부분의 한계를 두지 않는 것을 말합니다. 원래 무량은 자애, 연민, 같이 기뻐함, 평온이라는 4가지를 뜻하는데 자애는 성냄없음에, 평온은 중립에 포함되므로 연민과 같이 기뻐함 2가지만 언급했습니다.

연민

무량 2가지 중 첫 번째 마음부수는 '연민karuṇā'입니다. 연민이란 고통을 겪고 있는 중생들을 불쌍하게 여기는 성품입니다. 참사람이라면 한 사람이든지 여러 사람이든지 괴로움에 처한 상황을 보거나 들으면 그렇게 생겨난 괴로움을 없애 주려는 마음이 생겨납니다. 그것이 연민의 마음입니다.

단어분석

Paradukkhe sati sādhūnaṁ hadayakampanaṁ karotīti karuṇā. Kiṇāti vā paradukkhaṁ hiṁsati vināsetīti karuṇā. Kiriyati vā dukkhitesu pharaṇavasena pasāriyatīti karuṇā. (Vis.i.311)

대 역

Paradukkhe sati다른 이가 괴로워할 때 sādhūnaṁ훌륭한 이들의 hadayakampanaṁ심장이 뛰도록 karotīti만든다고 해서 karuṇā연민이다. vā혹은 kiṇāti 제거한다고, 즉 paradukkhaṁ다른 이의 괴로움을 hiṁsati죽이고 vināsetīti없앤다고 해서 karuṇā연민이다. vā 혹은 kiriyati펼쳐진다고, 즉 dukkhitesu괴로워하는 사람들에 대해 pharaṇavasena퍼지는 것으로 pasāriyatīti확산된다고 해서 karuṇā연민이다.

"'연민이 다른 이의 괴로움을 없앤다'라고 하면 진짜 없애는 것을 말하는가?"라고 질문할 여지가 있습니다. 연민하는 이가 괴로움에 처한 이를 연민의 위력으로 구해 주어서 그 괴로움이 실제로 사라지는 경우도 있지만 연민하더라도 구해 주지 못하는 경우도 있습니다. 그렇게 실제로 사라지게 하지 못하더라도 연민하는 이에게 다른 이의 괴로움이 사라지길 바라는 마음은 확실히 존재합니다. 자신과 관련되든지 관련되지 않든지 괴로움에 처한 이를 보면 연민하는 성품은 그 괴로움이 사라지길 원합니다. 건강하지 않고 큰 병에 걸린 환자를 보면 그 질병으로 인한 괴로운 느낌이 사라지길 원합니다. "사라져라"라고 명령해서 병이 사라진다면 그렇게라도 하고 싶어 합니다. 하지만 치료방법을 알지 못하면 어찌할 수 없습니다. 어찌할 수는 없더라도 그 병이 사라지기를 바라는 것, 괴로움을 지우려는 성품, 없애려는 성품을 연민이라고 합니다.

Atha vā kamiti sukhaṁ, taṁ rundhatīti karuṇā. (DAṬ.i.2)

대 역

Atha vā혹은 kamiti'깡'은 sukhaṁ행복인데 taṁ그것을; 행복을 rundhati가로막는다. iti그래서 karuṇā연민이다.

연민이란 자신의 행복이 생겨날 기회를 주지 않고 가로막는 성품이라는 뜻입니다. 연민하는 이는 다른 이가 괴로움에서 벗어나고 극복하도록 도와주고 애쓰느라 자신에게 행복이 생겨날 시간이 줄어듭니다. 주위에 곤경에 처한 이를 보고서 연민하는 이라면 할 수 있는 만큼 도와주고 보호합니다. 그렇게 도와주는 동안에는 행복하게 지낼 기회를 얻지 못합니다. 예를 들어 밤에 잠을 못 자면서까지 도와주고 보호해 주어야 하는 경우도 있습니다. 그럴 때는 잠을 자지 못하기 때문에 행복할 기회도 없어집니다.[498] 몸이 좋지 않거나 불편한 이를 보고서 연민하는 이라면 도와주고 보호해 줍니다. 그렇게 돕고 보호하기 때문에 피곤하거나 힘들어지

498 스스로는 잠을 못 자기 때문에 편안하게 잠잘 행복을 누릴 기회가 없다.

기도 합니다. 상황이 좋지 않으면 자신까지 병에 걸리기도 합니다. 이렇게 '연민은 자신의 행복을 가로막는다'라는 내용은 사실입니다.[499]

특질

Dukkhāpanayanākārappavattilakkhaṇā karuṇā, paradukkhāsahanarasā, avihiṁsāpaccupaṭṭhānā, dukkhābhibhūtānaṁ anāthabhāvadassanapadaṭṭhānā. (Vis.i.311)

대역

Karuṇā연민은 dukkhāpanayanākārappavattilakkhaṇā《중생들의》 괴로움을 없애려는 모습으로 생겨나는 특성이 있다. paradukkhāsahanarasā다른 이의 괴로움을 견디지 못하는 역할이 있다. avihiṁsāpaccupaṭṭhānā해치지 않는 것으로 나타난다. dukkhābhibhūtānaṁ괴로움에 제압당한 이가 anāthabhāvadassanapadaṭṭhānā의지처가 없는 상태를 보는 것이 가까운 원인이다.

연민은 괴로움을 겪는 중생들을 보면 그 괴로움을 없애고apanayana 구해주려는 특성이 있습니다. 고통에 처한 중생들을 봤을 때 견디지 못하는asahana 역할을 합니다. 참사람들의 마음을 동요하게 한다는 뜻입니다. '해치지 않는 것avihiṁsā으로 나타난다'라는 것은 해침vihiṁsā의 반대인 것으로 나타난다는 의미입니다. 해침은 성냄입니다. 성냄은 다른 이를 괴롭히려는 성품입니다. 연민은 그와 반대로 해치려고 하지 않습니다. 구하려고 합니다. 그래서 해침의 반대입니다. 고통을 겪는 이가 전

499 *Mahāsi Sayadaw,* 『*Brahmavihāra tayato*(거룩한 머묾 법문)』, pp.242~243 참조.

혀 의지할 것이 없는 상태를 봤을 때 불쌍히 여기는 연민이 생겨납니다.

성냄이 가라앉아야 연민이 생겨나기 때문에 해침의 가라앉음이 연민의 성취이고, 슬픔은 진정한 연민이 아니기 때문에 슬픔이 생겨나는 것이 연민의 실패입니다.(Vis.i.311)

특히 자신과 매우 가까운 이들이 고통을 겪는 것을 보고 연민이 지나쳐 슬픔이 생겨나기도 합니다. 이것은 가짜 연민입니다. 슬픔soka이라는 정신적 괴로움일 뿐입니다. 진짜 연민은 다른 이를 불쌍히 여기기는 하지만 선법이어서 마음이 슬프지 않습니다. 깨끗합니다. 슬픔은 마음을 오염시킵니다.

원하고 마음에 드는 세속적인 형색 등을 얻지 못하거나, 이전에 얻지 못한 것, 앞으로 얻지 못할 것을 생각하면서 생겨나는 세속적 근심gehasita domanassa은 좋지 않은 상황을 보는 것으로는 비슷한 부분이 있기 때문에 연민의 가까운 적입니다. 연민과 반대 성품을 가지고 있는 해침vihiṁsā은 연민의 먼 적입니다. 그래서 먼 적인 해침을 가라앉히고 연민을 닦아야 합니다. 왜냐하면 '연민도 생겨나게 하리라. 생명들도 해치리라'라고 마음이 일어나는 경우란 없기 때문입니다.(Vis.i.312)[500]

보살의 연민

나중에 고따마 부처님이 되실 보살 수메다 선인은 지금으로부터 4아승기 10만 대겁 전, 디빵까라Dīpaṅkara 부처님께서 오실 길을 보수하던 중에 시간에 맞추지 못해 부처님께서 오셨을 때 자신의 몸을 다리처럼 만들어 배를 아래로 해서 누워 보시했습니다. 그때 디빵까라 부처님의 교법

500 『*Visuddhimagga Myanmarpyan*(위숫디막가 미얀마어 번역)』 제2권, p.527. 연민을 닦는 자세한 방법은 『청정도론』 제2권, pp.171~173 참조.

에 입문해서 비구가 된 뒤 법을 실천했다면 바로 그 생에서 아라한이 되어 열반에 들 수도 있었습니다. 스스로 마음속으로도 그렇게 믿고 알고 있었습니다. 왜냐하면 당시 수메다 선인은 선정과 신통을 얻은 특별한 이였기 때문입니다. 하지만 수메다 선인은 다음과 같이 숙고했습니다.

'나와 같은 믿음, 정진, 새김, 삼매, 통찰지라는 힘을 갖춘 이는 드물다. 갖추지 못한 이들이 대부분이다. 그러한 이들은 스스로는 늙음과 병듦과 죽음이 없는 법을 알 수 없고 볼 수 없다. 실천할 수 없다. 나는 힘을 갖추었다. 하지만 나 혼자 벗어나는[501] 것이 무슨 이익이 있겠는가? 나는 붓다가 되게 하는 바라밀을 닦아 디빵까라 부처님처럼 붓다가 되어 힘이 적은 중생들을 제도하리라.'(Bv.ii.310/Bv.54, 56)

이렇게 숙고하고서 정등각자를 서원했습니다. 그렇게 정등각자를 서원한 뒤 붓다가 되게 하는 실천인 바라밀을 4아승기 10만 대겁 내내 닦았습니다. 4아승기 10만 대겁 동안 태어난 생에서 늙어야 하고 병들어야 하고 죽어야 하는 괴로움, 몸의 고통과 마음의 고통을 겪어야 하는 괴로움이 헤아릴 수 없이 많았습니다. 바라밀을 닦으면서도 많은 괴로움을 겪어야 했습니다. 웻산따라Vessantara 왕자의 생만 살펴보더라도 하얀 코끼리를 보시했다는 이유로 나라에서 추방당해야 했습니다. 숲에서 주자까Jūjaka라는 바라문이 하인으로 부리기 위해 아들과 딸을 달라고 청했을 때 아직 어린아이였던 아들 잘리Jālī와 딸 깐하지나Kaṇhājinā를 눈물을 흘리면서 보시해야 했습니다. 그렇게 힘들게 바라밀을 닦아야 했기 때문에 많은 괴로움을 겪었습니다.(J547)

또한 보살이라 하더라도 악도에 떨어지게 하는 번뇌가 아직 남아 있

501 늙음과 병듦과 죽음에서 벗어나는 것을 말한다.

었기 때문에 탐욕이나 성냄이나 어리석음에 이끌려 악행을 행하기도 했습니다. 그러한 악행으로 축생으로 태어나 괴로움을 겪은 생도 많았습니다. 어느 생에서는 왕으로 태어나 여법하지 않게 판결을 내려 다른 이를 괴롭힌 불선업으로 지옥에 떨어진 생도 있었습니다.(J538)

지금 설명한 대로 보살이 4아승기 10만 대겁 동안 헤아릴 수 없이 많은 괴로움을 겪은 것은 바로 많은 중생을 연민해서 붓다의 서원을 했기 때문입니다.

부처님의 연민

부처님이 되신 후에도 중생들에게 법을 설하지 않고 지냈다면 괴로움 없이 편안하게 지내실 수 있었습니다. 하지만 세랍으로 80세, 법랍으로 45안거 내내 밤낮으로 법을 설하셨기 때문에 몸의 피곤함과 괴로움이 많았습니다. 그것은 바로 윤회윤전의 고통에 빠져 허우적대고 있는 중생들을 연민하신 대연민mahākaruṇā 때문이었습니다.

중생들은 늙고 싶지 않고, 병들고 싶지 않고, 죽고 싶지 않습니다. 하지만 늙고 병들고 죽기 때문에 언제나, 끊임없이 괴로워합니다. '나 여래를 제외하고는 그러한 괴로움에서 벗어나도록 제도할 수 있는 이는 없다'라고 보시고 연민하는 대연민으로 몸의 피곤을 고려하지 않고 상황에 따라 법을 설하셨습니다.

부처님께서는 중생들이 괴로워하는 모습을 여러 가지 양상을 통해 보십니다. 그렇게 보시고서 중생들에 대해 크게 불쌍히 여기는 대연민이 생겨납니다. 여러 가지 모습 중 일부를 소개하겠습니다.[502]

502 『헤마와따숫따 법문』, pp.63~77 참조.

Upanīyati loko addhuvoti – passantānaṁ buddhānaṁ bhagavantānaṁ sattesu mahākaruṇā okkamati. (Ps.121)

대 역

Loko세상은; 중생 무리라는 세상은 upanīyati끌려간다; 늙음과 병듦과 죽음으로 단계단계 끌려간다. addhuvo견고하지 않다; 항상하지 않고 그대로 유지되지 않는다. iti이렇게 passantānaṁ보시면서; 불안佛眼을 통해 자세하게 관찰하고 보시면서; 관찰하고 보시는 buddhānaṁ bhagavantānaṁ세존이신 부처님께 sattesu중생들에 대해 mahākaruṇā대연민이 okkamati발현한다; 들어가서 생겨난다.

'중생들은 태어나는 생마다 태어남에서 늙음으로, 늙음에서 병듦으로, 병듦에서 죽음으로 내몰리고 끌려가는구나. 항상하지 않구나'라고 보시고 부처님께서 연민하셨다는 내용입니다. 중생들은 스스로가 항상하지 않다는 사실을 숙고해 보면 어느 정도는 압니다. 하지만 젊은 상태로 오랫동안 지낼 수 있는 것처럼, 언제나 건강할 것처럼, 웬만해서는 죽지 않을 것처럼 생각합니다. 그렇게 생각하며 살아가다가 상황이 여의치 않으면 갑자기 병에 걸리기도 합니다. 젊은 나이에 죽기도 합니다. 죽지 않더라도 매일, 매달, 매년 늙어갑니다. 어느 날 갑자기 스스로가 늙었다고 생각하지는 않습니다. 머리카락이 세는 것, 치아가 빠지는 것 등을 경험하고 나서야 늙었다는 것을 압니다. 그렇게 늙도록, 병들도록, 죽도록 누가 이끄는가 하면, 바로 자신에게 있는 물질·정신 무더기가 끌고 갑니다. 재생연결부터 물질·정신은 옛것과 새것이 바뀌면서 차츰 늙어갑니다. 매초, 매분, 매시간, 매일, 매달, 매년 늙어갑니다. 40세 정도가 되면 흰 머리카락 등으로 늙음과 관련된 물질들이 분명해집니다. 그렇게 늙게 되면 여러 병이 찾아옵니다. 병듦으로 고생하다가 결국 죽습니다. 매순간 늙음과 병듦과 죽음에 가까워집니다.

부처님의 연민은 매우 높고 거룩하고 미묘합니다. 진짜 참사람이라면 고통에 처한 이를 불쌍히 여기는 연민이 생겨나기 마련입니다. 불쌍히 여길 만한 이에 대해 연민하지 않는다면 그러한 이는 참사람이 아닙니다. 저열한 사람입니다. 사실 이 연민은 참사람이라면 누구나 의지해야 하고sevitabba 닦아야 하는bhāvetabba 법입니다. 수행의 차원이 아니더라도 불쌍한 사람을 보면 불쌍히 여기는 마음이 일어납니다. 그렇게 불쌍히 여길 때마다 계속해서 선법이 늘어납니다.[503]

같이 기뻐함

무량 2가지 중 두 번째 마음부수는 '같이 기뻐함muditā·隨喜'입니다. 같이 기뻐함은 말 그대로 다른 이의 번영에 대해 같이 기뻐하는 성품입니다. 어떤 이는 다른 이의 번영과 행복, 발전, 성공을 바라지 않습니다. 이것을 질투issā라고 말합니다. 같이 기뻐함은 그 질투와 반대인 성품입니다. 질투가 심한 이는 다른 이의 번영과 행복을 바라지 않습니다. 대중이 많은 것, 용모가 훌륭한 것, 지혜가 좋은 것, 이러한 것들을 바라지 않습니다. 다른 이의 지위가 향상되는 것도 바라지 않습니다. 질투와 달리 같이 기뻐함이 강한 이는 다른 이의 번영과 행복을 보거나 들으면 기뻐합니다. 흔쾌합니다. 인정합니다. '번영하기를. 그대로 계

503 연민을 닦는 자세한 방법은『청정도론』제2권, pp.172~173 참조.

속 행복하기를'이라고 마음 기울일 수 있습니다. 그렇게 마음 기울이는 것이 같이 기뻐함입니다. 매우 깨끗하고 거룩한 성품법입니다.

단어분석

Modanti tāya taṁsamaṅgino, sayaṁ vā modati, modanamattameva vā tanti muditā. (Vis.i.311)

대 역

Taṁsamaṅgino그것을 갖춘 이는 tāya그것 때문에; 그것의 도움으로 modanti기뻐한다.[504] vā혹은 sayaṁ스스로 modati기뻐한다. vā혹은 taṁ그것은 modanamattameva단지 기뻐하는 것이어서 muditā같이 기뻐함이다.

'Muditā'는 '√mud'라는 어근과 'tā'라는 접미사로 이루어진 단어입니다. 같이 기뻐함을 갖춘 참사람만이 다른 이가 행복을 갖춘 것을 기뻐할 수 있습니다. 그래서 같이 기뻐함은 그렇게 다른 이의 행복에 대해 기뻐할 때 도움이 되는 것이어서 '같이 기뻐함은 기뻐함의 조건이다'라고 말합니다.

특질

Pamodanalakkhaṇā muditā, anissāyanarasā, arativighātapaccupaṭṭhānā, sattānaṁ sampattidassanapadaṭṭhānā. (Vis.i.311)

대 역

Muditā같이 기뻐함은 pamodanalakkhaṇā기뻐하는 특성이 있다. anis-

504 『*Visuddhimagga Myanmarpyan*(위숫디막가 미얀마어 번역)』 제2권, p.512.

sāyanarasā질투하지 않는 역할이 있다. arativighātapaccupaṭṭhānā《다른 이의 번영에》 희락없음을 제거하는 것으로 나타난다. sattānaṁ중생들의 sampattidassanapadaṭṭhānā성취를 보는 것이 가까운 원인이다.

같이 기뻐함의 '기뻐하는pamodana 특성'이란 다른 이의 번영과 성취를 기뻐하는 것입니다. '질투하지 않는anissāyana 역할'도 다른 이의 번영에 질투하지 않는 것을 말합니다. 같이 기뻐함과 질투는 정반대입니다. 질투는 다른 이의 번영을 보려고 하지 않습니다. 같이 기뻐함은 다른 이의 번영을 보려고 합니다. 질투가 많은 이에게는 같이 기뻐함이 일어나지 못합니다. 같이 기뻐함의 힘이 좋은 이에게는 질투가 일어나지 못합니다. 다른 이의 번영에 기뻐하며, 그것을 대상으로 할 수 있습니다. 동의할 수 있습니다. '그대로 행복하기를. 그대로 번영하기를'이라고 마음 기울일 수 있는 것을 같이 기뻐함이라고 합니다.[505]

'희락없음arati을 제거하는 것vighāta'에서 '희락없음'이란 다른 이의 번영을 즐기지 못하는 것을 말합니다. 같이 기뻐함은 그러한 희락없음을 제거하는 성품으로 수행자의 지혜에 나타납니다. 다른 이의 번영과 성취를 보았을 때, 질투가 생겨나지 않도록 가로막으면서 같이 기뻐함이 생겨나기 때문에 '성취를 보는 것이 가까운 원인이다'라고 말했습니다.(AhBṬ.156)

자신과 가까운 이들의 번영과 성취를 봤을 때 매우 기뻐함이 생겨납니다. 이런 기뻐함은 진짜 '같이 기뻐함'이 되기 힘듭니다. 희열 때문에

505 『*Cittānupassanā tayatogyi hnin Dhammānupassanā tayatogyi(Nīvaraṇapain/Khandhāpain/Āyatanapain*(마음 거듭관찰 법문과 법 거듭관찰 법문(장애의 장/ 무더기의 장/ 감각장소의 장)』, p.445 참조.

기뻐하며 생겨나는 '탐욕 뿌리, 즐거움과 함께하는 마음일어남'일 수도 있습니다. 그래서 『위숫디막가』에서 "arativūpasamo tassā sampatti, pahāsasambhavo vipatti. 희락없음을 그치게 하는 것이 그것의 성취이고, 《너무 친근해서》 큰 웃음이 생겨나는 것이 실패다"라고 설명했습니다.(Vis.i.311)

원하고 마음에 드는 세속적인 형색 등을 얻거나, 이전에 얻은 것, 앞으로 얻을 것을 생각하면서 생겨나는 세속적 즐거움gehasita somanassa은 번영을 보는 것으로는 비슷한 부분이 있기 때문에 같이 기뻐함의 가까운 적입니다. 희락없음arati은 반대인 성품이기 때문에 같이 기뻐함의 먼 적입니다. 그래서 먼 적인 희락없음을 가라앉히고 같이 기뻐함을 닦아야 합니다. 왜냐하면 '같이 기뻐함도 생겨나게 하리라. 다른 이의 번영과 성취에 희락없음도 생겨나게 하리라'라고 마음이 일어나는 경우란 없기 때문입니다.(Vis.i.312)[506]

같이 기뻐하면 대중이 많다

사람들은 일반적으로 '나보다 나으면 질투한다'라는 격언처럼 자기보다 나은 사람을 질투하기 마련입니다. 요즘은 질투하는 정도로 그치지 않고 번영하고 번창하는 이가 망하도록, 무너지도록, 괴로워하도록 도모하고, 말하고, 행하기까지 합니다. 이것은 질투issā라는 불선법이

506 『위숫디막가』 원문에서는 "같이 기뻐함도 생겨나게 하리라. 외딴 거처에서 지내는 것이나 사마타·위빳사나라는 수승한 선법에 희락없음도 생겨나게 하리라'라고 마음이 일어나는 경우란 없기 때문이다"라고 설명했다. ㉯희락없음에는 다른 이의 번영에 희락없음이 하나, 외딴 거처에서 지내는 것이나 사마타·위빳사나라는 수승한 선법에 희락없음이 하나, 두 종류이다. 여기서는 다른 이의 번영에 희락없음이 기본이다. 외딴 거처 등에 희락없음은 기본이 아니다. 하지만 그런 희락없음도 관련될 수 있다는 의미를 보이기 위해 언급한 것이라고 『위숫디막가 대복주서』에서 설명했다. 『*Visuddhimagga Myanmarpyan*(위숫디막가 미얀마어 번역)』 제2권, pp.528~529 참조.

늘어나는 것입니다. 그렇게 질투가 많은 이는 현생에서도 도와주는 이가 없습니다. 불이익이 많이 생깁니다. 나중에 윤회하는 생에서도 도와주는 대중이 없어 괴로움을 겪습니다.

「쭐라깜마위방가숫따」에서 부처님께서는 "질투라는 불선업으로 인해 사악도, 지옥에 떨어진다. 사악도, 지옥에서 벗어나 다른 선업 때문에 사람으로 태어나더라도 대중이 적다"라고 설하셨습니다.(M.iii.246/M135) 주석서에서는 "손이 잘린 이가 물을 마시고 싶어도 물을 마시게 해 줄 이가 없을 정도로 도와주는 사람이 주위에 없다"라고 설명했습니다.(MA.iv.179)

반대로 "다른 이의 번영과 행복을 같이 기뻐함을 통해 흔쾌히 여기고 기뻐하는 이는 같이 기뻐함이라는 선업으로 인해 천상에 태어난다. 사람으로 태어나더라도 태어나는 생마다 대중이 많다"라고 설하셨습니다.(M.iii.246/M135)

따라서 태어나는 생마다 주위에 사람이 많고 복덕이 큰 이가 되고 싶으면 다른 이의 번영과 행복을 질투하지 말고 '번영하던 그대로 번영하기를. 행복하던 그대로 행복하기를. 지위가 그대로 지속되기를' 등으로 같이 기뻐함을 닦으면 됩니다. 이것은 돈 한 푼 들이지 않고도 선업이 늘어나는 것입니다. 살아가면서 접하고 만나고 보고 들어서 아는 이들에 대해 '행복하기를'이라고 자애를 보내는 것처럼 '얻은 재산이 줄어들지 않기를. 구족한 그대로 구족하기를. 번영하던 그대로 번영하기를'이라고 같이 기뻐함도 닦아야 합니다.[507]

507 같이 기뻐함을 닦는 자세한 방법은『청정도론』제2권, pp.174~175 참조.

무량

수행주제 중에 포함되는 '무량appamaññā 4가지'는 자애, 연민, 같이 기뻐함, 평온이라는 4가지를 닦는 것을 말합니다. 무량이란 한계가 없는 것을 말한다고 설명했습니다. 자애를 닦을 때는 한계가 없는 중생들을 대상으로 '건강하고 행복하기를'이라고 마음 기울여야 합니다. 연민 등도 마찬가지입니다. 그런데 『아비담맛타상가하』의 「마음부수의 장」에서는 무량이라는 범주로 연민과 같이 기뻐함이라는 2가지만 설명했습니다. 자애와 평온은 언급하지 않았습니다. 이것은 앞서 설명했듯이 자애는 성냄없음 마음부수에, 평온은 중립 마음부수에 포함됐기 때문입니다.

(4) 어리석음없음 1가지

통찰지 기능

아름다운 마음부수 25가지 중 마지막 마음부수는 '통찰지 기능paññindriya'입니다. 『아비담맛타상가하』의 「마음부수의 장」에서 아름다운 마음들과 때때로 결합하는 마음부수의 한 범주로 언급할 때는 '어리석음없음amoha'이라고 표현했고, 구체적인 마음부수 법체로는 통찰지 기능이라고 표현했습니다. 통찰지 기능은 사실대로 바르게 아는 성품입니다.

단어분석

Pakārena jānātīti paññā. paññāva indriyaṁ paññindriyaṁ. (AhBṬ.157)

대 역

Pakārena여러 가지로 jānāti안다. iti그래서 paññā통찰지다. paññāva통찰지가 바로 indriyaṁ기능이다. 그래서 paññindriyaṁ통찰지 기능이다.

여러 가지로 안다고 해서 통찰지입니다. 『위숫디막가』에서는 "pajānanaṭṭhena paññā. 다양하게 안다는 의미로 통찰지다"라고 설명했습니다.(Vis.ii.65) 이때 '여러 가지로, 다양하게'란 무상과 괴로움과 무아라고, 괴로움과 생겨남과 소멸과 도라고, 선과 불선이라고, 업과 업의 결과라고, 이러한 것들을 말합니다. 그리고 통찰지는 무명avijjā을 제압하는 영역을 다스리기 때문에 기능indriya에도 해당합니다. 그래서 통찰지 기능이라고 말합니다. 법체로는 통찰지 기능이지만 어리석음없음amoha, 지혜ñāṇa, 통찰지paññā라고 상황에 따라 적당한 명칭으로 표현합니다.

특질

Paṭivedhalakkhaṇā paññā, visayobhāsanarasā;
asammohaupaṭṭhānā, manasikārapadaṭṭhānā. (AhBṬ.157)

대역

Paññā통찰지는 paṭivedhalakkhaṇā사실대로 바른 성품을 통찰하는 특성이 있다. visayobhāsanarasā경계를 밝히는 역할이 있다. asammohapaccupaṭṭhāno미혹없음으로 나타난다. manasikārapadaṭṭhānā마음기울임이 가까운 원인이다.

통찰지는 대상이 지닌 성품을 사실대로 통찰하는paṭivedha 특성이 있습니다. '꿰뚫어 안다'는 뜻입니다. 제3강에서[508] 설명했듯이 마음처럼 대상을 단지 아는 정도가 아니고, 인식처럼 이전에 경험한 것을 다시

508 『아비담마 강설 1』, pp.63~64 참조.

인식하는 정도도 아닙니다. 대상이 지닌 고유특성이나 무상·고·무아라는 공통특성까지 꿰뚫어서 아는 것입니다.

제29강에서[509] 설명했듯이 무명이 대상의 바른 성품이 드러나지 않도록 어둠을 드리우는 역할을 한다면 통찰지는 그 어둠을 걷어내어 대상의 바른 성품이 분명하게 드러나도록 '경계를 밝히는visayobhāsana 역할'을 합니다. 빛을 비춰준다는 뜻입니다. 여기서 '경계'란 대상을 말합니다.

'미혹없음asammoha으로 나타난다'란 대상에 헤매지 않는 법으로 수행자의 지혜에 나타난다는 뜻입니다.

가까운 원인인 마음기울임은 통찰지가 생겨나게 하는 마음기울임을 말합니다.

『위숫디막가』에서는 다음과 같이 설명했습니다.

Dhammasabhāvapaṭivedhalakkhaṇā paññā, dhammānaṁ sabhāvapaṭicchādakamohandhakāraviddhaṁsanarasā, asammohapaccupaṭṭhānā. Samāhito yathābhūtaṁ jānāti passatīti(A10:2) vacanato pana samādhi tassā padaṭṭhānaṁ. (Vis.ii.66)

대 역

Paññā통찰지는 dhammasabhāvapaṭivedhalakkhaṇā법의 고유성질을 통찰하는 특성이 있다. dhammānaṁ《물질·정신》 법들의 sabhāvapaṭicchādakamohandhakāraviddhaṁsanarasā고유성질을 덮어버리는 어리석음이라는 어둠을 쓸어버리는 역할이 있다. asammohapaccupaṭṭhāno미

509 본서 pp.219~226 참조.

혹없음으로 나타난다. samāhito yathābhūtaṁ jānāti passatīti"삼매에 들면 있는 그대로 알고 본다"라고(A10:2) vacanato pana설하셨기 때문에 samādhi삼매가 tassā그것의; 통찰지의 padaṭṭhānaṁ가까운 원인이다.

통찰하는paṭivedha 특성은 『바사띠까』와 동일합니다. 그 대상을 구체적으로 '법의 고유성질sabhāva'이라고 밝혔습니다. 역할도 『바사띠까』에서 대상을 밝히는 것이라고 설명했는데 『위숫디막가』에서는 더욱 구체적으로 '고유성질sabhāva을 덮어버리는paṭicchādaka 어리석음이라는 어둠mohandhakāra을 쓸어버리는viddhaṁsana 역할'이라고 표현했습니다. 나타남도 '미혹없음'으로 동일합니다. 가까운 원인을 『위숫디막가』에서는 위의 인용문에서 밝혔듯이 삼매라고 설명했고, 『바사띠까』에서는 마음기울임이라고 설명했습니다.(AhBṬ.157)[510]

통찰지 기능, 통찰지와 법체로 동일한 어리석음없음의 특질은 다음과 같이 설명했습니다.

Amoho yathāsabhāvapaṭivedhalakkhaṇo, akkhalitapaṭivedhalakkhaṇo vā kusalissāsakhittausupaṭivedho viya, visayobhāsanaraso padīpo viya. Asammohapaccupaṭṭhāno araññagatasudesako viya.

(Vis.ii.95)

대 역

Amoho어리석음없음은 yathāsabhāvapaṭivedhalakkhaṇo고유성질에 따라 통찰하는 특성, vā혹은 akkhalitapaṭivedhalakkhaṇo틀림없이 통

510 Manasikārapadaṭṭhānā.

찰하는 특성이 있다. kusalissāsakhittausupaṭivedho viya마치 숙련된 궁수가 쏜 화살이 과녁을 꿰뚫는 것처럼. visayobhāsanaraso경계를 밝히는 역할이 있다. padīpo viya마치 등불처럼. asammohapaccu-paṭṭhāno미혹없음으로 나타난다. araññagatasudesako viya마치 숲속을 다니는 훌륭한 길잡이처럼.

어리석음없음의 특성은 통찰지와 마찬가지로 통찰하는 것이라고 설명했습니다. 이것을 더욱 구체적으로 숙련된 궁수를 비유로 들어 설명했습니다. 숙련된 궁수가 쏜 화살이 과녁을 똑바로 꿰뚫는 것처럼 물질·정신의 고유특성이나 공통특성을 꿰뚫어 아는 특성을 지니고 있습니다.

역할도 '경계를 밝히는 역할'이라고 동일하게 설명한 뒤 구체적으로 등불을 비유로 들어 설명했습니다. 등불이 어둠을 밝히는 것처럼 물질·정신의 고유특성이나 공통특성, 네 가지 진리를 덮어버리는 어둠을 없애버리면서 대상을 밝히는 역할을 합니다.

나타남도 '미혹없음으로 나타난다'라고 동일하게 설명한 뒤 구체적으로 훌륭한 길잡이를 비유로 들어 설명했습니다. 숲속을 다니는 훌륭한 길잡이는 아무리 숲속 길이 복잡하더라도 헤매지 않는 것처럼 통찰지도 대상의 바른 성품에 대해 미혹하지 않는 성품이라고 수행자의 지혜에 나타납니다.

통찰지의 범주

통찰지는 깨달음 동반법 중 여러 범주에 해당합니다. 먼저 통찰지는 성품법들을 사실대로 꿰뚫어 아는 영역을 다스리기 때문에 기능에 해당합니다. 기능에 해당하는 통찰지를 '통찰지 기능paññindriya'이라고 합니다.

통찰지 기능은 밝히는obhāsana 특성, 다양하게 아는pajānana 특성이 있습니다. '밝히는 특성'은 위에서 언급한 대로 사방이 막힌 방에 등불을 밝히면 어둠이 사라지고 빛이 드러나는 것에 비유될 수 있습니다. 통찰지에 버금가는 광명은 없습니다. 예를 들어 한 번 앉아서 통찰지를 일으킨 이에게는 일만 우주가 하나의 광명으로 나타납니다. 『밀린다빤하』에서는 "그와 같이 통찰지는 무명이라는 어둠을 제거합니다. 명지라는 광명을 일으킵니다. 성스러운 진리를 드러냅니다. 이렇게 통찰지는 밝히는 특성을 가지고 있습니다"라고 설명했습니다.(Mil.38)

혹은 유능한 의사는 환자에게 적합한 음식과 적합하지 않은 음식을 잘 알 듯이 통찰지는 생겨나는 선법과 불선법이 의지해야 할 것인지 의지하지 말아야 할 것인지, 저열한 것인지 수승한 것인지, 어두운 것인지 밝은 것인지, 같은 부분이 있는지 같은 부분이 없는지를 구별해서 압니다.(DhsA.165)

기능의 범주에서는 통찰지 중 수다원도 통찰지를 '구경지 가지려는 기능anaññātaññassāmītindriya', 수다원과부터 아라한도 통찰지를 '구경지 기능aññindriya', 아라한과 통찰지를 '구경지 구족 기능aññātāvindriya'이라고 다시 분류합니다.

통찰지는 성취수단에도 해당합니다. 성취수단에서는 '검증 지배vīmaṁsiddhipāda'라고 표현했습니다. 통찰지도 'iddhi'라는 고귀한 법, 출세간법에 도달하게 하는 강력한 수단이기 때문입니다.

통찰지는 힘에도 해당합니다. 사실대로 바르게 알고 보지 못하게 가로막고 덮어버리는 반대법인 무명avijjā에 흔들림이 없이 확고하기 때문입니다.

통찰지는 깨달음 구성요소에도 해당합니다. 깨달음 구성요소에서는

'법간택 깨달음 구성요소dhammavicayasambojjhaṅga'라는 표현으로 설하셨습니다.

통찰지는 도 구성요소에도 해당합니다. 도 구성요소에서는 '바른 견해sammādiṭṭhi'라는 표현으로 설하셨습니다. '바른 견해'에는 수행 전 갖춰야 할 지혜로서 업만이 자신의 진정한 재산임을 아는 '업 자산 정견kammassakatā sammādiṭṭhi', 선정과 결합된 '선정 정견jhāna sammādiṭṭhi', 위빳사나 관찰을 할 때 생겨나는 '위빳사나 정견vipassanā sammādiṭṭhi', 도와 결합한 '도 정견magga sammādiṭṭhi', 과와 결합한 '과 정견phala sammādiṭṭhi', 반조할 때 생겨나는 '반조 정견paccavekkhaṇā sammādiṭṭhi'이 있습니다.[511]

가짜 통찰지

『위숫디막가』에서 "kusalacittasampayuttaṁ vipassanāñāṇaṁ paññā. 선 마음과 결합한 위빳사나 지혜가 통찰지다"라고 설명했습니다.(Vis.ii.65) 이에 따라 진짜 통찰지는 선법이므로 허물이 없는 영역에 능숙한 성품, 지혜로운 성품만 해당합니다. "탐욕없음, 성냄없음과 함께 어리석음없음도 모든 선의 뿌리라고 보아야 한다"라고도(Vis.ii.95) 설명했습니다.

이와 달리 '속이는 지혜'가 있습니다. 예를 들어 부처님 당시 꾼달라께시Kuṇḍalakesī라는 여인을 이전에 사기꾼이었던 남편이 산 정상으로 데려가서 장신구를 빼앗고 죽이려고 했습니다. 그때 꾼달라께시는 "죽이려면 죽이세요. 하지만 사랑하는 당신에게 예경은 올리게 해 주세

511 『담마짝까 법문』, pp.202~203 참조.

요"라고 청했습니다. 남편이 허락하자 꾼달라께시는 남편을 절벽 끝에 서게 한 뒤 예경을 하는 척하다가 절벽 아래로 밀어버렸습니다. 그 모습을 보고 산을 지키는 산신이 다음의 게송을 읊었습니다.

Na hi sabbesu ṭhānesu, puriso hoti paṇḍito;
Itthīpi paṇḍitā hoti, tattha tattha vicakkhaṇā. (DhpA.i.415)

해 석

모든 곳에서 남자들만이
현명한 것은 실로 아니라네.
여성도 실로 현명하나니
그런그런 경우에 영리하다네.

"여인도 현명하다, 통찰지가 있다"라고 칭송했지만 이 게송에서 말하는 통찰지는 진짜 통찰지라고 할 수 없습니다. "죽이려면 죽이세요. 하지만 예경은 올리게 해 주세요"라는 말로 속이는 것은 법체로는 탐욕을 기본으로 하는 불선 마음일어남일 뿐입니다. '속이는 통찰지vañcanāpaññā', '속임māyā'입니다.

사견을 가진 자들이 다른 이를 속이는 '지혜'도 속이는 통찰지일 뿐입니다. 『담마상가니』에서는 "kiṁ diṭṭhigatikānaṁ vañcanāpaññā natthīti? atthi. na panesā paññā, māyā nāmesā hoti. 사견을 지닌 자에게 어찌 속이는 통찰지가 없겠는가? 있다. 그것은 통찰지가 아니다. 속임일 뿐이다"라고 설명했습니다.(DhsA.291)

최근에는 적에게 큰 피해를 줄 수 있는 강력한 무기를 개발하는 '지혜'도 있습니다. 그것도 모두 불선 사유일 뿐입니다. 반면, 국민들을 보호하기 위해 자애와 연민을 바탕으로 보호하는 무기를 개발하는 것은 선법이기도 하고, 진짜 통찰지에도 해당할 수 있습니다.(AhBṬ.158)[512]

수행과 관련된 어리석음없음

어리석음은 바른 성품을 모르는 것이고, 어리석음없음은 바른 성품을 아는 것입니다. 앞에서 말했듯이 '사실대로의 고유성질yathāsabhāva을 꿰뚫어 아는 것paṭivedha'이 어리석음없음의 특성입니다. '어리석음없음'이라고도 말하고 '통찰지paññā'라고도 말합니다. '명지vijjā', '광명āloka' 등 다른 명칭도 여럿 있지만 가장 흔히 사용되는 명칭은 '지혜ñāṇa', 혹은 '통찰지'입니다. '어리석음없음'이라는 표현은 다른 곳에서는 그리 많이 사용하지 않습니다. 아름다운 마음과 때때로 결합하는 마음부수의 범주 중 하나를 언급할 때 사용하고, 선 마음과 결합하는 탐욕없음과 성냄없음과 어리석음없음이라는 원인을 언급할 때도 사용합니다. 하지만 대부분 '지혜'나 '통찰지'라고 표현합니다. 법체로는 동일합니다. 사실대로 바르게 고유성품법을 꿰뚫어 아는 성품입니다.

'선업이 있다. 불선업이 있다. 선업은 좋은 결과를 준다. 불선업은 나쁜 결과를 준다'라고 알고 보고 이해하는 것이 어리석음없음입니다. 이것을 '업 자산 정견kammassakatā sammādiṭṭhi'이라고 부릅니다. 업과 업의 결과를 사실대로 바르게 알고 보는 통찰지입니다. 수행할 때는 물질법과 정신법을 구별해서 아는 것이 중요합니다. 물론 모든 선정 마음에도 어리석음없음이 포함되지만 그때는 그리 분명하지 않습니다. 삼매가 분명합니다. 마음의 집중됨, 고요함만 분명합니다. 선정을 닦아 능숙하게

512 보호하는 무기를 개발하는 것은 적을 죽이거나 해치려는 것이 아니라 죽음으로부터 보호하기 위한 것이기 때문이다.

됐을 때 자신이 바라는 대상에 마음을 기울이면 그것을 압니다. 이전 생에 관한 것을 돌이켜 마음 기울이면 이전 생에 관한 것들이 드러납니다. 그때는 선정과 결합한 지혜가 분명합니다. 그것도 어리석음없음입니다. 천안통dibbacakkhu이라고 부르는 신통지라면 온 세상을 볼 수 있습니다. 천이통dibbasota이라면 온 세상에서 말하는 소리를 들을 수 있습니다. 이러한 경우는 선정과 결합한 지혜, 어리석음없음이 분명합니다.

어리석음없음은 위빳사나와 관련해서는 특별히 분명합니다. 위빳사나의 경우 관찰할 때마다, 새길 때마다 관찰대상을 구분해서 확실하게 압니다. 물질을 관찰할 때마다, 정신을 관찰할 때마다 압니다. 처음 관찰을 시작할 때는 알지 못하지만 삼매와 지혜의 힘이 좋아지면 성품법들을 알게 됩니다. '부풀어 오르는 것도 대상을 알지 못하는 물질일 뿐이다. 꺼져 들어가는 것도 대상을 알지 못하는 물질일 뿐이다. 새겨서 아는 마음은 대상에 도달하는 정신법일 뿐이다'라고도 압니다. 새길 때마다 계속해서 '물질과 정신, 두 가지만 있다'라고 스스로의 지혜로 압니다. 스승의 말을 듣거나 추측해서 아는 것이 아닙니다. 이것이 어리석음없음입니다.

굽힌다고 새길 때도 굽히는 것과 아는 것을 구분하여 '굽히려고 하는 것은 정신법, 움직이는 것은 물질법이다'라거나 '굽히는 것을 새겨 아는 것은 정신법이다. 굽히는 것은 물질법이다. 정신법과 물질법, 이 두 가지만 존재한다'라고 관찰해서 압니다. 이것이 정신·물질 구별의 지혜라는 위빳사나 지혜입니다. 숙고하거나 궁리하여 아는 것이 아니고 지혜에 분명하게 드러나서 아는 것입니다. 이것이 어리석음없음입니다.

하지만 수행을 해야 어리석음없음이 생겨나서 바른 성품을 알 수 있습니다. 수행을 하지 않으면 알 수 없습니다. 문헌이나 교학을 공부하면 물질법과 정신법을 구분해서 알 수는 있을 것입니다. 사실이기도 합니다. 하지만 자신의 상속에서 생겨나고 있는 법들을 꿰뚫어 알지는 못합니다. 〈부푼다, 꺼진다; 앉음, 닿음; 굽힌다, 편다〉 등으로 새길 때마다 계속해서 '물질과 정신, 두 가지만 있다. 개인이나 중생, 실체가 있는 것이 아니다'라고 압니다. 이것이 정신·물질 구별의 지혜라는 어리석음없음입니다.

그보다 더 향상되면 굽히려고 하는 것과 굽히는 것 등 조건과 결과가 드러납니다. '굽히려는 마음이 있어서 굽히는 물질이 생겨난다' 등으로 조건과 결과를 구분해서 아는 것도 어리석음없음입니다.

지혜가 더욱 성숙되면 부풂과 꺼짐의 처음 생겨남과 마지막 사라짐도 압니다. 한 동작씩, 한 동작씩, 작게 이동하는 성품도 압니다. 마음이 생겨나는 것도 알고 사라지는 것도 압니다. 이렇게 생성과 소멸을 아는 것도 어리석음없음입니다.

예전에는 한 사람으로, 한 존재로, 한 실체로, 어릴 때부터 계속 유지되는 것으로 생각했습니다. 이제 수행을 통해 지혜가 향상되어 물질과 정신이 부분, 부분, 하나씩, 하나씩 드러났다가 사라지는 것을 구분해서 압니다. 생각의 경우에는 더욱 분명합니다. 어떤 생각이 일어났을 때 관찰하면 즉시 사라집니다. 더 이상 없습니다. 느낌을 관찰해도 사라집니다. 즉시 사라지지 않더라도 한 부분씩, 한 부분씩 구분해서 알게 됩니다. 이것도 바른 성품을 아는 어리석음없음입니다. 바른 견해라고도 부릅니다. 명지라고도 부릅니다. 지혜라고도 부릅니다. 법체로는 동일하게 어리석음없음입니다.

보고 나면 사라져서 무상하다는 것을 압니다. 그리고 '끊임없이 계속 생멸하는 것일 뿐이다. 전혀 좋아할 만한 것, 즐길 만한 것이 없다. 괴로움일 뿐이다'라고도 압니다. 이것도 어리석음없음입니다. '각자 성품에 따라 생멸하기 때문에 지배할 수 없는 법들이다. 개인이나 중생이라는 실체가 아닌 성품법일 뿐이다'라고 관찰하면서, 새기면서 이해합니다. 이것도 어리석음없음입니다. 성스러운 도의 지혜가 생겨날 때는 적멸한 성품을 경험합니다. 이렇게 물질·정신 형성들이 적멸한 열반을 아는 것은 매우 어렵습니다.

예를 들어 100가닥의 털뭉치를 줄로 묶어서 칼로 자른 뒤 잘린 부분끼리 다시 원래대로 이어 붙이기란 매우 어렵습니다. 왼손으로 한 가닥을 잡고 오른손으로 한 가닥을 잡아서 맞춰보면 한 번에 맞출 수 있습니까? 맞추지 못합니다. 100번 해도 힘듭니다. 하루 종일 해도 힘듭니다. 한 달 해도, 일 년 해도 힘듭니다. 언제 맞출지 모릅니다. 하나와 하나를 맞추기도 매우 힘듭니다. 하지만 어떤 사람이 끈기를 가지고 계속 쉬지 않고 노력한다면 언젠가는 맞출 수 있습니다. 네 가지 진리를 깨닫는 것은 그것보다 더 어렵다고 말합니다.

부처님께서 설하신 물질·정신 형성들이 적멸한 열반을 스스로 깨닫기란 어렵습니다. 매우 어려운, 꿰뚫어 알기 어려운 바른 성품을 꿰뚫어 아는 성품이 바로 어리석음없음입니다. 제일 높은 통찰지입니다.[513]

513 『*Cittānupassanā tayatogyi hnin Dhammānupassanā tayatogyi(Nīvaraṇapain/Khandhāpain/Āyatanapain*(마음 거듭관찰 법문과 법 거듭관찰 법문(장애의 장/ 무더기의 장/ 감각장소의 장)』, p.424 참조.

탐욕없음·성냄없음·어리석음없음

어리석음없음을 끝으로 모든 마음부수에 대한 설명을 마쳤습니다. 이어서 마음부수와 마음이 서로 결합되고 조합되는 모습을 설명하기 전에 『담마상가니 주석서』 내용을 바탕으로 탐욕없음·성냄없음·어리석음없음을 서로 비교하는 내용을 소개하겠습니다.(DhsA.170~172)

탐욕없음은 인색이라는 때의 반대, 성냄없음은 파계라는 때의 반대, 어리석음없음은 선법을 생겨나지 못하게 하고 늘어나지 못하게 하는 불선법의[514] 반대입니다.

탐욕없음은 보시의 원인, 성냄없음은 지계의 원인, 어리석음없음은 수행의 원인입니다.

탐욕없음을 통해 덕목[515]이 없는데도 덕목이 있다고 과장되게 취하지 않습니다. 탐욕이 많은 이가 덕목이 없는데도 덕목이 있다고 과장되게 취하기 때문입니다. 성냄없음을 통해 분명하게 있는 덕목을 없애고서 평가절하해서 취하지 않습니다. 성냄이 큰 이들이 있는 덕목을 없애고서 평가절하해서 취하기 때문입니다. 어리석음없음을 통해 네 가지 전도를 취하지 않습니다. 미혹한 이들이 전도돼 잘못 취하기 때문입니다.

탐욕없음을 통해 분명하게 있는 허물을 허물이라고 지닙니다. 그래서 탐욕없음은 허물에 대해 생겨납니다. 탐욕스러운 이들은 허물을 덮어버립니다. 성냄없음을 통해 덕목을 덕목이라고 지닙니다. 그래서 성냄없음은 덕목에 대해 생겨납니다. 화내는 이들은 덕목을 인정하지 않

514 특히 수행을 가로막는 감각욕망 등의 불선법을 말한다.
515 내세울 만한 점을 말한다.

습니다. 어리석음없음을 통해 그 덕목과 허물의 사실 그대로의 성품을 사실 그대로의 성품으로 지닙니다. 그래서 어리석음없음은 그 각각의 덕목과 허물의 사실 그대로의 성품에 대해 생겨납니다. 미혹한 이들은 진실을 진실이 아니라고, 진실이 아닌 것을 진실이라고 취합니다.

탐욕없음을 통해 좋아하는 중생이나 형성들과 헤어지는 것을 참지 못해서 생겨나는 고통이 생겨나지 않습니다. 탐욕스러운 이들은 좋아하는 성품이 있고, 좋아하는 이들과 헤어지는 것을 참지 못하기 때문입니다. 성냄없음을 통해 좋아하지 않는 중생이나 형성들과 만나기 때문에 생겨나는 고통이 생겨나지 않습니다. 거친 이들은 좋아하지 않는 성품이 있고, 좋아하지 않는 중생이나 형성들과 만나는 것을 참지 못하기 때문입니다. 어리석음없음을 통해 원하는 것을 얻을 수 없어서 생겨나는 고통이 생겨나지 않습니다. 미혹하지 않은 이들은 "늙는 성품이 있는 법들은 늙기 마련인데, '이러한 늙는 성품이 있는 법들이 늙지 않기를'이라고 바라는 것을 어떻게 얻을 수 있겠는가?" 등으로 반조하기 때문입니다.

탐욕없음으로 태어남의 고통이 생겨나지 않습니다. 탐욕없음은 갈애의 반대이고 태어남의 고통은 갈애가 뿌리이기 때문입니다. 성냄없음으로 늙음의 고통이 생겨나지 않습니다. 화가 많은 이는 빨리 늙기 때문입니다. 어리석음없음으로 죽음의 고통이 생겨나지 않습니다. 미혹하게 죽는 것은 고통인데 미혹하지 않은 이에게는 그러한 죽음이 없기 때문입니다.

탐욕없음으로 재가자들이 행복하게 지낼 수 있습니다. 논이나 밭 등에 대해 다투지 않기 때문입니다. 어리석음없음으로 출가자들이 행복하게 지낼 수 있습니다. 견해에 대해 다투지 않기 때문입니다. 성냄없음으로 출가자와 재가자 모두가 행복하게 지낼 수 있습니다.

특히 탐욕없음으로 아귀 영역에 태어남이 없습니다. 일반적으로 중생들은 갈애로 아귀 영역에 태어납니다. 탐욕없음은 갈애의 반대입니다. 성냄없음으로 지옥에 태어남이 없습니다. 성냄에는 거친 성품이 있기 때문에 성냄과 같은 지옥에 태어납니다. 성냄없음은 성냄의 반대입니다. 어리석음없음으로 축생모태에 태어남이 없습니다. 어리석음으로 항상 미혹하게 있는 축생모태에 태어납니다. 어리석음없음은 어리석음의 반대입니다.

탐욕없음은 애착rāga으로 가까이함을 없앱니다. 성냄없음은 성냄dosa으로 밀쳐냄을 없앱니다. 어리석음없음은 어리석음moha으로 밀쳐내거나 들러붙음이라고 하는 중립적이지않음을 없앱니다.

탐욕없음은 출리인식nekkhammasaññā, 성냄없음은 분노없음인식abyāpādasaññā, 어리석음없음은 해침없음인식avihiṁsāsaññā입니다.

또한 탐욕없음은 더러움인식asubhasaññā, 성냄없음은 무량인식appamāṇasaññā, 어리석음없음은 요소인식dhātusaññā입니다.

탐욕없음으로 감각욕망쾌락탐닉몰두kāmasukhallikānuyoga라는 극단을 피합니다. 성냄없음으로 자기학대고행몰두attakilamathānuyoga라는 극단을 피합니다. 어리석음없음으로 중도실천majjhimapaṭipadā을 실행합니다.

탐욕없음으로 탐애 몸[516] 매듭abhijjhākāyagantha을 무너뜨립니다. 성냄없음으로 분노 몸 매듭byāpādakāyagantha을 무너뜨립니다. 어리석음없음으로 진리고집 몸 매듭idaṁsaccābhinivesakāyagantha, 행실의례집착

516 여기서 '몸kāya'은 정신적 몸nāmakāya 한 가지로 설명하는 방법과 정신적 몸과 신체적 몸rūpakāya 둘 모두로 설명하는 방법이 있다. 『아비담마 길라잡이』 제2권, pp.105~106 참조.

몸 매듭sīlabbataparāmāsakāyagantha을 무너뜨립니다.

몸 거듭관찰 새김확립과 느낌 거듭관찰 새김확립은 탐욕없음과 성냄없음의 힘으로 구족됩니다. 마음 거듭관찰 새김확립과 법 거듭관찰 새김확립은 어리석음없음의 힘으로 구족됩니다.

탐욕없음은 질병없음의 조건입니다. 탐욕스럽지 않은 이들은 탐욕을 일으킬 만한 것이라 할지라도 적당하지 않은 음식이나 기후를 의지하지 않기 때문에 병이 없습니다. 성냄없음은 젊음의 조건입니다. 화내지 않는 이들은 주름이나 백발을 생기게 하는 성냄의 불이 타오르지 않아 오랫동안 젊음이 유지됩니다. 어리석음없음은 장수의 조건입니다. 미혹하지 않은 이들은 이익되는 것과 이익되지 않는 것을 잘 알고서 이익되지 않는 것은 피하고 이익되는 것은 의지하기 때문에 수명이 깁니다.

탐욕없음은 재산구족bhogasampatti의 조건입니다. 탐욕스럽지 않은 이들은 베풂을 통해 재산을 다시 얻습니다. 성냄없음은 친구구족mittasampatti의 조건입니다. 자애로 친구들을 얻고 친구들로부터 멀어지지 않습니다. 어리석음없음은 자신구족attasampatti의 조건입니다. 미혹하지 않은 이들은 자신의 진정한 이익을 잘 알고서 행하기에 자신을 구족하게 합니다.

탐욕없음은 초선정을 비롯한 색계·무색계 8선정이라는 천상 머묾dibbavihāra의 조건입니다. 성냄없음은 자애와 연민 등 거룩한 머묾brahmavihāra의 조건입니다. 어리석음없음은 과 증득이라는 성스러운 머묾ariyavihāra의 조건입니다.

탐욕없음으로 자기편인 중생이나 형성에 대해 걱정하지 않습니다. 자기편인 중생이나 형성이 없어지는 것을 원인으로 하는 고통이 없기 때문입니다. 성냄없음으로 상대편인 중생이나 형성에 대해 걱정하지 않습니다. 화내지 않는 이에게는 원수라든가 원수라는 인식이 존재하지 않기 때문입니다. 어리석음없음으로 누구 편도 아닌 중생이나 형성에 대해 걱정하지 않습니다. 미혹하지 않은 이에게는 모든 집착하는 상태, 즉 자기편이라든가, 상대편이라든가, 중립에 대해 애착하는 것이 없기 때문입니다.

탐욕없음으로 무상이라고 알고 보는 관찰함이 생겨납니다. 탐욕스러운 사람들은 사용하는 물건에 애착하기 때문에 무상이라고 볼 수 없습니다. 성냄없음으로 괴로움이라고 알고 보는 관찰함이 생겨납니다. 성냄이 없는 사람들은 원한의 토대를 거머쥐지 않기 때문에 괴로움이라고 봅니다. 어리석음없음으로 무아라고 알고 보는 관찰함이 생겨납니다. 미혹하지 않은 이들은 사실대로 바른 성품을 취하는 데 능숙합니다. 지배하는 이가 없는 다섯 무더기를 지배하는 이가 없는 것이라고 잘 압니다.

반대로 설명하면 무상을 관찰하는 것을 통해 탐욕없음이 생겨납니다. 괴로움을 관찰하는 것을 통해 성냄없음이 생겨납니다. 무아를 관찰하는 것을 통해 어리석음없음이 생겨납니다. '무상하다'라고 바르게 아는 이가 어떻게 그것에 대한 열망을 일으키겠습니까? '괴로움이다'라고 바르게 아는 이가 괴로움일 뿐인 형성들에 대해 어떻게 성냄을 일으키겠습니까? '자아라고 할 만한 것은 없다'라고 바르게 아는 이가 어떻게 다시 자아라고 미혹함에 빠지겠습니까?

마음부수 모임 결집 게송

9 Ettāvatā ca -

Terasaññasamānā ca, cuddasākusalā tathā;

Sobhanā pañcavīsāti, dvipaññāsa pavuccare.

해 석

또한 이 정도로

13가지인 동화들과 14가지인 불선들, 그리고

25가지인 아름다움들, 이렇게 52가지로 분류한다.

대 역

Ca또한; 상설 외에 요약을 말하자면 ettāvatā=ettāvantena vacanakkamena이 정도로; 이 정도의 단어 차례를 통해 mayā내가 vuttā말한 cetasikā마음부수들은 terasa13가지인 aññasamānā ca동화들과; 동화 마음부수들과 cuddasa14가지인 akusalā ca불선들과; 불선 마음부수들과 tathā 그리고 pañcavīsāti25가지인 sobhanā ca아름다움들; 아름다움 마음부수들, iti이렇게 dvipaññāsa52가지라고 pavuccare종류로 나누어 말한다.

제42강

2009년 5월 12일

| 들어가며 |

지금까지 마음부수들의 특성과 역할, 나타남, 가까운 원인이라는 여러 특질을 살펴봤습니다. 이제 그러한 마음부수들이 어떤 마음과 결합하는지 설명하겠습니다. 마음은 혼자서 일어나지 않습니다. 여러 마음부수와 함께 일어납니다. 각각의 마음부수가 어떤 마음과 결합해서 일어나는지, 어떤 마음과는 결합하지 않는지 설명하는 방법이 결합방법 sampayoganaya입니다.

3. 결합방법

10 Tesaṁ cittāviyuttānaṁ, yathāyogamito paraṁ.
Cittuppādesu paccekaṁ, sampayogo pavuccati.

해 석

마음이 일어날 때 마음과 결합된 마음부수들,
그 각각의 결합을 이 이후부터 결합에 따라 분류한다.

대 역

Cittuppādesu마음이 일어날 때 cittāviyuttānaṁ마음과 결합된; 마음과 항상 결합돼 있는 tesaṁ그들의; 그 마음부수들의 paccekaṁ각각의 sampayogo결합을 ito이로부터; 이러한 요약의 paraṁ다음에 yathāyogaṁ결합된 것에 따라 pavuccati종류로 나누어 말한다.

결합방법 집론 게송

11 Satta sabbattha yujjanti, yathāyogaṁ pakiṇṇakā.
Cuddasākusalesveva, sobhanesveva sobhanā.

해석

일곱은 모든 곳에 결합한다.
때때로들은 결합에 적당하게 결합한다.
열넷은 불선들에만[517] 결합한다.
아름다움들은 아름다움들에만 결합한다.

대역

Satta일곱은; 모든 마음 공통들 7가지 마음부수는 sabbattha모든 곳에; 89가지 모든 마음에 yujjanti결합한다. pakiṇṇakā때때로들은; 때때로들 6가지 마음부수는 yathāyogaṁ결합하기에 적당하게 yujjanti결합한다. cuddasa열넷은; 불선 마음부수 14가지는 akusalesveva=akusalesu eva불선들에만; 불선 마음 12가지에만 yathāyogaṁ 결합하기에 적당하게 yujjanti결합한다. sobhanā아름다움들은; 아름다움 마음부수 25가지는 sobhanesveva=sobhanesu eva아름다움들에만; 아름다운 마음 59가지에만 yathāyogaṁ결합하기에 적당하게 yujjanti결합한다.

이 게송은 결합방법을 요약해서 설명했습니다. '일곱은 모든 곳에'란 어떤 마음부수 7가지는 모든 마음인 간략하게 89가지, 자세하게 121가

517 원본의 처소격 표현을 그대로 따랐다. '불선과만 결합한다'는 뜻이다. 나머지도 마찬가지다.

지와 언제나 결합한다는 뜻입니다. 그 마음부수들을 '모든 마음 공통들'이라고 부릅니다.

'때때로들은 결합에 적당하게'란 어떤 마음부수들은 모든 마음과 결합하기는 하지만 각각 적당한 마음들과 때때로 결합한다는 뜻입니다. 그래서 그 마음부수들을 '때때로들'이라고 부릅니다.

'열넷은 불선들에만'이란 어떤 마음부수 14가지는 불선 마음들과만 결합한다는 뜻입니다. 그 마음부수들을 '불선들'이라고 부릅니다.

'아름다움들은 아름다움들에만'이란 아름다움 마음부수들은 아름다운 마음들과만 결합한다는 뜻입니다. 그 마음부수들을 '아름다움들'이라고 부릅니다.

이렇게 마음부수들이 각각의 마음들과 결합하는 모습을 보이는 방법을 '결합방법sampayoganaya'이라고 부릅니다. 결합방법에는 간략하게 4종류, 자세하게 16종류가 있습니다.

(1) 모든 마음 공통들의 결합방법	1가지
(2) 때때로들의 결합방법	6가지
(3) 불선들의 결합방법	5가지
(4) 아름다움들의 결합방법	4가지
합해서	16가지

1) 동화 마음부수의 결합방법 7가지

앞에서도 설명했듯이 모든 마음 공통 마음부수와 때때로 마음부수를 '동화同化 마음부수'라고 합니다. 동화 마음부수의 결합방법aññasa-mānacetasikasampayoganaya에는 7가지가 있습니다.

(1) 모든 마음 공통 마음부수의 결합방법 1가지

모든 마음 공통들의 결합방법은 1가지입니다.

12 Kathaṁ? Sabbacittasādhāraṇā tāva sattime cetasikā sabbesupi ekūnanavuticittuppādesu labbhanti.

해 석

어떻게? 먼저 모든 마음 공통들인 7가지 이 마음부수들은 모두이기도 한 89가지 마음일어남에서 얻는다.

대 역

Kathaṁ어떻게; kathaṁ yujjanti어떻게 결합하는가? sabbacittasādhāraṇā모든 마음 공통들을; 모든 마음 공통 마음부수 7가지를 tāva먼저 mayā내가 vuccante말하자면 satta7가지인 ime cetasikā이 마음부수들은; 이 마음부수들을[518] sabbesupi모두이기도 한 ekūnanavuti89가지 cittuppādesu마음일어남들에서; 마음들에서 labbhanti얻어진다; 얻는다.[519]

'모든 마음 공통들 7가지는 간략하게 89가지, 자세하게 121가지인 모든 마음에서 얻는다'라고 설명했습니다. '모든 마음과 결합한다'는 뜻

518 이 단어는 수동태 문장의 주어여서 대역에서는 "ime cetasikā이 마음부수들은; 이 마음부수들을"이라고 둘 다로 표현했고 해석에서는 능동태와 수동태 모두 포함할 수 있도록 '이 마음부수들은'이라고 표현했다. 이후에 나오는 비슷한 단어는 능동태·수동태 모두 포함하는 '~은'이나 능동태인 '~을'이라고 표현했다. 이와 마찬가지로 이해하면 된다.

519 'labbhati'는 'labhati 얻다'의 수동태 표현이다. 그래서 대역에서는 "labbhanti얻어진다; 얻는다"라고 둘 다로 표현했고, 해석에서는 '얻는다'라고 능동태만 표현했다. 이후에 나오는 비슷한 단어는 저본의 대역에 따라 능동태로만 표현했다. 이와 마찬가지로 이해하면 된다.

입니다. 모든 마음 공통들 7가지 마음부수는 앞에서 언급한 대로 다음과 같습니다.

모든 마음 공통들 7가지 마음부수
① 접촉phassa ② 느낌vedanā ③ 인식saññā ④ 의도cetanā
⑤ 하나됨ekaggatā ⑥ 생명기능jīvitindriya ⑦ 마음기울임manasikāra

이 7가지 마음부수는 모든 마음과 결합한다고 했으므로 불선 마음과도, 선 마음과도, 과보 마음과도, 작용 마음과도 결합합니다. "그러면 마음부수들은 마음과 어떻게 결합하는가?"라고 묻는다면 제23강에서 설명한 대로[520] 마음부수 요건 4가지로 결합한다고 대답해야 합니다. 즉 마음부수들은 마음과 함께 일어나고, 함께 사라지고, 같은 대상을 가지고, 같은 토대를 가지는 4가지 특성으로 결합합니다.

(2) 때때로 마음부수의 결합방법 6가지

때때로들의 결합방법은 6가지입니다.

13 Pakiṇṇakesu pana vitakko tāva dvipañcaviññāṇavajjitakāmāvacaracittesu ceva ekādasasu paṭhamajjhānacittesu ceti pañcapaññāsacittesu uppajjati.

---

520 본서 pp.28~29 참조.

해 석

또한 때때로들 중에서 먼저 사유는 다섯 의식 쌍을 제외한[521] 욕계 마음과 11가지 초선정 마음, 이렇게 55가지 마음에서 일어난다.

대 역

Pana또한; 모든 마음 공통들의 결합방법 외에 때때로들의 결합방법을 설하자면 pakiṇṇakesu때때로들 중에; 때때로 마음부수 6가지 중에 tāva제일 먼저 mayā내가 vutto언급한 vitakko사유는; 사유 마음부수는 dvipañcaviññāṇa vajjita kāmāvacara cittesu ceva다섯 의식 쌍[522]을 제외한 욕계 마음과; 다섯 의식 쌍 10가지를 제외한 욕계 마음 44가지와; 다섯 의식 쌍 10가지가 제외된 욕계 마음 44가지와 ekādasasu11가지인 paṭhamajjhāna cittesu ca초선정 마음들; 초선정과 결합한 마음들, iti이렇게 pañcapaññāsacittesu55가지[523] 마음에서 uppajjati일어난다.

14 Vicāro pana tesu ceva ekādasasu dutiyajjhānacittesu cāti chasaṭṭhicittesu.

해 석

그리고 고찰은 그것들과 11가지 제2선정 마음들, 이렇게

521 원문은 "다섯 의식 쌍이 제외된"이라는 피동표현이나 저본 해석과 한국어 표현에 따라 능동으로 표현했다. 피동 표현은 대역에서 밝혔다. 뒤에 나오는 다른 구절에서도 마찬가지다.

522 다섯 의식 쌍을 『아비담맛타상가하』에서는 'dvipañcaviññāṇa'라고 표현했다. 일반적으로는 'dvepañcaviññāṇa'라고도 표현한다.

523 마음을 121가지로 헤아렸을 때의 숫자이다.

66가지 마음에서 일어난다.

대 역

Vicāro pana그리고 고찰은; 고찰 마음부수는 tesu ceva 그것들과; 그 사유가 생겨나는 마음 55가지들과 ekādasasu11가지인 dutiyajjhāna cittesu ca제2선정 마음, iti이렇게 chasaṭṭhicittesu66가지[524] 마음에서 uppajjati일어난다.

15 Adhimokkho dvipañcaviññāṇavicikicchāsahagatavajjitacittesu.

해 석

결심은 다섯 의식 쌍과 의심이 함께하는 것들을 제외한 마음에서 일어난다.

대 역

Adhimokkho결심은; 결심 마음부수는 dvipañcaviññāṇa vicikicchāsahagata vajjita cittesu다섯 의식 쌍과 의심과 함께하는 것들을 제외한 마음에서; 다섯 의식 쌍 10가지와 의심과 함께하는 마음을 제외한 78/110가지[525] 마음에서 uppajjati일어난다.

524 마음을 121가지로 헤아렸을 때의 숫자이다.

525 마음을 89가지로 헤아렸을 때는 78, 121가지로 헤아렸을 때는 110가지이다.

16 Vīriyaṁ pañcadvārāvajjanadvipañcaviññāṇasampaṭicc-hanasantīraṇavajjitacittesu.

해석

정진은 오문전향과 다섯 의식 쌍과 접수와 조사를 제외한 마음에서 일어난다.

대역

Vīriyaṁ정진은; 정진 마음부수는 pañcadvārāvajjana dvi-pañcaviññāṇa sampaṭicchana santīraṇa vajjita cittesu오문전향과 다섯 의식 쌍과 접수와 조사를 제외한 마음에서; 오문전향 마음과 다섯 의식 쌍 10가지와 접수 마음 2가지와 조사 마음 3가지를 제외한 73/105가지[526] 마음에서 uppajjati일어난다.

17 Pīti domanassupekkhāsahagatakāyaviññāṇacatutthajjhā-navajjitacittesu.

해석

희열은 근심·평온과 함께하는 마음과 몸 의식과 제4선정을 제외한 마음에서 일어난다.

대역

Pīti희열은; 희열 마음부수는 domanassupekkhāsahagata kāyaviññāṇa catutthajjhāna vajjita cittesu근심·평온과 함께하는 마음과 몸 의식과 제4선정을 제외한 마음에서;

526 마음을 89가지로 헤아렸을 때는 73, 121가지로 헤아렸을 때는 105가지이다.

근심과 함께하는 성냄뿌리 마음 2가지, 평온과 함께하는 마음 55가지, 몸 의식 2가지, 제4선정 마음 11가지를 제외한 51가지[527] 마음에서 uppajjati일어난다.

18 Chando ahetukamomūhavajjitacittesūti.

해 석

열의는 원인 없는 마음과 어리석음뿌리를 제외한 마음에서 일어난다. 이상이다.

대 역

Chando열의는; 열의 마음부수는 ahetuka momūha vajjita cittesu원인 없는 마음과 어리석음뿌리 마음을 제외한 마음에서; 원인 없는 마음 18가지, 어리석음뿌리 마음 2가지를 제외한 69/101가지 마음에서 uppajjati일어난다. iti이렇게 tesaṁ그들의; 그 동화 마음부수 13가지들의 sattavidho7종류가 있는 sampayogo결합을; 결합방법을 veditabbo알아야 한다.

§§13~18은 때때로들의 결합방법을 설명하고 있습니다. 내용을 보면 헤아리기 쉽도록 결합하지 않는 마음들을 제외하는 방법으로 설명했습니다. 먼저 때때로들이 결합하는 마음들을 헤아려 보겠습니다.

사유는 다섯 의식 쌍을 제외한 욕계 마음 44가지, 초선정 마음 11가

527 마음을 121가지로 헤아렸을 때의 숫자이다. 사유와 고찰, 희열은 일반적으로 마음을 89가지로 헤아렸을 때의 숫자는 언급하지 않는다.

지[528], 모두 55가지 마음과 결합합니다.

고찰은 다섯 의식 쌍을 제외한 욕계 마음 44가지, 초선정 마음 11가지, 제2선정 마음 11가지, 모두 66가지 마음과 결합합니다.

결심은 의심과 결합한 마음 1가지와 다섯 의식 쌍을 제외한 욕계 마음 43가지, 고귀한 마음 27가지, 출세간 마음 8/40가지, 모두 78/110가지 마음과 결합합니다.

정진은 불선 마음 12가지, 맘문전향 마음과 미소 마음이라는 작용 마음 2가지, 욕계 아름다운 마음 24가지, 고귀한 마음 27가지, 출세간 마음 8/40가지, 모두 73/105가지 마음과 결합합니다.

희열은 즐거움과 함께하는 욕계 마음 18가지, 초선정 마음 11가지, 제2선정 마음 11가지, 제3선정 마음 11가지, 모두 51가지 마음과 결합합니다.

열의는 탐욕뿌리 마음 8가지, 성냄뿌리 마음 2가지, 욕계 아름다운 마음 24가지, 고귀한 마음 27가지, 출세간 마음 8/40가지, 모두 69/101가지 마음과 결합합니다.

때때로 마음부수의 결합과 비결합 요약

이어서 때때로들이 결합하지 않는 마음들과 결합하는 마음들을 요약해서 다음과 같이 설명했습니다.

528 초선정 마음 11가지란 색계 마음 중 선과 과보와 작용으로 각각 초선정 마음 3가지, 그리고 출세간 마음에서 수다원 도와 과, 사다함 도와 과, 아나함 도와 과, 아라한 도와 과 마음 중 초선정에 해당하는 마음 8가지를 합해서 11가지다.

19 Te pana cittuppādā yathākkamaṁ -

Chasaṭṭhi pañcapaññāsa, ekādasa ca soḷasa;

Sattati vīsati ceva, pakiṇṇakavivajjitā.

Pañcapaññāsa chasaṭṭhiṭṭhasattati tisattati;

Ekapaññāsa cekūnasattati sapakiṇṇakā.

해 석

그리고 그 마음일어남들은 차례대로

66가지와 55가지, 11가지와 16가지,

70가지와 20가지만으로 때때로들을 제외한 것이다.

55가지와 66가지, 78가지와 73가지,

51가지와 69가지로 때때로들이 함께한 것이다.

대 역

Pana또한; 나머지 방법을 일부분 설명하자면 pakiṇṇakavivajjitā때때로들을 제외한; 때때로들 6가지가 제외된; 때때로들 6가지를 제외한 te cittuppādā그 마음일어남들은; 그 마음들은 yathākkamaṁ차례대로 chasaṭṭhi ca66가지와 pañcapaññāsa ca55가지와 ekādasa ca11가지와 soḷasa ca16가지와 sattati ca70가지와 vīsati ceva20가지만[529]이라고 알아야 한다.

Sapakiṇṇakā때때로들이 함께하는; 때때로들 6가지와 함께 생겨나는 te cittuppādā그 마음일어남들은; 그 마음들은 yathākkamaṁ차례대로 pañcapaññāsa ca55가지

529 저본에서 이 부분만 '개수의 한계'라고 번역하여 그대로 따랐다.

와 chasaṭṭhi ca66가지와 aṭṭhasattati ca78가지와 tisattati ca73가지와 ekapaññāsa ca51가지와 ekūnasattati ca69가지라고 알아야 한다.

때때로 마음부수가 결합하지 않는 마음들

앞서 때때로 마음부수가 결합하는 마음들을 헤아렸습니다. 이제 때때로 마음부수가 결합하지 않는 마음들을 헤아려 보겠습니다.

사유

먼저 사유는 다섯 의식 쌍dvepañcaviññāṇa·前五識 10가지, 제2선정 마음 11가지, 제3선정 마음 11가지, 제4선정 마음 11가지, 제5선정 마음 23가지[530], 모두 66가지 마음과 결합하지 않습니다.

사유는 왜 다섯 의식 쌍에서는 일어나지 않을까요? 왜 결합하지 않을까요? 다섯 의식 쌍은 볼 때 단지 보아서 아는 마음, 들을 때 단지 들어서 아는 마음 등입니다. 다섯 대상을 보통으로sāmañña 아는 것 정도이기 때문에 힘이 매우 약합니다. 그래서 대상을 구체적으로 생각할 수 있는 성품이 포함돼 있지 않습니다. 구체적으로 생각하는 성품, 대상으로 보내주는 성품인 사유는 다섯 의식 쌍과는 결합하지 않습니다.[531]

또한 제2선정부터 제5선정 마음들은 수행의 힘으로 사유를 잘라냈기 때문에 사유는 그러한 마음들과도 결합하지 않습니다. 『아비담맛타

530 제5선정 마음 23가지란 색계 선과 과보와 작용으로 각각 제5선정 마음 3가지, 무색계 마음 전체가 선정 구성요소로 보면 제5선정과 같기 때문에 네 종류 무색계 선과 과보와 작용으로 3×4=12가지, 그리고 출세간 마음에서 제5선정에 해당하는 마음 8가지를 합해서 23가지다.

531 하지만 『아비담맛타상가하』 제4장에서 언급할 인식과정에서 사유는 다섯 의식 쌍이 사라진 뒤 일어나는 접수 등의 여러 마음과는 결합한다.

상가하』 제1장에서 "사유와 고찰과 희열과 행복과 하나됨과 함께 생겨나는 초선정 선kusala 마음" 등으로(Ah.4) 초선정에는 사유가 포함됐다고 설명했습니다. 그리고 제2선정에 들어가고자 결심하고 '초선정 구성요소 중 사유는 반대법인 해태·혼침에 흔들리기 쉽다. 저열하고 거칠다. 제2선정에 들리라'라고 결의한 뒤 수행을 이어나가서 초선정의 사유라는 선정 구성요소를 버리고 제2선정에 입정합니다.[532] 그래서 사유는 제2선정부터 제5선정 마음들과 결합하지 않습니다.

고찰

고찰이 결합하지 않는 마음은 다섯 의식 쌍 10가지, 제3선정 마음 11가지, 제4선정 마음 11가지, 제5선정 마음 23가지, 모두 55가지입니다. 고찰이 다섯 의식 쌍과 결합하지 않는 이유는 사유와 같습니다. 제3선정부터 제5선정 마음과 결합하지 않는 것은 제3선정을 닦을 때 '제2선정에 포함된 고찰은 반대법인 의심에 흔들리기 쉽다. 제2선정은 거칠고 저열하다. 제3선정에 들리라'라고 결의한 뒤 수행을 이어나가서 제2선정의 고찰이라는 선정 구성요소를 버리고 제3선정에 입정하기 때문입니다.[533]

결심

결심이 결합하지 않는 마음은 다섯 의식 쌍 10가지와 의심과 함께하는 마음 1가지, 모두 11가지입니다. 다섯 의식 쌍은 보아서 아는 정도, 들어서 아는 정도의 성품이어서 힘이 매우 약합니다. 대상을 결정

532 『아비담마 강설1』, p.295 참조.
533 『아비담마 강설1』, p.295 참조.

할 수 없습니다. 그래서 결심은 다섯 의식 쌍과 결합하지 않습니다. 의심도 대상을 결정할 수 없는 성품이기 때문에 대상을 결정하는 결심은 의심과 함께하는 마음과 결합하지 않습니다.

결심은 선·불선·비확정인 모든 마음과 결합합니다. 부처님 당시에 육사외도의 제자들이 자신들의 스승을 아라한으로 믿고 결정하는 성품도 결심이지만 이것은 '삿된 결심micchā adhimokkha'입니다. 삿된 결심과 반대인 법은 믿음입니다. 믿음은 항상 아름다운 마음과 결합합니다. 부처님·가르침·승가, 업과 업의 결과 등에 대한 믿음이야말로 진짜 믿음입니다.

정진

정진이 결합하지 않는 마음은 다섯 의식 쌍 10가지, 접수 마음 2가지, 조사 마음 3가지, 오문전향 마음 1가지, 모두 16가지입니다. 이러한 마음들은 힘bala이 매우 약합니다. 힘이 부족합니다. 그래서 힘에 해당하는 정진은 이러한 마음들과 결합하지 않습니다.

예를 들어 아비담마 강의를 들으러 가려고 마음으로 노력하는 것은 마음의 정진입니다. 먼 거리를 버스나 지하철을 타고 오면서 직접 몸으로 노력하는 것은 몸의 정진입니다. 이렇게 아비담마를 들으러 올 때 정진 마음부수가 생겨나는데, 이 정진은 어떠한 마음과 결합해서 생겨난 것일까요? 불선 마음이 아닙니다. 맘문전향 마음이나 미소 마음도 아닙니다. 고귀한 마음이나 출세간 마음도 아닙니다. 욕계 아름다운 마음, 그중에서도 과보 마음이나 작용 마음은 아니고, 욕계 큰 선 마음 8가지 중 한 가지 마음일 것입니다. 즐거운 마음으로 올 수도 있고 무덤덤하게 올 수도 있지만 그 8가지 중 한 가지 마음인 것은 분명합니다. 기쁜 마음으로 '수승한 법문을 듣겠구나. 스님들 얼굴을 보겠구나'라고

온다면 즐거움과 함께하는 4가지 마음이 생겨난 것이고 '화요일이니 법문을 들으러 가야지'라고 일정에 따라 온다면 평온한 느낌과 함께하는 마음일 것입니다.

욕계 큰 선 마음 8가지 중에는 즐거움과 함께하는 마음의 힘이 큽니다. 즐거움과 함께 선 마음을 일으켜야 그러한 마음들이 더욱 크고 힘 있는 결과를 가져옵니다. 욕계에서는 즐거운 마음으로 해야 결과가 더 큽니다. 고귀한 마음, 출세간 마음의 경우는 평온한 마음이 더욱 힘이 셉니다.

희열

희열은 행복과 함께하는 몸 의식 1가지, 고통과 함께하는 몸 의식 1가지, 근심과 함께하는 성냄뿌리 마음 2가지, 즐거움과 함께하는 제4선정 마음 11가지, 평온과 함께하는 55가지 마음, 모두 70가지 마음과 결합하지 않습니다. 먼저 근심과 함께하는 성냄뿌리 마음 2가지와 고통과 함께하는 몸 의식 1가지는 거칠고 고통스럽기 때문에 희열이 결합하지 않습니다. 행복sukha과 함께하는 몸 의식 1가지는 몸의 즐거움이고 희열은 마음의 즐거움과 관련된 성품입니다. 서로 다르기 때문에 희열은 행복과 함께하는[534] 마음과 결합하지 않습니다. 제4선정 마음 11가지는 수행을 통해 희열을 제거했기 때문에 희열이 결합하지 않습니다. 희열은 즐거움somanassa과 관련된 법이므로 평온과 함께하는 55가지 마음[535]과는 결합하지 않습니다.

534 여기서 '행복'은 몸의 행복만을 말한다. 마음의 행복인 즐거움somanassa과 관련된 내용은 아래에 나온다.

535 평온과 함께하는 마음 55가지는 불선 마음 6가지, 원인 없는 마음 14가지, 욕계 아름다운 마음 12가지, 색계 마음 3가지, 무색계 마음 12가지, 출세간 마음 8가지이다.

열의

열의는 어리석음뿌리 마음 2가지, 원인 없는 마음 18가지, 모두 20가지와 결합하지 않습니다. 열의는 원하는 성품인데 이러한 20가지 마음은 원하는 성품이 없으므로 이러한 마음들과 결합하지 않습니다.

| 도표2 | 때때로 마음부수가 결합하는 마음과 결합하지 않는 마음

마음부수	결합하는 마음		결합하지 않는 마음	
사유	다섯 의식 쌍을 제외한 욕계 마음	44	다섯 의식 쌍	10
			제2선정 마음	11
	초선정 마음	11	제3선정 마음	11
			제4선정 마음	11
			제5선정 마음	23
	*마음 121 분류 기준	55		66
고찰	다섯 의식 쌍을 제외한 욕계 마음	44	다섯 의식 쌍	10
			제3선정 마음	11
	초선정 마음	11	제4선정 마음	11
	제2선정 마음	11	제5선정 마음	23
	*마음 121 분류 기준	66		55
결심	욕계 마음 (의심1+다섯 의식 쌍 제외)	43	다섯 의식 쌍	10
	고귀한 마음	27	의심과 함께하는 마음	1
	출세간 마음	8		
	*마음 89 분류 기준	78		11
정진	불선 마음	12	다섯 의식 쌍	10
	맘문전향 마음 + 미소 마음	2	접수 마음	2
	욕계 아름다운 마음	24	조사 마음	3
	고귀한 마음	27	오문전향 마음	1
	출세간 마음	8		
	*마음 89 분류 기준	73		16
희열	즐거움과 함께하는 욕계 마음	18	행복과 함께하는 마음	1
	초선정 마음	11	고통과 함께하는 마음	1
	제2선정 마음	11	제4선정 마음	11
	제3선정 마음	11	근심과 함께하는 마음	2
			평온과 함께하는 마음	55
	*마음 121 분류 기준	51		70
열의	탐욕뿌리 마음	8	어리석음뿌리 마음	2
	성냄뿌리 마음	2	원인 없는 마음	18
	욕계 아름다운 마음	24		
	고귀한 마음	27		
	출세간 마음	8		
	*마음 89 분류 기준	69		20

2) 불선 마음부수의 결합방법

지금까지 모든 마음 공통들과 때때로들의 결합방법을 설명했습니다. 이제 불선 마음부수의 결합방법akusalacetasikasampayoganaya을 설명하겠습니다.

20 Akusalesu pana moho ahirikaṁ anottappaṁ uddhaccañcāti cattārome cetasikā sabbākusalasādhāraṇā nāma, sabbesupi dvādasākusalesu labbhanti.

해 석

한편 불선에서 어리석음·부끄러움없음·두려움없음·들뜸, 이 4가지 마음부수는 모든 불선 공통들이라고 말하며 모든 12가지 불선들에서 얻는다.

대 역

Pana한편; 때때로 마음부수 6가지의 결합방법 외에 불선 마음부수의 결합방법을 말하자면 akusalesu불선 중에서; 불선 마음부수 14가지 중에서 moho ca어리석음과; 어리석음 마음부수와 ahirikañca부끄러움없음과; 부끄러움없음 마음부수와 anottappañca두려움없음과; 두려움없음 마음부수와 uddhaccañca들뜸; 들뜸 마음부수, iti이렇게 cattāro4가지인 ime cetasikā이 마음부수들은 sabbākusalasādhāraṇā nāma hoti모든 불선 공통들이라고 한다; 모든 불선 공통 마음부수들이라고 한다; 모든 불선 마음 12가지와 결합하기 때문에 모든 불선 공통 마음부수들이라고 한다. iti이렇게 cattāro4가지인 ime cetasikā이 마음부수들은 sabbesupi모두이기도 한 dvādasākusalesu12가지 불선에서; 12가지 불선 마음에서 labbhanti얻는다.

21 Lobho aṭṭhasu lobhasahagatacittesveva labbhati.

해 석

탐욕은 8가지인 탐욕과 함께하는 마음들에서만 얻는다.

대 역

Lobho탐욕은; 탐욕 마음부수는 aṭṭhasu8가지인 lobhasahagatacittesveva=lobhasahagata cittesu eva탐욕과 함께하는 마음들에서만 labbhati얻는다.

22 Diṭṭhi catūsu diṭṭhigatasampayuttesu.

해 석

사견은 4가지인 사견과 결합한 마음들에서(만 얻는다).

대 역

Diṭṭhi사견은; 사견 마음부수는 catūsu4가지인 diṭṭhigatasampayuttesu=diṭṭhigatasampayuttesu eva사견과 결합한 마음들에서만 labbhati얻는다.

23 Māno catūsu diṭṭhigatavippayuttesu.

해 석

자만은 4가지인 사견과 결합하지 않은 마음들에서(만 얻는다).

대 역

Māno자만은; 자만 마음부수는 catūsu4가지인 diṭṭhigatavippayuttesu=diṭṭhigatavippayuttesu eva사견과 결합하지 않은 마음들에서만 labbhati얻는다.

24 Doso issā macchariyaṁ kukkuccañcāti dvīsu paṭighasampayuttacittesu.

해 석

성냄·질투·인색·후회는 2가지인 적의와 결합한 마음들에서(만 얻는다).

대 역

Doso ca성냄과; 성냄 마음부수와 issā ca인색과; 인색 마음부수와 macchariyañca질투와; 질투 마음부수와 kukkuccañca후회; 후회 마음부수, iti이렇게 cattāro4가지인 ime cetasikā이 마음부수들은 dvīsu2가지인 paṭighasampayuttacittesu=paṭighasampayuttacittesu eva적의와 결합한 마음들에서만 labbhanti얻는다.

25 Thinamiddhaṁ pañcasu sasaṅkhārikacittesu.

해 석

해태와 혼침은 5가지인 형성 있는 마음들에서(만 얻는다).

대 역

Thinamiddhaṁ해태와 혼침은; 해태 마음부수와 혼침 마음부수는 pañcasu5가지인 sasaṅkhārikacittesu=sasaṅkhārikacittesu eva형성 있는 마음들에서만 labbhati얻는다.

26 Vicikicchā vicikicchāsahagatacitteyevāti.

해 석

의심은 의심과 함께하는 마음에서(만 얻는다). 이상이다.

대 역

Vicikicchā의심은; 의심 마음부수는 vicikicchāsahagatacitteyeva의심과 함께하는 마음에서만 labbhati얻는다. iti이렇게 tesaṁ그들의; 그 불선 마음부수 14가지의 pañcavidho5종류가 있는 sampayogo결합을; 결합방법을 veditabbo알아야 한다.

불선 마음부수 14가지는 불선 마음 12가지와 각각 적절하게 5가지 방법으로 결합합니다.

① 어리석음 4개조mohacatukka의 결합방법이 하나
② 탐욕 3개조lobhatika의 결합방법이 하나
③ 성냄 4개조dosacatukka의 결합방법이 하나
④ 해태thina와 혼침middha의 결합방법이 하나
⑤ 의심vicikicchā의 결합방법이 하나

(1) 어리석음 4개조의 결합방법

어리석음moha, 부끄러움없음ahirika, 두려움없음anottappa, 들뜸uddhacca이라는 4가지 마음부수는 모든 불선 마음 12가지와 항상 결합합니다. 결합하지 않는 불선 마음은 없습니다. 본문에서 "sabbesupi dvādasākusalesu labbhanti 모든 12가지 불선들에서 얻는다"라고 언급한 대로

모든 불선 마음과 항상 결합하기 때문에 이 4가지 마음부수들을 '모든 불선 공통 마음부수sabbākusalasādhāraṇa cetasika'라고 합니다. 줄여서 '어리석음 4개조mohacatukka'라고도 말합니다. '어리석음 등의 4가지'라는 뜻입니다. 불선 마음들이 일어날 때마다 어리석음 등의 4가지 마음부수가 항상 포함돼 있습니다. 어리석음 4개조가 포함되지 않으면 불선 마음이 일어날 수 없습니다.

이렇게 불선 마음이 일어나게 하는 근본 원인 4가지를 알았습니다. 그렇다면 이제 무엇을 해야 할까요? 그러한 4가지가 일어나지 않도록 노력해야 합니다.

분명하게 설명하면 불선 행위의 허물ādīnava을 볼 수 있거나, 불선 행위를 부끄러워할 수 있거나, 불선 행위를 두려워할 수 있거나, 선 행위에 마음을 굳건히 할 수 있는 이에게는 차례대로 어리석음, 부끄러움없음, 두려움없음, 들뜸이라는 어리석음 4개조 마음부수들이 생겨날 수 없습니다. 어리석음 4개조 마음부수들이 생겨나지 않기 때문에 불선 마음이 생겨날 수 없습니다.

반대로 불선 행위의 허물을 보지 못하는 '어리석음', 불선 행위를 부끄러워하지 않는 '부끄러움없음', 불선 행위를 두려워하지 않는 '두려움없음', 선 행위에 마음이 굳건하지 못한 '들뜸', 이러한 4가지 성품이 있으면 불선 마음이 생겨납니다. 그 4가지가 어리석음 4개조 마음부수들입니다. 그러므로 어리석음 4개조가 불선 마음이 일어날 때 앞서가고 선두가 된다고 할 수 있습니다. 부처님께서 "비합리적 마음기울임이 일어나면 아직 일어나지 않은 불선법은 일어나고, 이미 일어난 선법은 버려진다. 비구들이여, 비합리적 마음기울임은 많은 불이익을 일으킨다"라고(A1:7:6) 설하신 비합리적 마음기울임ayonisomanasikāra은 어리석음 4개조의 도구일 뿐입니다.

(2) 탐욕 3개조의 결합방법

탐욕 3개조lobhatika란 탐욕, 사견, 자만이라는 3가지 마음부수를 말합니다.

먼저 탐욕lobha은 탐욕뿌리 마음 8가지와 결합합니다. 성냄뿌리 마음 2가지와 어리석음뿌리 마음 2가지와는 결합하지 않습니다. 성품자체가 다르기 때문입니다. 탐욕은 가져오는 성품이 있는 반면, 성냄은 밀쳐내는 성품이 있습니다. 어리석음에도 가지려는 성품이 없습니다. 그래서 탐욕은 성냄뿌리 마음과 어리석음뿌리 마음과 결합하지 않습니다.

사견diṭṭhi과 자만māna은 탐욕뿌리 마음 8가지와 결합하는데 사견은 그중 사견과 결합한 마음 4가지와 결합하고 자만은 사견과 결합하지 않은 마음 4가지와 결합합니다.

여기서 사견과 자만의 다른 점을 살펴볼 필요가 있습니다. 『아비담맛타상가하』 제1장에서 사견과 결합한 마음의 사견은 악행사견을 뜻한다고 말했습니다.[536] 이러한 악행사견은 엄밀하게는 계속 유지되면서 무너지지 않는 '자아'를 바탕으로 합니다[537]. 한편 자만은 다른 사람과 비교되고 구별되는 '나'를 바탕으로 합니다. 이렇게 '나'라는[538] 것을 다르게 취하기 때문에 같이 존재할 수 없습니다. 비유하자면 한 동굴에 사자 두 마리가 같이 살지 못하는 것과도 같습니다. 사견과 자만은 모두 '나'라는 것을 기본 전제로 취하는 것이어서 같이 존재할 수 없습니

536 『아비담마 강설1』, p.111

537 자만은 다른 이와 비교해서 거만하거나 우쭐할 때 등에 생겨나는 마음과 결합한다. 여기서 '~등'이란 단어를 통해 본서 p.330에서 언급했듯이 우쭐할 때, 동등하다고 생각할 때, 저열하다고 생각할 때 등을 포함한다.

538 이때 '나'는 자만으로서의 '나'가 아니라 일반적으로 말하는 '나'이다.

다. 그래서 사견과 결합한 마음에는 사견만 있고 자만이 없습니다. 사견과 결합하지 않은 마음에는 자만이 결합할 수 있습니다. 그렇다고 항상 결합하는 것은 아닙니다. '결합할 수 있다'는 뜻입니다.

이 탐욕 3개조, 법체로는 탐욕인 갈애, 그리고 사견과 자만을 제32강에서도[539] 언급했듯이 부처님께서는 '확산papañca'이라고 설하셨습니다. 윤회를 계속 늘어나게 하는 법이라는 뜻입니다.

이렇게 탐욕 3개조 마음부수는 탐욕뿌리 마음 8가지 중에서 모두 결합하거나, 어떤 마음과는 결합하고 어떤 마음과는 결합하지 않기 때문에 한 가지 방법으로 나눈 것입니다.

| 도표3 | 탐욕 3개조의 결합방법

	결합하는 불선 마음		결합하지 않는 불선 마음	
탐욕	탐욕뿌리 마음	8	성냄뿌리 마음	2
			어리석음뿌리 마음	2
	합계	8	합계	4
사견*	탐욕뿌리, 사견과 결합한 마음	4	탐욕뿌리, 사견과 결합하지 않은 마음	4
			성냄뿌리 마음	2
			어리석음뿌리 마음	2
	합계	4	합계	8
자만*	탐욕뿌리, 사견과 결합하지 않은 마음	4	탐욕뿌리, 사견과 결합한 마음	4
			성냄뿌리 마음	2
			어리석음뿌리 마음	2
	합계	4	합계	8

*사견과 자만은 비고정결합[540] 마음부수로 따로따로, 가끔씩 결합한다.

539 본서 p.301 참조.

540 사견과 결합하지 않은 마음에 항상 자만이 결합하는 것은 아니다. 고정돼 결합하는 것은 아니라는 뜻이다.

(3) 성냄 4개조의 결합방법

성냄 4개조dosacatukka란 성냄을 대표로 한 네 가지, 즉 성냄, 질투, 인색, 후회를 말합니다. 이러한 4가지는 일반 범부들의 매우 친한 친구입니다. 매일 만나고 항상 같이합니다. 범부들은 이 4가지가 없으면 견디지 못합니다.

이 성냄 4개조는 성냄뿌리 마음 2가지와 결합합니다. 탐욕뿌리 마음 8가지나 어리석음뿌리 마음 2가지와는 결합하지 않습니다.

특히 질투와 인색과 후회는 성냄뿌리 마음과 항상 결합하지는 않는다는 사실에 주의해야 합니다. 가끔씩만 결합합니다. 또한 따로따로 결합할 뿐 함께 결합하지 않습니다. 즉 질투가 생겨날 때는 인색과 후회가 생겨나지 않습니다. 인색이 생겨날 때는 질투와 후회가 생겨나지 않습니다. 후회가 생겨날 때는 질투와 인색이 생겨나지 않습니다. 왜냐하면 질투는 타인의 성취를 못마땅하게 여기는 성품, 인색은 자신의 성취를 남과 나누는 것을 못마땅하게 여기는 성품, 후회는 행한 불선행과 행하지 못한 선행에 대해 근심하는 성품이기 때문입니다. 하지만 모두 '참지 못함'이라는 성내는 성품은 포함합니다.

| 도표4 | **성냄 4개조의 결합방법**

	결합하는 불선 마음		결합하지 않는 불선 마음	
성냄 · 질투* · 인색* · 후회*	성냄뿌리 마음	2	탐욕뿌리 마음	8
			어리석음뿌리 마음	2
	합계	2	합계	10

*질투, 인색, 후회는 비고정결합 마음부수로 따로따로, 가끔씩 결합한다.

(4) 해태와 혼침의 결합방법

해태thina와 혼침middha은 형성 있는 마음 5가지, 즉 탐욕뿌리 마음 중에서 4가지, 성냄뿌리 마음 중에서 1가지, 모두 5가지와 결합합니다. 결합하지 않는 마음은 7가지입니다. 즉 탐욕뿌리 형성 없는 마음 4가지, 성냄뿌리 형성 없는 마음 1가지, 어리석음뿌리 마음 2가지, 모두 7가지 마음과는 결합하지 않습니다. 어리석음뿌리 마음은 형성 있는 것이라거나 형성 없는 것이라고 말할 수 없습니다.[541]

일반적으로 형성 있는 마음은 하고 싶지 않은 일을 억지로 할 때 생겨나는 것이어서 힘이 매우 약합니다. 외부의 형성, 즉 자극을 받아서 생겨나는 마음입니다. 주의할 것은 해태와 혼침은 5가지와 결합하더라도 항상 결합하는 것이 아니라 가끔씩 결합한다는 사실, 또한 함께 결합한다는 사실입니다. 해태가 있으면 혼침도 있고, 혼침이 있으면 해태도 있습니다. 함께 있습니다.

| 도표5 | **해태·혼침의 결합방법**

	결합하는 불선 마음		결합하지 않는 불선 마음	
해태·혼침*	탐욕뿌리, 형성 있는 마음	4	탐욕뿌리, 형성 없는 마음	4
	성냄뿌리, 형성 있는 마음	1	성냄뿌리, 형성 없는 마음	1
			어리석음뿌리 마음	2
	합계	5	합계	7

*해태와 혼침은 비고정결합 마음부수로 함께, 가끔씩 결합한다.

541 형성 없는 것일 뿐이라는 견해도 있다. 『아비담마 강설1』, pp.170~174 참조.

(5) 의심의 결합방법

의심vicikicchā은 어리석음뿌리 마음 2가지 중 의심과 결합하는 마음 1가지와만 결합합니다. 탐욕뿌리 마음 8가지, 성냄뿌리 마음 2가지, 어리석음뿌리 마음 중 들뜸과 결합한 마음 1가지, 모두 11가지 마음과는 결합하지 않습니다.

| 도표6 | 의심의 결합방법

	결합하는 불선 마음		결합하지 않는 불선 마음	
의심	어리석음뿌리, 의심과 결합한 마음	1	탐욕뿌리 마음	8
			성냄뿌리 마음	2
			어리석음뿌리, 들뜸과 결합한 마음	1
	합계	1	합계	11

왜 인색은 탐욕과 결합하지 않는가

인색은 내가 가진 것을 남에게 주기 싫어하는 것입니다. 그렇다면 인색은 탐욕과 결합해야 하는 것 아닐까요? 하지만 인색은 성냄과 결합합니다. 인색은 왜 성냄과 결합할까요? 인색이란 자기가 가진 물건이나 지닌 덕목 등을 다른 사람과 공유하는 것을 견디지 못하는, 참지 못하는 성품입니다. '참지 못하는 성품'으로 성냄과 같습니다. 그래서 인색은 성냄과 결합합니다. 인색에 관한 일화 하나를 말씀드리겠습니다.

부처님 당시 상낏짜Saṁkicca 존자가[542] 미가다야Migadāya 숲에

542 상낏짜 존자의 어린 시절, 사미로서 아라한이 된 모습, 500명의 도적을 제도하는 모습은 『법구경 이야기』 제2권, pp.271~283 참조.

서 혼자 지내고 있을 때였습니다. 근처 마을에 삼보에 귀의하지 않은, 사견을 가진 부부가 살았습니다. 부부에게는 아들 둘과 딸 한 명이 있었습니다. 마을에 사는 다른 한 재가자는 불법에 믿음을 가져 근처 숲에서 지내는 상낏짜 존자에게 매일 가서 공양을 올리고 법문을 들었습니다. 그 재가자는 사견을 가진 부부의 장남에게 스님께 같이 가자고 권유했습니다. 법문을 들은 장남은 부처님께 믿음을 가지게 됐습니다. 그래서 그 재가자는 그 장남에게 이제 믿음을 가지게 됐으니 자주 공양도 올리고 법문도 듣자고 격려했습니다. 하지만 그 장남은 자신은 장남이고 바라문 신분이어서 부처님의 제자에게 공양을 올리는 것은 좀 힘들겠다고 대답했습니다. 다시 재가자가 그러면 집으로는 초청하지 않더라도 스님들이 탁발할 때 공양을 올리는 것 정도는 할 수 있지 않느냐고 말했고, 장남은 그 정도는 할 수 있다고 대답했습니다. 그래서 스님들이 탁발할 때 장남은 매일 한 스님에게 공양을 올렸습니다. 그 모습을 본 장남의 남동생과 여동생도 같이 공양을 올리겠다고 해서 스님들이 탁발을 나올 때마다 그 부부의 자식 세 명이 함께 밥과 반찬을 올렸습니다.

한편 바라문 신분이었던 그들의 부모는 자식들이 그렇게 하는 것을 매일 꾸짖었습니다. "스님들에게 공양해 봤자 아무런 이익이 없다. 돈만 낭비된다. 쌀만 없어지고 기름만 소비되고 반찬만 없어지는 것이 아니냐"라고 매일 허물만 얘기했습니다. 더 나아가 "스님들은 탁발해서 먹고 자고 먹고 자고 그것밖에 더 하느냐. 그런 사람들에게 보시해 봐야 아무런 쓸모가 없다"라고 비난까지 했습니다.

그러던 중, 바라문의 아내의 조카가 스님의 소문을 듣고 찾아가 법문을 듣고 존경심이 생겨서 출가했습니다. 사미가 된 조카는 매일 그 집으로 탁발을 왔습니다. 어느 날, 바라문의 아내는 사미 조카에게 자신의 딸을 줄 테니 환속해서 결혼생활을 하는 것이 어떻겠냐고 권유했습니다. 사미는 결혼을 위해 환속해야겠다고 생각하고 상낏짜 존자에게 말하러 갔습니다. 상낏짜 존자는 신통이 있어서 나중에 무슨 일이 일어날지 이미 알고 있었습니다. 존자는 사미에게 일단 일주일만 기다려 보라고 말했습니다. 일주일이 지났고 그동안 바라문의 아내는 계속해서 환속을 권했습니다. 사미는 다시 환속하겠다고 말했고, 존자는 다시 일주일만 기다려 보라고 말했습니다. 그래서 다시 일주일, 일주일, 이렇게 한 달이 지났습니다.

한 달이 지났을 때 아주 큰 비가 내려서 바라문의 집이 다 떠내려갔습니다. 바라문과 아내, 두 아들과 딸, 다섯 식구 모두가 죽었습니다. 그렇게 죽었을 때 자식들은 위력이 큰 천신으로 태어났습니다. 오갈 때도 장남은 천상의 흰 코끼리, 작은 아들은 천상의 말, 딸은 천상의 수레를 타고 다녔다고 합니다. 바라문 부부는 어떻게 됐을까요? 인색 때문에 악처 중에 아귀로 태어났다고 합니다. 화를 내면서 커다란 망치로 서로를 때려 몸 여기저기에서 피가 터져 나오면 서로의 피를 핥아먹는 끔찍한 아귀로 태어났습니다. 아무리 서로의 피를 빨아 먹어도 배가 부르지 않았습니다.

그 사실을 모르는 사미가 다시 존자에게 이제 환속하겠다고 말했습니다. 존자는 대답 대신 미가다야 숲 근처로 사미를 데

려갔습니다. 그곳에서 존자는 사미로 하여금 바라문 장자의 두 아들과 딸이 천신이 되어 천상의 탈것을 타고 많은 대중을 거느리고 지나가고 있는 모습, 그 뒤를 따라서 바라문 부부 아귀가 서로 망치로 때리고 피를 빨아먹고 있는 모습을 보여주었습니다. 사미는 저들이 누구냐고 물었고 존자는 아귀들에게 직접 물어보라고 했습니다. 사미가 "당신들은 누구입니까?"라고 묻자 자신들은 전생에 사미의 이모와 이모부라고 말했습니다. "나와 남편은 재산이 많은데도 공양을 올리는 아들과 딸을 비난하고 스님들께 화를 냈다. 그러한 인색 때문에 이렇게 태어났다. 아들과 딸은 스님들께 공양을 많이 올려서 천상의 행복을 누리고 있다"라고 대답했습니다. 그 뒤 상낏짜 존자가 사미에게 환속할지를 묻자 사미는 환속하지 않겠다고 말했습니다. 사미는 수행주제를 받고 열심히 위빳사나 수행을 해서 아라한 도와 과를 증득했습니다.(PeA.50~51)

빳타나 중 강한 의지 조건에 '앞의 여러 불선법이 뒤의 여러 선법에게 일부 경우에 강한 의지조건으로 조건이 된다'라는 내용이 있습니다.[543] 다른 사람이 행한 불선업이라는 불선법을 보면 경각심이 생겨서 선업을 행하기 때문에 이러한 의미로도 "불선업이라는 불선법은 일부 경우에 선업이라는 선법에게 강한 의지 조건이 된다"라고 할 수 있습니다. 말의 선업까지 일으키도록 독송해 봅시다.

543 『빳타나-조건의 개요와 상설』, p.93 참조.

뿌리마 뿌리마 아꾸살라 담마

Purimā purimā akusalā dhammā

빳치마낭 빳치마낭 꾸살라낭 담마낭

pacchimānaṁ pacchimānaṁ kusalānaṁ dhammānaṁ

께산찌 우빠닛사야빳짜예나 빳짜요.

kesañci upanissayapaccayena paccayo.

여러분들도 불선 마음, 불선 마음부수 등 불선법에 대한 아비담마 법문을 잘 듣고 그것을 조건으로 선 마음, 아름다움 마음부수, 보시와 지계와 수행 선업이라는 선법을 잘 일으키기 바랍니다.

불선 마음부수의 결합 요약

27 Sabbāpuññesu cattāro, lobhamūle tayo gatā;
Dosamūlesu cattāro, sasaṅkhāre dvayaṁ tathā.
Vicikicchā vicikicchā, citte cāti catuddasa;
Dvādasākusalesveva, sampayujjanti pañcadhā.

해 석

넷은 모든 비공덕에서, 셋은 탐욕뿌리에서 생겨난다.
넷은 성냄뿌리에서, 한 쌍은 형성 있는 것에서.
그처럼 의심은 의심 마음에서만, 이렇게 14가지는
12가지 불선에서만, 5종류로 결합한다.

대 역

Cattāro넷은; 4가지 마음부수는 sabbāpuññesu모든 비공덕에서; 모든 불선 마음 12가지에서 gatā생겨난다. tayo셋은; 3가지 마음부수는 lobhamūle탐욕 뿌리에서; 탐욕 뿌리 마음 8가지에서 gatā생겨난다. cattāro넷은; 4가지 마음부수는 dosamūlesu성냄 뿌리에서; 성냄뿌리 마음 2가지에서 gatā생겨난다. dvayaṁ한 쌍은; 해태와 혼침이라는 한 쌍, 2가지 마음부수는 sasaṅkhāre형성 있는 것에서; 형성 있는 마음 5가지에서 gatā생겨난다. tathā그처럼 vicikicchā의심은; 의심 마음부수는 vicikicchācitte ca의심 마음에서만; 의심과 함께하는 마음에서만 gatā생겨난다. iti이렇게 catuddasa14가지는; 14가지인 불선 마음부수는 dvādasākusalesveva=dvādasa akusalesu eva12가지 불선에서만; 12가지 불선 마음에서만 pañcadhā5종류로 sampayujjanti결합한다; 고르게 종류별로 결합한다.

제43강

2009년 5월 19일

미얀마에서 경전에 해박하기로 유명했던 디뻬인 사야도는 "책에만 있으면 갈애·사견·자만이라는 미친개에 물릴 수 있다"라고 하셨습니다. 그러니 지금 배우고 있는 아비담마 내용을 책이나 노트에 잘 정리만 하지 말고 기억하고 새겨야 합니다. 실천할 내용이면 실천해야 합니다. 『담마빠다』 주석에도 관련된 일화가 있습니다. 제9강에서도 소개했듯이 까빨라Kapila라는 비구는 삼장을 모두 수지했음에도 불구하고 실천 수행을 하지 않아 부처님께서 가르치신 법을 법이 아니라고 하고, 율을 율이 아니라고 하는 등 '갈애·사견·자만이라는 미친개에 물려' 잘못을 범했고 그 과보로 지옥에 태어났습니다. 그리고 그 과보가 다하지 않아서 부처님 당시에는 입에서 고약한 냄새가 나는 물고기로 태어났습니다.(Dhp.334~337 일화)

지금까지 불선 마음부수의 결합방법을 설명했습니다. 이제 아름다운 마음부수의 결합방법sobhanacetasikasampayoganaya을 설명하겠습니다.

3) 아름다움 마음부수의 결합방법

28 Sobhanesu pana sobhanasādhāraṇā tāva ekūnavīsatime cetasikā sabbesupi ekūnasaṭṭhisobhanacittesu saṁvijjanti.

해 석

또한 아름다움들 중에 우선 19가지인 아름다움 공통 마음부수들은 59가지 아름다운 마음 모두에서도 분명하게 일어난다.

대 역

Pana또한; 불선 마음부수의 결합방법 외에 아름다움 마음부수의 결합방법을 말하자면 sobhanesu아름다움들 중에; 아름다움 마음부수 25가지 중에 sobhanasādhāraṇā아름다움 공통들을; 아름다움 공통 마음부수들을 tāva먼저 mayā나는 vuccante말한다. ekūnavīsati19가지인 ime cetasikā이 마음부수들은 sabbesupi모두이기도 한 ekūnasaṭṭhisobhanacittesu59가지 아름다운 마음에서 saṁvijjanti 분명하게 일어난다.

29 Viratiyo pana tissopi lokuttaracittesu sabbathāpi niyatā ekatova labbhanti, lokiyesu pana kāmāvacarakusalesveva kadāci sandissanti visuṁ visuṁ.

해 석

또한 3가지 절제도 출세간 마음들에서 모든 방면으로 고정된 것으로 반드시 한꺼번에 얻는다. 또한 세간들 중에서 욕계 선들에서만 가끔씩 나타난다. 각각 생겨난다.

대 역

Pana또한; 아름다움 공통 마음부수 외에 절제 마음부수에 대해 말하자면 tissopi3가지이기도 한 viratiyo절제들은; 절제 마음부수들을; 절제 마음부수들은 lokuttaracittesu출세간 마음들에서; 출세간 마음 8가지에서 sabbathāpi 모든 방면으로도; 각각의 악행과 나쁜 생계를 제거하는 것으로 생겨나는 모든 방면으로도 niyatā고정된 것으로 ekatova반드시 한꺼번에 labbhanti얻는다; 얻어진다. pana또한; 고정된 것 외에 고정되지 않은 것을 말하자면 lokiyesu세간들 중에서; 세간의 아름다운 마음들 중에서 kāmāvacarakusalesveva=kāmāvacara kusalesu eva욕계 선들에서만; 욕계 선 마음 8가지에서만 kadāci가끔씩 sandissanti나타난다. visuṁ visuṁ각각 jāyanti생겨난다.

30 Appamaññāyo pana dvādasasu pañcamajjhānavajjitamahaggatacittesu ceva kāmāvacarakusalesu ca sahetukakāmāvacarakiriyacittesu cāti aṭṭhavīsaticittesveva kadāci nānā hutvā jāyanti, upekkhāsahagatesu panettha karuṇāmuditā na santīti keci vadanti.

해석

또한 무량은 제5선정을 제외한 12가지 고귀한 마음들과 욕계 선들과 원인 있는 욕계 작용 마음들이라는 28가지 마음에서만 가끔씩 따로따로 생겨난다. 또한 어떤 이들은 여기서 평온과 함께하는 것들에서는 연민, 같이 기뻐함이 존재하지 않는다고 말한다.

대역

Pana또한; 절제 마음부수 외에 무량 마음부수에 대해 말하자면 appamaññāyo무량은 dvādasasu12가지인 pañcamajjhānavajjita mahaggatacittesu ceva제5선정을 제외한 고귀한 마음들과 kāmāvacara kusalesu ca욕계 선들과; 욕계 선 마음 8가지와 sahetuka kāmāvacara kiriyacittesu ca원

인 있는 욕계 작용 마음들; 원인 있는 욕계 작용 마음 8가지, iti이렇게 aṭṭhavīsati cittesveva28가지 마음들에서만 kadāci가끔씩 nānā따로인 것이 hutvā되어 jāyanti생겨난다. pana또한; 공통견해 외에 일부 의견을 말하자면 ettha여기서; 이 욕계 아름다운 마음 16가지 중에서 upekkhāsahaggatesu평온과 함께하는 것들에서는; 평온과 함께하는 마음 8가지에서는 karuṇāmuditā연민, 같이 기뻐함이; 연민 마음부수와 같이 기뻐함 마음부수가 na santi존재하지 않는다고 iti이렇게 keci일부는; 일부 스승들은 vadanti말한다.

31 Paññā pana dvādasasu ñāṇasampayuttakāmāvacaracittesu ceva sabbesupi pañcatiṁsamahaggatalokuttaracittesu cāti sattacattālīsacittesu sampayogaṁ gacchatīti.

해 석

또한 통찰지는 12가지인 지혜 결합 욕계 마음들과 35가지인 고귀한 마음과 출세간 마음, 이렇게 47가지 마음들에서 결합에 도달한다. 이상이다.

대 역

Pana또한; 무량 마음부수 외에 통찰지 기능 마음부수에 대해 말하자면 paññā통찰지는; 통찰지 기능 마음부수는 dvādasasu12가지인 ñāṇasampayuttakāmāvacaracittesu ceva지혜와 결합한 욕계 마음들과 sabbesupi모두이기도 한 pañcatiṁsa mahaggata lokuttaracittesu ca35가지 고귀한 마음과 출세간 마음, iti이렇게 sattacattālīsa cittesu47

가지 마음들에서 sampayogaṁ결합에 gacchati도달한다. iti이렇게 tesaṁ그들의; 그 아름다움 마음부수 25가지의 catubbidho4종류가 있는 sampayogo결합을; 결합방법을 veditabbo알아야 한다.

아름다움 마음부수 25가지는 아름다운 마음 59가지, 자세하게는 91가지 마음들과 적절하게 4가지 방법으로 결합합니다.

①아름다움 공통들sobhanasādhāraṇā의 결합방법이 하나
②절제들viratī의 결합방법이 하나
③무량들appamaññā의 결합방법이 하나
④통찰지paññā의 결합방법이 하나

(1) 아름다움 공통들의 결합방법

모든 아름다운 마음과 함께하는 19가지 마음부수를 '아름다움 공통들sobhanasādhāraṇā'이라고 합니다. 이 아름다움 공통들은 아름다운 마음 59가지, 혹은 자세하게 91가지 마음 모두와 결합합니다. 결합하지 않는 아름다운 마음이라고는 없습니다.

| 도표7 | **아름다움 공통들의 결합방법**

	결합하는 아름다운 마음		결합하지 않는 아름다운 마음	
아름다움 공통들	모든 아름다운 마음	59 (91)	없음	0
	합계	59 (91)	합계	0

(2) 절제들의 결합방법

바른 말, 바른 행위, 바른 생계라는 3가지 마음부수를 '절제virati' 마음부수라고 말합니다. 본문에도 설명했듯이 절제가 출세간 마음에서 생겨날 때는 고정 결합niyatayogi, 즉 반드시 한꺼번에 결합합니다.

예를 들어 바른 말, 바른 행위, 바른 생계라는 3가지 마음부수는 수다원도 마음과 반드시 한꺼번에 결합합니다. 수다원도의 순간에 8가지 도 구성요소가 모두 구족된다는 내용과 일치합니다.[544]

욕계 선 마음에서 생겨날 때는 비고정 결합aniyatayogi, 즉 따로따로, 가끔씩 결합합니다. 삿된 행위를 삼갈 때는 바른 행위가 결합하고, 삿된 말을 삼갈 때는 바른 말이 결합하고, 삿된 생계를 삼갈 때는 바른 생계가 결합합니다. 각각의 경우에 다른 절제 마음부수들은 결합하지 않습니다. 또한 삿된 말 등을 삼가지 않고 일반적으로 일어나는 욕계 선 마음에는 3가지 모두가 결합하지 않습니다. 한편 '위빳사나 관찰을 할 때 여덟 가지 도 구성요소가 생겨난다'라는 표현에서 엄밀히 말하면 계에 해당하는 절제는 위빳사나 관찰이라는 욕계 선 마음과 결합하지 않기 때문에 함께 생겨나는 것은 아닙니다. 하지만 이전에 청정한 계가 무너지지 않은 것으로, 또한 절제 작용이 성취되는 것으로 포함되기 때문에 그렇게 표현한 것입니다.[545]

이렇게 절제 셋 마음부수는 가끔씩과 항상, 둘 모두에 해당하는 마음부수입니다.

---

544 쿳줏따라 하녀 일화를 참조하라. 본서 p.527 참조.

545 『담마짝까 법문』, pp 366~370 참조.

한편 절제 셋은 욕계 큰 과보 마음 8가지, 욕계 큰 작용 마음 8가지, 고귀한 마음 27가지, 모두 43가지와는 결합하지 않습니다.

| 도표8 | 절제들의 결합방법

	결합하는 아름다운 마음		결합하지 않는 아름다운 마음	
바른말·바른 행위·바른 생계*	욕계 큰 선 마음 (따로따로, 가끔씩)	8	욕계 큰 과보 마음	8
	출세간 마음 (함께, 항상)	8	욕계 큰 작용 마음	8
			고귀한 마음	27
	합계	16	합계	43

*절제는 욕계 큰 선 마음과 결합할 때는 비고정 결합으로 따로따로, 가끔씩 결합하고 출세간 마음과 결합할 때는 고정 결합으로 함께, 항상 결합한다.

(3) 무량들의 결합방법

연민karuṇā과 같이 기뻐함muditā이라는 2가지 마음부수를 '무량들appamaññā'이라고 말합니다. 무량 마음부수들은 욕계 큰 선 마음 8가지, 욕계 큰 작용 마음 8가지, 고귀한 마음 중에 초선정과 제2선정과 제3선정과 제4선정 마음 각각 3가지씩 12가지, 모두 28가지 마음과 결합합니다. 하지만 결합할 때 비고정 결합aniyatayogi, 즉 따로따로, 가끔씩 결합합니다. '고통에 처한dukkhita 중생들'이란 개념을 대상으로 '고통에서 벗어나기를'이라고 연민이 일어날 때는 연민이 결합합니다. 같이 기뻐함은 결합하지 않습니다. '행복한sukhita 중생들'이란 개념을 대상으로 '번영을 누리는 그대로 잘 누리기를'이라고 같이 기뻐함이 일어날 때는 같이 기뻐함이 결합합니다. 연민은 결합하지 않습니다.

어떤 이들은 무량 마음부수들은 평온과 함께하는 마음들과는 결합하지 않는다고도 말합니다.

한편 무량 마음부수들은 욕계 큰 과보 마음 8가지, 고귀한 마음 중 제5선정 마음 15가지, 출세간 마음 8가지, 모두 31가지와는 결합하지 않습니다.

| 도표9 | **무량들의 결합방법**

	결합하는 아름다운 마음		결합하지 않는 아름다운 마음	
연민 · 같이 기뻐함*	욕계 큰 선 마음	8	욕계 큰 과보 마음	8
	욕계 큰 작용 마음	8	고귀한 마음 중 제5선정 마음	15
	고귀한 마음 중 초선정 마음	3	출세간 마음	8
	고귀한 마음 중 제2선정 마음	3		
	고귀한 마음 중 제3선정 마음	3		
	고귀한 마음 중 제4선정 마음	3		
	합계	28	합계	31

*무량은 비고정 결합으로 따로따로, 가끔씩 결합한다.

(4) 통찰지의 결합방법

통찰지paññā는 욕계 큰 선 지혜와 결합한 마음 4가지, 욕계 큰 과보 지혜와 결합한 마음 4가지, 욕계 큰 작용 지혜와 결합한 마음 4가지, 고귀한 마음 27가지, 출세간 마음 8가지, 모두 47가지 마음과 결합합니다.

그리고 욕계 큰 선 지혜와 결합하지 않은 마음 4가지, 욕계 큰 과보 지혜와 결합하지 않은 마음 4가지, 욕계 큰 작용 지혜와 결합하지 않은 마음 4가지, 모두 12가지 마음과 결합하지 않습니다.

| 도표10 | 통찰지의 결합방법

	결합하는 아름다운 마음		결합하지 않는 아름다운 마음	
통찰지	욕계 큰 선 지혜와 결합한 마음	4	욕계 큰 선 지혜와 결합하지 않은 마음	4
	욕계 큰 과보 지혜와 결합한 마음	4	욕계 큰 과보 지혜와 결합하지 않은 마음	4
	욕계 큰 작용 지혜와 결합한 마음	4	욕계 큰 작용 지혜와 결합하지 않은 마음	4
	고귀한 마음	27		
	출세간 마음	8		
	합계	47	합계	12

아름다움 마음부수 결합 요약

32 Ekūnavīsati dhammā, jāyantekūnasaṭṭhisu.
Tayo soḷasacittesu, aṭṭhavīsatiyaṁ dvayaṁ.
Paññā pakāsitā, sattacattālīsavidhesupi;
Sampayuttā catudhevaṁ, sobhanesveva sobhanā.

해 석

19가지 법들은 59가지에서 생겨난다.
3가지는 16가지 마음에서, 한 쌍은 28가지에서,
통찰지는 47종류에서만 분명하다.
이와 같이 아름다움들은
아름다움에서만 4종류로 결합한다.

대 역

Ekūnavīsati19가지 dhammā법들은; 마음부수들은 ekūn-asaṭṭhisu59가지에서; 59가지 마음들에서 jāyanti생겨

난다. tayo3가지인 dhammā법들은; 절제 마음부수들은 soḷasacittesu16가지 마음들에서 jāyanti생겨난다. dvayaṁ 한 쌍은; 무량 마음부수 2가지는 aṭṭhavīsatiyaṁ28가지에서; 28가지 마음들에서 jāyanti생겨난다. paññā통찰지는; 통찰지 기능 마음부수는 sattacattālīsavidhesupi47종류에서만; 47가지 마음에서만 pakāsitā분명하다. evaṁ=yathāvuttanayena이와 같이; 이렇게 설명한 방법에 따라 sobhanā아름다운 것들은; 아름다움 마음부수 25가지는 sobhanesveva=sobhanesu eva아름다운 것들에서만; 아름다운 마음 59가지에서만 catudhevaṁ네 종류로 sampayuttā hoti결합하게 된다; 고르게 종류별로 결합하게 된다.

따로따로 가끔씩, 함께 가끔씩 마음부수들

33 Issāmaccherakukkucca-viratikaruṇādayo.
Nānā kadāci māno ca, thina middhaṁ tathā saha.

해 석

질투, 인색, 후회, 절제, 연민 등과
자만은 따로따로, 가끔씩 생겨난다.
그와 같이 해태와 혼침은 함께 생겨난다.

대 역

Issā macchera kukkucca virati karuṇādayo질투, 인색, 후회, 절제, 연민 등은; 질투, 인색, 후회, 절제, 연민 등의 마음부수들은 nānā 《hutvā》따로인 것으로 kadāci가끔씩

jāyanti생겨난다. māno ca자만도; 자만 마음부수도 nānā 《hutvā》따로인 것으로 kadāci가끔씩 jāyanti생겨난다. tathā그와 마찬가지로 thina middhaṁ해태와 혼침은; 해태 마음부수와 혼침 마음부수는 saha함께 kadāci가끔씩 jāyanti생겨난다;; tathā그와 마찬가지로 thina middhaṁ 해태와 혼침은; 해태 마음부수와 혼침 마음부수는 issā macchera kukkuccehi ca질투, 인색, 후회와 또한; 질투 마음부수, 인색 마음부수, 후회 마음부수와 또한 mānena ca자만과도; 자만 마음부수와도 saha함께[546] kadāci가끔씩 jāyanti생겨난다.

고정 결합들과 비고정 결합들

34 Yathāvuttānusārena, sesā niyatayogino.
Saṅgahañca pavakkhāmi, tesaṁ dāni yathārahaṁ.

해 석

각각 말한 대로 나머지는 비고정 결합들이다.
그들의 적절한 조합도 이제 설하겠다.

대 역

Yathāvuttānusārena각각 말했던 것에 따라; 각각 말했던 방법을 의지해서 ekādasa11가지는; 11가지 마음부수들은 aniyatayogino비고정 결합들이다; 비고정 결합 마음부수

546 두 번째 해석은 "질투 등 앞에서 언급한 마음부수들이 같이 언급된 다른 마음부수들과 따로따로 가끔씩 생겨나는 것처럼, 해태와 혼침은 앞에서 언급한 마음부수들과 함께 가끔씩 생겨난다"는 뜻이다.

들이다; 고정돼 결합하지 않는 마음부수들이라고 한다. sesā나머지는; 비고정 결합 마음부수 11가지를 제외한 나머지 41가지 마음부수들은 niyatayogino고정 결합들이다; 고정 결합 마음부수들이다; 고정돼 결합하는 마음부수들이라고 한다. tesaṁ그들의; 그 고정 결합 마음부수들과 비고정 결합 마음부수들의 yathārahaṁ적절한 saṅgahañca조합도;; tesaṁ그들이; 그 고정 결합 마음부수들과 비고정 결합 마음부수들이 yathārahaṁ적절하게 saṅgahañca조합하는 것도 dāni이제 ahaṁ나는 pavakkhāmi종류로 나누어 말하겠다.

각자가 결합하는 마음들과 항상 결합하지는 않고 가끔씩만 결합하는 마음부수들을 비고정 결합aniyatayogi 마음부수라고 하는데, 여기에는 자만, 질투, 인색, 후회, 해태, 혼침, 절제 3가지, 무량 2가지, 모두 11가지가 있습니다. 반면에 항상 결합하는 마음부수들은 고정 결합niyatayogi 마음부수라고 하는데, 여기에는 41가지가 있습니다. 비고정 결합 마음부수 11가지를 제외한 41가지 마음부수는 각자가 결합하는 마음들과 항상 결합합니다.

비고정 결합 마음부수의 결합 모습

자만

자만은 탐욕뿌리 마음 중 사견과 결합하지 않은 마음 4가지와 결합하지만 항상 결합하는 것은 아닙니다. 우쭐거리거나 거만할 때 등에 결합합니다. 그래서 '따로따로, 가끔씩nānā kadāci' 결합합니다.

질투 · 인색 · 후회

질투, 인색, 후회는 성냄뿌리 마음 2가지와 결합하지만 항상 결합하는 것은 아닙니다. 질투는 다른 사람의 부귀나 지혜 등을 시기할 때, 인색은 자신의 재산이나 이득을 나누려 하지 않을 때, 후회는 이미 행했던 잘못된 행위나 행하지 않았던 선행에 대해 나중에 후회할 때 결합합니다. 이렇게 가끔씩 결합할 때도 3가지 모두가 한꺼번에 결합하지 않습니다. 각각 하나씩 결합합니다. 그래서 '따로따로, 가끔씩nānā kadāci'이라고 합니다.

해태 · 혼침

해태와 혼침은 불선 마음들 중 형성 있는 마음 5가지[547]와 결합하지만 항상 결합하는 것은 아닙니다. 마음과 마음부수가 혼미하고, 무겁고, 게으를 때만 결합합니다. 이렇게 가끔씩 결합할 때 함께, 한꺼번에 결합합니다. 그래서 '함께, 가끔씩saha kadāci'이라고 합니다.

절제 셋

절제 마음부수 3가지는 욕계 큰 선 마음, 출세간 마음과 결합합니다. 욕계 큰 선 마음 8가지와 결합할 때 절제는 항상 결합하지는 않습니다. 바른 말은 생계를 유지하는 것과 관련되지 않은 말의 잘못된 행위 4가지를 삼갈 때, 바른 행위는 생계를 유지하는 것과 관련되지 않은 몸의 잘못된 행위 3가지를 삼갈 때, 바른 생계는 생계를 유지하는 것과 관련된, 몸과 말의 잘못된 행위 7가지를 삼갈 때만 결합합니다. 일반적

547 『아비담마 강설 1』, pp.170~174 참조.

으로 부처님께 예경을 올리거나, 법문을 들을 때 등의 공덕 행위를 할 때는 삼갈 만한 나쁜 행위가 없으므로 결합하지 않습니다. 이렇게 가끔씩 결합하고, 한꺼번에 결합하지 않으므로 '따로따로, 가끔씩nānā kadāci'이라고 합니다. 하지만 출세간 마음에서는 3가지가 항상 함께saha 결합해서 일어납니다.

무량 둘

무량 마음부수 2가지는 욕계 큰 선 마음 8가지, 욕계 큰 작용 마음 8가지, 색계 마음 일부 12가지 마음과 결합하지만 항상 결합하는 것은 아닙니다. 연민은 고통에 빠진 중생들이 그 고통에서 빨리 벗어나기를 바랄 때, 같이 기뻐함은 행복을 누리는 중생들이 계속 그 행복을 누리기를 바랄 때만 결합합니다. 일반적인 공덕 행위를 할 때는[548] 결합하지 않습니다. 그리고 대상이 다르기 때문에 함께 결합하지도 않습니다. 그래서 무량 둘도 '따로따로, 가끔씩nānā kadāci'입니다.

548 욕계 큰 선 마음에 대한 설명이다. 아라한이라면 '일반적인 작용 마음을 일으킬 때', 색계 마음의 경우라면 '다른 것을 대상으로 선정 마음을 일으키거나 과보 마음이 일어날 때'라고 이해하면 된다.

제44강

2009년 6월 2일

| 들어가며 |

아비담마 자체가 심오한 법이라 당연히 어려울 수밖에 없습니다. 이런 심오한 법을 배울 때는 업으로 생긴 육체적 눈만 있어서는 안 됩니다. 지혜의 눈도 필요합니다. 업으로 생긴 육체적 눈과 지혜의 눈이 잘 결합돼야 아비담마를 이해할 수 있습니다. 이와 관련한 일화 하나를 말씀드리겠습니다.

옛날에 어떤 왕이 나라를 다스리고 있었습니다. 그 왕에게는 지혜가 매우 출중한 대신이 한 명 있었습니다. 어느 때, 그 나라에 도둑질이나 강도질 등 안 좋은 행위들을 하는 무리가 갑자기 늘었습니다. 왕이 그 사실을 알고 대신에게 이유를 물었습니다. 대신은 "눈이 먼 자들이 많아서 그렇습니다, 폐하"라고 대답했습니다. 왕은 다시 "우리나라에는 두 눈이 멀쩡한 사람들이 많고 눈이 먼 사람은 별로 없다. 왜 그렇게 말하는가?"라고 물었습니다. 대신은 "아닙니다. 우리나라는 물론이고 이 세상에는 눈이 먼 사람들이 더 많습니다, 폐하"라고 대답했습니다. 왕은 화가 나서 "그렇다면 눈이 먼 사람들이 많다는 이유나 증거를 가져오너라. 납득할 만한 증거를 대지 못하면 그대를 옥에 가두고 벌을 주겠다"라고 말했습니다. 대신은 "폐하께서는 내일 왕비나 대신, 시종들을 모두 데리고 왕실 정원의 정자로 오십시오. 제가 증거를 분명히 보여드리겠습니다"라고 말했습니다. 그리고 대신은 집으로 가서 자신의 제자에게 "나는 내일 왕실 정원에 가서 바느질을 하고 있겠다. 너는 종이의 한쪽에는 '눈이 멀지 않은 사람'이라고 쓰고, 한쪽에는 '눈이 먼 사람'이라고 쓴 뒤 내 옆에 앉아 있어라. 내가 바느질을 하고 있을 때 왕을 비롯해 여러 사람이 올 것이다. 그 사람들 중에 '대신이여, 무엇을 하고 있습니까?'라거나 '건강하십니까'라거나 '잘 지내십니까'라고 인사를 하면 모두 눈이 먼 사람이라고 기록해라"라고 시켰습니다.

다음 날 대신은 왕실 정원에서 바느질을 하고 있었고 제자는 시킨 대로 옆에서 기록하기 위해 앉아 있었습니다. 왕이 먼저 와서 "대신이여, 무엇을 하고 있습니까?"라고 물었습니다. 제자는 왕을 눈이 먼 사람 쪽에 기록했습니다. 다음에는 왕비가 와서 "대신이여, 건강하시죠?"라고 물었고 제자는 역시 눈이 먼 사람 쪽에 기록했습니다. 계속해서 대신들도 마찬가지로 묻는 경우가 많았고 대부분 눈이 먼 사람 쪽에 기록됐습니다.

모두 끝나자 대신은 "왕이시여, 이것이 증거입니다"라면서 기록한 종이를 왕에게 보여줬습니다. 눈이 멀지 않은 사람 쪽에 기록된 경우는 두세 명뿐이고 왕을 비롯한 왕비 등 나머지 대부분은 눈이 먼 사람 쪽에 기록돼 있었습니다. 왕이나 왕비 등이 눈이 먼 사람 쪽에 기록된 것을 보고 왕이 화가 나서 "두 눈이 멀쩡한데 왜 우리를 눈이 먼 사람이라고 하는가? 제대로 대답하지 못하면 큰 벌을 내리겠다"라고 말했습니다.

대신은 "제가 건강하기 때문에 여기에 와서 바느질을 하고 있는 것이 아닙니까? 그러니 '건강합니까?'라고 물을 필요가 없습니다. 또한 바느질을 하고 있는 것을 눈으로 보고 있기 때문에 '무엇을 하고 있습니까?'라고 물을 필요도 없습니다. 그렇게 묻는 사람들은 대상을 볼 때 새김이나 지혜 등이 결합되지 않은 채 단지 육체적인 눈만으로 보는 사람들입니다. 그런 사람들이 훨씬 더 많습니다. '왜 여기서 바느질을 하고 있습니까?'라는 등으로 지혜와 결합한 눈으로 보고 질문하는 사람은 두세 명밖에 되지 않습니다. 마찬가지로 이 세상에도 육체적 눈과 함께 지혜와 새김 등과 결합한 지혜의 눈까지 갖춘 사람들은 적고 육체적 눈만을 가진 사람이 많아서 그렇게 말씀드린 것입니다"라고 대답했습니다. 그러자 왕은 대신의 지혜를 칭찬하며 포상을 내렸다고 합니다.

제42강과 제43강에서 마음부수가 어떠한 마음과 결합해서 일어나는가에 대한 결합방법을 설명했습니다. 이제 각각의 마음이 어떠한 마음부수와 함께 일어나는가에 대한 조합방법saṅgahanaya을 설명하겠습니다.

4. 조합 방법

조합 방법 5종류 요약

35 Chattiṁsānuttare dhammā, pañcatiṁsa mahaggate.

Aṭṭhatiṁsāpi labbhanti, kāmāvacarasobhane.

Sattavīsatipuññamhi, dvādasāhetuketi ca;

Yathāsambhavayogena, pañcadhā tattha saṅgaho.

해 석

위없는 것에서는 36가지 법들을,

고귀한 것에서는 35가지를,

욕계 아름다운 것에서는 38가지 법들을 얻는다.

비공덕에서는 27가지를,

원인 없는 것에서는 12가지를 얻는다.

이렇게 일어나는 방법에 따라

거기에서 조합은 5종류이다.

대 역

Anuttare위없는 것에서는; 출세간 마음에서는 chattiṁsāpi36가지이기도 한 dhammā법들을; 마음부수들을 labbhanti 얻는다. mahaggate고귀한 것에서는; 고귀한 마음에서는 pañcatiṁsāpi35가지이기도 한 dhammā법들을; 마음부수들을 labbhanti얻는다. kāmāvacarasobhane욕계 아름다운 것에서는; 욕계 아름다운 마음에서는 aṭṭhatiṁsāpi38가지이기도 한 dhammā법들을; 마음부수들을 labbhanti얻는다. Apuññamhi비공덕에서는; 불선 마음에서는 sattavīsatipi27가지이기도 한 dhammā법들을; 마음부수들을 labbhanti얻는다. ahetuke원인 없는 것에서는; 원인 없는 마음에서는 dvādasāpi12가지이기도 한 dhammā법들을; 마음부수들을 labbhanti얻는다. iti ca이렇게 yathāsambhavayogena생겨나기에 적절한 결합을 통해 tattha거기에서; 그 조합의 방법에서 pañcadhā5종류를 통해 saṅgaho조합이; 헤아리는 것이; 모으는 것이 hoti있다; 생겨날 것이다.

마음을 기본으로 두고 각각의 마음들이 어떤 마음부수들과 함께하는지 헤아리는 방법을 조합방법saṅgahanaya이라고 합니다. 조합방법에는 간략하게 5가지, 자세히는 33가지가 있습니다.

(1) 출세간 마음 40가지[549]의 조합방법	5
(2) 고귀한 마음 27가지의 조합방법	5
(3) 욕계 아름다운 마음 24가지의 조합방법	12
(4) 불선 마음 12가지의 조합방법	7
(5) 원인 없는 마음 18가지의 조합방법	4
합해서	33가지

549 마음을 121가지로 헤아렸을 때이다.

(1) 출세간 마음의 조합방법

36 Kathaṁ? Lokuttaresu tāva aṭṭhasu paṭhamajjhānikacittesu aññasamānā terasa cetasikā, appamaññāvajjitā tevīsati sobhanacetasikā ceti chattiṁsa dhammā saṅgahaṁ gacchanti, tathā dutiyajjhānikacittesu vitakkavajjā, tatiyajjhānikacittesu vitakkavicāravajjā, catutthajjhānikacittesu vitakkavicārapītivajjā, pañcamajjhānikacittesupi upekkhāsahagatā te eva saṅgayhantīti sabbathāpi aṭṭhasu lokuttaracittesu pañcakajjhānavasena pañcadhāva saṅgaho hotīti.

해 석

어떻게? 우선 8가지 출세간 초선정 마음에는 동화 마음부수 13가지와 무량을 제외한 아름다운 마음부수 23가지가 조합된다. 그처럼 제2선정 마음에는 사유가 제외되고서, 제3선정 마음에는 사유와 고찰이 제외되고서, 제4선정 마음에는 사유와 고찰과 희열이 제외되고서, 제5선정 마음에는 평온과 함께하는 바로 그것들이 조합된다. 이렇게 모든 곳에서도 8가지인[550] 출세간 마음에서 5가지 선정을 통해 5종류의 조합이 있다.

대 역

Saṅgaho조합은; 조합방법은 kathaṁ hoti어떻게 되는가? tāva먼저 lokuttaresu출세간들에서; 출세간 마음

550 초선정 마음에도 8가지, 제2선정 마음에도 8가지 등으로 헤아린다는 뜻이다.

들에서 saṅgaho조합을; 조합방법을 mayā나는 vuccate 말하겠다.[551] aṭṭhasu8가지인 paṭhamajjhānikacittesu초선정 마음에는; 초선정과 결합하는 출세간 마음에는 aññasamānā동화인 것들인; 동화 마음부수라고 하는 terasa13가지 cetasikā ca마음부수들과 appamaññāvajjitā무량을 제외한; 무량 2가지 마음부수를 제외한 tevīsati23가지 sobhanacetasikā ca아름다운 마음부수들, iti 이렇게 chattiṁsa36가지인 dhammā법들이 saṅgahaṁ조합에; 헤아리는 것에; 헤아려지는 상태에; 모아지는 상태에 gacchanti도달한다. tathā그와 마찬가지로 dutiyajjhānikacittesu제2선정 마음에는; 제2선정과 결합하는 출세간 마음 8가지에는 vitakkavajjā사유를 제외한 pañcattiṁsa35가지 dhammā법들이 saṅgahaṁ조합에 gacchanti도달한다. tatiyajjhānikacittesu제3선정 마음에는; 제3선정과 결합하는 출세간 마음 8가지에서는 vitakkavicāravajjā사유와 고찰을 제외한 catuttiṁsa34가지 dhammā법들이 saṅgahaṁ조합에 gacchanti도달한다. catutthajjhānikacittesu제4선정 마음에는; 제4선정과 결합하는 출세간 마음 8가지에는 vitakkavicārapītivajjā사유와 고찰과 희열을 제외한 tettiṁsa33가지 dhammā법들이 saṅgahaṁ조합에 gacchanti도달한다. pañcamajjhānikacittesupi제5선정 마음에도; 제5선정과 결합하

551 원문의 "saṅgaho조합은; 조합방법은 mayā나에 의해서 vuccate말해진다"라는 수동태 표현을 능동태로 표현했다.

는 출세간 마음 8가지에도 upekkhāsahagatā평온과 함께하는; 평온한 느낌과 함께하는 te eva바로 그것들이; 바로 그 제4선정과 결합하는 33가지 동화 마음부수들, 아름다운 마음부수들만이 saṅgayhanti조합된다; 헤아려진다. iti이렇게 sabbathāpi모든 곳에서도; 모든 양상을 통해서도 aṭṭhasu8가지인 lokuttaracittesu출세간 마음에서 pañcakajjhānavasena5가지로 나눈 선정을 통해 pañcadhāva5종류로만 saṅgaho조합이 hoti생겨난다. iti이렇게 tesu그곳에서; 그 출세간 마음 8가지에서 pañcadho5종류의 saṅgaho조합을; 조합방법을 veditabbo알아야 한다.[552]

출세간 마음의 조합방법lokuttaracittasaṅgahanaya에는 다시 5종류가 있습니다.

①출세간 초선정 마음 8가지에는

동화 마음부수 13가지, 무량 2가지를 제외한 아름다운 마음부수 23가지, 모두 36가지의 마음부수가 조합될 수 있습니다.(이때의 느낌은 즐거움입니다.)

②출세간 제2선정 마음 8가지에는

사유를 제외한 동화 마음부수 12가지, 무량 2가지를 제외한 아름

552 저본에서는 각 선정을 단락으로 나누었지만 제6차 결집본에 따라 한 문단으로 해석했다.

다움 마음부수 23가지, 모두 35가지의 마음부수가 조합될 수 있습니다.(이때의 느낌은 즐거움입니다.)

③ 출세간 제3선정 마음 8가지에는

사유와 고찰을 제외한 동화 마음부수 11가지, 무량 2가지를 제외한 아름다움 마음부수 23가지, 모두 34가지의 마음부수가 조합될 수 있습니다.(이때의 느낌은 즐거움입니다.)

④ 출세간 제4선정 마음 8가지에는

사유와 고찰과 희열을 제외한 동화 마음부수 10가지, 무량 2가지를 제외한 아름다움 마음부수 23가지, 모두 33가지의 마음부수가 조합될 수 있습니다.(이때의 느낌은 즐거움입니다.)

⑤ 출세간 제5선정 마음 8가지에는

사유와 고찰과 희열을 제외한 동화 마음부수 10가지, 무량 2가지를 제외한 아름다움 마음부수 23가지, 모두 33가지의 마음부수가 조합될 수 있습니다.(이때의 느낌은 평온입니다.)

출세간 마음의 조합을 살펴보면 절제 3가지 마음부수들이 포함된 것을 알 수 있습니다. 사실 출세간 마음은 열반을 대상으로 합니다. 도 마음과 과 마음이 생겨날 때 '악행을 삼가리라. 여법하지 않은 생계를 삼가리라'라고 마음 기울이지는 않습니다. 하지만 도 마음과 과 마음에는 절제 마음부수가 포함됩니다. 왜냐하면 열반을 대상으로 도 마음과 과 마음이 생겨나면 여법하지 않은 말의 행위와 몸의 행위와 생계를 더 이상 행하지 못하기 때문입니다. 행하려는 마음이 완전히 뿌리 뽑힙니다. 그렇게 악행을 없애기 때문에 도 마음과 과 마음에는 바른 말, 바른 행위, 바른 생계라는 절제 마음부수 3가지가 포함됩니다.[553]

조합되지 않는 마음부수들 중 "왜 제2선정~제5선정에 사유와 고찰, 희열 등이 조합되지 않는가?"라고 질문한다면 "수행을 통해 제거했기 때문이다"라고 대답할 수 있습니다.

또한 자세히 살펴보면 출세간 마음에는 무량 2가지가 항상 제외됩니다. 출세간 마음에 무량 2가지가 조합되지 않는 이유에 대해 먼저 『띠까 쬬』에서는[554] 출세간 마음들은 열반을 대상으로 하고 무량들은 중생이라는 개념을 대상으로 하기 때문에, 즉 대상이 다르기 때문에 서로 조합될 수 없다고 설명했습니다.(AhVṬ.118)[555]

『빠라맛타 상케이 띠까』에서는 "무량들은 '중생'이라는 개념을 대상으로 하며, 마음을 깨끗하게 하는 작용이 있다. 출세간 마음들은 '열반'을 대상으로 하며, 개념을 깨끗하게 하는 작용이 있다. 이렇게 대상과 작용이 서로 반대이기 때문에 출세간 마음들은 무량 마음부수들과 조합될 수 없다"라고 설명했습니다.(AhSṬ.i.184)

그렇다면 연민은 어떻게 마음을 깨끗하게 할까요? 연민과 반대되는 법을 먼저 찾아봅시다. 연민은 고통에 처한 중생들이 그 고통에서 벗

553 『*Cittānupassanā tayatogyi hnin Dhammānupassanā tayatogyi(Nīvaraṇapain/Khandhāpain/Āyatanapain*(마음 거듭관찰 법문과 법 거듭관찰 법문(장애의 장/ 무더기의 장/ 감각장소의 장)』, p.451 참조.

554 『띠까 쬬』에 대해서는 『아비담마 강설1』, p.170 참조.

555 Appamaññānaṁ sattārammaṇattā, lokuttarānañca nibbānārammaṇattā vuttaṁ "appamaññāvajjitā"ti.

어나기를 바라는 성품이므로, 연민과 반대되는 성품은 해치려는 성품, 화내는 성품일 것입니다. 예를 들면 불쌍한 사람들을 봤을 때 싫어하고 짜증낼 수 있습니다. 연민이 일어나면 짜증내거나 화내지 않습니다. 그래서 연민은 마음을 깨끗하게 합니다.[556] 그렇다면 같이 기뻐함의 반대되는 법은 무엇일까요? 질투입니다. 질투가 생겨나면 같이 기뻐함이 절대로 일어나지 못합니다.[557] 반대로 같이 기뻐함이 생겨나면 질투가 생겨나지 않습니다. 이렇게 같이 기뻐함은 질투를 없애주기 때문에 마음을 깨끗하게 하는 작용이 있습니다.

그렇다면 연민과 같이 기뻐함 중 어떤 법이 더 일어나기 어려울까요? 같이 기뻐함이 더 일어나기 어렵습니다. 굶주리거나 고통에 처한 사람을 대상으로 '빨리 고통에서 벗어나기를'이라고 일으키는 연민보다, 번창하고 행복해하는 사람을 대상으로 '그대로 행복하기를'이라고 일으키는 같이 기뻐함이 더 일어나기 어렵습니다. 연민을 일으켜서 그 연민에 따라 고통에 처한 사람을 도와준다면 음식이나 지낼 곳을 제공하느라 재산이 손실될 수 있습니다. 같이 기뻐함은 '사두, 사두, 사두'라고 마음으로 기뻐하거나 소리를 내기만 하면 됩니다. 전혀 재산의 손실이 없습니다. 돈 한 푼 안 드는데도 같이 기뻐함은 더 일으키기가 어렵습니다. 그래서 부처님의 말씀처럼 범부의 마음은 미친 사람의 마음과 같습니다. 미친 사람의 마음에서 벗어나 도와 과, 열반을 증득하도록 열심히 위빳사나 수행을 실천해야 합니다.

556 ㉯연민의 가까운 적은 재가에 의지한 근심이다. 불행을 보는 것이 비슷하기 때문이다. 연민의 먼 적은 해침이다. 정반대의 성품이기 때문이다.(Vis.i.312) 본서 p.537 참조.

557 ㉻같이 기뻐함의 가까운 적은 재가에 의지한 즐거움이다. 번영을 보는 것이 비슷하기 때문이다. 같이 기뻐함의 먼 적은 희락없음이다. 정반대의 성품이기 때문이다.(Vis.i.312) 본서 p.544 참조.

출세간 마음의 조합방법 요약

37 Chattiṁsa pañcatiṁsa ca, catuttiṁsa yathākkamaṁ.
Tettiṁsadvayamiccevaṁ, pañcadhānuttare ṭhitā.

해 석

차례대로 36가지, 35가지, 그리고 34가지,
한 쌍의 33가지, 이렇게 위없음에 5종류로 머문다.

대 역

Anuttare위없는 것에서; 위없는 마음에서; 출세간 마음에서 saṅgahā조합은; 조합방법은 yathākkamaṁ차례대로 chattiṁsa ca36가지와; 36가지 마음부수들과 pañcatiṁsa ca35가지와; 35가지 마음부수들과 catuttiṁsa ca34가지와; 34가지 마음부수들과 tettiṁsadvayaṁ한 쌍의 33가지; 33가지 마음부수 한쌍의 모임, iccevaṁ=iti evaṁ이렇게 pañcadhā다섯 종류로 ṭhitā머문다.

| 도표11 | 출세간 마음의 조합방법

마음		개수	마음부수					
			동화 13		아름다움 25		합계	조합방법
출세간 마음 40	초선정	8	동화	13	– 무량2	23	36	1
	제2선정	8	–사유	12	– 무량2	23	35	1
	제3선정	8	–사유, –고찰	11	– 무량2	23	34	1
	제4선정	8	–사유, –고찰, –희열	10	– 무량2	23	33	1
	제5선정	8	–사유, –고찰, –희열	10	– 무량2	23	33	1
출세간 마음의 조합방법								5

(2) 고귀한 마음의 조합방법

38 Mahaggatesu pana tīsu paṭhamajjhānikacittesu tāva aññasamānā terasa cetasikā, viratittayavajjitā dvāvīsati sobhanacetasikā ceti pañcatiṁsa dhammā saṅgahaṁ gacchanti, karuṇāmuditā panettha paccekameva yojetabbā, tathā dutiyajjhānikacittesu vitakkavajjā, tatiyajjhānikacittesu vitakkavicāravajjā, catutthajjhānikacittesu vitakkavicārapītivajjā, pañcamajjhānikacittesu pana pannarasasu appamaññāyo na labbhantīti sabbathāpi sattavīsatimahaggatacittesu pañcakajjhānavasena pañcadhāva saṅgaho hotīti.

해 석

또한 고귀함들 중에서 먼저 3가지 초선정 마음에는 동화 마음부수 13가지와 절제를 제외한 아름다움 마음부수 22가지, 이렇게 35가지 법들이 조합된다. 또한 여기서 연민과 같이 기뻐함 마음부수는 각각으로만 연결시켜야 한다. 그와 마찬가지로 제2선정 마음에는 사유를 제외하고, 제3선정 마음에는 사유와 고찰을 제외하고, 제4선정 마음에는 사유와 고찰과 희열을 제외하고 조합된다. 또한 15가지 제5선정 마음에는 무량들을 얻을 수 없다. 이렇게 모든 27가지 고귀한 마음에서 5가지 선정을 통해 5종류 조합만 있다.

대 역

Pana또한; 출세간 마음에서의 조합방법 외에 고귀한 마음에서의 조합방법을 말하자면 mahaggatesu고귀함들 중에; 고귀한 마음 27가지 중에 tāva먼저 tīsu3가지

paṭhamajjhānika cittesu초선정 마음들에서 saṅgaho조합을 mayā나는 vuccate말하겠다. tīsu3가지 paṭhamajjhānika cittesu초선정 마음에는 aññasamānā동화들인; 동화 마음부수라는 terasa13가지 cetasikā ca마음부수들과 viratittayavajjitā절제를 제외한; 절제 마음부수 3가지를 제외한 dvāvīsati22가지 sobhanacetasikā ca아름다움 마음부수들, iti이렇게 pañcatiṁsa35가지인 dhammā 법들이 saṅgahaṁ조합에; 헤아리는 것에; 헤아려지는 상태에; 모아지는 상태에 gacchanti도달한다. pana또한; 특별한 것을 말하자면 ettha여기서; 이 고귀한 초선정 마음 3가지 중에서; 35가지 마음부수들 중에서 karuṇāmuditā연민, 같이 기뻐함 마음부수는 paccekameva 각각으로만 yojetabbā연결시켜야 한다. tathā그와 마찬가지로 dutiyajjhānikacittesu제2선정 마음에는; 제2선정과 결합하는 고귀한 마음 3가지에는 vitakkavajjā사유를 제외한 catuttiṁsa34가지 dhammā법들이 saṅgahaṁ 조합에 gacchanti도달한다. tatiyajjhānikacittesu제3선정 마음에는; 제3선정과 결합하는 고귀한 마음 3가지에는 vitakkavicāravajjā사유와 고찰을 제외한 tettiṁsa33가지 dhammā법들이 saṅgahaṁ조합에 gacchanti도달한다. catutthajjhānikacittesu제4선정인 마음에는; 제4선정과 결합하는 고귀한 마음 3가지에는 vitakkavicārapītivajjā 사유와 고찰과 희열을 제외한 bāttiṁsa32가지 dhammā법들이 saṅgahaṁ조합에 gacchanti도달한다. pana또한; 특별한 것을 말하자면; 단일인 것 외에 혼합된 것을 말하자면 pannarasasu15가지인 pañcamajjhānikacittesu제5선정 마음에서는; 제5선정과 결합하는 고귀한 마음에서는 appamaññāyo무량들은; 무량 마음부수들은 na labbhanti 얻을 수 없다. iti이렇게 sabbathāpi모든 곳에서도; 모든 양상을 통해서도 sattavīsatimahaggatacittesu27가지인 고귀한 마음에 pañcakajjhānavasena5가지로 나눈 선정을 통해 pañcadhāva5종류로만 saṅgaho조합이 hoti생겨난다. iti이렇게 tesu그곳에서; 그 고귀한 마음 27가지에서 pañcadho5종류의 saṅgaho조합을; 조합방법을 veditabbo 알아야 한다.[558]

이어서 고귀한 마음의 조합방법mahaggatacittasaṅgahanaya 5가지를 설명하겠습니다. 고귀한 마음에는 27가지가 있고[559] 5가지 방법으로 마음부수와 조합됩니다.

① 초선정 마음들의 조합

초선정 마음 3가지에는 동화 마음부수 13가지, 절제 3가지를 제외한 아름다움 마음부수 22가지, 모두 35가지 마음부수가 조합될 수 있습니다. 이때 연민과 같이 기뻐함은 개별적으로 조합됩니다. 이 내용은 결합

558 앞과 마찬가지로 저본에서는 각 선정을 단락으로 나누었지만 제6차 결집본에 따라 한 문단으로 해석했다.

559 ㉯색계 초선정 선·과보·작용으로 3가지, 마찬가지로 제2선정 3가지, 제3선정 3가지, 제4선정 3가지, 제5선정 3가지로 색계 마음 15가지. 무색계도 4가지 선정마다 선·과보·작용으로 3가지씩 모두 12가지. 둘을 합해 27가지다. 『아비담마 강설1』, p.332 참조.

때도 설명했습니다.[560] 무량 2가지는 중생이란 개념을 대상으로 한다는 점에서는 동일하지만, 연민은 고통에 처한 중생을 대상으로 하고 같이 기뻐함은 행복한 중생을 대상으로 합니다. 이렇게 대상이 서로 다르기 때문에 동시에 같이 조합될 수 없습니다. 그래서 따로따로 조합됩니다.

여기서 "초선정 마음에는 35가지 마음부수가 조합될 수 있다"라는 표현에 주의해야 합니다. 초선정 마음에 조합될 수 있는 마음부수를 모두 헤아리면 35가지라는 뜻입니다. 그래서 ❶ 초선정 마음에 조합될 수 있는 최대 마음부수, ❷ 초선정 마음에 항상 조합되는 마음부수, ❸ 초선정 마음에 따로따로, 가끔씩 조합되는 마음부수, 이렇게 세 가지로 나누어 설명해야 합니다.

❶ 초선정 마음에 조합될 수 있는 최대 마음부수는 앞에서 설명한 대로 35가지입니다.(이때의 느낌은 즐거움입니다.)

❷ 무량 마음부수는 중생을 대상으로 할 때만 조합되므로 초선정 마음에 항상 조합되는 마음부수는 이 둘을 제외한 33가지입니다.(이때의 느낌은 즐거움입니다.)

❸ 초선정 마음에 따로따로, 가끔씩 조합되는 마음부수는 무량 마음부수 2가지입니다. 고통에 빠진 중생을 대상으로 연민 수행을 통해 초선정이 생겨났다면 그 초선정 마음에는 연민을 포함하고 같이 기뻐함을 제외한 34가지 마음부수가 조합됩니다. 행복한 중생을 대상으로 같이 기뻐함 수행을 통해 초선정이 생겨났다면 그 초선정 마음에는 같이 기뻐함을 포함하고 연민을 제외한 34가지 마음부수가 조합됩니다.(이때의 느낌은 즐거움입니다.)

---

560 본서 p.604 참조.

고귀한 마음의 조합과 관련된 일화 (우 소다나 사야도)

본승이 법사 시험을 볼 때 "고귀한 사람들에게 일어날 수 있는 마음, 그리고 그 마음에 조합될 수 있는 마음부수들을 쓰시오"라는 문제가 나왔습니다. 옆에 앉아 있던 띨라신이 당황했던지 본승에게 "고귀한 사람이 무슨 말입니까?"라고 살짝 물었고 본승은 "색계·무색계 선정을 얻은 사람"이라고 귀띔해 준 일이 있었습니다.

이 문제는 다음과 같이 답할 수 있습니다. 먼저 '고귀한 사람'이란 고귀한 마음인 색계 마음과 무색계 마음이 생겨난 사람이라고 정의한 뒤, '사람'이라고 했으니 욕계에 해당하고, 선정을 얻었으니 세 원인이고, 출세간 마음들은 따로 '출세간'이라고 부르기 때문에 범부만 헤아려서 '욕계, 선정을 얻은 세 원인 범부'에게 생겨날 수 있는 마음을 헤아리면 됩니다. 즉 불선마음 12가지, 원인 없는 마음 중에서 미소 마음을 제외한 17가지, 욕계 아름다운 마음 중 작용 마음을 제외한 16가지, 색계·무색계 선정을 다 얻었다면 색계·무색계 선 마음 9가지, 모두 54가지입니다. 이것은 『아비담맛타상가하』 제4장의 내용입니다.[561]

각 마음과 조합될 수 있는 마음부수는 '마음부수의 조합' 전체에 걸쳐 헤아리는 모습대로 헤아리면 됩니다.

참고로 고귀한 마음이 생겨나려면 색계 선정이나 무색계 선정을 얻어야 하는데 이것은 '세 원인 개인'만 가능합니다. 제11강에서 개인 12종류를 설명했습니다.[562] 그중 세 원인 개인이

561 강의 중에는 고귀한 마음인 색계 마음 15가지, 무색계 마음 12가지, 모두 27가지로만 헤아렸다.
562 『아비담마 강설1』, pp.195~198 참조.

란 탐욕없음, 성냄없음, 특히 어리석음없음이라는 3가지 원인을 포함한 마음으로 재생연결을 한 개인을 말합니다. 세 원인 개인의 기준을 레디 사야도는 "어떤 내용을 가르쳤을 때 이해해서 알아들을 수 있는 정도면 세 원인 개인이다"라고 설명했습니다. 레디 사야도의 제자는 조금 더 수준을 높여 "사마타 수행을 해서 표상도 드러나고 선정에 들어갔다면, 혹은 위빳사나 수행을 해서 생멸의 지혜에 도달했다면 확실하게 세 원인 개인이다"라고 결정했다고 합니다.

'두 원인 개인'은 다음의 예를 들 수 있습니다. 미얀마에 사는 한 짐꾼은 공항에서 집까지 짐을 옮겨 주는 일로 생계를 유지하고 있었습니다. 어느 날, 어떤 이가 쌀 한 포대를 3마일 떨어진 자신의 집까지 옮겨 달라고 부탁했습니다. 쌀 주인은 만 원으로 말했지만 짐꾼은 2만 원으로 알아듣고 짐을 옮겼습니다. 배달을 마쳤을 때 일한 값을 두고 승강이가 벌어졌습니다. 화가 난 짐꾼은 만 원을 안 받고 다시 그 짐을 공항에 가져다 놓았다고 합니다. 이런 사람의 경우 어리석음없음이라는 지혜가 포함되지 않은 두 원인으로 재생연결을 한 것으로 볼 수도 있습니다.

② 제2선정 마음들의 조합

제2선정 마음 3가지는 사유를 제외한 동화 마음부수 12가지, 절제 3가지를 제외한 아름다움 마음부수 22가지, 모두 34가지 마음부수와 조합될 수 있습니다.(이때의 느낌은 즐거움입니다.)

③ 제3선정 마음들의 조합

제3선정 마음 3가지는 사유와 고찰을 제외한 동화 마음부수 11가지, 절제 3가지를 제외한 아름다움 마음부수 22가지, 모두 33가지 마음부수와 조합될 수 있습니다.(이때의 느낌은 즐거움입니다.)

④ 제4선정 마음들의 조합

제4선정 마음 3가지는 사유와 고찰과 희열을 제외한 동화 마음부수 10가지, 절제 3가지를 제외한 아름다움 마음부수 22가지, 모두 32가지 마음부수와 조합될 수 있습니다.(이때의 느낌은 즐거움입니다.)

⑤ 제5선정 마음들의 조합

제5선정 마음 15가지는 사유와 고찰과 희열을 제외한 동화 마음부수 10가지, 절제 3가지, 무량 2가지를 제외한 아름다움 마음부수 20가지, 모두 30가지 마음부수와 조합될 수 있습니다.(이때의 느낌은 평온입니다.)

고귀한 마음이 절제들과 조합되지 않는 이유

고귀한 마음이 절제 마음부수들과 조합되지 않는 이유는 2가지로 설명할 수 있습니다.

먼저 고귀한 마음이 일어나려면 선정을 얻어야 하고, 선정을 얻기 위해서는 우선 계를 청정히 해야 합니다. 몸과 말로 악행을 삼가는 계가 청정해진 후에야 사마타 수행으로 마음이 고요해지도록 수행해서 고귀한 마음인 선정 마음이 생겨납니다. 따라서 선정 마음이 생겨나고 있을 때는 절제 마음부수들과 결합된 욕계 큰 선 마음으로 몸의 악행이나 말의 악행을 절제할 필요가 없습니다. 이전에 이미 절제된 상태입니다. 마찬가지로 출세간 마음으로 모든 악행이나 삿된 생계를 남김없이 잘라낼 필요도 없습니다. 성자가 아니더라도 선정을 얻을 수 있기 때문입니다. 그래서 고귀한 마음은 절제 3가지와 조합되지 않습니다.

두 번째는 대상이 다르기 때문이라고 설명할 수 있습니다. 고귀한 마음들은 마음이나 개념을 대상으로 하고, 절제 마음부수들은 삼가야 할 것viramitabba vatthu들을 대상으로 합니다. 이렇게 대상이 다르기 때문에 고귀한 마음은 절제들과 조합되지 않습니다. 마음부수의 요건은 마음과 함께 일어나고, 함께 소멸하며, 동일한 대상을 가지고, 동일한 토대를 가지는 것 네 가지라고 설명했습니다.[563] 마음과 마음부수의 조합, 혹은 마음부수와 마음의 결합은 이렇게 네 가지 특성을 모두 만족해야 가능합니다. 무작위로 결합하거나 조합되지 않습니다. 그래서 미얀마 법사 시험에는 다음과 같은 문제가 자주 나옵니다.

질문 초선정 마음에 절제들이 포함되지 않는 이유를 마음부수 요건 네 가지와 관련지어 서술하시오.

대답 마음부수 요건 네 가지 중에 마음부수는 마음과 같은 대상을 가지는 것이라는 구절이 있는데 초선정 마음의 대상은 개념이고 절제들의 대상은 삼가야 할 어떤 것이다. 이렇게 대상이 서로 달라 마음부수 요건 네 가지 중 '동일한 대상을 가진다'라는 점에 어긋나기 때문에 초선정 마음에는 절제들이 포함되지 않는다.

563 본서 pp.28~29 참조.

고귀한 마음의 조합방법 집론 게송

39 Pañcatiṁsa catuttiṁsa, tettiṁsa ca yathākkamaṁ.

Bāttiṁsa ceva tiṁseti, pañcadhāva mahaggate.

해 석

35가지, 34가지, 33가지, 32가지, 30가지,

차례대로 이와 같이 고귀한 것에 5종류가 있다.

대 역

Mahaggate고귀한 것에서; 고귀한 마음에서 saṅgahā조합은; 조합방법은 yathākkamaṁ차례대로 pañcatiṁsa ca35가지와; 35가지 마음부수들과 catuttiṁsa ca34가지와; 34가지 마음부수들과 tettiṁsa ca33가지와; 33가지 마음부수들과 bāttiṁsa ceva32가지와; 32가지 마음부수들과 tiṁsa ca30가지; 30가지 마음부수, iti이렇게 pañcadhā5종류로 ṭhitā머문다.

| 도표12 | 고귀한 마음의 조합방법

마음		개수	마음부수					
			동화 13		아름다움 25		합계	조합방법
고귀한 마음 27	초선정	3	동화	13	– 절제3	22	35	1
	제2선정	3	–사유	12	– 절제3	22	34	1
	제3선정	3	–사유, –고찰	11	– 절제3	22	33	1
	제4선정	3	–사유, –고찰, –희열	10	– 절제3	22	32	1
	제5선정	15	–사유, –고찰, –희열	10	– 절제3 – 무량2	20	30	1
고귀한 마음의 조합방법								5

제45강

2009년 6월 9일

아비담마를 공부하다가 싫증이 나서 그만두고 싶어지는 것은 마라의 두 번째 군대인[564] '아라띠arati', 즉 '희락없음'에 지는 것입니다. 여기서 '희락rati'이란 좋아하는 것, 즐기는 것을 말합니다. 희락에는 2가지가 있습니다. 불선법을 즐기는 것과 선법을 즐기는 것입니다. 감각욕망 대상을 즐기는 것을 감각욕망희락kāmarati이라고 합니다. 보시와 지계, 청법, 특히 사마타나 위빳사나 등의 수행을 즐기는 것을 법 희락dhammarati이라고 합니다. 희락없음에 정복당하지 말고 아비담마를 경청하면서 보시와 지계, 수행을 즐기는 '법 희락'을 누려야 합니다.

지금까지 고귀한 마음의 조합방법을 살펴봤습니다. 이제 욕계 아름다운 마음의 조합방법을 설명하겠습니다.

(3) 욕계 아름다운 마음의 조합방법

40 Kāmāvacarasobhanesu pana kusalesu tāva paṭhamadvaye aññasamānā terasa cetasikā, pañcavīsati sobhanacetasikā ceti aṭṭhatiṁsa dhammā saṅgahaṁ gacchanti, appamaññāviratiyo panettha pañcapi paccekameva

564 마라의 10가지 군대는 다음과 같다. ① 감각욕망kāma, ② 희락없음arati, ③ 기갈khuppipāsā, ④ 갈애taṇhā, ⑤ 해태혼침thīnamiddha, ⑥ 공포bhīru, ⑦ 의심vicikicchā, ⑧ 망은거만makkhathambha, ⑨ 잘못 얻어진 이득, 명망, 존경, 명성lābho siloko sakkāro, micchāladdho ca yo yaso, ⑩ 자신을 칭찬하고 타인을 멸시하는 것yo cattānaṁsamukkaṁse, pare ca avajānati.(Sn.436~437)

yojetabbā, tathā dutiyadvaye ñāṇavajjitā, tatiyadvaye ñāṇasampayuttā pītivajjitā, catutthadvaye ñāṇapītivajjitā te eva saṅgayhanti. Kiriyacittesupi virativajjitā tatheva catūsupi dukesu catudhāva saṅgayhanti. Tathā vipākesu ca appamaññāvirativajjitā te eva saṅgayhantīti sabbathāpi catuvīsatikāmāvacarasobhanacittesu dukavasena dvādasadhāva saṅgaho hotīti.

해 석

또한 욕계 아름다움들 중에서 먼저 선들에서 첫 번째 한 쌍에는 동화 마음부수 13가지와 아름다움 마음부수 25가지, 이렇게 38가지 법들이 조합된다. 또한 여기서 무량과 절제는 각각 연결시켜야 한다. 그와 마찬가지이나 두 번째 한 쌍에는 지혜를 제외한다. 세 번째 한 쌍에는 지혜는 결합하고 희열은 제외한다. 네 번째 한 쌍에는 지혜와 희열을 제외한 그것들만 조합된다. 작용 마음들에서도 절제를 제외하고서 바로 그렇게 4가지이기도 한 2개조에 4종류로만 조합된다. 그와 마찬가지로 과보들에서도 무량과 절제를 제외한 그것들만 조합된다. 이렇게 모든 곳에서도 24가지 욕계 아름다운 마음에서 2개조를 통해 12종류로만 조합이 있다.

대 역

Pana또한; 고귀한 마음의 조합방법 외에 욕계 아름다운 마음의 조합방법을 말하자면 kāmāvacarasobhanesu 욕계 아름다움들 중에서; 욕계 아름다운 마음들 24가지 중에서 tāva먼저 kusalesu선한 것들에서; 큰 선 마음 8가지에서 saṅgaho조합을 mayā나는 vuccate말하자면 paṭhamadvaye첫 번째 한 쌍에는; 큰 선 첫 번째 한 쌍에는 aññasamānā동화인 것들인; 동화 마음부수라는 terasa13가지 cetasikā ca마음부수들과 pañcavīsati25가지인 sobhanacetasikā ca아름다움 마음부수들, iti이렇게 aṭṭhatiṁsa38가지인 dhammā법들이 saṅgahaṁ조합에; 헤아리는 것에; 헤아려지는 상태에; 모아지는 상태에 gacchanti도달한다. pana또한; 특별한 것을 말하자면 ettha여기서; 이 큰 선 첫 번째 두 마음에서; 38가지 마음부수들 중에서 pañcapi5가지이기도 한 appamaññā viratiyo무량과 절제는 paccekameva각각으로만 yojetabbā연결시켜야 한다. tathā그와 마찬가지로 dutiyadvaye두 번째 한 쌍에는; 큰 선 두 번째 한 쌍에는 ñāṇavajjitā지혜를 제외한 sattattiṁsa37가지인 dhammā법들이 saṅgahaṁ조합에 gacchanti도달한다. tatiyadvaye세 번째 한 쌍에는; 큰 선 세 번째 한 쌍에는 ñāṇasampayuttā지혜는 결합하고 pītivajjitā희열을 제외한 sattattiṁsa37가지인 dhammā법들이 saṅgahaṁ조합에 gacchanti도달한다. catutthadvaye네 번째 한 쌍에는; 큰 선 네 번째 한 쌍에는 ñāṇapītivajjitā지혜와 희열을 제외한 te eva그것들만; 그 36가지인 마음부수들만 saṅgayhanti조합된다; 헤아린다. kiriyacittesupi작용 마음들에서도; 큰 작용 마음 8가지에서도 virativajjitā절제를 제외하고서; 절제 3가지를 제외하고서 te eva그것들만; 그 35가지인 마음부수들만 tathevा바로 그렇게; 바로 그 큰 선 마음과 같이 catūsupi4가지이기도 한 dukesu2개조에 catudhāva4종류로만 saṅgayhanti조합된다. tathā그와 마찬가지로 vipākesu ca과보들에서도; 큰 과보 마음 8가지에서도 appamaññā virati vajjitā무량과 절제를 제외한; 무량 2가지와 절제 3가지를 제외한 te eva그것들만; 그 33가지 마음부수들만 catūsupi4가지이기도 한 dukesu2개조에 catudhāva4종류로만 saṅgayhanti조합된다. iti이렇게 sabbathāpi모든 곳에서도; 모든 양상을 통해서도 catuvīsatikāmāvacarasobhanacittesu24가지 욕계 아름다운 마음에서 dukavasena2개조를 통해 dvādasadhāva12종류로만 saṅgaho조합이; 모으는 것이 hoti생겨난다. iti이렇게 tesu그곳에서; 그 욕계 아름다운 마음에서 dvādasadho12종류의 saṅgaho조합을; 조합방법을 veditabbo알아야 한다.[565]

고귀한 마음에 이어서 욕계 아름다운 마음의 조합방법Kāmāvacarasobhanacittasaṅgahanaya 12가지를 살펴보겠습니다.

먼저 욕계 선 마음의 조합입니다.

565 앞과 마찬가지로 저본에서는 각 선정을 단락으로 나누었지만 제6차 결집본에 따라 한 문단으로 해석했다.

①욕계 큰 선 마음 중 첫 번째 두 마음

욕계 큰 선 마음 중 첫 번째 한 쌍은 즐거움과 함께하고 지혜와 결합하기 때문에 그 마음들에는 동화 마음부수 13가지, 아름다움 마음부수 25가지, 모두 38가지가 조합될 수 있습니다. 이때 절제 3가지(바른 말, 바른 행위, 바른 생계)와 무량 2가지(연민, 같이 기뻐함)는 동시에 조합되지 않고 개별적으로 조합됩니다. 나머지는 동시에 조합됩니다. 그래서 고귀한 마음과 마찬가지로 욕계 큰 선 마음에도 ❶조합될 수 있는 최대 숫자, ❷항상 조합되는 숫자, ❸동시에 조합될 수 있는 최대 숫자 등을 살펴봐야 합니다.

❶욕계 큰 선 마음 첫 번째 한 쌍에 조합 가능한 최대 마음부수는 38가지입니다.

❷절제 3가지와 무량 2가지와는 따로따로, 가끔씩 조합되기 때문에 항상 조합되는 마음부수는 이 5가지를 제외한 33가지입니다.

❸동시에 조합될 수 있는 최대 마음부수는 34가지입니다. 절제 3가지와 무량 2가지 중 어느 한 가지와 조합될 수 있기 때문입니다. 이렇게 '최대, 항상, 동시 최대'로 나누어 생각해야 합니다. 마음 전체에서 제일 많은 마음부수가 조합될 수 있는 숫자는 38가지인데, 바로 욕계 큰 선 마음 첫 번째 한 쌍과 결합하는 마음부수의 숫자입니다.

②욕계 큰 선 마음 중 두 번째 두 마음

욕계 큰 선 마음 중 두 번째 두 마음은 즐거움과 함께하고 지혜와 결합하지 않기 때문에 그 마음들에는 동화마음부수 13가지, 지혜를 제외한 아름다움 마음부수 24가지, 모두 37가지가 조합될 수 있습니다. 지혜는 아름다운 마음부수 중 때때로 결합합니다. 그래서 조합 가능한 최대 마음부수는 37가지, 항상 조합되는 마음부수는 절제 3가지와 무량 2가지를 제외한 32가지, 동시에 조합될 수 있는 최대 마음부수는 33가지입니다.

③욕계 큰 선 마음 중 세 번째 두 마음

욕계 큰 선 마음 중 세 번째 두 마음은 평온과 함께하고 지혜와 결합하기 때문에 그 마음들에는 희열을 제외한 동화 마음부수 12가지, 아름다운 마음부수 25가지, 모두 37가지가 조합될 수 있습니다. 희열은 즐거움somanassa과 관련된 법이기 때문에 즐거움이 아닌 평온과 함께하는 이 마음들에는 조합되지 못합니다. 그래서 조합 가능한 최대 마음부수는 37가지, 항상 조합되는 마음부수는 절제 3가지와 무량 2가지를 제외한 32가지, 동시에 조합될 수 있는 최대 마음부수는 33가지입니다.

④욕계 큰 선 마음 중 네 번째 두 마음

욕계 큰 선 마음 중 네 번째 두 마음은 평온과 함께하고 지혜와 결합하지 않기 때문에 그 마음들에는 희열을 제외한 동화 마음부수 12가지, 지혜를 제외한 아름다운 마음부수 24가지, 모두 36가지가 조합될 수 있습니다. 그래서 조합 가능한 최대 마음부수는 36가지, 항상 조합되는 마음부수는 절제 3가지와 무량 2가지를 제외한 31가지, 동시에 조합될 수 있는 최대 마음부수는 32가지입니다.

이어서 욕계 작용 마음의 조합입니다.

⑤욕계 큰 작용 마음 중 첫 번째 두 마음

욕계 큰 작용 마음 중 첫 번째 두 마음에는(즐거움, 지혜 결합) 동화 마음부수 13가지, 절제 3가지를 제외한 아름다움 마음부수 22가지, 모두 35가지가 조합될 수 있습니다. 그래서 조합 가능한 최대 마음부수는 35가지, 항상 조합되는 마음부수는 무량 둘을 제외한 33가지, 동시에 조합될 수 있는 최대 마음부수는 무량 둘 중 하나가 결합한 34가지입니다.

⑥욕계 큰 작용 마음 중 두 번째 두 마음

욕계 큰 작용 마음 중 두 번째 두 마음에는(즐거움, 지혜 비결합) 동화 마음부수 13가지, 절제 3가지와 지혜를 제외한 아름다움 마음부수 21가지, 모두 34가지가 조합될 수 있습니다. 그래서 조합 가능한 최대 마음부수는 34가지, 항상 조합되는 마음부수는 무량 둘을 제외한 32가지, 동시에 조합될 수 있는 최대 마음부수는 무량 둘 중 하나가 결합한 33가지입니다.

⑦욕계 큰 작용 마음 중 세 번째 두 마음

욕계 큰 작용 마음 중 세 번째 두 마음에는(평온, 지혜 결합) 희열을 제외한 동화 마음부수 12가지, 절제 3가지를 제외한 아름다움 마음부수 22가지, 모두 34가지가 조합될 수 있습니다. 그래서 조합 가능한 최대 마음부수는 34가지, 항상 조합되는 마음부수는 무량 둘을 제외한 32가지, 동시에 조합될 수 있는 최대 마음부수는 무량 둘 중 하나가 결합한 33가지입니다.

⑧욕계 큰 작용 마음 중 네 번째 두 마음

욕계 큰 작용 마음 중 네 번째 두 마음에는(평온, 지혜 비결합) 희열을 제외한 동화 마음부수 12가지, 절제 3가지와 지혜를 제외한 아름다움 마음부수 21가지, 모두 33가지가 조합될 수 있습니다. 그래서 조합 가능한 최대 마음부수는 33가지, 항상 조합되는 마음부수는 여기에 무량 둘을 제외한 31가지, 동시에 조합될 수 있는 최대 마음부수는 무량 둘 중 하나가 결합한 32가지입니다.

• **욕계 큰 작용 마음이 절제와 조합되지 않는 이유** 절제는 어떤 악행을 범할 상황에 처했을 때 삼가는 것, 하지 않는 것입니다. 예를 들어 거짓말을 할 상황에서 거짓말을 삼간다면, 거짓말을 하지 않는다면 바른 말을 하는 것입니다. 바른 말을 하는 것은 선업입니다. 없는 것을 있다고, 있는 것을 없다고, 틀린 것을 맞다고, 맞는 것을 틀리다고 바꾸어 말하는 것이 거짓말입니다. 이것은 불선업입니다. 따라서 그것을 삼가는 것은 당연히 선업입니다. 선kusala, 불선akusala, 비확정abyākata으로 나누면 선법입니다. 마찬가지로 살생, 도둑질, 삿된 음행을 삼가면 바른 행위라는 절제가 생겨납니다. 바른 말과 바른 행위 중에 특별히 생계와 관련해 삿된 말이나 삿된 행위를 하지 않는 것이 바른 생계입니다. 이 모두가 지계라는 선업, 선법에 해당합니다. 반면 작용 마음은 비확정법입니다.[566] 그래서 비확정법인 작용 마음은 선법인 절제와 조합되지 않습니다. 욕계 큰 작용 마음은 아라한들에게만 일어나는 마음입니다. 아라한들은 아무리 선한 행위를 해도 그것에 의한 과보를 전혀 받지 않습니다. 『띠까 쬬』에서는 다음과 같이 설명했습니다.

Lokiyaviratīnaṁ ekantakusalasabhāvattā natthi abyākatesu sambhavoti vuttaṁ "virativajjitā"ti. (AhVṬ.119)

566 『아비담마 강설 1』, p.436 참조.

해 석

세간의 절제는 확실히 선한 고유성질이므로 비확정에는 생겨나지 않는다. 그래서 '절제는 제외하고서'라고 말했다.

선 3개조

제1장에서 살펴봤듯이 절대성품에는 마음, 마음부수, 물질, 열반이라는 4가지가 있습니다. 아비담마 삐따까abhidhamma-piṭaka·論藏 중 첫 번째인 『담마상가니』에서도 제일 먼저 이 4가지 절대성품을 선 3개조kusalatika로 나누어 설하셨습니다.

절대성품에 해당하는 모든 법 중 선법만 따로 다 모으고, 불선법만 따로 다 모으고, 비확정법만 따로 다 모아서 3개조로 설하신 것입니다. 선법·불선법·비확정법을 다음과 같이 정형구로 만들어 설명합니다.

"Kusalā dhammā선법들"이란 kusalā선한 것인, anavajja허물이 없고 sukhavipāka행복한 과보를 주는 lakkhaṇā특성이 있는 dhammā법들이; nissatta중생도 아니고 nijjīva영혼도 아니라 sabhāvā고유성품인 것들이 saṁvajjanti분명하게 있는데, 즉 선 마음 21가지와 마음부수 38가지이다.[567]

"Aakusalā dhammā불선법들"이란 akusalā불선한 것인, sāvajja허물이 있고 dukkhavipāka괴로운 과보를 주는 lakkhaṇā특

567 선법에 해당하는 마음과 결합할 수 있는 마음부수를 모두 헤아리면 38가지이다.

성이 있는 dhammā법들이; nissatta중생도 아니고 nijjīva영혼도 아니라 sabhāvā고유성품인 것들이 saṁvajjanti분명하게 있는데, 즉 불선 마음 12가지와 마음부수 27가지이다.[568]

"Abyākatā dhammā비확정법들"이란 kusalākusalābhāvena선이나 불선으로 akathitā설해지지 않은, aññabhāvena kathitā다른 것으로 설해진 dhammā법들이; nissatta중생도 아니고 nijjīva영혼도 아니라 sabhāvā고유성품인 것들이 saṁvajjanti분명하게 있는데, 즉 과보 마음 36가지와 작용 마음 20가지, 마음부수 38가지, 물질 28가지, 열반이다.

| 도표13 | 선 3개조

	법체	범주			
		무더기	감각장소	요소	진리
1. 선법	선 마음 21, 마음부수 38	4	2	2	2
2. 불선법	불선 마음 12, 마음부수 27	4	2	2	2
3. 비확정법	과보 마음 36, 작용 마음 20, 마음부수 38, 물질, 열반	5	12	18	2

⑨욕계 큰 과보 마음 중 첫 번째 두 마음

욕계 큰 과보 마음 중 첫 번째 두 마음에는(즐거움, 지혜 결합) 동화 마음부수 13가지, 절제 3가지와 무량 2가지를 제외한 아름다운 마음부수 20가지, 모두 33가지가 조합될 수 있습니다. 절제와 무량이 모두 제외됐기 때문에 조합 가능한 최대 마음부수, 항상 조합되는 마음부수,

568 마찬가지로 불선법에 해당하는 마음과 결합할 수 있는 마음부수를 모두 헤아리면 27가지이다.

동시에 조합될 수 있는 최대 마음부수도 모두 33가지입니다.[569]

⑩ 욕계 큰 과보 마음 중 두 번째 두 마음

욕계 큰 과보 마음 중 두 번째 두 마음에는(즐거움, 지혜 비결합) 동화 마음부수 13가지, 절제 3가지와 무량 2가지와 지혜를 제외한 아름다운 마음부수 19가지, 모두 32가지가 조합될 수 있습니다. 마찬가지로 절제와 무량이 모두 제외됐기 때문에 조합 가능한 최대 마음부수, 항상 조합되는 마음부수, 동시에 조합될 수 있는 최대 마음부수도 모두 32가지입니다.

⑪ 욕계 큰 과보 마음 중 세 번째 두 마음

욕계 큰 과보 마음 중 세 번째 두 마음에는(평온, 지혜 결합) 희열을 제외한 동화 마음부수 12가지, 절제 3가지와 무량 2가지를 제외한 아름다운 마음부수 20가지, 모두 32가지가 조합될 수 있습니다. 마찬가지로 절제와 무량이 모두 제외됐기 때문에 조합 가능한 최대 마음부수, 항상 조합되는 마음부수, 동시에 조합될 수 있는 최대 마음부수도 모두 32가지입니다.

⑫ 욕계 큰 과보 마음 중 네 번째 두 마음

욕계 큰 과보 마음 중 네 번째 두 마음에는(평온, 지혜 비결합) 희열을 제외한 동화 마음부수 12가지, 절제 3가지와 무량 2가지와 지혜를 제외한 아름다운 마음부수 19가지, 모두 31가지가 조합될 수 있습니다. 마찬가지로 절제와 무량이 모두 제외됐기 때문에 조합 가능한 최대 마음부수, 항상 조합되는 마음부수, 동시에 조합될 수 있는 최대 마음

569 ⑨부터 최대와 항상, 동시 최대 숫자는 편역자가 첨가했다. 나머지도 마찬가지다.

부수도 모두 31가지입니다.

• 욕계 큰 과보 마음이 절제·무량과 조합되지 않는 이유 욕계 큰 과보 마음은 욕계 선처에 태어날 때 재생연결·존재요인·임종의 역할을 하는데 이러한 마음은 욕계법, 즉 욕계 마음이나 마음부수, 물질이라는 실재 성품만 대상으로 합니다. 반면 무량 마음부수는 중생이라는 개념을 대상으로 합니다. 그래서 욕계 큰 과보 마음은 무량과 조합되지 않습니다.

고통에 처한 어떤 사람을 대상으로 '불쌍하구나. 저 고통에서 빨리 벗어나기를'이라고 연민을 일으킬 때는 '저 사람, 저 여인, 저 남자' 등으로 생각해야 연민이 생겨납니다. '물질과 정신'이라고 마음 기울이면 연민이 생겨나지 않습니다. 이렇게 연민과 같이 기뻐함은 중생이라는 개념을[570] 대상으로 합니다.

또한 절제는 앞에서 언급했듯이 선법입니다. 과보 마음은 비확정법입니다. 서로 종류가 다르기 때문에 조합되지 않습니다. 이렇게 욕계 큰 과보 마음은 무량·절제와 조합되지 않습니다. 『띠까 쬬』에서는 다음과 같이 설명했습니다.

> Kāmāvacaravipākānampi ekantaparittārammaṇattā, appamaññānañca sattārammaṇattā, viratīnampi ekantakusalattā vuttaṁ "appamaññāviratіvajjitā"ti. (AhVṬ.119)

570 ㉯개념적 존재를 나타내는 빠알리어 단어에는 'jīva', 'satta', 'puggala' 등이 있다. 'jīva'는 '영혼', 'satta'는 '중생', 'puggala'는 '개인'이라고 번역한다. 특히 'puggala'의 'pu'는 'puṁ 지옥'에서 유래했고, 'ga'는 'gacchati 간다'에서 유래했다. '자주 지옥으로 간다. 그래서 개인이다'라고 단어분석을 할 수 있다.

해 석

욕계 과보들도 확실히 작은 대상을[571] 대상으로 한다. 반면 무량도 중생을 대상으로 한다. 절제도 확실히 선이다. 그래서 '무량과 절제는 제외하고서'라고 말했다.

욕계 아름다운 마음의 조합방법 요약

지금까지 욕계 선·작용·과보 마음이라는 욕계 아름다운 마음의 조합방법을 살펴봤습니다. 정리하면 다음과 같습니다.

41 Aṭṭhatiṁsa sattatiṁsa, dvayaṁ chattiṁsakaṁ subhe.
Pañcatiṁsa catuttiṁsa, dvayaṁ tettiṁsakaṁ kriye;
Tettiṁsa pāke bāttiṁsa, dvayekatiṁsakaṁ bhave;
Sahetukāmāvacarapuñña pākakriyāmane.

해 석

원인 있는 욕계 공덕과 과보와 작용 맘에서
훌륭한 것에는 38가지, 한 쌍의 37가지, 36가지가,
작용에는 35가지, 한 쌍의 34가지, 33가지가,
과보에는 33가지, 한 쌍의 32가지, 31가지가 생긴다.

대 역

Sahetukāmāvacarapuññapākakriyāmane원인 있는 욕계 공덕·과보·작용 맘에서; 욕계 선, 원인 있는 욕계 과보, 원인 있는 욕계 작용 마음에서; 욕계 선, 원인 있는 욕계 과

571 '작은paritta 대상'이란 욕계법, 즉 욕계 마음이나 마음부수, 물질을 말한다.

보, 원인 있는 욕계 작용 마음 중에서 subhe훌륭한 것에는; 큰 선 마음 8가지에는 aṭṭhatiṁsa ca38가지와; 38가지 마음부수와 sattatiṁsa dvayaṁ한 쌍의 37가지와; 두 번의 37가지 마음부수와 chattiṁsakaṁ36가지가; 36가지 마음부수가 bhave생겨난다. kriye작용에는; 큰 작용 마음 8가지에는 pañcatiṁsa ca35가지와; 35가지 마음부수와 catuttiṁsa dvayaṁ한 쌍의 34가지와; 두 번의 34가지 마음부수와 tettiṁsakaṁ ca33가지가; 33가지 마음부수가 bhave생겨난다. pāke과보에는; 큰 과보 마음 8가지에는 tettiṁsa ca33가지와; 33가지 마음부수와 bāttiṁsa dvayaṁ한 쌍의 32가지와; 두 번의 32가지 마음부수와 ekatiṁsakaṁ ca31가지가; 31가지 마음부수가 bhave생긴다.

이 게송은 욕계 아름다운 마음에서 조합되는 숫자를 기준으로 기억하기 쉽게 만든 내용입니다. '훌륭한 것'이란 욕계 큰 선 마음을 뜻하고 욕계 큰 선의 첫 번째 한 쌍 마음에 조합되는 마음부수 숫자가 38가지로 동일하므로 38가지로 헤아렸고, 욕계 큰 선의 두 번째 한 쌍과 세 번째 한 쌍 마음에 조합되는 마음부수 숫자가 동일하게 37가지이므로 '한 쌍의 37가지'라고 게송에서 표현했습니다. 마지막 욕계 큰 선의 네 번째 한 쌍 마음에 조합되는 마음부수 숫자가 36가지이므로 그대로 '36가지'라고 헤아렸습니다. 과보와 작용도 마찬가지입니다.

• **욕계 작용 마음이 먼저 설해진 이유** 『아비담맛타상가하』 제1장에서 욕계 아름다운 마음을 설명할 때는 욕계 큰 과보 마음을 먼저 설

명한 뒤 욕계 작용 마음을 설명했는데 제2장 마음부수의 조합을 설명할 때는 욕계 작용 마음을 먼저 설명했습니다. 그 이유는 무엇일까요? 대답은『아비담맛타상가하』원문에 나와 있습니다. 미얀마에는 벽에 붙어서 '똑대, 똑대'라고 우는 도마뱀의 한 종류가 있습니다. 그래서 미얀마 사람들은 그 도마뱀을 '똑대'라고 부릅니다. 똑대 도마뱀이 자신이 그곳에 있다고 '똑대'라고 우는 것처럼『아비담맛타상가하』원문에 욕계 작용 마음을 먼저 설명한 이유가 나와 있습니다. 그 이유는 바로 욕계 작용 마음이 욕계 과보 마음보다 더 많은 마음부수들과 조합되기 때문입니다.

| 도표14 | 욕계 아름다운 마음의 조합방법

마음			개수	마음부수					
				동화 13		아름다움 25		합계	조합방법
욕계 아름다운 마음 24	욕계 큰 선 8	첫 번째 한 쌍	2	동화	13	아름다움	25	38	1
		두 번째 한 쌍	2	동화	13	− 지혜	24	37	1
		세 번째 한 쌍	2	−희열	12	아름다움	25	37	1
		네 번째 한 쌍	2	−희열	12	− 지혜	24	36	1
	욕계 큰 과보 8	첫 번째 한 쌍	2	동화	13	−절제3, −무량2	20	33	1
		두 번째 한 쌍	2	동화	13	−절제3, −무량2, −지혜	19	32	1
		세 번째 한 쌍	2	−희열	12	−절제3, −무량2	20	32	1
		네 번째 한 쌍	2	−희열	12	−절제3, −무량2, −지혜	19	31	1
	욕계 큰 작용 8	첫 번째 한 쌍	2	동화	13	−절제3	22	35	1
		두 번째 한 쌍	2	동화	13	−절제3, −지혜	21	34	1
		세 번째 한 쌍	2	−희열	12	−절제3	22	34	1
		네 번째 한 쌍	2	−희열	12	−절제3, −지혜	21	33	1
욕계 아름다운 마음의 조합방법									12

조합되지 않는 마음부수들

42-1 Navijjantettha viratī, kriyesu ca mahaggate.
Anuttare appamaññā, kāmapāke dvayaṁ tathā;

해 석

그중 작용들과 고귀함에서
절제들은 발견되지 않는다.
위없음에서는 무량들이,
그처럼 욕계 과보에서는 한 쌍이.

대 역

Ettha그중; 이 아름다운 마음들 중에서 kriyesu ca작용들인 것과; 큰 작용 마음 8가지와 mahaggate ca고귀함에서; 고귀한 마음 27가지에서 viratī절제들은; 절제 마음부수들은 na vijjanti발견되지 않는다. anuttare위없음에서; 출세간 마음 8가지에서 appamaññā무량들은; 무량 마음부수들은 na vijjanti발견되지 않는다. tathā그와 마찬가지로 kāmapāke욕계 과보에서; 큰 과보 마음 8가지에서 dvayaṁ한 쌍은; 절제와 무량 마음부수 두 가지 모음은 na vijjanti발견되지 않는다.

게송 42-1은 지금까지 설명한 아름다운 마음의 조합에서 각각의 마음에 조합될 수 없는 마음부수들을 모은 게송입니다. 정리하면 욕계 큰 작용 마음과 고귀한 마음에는 절제들이 조합되지 않습니다. 출세간 마음에는 무량들이 조합되지 않습니다. 과보 마음에는 절제들과 무량들 모두 조합되지 않습니다. 이 내용을 기본으로 다음과 같이 자세하게 설명할 수 있습니다.

절제들과 무량들 중,

- 출세간 마음에는 절제들만 조합되고 무량들은 조합되지 않습니다.
- 욕계 큰 작용 마음과 고귀한 마음에는 무량들만 조합될 수 있고[572] 절제들은 조합되지 않습니다.
- 욕계 큰 선 마음에는 절제들과 무량들 모두 조합될 수 있습니다.
- 욕계 큰 과보 마음에는 절제들과 무량들 모두 조합되지 않습니다.

마음들을 구별해주는 마음부수들

42-2 Anuttare jhānadhammā, appamaññā ca majjhime;
Viratī ñāṇapītī ca, parittesu visesakā.

해 석

위없음에서는 선정법들이, 중간에서는 무량들도,
제한된 것에서는 절제들·지혜·희열도 구별자들이다.

대 역

Anuttare위없는 것에서는; 출세간 마음에서는 jhānadhammā선정법들이 visesakā구별자들이다; 구별하게 만들어준다. majjhime중간에서는; 고귀한 마음 27가지에서는 appamaññā ca무량들도; 무량 마음부수들도 visesakā구별자들이다; 구별하게 만들어준다. paritte-

572 고귀한 마음 중 색계 제5선정 세 가지 마음과 무색계 선정 12가지 마음에는 무량이 조합하지 않는다.

su제한된 것에서는; 욕계 아름다운 마음 24가지에서는 appamaññā ca무량들도 그리고 viratīñāṇapītī ca절제들과 지혜와 희열도; 절제 마음부수들과 통찰지 기능 마음부수와 희열 마음부수도 visesakā구별자들이다; 구별하게 만들어준다.

게송 42-2는 '구별자visesaka' 마음부수를 모아서 설명했습니다. 자기와 조합되는 마음을 자기와 조합되지 않는 마음과 구별해 주는 마음부수들을 '구별자visesaka', '특별하게 만들어 주는 것'이라고 말합니다. 게송을 다시 정리하면 다음과 같습니다.

- 출세간 마음에서는 선정 구성요소들이 마음들을 구별해 줍니다.
- 고귀한 마음에서는 무량들과 선정 구성요소들이 마음들을 구별해 줍니다.
- 욕계 아름다운 마음에서는 절제들·지혜·희열·무량들이 마음들을 구별해 줍니다.

이 중 대표로 선정 구성요소를 설명해 보겠습니다. 출세간 마음들을 구별해 주는 선정 구성요소란 사유, 고찰, 희열, 느낌(행복과 평온)이라는 4가지입니다.[573] 그중 사유는 출세간 마음들 중에서 초선정 마음과만 결합하고 제2선정 등과는 결합하지 않습니다. 이렇게 사유와 조합되는지 조합되지 않는지에 따라서 초선정이 제2선정 등과 구별됩니다. 고찰 등에 대해서도 마찬가지로 살펴볼 수 있습니다.

573 하나됨은 모든 출세간 마음에 있기 때문에 구별자가 되지 못한다. 『*Abhidhamma pouchasin*(아비담마 강의차례)』, p.47 참조.

질문 아름다운 마음의 구별자는 모두 몇 가지인가?

대답 10가지이다. 선정 구성요소 4가지, 무량 2가지, 절제 3가지, 지혜 1가지이다. 선정 구성요소 중 행복과 평온은 모두 느낌이므로 하나로 헤아린다.

제46강

2009년 6월 16일

아비담마는 부처님께서 일체지의 능력으로 설하신 내용입니다. 대상도 천신들을 위해 설하셨습니다. 그래서 처음에는 어려울 수 있지만 계속 반복해서 외우고 공부하다 보면 나중에는 그리 어렵지 않을 것입니다. 나중에 도와 과, 열반을 얻는 데 바탕이 될 것입니다.

지금까지 욕계 아름다운 마음의 조합방법을 살펴봤고 이제 불선 마음의 조합방법을 설명하겠습니다.

(4) 불선 마음의 조합방법

불선 마음의 조합방법akusalacittasaṅgahanaya에는 7가지가 있습니다.

①불선 첫 번째 형성 없는 마음의 조합

먼저 불선 첫 번째 형성 없는 마음의 조합입니다.

43 Akusalesu pana lobhamūlesu tāva paṭhame asaṅkhārike aññasamānā terasa cetasikā, akusalasādhāraṇā cattāro cāti sattarasa lobhadiṭṭhīhi saddhiṁ ekūnavīsati dhammā saṅgahaṁ gacchanti.

해 석

또한 불선들에서, 먼저 탐욕뿌리에서 첫 번째인 형성 없는 것들에는 동화 마음부수 13가지와 불선 공통 4가지, 이렇게 17가지, 탐욕·사견과 함께 19가지 법들이 조합된다.

대 역

Pana또한; 욕계 아름다운 마음에서의 조합방법 외에 불선 마음에서의 조합방법을 말하자면 akusalesu불선들 중에서; 불선 마음 12가지 중에서 tāva먼저 lobhamūlesu탐욕뿌리들의; 탐욕을 뿌리로 한 마음 8가지에서의 saṅgaho조합을 mayā나는 vuccate말하자면 paṭhame첫 번째인 asaṅkhārike형성 없는 것에는; 탐욕뿌리, 형성 없는 마음에는 aññasamānā동화들인; 동화 마음부수라는 terasa13가지 cetasikā ca마음부수들과 cattāro4가지인 akusalasādhāraṇā ca불선 공통들; 4가지 불선 공통 마음부수들, iti이렇게 sattarasa17가지인 dhammā법들; 마음부수들, (그리고)[574] lobhadiṭṭhīhi탐욕·사견과 saddhiṁ함께 ekūnavīsati19가지 dhammā법들이; 마음부수들이 saṅgahaṁ조합에; 헤아리는 것에; 헤아려지는 상태에; 모아지는 상태에 gacchanti도달한다.

불선 마음 12가지 중 탐욕뿌리 첫 번째 마음인 사견과 결합하고 형성 없는 마음에는 동화 마음부수 13가지와 어리석음 등 불선 공통 마음부수 4가지, 탐욕, 사견, 모두 19가지 마음부수가 조합된다는 뜻입니다.

여기서 불선 공통들akusalasādhāraṇā 4가지는 앞에서도 여러 번 설명했듯이 모든 불선 마음에 공통으로 조합되는 어리석음, 부끄러움없음, 두려움없음, 들뜸 마음부수입니다. '어리석음 4개조mohacatukka'라고도

574 저본에 '17가지 법들이 탐욕·사견과 함께 19가지 법들이 조합에 도달한다'라고 주어가 두 개로 번역돼 의역했다.

합니다. 도표15에는 '치痴4'라고 표현했습니다. 혹은 이 4가지가 모두 포함돼야 불선 마음이 일어난다고도 설명할 수 있습니다. 그 이유는 제42강 어리석음 4개조의 결합방법에서 언급한 적이 있지만 조금 더 자세하게 설명하겠습니다.

첫째, 어리석음입니다. 지금 하려고 하는 행위가 불선업이고 그것은 허물이 있고 좋지 않다는 사실을 안다면 그러한 불선업을 행하지 않을 것입니다. 반대로 허물이 있고 좋지 않다는 사실을 모르기 때문에, 어리석음이 그러한 사실을 덮어버리기 때문에 불선업을 행합니다. 그래서 불선 마음에는 어리석음이 항상 포함돼 있습니다. 어리석음은 제29강에서도 설명한 것처럼 '큰 어둠 4가지'에 비유됩니다. 그믐날, 숲에서, 한밤중에, 비가 오기 전 먹구름이 뒤덮은, 이러한 네 조건을 갖춘 때는 매우 어둡습니다. 마찬가지로 어리석음은 불선업의 허물을 완전히 깜깜하도록 덮어버리고 나쁜 것을 좋은 것이라고 잘못 알게 하기 때문에 어리석음은 모든 불선 마음에 항상 포함됩니다.

둘째, 부끄러움없음입니다. 어떤 불선업을 행할 때 '내가 이러한 행위를 하면 다른 사람이 나를 비난할 것이다. 그러면 부끄럽다'라고 부끄러워하지 않기 때문에 불선업을 행합니다. 만약 부끄러워한다면 절대로 그런 일을 못할 것입니다. 그래서 부끄러움없음도 불선 마음에 항상 포함돼 있습니다. 예를 들어 신통을 가진 수행자들은 다른 사람들이 보지 않는 곳에서도 타심통이나 천안통으로 다 볼 수 있습니다. 아무리 몰래 악행을 하더라도 그들의 신통으로는 다 볼 수 있습니다. 혹은 천신들도 몰래 행하는 악행을 볼 수 있습니다. 이렇게 '내가 지금 몰래 나쁜 행위를 하고 있지만 신통을 가진 수행자들이나 천신들은 다 보고 알 것이다'라고 마음 기울이면 부끄러움이 생길 것이고, 그러면 악행을 하지 않을 것입니다. 그러한 부끄러움이 없기 때문에, '아무도 못 보겠지'라고 생각하기 때문에 악행을 하는 것입니다. 그래서 불선 마음에는 부끄러움없음도 항상 포함돼 있습니다. 마치 집에서 키우는 돼지가 부끄러워하지 않기 때문에 사람들의 배설물도 먹고 자신의 배설물도 먹고 오물에서 뒹구는 것처럼 사람들도 악행을 부끄러워하지 않기 때문에 악행을 행하는 것입니다.

셋째, 두려움없음입니다. 세상에서 어떤 불선업을 행하면 4가지 위험이 따라옵니다. 첫 번째 위험은 스스로 질책하는 것입니다. 다른 사람들이 자신을 아무리 좋은 사람이라고 할지라도 스스로는 속일 수 없기 때문에 '나는 이러이러한 잘못을 행했다. 나는 좋지 않은 사람이다'라고 자책하게 됩니다. 자책의 위험을 두려워하지 않기 때문에 악행을 행합니다. 두 번째 위험은 다른 사람이 자신을 질책하는 것입니다. 다른 이의 질책을 두려워하지 않기 때문에도 악행을 행합니다. 세 번째 위험은 형벌입니다. 국법을 어기면 경찰 등에 붙잡혀서 벌을 받습니다. 먼 옛날에는 도둑질을 하면 팔이나 다리가 잘리기까지 했습니다. 이러한 형벌을 두려워한다면 그런 악행을 하지 않을 것입니다. '팔이 잘려도 괜찮다. 감옥에 갇혀도 괜찮다'라고 생각하면서 두려워하지 않기 때문에 악행을 행합니다. 네 번째 위험은 악처에 태어나는 것입니다. 불선업을 저지르면 그 과보로 악처에 태어납니다. 불선업에는 이러한 4가지 위험이 항상 따라다닙니다. 그중 어떤 이들은 자책하지 않을 수도 있습니다. 몰래 악행을 행했다면 다른 이의 질책을 받지 않을 수도 있습니다. 경찰 등에 걸리지 않으면 형벌을 피할 수도 있습니다. 하지만 악처에 태어나는 위험은 절대로 피할 수 없습니다. 따라서 '악처의 위험'을 두려워해서라도 불선업을 저지르면 안 됩니다. 이 4가지 중 어느 하나만이라도 두려워한다면 불선업을 저지르지 않을 텐데 두려워하지 않기 때문에 불선업을 행합니다. 그래서 불선 마음이 일어날 때는 두려움없음 마음부수도 항상 포함돼 있습니다. 마치 불나방들이 활활 타오르는 불을 보고 '좋은 것이다, 금이다'라고 두려워하지 않고 달려들었다가 불에 타 죽는 것과 마찬가지입니다. 이러한 위험을 두려워하지 않기 때문에 악행을 행했다가 나쁜 과보를 받는 것입니다. 문헌에는 불나방들이 불을 금으로 생각해서 달려든다고 설명합니다. 황금을 좋아하시는 분들은 조심하십시오. 황금을 좋아하는 갈애 때문에 타 죽을 수도 있습니다.

넷째, 들뜸입니다. 마음이 한 대상에 고요하지 않고 이 대상, 저 대상으로 왔다 갔다 하는 성품이 들뜸입니다. 항상 산만한 성품입니다. 잿더미에 돌멩이를 던지면 재가 이리저리 날리듯이 마음이 여러 대상에 이리저리 왔다 갔다 하는 것이 들뜸입니다.

이러한 4가지는 모든 불선 마음이 일어날 때 다 포함됩니다. 탐욕뿌리 마음이 일어날 때도, 성냄뿌리 마음이 일어날 때도, 어리석음뿌리 마음이 일어날 때도 다 포함됩니다. 도표 20을 참조하십시오.

그리고 동화 마음부수 13가지 중 7가지는 모든 마음 공통 마음부수이기 때문에 반드시 포함됩니다. 또한 탐욕뿌리 첫 번째 마음은 즐거움과 함께하기 때문에 때때로 마음부수 6가지 중에서 희열이 포함됩니다. 또한 탐욕뿌리 마음이므로 탐욕은 당연히 포함됩니다. '사견과 결합한 마음'이기 때문에 사견도 포함됩니다.

②불선 두 번째 형성 없는 마음의 조합

불선 두 번째 형성 없는 마음의 조합은 다음과 같습니다.

44 Tatheva dutiye asaṅkhārike lobhamānena.

해 석

바로 그처럼 두 번째인 형성 없는 것에는 탐욕·자만과 함께이다.

대 역

Tatheva바로 그처럼; 바로 그 첫 번째 형성 없는 마음처럼 dutiye두 번째인 asaṅkhārike형성 없는 것에서; 탐욕뿌리 형성 없는 마음에서; 탐욕뿌리, 즐거움과 함께하고 사견과 결합하지 않은 형성 없는 마음에서 lobhamānena탐욕·자만과 saddhiṁ함께 ekūnavīsati19가지 dhammā법들이; 마음부수들이 saṅgahaṁ조합에; 헤아리는 것에; 헤아려지는 상태에; 모아지는 상태에 gacchanti도달한다.

탐욕뿌리 두 번째 형성 없는 마음에는 동화 마음부수 13가지, 불선 공통 마음부수 4가지, 탐욕, 자만, 모두 19가지 마음부수가 조합될 수 있다는 뜻입니다.[575] 탐욕뿌리 두 번째 형성 없는 마음은 '즐거움과 함께하고 사견과 결합하지 않은 형성 없는 마음'입니다. 사견과 결합하지 않기 때문에 자만과 결합할 수 있습니다. 마음부수 각각을 설명할 때 사견과 자만이 함께 결합하지 않는 것은 서로 비슷한 힘을 가진 사자

575 '조합될 수 있다'라고 해야 한다. 자만과 항상 조합되는 것은 아니다.

두 마리가 한 동굴에 지낼 수 없는 것과 같다고 비유했습니다.[576] 사견은 사견과 결합한 마음들과만 결합하고 자만은 사견과 결합하지 않은 마음들과만 결합할 수 있습니다. 서로 같이 결합할 수 없습니다. 사견은 무너지지 않는 영혼이라고, 나의 자아라고, 남자라고, 여자라고, 어떠한 개인이라고, 계속 유지되는 어떠한 실체라고 집착합니다. 자만은 '나는 저 사람보다 뛰어나다. 나는 저 사람과 전혀 다를 바 없다. 나는 저열하다'라는 등으로 다른 사람과 비교해서 '나'라고 집착합니다. 이렇게 다섯 무더기에 집착하는 모습이 완전히 다르기 때문에 사견과 자만은 동시에 결합하지 않습니다.

다르게 설명하면 다른 사람과 비교해서 '나'라고 거머쥐는 자만은 아나함에게조차 생겨납니다. 아라한이 돼야 자만이 모두 없어집니다. 반면 '자아'라고 강하게 거머쥐는 사견은 범부에게만 생겨납니다. 수다원에서 모두 없어지기 때문입니다. 이렇게 없어지는 단계가 서로 다르기 때문에도 사견과 자만은 동시에 생겨나지 않습니다.(AhPdṬ.292)

그러면 사견과 자만은 왜 모두 탐욕과 결합할까요? 사견과 자만 모두 무더기라는 자기의 몸과 마음을 애착하고 좋아하는 갈애를 바탕으로 생겨나기 때문입니다.

576 본서 p.587 참조.

③불선 세 번째 형성 없는 마음의 조합

불선 세 번째 형성 없는 마음의 조합은 다음과 같습니다.

45 Tatiye tatheva pītivajjitā lobhadiṭṭhīhi saha aṭṭhārasa.

해 석

바로 그처럼 세 번째인 형성 없는 것에는 희열을 제외하고 탐욕·사견과 함께하여 18가지가 (조합된다).

대 역

Tatheva바로 그처럼; 바로 그 두 번째 형성 없는 마음처럼 tatiye세 번째인 asaṅkhārike형성 없는 것에서; 탐욕뿌리 형성 없는 마음에서 pītivajjitā희열을 제외하고서 lobhadiṭṭhīhi탐욕·사견과 saha함께 aṭṭhārasa18가지 dhammā법들이; 마음부수들이 saṅgahaṁ조합에; 헤아리는 것에; 헤아려지는 상태에; 모아지는 상태에 gacchanti 도달한다.

탐욕뿌리 세 번째 형성 없는 마음에는 희열을 제외한 동화 마음부수 12가지, 불선 공통 마음부수 4가지, 탐욕, 사견, 모두 18가지 마음부수가 조합될 수 있다는 뜻입니다. 탐욕뿌리 세 번째 형성 없는 마음은 '평온과 함께하고 사견과 결합한 형성 없는 마음'입니다. 평온과 함께하기 때문에 희열이 포함되지 않습니다.

④불선 네 번째 형성 없는 마음의 조합

불선 네 번째 형성 없는 마음의 조합은 다음과 같습니다.

46 Catutthe tatheva lobhamānena.

해 석

바로 그처럼 네 번째인 형성 없는 것에는 탐욕·자만과 (함께이다).

대 역

Tatheva바로 그처럼; 바로 그 세 번째 형성 없는 마음처럼 catutthe네 번째인 asaṅkhārike형성 없는 것에서; 탐욕뿌리 형성 없는 마음에서 lobhamānena탐욕·자만과 saha함께 aṭṭhārasa18가지 dhammā법들이; 마음부수들이 saṅgahaṁ조합에; 헤아리는 것에; 헤아려지는 상태에; 모아지는 상태에 gacchanti도달한다.

탐욕뿌리 네 번째 형성 없는 마음에는 희열을 제외한 동화 마음부수 12가지, 불선 공통 마음부수 4가지, 탐욕, 자만, 모두 18가지 마음부수가 조합될 수 있다는 뜻입니다. 탐욕뿌리 네 번째 형성 없는 마음은 '평온과 함께하고 사견과 결합하지 않은 형성 없는 마음'입니다. 평온과 함께하기 때문에 희열이 포함되지 않고, 사견과 결합하지 않기 때문에 자만이 결합할 수 있습니다.

⑤불선 다섯 번째 형성 없는 마음의 조합

불선 다섯 번째 형성 없는 마음의 조합은 다음과 같습니다.

47 Pañcame pana paṭighasampayutte asaṅkhārike doso issā macchariyaṁ kukkuccañcāti catūhi saddhiṁ pītivajjitā te eva vīsati dhammā saṅgayhanti, issāmacchariyakukkuccāni panettha paccekameva yojetabbāni.

해 석

또한 적의와 결합한 다섯 번째인 형성 없는 것에는 성냄, 질투, 인색, 후회라는 4가지와 함께 희열을 제외한 바로 그 20가지 법들만 조합된다. 특히 여기서 질투·인색·후회는 각각으로만 연결시켜야 한다.

대 역

Pana또한; 탐욕뿌리 형성 없는 마음 외에 성냄뿌리 형성 없는 마음을 말하자면 paṭighasampayutte적의와 결합한 pañcame다섯 번째인 asaṅkhārike형성 없는 것에서; 형성 없는 마음에서 doso ca성냄과; 성냄 마음부수와 issā ca 질투와; 질투 마음부수와 macchariyañca인색과; 인색 마음부수와 kukkuccañca후회; 후회 마음부수, iti이렇게 catūhi4가지와; 4가지 마음부수와 saddhiṁ함께 pītivajjitā 희열을 제외하고 vīsati20가지인 te eva dhammā바로 그 법들만 saṅgayhanti조합된다; 헤아린다.[577] pana또한; 특

577 저본에서는 이 부분에서 단락을 나누었지만 제6차 결집본에 따라 한 문단으로 번역했다.

별한 것을 말하자면 ettha여기서; 이 다섯 번째 형성 없는 마음에서; 이 20가지 마음부수 중에서 issā macchariya kukkuccāni질투와 인색과 후회를; 질투 마음부수와 인색 마음부수와 후회 마음부수를 paccekameva각각으로만 yojetabbā연결시켜야 한다.

불선 다섯 번째 형성 없는 마음에는 희열을 제외한 동화 마음부수 12가지, 불선 공통 마음부수 4가지, 성냄 4개조, 모두 20가지 마음부수가 조합될 수 있다는 뜻입니다. 불선 네 번째 형성 없는 마음까지는 모두 탐욕뿌리 마음이었습니다. 불선 다섯 번째 형성 없는 마음은 '성냄뿌리, 근심과 함께하고 적의와 결합한 마음'입니다. 근심과 함께하기 때문에 희열이 포함되지 않습니다. 성냄을 뿌리로 하기 때문에 성냄은 언제나 포함되고 질투, 인색, 후회도 포함될 수 있습니다.

근심과 함께하고 적의와 결합한 마음에 희열이 조합되지 않는다는 내용에 대해 "나쁜 사람이 착한 사람을 웃으면서 괴롭힐 때 생겨나는 마음은 적의와도 결합하고 희열과도 결합한 것이 아닌가?"라고 질문할 수 있습니다. 겉으로 보기엔 그렇지만 성품법으로는 성냄뿌리 적의와 결합한 마음은 근심, 즉 정신적 괴로움과만 함께합니다. 희열과 절대로 함께하지 않습니다. 그렇더라도 그 마음의 앞이나 뒤에 희열과 결합한 마음이 일어날 수 있습니다.[578] 예를 들어 옛날에 왕이 미소를 지으며 '편히 잠들게 하라'라고 명령을 내리는 경우가 있었습니다. 이것은 살생을 시키는 행위이고 성냄을 뿌리로 하기 때문에 성품법으로는

578 희열과 결합한 마음이 포함된 인식과정이 생겨날 수 있다는 뜻이다.

근심과 함께하는 마음이 일어나는 것입니다. 하지만 중간중간 희열과 결합한 탐욕뿌리 즐거움과 함께하는 마음들이 일어나기 때문에 미소를 짓는 것입니다. 성냄뿌리 적의와 결합한 마음 때문에 미소를 짓는 것이 아닙니다. 성냄뿌리 마음은 희열과 절대로 함께하지 못합니다.

이어서 성냄뿌리 마음에는 성냄 4개조, 즉 성냄·질투·인색·후회가 조합될 수 있다고 말했습니다. 여기서 질투는 다른 이의 번영을 보거나 듣는 것을 참지 못하는 성품이어서 성냄과 함께한다고 이해할 수 있지만 인색은 자신의 물건을 아끼는 것이라 탐욕과 함께하는 것 아닌지 질문할 수 있습니다. 탐욕이 강하면 '내 물건'이라고 하면서 자기 물건에 대한 애착이 심하기 때문에 이런 측면으로 보면 다른 사람한테 자기 물건을 주기 싫어하는 인색은 탐욕과 관련이 있는 듯 생각됩니다. 제35강에서 살펴봤듯이[579] 인색은 자신의 번영을 다른 사람과 나누는 것을 '참지 못하는' 역할을 합니다. 참지 못하는 성품은 성냄과 관련됩니다. 그래서 인색은 성냄과 관련됩니다.[580] 과거 미얀마에 라디오가 귀했을 때 큰 스님 한 분이 라디오를 매우 아꼈다고 합니다. 그 라디오를 다른 사람이 만지지도 못하게 했다고 합니다. 스님 자신도 라디오를 만질 때 먼저 손을 깨끗하게 씻고 바깥에 나가서 햇볕에 잘 말린 다음에야 라디오를 틀었다고 합니다. 이렇게 인색은 다른 사람과 나누는 것을 참지 못하는 성품입니다.[581]

579 본서 p.373 참조.

580 본서 p.589 참조.

581 ⓐ가끔은 출가자들이 재가자들보다 더 인색할 때도 있다. "유빽칸다만 알고 뻬빽칸다는 모른다"라는 말이 있다. '받는 것만 알고 주는 것은 모른다'라는 뜻이다. 출가자들은 보통 재가자들로부터 보시를 받는 것만 알지 스스로 베푸는 것은 잘 모르는 경우가 있다. 설명하자면 물질무더기를 빠알리어로 '루빡칸다rūpakkhandha'라고 한다. 미얀마식으로는 '루빽칸다'라고 발음한다. 여기에 착안해서 '받다. 가지다'라는 의미의 '유'를 사용해서 '유빽칸다'라고 하고 '주다'라는 의미의 '뻬이'를 사용해서 '뻬빽칸다'라고 표현한 것이다. 인색 다섯 가지에 대해서는 본서 pp.375~377 참조.

정리하면 불선 다섯 번째 형성 없는 마음은 근심, 즉 정신적 괴로움과 함께하기 때문에 그 마음에는 희열이 조합되지 않습니다. 동화 마음부수 13가지 중에 희열은 제외됩니다. 성냄뿌리 마음이므로 성냄 4개조, 또한 불선 공통 마음부수 4가지, 모두 20가지 마음부수가 조합됩니다.

⑥불선 형성 있는 마음의 조합

불선 형성 있는 마음의 조합은 다음과 같습니다.

48 Sasaṅkhārikapañcakepi tatheva thinamiddhena visesetvā yojetabbā.

해 석

또한 형성 있는 5가지에서도 바로 그처럼 해태와 혼침으로 구별해서 연결해야 한다.

대 역

Tatheva바로 그와 마찬가지로; 그 형성 없는 5가지와 마찬가지로[582] sasaṅkhārikapañcakepi형성 있는 5가지에서도; 형성 있는 마음 5가지에서도 thinamiddhena해태와 혼침으로 visesetvā구별해서 yojetabbā연결시켜야 한다.

불선 형성 있는 마음 5가지의 조합은 형성 없는 마음 5가지 각각에 해태와 혼침을 더해 헤아리기만 하면 된다는 뜻입니다. 따라서 형성 있

582 대역의 저본에서는 'tatheva바로 그와 마찬가지로; 그 다섯 번째 형성 없는 마음과 마찬가지로'라고 설명했으나 의미상 형성 없는 불선 마음 전체를 나타내므로 위와 같이 해석했다. *Ashin Kumāra*, 『*Abhidhammatthasaṅgaha Pangoung*(아비담맛타상가하 설명서)』, p.76에서는 '형성 없는 마음과 결합한 바로 그 마음부수들을'이라고 대역했다.

는 첫 번째 마음(즐거움과 함께하고 사견과 결합)과 형성 있는 두 번째 마음(즐거움과 함께하고 사견과 비결합)에는 21가지 마음부수가 조합됩니다. 형성 있는 세 번째 마음(평온과 함께하고 사견과 결합)과 형성 있는 네 번째 마음(평온과 함께하고 사견과 비결합)에는 20가지 마음부수가 조합됩니다. 형성 있는 다섯 번째 마음(근심과 함께하고 적의와 결합)에는 22가지 마음부수가 조합됩니다.

⑦ 들뜸과 결합한 마음의 조합

불선 마음의 조합방법 중 나머지 2가지를 설명하겠습니다. 먼저 들뜸과 결합한 마음의 조합은 다음과 같습니다.

49 Chandapītivajjitā pana aññasamānā ekādasa, akusalasādhāraṇā cattāro cāti pannarasa dhammā uddhaccasahagate sampayujjanti.

해 석

또한 열의와 희열을 제외한 동화 11가지와 불선 공통 4가지, 이렇게 15가지 법들이 들뜸과 함께하는 것에 결합된다.

대 역

Pana또한; 탐욕뿌리와 성냄뿌리 외에 어리석음뿌리를 말하자면 chandapītivajjitā열의와 희열을 제외한 aññasamānā동화들인; 동화 마음부수라는 ekādasa ca11가지와; 11가지 마음부수들과 cattāro4가지인 akusalasādhāraṇā ca불선 공통들; 4가지 불선 공통 마음부수들, iti이렇게 pannarasa15가지인 dhammā법들이; 마음부수들이 uddhaccasahagate들뜸과 함께하는 것에; 들뜸과 함께하는 마음에 sampayujjanti결합된다; 고르게 종류별로 결합된다.

들뜸과 함께하는 마음에는 열의와 희열을 제외한 동화 마음부수 11가지, 불선 공통 마음부수 4가지, 모두 15가지 마음부수가 조합된다는 뜻입니다.

들뜸uddhacca은 제31강에서 설명했듯이[583] 한 대상에서 벗어나 다른 대상으로 달아나듯이 집중되지 않는 성품, 잘 머물지 못하는 성품을 말합니다. '도달한 대상에서 위로 달아나듯이 산란한'이라는 뜻입니다. 들뜸 때문에 마음은 한 대상에만 머물지 못하고 다른 여러 대상으로 달아납니다. 들뜸의 힘이 작으면 가까이 달아나고, 힘이 크면 멀리 달아납니다.

위빳사나 수행 중에도 미세한 들뜸이 생겨날 수 있습니다. '잘 관찰하는가 잘 관찰하지 못하는가', '관찰이 잘 이어지는가 잘 이어지지 않는가', '방법이 맞는가, 틀리는가', '대상이 잘 드러나는가 드러나지 않는가', '무엇을 관찰해야 하는가'라는 등으로 숙고하면서 들뜸이 생겨납니다. 들뜸이 생겨나면 위빳사나 삼매가 생겨나지 못합니다. 생겨난 삼매도 잘 지속되지 않습니다. 그래서 들뜸은 벗어남을 방해하기 때문에 '벗어남의 장애niyyānāvaraṇa'라고 말합니다. 들뜸이 생겨나면 관찰해서 제거해야 합니다. 그 뒤 원래 관찰하던 대상에 특히 주의를 기울여 관찰해야 합니다.[584]

583 본서 p.282 참조.

584 『위빳사나 수행방법론』 제1권, pp.191~192 참조.

특히 과거에 보았거나 말했거나 행했던 대상, 다른 도시의 대상 등 관찰대상에서 멀리 달아난 성품을 산란vikkhepa이라고 하고 관찰대상에서 멀리 달아나지 않은 성품을 들뜸이라고 합니다. 혹은 위빳사나 지혜가 조금 향상돼 광명이나 희열 등을 경험했을 때 '내가 법을 얻었는가'라고 숙고하면서 대상에 집중하지 못하고 산란한 성품을 '법 들뜸'이라고 합니다.[585]

산란한 성품인 들뜸 일화 (우 소다나 사야도)

언젠가 동두천으로 가는 지하철을 탄 적이 있습니다. 지하철에서 제 앞에 서 있던 할아버지 두 분이 여러 사람을 비집고 들어와 좌석에 앉았습니다. 얼마 후 본승도 그 옆자리에 앉게 됐습니다. 전철이 한가해지자 그분들이 본승에게 질문을 하기 시작했습니다. 어느 나라 사람인지 묻고 미얀마라고 대답하자 수도를 다시 물었습니다. 본승은 "양곤"이라고 대답했습니다. 그 소리를 들은 할아버지 한 분이 갑자기 "뭐? 스님이 양고기를 좋아한다고?"라고 말했습니다. 주변 사람들을 아랑곳하지 않고 옆에 있는 친구에게 "이 스님은 양고기를 좋아한대. 스님인데도 고기를 먹는대"라고 계속 큰소리로 말했습니다. 그 분은 본승이 양곤이라고 말하는 소리를 듣자마자 자신이 즐기던 양고기에 마음이 들떠서 양고기를 좋아한다고 듣게 된 것입니다. 이런 것도 들뜸에 해당됩니다. 들뜸이 바로 이렇습니다.

다른 예도 있습니다. 경찰이 가끔씩 와서 본승이 혹시 다른

585 ㉯열 가지 부수번뇌 때문에 산란한 들뜸을 '법 들뜸dhammuddhacca'이라고 한다.(PsA.ii.187)

일을 하는지 묻고 갑니다. 한참 얘기를 나눈 뒤 가기 전에, "그런데 스님, 여기서 마사지는 왜 합니까?"라고 물었습니다. 그래서 "여기서 무슨 마사지를 한다고 그러십니까?"라고 말하자 "간판에 마사지라고 쓰여 있는데요?"라고 반문했습니다. 간판에 '마하시'라고 쓰여 있는 것을 '마사지'로 마음이 가서 그리 읽은 것입니다. 이 모두가 들뜸 때문에 생겨나는 것입니다.

⑧ 의심과 결합한 마음의 조합

의심과 결합한 마음의 조합은 다음과 같습니다.

50 Vicikicchāsahagatacitte ca adhimokkhavirahitā vicikicchāsahagatā tatheva pannarasa dhammā samupalabbhantīti sabbathāpi dvādasākusalacittuppādesu paccekaṁ yojiyamānāpi gaṇanavasena sattadhāva saṅgahitā bhavantīti.

해 석

의심과 함께하는 마음에서도 바로 그와 마찬가지로 결심을 제외하고 의심과 함께 생겨나는 15가지 법들을 모두 얻는다. 이렇게 모든 곳에서도 12가지 불선 마음일어남에서 각각 연결시키더라도 숫자상으로는 7종류로만 조합이 생겨난다. 이상이다.

대 역

Vicikicchāsahagatacitte ca의심과 함께하는 마음에서도 tatheva바로 그와 마찬가지로; 그 들뜸과 함께하는 마음과 마찬가지로 adhimokkhavirahitā결심을 제외하고; 결심 마음부수가 제외된 채; 결심 마음부수 없이 vicikicchāsahagatā의심과 함께 생겨나는 pannarasa15가지 dhammā법들을 samupalabbhanti모두 얻는다. iti이렇게 sabbathāpi모든 곳에서도; 모든 양상을 통해서도 dvādasākusalacittuppādesu12가지 불선 마음일어남들에서; 12가지 불선 마음들에서 paccekaṁ각각 yojiyamānāpi 연결시키더라도; 연결시키면 gaṇanavasena숫자상으로는 sattadhāva7종류로만 saṅgahitā조합이; 모으는 것이 bhavanti생겨난다. iti이렇게 tesu그곳에서; 그 불선 마음 12가지에서 sattavidho7종류의 saṅgaho조합을; 조합방법을 veditabbo알아야 한다.

의심과 함께하는 마음에는 열의, 희열, 결심을 제외한 동화 마음부수 10가지, 불선 공통 마음부수 4가지, 의심, 모두 15가지 마음부수가 조합될 수 있습니다. 의심은 제36강에서도 설명했듯이[586] 대상에 대해 결정하지 못하고 우왕좌왕하는 성품이므로 결심과 조합되지 못합니다. 또한 평온과 함께하기 때문에 희열과도 조합되지 못합니다. 강한 성품이 아니므로 열의와도 조합되지 못합니다.

그리고 불선 마음 12가지의 조합을 숫자로만 나누면 19가지, 18가지, 20가지, 21가지, 다시 20가지, 22가지, 15가지라는 7종류가 있습니다. 그 내용을 이어서 다음과 같이 게송으로 요약했습니다.

586 본서 p.408 참조.

불선 마음들의 조합방법 요약

51 Ekūnavīsāṭṭhārasa, vīsekavīsa vīsati.

Dvāvīsa pannaraseti, sattadhākusaleṭhitā.

해 석

19가지와 18가지, 20가지, 21가지, 20가지,

22가지와 15가지로 불선에서는 7종류가 있다.

대 역

Ākusalesu불선들에서; 불선 마음들에서 《saṅgahā》집론은; 집론방법은 ekūnavīsa[587]19가지와; 19가지 마음부수와 aṭṭhārasa18가지와; 18가지 마음부수와 vīsa20가지와; 20가지 마음부수와 ekavīsa21가지와; 21가지 마음부수와 vīsati20가지와; 20가지 마음부수와 dvāvīsa22가지와; 22가지 마음부수와 pannarasa15가지; 15가지 마음부수, iti이렇게 sattadha7종류로 ṭhitā머문다.

모든 불선 마음과 결합하는 마음부수

52 Sādhāraṇā ca cattāro, samānā ca dasāpare.

Cuddasete pavuccanti, sabbākusalayogino.

해 석

4가지인 공통들과 10가지 동화들

이러한 14가지가 모든 불선과 결합한다고 말한다.

587 비슷한 구절의 다른 곳은 'ekūnavīsa ca'라고 '-ca'를 포함해서 대역했으나 저본에 생략돼 그대로 따랐다. 이 문단의 뒷부분도 마찬가지다.

대 역

Cattāro4가지인 sādhāraṇā ca공통들과; 불선 공통 마음부수들과 apare그 외의; 열의, 희열, 결심 마음부수 외의 dasa10가지 samānā ca동화들; 동화 마음부수들, iti이렇게 cuddasa14가지인 ete=ete cetasikā그것들은; 그 마음부수들은 sabbākusalayogino모든 불선과 결합한다고; 모든 불선 마음들과 결합한다고 pavuccanti종류로 나누어 말한다.

지금까지의 내용을 차례대로 정리하면 다음과 같습니다.

1 첫 번째 형성 없는 마음(탐욕뿌리)에는 동화 마음부수 13가지, 불선 공통 마음부수 4가지, 탐욕, 사견, 모두 19가지 마음부수가 조합될 수 있습니다.

2 두 번째 형성 없는 마음(탐욕뿌리)에는 동화 마음부수 13가지, 불선 공통 마음부수 4가지, 탐욕, 자만, 모두 19가지 마음부수가 조합될 수 있습니다.

3 세 번째 형성 없는 마음(탐욕뿌리)에는 희열을 제외한 동화 마음부수 12가지, 불선 공통 마음부수 4가지, 탐욕, 사견, 모두 18가지 마음부수가 조합될 수 있습니다.

4 네 번째 형성 없는 마음(탐욕뿌리)에는 희열을 제외한 동화 마음부수 12가지, 불선 공통 마음부수 4가지, 탐욕, 자만, 모두 18가지 마음부수가 조합될 수 있습니다.

5 다섯 번째 형성 없는 마음(성냄뿌리)에는 희열을 제외한 동화 마음부수 12가지, 불선 공통 마음부수 4가지, 성냄 4개조, 모두 20가지 마음부수가 조합될 수 있습니다.

⑥ 첫 번째 형성 있는 마음(탐욕뿌리)에는 동화 마음부수 13가지, 불선 공통 마음부수 4가지, 탐욕, 사견, 해태, 혼침, 모두 21가지 마음부수가 조합될 수 있습니다.

⑦ 두 번째 형성 있는 마음(탐욕뿌리)에는 동화 마음부수 13가지, 불선 공통 마음부수 4가지, 탐욕, 자만, 해태, 혼침, 모두 21가지 마음부수가 조합될 수 있습니다.

⑧ 세 번째 형성 있는 마음(탐욕뿌리)에는 희열을 제외한 동화 마음부수 12가지, 불선 공통 마음부수 4가지, 탐욕, 사견, 해태, 혼침, 모두 20가지 마음부수가 조합될 수 있습니다.

⑨ 네 번째 형성 있는 마음(탐욕뿌리)에는 희열을 제외한 동화 마음부수 12가지, 불선 공통 마음부수 4가지, 탐욕, 자만, 해태, 혼침, 모두 20가지 마음부수가 조합될 수 있습니다.

⑩ 다섯 번째 형성 있는 마음(성냄뿌리)에는 희열을 제외한 동화 마음부수 12가지, 불선 공통 마음부수 4가지, 성냄 4개조, 해태, 혼침, 모두 22가지 마음부수가 조합될 수 있습니다.

⑪ 들뜸과 함께하는 마음에는 열의와 희열을 제외한 동화 마음부수 11가지, 불선 공통 마음부수 4가지, 모두 15가지 마음부수가 조합될 수 있습니다.

⑫ 의심과 함께하는 마음에는 열의와 희열과 결심을 제외한 동화 마음부수 10가지, 불선 공통 마음부수 4가지, 의심, 모두 15가지 마음부수가 조합될 수 있습니다.

| 도표15 | 불선 마음의 조합방법

마음		개수	마음부수						합계	조합방법
			동화 13	치4*	탐3*	성4*	해·혼*	의*		
불선 마음 12	첫 번째 형성 없음	1	동화 13	4	탐욕 사견				19	1*
	두 번째 형성 없음	1	동화 13	4	탐욕 자만				19	
	세 번째 형성 없음	1	–희열 12	4	탐욕 사견				18	1
	네 번째 형성 없음	1	–희열 12	4	탐욕 자만				18	
	다섯 번째 형성 없음	1	–희열 12	4		4			20	1
	첫 번째 형성 있음	1	동화 13	4	탐욕 사견		2		21	1
	두 번째 형성 있음	1	동화 13	4	탐욕 자만		2		21	
	세 번째 형성 있음	1	–희열 12	4	탐욕 사견		2		20	1
	네 번째 형성 있음	1	–희열 12	4	탐욕 자만		2		20	
	다섯 번째 형성 있음	1	–희열 12	4		4	2		22	1
	들뜸과 함께	1	–열의, –희열 11	4					15	1
	의심과 함께	1	–열의, –희열, –결심 10	4				1	15	
불선 마음의 조합방법										7

*치4=어리석음·부끄러움없음·두려움없음·들뜸

*탐3=탐욕·사견·자만

*성4=성냄·질투·인색·후회

*해·혼=해태·혼침

*의=의심

*‘1’이란 불선 마음들의 조합방법 7가지 중 1가지임을 나타낸다.

지금까지 불선 마음들의 조합방법에 대해 배웠습니다. 그러한 불선 마음마다 항상 조합되는 어리석음, 부끄러움없음, 두려움없음, 들뜸, 혹은 각각 상황에 따라 조합되는 여러 불선 마음부수가 일어날 때마다 잘 숙고해서, 잘 관찰해서 제거하도록 열심히 노력하기 바랍니다.

제47강

2009년 6월 30일

8만4천 법 무더기dhammakkhandha라는 말이 있습니다. 아비담마 삐따까의 경우 3개조, 2개조 등에 해당하는 하나씩을 하나의 법 무더기로 헤아리면 모두 4만2천 법 무더기가 있습니다. 위나야 삐따까와 숫딴따 삐따까에는 각각 2만1천 법 무더기가 있습니다.[588] 아비담마를 배울 때 '즐거움과 함께하고 지혜와 결합한 형성 없는 마음 하나'라는 등으로 외우고 독송하면 자신의 심장에 부처님의 법 무더기 하나가 깃드는 것입니다. 외우지 않았다면 법 무더기는 책에만 있습니다. 책에 있는 것은 자신의 지혜가 아닙니다. 자신의 법 무더기가 아닙니다. 돈을 다른 사람에게 빌려주고 받지 못하고 있는 상태라면 그 돈은 자신의 돈이 아니고, 자신이 쓸 수 없는 것과 마찬가지입니다. 따라서 할 수 있는 만큼 부처님께서 설하신 법 무더기가 자신의 심장에 잘 깃들도록 노력하기 바랍니다.

(5) 원인 없는 마음의 조합방법

이제 원인 없는 마음의 조합을 설명하겠습니다. 이 내용은 제1장의 '원인 없는 마음'의 내용, 그리고 제3장에서 설명할 '원인의 집론' 내용까지 통합해서 알아야 잘 이해할 수 있습니다.

이 세상의 모든 물질과 정신은 조건 없이 저절로 생겨나지 않습니다. 그렇게 생겨나는 데 뿌리처럼 중요한 조건들이 있는데 그것을 '원인hetu'이라고 말합니다. 원인에는 6가지가 있습니다. 불선법의 뿌리인 원인 3가지와 선법의 뿌리인 원인 3가지입니다. 탐욕, 성냄, 어리석음

588 『아비담마 강설1』, p.28 참조.

이 불선법의 뿌리인 원인이고 탐욕없음, 성냄없음, 어리석음없음이 선법의 뿌리인 원인입니다.[589]

원인법과 원인 아닌 법; 원인 있는 법과 원인 없는 법

『담마상가니』 2개조 중 원인법들과 원인 아닌 법들이라는 분류가 있습니다.

원인법들hetu dhammā이란 원인인 법을 말합니다. 즉 탐욕, 성냄, 어리석음, 탐욕없음, 성냄없음, 어리석음없음이라는 법을 말합니다.

원인 아닌 법들na hetu dhammā이란 원인이 아닌 법을 말합니다. 절대성품 중 마음 89가지, 마음부수 52가지에서 위의 6가지 원인을 뺀 나머지 마음부수 46가지, 물질 28가지, 열반이라는 법을 말합니다.

원인 있는 법들과 원인 없는 법들이라는 분류도 있습니다.

원인 있는 법들sahetukā dhammā이란 원인과 함께하는 법들을 말합니다. 즉 원인 있는 마음 71가지, 원인 있는 마음과 결합하는 마음부수 52가지(단, 어리석음뿌리 마음 2가지와 결합한 어리석음은 제외)라는 법을 말합니다.

원인 없는 법들ahetukā dhammā이란 원인과 함께하지 않는 법들을 말합니다. 즉 원인 없는 마음 18가지, 그 마음들과 결합하는 마음부수 12가지, 어리석음뿌리 마음 2가지와 결합한 어리석음 마음부수, 물질 28가지, 열반이라는 법을 말합니다.

589 『아비담마 강설1』, p.179 참조.

이러한 여섯 원인 중 어느 것과도 결합하지 않는 마음을 '원인 없는 마음ahetuka citta'이라고 합니다. 원인 없는 마음은 모두 18가지입니다.[590] 원인 없는 마음들의 조합방법은 다음과 같습니다.

① 미소 마음의 조합

53 Ahetukesu pana hasanacitte tāva chandavajjitā aññasamānā dvādasa dhammā saṅgahaṁ gacchanti.

해 석

또한 원인 없음들 중에서 먼저 미소 마음에는 열의를 제외하고 동화인 12가지 법들이 조합된다.

대 역

Pana또한; 불선 마음에서의 조합방법 외에 원인 없는 마음에서의 조합방법을 말하자면 ahetukesu원인 없음들 중에서; 원인 없는 마음 18가지 중에서 tāva먼저 hasanacitte미소 마음에서의; 미소 짓는 마음에서의 saṅgaho조합을 mayā나는 vuccate말하자면 hasanacitte미소 마음에는; 미소 짓는 마음에는 chandavajjitā열의를 제외한; 열의가 제외된 aññasamānā동화들인; 동화 마음부수라는 dvādasa12가지 dhammā법들이; 마음부수들이 saṅgahaṁ조합에; 헤아리는 것에; 헤아려지는 상태에; 모아지는 상태에 gacchanti도달한다.

590 『아비담마 강설 1』, p.179 참조.

미소 마음은 아라한에게서만 일어납니다. 아라한이 아닌 사람은 꿈에서조차 경험하지 못합니다. 그 미소 마음에는 열의가 조합되지 않는다는 뜻입니다. 열의에는 어떤 것에 정성을 들이는 것, 진중한 것 등의 성품이 포함돼 있습니다.[591] 부처님을 비롯한 아라한들이 미소 마음으로 미소를 지을 때는 단지 미소 짓는 정도만이기 때문에 열의의 성품과는 반대됩니다. 그래서 동화 13가지 마음부수에서 열의를 제외한 나머지 12가지만 조합됩니다.

② 결정 마음의 조합

54 Tathā voṭṭhabbane chandapītivajjitā.

해 석

그처럼 결정에는 열의와 희열이 제외된다.

대 역

Tathā그와 마찬가지로 voṭṭhabbane결정에는; 결정 마음에는 chandapītivajjitā열의와 희열을 제외한; 열의와 희열이 제외된 aññasamānā동화인 것들인; 동화 마음부수라는 ekādasa11가지 dhammā법들이; 마음부수들이 saṅgahaṁ조합에; 헤아리는 것에; 헤아려지는 상태에; 모아지는 상태에 gacchanti도달한다.

591 ㉯"열반을 원하는 것은 탐욕인가?"라고 물으면, 열반의 진정한 의미도 모르고, 아무 수행도 하지 않으면서 원한다면 탐욕일 것이고, 의미도 알고 수행도 하면서 원한다면 바람직하고 얻을 만한 것을 열망하는 것이므로 열의라고 할 수 있다. 반면, 천국에 태어나 영원히 죽지 않기를 바라는 것은 사견과 결합한 탐욕이라고 말할 수 있다.

결정 마음에는 열의와 희열을 제외한 나머지 동화 마음부수 11가지가 조합된다는 뜻입니다. '결정voṭṭhapana·voṭṭhabbana'이란 용어는 지금까지 언급되지 않았습니다. '결정 마음'이란 오문에서 일어나는 인식과정에서 받아들인 대상을 좋은 것이나 나쁜 것으로 결정하는 역할을 하는 마음을 말합니다. 이 마음은 맘문에서는 맘문전향manodvārāvajjana의 역할을 합니다.[592]

③ 행복한 조사 마음의 조합

55 Sukhasantīraṇe chandavīriyavajjitā.

해 석

행복한 조사에는 열의와 정진이 제외된다.

대 역

Sukhasantīraṇe행복한 조사에는; 즐거움과 함께하는 조사 마음에는 chandavīriyavajjitā열의와 정진을 제외한; 열의와 정진이 제외된 ekādasa11가지 dhammā법들이; 마음부수들이 saṅgahaṁ조합에; 헤아리는 것에; 헤아려지는 상태에; 모아지는 상태에 gacchanti도달한다.

'행복한 조사sukhasantīraṇa'는 제1장에서 '즐거움과 함께하는 조사somanassasahagata santīraṇa'라고 언급됐습니다.[593] 그 마음에는 열의와 정진을 제외한 동화 11가지 마음부수가 조합된다는 뜻입니다. 특히 이후에 언급되는 원인 없는 마음들은 희열이 제외되는데 이 마음은 희열이 제외되지 않습니다. 즐거움과 함께하기 때문입니다.

---

592 『아비담마 길라잡이』 제1권, pp.336~337; 본서 부록 pp.729~730 인식과정 참조.
593 『아비담마 강설 1』, pp.181~182 참조.

④맘 요소 3가지와 원인 없는 재생연결 한 쌍의 조합

56 Manodhātuttikāhetukapaṭisandhiyugaḷe chandapītivīriyavajjitā.

해 석

맘 요소 3가지와 원인 없는 재생연결 한 쌍은 열의와 희열과 정진이 제외된다.

대 역

Manodhātuttikāhetukapaṭisandhiyugaḷe맘 요소 3가지와 원인 없는 재생연결 한 쌍의 2가지는 chandapītivīriyavajjitā열의와 희열과 정진을 제외한; 열의와 희열과 정진이 제외된 dasa10가지 dhammā법들이; 마음부수들이 saṅgahaṁ조합에; 헤아리는 것에; 헤아려지는 상태에; 모아지는 상태에 gacchanti도달한다.

이 설명에 나오는 '맘 요소 3가지'라는 용어는 매우 중요합니다. 『아비담맛타상가하』 제7장 「범주의 장」에서 자세하게 설명할 것이고, 지금은 '맘 요소 3가지란 오문전향 마음, 평온과 함께하는 접수 마음 2가지'라고 기억하면 됩니다. 본문에서 '원인 없는 재생연결 한 쌍'이라고 표현한 것은 평온과 함께하는 조사 마음 2가지를 나타낸 것입니다. 제3장 「일반항목의 장」에서 마음이 하는 역할들이 설명되는데 평온과 함께하는 조사 마음 2가지는 재생연결 역할도 하기 때문입니다.[594]

594 『아비담마 길라잡이』 제1권, pp.344~345 참조.

⑤ 다섯 의식 쌍의 조합

57 Dvipañcaviññāṇe pakiṇṇakavajjitā teyeva saṅgayhantīti sabbathāpi aṭṭhārasasu ahetukesu gaṇanavasena catudhāva saṅgaho hotīti.

해 석

다섯 의식 쌍에는 때때로들을 제외한 그것들만 조합된다. 이렇게 원인 없음들 18가지 모두에서도 숫자상으로는 4종류의 조합만 있다.

대 역

Dvipañcaviññāṇe다섯 의식 쌍에는; 다섯 의식 쌍인 10가지 마음에는 pakiṇṇakavajjitā때때로들을 제외한; 때때로 마음부수 6가지가 제외된 teyeva그것들만; 그 동화 공통들 7가지 마음부수들만 saṅgayhanti조합된다; 헤아린다. iti이렇게 sabbathāpi모든 곳에서도; 모든 양상을 통해서도 aṭṭhārasasu18가지 ahetukesu원인 없음들에서; 원인 없는 마음에서 gaṇanavasena숫자상으로 catudhāva4종류로만 saṅgahitā조합이; 모으는 것이 bhavanti생겨난다. iti이렇게 tesu그곳에서; 그 원인 없는 마음 18가지에서 catubbidho4종류의 saṅgaho조합을; 조합방법을 veditabbo알아야 한다.

'다섯 의식 쌍dvipañcaviññāṇa'은 제1장에서 언급한 불선 과보와 원인 없는 선 과보 눈 의식 한 쌍, 귀 의식 한 쌍, 코 의식 한 쌍, 혀 의식 한 쌍, 몸 의식 한 쌍이라는 10가지 마음을 말합니다.[595] 이 마음들에는 동화 공통들 7가지 마음부수만 조합된다는 뜻입니다.

| 도표16 | 원인 없는 마음의 조합방법

<table>
<tr><th colspan="2" rowspan="2">마음</th><th rowspan="2">개수</th><th colspan="3">마음부수</th></tr>
<tr><th>동화</th><th>13</th><th>조합 방법</th></tr>
<tr><td rowspan="5">원인 없는 마음 18</td><td>미소 마음</td><td>1</td><td>-열의</td><td>12</td><td>1</td></tr>
<tr><td>결정(=맘문전향) 마음</td><td>1</td><td>-열의, -희열</td><td>11</td><td rowspan="2">1</td></tr>
<tr><td>조사(즐거움) 마음</td><td>1</td><td>-열의, -정진</td><td>11</td></tr>
<tr><td>맘 요소 3
(오문전향, 접수 마음2)
조사(평온) 마음 2</td><td>5</td><td>-열의, -희열, -정진</td><td>10</td><td>1</td></tr>
<tr><td>다섯 의식 쌍</td><td>10</td><td>동화 공통들</td><td>7</td><td>1</td></tr>
<tr><td colspan="5">원인 없는 마음의 조합방법</td><td>4</td></tr>
</table>

인식과정의 비유

『아비담맛타상가하』 제4장에서는 인식과정vīthi에 대해 자세하게 설명합니다. 제1장 마음과 제2장 마음부수를 설명하면서도 인식과정에 나오는 용어들이 가끔 나옵니다. 그래서 인식과정을 이해하기 쉽게 망고를 먹는 것에 비유한 내용을 소개하겠습니다.(DhsA.311)

어떤 사람이 망고나무 아래에서 얼굴을 덮고 자고 있었습니다. 그때 잘 익은 망고가 귀를 스치며 땅으로 떨어졌습니다.

595 『아비담마 강설1』, p.191 참조.

소리를 듣고 깨어난 그는 '무엇이지'하며 눈을 뜨고서 망고를 바라보았습니다. 그리고 손을 뻗어 망고를 가져왔습니다. 익었는지 안 익었는지 냄새도 맡아보고 손으로 만져도 보았습니다. 향기도 좋고 물렁물렁해서 잘 익었다고 결정했습니다. 그리고는 맛을 누리며 먹었습니다. 더 나아가 씨에 조금 붙어 있는 과육까지 먹었습니다. 그런 뒤 다시 얼굴을 덮고 잤습니다.

이 비유에서 얼굴을 덮고 자고 있는 것은 존재요인bhavaṅga 마음과 같습니다. 망고가 귀를 스치며 떨어지는 것은 대상이 다섯 문 가운데 하나에 드러나는 것과 같습니다. 열매가 떨어진 소리를 듣고 깨어나 '무엇이지'라고 하는 것은 오문전향pañcadvāra āvajjana 마음과 같습니다. 눈을 떠서 망고를 바라보는 것은 눈 의식cakkhu viññāṇa마음과 같습니다. 망고를 가져오는 것은 접수sampaṭicchana 마음, 망고가 익었는지 냄새를 맡아보고 손으로 만져보는 것은 조사santīraṇa 마음, 잘 익었다고 결정하는 것은 결정voṭṭhapana · voṭṭhabbana 마음, 열매를 먹으며 맛을 누리는 것은 속행javana 마음, 씨에 조금 붙어 있는 과육까지 먹는 것은 여운tadārammaṇa 마음, 다시 자는 것은 존재요인 마음과 같습니다.[596]

지금까지 원인 없는 마음의 조합방법까지 다 마쳤습니다. 이어서 조합에 관한 결론을 다음과 같이 설명했습니다.

596 『아비담마 길라잡이』 제1권, p.403; 본서 부록 p.729 참조.

원인 없는 마음의 조합방법 집론 게송

58 Dvādasekādasa dasa, satta cāti catubbidho.

Aṭṭhārasāhetukesu, cittuppādesu saṅgaho.

해 석

12와 11, 10, 그리고 7, 이같이 4종류로

18가지 원인 없는 마음일어남에서 조합이 있다.

대 역

Aṭṭhārasāhetukesu cittuppādesu원인 없는 마음 18가지의 일어남에서; 원인 없는 마음 18가지에서 dvādasa ca12가지와; 12가지 마음부수와 ekādasa ca11가지와; 11가지 마음부수와 dasa ca10가지와; 10가지 마음부수와 satta ca7가지; 7가지 마음부수, iti이렇게 catubbidho4종류로 saṅgaho조합을; 조합방법을 veditabbo알아야 한다.

59 Ahetukesu sabbattha, satta sesā yathārahaṁ.

Iti vitthārato vutto, tettiṁsavidhasaṅgaho.

해 석

원인 없는 모두에 7가지가, 나머지는 적절하게.

이렇게 자세하게 설하면 33종류 조합이다.

대 역

Sabbattha모든 ahetukesu원인 없음들에; 원인 없는 마음 18가지에 satta7가지가; 동화 공통 마음부수 7가지가 yujjanti결합한다. sesā나머지는; 열의를 제외한 나머지 때때로 마음부수 5가지는 yathārahaṁ적절하게 yujjanti

결합한다. iti이렇게 vitthārato자세하게 tettiṁsavidhasa-ṅgaho33종류가 있는 조합을; 33종류가 있는 조합방법을 mayā나는 vutto말했다.

마음부수를 마음에 따라 헤아린다

60 Itthaṁ cittāviyuttānaṁ, sampayogañca saṅgahaṁ.
Ñatvā bhedaṁ yathāyogaṁ, cittena samamuddise.

해 석

이와 같이 마음과 연결된 결합과 조합을 알고서
연결에 따라 마음과 같은 종류를 나타내야 한다.

대 역

Itthaṁ=yathāvuttabhedena이와 같이; 각각 말한 종류에 따라 cittāviyuttānaṁ마음과 결합하는 것들이; 마음과 항상 결합하는 마음부수들이 cittaparicchedavasena마음을 구분하는 것으로 vuttaṁ말한 soḷasavidhaṁ16종류의 sampayogañca결합과; 결합방법과 cetasikarāsiparicchedavasena마음부수 모임을 구분하는 것으로 vuttaṁ말한 tettiṁsavidhaṁ33종류의 saṅgahañca조합을; 조합방법을 ñātabbaṁ알아야 한다. ñatvā알고 나서 yathāyogaṁ연결에 따라 cittena마음과 samaṁ같은; 같은 숫자인 bhedaṁ종류를 uddise나타내야 한다.

이 게송의 앞부분에서 "결합과 조합을 알고서"라고 말했습니다. 이것은 지금까지의 내용을 정리하는 구절입니다. 복습하는 의미로 결합

sampayoga방법과 조합saṅgaha방법의 차이를 다시 살펴보겠습니다.

결합방법은 마음부수와 결합하는 마음을 알기 위해 어떠한 마음부수가 어떠한 마음들과 결합하는지를 설명하는 방법이고 조합방법은 마음에 조합되는 마음부수들을 알기 위해 어떠한 마음에 어떠한 마음부수들이 조합되는지를 설명하는 방법입니다.

이어서 "연결에 따라 마음과 같은 종류를 나타내야 한다"라는 구절은 첨가해서 알아야 할 내용을 설명했습니다. 마음부수가 몇 가지 마음과 결합한다면 그 마음과 같은 숫자로 헤아려야 한다는 뜻입니다. 예를 들어 접촉은 마음 89가지 모두와 결합하기 때문에 접촉의 숫자도 89가지가 있다고 헤아려야 합니다. 탐욕뿌리 첫 번째 마음과 결합하는 접촉, 두 번째 마음과 결합하는 접촉 등 접촉은 모두 89가지가 있습니다. 나머지 마음부수들도 마찬가지입니다.

제48강

2009년 7월 7일

먼저 "부처님의 가르침은 오천 년 동안 지속된다"라고 밝힌 내용을 소개하겠습니다. 부처님의 가르침을 '교법sāsana'이라고도 하는데 여기에는 '교학 교법pariyatti sāsana', '실천 교법paṭipatti sāsana', '통찰 교법paṭivedha sāsana'이라는 세 가지가 있습니다. 삼장의 가르침이 교학 교법이고, 실천하는 것이 실천 교법이고, 실천해서 진리를 꿰뚫어 아는 것이 통찰 교법입니다.(DA.iii.81)

경전에 부처님의 가르침이 지속되는 기간에 대해 언급한 내용이 있습니다. 『디가 니까야』「마하빠리닙바나숫따Mahāparinibbānasutta(대반열반경)」에서 수밧다 유행승이 부처님께 당시 각각의 교단에서 스승으로 존경받던 육사외도가 최상의 지혜를 가졌는지 여쭈었을 때 부처님께서는 "여덟 가지 성스러운 도가 없다면 첫 번째, 두 번째, 세 번째, 네 번째 사문이 없다. 이 법과 율에는 여덟 가지 성스러운 도가 있다. 그러므로 오직 여기에만 첫 번째, 두 번째, 세 번째, 네 번째 사문이 있다"라고 하신 뒤 다음과 같이 덧붙이셨습니다.

> "이 비구들이 바르게 머문다면 세상에는 아라한들이 텅 비지 않을 것이다."(D.ii.124/D16)

첫 번째 사문은 수다원, 두 번째 사문은 사다함, 세 번째 사문은 아나함, 네 번째 사문은 아라한을 뜻합니다. 성전 그대로라면 '바르게 머문다'는 것이 어떠한 뜻인지, 언제까지 아라한들이 텅 비지 않는다는 것인지 분명하지 않습니다. 이 내용에 대해 주석서는 다음과 같이 설명합니다.

'바르게 머문다'란 수다원이라면 자신이 증득한 단계를 다른 이에게 설법하고, 그도 수다원이 된다면 바르게 머무는 것이다. 사다함 등도 마찬가지다. … 수다원도를 위해 열심히 위빳사나를 닦는 이가 자신이 능숙한 수행주제도 설법하고, 다른 이로 하여금 수다원도를 위해 열심히 위빳사나를 닦게도 한다면 그것이 바르게 머무는 것이다.(DA.ii.180)

이 내용으로만 보면 정법이 지속되는 기간을 알 수가 없습니다. 그 기간에 대해 『디가 니까야』「삼빠사다니야숫따Sampasādanīyasutta(확신경)」 주석에서는 분석지증득paṭisambhidāpatta 아라한 천 년, 육신통chaḷabhiññā 아라한 천 년, 삼명tevijjaka 아라한 천 년, 순수 위빳사나sukkhavipassaka 아라한 천 년, 계목단속계pātimokkhasaṁvarasīla 아라한 천 년으로 오천 년 지속된다고 설명합니다.(DA.iii.83)

부처님께서 입멸하신 뒤 천 년 동안은 4가지 분석지paṭisambhidā · 四無碍解를 갖춘 아라한이 나옵니다. 그 뒤 천 년 동안은 4가지 분석지를 갖춘 아라한은 나오지 않고 6가지 신통지(이하 육신통)를 구족한 아라한까지 나올 수 있습니다. 그 뒤 다시 천 년 동안은 육신통을 구족한 아라한은 나오지 않고 삼명을 구족한 아라한까지 나올 수 있습니다.[597] 불멸후 3천 년이 지나서 4천 년까지는 사마타 수행을 해서 선정과 신통을 증득한 아라한들은 출현하지 않고 위빳사나만 닦아서 아라한이 되는 순수 위빳사나 아라한만 출현합니다. 그다음 불멸후 4천 년부터 5천 년까지는 부처님 가르침은 남아 있지만 위빳사나 수행을 해서 도

597 4가지 분석지와 6가지 신통지(육신통), 삼명은 부록 pp.734~735 참조.

와 과를 증득한 성자들은 없고 계목단속계만 남아 있는 시기라고 설명합니다.

『상윳따 니까야 주석서』에서는 앞의 4천 년까지는 동일하고 마지막 천 년에는 수련자sekkha, 즉 아나함까지만 출현하는 시기, 다시 사다함, 다시 수다원까지만 출현하는 시기로 이어진다고 설명합니다.(SA.ii.187)

『앙굿따라 니까야 주석서』에서는 두 가지로 설명합니다. 첫 번째는 방금 언급한 『상윳따 니까야 주석서』와 같은 설명입니다.(AA.i.66) 두 번째 설명은 먼저 경전 내용을 살펴봐야 합니다. 마하빠자빠띠 고따미Mahāpajāpati Gotamī가 부처님께 출가를 청했을 때 부처님께서는 아난다 존자의 간청으로 출가를 허락하신 뒤 다음과 같이 말씀하셨습니다.

> "아난다여, 만일 여자가 집을 나와 여래가 천명한 법과 율 안으로 출가하지 않으면 청정범행은 오래 머물 것이고 정법은 천 년을 머물게 될 것이다. 그러나 여자도 집을 나와 여래가 천명한 법과 율 안으로 출가하게 됐으므로 이제 청정범행은 오래 머물지 못할 것이고 정법은 오백 년밖에 머물지 못할 것이다."(A.iii.104/A8:51)[598]

경전 구절만 보면 정법이 오백 년밖에 머물지 못하는 것으로 돼 있습니다. 하지만 부처님께서는 다음과 같은 말씀도 덧붙이셨습니다.

598 『앙굿따라 니까야』 제5권, p.246 참조.

"마치 큰 호수에 오직 미래를 대비하여 제방을 쌓아 물이 범람하지 못하게 하듯이, 나도 오직 미래를 대비하여 비구니들에게 여덟 가지 무거운 법을 제정하여 목숨이 붙어있는 한 범하지 못하도록 했다."(A.iii.104/A8:51)[599]

이 내용도 경전 그대로만 보면 어떠한 의미가 담겨 있는지 불확실합니다. 이 구절에 대해 주석서에서는 다음과 같이 설명합니다.

"큰 호수에는 비록 제방을 쌓지 않더라도 어느 정도의 물은 찰 것이다. 하지만 미리 제방을 쌓으면 쌓지 않았을 때 고여 있지 못할 물도 고일 것이다. 그와 마찬가지로 이러한 일이 일어나기 전에 오직 미래를 대비하여 비구니들에게 여덟 가지 무거운 법을 제정했다. 그것을 제정하지 않았을 때 여자가 출가하면 정법은 오백 년밖에 머물지 못할 것이지만 미래를 대비하여 제정했기 때문에 그 다음 오백 년 동안도 정법이 머물 것이다. 그러므로 처음 설한 천 년 동안 머문다."(AA.iii.238)

그리고 '천 년 동안 머문다'는 것에 대해 분석지증득paṭisambhidāpatta 아라한이 천 년 동안 출현하는 것은 『디가 니까야 주석서』의 설명과 동일하지만 그 다음 불멸후 천 년에서 2천 년까지는 순수 위빳사나 아라한까지만 출현하고, 불멸후 2천 년에서 3천 년까지는 아나함 성자까지만 출현하고, 불멸후 3천 년에서 4천 년까지는 사다함 성자까지만 출

599 『앙굿따라 니까야』 제5권, p.246 참조.

현하고, 불멸후 4천 년에서 5천 년까지는 수다원 성자까지만 출현한다고 설명합니다.(AA.iii.238) 이것은 『위나야 주석서』의 설명과 동일합니다.(VinA.iv.127)

『테라가타 주석서』에서는 또 다르게 정법 5천 년이 2천500년씩 두 부분으로 나눠 반복된다고 설명합니다.(ThagA.ii.368) 첫 번째 500년은 '해탈 시대vimutti yuga'로 성자들이 나오는 시기입니다. 실제로 부처님 당시 사왓티의 인구는 7천만 명이었는데 그중 5천만 명이 수다원 이상의 성자였다고 합니다.(DhpA.ii.220)

두 번째 500년은 '삼매 시대samādhi yuga'로 세간 선정과 신통을 갖춘 이들이 나오는 시기입니다. 스리랑카에 불법이 전해진 때가 불멸후 700년 정도쯤이라고 합니다. 주석서에 따르면 그때도 성제자는 물론이고 신통을 성취한 이들도 많은 시기라는 사실을 알 수 있습니다. 일례로 농부들이 수확한 벼를 말리고 있을 때 신통을 갖춘 이들이 하늘을 계속 날아다녀 벼가 마르지 않는다고 투덜댔다고 합니다.[600]

세 번째 500년은 '계 시대sīla yuga'로 성자나 신통을 성취한 이들도 드물게 있지만 계를 잘 지키는 정도의 사람들이 많은 시대입니다.

네 번째 500년은 '배움 시대suta yuga'로 교학이 흥성한 시기입니다. 이 시기는 미얀마의 바간 왕조 때와 일치하는데 이때는 왕이 직접 하루에 일곱 번 스님들이나 재가자들에게 경전을 가르치고 공주도 스님이나 재가자들에게 경전을 가르칠 정도로 교학이 흥성했다고 합니다. 당시에는 미얀마어를 쓰지 않고 빠알리어를 썼을 정도입니다. 이와 관련

600 *U Ṭheihlain*, 『*Sihoukhi Sandowinariyamya*(스리랑카 시대 열반에 든 성자들)』, p.2 참조. 이 일화는 서기 1,193년 미얀마의 『*Sāsanālaṇkāra satan*(교단장엄 기록)』이라는 책에서 보호경paritta의 서문을 인용한 구절이다.

해 재미있는 일화가 있습니다. 어떤 여인이 스님에게 "어디에 가십니까gacchasi?"라고 빠알리어로 물으니 그 스님이 "어디에 갑니다gacchati"라고 빠알리어로 대답했습니다. 그런데 1인칭 동사를 쓰지 않고 3인칭 동사를 쓰자 그 여인이 "스님, 동사가 틀렸습니다. 'gacchāmi'라고 1인칭 동사를 쓰셔야지요"라고 말했다고 합니다.

또 다른 일화가 있습니다. 바간 왕조의 공주가 장막을 치고 아비담마를 가르치고 있었는데 한 스님이 공주의 얼굴을 직접 보고 싶었습니다. 그래서 마지막 날에 어떤 애매한 빠알리어의 뜻을 공주에게 물었습니다. 공주는 그런 단어는 없다고 대답했습니다. 스님이 있다고 고집하자 와서 보여 달라고 했습니다. 그러자 스님은 장막 안으로 들어가 공주에게 단어를 보여 주었습니다. 공주는 단어를 보고 "이런 뜻입니다"라고 대답했습니다. 하지만 스님의 목적은 공주의 얼굴을 보는 것이었습니다. 공주를 직접 본 스님은 상사병이 나서 먹지고 못하고, 잠도 못자고, 탁발도 나가지 않고 끙끙 앓았습니다. 왕이 그 소문을 듣고 복주서 하나를 완벽하게 잘 쓰면 공주를 주겠다고 했습니다. 그러자 스님은 복주서 하나를 잘 써서 왕에게 보여줬습니다. 왕은 매우 훌륭하다고 칭찬했고 스님을 환속시켜 공주와 결혼시켰다고 합니다. 그 복주서는 '딴빈'이라는 공주의 이름을 따서 '딴빈띠까'라고 불렀습니다.

다섯 번째 500년은 '보시 시대dāna yuga'로 보시가 흥성하는 시기입니다. 이렇게 2천500년이 지난 후에 다음 2천500년의 처음 500년은 다시 해탈 시대가 됩니다. 그리고 마찬가지로 5천 년까지 되풀이 됩니다.

지금이 불기 2,568년이므로[601] 이 구분에 따르면 다시 해탈 시대라고 할 수 있습니다. 일리가 있습니다. 물질과 정신, 절대성품 등 위빳사나 수행의 가르침을 들을 수 있고 실천할 수 있기 때문에 열심히 수행하려는 스스로의 결의만 필요합니다. 수행을 하면 법을 얻을 수 있는 시기입니다. 해탈 시대가 70년밖에 지나지 않았습니다. 지금이 가장 좋은 시기입니다.[602]

마음부수 사이의 결합

『아비담맛타상가하』 본문에는 나오지 않지만 지금까지 설명한 결합과 조합을 바탕으로 마음부수들이 어떤 다른 마음부수들과 결합하는지도 살펴볼 수 있습니다.

601 본서가 출판되는 해로 표현했다.

602 ㉳이것은 이전 스승들의 견해가 아니라 그 뒤 장로들의 견해이다. 빤다라Paṇḍara라는 선인이 풋사Phussa 장로에게 교법이 줄어들 때 생겨날 현상들을 물었을 때 "patte kālamhi pacchime 마지막 시기에 이르면 이렇게 될 것이다"라고 설명했다. 그러면 "여기서 '마지막 시기'란 어디부터 취해야 하는가?"라고 질문할 수 있다. 여기에 대해 여러 문헌에서는 일부keci(자신보다 아래 수준) 스승, 어떤eke 스승(수준에 관계없이 어떤), 다른apare(동등한 수준) 스승, 이렇게 세 견해로 나눠 설명한다.
일부 스승들은 제3차 결집부터 마지막이라고 설명한다. 이 견해를 어떤 스승들은 받아들이지 않으면서 그 이유를 위에서 언급한 다섯 시대를 거론한다. 따라서 이 교법 다섯 시대는 어떤 스승들의 견해이다. 그리고 이 다섯 시대 중 배움 시대부터 마지막이라고 설명한다.
다른 스승들은 계 시대부터 마지막이라고 한다. 하지만 다섯 시대에 대한 설명에도 차례로 줄어드는 모습만 설명해 놓았지 500년이라고 구체적으로 언급하지는 않았다. 햇수의 한계를 전혀 언급하지 않았다. 줄어드는 모습도 "해탈 시대가 사라지면 삼매 시대가 된다. 삼매 시대가 사라지면 지계 시대가 된다. 지계 시대가 사라지면 배움 시대가 된다"라고 설명한다. 따라서 교법 5천 년에 대한 결정은 직접적으로 언급한『위나야 주석서』,『디가 니까야 주석서』,『테라가타 주석서』,『앙굿따라 니까야 주석서』 등의 결정을 따르는 것이 적당하다. *Mahāsi Sayadaw*,『*Vinayavinicchayasaṅgaha*(율장에 관한 결정 결집)』, p.214~218.

| 도표17 | 마음부수 사이의 결합

종류	공통/때때로	마음부수	결합 마음*	조합 마음부수*	결합 주체 제외*	제외되는 마음부수
동화 13	공통 7	접촉 등	89	52	51	접촉 제외 [느낌 등도 동일]
	때때로 6	사유	55*	52	51	사유 제외
		고찰	66*	52	51	고찰 제외
		결심	78	51	50	결심과 의심 제외
		정진	73	52	51	정진 제외
		희열	51*	47	46	희열, 성냄4, 의심 제외
		열의	69	51	50	열의, 의심 제외
불선 14	공통 4	어리석음 등	12	27	26	어리석음 제외 [부끄러움없음 등도 동일]
	탐욕 3개조	탐욕	8	22	21	탐욕, 성냄4, 의심 제외
		사견	4	21	20	사견, 자만, 성냄4, 의심 제외
		자만	4	21	20	자만, 사견, 성냄4, 의심 제외
	성냄 4개조	성냄	2	22	21	성냄, 희열, 탐욕3, 의심 제외
		질투	2	22	19	질투, 인색, 후회, 희열, 탐욕3, 의심 제외
		인색	2	22	19	인색, 질투, 후회, 희열, 탐욕3, 의심 제외
		후회	2	22	19	후회, 질투, 인색, 희열, 탐욕3, 의심 제외
	해태 2개조	해태 등	5	26	25	해태, 의심 제외 [혼침도 동일]
	의심 1	의심	1	15	14	의심, 희열, 결심, 열의 탐욕3, 성냄4, 해태, 혼침 제외
아름다움 25	공통19	믿음 등	59	38	37	믿음 제외 [새김 등도 동일]
	절제 3	바른 말 등	16	38	33, 35°	절제3, 무량2 제외 [바른 행위, 바른 생계도 동일]
	무량 2	연민 등	28	38	33	무량2, 절제3 제외 [같이 기뻐함도 동일]
	어리석음없음1	통찰지 기능	47	38	37	통찰지 기능 제외

오른쪽 위에 ''를 붙인 숫자는 121가지로 나눈 마음의 개수를 말한다.

*'결합 마음'이란 왼쪽의 마음부수와 결합하는 마음의 개수를 말한다.

*'조합 마음부수'란 왼쪽의 결합 마음에 조합되는 마음부수의 개수를 말한다.

*'결합주체 제외'란 결합주체를 제외한 마음부수의 개수를 말한다.

*절제에서 35°는 출세간의 경우이다.

접촉과 결합하는 마음부수들

접촉은 마음 89가지 모두와 결합합니다(결합방법). 그러한 89가지 마음에는 마음부수 52가지 모두가 조합됩니다(조합방법). 그렇게 조합되는 마음부수 52가지 중에서 결합 주체인 접촉을 제외하면 나머지 마음부수 51가지가 접촉과 결합하는 마음부수들입니다. 그러므로 '접촉은 마음 89가지, 마음부수 51가지와 결합한다'라고 기억하면 됩니다.[603] 동화 공통 마음부수들인 느낌, 인식, 의도, 하나됨, 생명기능, 마음기울임도 같은 방법입니다.

희열과 결합하는 마음부수들

희열은 제4선정을 제외한 즐거움과 함께하는 마음 51가지와[604] 결합합니다. 그 51가지 마음에는 성냄·질투·인색·후회·의심을 제외한 47가지 마음부수가 조합됩니다. 그러므로 희열은 희열·성냄·질투·인색·후회·의심을 제외한 46가지 마음부수와 결합합니다.[605]

열의와 결합하는 마음부수들

열의는 "원인 없는 마음과 어리석음뿌리 마음을 제외한 마음에서 일어난다"라는 설명대로[606] 원인 없는 마음 18가지와 어리석음뿌리 마음 2가지를 제외한 69가지와 결합합니다. 그 69가지 마음 중에 의심이 조

---

603 ㉯본서 p.37, p.42에서도 설명했듯이 여기서 접촉은 정신법이다. 형색과 눈 감성물질을 조건으로 눈 의식이 일어나고, 이 3가지의 결합이 접촉이다. 소리나 냄새 등도 마찬가지다.

604 『아비담마 강설 1』, p.430의 도표14에서 즐거움과 함께하는 마음이 62가지이다. 하지만 제4선정에서는 희열이 제거됐기 때문에 색계 제4선정 선·과보·작용과 출세간 제4선정 도 4가지, 과 4가지를 제외하면 51가지다.(62-3-4-4)

605 희열의 다섯 종류, 희열과 행복의 차이점은 본서 pp.190~192 참조.

606 본서 p.574 참조.

합된 마음은 없습니다. 그래서 열의는 자신인 열의와 의심을 제외한 50가지 마음부수와 결합합니다.

어리석음과 결합하는 마음부수들

어리석음은 "불선 공통들은 12가지 불선 마음 모두에서 얻어진다"라는 설명대로[607] 불선 마음 12가지와 결합합니다. 그 12가지 마음에는 27가지 마음부수가 조합됩니다. 그래서 어리석음은 자신을 제외한 26가지 마음부수와 결합합니다. 부끄러움없음, 두려움없음, 들뜸도 마찬가지로 헤아리면 됩니다.

탐욕과 결합하는 마음부수들

탐욕은 탐욕뿌리 마음 8가지와 결합합니다. 그 8가지 마음에는 성냄 4개조·의심을 제외한 불선 마음부수 9가지, 동화 마음부수 13가지, 모두 22가지 마음부수가 조합됩니다. 그러므로 탐욕은 그 22가지에서 자신을 제외한 21가지 마음부수와 결합합니다.

사견과 결합하는 마음부수들

사견은 탐욕뿌리, 사견 결합 마음 4가지와 결합합니다. 그 4가지 마음에는 자만·성냄 4개조·의심을 제외한 불선 마음부수 8가지, 동화 마음부수 13가지, 모두 21가지 마음부수가 조합됩니다. 그러므로 사견은 그 21가지에서 자신을 제외한 20가지 마음부수와 결합합니다.

607 본서 p.582 참조.

자만과 결합하는 마음부수들

자만은 탐욕뿌리, 사견과 결합하지 않은 마음 4가지와 결합합니다. 그 4가지 마음에는 사견·성냄 4개조·의심을 제외한 불선 마음부수 8가지, 동화 마음부수 13가지, 모두 21가지 마음부수가 조합됩니다. 그러므로 사견은 그 21가지에서 자신을 제외한 20가지 마음부수와 결합합니다.

성냄과 결합하는 마음부수들

성냄은 성냄뿌리 마음 2가지와 결합합니다. 그 2가지 마음에는 탐욕 3개조·의심을 제외한 불선 마음부수 10가지, 희열을 제외한 동화 마음부수 12가지, 모두 22가지 마음부수가 조합됩니다. 그러므로 성냄은 그 22가지에서 자신을 제외한 21가지 마음부수와 결합합니다.

질투·인색·후회와 결합하는 마음부수들

질투는 성냄뿌리 마음 2가지와 결합합니다. 그 2가지 마음에는 탐욕 3개조·의심을 제외한 불선 마음부수 10가지, 희열을 제외한 동화 마음부수 12가지, 모두 22가지 마음부수가 조합됩니다. 그런데 질투는 인색, 후회와 함께 생겨나지 못합니다. 그러므로 질투는 그 22가지에서 자신과 인색, 후회를 제외한 19가지 마음부수와 결합합니다. 인색과 후회는 질투와 마찬가지로 헤아리면 됩니다.

해태·혼침과 결합하는 마음부수들

해태는 형성 없는 마음 5가지와 결합합니다. 그 5가지 마음에는 불선 공통 마음부수 4가지, 탐욕 3개조, 성냄 4개조, 해태, 혼침, 동화 마음부수 13가지, 모두 26가지 마음부수가 조합됩니다. 그러므로 해태는 그 26가지에서 자신을 제외한 25가지 마음부수와 결합합니다. 탐욕 3개조에서 사견과 자만, 성냄 4개조에서 질투와 인색과 후회와 달리 해태와 혼침은 함께 생겨납니다. 혼침도 마찬가지로 헤아리면 됩니다.

의심과 결합하는 마음부수들

의심은 어리석음뿌리, 의심과 함께하는 마음 1가지와 결합합니다. 그 마음에는 탐욕 3개조·성냄 4개조·해태·혼침을 제외한 불선 마음부수 5가지, 희열·결심·열의를 제외한 동화 마음부수 10가지, 모두 15가지 마음부수가 조합됩니다. 그러므로 의심은 그 15가지에서 자신을 제외한 14가지 마음부수와 결합합니다.

믿음 등과 결합하는 마음부수들

다음은 아름다움 마음부수들과 결합하는 마음부수들을 살펴보겠습니다. 먼저 믿음은 아름다운 마음 59가지 모두와 결합합니다. 아름다운 마음 59가지에는 38가지 마음부수가 조합됩니다. 그러므로 믿음은 자신을 제외한 37가지 마음부수와 결합합니다. 새김 등 나머지 아름다움 공통들도 마찬가지입니다.

절제와 결합하는 마음부수들

바른 말, 바른 행위, 바른 생계라는 절제 3가지는 욕계 선 마음 8가지와 출세간 마음 8가지, 모두 16가지 마음과 결합합니다. 욕계 선 마음에서는 따로따로, 가끔씩 생겨나고 출세간 마음에서는 함께, 항상 생겨납니다. 그 16가지 마음에는 38가지 마음부수가 조합됩니다. 그런데 절제는 무량 2가지와 함께 생겨나지 못하고, 욕계 선 마음에서 따로따로 생겨납니다. 따라서 바른 말의 경우, 자신을 포함해서 절제 3가지와 무량 2가지를 제외한 33가지 마음부수와 결합합니다. 바른 행위, 바른 생계도 마찬가지입니다. 출세간의 경우에는 함께 생겨나므로 자신과 무량 2가지만 제외하고 35가지 마음부수와 결합합니다.

무량과 결합하는 마음부수들

연민과 같이 기뻐함이라는 무량은 욕계 선 마음 8가지, 욕계 작용 마음 8가지, 색계 초선정 마음 3가지, 제2선정 마음 3가지, 제3선정 마음 3가지, 제4선정 마음 3가지, 모두 28가지 마음과 결합합니다. 그 28가지 마음에는 동화 마음부수 13가지, 아름다움 공통 마음부수 25가지, 모두 38가지 마음부수가 조합됩니다. 하지만 무량과 절제는 따로따로, 가끔씩 결합하기 때문에 연민은 무량 2가지와 절제 3가지를 제외한 33가지 마음부수와 결합합니다. 같이 기뻐함도 마찬가지입니다.

통찰지와 결합하는 마음부수들

통찰지는 욕계 아름다운 지혜 결합 마음 12가지, 고귀한 마음 27가지, 출세간 마음 8가지, 모두 47가지 마음과 결합합니다. 그 47가지 마음에는 38가지 마음부수가 조합됩니다. 그러므로 통찰지는 자신을 제외한 37가지 마음부수와 결합합니다.

지금까지 마음부수들끼리의 결합을 살펴보았습니다. 이 내용은 마음과 마음부수의 결합과 조합을 다시 정리할 수 있는 내용이므로 도표를 참조하면서 잘 살펴봐야 합니다.

| 도표18 | 마음부수의 결합방법 16가지

마음부수 \ 마음			욕계 마음 54 / 불선 12 / 탐욕뿌리 8	욕계 마음 54 / 불선 12 / 성냄뿌리 2	욕계 마음 54 / 불선 12 / 의심 1	욕계 마음 54 / 불선 12 / 들뜸 1	욕계 마음 54 / 원인 없는 18 / 원인 없는 과보 15 / 다섯의식쌍 10	욕계 마음 54 / 원인 없는 18 / 원인 없는 과보 15 / 접수 2	욕계 마음 54 / 원인 없는 18 / 원인 없는 과보 15 / 조사 3	욕계 마음 54 / 원인 없는 18 / 오문전향 1	욕계 마음 54 / 원인 없는 18 / 맘문전향·미소 2	욕계 마음 54 / 욕계 아름다운 24 / 큰 선 8	욕계 마음 54 / 욕계 아름다운 24 / 큰 과보 8	욕계 마음 54 / 욕계 아름다운 24 / 큰 작용 8	고귀한 마음 27 / 초선정 3	고귀한 마음 27 / 제2선정 3	고귀한 마음 27 / 제3선정 3	고귀한 마음 27 / 제4선정 3	고귀한 마음 27 / 제5선정 15	출세간 간략하게 8 / 출세간 상세하게 40 / 초선정 8	출세간 간략하게 8 / 출세간 상세하게 40 / 제2선정 8	출세간 간략하게 8 / 출세간 상세하게 40 / 제3선정 8	출세간 간략하게 8 / 출세간 상세하게 40 / 제4선정 8	출세간 간략하게 8 / 출세간 상세하게 40 / 제5선정 8	간략한 결합	상세한 결합	결합방법	
접촉·느낌·인식·의도·하나됨·생명기능·마음기울임	모든 마음 공통 7	동화 마음부수 13	*8 / 7																						89	121	1	
사유	때때로 6																									55	1	총 7
고찰																										66	1	
결심																									78	110	1	
정진																									73	105	1	
희열			*4 / 1						1 / 1		1 / 1	4 / 1	4 / 1	4 / 1												51	1	
열의																									69	101	1	

*8은 마음의 개수, 7은 마음부수의 개수다. 나머지도 마찬가지다.
*4는 4가지 마음만 해당하는 것을 나타낸다.

마음부수 \ 마음			욕계 마음 54													고귀한 마음 27					출세간 간략하게 8 / 출세간 상세하게 40					간략한 결합	상세한 결합	결합방법	
			불선 12				원인 없는 18					욕계 아름다운 24																
			탐욕뿌리 8	성냄뿌리 2	의심 1	들뜸 1	원인 없는 과보 15: 다섯의식쌍 10	원인 없는 과보 15: 접수 2	원인 없는 과보 15: 조사 3	오문전향 1	맘문전향·미소 2	큰 선 8	큰 과보 8	큰 작용 8	초선정 3	제2선정 3	제3선정 3	제4선정 3	제5선정 15	초선정 8	제2선정 8	제3선정 8	제4선정 8	제5선정 8				
어리석음·부끄러움없음·두려움없음·들뜸	불선 공통 4	불선 마음부수 14																							12		1	총 5
탐욕	탐욕 3																								8		1	
사견			4/1																						4			
자만			4/1																						4			
성냄·질투·인색·후회	성냄 4																								2		1	
해태 혼침	끝 3		4/2	1/2																					5		1	
의심																									1		1	

마음 / 마음부수			욕계 마음 54												고귀한 마음 27					출세간 간략하게 8 / 출세간 상세하게 40					간략한 결합	상세한 결합	결합방법	
			불선 12				원인 없는 18					욕계 아름다운 24																
			탐욕뿌리	성냄뿌리	의심	들뜸	원인 없는 과보 15			오문전향	맘문전향·미소	큰 선	큰 과보	큰 작용	초선정	제2선정	제3선정	제4선정	제5선정	초선정	제2선정	제3선정	제4선정	제5선정				
							다섯의식쌍	접수	조사																			
			8	2	1	1	10	2	3	1	2	8	8	8	3	3	3	3	15	8	8	8	8	8				
믿음·새김·부끄러움·두려움·탐욕없음·성냄없음·중립 (몸과 마음의) 경안·가벼움·부드러움·적합함·능숙함·올곧음	아름다움 공통 19	아름다운 마음부수 25																							59	91	1	총 4
바른 말·바른 행위·바른 생계	절제 3											*따·가								*함·항	함·항	함·항	함·항	함·항	16	48	1	
연민·같이 기뻐함	무량 2											따·가		따·가	따·가	따·가	따·가	따·가							28		1	
통찰지	통찰지 1											4 / 1	4 / 1	4 / 1											47	79	1	
합계		52	19 19	20	15	15	7	10	11	10	11	38	33	35	35	34	33	32	30	36	35	34	33	33	결합방법 총 16			

*'따·가'는 따로, 가끔씩을 나타낸다.
*'함·항'은 함께, 항상을 나타낸다.

마음부수 \ 마음	욕계 마음 54												고귀한 마음 27					출세간 간략하게 8 / 출세간 상세하게 40					간략한 결합	상세한 결합	결합방법
	불선 12				원인 없는 18					욕계 아름다운 24															
					원인 없는 과보 15																				
	탐욕뿌리	성냄뿌리	의심	들뜸	다섯의식쌍	접수	조사	오문전향	맘문전향·미소	큰 선	큰 과보	큰 작용	초선정	제2선정	제3선정	제4선정	제5선정	초선정	제2선정	제3선정	제4선정	제5선정			
	8	2	1	1	10	2	3	1	2	8	8	8	3	3	3	3	15	8	8	8	8	8			
조합방법	18 18	22					10		12	37	32	34													
	21 21									37	32	34													
	20 20									36	31	33													
조합방법 총	7				4					12			5					5					조합방법 총 33		

*Bhaddanta Nārada, 『Thinghyouk Koupainjaya(아비담맛타상가하 전체9장 도표)』, p.2; 멤 틴 몬 지음, 김종수 옮김, 『붓다 아비담마』, pp.544~545 참조.

| 도표19 | 마음부수의 조합방법 33가지

마음부수 / 마음			동화 13							불선 14							아름다움 25				마음부수 합계	조합방법	
			모든마음공통 7	사유	고찰	결심	정진	희열	열의	치 4	탐욕	사견	자만	성냄 4	해태·혼침	의심	아름다움공통 19	절제 3	무량 2	통찰지			
탐욕뿌리 형성 없는	첫	1	7 / 1																		19	1	총 7
	둘	1																			19		
	셋	1																			18	1	
	넷	1																			18		
탐욕뿌리 형성 있는	첫	1																			21	1	
	둘	1																			21		
	셋	1																			20	1	
	넷	1																			20		
성냄뿌리 형성 없는		1																			20	1	
성냄뿌리 형성 있는		1																			22	1	
의심 결합		1																			15	1	
들뜸 결합		1																			15		

마음 \ 마음부수			동화 13							불선 14							아름다움 25				마음부수 합계	조합 방법	
			모든마음공통 7	사유	고찰	결심	정진	희열	열의	치 4	탐욕	사견	자만	성냄 4	해태·혼침	의심	아름다움공통 19	절제 3	무량 2	통찰지			
다섯 의식 쌍		10																			7	1	총 4
조사(즐거움)		1																			11	1	
맘문전향		1																			11		
미소		1																			12	1	
조사(평온)·맘 요소 3		5																			10	1	
큰 선	첫	2	7 / 2																		38	1	총 12
	둘	2																			37	1	
	셋	2																			37	1	
	넷	2																			36	1	
큰 과보	첫	2																			33	1	
	둘	2																			32	1	
	셋	2																			32	1	
	넷	2																			31	1	
큰 작용	첫	2																			35	1	
	둘	2																			34	1	
	셋	2																			34	1	
	넷	2																			33	1	

마음부수 / 마음		동화 13							불선 14							아름다움 25				마음부수 합계	조합방법	
		모든마음공통7	사유	고찰	결심	정진	희열	열의	치4	탐욕	사견	자만	성냄 4	해태·혼침	의심	아름다움공통19	절제3	무량2	통찰지			
고귀한 초선정	3																			35	1	
고귀한 제2선정	3																			34	1	
고귀한 제3선정	3																			33	1	총 5
고귀한 제4선정	3																			32	1	
고귀한 제5선정	15																			30	1	
출세간 초선정	8																			36	1	
출세간 제2선정	8																			35	1	
출세간 제3선정	8																			34	1	총 5
출세간 제4선정	8																			33	1	
출세간 제5선정	8																			33	1	
결합방법		89	55	66	78	73	51	69	12	8	4	4	2	5	1	59	16	28	47		조합방법 총 33	

*Bhaddanta Nārada, 『Thinghyouk Koupainjaya(아비담맛타상가하 전체9장 도표)』, p.3; 멤 틴 몬 지음, 김종수 옮김, 『붓다 아비담마』, pp.546~547 참조.

| 도표20 | 마음과 마음부수의 자세한 도표

마음부수 / 마음		동화 13							불선 14							아름다움 25				합계
		모든 마음 공통 (7)	사유	고찰	결심	정진	희열	열의	불선 공통 (4)	탐욕	사견	자만	성냄 질투 인색 후회 (4)	해태 혼침 (2)	의심	아름다움 공통 (19)	절제 (3)	무량 (2)	통찰지	
탐욕뿌리	①																			19
탐욕뿌리	②																			21
탐욕뿌리	③																			19
탐욕뿌리	④																			21
탐욕뿌리	⑤																			18
탐욕뿌리	⑥																			20
탐욕뿌리	⑦																			18
탐욕뿌리	⑧																			20
성냄뿌리	❶																			20
성냄뿌리	❷																			22
어리석음 뿌리/의심	①																			15
어리석음 뿌리/들뜸	②																			15
다섯의식쌍	10																			7
접수	2																			10
조사(평온)	2																			10
조사 (즐거움)	1																			11
오문전향	1																			10
맘문전향	1																			11
미소	1																			12
욕계 큰 선	①②																			38
욕계 큰 선	③④																			37
욕계 큰 선	⑤⑥																			37
욕계 큰 선	⑦⑧																			36

마음부수 \ 마음		동화 13							불선 14							아름다움 25				합계
		모든 마음 공통 (7)	사유	고찰	결심	정진	희열	열의	불선 공통 (4)	탐욕	사견	자만	성냄 질투 인색 후회 (4)	해태 혼침 (2)	의심	아름다운 공통 (19)	절제 (3)	무량 (2)	통찰지	
욕계 큰 과보	①②																			33
욕계 큰 과보	③④																			32
욕계 큰 과보	⑤⑥																			32
욕계 큰 과보	⑦⑧																			31
욕계 큰 작용	①②																			35
욕계 큰 작용	③④																			34
욕계 큰 작용	⑤⑥																			34
욕계 큰 작용	⑦⑧																			33
색계 초선정	3																			35
색계 제2선정	3																			34
색계 제3선정	3																			33
색계 제4선정	3																			32
색계 제5선정	3																			30
무색계 선정 넷	12																			30
출세간도 초선정	4																			36
출세간도 제2선정	4																			35
출세간도 제3선정	4																			34
출세간도 제4선정	4																			33
출세간도 제5선정	4																			33
출세간과 초선정	4																			36
출세간과 제2선정	4																			35
출세간과 제3선정	4																			34
출세간과 제4선정	4																			33
출세간과 제5선정	4																			33
합 계		89			78	73		69	12	8	4	4	2	5	1	59	16	28	47	
		121	55	66	110	105	51	101								91	48		79	

*『아비담마 길라잡이』 제1권, pp.310~311 참조.

마음부수 장의 결어

Iti abhidhammatthasaṅgahe cetasikasaṅgahavibhāgo nāma

Dutiyo paricchedo.

해 석

『아비담맛타상가하』에서 마음부수의 집론이라는 두 번째 판별은 이와 같다.

대 역

Abhidhammatthasaṅgahe『아비담맛타상가하』에서; 아비담마 7권에서 설해진 의미들을 요약해 취할 곳은 취하고 모을 곳은 모아서 『아비담맛타상가하』라고 불리는 문헌에서 cetasikasaṅgahavibhāgo마음부수의 집론에 대한 분석이라고 하는; 마음부수의 집론을 분석한 것이라는 dutiyo두 번째인 paricchedo판별은 iti이와 같다; 이와 같이 끝났다.

부 록

부록 I

번역술어 해설

❙ kusala는 '선'으로 번역했습니다. 이 단어는 뒤에 '법', '업', '마음' 등 여러 단어와 결합하기 때문에 간략하게 번역하는 것이 좋다고 판단했습니다. 아비담마 문헌을 읽는 독자이기 때문에 단지 '착하다'라는 뜻으로 이해하는 경우는 드물 것입니다. 혹시 혼동의 염려가 있는 jhāna는 '선정'으로 번역했습니다.

예) 선법, 선업, 선 마음(*cf.* 선정 마음)

❙ akusala는 '불선'으로 번역했습니다.

예) 불선법, 불선업, 불선 마음

❙ kusala, akusala와 연관되는 abyākata는 '비확정'으로 번역했습니다. '선이나 불선으로 확정해서 말해지지 않은'이라는 뜻입니다.

예) 비확정법

❙ dhamma는 '법', 혹은 '가르침'으로 번역했습니다. dhamma의 의미를 어떤 문헌에서는 14가지로 밝혔습니다.(AbṬ.784게) 그렇게 각각 다양한 문장에서 부처님께서는 나타내는 의미에 따라 바꾸지 않고 'dhamma'라는 단어로만 표현하셨습니다.

예) 법 거듭관찰, 깨달음 동반법, 법 상속자

❙ saṅkhāra는 '형성'으로 번역했습니다. 어원 자체가 '형성시키다'에서 파생됐고, 여러 의미로 쓰이기 때문에 형성으로 번역한 뒤 더 구체적인 의미는 설명이나 주석으로 밝혔습니다.

예) 형성 무더기, 형성 취착무더기, 형성 있는 마음

❙ bhavaṅga는 '존재요인'으로 번역했습니다. '존재bhava의 구성요소aṅga'라는 단어분석에 따라 구성요소를 '요인'으로 간추렸습니다.

예) 존재요인 역할, 존재요인 마음

❙ paramattha는 '절대성품'으로 번역했습니다. 이전 불방일에서 펴낸 문헌에서는 '실재성품'으로 번역했는데, '고정불변하는 실체'라고 오해할 여지가 있다는 내용을 받아들여서[608] 바꿨습니다. 하지만 '궁극'이라고 하면 '더 이상 분해할 수 없는'이라는 의미가 강해집니다. '물질'은 절대성품이지만 근본물질과 파생물질로 나눌 수 있습니다. 그래서 '절대로 옳은 성품'이라는 뜻으로 '절대성품'으로 번역했습니다.

예) 절대성품법

❙ saṁvega는 '경각심驚覺心'으로 번역했습니다. 이 단어는 원래 '놀라다saṁvijjati'라는 단어에서 유래했습니다. 단순히 사자 등을 보고 놀라는 것은 마음요동 경각심cittutrāsa saṁvega이고 법체로는 성냄dosa일 뿐입니다. 악행을 행하는 것을 두려워하는 것은 두려움 경각심ottappa saṁvega이고 법체로는 두려움ottappa입니다. 선행, 특히 수행을 하도록

608 『아비담마 길라잡이』 제1권, p.90 참조.

놀라게 하고 경책하고 깨닫게 하는 것은 지혜 경각심ñāṇa saṁvega입니다. 법체로는 두려움과 결합한 어리석음없음, 즉 통찰지 마음부수입니다. 특히 아라한들이 갖춘 지혜 경각심을 '법 경각심dhamma saṁvega'이라고 합니다.[609] 그래서 '경각심驚覺心'이라는 한자를 사용할 때 보통 경각심은 '警覺'이라는 단어를 사용하지만 '놀라다'라는 의미를 표현하기 위해 '驚覺'이라고 표현했습니다. 그리고 성냄, 두려움, 지혜 등 여러 법체가 포함되기 때문에 정신법들의 대표인 마음을 덧붙여서 '경각심'이라고 번역했습니다. '경각심'이라는 단어가 많이 사용되기도 하고 특히 수행과 관련된 지혜 경각심은 법체가 '지혜'이기 때문에 '覺'이라는 표현과도 잘 어울립니다.

mano는 '맘'으로 번역했습니다. 'mano'는 '생각함manana'이라는 단어에서 유래했습니다. '단지 아는 성품'을 뜻합니다.(mananamattaṁ mano 단지 아는 것을 'mano'라고 한다.) 법체로는 'citta', 'viññāṇa'와 동일합니다. 하지만 부처님께서 각각 상황에 따라 다른 표현을 하셨기 때문에 되도록 빠알리어 원어를 가늠할 수 있도록 'citta'는 마음으로, 'viññāṇa'는 '의식'으로 번역했고, 'mano'라는 단어에 대한 번역술어는 고민 끝에 '맘'이라는 용어를 선택했습니다. '마노'와 소리도 비슷하고, 다른 단어와 결합하기에도 좋습니다.

예) 맘문전향, 맘 의식, 맘 감각장소, 맘 요소

609 『부처님을 만나다』, pp.338~339; 『가르침을 배우다』, p.379 참조.

'viññāṇa'는 '의식意識'으로 번역했습니다. "vijānātīti viññāṇaṁ 분별해서 알기 때문에 '의식'이라고 한다"라는 단어분석에서 알 수 있듯이 '의식'은 '분별해서 안다'는 뜻을 나타냅니다.

다섯 의식 쌍前五識 10가지는 현재, 직접paccakkha 분명한 대상들을 보는 것 등의 작용이 있기 때문에 어느 정도 분별해 아는 작용과 결합합니다. 따라서 분별해서 아는 힘이 있는 viññāṇa라는 단어로 특별히 보여 눈 의식cakkhuviññāṇa·眼識 등으로 불립니다. 단지 아는 것만이 아니기 때문에 'mano'라는 단어로는 부르지 않습니다.

오문전향과 접수 마음 2가지는 다섯 문에서 단지 전향하는 것, 받아들이는 것만 행할 수 있습니다. 그러한 전향, 접수 작용들은 그리 큰 작용이 아닙니다. 따라서 'vijānana', 'viññāṇa'라고 특별하게 부를 수 없습니다. 단지 아는 것 정도만이기 때문에 맘 요소manodhātu·意界라고 부릅니다.

조사 등의 나머지 76가지 마음은 조사, 결정, 속행, 여운, 재생연결 등의 작용을 수행합니다. 그래서 매우 특별한 'vijānana' 힘과 결합합니다. 따라서 조사 등의 마음은 오문전향과 접수 마음처럼 단지 아는 'mano' 정도가 아닙니다. 다섯 의식 쌍 10가지 마음처럼 단지 '의식' 정도도 아닙니다. mano라는 단어와 viññāṇa라는 단어, 2가지로 특별하기 때문에 '맘 의식 요소manoviññāṇa dhātu·意識界'라고 부릅니다. '매우 특별하게 아는 요소'라는 뜻입니다. 이것은 의미가 비슷한 두 단어를 함께 사용해 매우 특별한atisaya 의미를 보이는 것입니다. 예를 들면 'devadevo 천신중의 천신', 'brahmabrahmā 범천중의 범천' 등의 표현이 있습니다.[610]

---

610 『아비담마 해설서』 제1권, 2009, pp.420~421; 『*Thinghyouk Bhāsāṭīkā*(아비담맛타 상가하 집론서)』, pp.205~206; 『위빳사나 수행방법론』 제1권, p.422 주426 참조.

| 'sikkhā'는 수련修練으로, 'sekkha'는 수련자修練者로, 'asekkha'는 완수자完修者로 번역했습니다. sikkhā를 '공부지음'이나 '배움'으로 보통 번역하는데 이렇게 번역하면 뒤에 이와 관련된 sekkha나 asekkha를 통일성 있게 번역하기가 힘들어집니다. 그래서 sikkhā를 먼저 '닦고 실천하는 것'이라는 의미로 '수련'으로 번역했습니다. 계와 삼매와 통찰지라는 세 가지 sikkhā는 '세 가지 수련三學'이라고 번역했습니다.

그리고 sekkha는 보통 유학有學이라고 표현하지만 앞의 sikkhā와 관련성도 드러나지 않고 '유학儒學'으로 오해할 여지가 있어서 '아직 수행할 것이 남아서 계속 수행하고 있는 이'라는 의미로 수련자라고 번역했습니다.

asekkha는 보통 무학無學이라고 표현하지만 역시 앞의 sikkhā와 관련성도 드러나지 않고 기존의 한문 불교 용어에 익숙하지 않은 이들에게는 생소할 수 있어서 '해당 학문의 과정이나 과목을 순서대로 공부해서 마친 사람'이라는 의미로 '완수자'라고 번역했습니다.

| 'hiri'는 부끄러움으로, 'ottappa'는 두려움으로 번역했습니다. 원래 hiri는 자신의 지위를 생각해서 악행을 저지르는 것을 부끄러워하는 성품이고, ottappa는 악행의 나쁜 과보를 생각해서 악행을 저지르는 것을 두려워하는 성품입니다. 이전의 번역본에서는 '부끄러움'을 사람들 앞에 나서는 것 등을 부끄러워하는 성품으로 오해할 수 있어 '도덕적 부끄러움'으로, 두려움도 사자를 두려워하는 것 등으로 오해할 수 있어 '도덕적 두려움'으로 표현했지만, 한 번 설명을 들으면 충분히 이해할 수 있을 것이라 생각해서 아비담마 번역본에서는 '부끄러움', '두려움'이라고 번역했습니다.

부록 Ⅱ

보충 설명

마음 전체 간략하게 89가지

		불선 12	선 21	비확정 56	
				과보 36	작용 20
세간	욕계 54	탐욕 뿌리 8		불선 과보 7	
		즐거움, 사견○, 형성×		평온, 눈 의식	
		즐거움, 사견○, 형성○		평온, 귀 의식	
		즐거움, 사견×, 형성×		평온, 코 의식	
		즐거움, 사견×, 형성○		평온, 혀 의식	
		평온, 사견○, 형성×		고통, 몸 의식	
		평온, 사견○, 형성○		평온, 접수	
		평온, 사견×, 형성×		평온, 조사	
		평온, 사견×, 형성○		원인 없는 선 과보 8	원인 없는 작용 3
				평온, 눈 의식	평온, 오문전향
		성냄 뿌리 2		평온, 귀 의식	평온, 맘문전향
		근심, 적의○, 형성×		평온, 코 의식	즐거움, 미소
		근심, 적의○, 형성○		평온, 혀 의식	
				행복, 몸 의식	
		어리석음 뿌리 2		평온, 접수	
		평온, 의심		즐거움, 조사	
		평온, 들뜸		평온, 조사	
			(욕계) 큰 선 8	(욕계) 큰 과보 8	(욕계) 큰 작용 8
			즐거움, 지혜○, 형성×	즐거움, 지혜○, 형성×	즐거움, 지혜○, 형성×
			즐거움, 지혜○, 형성○	즐거움, 지혜○, 형성○	즐거움, 지혜○, 형성○
			즐거움, 지혜×, 형성×	즐거움, 지혜×, 형성×	즐거움, 지혜×, 형성×
			즐거움, 지혜×, 형성○	즐거움, 지혜×, 형성○	즐거움, 지혜×, 형성○
			평온, 지혜○, 형성×	평온, 지혜○, 형성×	평온, 지혜○, 형성×
			평온, 지혜○, 형성○	평온, 지혜○, 형성○	평온, 지혜○, 형성○
			평온, 지혜×, 형성×	평온, 지혜×, 형성×	평온, 지혜×, 형성×
			평온, 지혜×, 형성○	평온, 지혜×, 형성○	평온, 지혜×, 형성○
	색계 15		색계 선 5	색계 과보 5	색계 작용 5
			초선정	초선정	초선정
			제2선정	제2선정	제2선정
			제3선정	제3선정	제3선정
			제4선정	제4선정	제4선정
			제5선정	제5선정	제5선정
	무색계 12		무색계 선 4	무색계 과보 4	무색계 작용 4
			공무변처	공무변처	공무변처
			식무변처	식무변처	식무변처
			무소유처	무소유처	무소유처
			비상비비상처	비상비비상처	비상비비상처
출세간	출세간 8		출세간 선 4	출세간 과보 4	
			수다원도	수다원과	
			사다함도	사다함과	
			아나함도	아나함과	
			아라한도	아라한과	

마음 전체 상세하게 121가지

		불선 12	선 37	비확정 72	
				과보 52	작용 20
세간	욕계 54	**탐욕뿌리 8**		**불선 과보 7**	
		즐거움, 사견○, 형성×		평온, 눈 의식	
		즐거움, 사견○, 형성○		평온, 귀 의식	
		즐거움, 사견×, 형성×		평온, 코 의식	
		즐거움, 사견×, 형성○		평온, 혀 의식	
		평온, 사견○, 형성×		고통, 몸 의식	
		평온, 사견○, 형성○		평온, 접수	
		평온, 사견×, 형성×		평온, 조사	
		평온, 사견×, 형성○		**원인 없는 선 과보 8**	**원인 없는 작용 3**
				평온, 눈 의식	평온, 오문전향
		성냄뿌리 2		평온, 귀 의식	평온, 맘문전향
		근심, 적의○, 형성×		평온, 코 의식	즐거움, 미소
		근심, 적의○, 형성○		평온, 혀 의식	
				행복, 몸 의식	
		어리석음뿌리 2		평온, 접수	
		평온, 의심		즐거움, 조사	
		평온, 들뜸		평온, 조사	
			(욕계) 큰 선 8	**(욕계) 큰 과보 8**	**(욕계) 큰 작용 8**
			즐거움, 지혜○, 형성×	즐거움, 지혜○, 형성×	즐거움, 지혜○, 형성×
			즐거움, 지혜○, 형성○	즐거움, 지혜○, 형성○	즐거움, 지혜○, 형성○
			즐거움, 지혜×, 형성×	즐거움, 지혜×, 형성×	즐거움, 지혜×, 형성×
			즐거움, 지혜×, 형성○	즐거움, 지혜×, 형성○	즐거움, 지혜×, 형성○
			평온, 지혜○, 형성×	평온, 지혜○, 형성×	평온, 지혜○, 형성×
			평온, 지혜○, 형성○	평온, 지혜○, 형성○	평온, 지혜○, 형성○
			평온, 지혜×, 형성×	평온, 지혜×, 형성×	평온, 지혜×, 형성×
			평온, 지혜×, 형성○	평온, 지혜×, 형성○	평온, 지혜×, 형성○
	색계 15		**색계 선 5**	**색계 과보 5**	**색계 작용 5**
			초선정	초선정	초선정
			제2선정	제2선정	제2선정
			제3선정	제3선정	제3선정
			제4선정	제4선정	제4선정
			제5선정	제5선정	제5선정
	무색계 12		**무색계 선 4**	**무색계 과보 4**	**무색계 작용 4**
			공무변처	공무변처	공무변처
			식무변처	식무변처	식무변처
			무소유처	무소유처	무소유처
			비상비비상처	비상비비상처	비상비비상처
출세간	출세간 40		**출세간 선 20**	**출세간 과보 20**	
			수다원도 제1-5선정	수다원과 제1-5선정	
			사다함도 제1-5선정	사다함과 제1-5선정	
			아나함도 제1-5선정	아나함과 제1-5선정	
			아라한도 제1-5선정	아라한과 제1-5선정	

마음부수 52가지

동화 마음부수 13가지

◦ 모든 마음 공통들 7가지

1. 접촉phassa·觸
2. 느낌vedanā·受
3. 인식saññā·想
4. 의도cetanā·思
5. 하나됨ekaggatā·一境性
6. 생명기능jīvitindriya·命根
7. 마음기울임manasikāra·作意

◦ 때때로들 6가지

8. 사유vitakka·尋
9. 고찰vicāra·伺
10. 결심adhimokkha·勝解
11. 정진vīriya·精進
12. 희열pīti·喜
13. 열의chanda·欲

불선 마음부수 14가지

- 불선 공통들 4가지

14. 어리석음moha·痴
15. 부끄러움없음ahirika·無慚
16. 두려움없음anottappa·無愧
17. 들뜸uddhacca·悼擧

- 탐욕 관련 3가지

18. 탐욕lobha·貪
19. 사견diṭṭhi·邪見
20. 자만māna·慢

- 성냄 관련 4가지

21. 성냄dosa·瞋
22. 질투issā·嫉
23. 인색macchariya·慳
24. 후회kukkucca·惡作

- 해태 관련 2가지

25. 해태thīna·懈怠
26. 혼침middha·昏沈

- 의심 1가지

27. 의심vicikicchā·疑

아름다운 마음부수 25가지

• 아름다운 공통들 19가지

28. 믿음saddhā·信
29. 새김sati·念
30. 부끄러움hiri·慚
31. 두려움ottappa·愧
32. 탐욕없음alobha·無貪
33. 성냄없음adosa·無瞋
34. 중립tatramajjhattatā·捨
35. 몸*의 경안kāyapassaddhi·身輕安
36. 마음의 경안cittapassaddhi·心輕安
37. 몸의 가벼움kāyalahutā·身輕快性
38. 마음의 가벼움cittalahutā·心輕快性
39. 몸의 부드러움kāyamudutā·身柔軟性
40. 마음의 부드러움cittamudutā·心柔軟性
41. 몸의 적합함kāyakammaññatā·身適業性
42. 마음의 적합함cittakammaññatā·心適業性
43. 몸의 능숙함kāyapāguññatā·身練達性
44. 마음의 능숙함cittapāguññatā·心練達性
45. 몸의 올곧음kāyujukatā·身端直性
46. 마음의 올곧음cittujukatā·心端直性

*35~45의 '몸'은 '마음부수'를 뜻한다.

◆ 절제virati·節制 3가지

47. 바른 말sammāvācā·正語

48. 바른 행위sammākammanta·正業

49. 바른 생계sammāājīva·正命

◆ 무량appamaññā·無量 2가지

50. 연민karuṇā·憐憫

51. 같이 기뻐함muditā·隨喜

◆ 어리석음없음amoha·無痴 1가지

52. 통찰지 기능paññindriya·慧根

인식과정

눈문 인식과정

눈문에 매우 큰 형색 대상이 드러나면 다음의 차례로 인식과정이 진행됩니다.

1. 경과 존재요인atīta bhavaṅga
2. 동요 존재요인bhavaṅga calana
3. 단절 존재요인bhavaṅga uccheda
4. 오문전향pañcadvāra āvajjana
5. 눈 의식cakkhu viññāṇa
6. 접수sampaṭicchana
7. 조사santīraṇa
8. 결정voṭṭhapana·voṭṭhabbana

9~15. 속행javana

16~17. 여운tadārammaṇa

욕계 맘문 인식과정

맘문에 선명한 법 대상이 드러나면 경과 존재요인이 한 번 지나가지 않는 경우*에 다음의 차례로 인식과정이 진행됩니다.

1. 동요 존재요인bhavaṅga calana

2. 단절 존재요인bhavaṅga uccheda

3. 맘문전향manodvāra āvajjana

4~10. 속행javana

11~12. 여운tadārammaṇa

*경과 존재요인이 한 번 지나가지 않는 법 대상에는 ① 마음·마음부수, ② 열반·개념, ③ 과거·미래의 물질, ④ 현재 추상적 물질이 있습니다. 현재 구체적 물질 중 일부는 그 물질이 생겨날 때 경과 존재요인에 떨어지지 않고 드러날 수 있으나 일부 물질은 그 물질이 생겨난 후 경과 존재요인이 어느 정도 지나가야 맘 문에 드러납니다.

물질 28가지

구체적 물질nipphanna rūpa 18가지

- 근본 물질bhūta rūpa·大種 四大 4가지

1. 땅 요소paṭhavī dhātu·地界
2. 물 요소āpo dhātu·水界
3. 불 요소tejo dhātu·火界
4. 바람 요소vāyo dhātu·風界

- 감성 물질pasāda rūpa·淨色 5가지

5. 눈 감성물질cakkhu pasāda·眼淨
6. 귀 감성물질sota pasāda·耳淨
7. 코 감성물질ghāna pasāda·鼻淨
8. 혀 감성물질jivhā pasāda·舌淨
9. 몸 감성물질kāya pasāda·身淨

- 대상 물질gocara rūpa·行境色 4가지

10. 형색rūpa·色
11. 소리sadda·聲
12. 냄새gandha·香
13. 맛rasa·味

*감촉phoṭṭhabba·觸 = 땅 요소+불 요소+바람 요소

- 성 물질bhāva rūpa·性色 2가지

14. 여성물질itthibhāva·女性
15. 남성물질pumbhāva·男性

- 심장 물질hadaya rūpa·心腸色 1가지
  16. 심장 토대hadaya vatthu·心基
- 생명 물질jīvita rūpa·命色 1가지
  17. 생명 기능jīvitindriya·命根
- 음식 물질āhāra rūpa·食色 1가지
  18. 영양분ojā·食素

추상적 물질anipphanna rūpa 10가지

- 한정 물질pariccheda rūpa·限定色 1가지
  19. 허공 요소ākāsa dhātu·空界
- 암시 물질viññatti rūpa·表色 2가지
  20. 몸 암시kāya viññatti·身表色
  21. 말 암시vacī viññatti·口表色
- 변화 물질vikāra rūpa·變化色 3가지
  22. 물질의 가벼움rūpassa lahutā·色輕快性
  23. 물질의 부드러움rūpassa mudutā·色柔軟性
  24. 물질의 적합함rūpassa kammaññatā·色適業性
- 특성 물질lakkhaṇa rūpa·相色 4가지
  25. 생성upacaya·積集
  26. 상속santati·相續
  27. 쇠퇴jaratā·老性
  28. 무상함aniccatā·無常性

- 근본 물질 4가지를 제외한 나머지 24가지 물질을 파생 물질upādāya rūpa·所造色이라고 한다.

31 탄생지

탄생지 31			영역				수명
무색계 탄생지		4		31		비상비비상처천	84,000대겁
				30		무소유처천	60,000대겁
				29		식무변처천	40,000대겁
				28		공무변처천	20,000대겁
색계 탄생지		16	4선정천	27	정거천	색구경천	16,000대겁
				26		선견천	8,000대겁
				25		선현천	4,000대겁
				24		무열천	2,000대겁
				23		무번천	1,000대겁
				22		무상유정천	500대겁
				21		광과천	500대겁
			3선정천	20		변정천	64대겁
				19		무량정천	32대겁
				18		소정천	16대겁
			2선정천	17		광음천	8대겁
				16		무량광천	4대겁
				15		소광천	2대겁
			초선정천	14		대범천	1아승기겁
				13		범보천	1/2아승기겁
				12		범중천	1/3아승기겁
욕계탄생지 11	욕계선처 7	6	육욕천	11		타화자재천	16,000천상년
				10		화락천	8,000천상년
				9		도솔천	4,000천상년
				8		야마천	2,000천상년
				7		도리천	1,000천상년
				6		사대왕천	500천상년
		1	인간	5		인간	정해지지 않음
	악처	4	악처	4		아수라 무리	정해지지 않음
				3		아귀계	정해지지 않음
				2		축생계	정해지지 않음
				1		지옥	정해지지 않음

*점선은 같은 평면에 위치하는 것을 나타낸다.

용어설명

4가지 분석지와 6가지 신통지와 삼명(본서 224쪽)

4가지 분석지paṭisambhidā·四無碍解는 분명하게 구분해서 아는 4가지 분석적인 통찰지입니다.

① 뜻 분석지attha paṭisambhidā·義無碍解: 말하려는 의미나 결과법들을 자세히 구분해서 아는 지혜

② 법 분석지dhamma paṭisambhidā·法無碍解: 말 자체나 원인법들을 자세히 구분해서 아는 지혜

③ 언어 분석지nirutti paṭisambhidā·詞無碍解: 여러 언어, 특히 빠알리어를 자세히 구분해서 아는 지혜

④ 영감 분석지paṭibhāna paṭisambhidā·辯無碍解: 3가지 모든 지혜에 대해 자세히 구분해서 아는 지혜, 즉 어떤 상황이 발생했을 때 그것과 관련된 비유, 근거, 적당한 단어들이 빠르게 드러나는 지혜

6가지 신통지abhiññā(육신통chaḷabhiññā)는 보통 사람의 수준을 초월한 특별한 능력과 관련된 6가지 지혜입니다.

① 신족통지iddhividhañāṇa·神足通智: 여러 몸을 나투거나 하늘을 날아가는 등의 신통지

② 천안통지dibbacakkhuñāṇa·天眼通智: 보통의 눈으로는 볼 수 없는 대상을 보거나 다른 중생들이 죽고 태어나는 것을 보는 신통지

③ 천이통지dibbasotañāṇa·天耳通智: 보통의 귀로는 들을 수 없는 여러 소리를 듣는 신통지

④ 타심통지cetopariyañāṇa·他心通智: 다른 이의 마음을 아는 신통지

⑤ 숙명통지pubbenivāsānussatiñāṇa · 宿命通智: 전생을 기억하는 신통지

⑥ 누진통지āsavakkhayañāṇa · 漏盡通智: 모든 번뇌가 다한 지혜

삼명tevijjā은 6가지 신통지 중 숙명통지, 천안통지, 누진통지를 말합니다.

가문타락(본서 516쪽)

가문타락kuladūsana이란 네 가지 가문kula, 즉 왕족khattiya, 바라문brahmaṇa, 평민vessa, 노예sudda의 믿음을 무너지게 하는 행위를 말합니다. 재가신도에게 꽃 등을 주면서 더욱 자신과 가깝게 지내도록, 자신을 존경하도록 행하는 것입니다. 이렇게 하면 재가자의 믿음이 무너집니다.

여기에는 ① 꽃, ② 과일, ③ 목욕가루, ④ 흙가루, ⑤ 양치목, ⑥ 대나무 주기, ⑦ 치료하기, ⑧ 심부름 가기 등이 해당됩니다.(Vin.i.280)

부당추구(본서 516쪽)

부당추구anesanā란 올바르지 않게 필수품을 구하는 방법입니다. 여기에는 21가지가 있습니다.

①~⑨ 대나무, 잎, 꽃, 과일, 양치목, 세숫물, 세수가루, 목욕가루, 흙가루 주기

⑩ 아첨하기

⑪ 반쯤만 사실인 말을 하기

⑫ 다른 이의 아이 귀여워하기

⑬ 심부름 가기

⑭ 사자使者로 가기

⑮ 치료하기

⑯ 재가자가 시키는 일 하기

⑰ 탁발음식 주기

⑱ 농사

⑲ 점성술

⑳ 관상

㉑ 가지 말아야 할 여섯 가지 비영역에 가기

(여섯 가지 비영역이란 ❶ 기생집, ❷ 과부, ❸ 노처녀, ❹ 성이상자, ❺ 비구니, ❻ 술집입니다.)[611](SnA.i.177)

611 여섯 가지 비영역agocara은 『청정도론』 제1권, p.150 참조.

부록 Ⅲ

빠알리어에 대해

부처님께서 출현하시기 전에 이미 인도 중부지방에는 마가다어Māgadhabhāsā가 사용되고 있었습니다. 마가다국 사람들이 사용하는 언어라서 마가다어라고 불렸습니다. 이 마가다어는 범천들이 사용하는 언어라서 우주가 무너져도 무한한 공간 세상에서 사라지지 않는 '고유성품 표현어sabhāva niruttibhāsā'입니다.

> Sā māgadhī mūlabhāsā, narā yāyādikappikā.
> Brahmāno cāssutālāpā, sambuddhā cāpi bhāsare.
>
> (Padarūpasiddhi, 41)

해 석

그 마가다어, 근본언어니
겁초에 태어난 사람들이나
범천이나 다른 언어 못 들은 이들이나
또한 정등각자가 그 말을 한다네.

대 역

Yāya어떤 언어로 ādikappikā겁초에 태어난 narā사람들이나 brahmāno ca범천이나 assutālāpā다른 언어를 들어보지 못한 이들이나 sambuddhā cāpi정등각자가 bhāsare말을 하는데, māgadhī마가다국에 속하는 sā그 언어가 mūlabhāsā기본이 되는 언어이다.

마가다어를 익히는 이, 마가다어로 표현된 문헌을 배우는 것은 언어분석지niruttipaṭisambhidāñāṇa를 얻는 데 바탕이 됩니다. 언어분석지를 얻은 이는 따로 배우지 않고도 여러 언어의 문법과 어휘에 능통합니다. 그래서 부처님들께서는 마가다어로만 법을 설하십니다.

그러한 마가다어는 'sīla' 등 거룩한 법들을 표현하는pa 부처님의 말씀 차례라서āḷi 빠알리어pāḷibhāsā라고 부릅니다.(SdṬ.i.77) 혹은 부처님의 가르침을 보존하고 보호하는 언어라서(pā+ḷi) 빠알리어라고 부릅니다. 이러한 의미에 따라서 빠알리어란 마가다어 전체를 뜻하지 않고 성전이나 주석서, 복주서 등 거룩한 부처님의 가르침을 뜻합니다.[612]

612 *Dhammacariya U Ei Nain*, 『*Buddha Abhidhammā mahānidān*』, pp.27~28.

부록 IV

아비담마는 부처님의 직설이다

"아비담마는 부처님의 직설이다"라는 사실은 여러 문헌을 통해 알 수 있습니다. 그중 특히 『담마상가니 주석서』에서 이 사실을 분명히 밝히고 있습니다. 먼저 서문에서 아비담마는 부처님의 직설임을 언급한 뒤 다양한 근거를 제시하고 있습니다.

율장을 통한 근거로 "(계율을) 비방할 의도가 없이 '그대는 경이나 게송이나 아비담마를 배우고 나중에 율을 배우시오'라고 말하는 것은 범계가 아니다"라는 비구 속죄죄의 구절과(Vin.ii.188/§442) "(비구니가) 경에 관한 질문을 허락받은 뒤 아비담마나 율에 대해 질문하거나, 아비담마에 관한 질문을 허락받은 뒤 경이나 율에 대해 질문하거나, 율에 관한 질문을 허락받은 뒤 경이나 아비담마에 대해 질문하면 속죄죄를 범한 것이다"라는 비구니 속죄죄의 구절을(Vin.ii.460/§1221) 들었습니다.

이어서 경장을 통한 근거로는 "도반 사리뿟따여, 여기 두 비구가 있어 아비담마에 대해 논의를 하는데 그들은 서로에게 질문을 하고 각자 받은 질문에 대답합니다. 흐리멍덩하지[613] 않습니다. 법과 관련된 그들의 대화는 계속됩니다. 도반 사리뿟따여, 이러한 비구가 고싱가살라 숲을 빛나게 합니다"라는 「마하고싱가살라숫따Mahāgosiṅgasālasutta(고싱

613 'saṁsārenti'라고 읽으면 질문과 대답을 확실하게 하지 못한 채 흐리멍덩한 것을 말한다. 'saṁsādenti'라고 읽으면 트집을 잡으려고 하는 것을 말한다. *Ashin Janakābhivaṁsa*, 『*Aṭṭhasālinī Bhāsāṭīkā*』, 제1권, pp.128 참조.

가살라 숲 긴 경)」의 구절을(M.i.343/M32) 들었습니다.

『담마상가니 주석서』에서는 이 내용에 대해 "아비담마를 논하는abhidhammikā 비구들이야말로 참으로 법을 논하는 이들dhammakathikā이다"라는 등으로 설명했습니다.

그리고 「마하고싱가살라숫따」 외에도 「상기띠숫따Saṅgītisutta(합송경)」 등 모두 11개의 경에 아비담마라는 용어가 나옵니다.[614]

『담마상가니 주석서』에서는 이어서 아비담마가 부처님의 직설이 아니라고 주장하는 것의 허물을 분명하게 밝힙니다.

> "아비담마를 거부하는 자는 이 승자의 바퀴jinacakka에 주먹을 날리는 것이고, 일체지를 거부하는 것이고, 스승의 무외지vesārajjañāṇa를 되돌리는 것이고, (법을) 듣고자 하는 대중에게 잘못 말하는 것이고, 성스러운 도에 장애물을 설치하는 것이고, (승단이) 분열되게 하는 18가지 사유 중 하나에 분명하게 해당돼 권리정지ukkhepanīya갈마나 견책tajjanīya갈마를[615] 받게 된다. 이 업을 지은 뒤에는 '가시오. 먹다 남은 음식을 먹는 자로 살아가시오'라고 하면서 축출돼야 한다."(DhsA.29)

그리고 "만일 아비담마가 부처님께서 설하신 것이라면 왜 다른 경들처럼 '한때 세존께서는 라자가하에 머무셨다'라는 등으로 기원을 밝히지 않았는가"라고 반문한 뒤 "『자따까』와 『숫따니빠따』와 『담마빠다』 등

614 자세한 내용은 각묵 스님 옮김, 『담마상가니』 제1권, p.48 참조.
615 『비나야삐따까』, pp.47~48 참조.

도 기원을 밝히지 않았다. 그렇다고 그 경들이 부처님께서 설하시지 않은 것이 아니다"라고 반박했습니다.

마지막으로 "아비담마는 이러한 부처님들만의 영역이지 다른 이들의 영역이 아니다"라고 마무리했습니다.(DhsA.29)[616]

616 "아비담마는 부처님의 직설이다"라는 부록 내용은 각묵 스님 옮김, 『담마상가니』 제1권, pp.46~49를 주로 참조했다. 참고문헌의 페이지가 다른 것은 PTS 본과 제6차 결집본과의 차이이다. 중요한 내용의 번역은 『*Aṭṭhasālinī Bhāsāṭīkā*』, 제1권, pp.128~134를 참조했다.

편역자 후기

왕이 말했다.

"나가세나 존자여, 세존께서는 하기 어려운 일을 하셨습니까?"

나가세나 존자가 말했다.

"대왕이여, 세존께서는 하기 어려운 일을 하셨습니다."

"나가세나 존자여, 세존께서는 어떤 어려운 일을 하셨습니까?"

"대왕이여, 세존께서 하셨다는 어려운 일이란 물질이 아닌 마음과 마음부수들이 하나의 대상에 대해 생겨날 때 '이것은 접촉이다. 이것은 느낌이다. 이것은 인식이다. 이것은 의도다'라고 분석해서 말씀하신 것입니다."

"비유를 들어 설명해 주십시오."

"대왕이여, 어떤 사람이 배를 타고 대해로 나가 오므린 손바닥으로 바닷물을 퍼서 혀로 맛을 보았다고 합시다. 대왕이여, 그 사람이 '이것은 강가 강의 물이다. 이것은 야무나 강의 물이다. 이것은 아찌라와띠 강의 물이다. 이것은 사라부 강의 물이다. 이것은 마히 강의 물이다'라고 알 수 있겠습니까?"

"존자여, 알기 힘듭니다."

"대왕이여, 세존께서는 그것보다 더 어려운 일을 하셨습니다. 세존께서는 물질이 아닌 마음과 마음부수들이 하나의 대상에 대해 생겨날 때 '이것은 접촉이다. 이것은 느낌이다. 이것은 인식이다. 이것은 의도

다'라고 분석해서 말씀하셨습니다." (Mil.93)

『밀린다빤하』의 이 대화를 통해 정신법들을 하나하나 분석하는 것이 매우 어렵다는 사실, 그것을 부처님께서 분석하셨다는 사실을 알 수 있습니다. 그중 부처님께서 아비담마 법문을 통해 마음에 대해 자세하게 분석하신 내용을 아누룻다 존자(12세기 이전)께서 『아비담맛타상가하』 제1장에서 체계적으로 요약하셨고 그것을 다시 한국마하시 우 소다나 사야도께서 2008년 5월 20일부터 10월 21일까지 22번의 강의를 통해 경전 내용, 일화, 수행과 관련된 내용 등을 포함해 다양하고 광범위하게 설명했습니다. 그리고 그 내용을 지난 2021년에 『아비담마 강설 1』이라는 책으로 출간했습니다.

이제 마음부수에 대한 강의를 들을 차례입니다. 마음과 마찬가지로 마음부수에 대해서도 부처님께서 자세하게 분석하신 내용을 아누룻다 존자께서 『아비담맛타상가하』 제2장에서 체계적으로 요약했고 그것을 다시 한국마하시 우 소다나 사야도께서 2008년 10월 28일부터 강의하기 시작하셨습니다. 제1장과 마찬가지로 수준 높은 여러 아비담마 해설서를 바탕으로 여러 경전 내용, 일화, 수행과 관련된 내용, 아비담마를 배울 때 주의할 점 등을 포함해 다양하고 광범위하게 설명하셨습니다.

하지만 마음부수에 대한 내용이 너무 많아 일부 마음부수만 자세하게 설명하신 뒤 마음부수의 결합과 조합, 그리고 제3장을 설명해 나가셨습니다. 이후의 강의에서도 중간중간 일부 중요한 마음부수를 설명하셨습니다. 우 소다나 사야도께서 설명하지 않으신 내용은 여러 아비담마 해설서, 레디 사야도나 마하시 사야도의 법문 등을 통해 편역자가 보충했습니다.

이제 『아비담마 강설』의 두 번째 발걸음을 내딛습니다. 『아비담마 강설 1』 편역자 후기에서 제1장 이후에는 여러 장을 묶어서 출간할 예정이라고 언급했는데, 제2장도 내용이 방대해 제1장과 마찬가지로 한 권으로 정리했습니다. 지면 관계상 편집 과정에서 생략할 수 밖에 없었던 좋은 내용이 많이 있으니 한국마하시선원 네이버 카페에 차례대로 게시된 법문을 직접 듣기를 권합니다. 강의차례나 내용이 책의 내용과 일치하지 않는 점에 유의해 주십시오. 이후의 내용도 같이 게시돼 있습니다. 2024년 10월 현재 햇수로 16년, 횟수로는 580강이 넘었고, 지금은 『아비담맛타상가하』 전체 9장 중 제8장 조건 중 빳타나에 대한 강의가 진행 중입니다.

이 책도 『아비담마 강설 1』과 마찬가지로 우 소다나 사야도께서 계시지 않았다면 나오지 못했을 것입니다. 마음부수를 강의하실 때도 여러 자료를 참조해서 강의안에 친필로 적어 강의 전날 저에게 건네주셨습니다. 2002년에 위빳사나 수행방법과 테라와다 정법을 전하고자 한국에 오신 뒤 그 의무를 실천하기 위해 혼신의 노력을 해주신 사야도께 우선 감사의 예경을 올립니다.

그리고 입적하신 지 5년이 지난 은사스님께도 특별히 이 공덕을 회향합니다.

미얀마와 위빳사나를 처음 접하게 해 주신 법산스님, 마음껏 법담을 나눌 수 있는 범라스님과 현암스님, 늘 앞서 이끌어주시는 일묵스님과 여러 도반스님, 또한 빠알리 성전들을 훌륭하게 번역해 놓으신 각묵스님과 대림스님, 전재성 박사님을 비롯한 많은 분께 감사드립니다.

그리고 아비담마 강의를 시작하도록 청해 주신 난다마따 님, 제2장 강의를 녹취해 주신 완니따 님께 사두를 외칩니다. 그동안 아비담마 강의를 들은 많은 분들의 청법 선업에도 사두를 외칩니다.

항상 출판을 후원해 주시는 강릉의 와야마 님과 가족분들의 신심에도 사두를 외칩니다.

그리고 한국마하시선원과 호두마을, 녹원정사 회원들을 비롯해 필수품과 법으로 불법을 뒷받침하면서 도움을 주신 여러 재가불자 여러분과 가족들, 끝으로 언제나 거친 문장을 잘 다듬어 주시는 홍수연 작가 님, 꼼꼼히 원고를 교정해 주신 난다싸리 님, 수뭇따 님, 할 수 있는 만큼 각각의 방면에서 교정해 주신 까루나 님, 담마뭇따 님, 빤냐난다 님, 액가냐니 님, 액가왐사 님, 좋은 책을 만들어 주신 나눔커뮤니케이션 관계자 여러분의 정성에도 사두를 외칩니다.

이 책을 읽는 독자,
아비담마 법문을 듣는 청법자,
여러분 모두가
매우 알기 어려운 여러 마음부수, 정신법들을
먼저 '들어서 아는 지혜'로 만나게 되기를.
더 나아가 위빳사나 수행을 실천하여
직접 경험하여 '수행해서 아는 지혜'로도 만나
열반의 행복까지 누리기를.

불기 2568년 서기 2024년 10월
한국마하시선원과 호두마을을 오가며
비구 일창 담마간다Dhammagandha 삼가 씀

참고문헌

빠알리 삼장 및 번역본

The Chaṭṭha Saṅghāyana Tipitaka Version 4.0 (CST4), VRI.

Ashin Guṇālaṅkāra Mahāthera, 『Milindapañha Vatthu』, Yangon, Khinchouhun Sapei, 1996.

Ashin Janakāhivaṁsa, 『Aṭṭhasālinī Bhāsāṭīkā』 제3권, Amarapūra, New Burma office Piṭakapounhneiktaik, 2002.

Ashin Paññissara, 『Aṅguttara Nikāya Pāḷito Nissaya』, Yangon, Mougounkinpounhneiktaik, 2010(3쇄).

Bhaddanta Sajjanābhivaṁsa, 『Itivuttaka Pāḷito Nissaya thik』, Yangon, Mougounkinpounhneiktaik, 2007.

Mahāsi Sayadaw, 『Visuddhimagga Myanmarpyan』 4vols, Yangon, Buddhasāsanānuggaha aphwe, 1992.

______________, 『Visuddhimagga Mahāṭikā Nissaya』 4vols, Yangon, Buddhasāsanānuggaha aphwe, 1968.

Mouthi 본, 『Mahāniddesa Pāḷito Nissaya』, Yangon, CST4, VRI.

________, 『Udāna Aṭṭhakathā Nissaya』, Yangon, CST4, VRI.

Myanmarnaingan Buddhasāsanāphwe, 『Sagāthāvagga Saṁyutta Pāḷito Nissaya』, Yangon, Sāsanāyeiwangyiṭhāna Sāsanāyeiujyiṭhāna pounheiktaik, 1965.

__________, 『*Majjhima Nikāya Uparipaṇṇāsa Nissaya*』, *Yangon, CST4, VRI.*

__________, 『*Visuddhimagga Nissaya*』 제5권, *Yangon, Sāsanāyeiwangyiṭhāna Sāsanāyeiujyiṭhāna pounheiktaik, 1968.*

각묵스님 옮김, 『담마상가니』 전2권, 초기불전연구원, 2016.

__________, 『디가 니까야』 전3권, 초기불전연구원, 2006.

__________, 『상윳따 니까야』 전6권, 초기불전연구원, 2009.

__________, 『위방가』 전2권, 초기불전연구원, 2018.

__________, 『이띠웃따까』, 초기불전연구원, 2020.

대림스님 옮김, 『맛지마 니까야』 전4권, 초기불전연구원, 2012.

__________, 『앙굿따라 니까야』 전6권, 초기불전연구원, 2006~2007.

__________, 『청정도론』 전3권, 초기불전연구원, 2004

동봉 역, 『밀린다왕문경』 ①, 민족사, 2003(제3쇄).

마하시 사야도 지음, 비구 일창 담마간다 옮김, 『마하사띠빳타나숫따 대역』, 불방일, 2016.

비구 일창 담마간다 편역, 『빳타나-조건의 개요와 상설』, 불방일, 2018, 개정판.

역경위원회, 『한글대장경 본생경』 제4권, 동국역경원, 1988.

전재성 역주, 『이띠붓따까-여시어경』, 한국빠알리성전협회, 2012.

__________, 『비나야삐따까』, 한국빠알리성전협회, 2020.

__________, 『테라가타-장로게경』, 한국빠알리성전협회, 2016.

사전류

Bhaddanta Kumārābhivaṁsa 등, 『Pāḷi-Myanmar Abhidhān』 제21권, Yangon, Sāsanāyeiwangyiṭhāna Sāsanāyeiujyiṭhāna pounheiktaik, 1980.

Sayadaw U Paññissarābhivaṁsa 등, 『Pāḷi−Myanmar Abhidhān』 제1권, Yangon, Sāsanāyeiwangyiṭhāna Sāsanāyeiujyiṭhāna pounheiktaik, 1980.

국립국어원, 『표준국어대사전』(https://stdict.korean.go.kr).

민중서림편집국, 『엣센스 국어사전』, 민중서림, 2006(제6판).

전재성, 『빠알리-한글사전』, 한국빠알리성전협회, 2005.

기타 참고도서

Ashin Janakābhivaṁsa, 『Thinghyouk Bhāsāṭīkā』, Amarapura, New Burma office Piṭakapounhneiktaik, 2002.

Ashin Kumāra, 『Abhidhammatthasaṅgaha Pangoung』, Mhobhī, Sāsanawansaunkyaungtaik, 2015.

Bhaddanta Nārada, 『Thinghyouk Koupainjaya』, Dhammabyūhā Abhidhammā thindan.(출판도시, 출판연도 없음)

Bhaddanta Vāyāmasāra, 『Abhidhamma pouchasin』, Yangon, Sāsanāyeiuciṭhāna pounhneiktaik, 2003(제3쇄).

Dhammacariya U Ei Nain, 『Buddha Abhidhammā mahānidān』, Yangon, Alinthisapei, 2011.

Ledi Sayadaw, 『Kammaṭṭhānadīpanī』, Yangon, Mikhineravati saouktaik, 2002.

____________, *『Paramatthadīpanī Myanmarpyan』, Yangon, Mikhineravati saouktaik, 2010(2쇄).*

____________, *『Paramattha Saṁkheikyan』, Yangon, Mikhineravati saouktaik, 2012(2쇄).*

____________, *『Paṭiccasamuppādadīpanī』, Yangon, Mikhineravati saouktaik, 2000.*

Mahāsi Sayadaw, 『Āsīvisopamathouk tayato』, Yangon, Buddhasāsanānuggaha aphwe, 2008.

______________, *『Brahmavihāra tayato』, Yangon, Buddhasāsanānuggaha aphwe, 2006.*

______________, *『Cittānupassanā tayatogyi hnin Dhammānupassanā tayatogyi(Nīvaraṇapain/ Khandhāpain/Āyatanapain』, Yangon, Buddhasāsanānuggaha aphwe, 2018.*

______________, *『Paṭiccasamuppāda tayatogyi』, (전2권) Yangon, Buddhasāsanānuggaha aphwe, 1995.*

______________, *『Purabheda thouk tayato』, Yangon, Buddhasāsanānuggaha aphwe, 2005.*

______________, *『Vipassanā Shunikyan』, Yangon, Buddhasāsanānuggaha aphwe, 2015(제13쇄).*

______________, 『*Sallekha thouk tayatogyi*』,(전2권)
Yangon, Buddhasāsanānuggaha aphwe, 2009.

______________, 『*Takkathou Vipassanā*』,
Yangon, Buddhasāsanānuggaha aphwe, 2002(제6쇄).

______________, 『*Vinayavinicchayasaṅgaha*』,
Yangon, Buddhasāsanānuggaha aphwe, 1977.

Mingun sayadaw, 『*Mahābuddhawin*』,(전10권), *Yangon, Sāsanāyeiuciṭhāna pounhneiktaik, 1996*

Myanmar Sāsanāyeiuciṭhāna, 『*Buddha abhidhamma cetasikāmya*』, 제1권, 제3권, *Yangon, Sāsanāyeiuciṭhāna pounhneiktaik, 2004,*

Ñaunkan Sayadaw, 『*Ngayangashe Jātaka Vatthu*』, 제5권, *Yangon, Khinchyouthunsapei, 2006*(제3쇄).

Paṭhama Bākarā Sayadaw, 『*Abhidhammatthasaṅgahapāṭha Nissaya*』, *Yangon, Sudhammavatī sāpounheiktaik, 1994* (12쇄).

Saṅgajā Sayadaw, 『*Caturārakkhakyan hnin Kāyapaccavekkhaṇā kyan*』, *Yangon, Paññā alinpya pounhneiktaik, 2012*(제2쇄).

U Ṭheihlain, 『*Sihoukhi Sandowinariyamya*』, *Yangon, Buddhaathansapei, 1981.*

각묵스님, 『네 가지 마음챙기는 공부』, 초기불전연구원, 2008(개정판2쇄).

강종미 편역, 『아비담마 해설서』 전2권, 도다가 마을, 2009.

대림스님/각묵스님 옮김, 『아비담마 길라잡이』 전2권, 초기불전연구원, 2002, 전정판 2017.
마하시 사야도 지음, 비구 일창 담마간다 옮김, 『담마짝까 법문』, 불방일, 2019.
________________, 『말루꺄뿟따숫따 법문』, 불방일, 2023.
________________, 『아낫딸락카나숫따 법문』, 불방일, 2021.
________________, 『아리야와사 법문』, 불방일, 2022.
________________, 『헤마와따숫따 법문』 불방일, 2020.
마하시 사야도 지음, 비구 일창 담마간다 옮김, 『위빳사나 수행방법론』 전2권, 불방일, 2023(개정판).
멤 틴 몬 지음, 김종수 옮김, 『붓다 아비담마』, 불광출판사, 2016.
무념·응진 역, 『법구경 이야기』 전3권, 옛길, 2008.
비구 일창 담마간다 지음, 『가르침을 배우다』, 불방일, 2021(개정판).
____________________, 『부처님을 만나다』, 불방일, 2018(개정판 1쇄).
____________________, 『보배경 강설』, 불방일, 2020.
비구 일창 담마간다 편역, 『자애』, 불방일, 2024(2쇄).
우 소다나 사야도 법문, 비구 일창 담마간다 옮김, 『알라와까숫따』, 불방일, 2019.
__________________, 『통나무 비유경』, 한국마하시선원, 2015.
우 소다나 사야도 법문, 비구 일창 담마간다 편역, 『아비담마 강설 1』, 불방일, 2021.
정명스님 옮김, 『쩨따시까』 전2권, 푸른향기, 2011.

번역술어

A

abhidhamma 아비담마
abyāpāda 분노없음
adhammarāga 비법애착非法愛着
adhigama saddhā 증득믿음
adhimokkha 결심
adosa 성냄없음
āgama saddhā 전승믿음
āghātavatthu 원한의 토대
āhāra 음식
ahetukadiṭṭhi 무인견
ahirika 부끄러움없음
ājīvaṭṭhamakasīla 생계 제8계
akiriyadiṭṭhi 무작용견
alobha 탐욕없음
amoha 어리석음없음
āneñjābhisaṅkhāra 부동 업형성
anesanā 부당추구
aniyatayogi 비고정 결합
aññasamāna 동화同化
anottappa 두려움없음
antaggāhikāmicchādiṭṭhi 극단사견
anusayakilesa 잠재번뇌
appamaññā 무량
appanāsamādhi 몰입삼매
appaṭipatti avijjā 실천없음 무명
apuññābhisaṅkhāra 비공덕 업형성
ārambha dhātu 시도 요소
ārammaṇa · ālambaṇa 대상
ārammaṇānusayakilesa 대상잠재번뇌
ārammaṇapaṭipādaka 대상유발자
arati 희락없음
asammoha sampajañña 미혹없음 바른 앎
āsaṁsa 희망 있는
asaṁyata 단속없음
atricchatā 지나친 원함
aṭṭhāna kopa 이유 없는 분노
avihiṁsā 해침없음
avipāka cetanā 과보 없는 의도
āyatana 감각장소

B

bhava 존재
bhavagga 존재꼭대기
bhavataṇhā 존재갈애
bojjhaṅgupekkhā 깨달음 구성요소 평온

brahmavihārupekkhā 거룩한 머묾 평온
byāpāda 분노

C

cariya 기질
catumadhura 네 가지 단것
cetanā 의도
cetasika 마음부수
cetasika aṅga 마음부수 요건
cetasika kukkucca 마음부수 후회
chaḷabhiññā 육신통
chaḷaṅgupekkhā 여섯 구성요소 평온
chanda 열의
chandapatthanā 열의기원
chandarāga 바람애착
citta 마음
cittakammaññatā 마음의 적합함
cittalahutā 마음의 가벼움
cittamudutā 마음의 부드러움
cittapāguññatā 마음의 능숙함
cittapassaddhi 마음의 경안
cittasaṅkhāra 마음 형성
cittujukatā 마음의 올곧음

D

dasavatthukāmicchādiṭṭhi 열 가지 토대사견
dhammachanda 법 바람
dhammakkhandha 법 무더기
dhammarati 법 희락
diṭṭhi 사견
domanassa vedanā 근심스러운 느낌
dosa 성냄
dosacatukka 성냄 4개조
dukkha vedanā 괴로운 느낌
dvepañcaviññāṇa 다섯 의식 쌍前五識

E

ekaggatā 하나됨

G

gehasitapema 가족애정
gocara 영역
gocara sampajañña 영역 바른 앎

H

hattha 팔
hetu 원인
hirī 부끄러움

I

issā 질투
issaranimmānahetudiṭṭhi 창조원인사견

J

javanapaṭipādaka 속행유발자
jhānupekkhā 선정 평온
jīvitindriya 생명기능

K

kabaḷīkārāhāra 덩어리 음식段食
kadāci 가끔씩
kāma 감각욕망
kāmacchanda 감각욕망바람
kāmarati 감각욕망희락
kāmataṇhā 감각욕망갈애
kamma 업
kamma bhava 업 존재
kammassakatā sammādiṭṭhi 업 자산 정견
kammassakatāñāṇa 업 자산 지혜
karuṇā 연민
kāya 몸
kāyakammaññatā 몸의 적합함
kāyalahutā 몸의 가벼움
kāyamudutā 몸의 부드러움
kāyapāguññatā 몸의 능숙함
kāyapassaddhi 몸의 경안
kāyasaṅkhāra 몸 형성
kāyujukatā 몸의 올곧음
khaṇika 찰나
khaṇikasamādhi 찰나삼매
khanti 인욕
khuddika 작은
kiccarasa 작용으로서의 역할
kosajja 게으름
kukkucca 비행非行
kukkucca 후회
kuladūsana 가문타락
kusalatika 선 3개조

L

lobha 탐욕
lobhatika 탐욕 3개조
loka 세상
lokapāla 세상보호

M

macchariya 인색
mahicchatā 큰 원함
makkha 망은
māna 자만
manasikāra 마음기울임
manodvārāvajjana 맘문전향
manopadosika 진노震怒
manosañcetanāhāra 맘 의도 음식意思食
manussanerayika 지옥사람
manussapeta 아귀사람
manussatiracchāna 축생사람
māyā 속임

mettā 자애
micchādhamma 삿된 법
micchāñāṇa 삿된 지혜
micchāpaṭipatti avijjā 삿된 실천 무명
micchāviññāṇa 삿된 의식
middha 혼침
moha 어리석음
mohacatukka 어리석음 4개조
muddhapasanna saddhā 맹목적 믿음
muditā 같이 기뻐함隨喜

N

nānā 따로
nandirāga 즐김애착
natthikadiṭṭhi 허무견
nekkhamma 출리
ñeyyadhamma 알아야 할 법
nikkama dhātu 탈피 요소
nirāsa 희망 없는
nīvaraṇa kukkucca 장애 후회
nīvaraṇa vicikicchā 장애 의심
niyatamicchādiṭṭhi 결정사견
niyatayogi 고정 결합

O

okappana saddhā 확신믿음
okkantika 반복
ottappa 두려움

P

paccaya 조건
pāda 다리
pakiṇṇakā 때때로들
paḷāsa 건방
pāmojja 기쁨
pañcadvārāvajjana 오문전향
paññābhūmi 통찰지의 토양
paññindriya 통찰지 기능
papañca 확산
pāpicchatā 나쁜 원함
parakkama dhātu 분투 요소
paramattha manussa 진짜사람
paribhogachanda 사용 열의
pārisuddhupekkhā 청정 평온
pariyatti sāsana 교학 교법
pariyesanachanda 추구 열의
pariyuṭṭhānakilesa 현전번뇌
pasāda(pasanna) saddhā 신뢰믿음
passaddhi 경안輕安
paṭilābhachanda 획득 열의
pātimokkhasaṁvarasīla 계목단속계
paṭipatti sāsana 실천 교법
paṭirūpaka vicikicchā 모조 의심
paṭirūpaka saddhā 모조 믿음
paṭisambhidāpatta 분석지증득
paṭivedha sāsana 통찰 교법
pharaṇa 충만
phassa 접촉

phassāhāra 접촉 음식觸食
pīti 희열
ponobhavika 다시 태어나게 하는 것
puññābhisaṅkhāra 공덕 업형성
puññakiriyavatthu 공덕행토대

R

rasa 맛

S

sabba akusala sādhāraṇā 모든 불선 공통들
sabbacittasādhāraṇā 모든 마음 공통들
saddhā 믿음
saddhamma 참사람법
sakkāyadiṭṭhi 존재더미사견有身見
samādānavirati 수지절제受持節制
samādhi 삼매
sammāājīva 바른 생계
sammākammanta 바른 행위
sammappadhāna 바른 정근
sammāvācā 바른 말
sampajañña 바른 앎
sampattavirati 당면절제當面節制
sampattirasa 성취로서의 역할
sampayoga aṅga 결합 요건
sampayoganaya 결합방법
samucchedapahāna 근절제거
samucchedavirati 근절절제根絕節制
samudaya 생겨남
saṁvega 경각심驚覺心
saṅgahanaya 조합방법
saṅkhāra 형성
saṅkhārupekkhā 형성 평온
saññā 인식
saññā vipallāsa 인식의 전도
sannidhichanda 저장 열의
santānānusayakilesa 상속잠재번뇌
sappāya 적당함
sappāya sampajañña 적당함 바른 앎
sarūpa 법체
sāsana 교법
sati 새김
sātthaka sampajañña 이익 바른 앎
sāṭheyya 허풍
savipāka cetanā 과보 있는 의도
sobhana 아름다움, 아름답다
sobhanasādhāraṇā 아름다움 공통들
somanassa 즐거움
somanassa vedanā 즐거운 느낌
sukha 행복
sukha vedanā 행복한 느낌

T

tadaṅgapahāna 부분제거
taṇhā 갈애
taṇhāpatthanā 갈애기원

taṇhāpema 갈애애정
tatramajjhattatā 중립
tatramajjhattupekkhā 중립 평온
tevijjaka 삼명
thina 해태

U

ubbega 용약
uddhacca 들뜸
upacārasamādhi 근접삼매
upādāna 취착
upanāha 원한
upapatti bhava 탄생 존재
upekkhā 평온
upekkhā vedanā 평온한 느낌

V

vacīsaṅkhāra 말 형성
vañcanāpaññā 속이는 통찰지
vedanā 느낌
vedanupekkhā 느낌 평온
vibhavataṇhā 비존재갈애
vicāra 고찰
vicikicchā 의심
vigatāsa 희망 떠난
vihiṁsā 해침
vikkhambhanapahāna 억압제거
vinaya 율
viññāṇa 의식
viññāṇāhāra 의식 음식識食
vipallāsa 전도
vipassanupekkhā 위빳사나 평온
vippaṭisāra kukkucca 걱정 후회
vīriya 정진
vīriyārambhavatthu 정진매진의 토대
vīriyupekkhā 정진 평온
visesaka 구별자
vissajjanachanda 지급 열의
vitakka 사유
vīthi 인식과정
vīthipaṭipādaka 인식과정유발자
vītikkamakilesa 위범번뇌
voṭṭhapana · voṭṭhabbana 결정

Y

yonisomanasikāra 합리적 마음기울임

찾아보기

ㄱ

ㄴ

ㄷ

ㄹ

ㅁ

ㅂ

ㅅ

ㅇ

ㅈ

ㅊ

ㅋ

ㅌ

ㅍ

ㅎ

법문

우 소다나 U Sodhana 사야도

1957년 미얀마 머그웨이 주에서 출생. 1972년 사미계, 1978년 비구계를 각각 수지했다. 1992년 담마짜리야 법사 시험에 합격했고 잠시 먀다웅 강원에서 강사로 재직했다. 1995년 마하시 수행센터에서 수행한 뒤 외국인 법사학교에서 5년간 수학했다. 그 뒤 마하시 수행센터에서 수행지도법사로 수행자를 지도하다 2002년 처음 한국에 왔다. 2007년 8월부터 한국마하시선원 선원장으로 지내며 경전과 아비담마를 강의하면서 강릉 인월사와 호두마을 등지에서 위빳사나 수행을 지도하고 있다. 2013년 양곤 마하시 수행센터 국외 나야까 사야도로 임명됐고, 2017년 12월 공식적으로 칭호를 받았다. 2019년 3월 미얀마 정부에서 수여하는 마하깜맛타나짜리야 칭호를 받았다.

역자

비구 일창 담마간다 Dhammagandha

1972년 경북 김천에서 출생. 1996년 해인사 백련암에서 원융 스님을 은사로 출가했다. 범어사 강원을 졸업했고 2000년과 2005년 두 차례 미얀마에 머물면서 비구계를 수지한 뒤 미얀마어와 빠알리어, 율장 등을 공부했으며 찬매 센터, 파옥 센터, 마하시 센터 등에서 수행했다. 현재 진주 녹원정사에서 정기적으로 초기불교 강의를 하고 있으며, 한국마하시선원과 호두마을을 오가며 우 소다나 사야도의 법문을 통역하면서 위빳사나 수행의 기초를 지도하고 있다. 2019년 12월 양곤 마하시 수행센터에서 깜맛타나짜리야 칭호를 받았다. 저서로 『부처님을 만나다』와 『가르침을 배우다』, 역서로 『위빳사나 수행방법론』(전2권), 『위빳사나 백문백답』, 『통나무 비유경』, 『마하사띠빳타나숫따 대역』, 『어려운 것 네 가지』, 『담마짝까 법문』, 『알라와까숫따』, 『헤마와따숫따 법문』, 『보배경 강설』, 『아비담마 강설1』, 『아낫딸락카나숫따 법문』, 『아리야와사 법문』, 『자애』, 『말루꺄뿟따숫따 법문』 등이 있다.

법보시 명단

법 문 | 우 소다나 사야도

감 수 | 우 소다나 사야도

편 역 | 비구 일창 담마간다

녹 취 | 완니따

교 정 | 까루나, 난다싸리, 수뭇따, 홍수연

보 시 | 이장천, 권봉화, 김춘화, 김동율, 이종철, 김정림, 이진비
강민수, 겸양인, 곽정아, 금규선, 김경숙, 김덕선 김미자, 김민수
김민예, 김선량, 김성한, 김소윤, 김시연, 김일동영가, 김재식, 김준우
김지원, 김태진, 김태환, 김현옥, 김현주, 나무, 난다라마가족
난다싸리, 냐나와띠, 다룩칸다·까루나, 담마난디, 담마디빠가족
담마따라, 담마라마, 담마람시, 담마삿다, 담마싱기, 도의스님, 딴따싸리
라따나, 메다위, 박만우, 박옥재, 박정배, 박준규, 박지영영가, 박지현
배종신, 빠목카, 빤냐짜라가족, 사깜마, 사유수, 소양선, 송명의
송유현, 수난다, 수담마, 수닷다·수마나, 수망갈라·수마나, 이정자
수메다, 수자나, 실라와띠, 류준모, 마두라, 안솔미, 안치훈, 액가냐니
액가왐사, 야다나가족, 양용택영가·박영예영가·양성원·정영희
·양지혁·양지훈, 양재희, 엄우용, 오원탁, 오종근, 오항해, 와지라
완다나, 원혜령, 웨네야, 위나야, 위다이, 위숫다, 위짜라, 유점봉영가
유점순영가, 유희경, 이동호, 이병현, 이선하, 이소라, 이수미, 이용식
이용환, 이인상, 이재규, 이종우, 이진희, 이후림·박효선, 임수영
자야와띠, 전소연, 정보경, 정선경, 정선미, 정성희, 정소망, 정수식
정순자, 정연숙·정현숙, 정연태, 조규형, 조기혁, 조민서, 조영완
조영은, 조영지, 조창조, 조현보, 주다혜, 최경옥, 최근택, 최익한영가
태명슈퍼, 케마시리, 케마와띠, 케민다, 한해숙, 황다현, 황민정
황병곤영가, 황열경, Punithan

삽바다낭 담마다낭 지나띠.

Sabbadānaṁ dhammadānaṁ jināti.

모든 보시 중에서 법보시가 으뜸이니라.

이당 노 뿐냥 닙바낫사 빳짜요 호뚜.

Idaṁ no puññaṁ nibbānassa paccayo hotu.

이러한 우리들의 공덕으로 열반에 이르기를.

이망 노 뿐냐바강 삽바삿따낭 바제마.

Imaṁ no puññabhāgaṁ sabbasattānaṁ bhājema.

이러한 우리들의 공덕몫을 모든 존재에게 회향합니다.

사두, 사두, 사두.

Sādhu, Sādhu, Sādhu.

훌륭합니다, 훌륭합니다, 훌륭합니다.

- 이 책에서 교정할 내용을 아래 메일주소로 보내주시면 다음에 책을 펴낼 때 큰 도움이 될 것입니다. 많은 관심 부탁드립니다.(nibbaana@hanmail.net)

- 한국마하시선원에서 운영하는 도서출판 불방일에서는 마하시 사야도의 법문은 「큰북」 시리즈로, 우 소다나 사야도의 법문은 「불방일」 시리즈로, 비구 일창 담마간다의 법문은 「법의 향기」 시리즈로, 독송집이나 법요집은 「큰북소리」로 출간하고 있습니다. 여러분의 많은 법보시를 기원합니다.(농협 355-0041-5473-53 한국마하시선원)

우 소다나 사야도의

아비담마 강설 2

초판 1쇄 발행일 | 2024년 10월 18일

법　　문 | 우 소다나 사야도
편　　역 | 비구 일창 담마간다

펴 낸 이 | 사단법인 한국마하시선원
디 자 인 | (주)나눔커뮤니케이션 02)333-7136

펴 낸 곳 | 도서출판 불방일
등　　록 | 691-82-00082
주　　소 | 경기도 안양시 만안구 경수대로 1201번길 10
(석수동 178-19) 2층
전　　화 | 031)474-2841
팩　　스 | 031)474-2841
홈페이지 | http://koreamahasi.org
카　　페 | https://cafe.naver.com/koreamahasi
이 메 일 | nibbaana@hanmail.net

* 잘못된 책은 구입하신 서점에서 바꿔드립니다.

값 50,000원
ISBN 979-11-970021-8-2

03220
ISBN 979-11-970021-8-2